钱塘年鉴

QIANTANG YEARBOOK

2022

杭州市钱塘区地方志编纂委员会 编

方志出版社
Publishing House of Local Records

杭州市钱塘区地方志编纂委员会（2022）

杭州市钱塘区年鉴编辑部

嘉
兴
市
丁桥镇
盐官
海宁南
G92
新仓
钱江隧道
塘
江
前进街道
六工段
文联物流
中通
长安福特
华东医药
华东医药二期
苏泊尔
吉利汽车
统一食品
华瑞航空
前进智造园
宝伟
顾家家具
嘉航科技
中能汽轮
冠亚
和达智谷
万轮工贸
至信
美通
长安汽博园
长安民生物流
星乔瑞
西子航空
春光
万事利
格力电器
宏图建材
乐歌
庆成
匠容道
深国际
力龙液压
临江
行政服务中心
新湾
前进科技
泽欣纺织
中策职高
宏新
知青文化园
四和机械
富势捷
科创园
吉利汽车
顾家家具
普洛斯
联源
华东机工程
之江化工
卓达染整
杭齿
协诚
圣山
青松
汇丽
桥南实业
飞宇
龙源
龙焱
创慧园
富丽达
富丽达热电
和达
双兔
远大生物
临江高科园
红景备品
新松机器人
远大住工
百草味
卡尔森汽车
圆融科技
泰华医药化工
宝湾
福莱蒽特科技
福莱蒽特
舒能新材料
传化化工
宜邦橡胶
百合花
吉华化工
邦翔化纤
中策
聚合顺
鼎龙
驭远
新湾汽车站
新湾街道
震兴水泥
樱太电器
钱塘江纺织
国海针织
鑫凯传动
华成
金莱针绣品
共建
新北桥
新南
共裕
百超
共和
后埠头
老埠头
曙光
新前
新梅
永安
党湾
梅东
传化公路港
普洛斯
临江街道
临江环保
龙山化工
新泰生物科技
格林达电子材料
杭电化集团
杭州油脂化工
临江环境能源
恒逸高新材料
东南新材料
三隆新材料
舒能电力
恒逸
蓝成环保能源
钱塘江出海码头
星
围
区
绍
兴
市
曹
娥
江
团结
幸福
党湾镇
永乐
大西
庆丰
镇中
红界
勤联
兴围（属瓜沥镇）
区
八里桥
官一
五六二
益农
益农镇
东沙
利围
长北
兴裕
张潭
梅林
车路湾
前兴
久联
三围
群力
东联
群围
杭州市 绍兴市

钱塘区 钱塘新区 地图

钱塘区
钱塘新区
地图
嘉兴市
海宁西站
海宁高铁西站路
许村
许村站
许村南
胡家兜
盐官西枢纽
绕城东枢纽
杭州湾环线高速（杭浦段）
临平（迎宾路）
临平（东湖路）
临平东
南苑街道
天明
云龙
褚石
盐仓
杭浦高速
钱塘江
杭州医药港小镇
钱塘科学城
大创小镇
美丽云城
综合保税区
东部湾新城
下沙枢纽
下沙东
下沙南
下沙街道
白杨街道
九沙
东湖
东德
金沙湖
江东大桥
钱塘过江隧道
规划过江通道
钱塘芯谷
江海之城
钱塘区
江东客运站
河庄街道
义蓬街道
义蓬汽车站
南阳街道
空港经济区管委会
杭州萧山国际机场
萧山国际机场
红垦枢纽
机场
新街
瓜沥
瓜沥镇
靖江街道
杭州湾环线高速（杭甬段）
中国水博览园
中国水利博物馆
浙江体育职业技术学院
浙江师范大学萧山校区
萧山
杭州大会展中心
图例
管委会
街道办事处
行政村、社区居委会
设区市界
县（市）、区界
钱塘新区范围
高速铁路
普通铁路
高速公路及编号
立交
地铁线及站点
在建地铁线及站点
国道及编号
省道及编号
道路
规划或在建道路
隧道
机场
汽车站
市场
商场
医院
学校
码头
公园绿地
河流、湖泊、桥梁
食品加工
化工原材料
通讯器材
机械工业
纺织印染
能源
医药保健品
建材家装
电子电气
金属制品
汽车零部件
其他企业
山峰
比例尺 1:52000
审图号：浙杭S（2022）016号

编辑说明

一、2021年4月9日，杭州市实施部分行政区划优化调整，杭州市钱塘区正式成立，实行功能区和行政区“区政合一”体制。钱塘新区作为一个经济功能区和省级新区，与行政区同时存在。中共杭州市钱塘区委员会、钱塘区人民政府成立杭州市钱塘区地方志编纂委员会及其办公室，负责《钱塘年鉴（2022）》的编纂工作。

二、《钱塘年鉴》旨在逐年记载钱塘区自然、经济、政治、文化、社会和生态文明建设等方面的基本情况，为钱塘区机关部门、街道、进区直属管理服务机构、社会各界人士及中外投资者了解和研究钱塘区提供地情资料。

三、《钱塘年鉴（2022）》（简称本卷年鉴）记述时限为2021年1月1日至12月31日，部分内容、数据涉及时限外。

四、本卷年鉴为杭州市钱塘区成立后的首卷。本卷年鉴以马克思列宁主义、毛泽东思想、邓小平理论、“三个代表”重要思想、科学发展观、习近平新时代中国特色社会主义思想为指导，坚持辩证唯物主义和历史唯物主义的立场、观点和方法，全面记载2021年度钱塘区大事、要事、新事和特事，反映钱塘区践行高质量发展之路所取得的成就、亮点、经验，以及在发展中遇到的新情况、新矛盾、新问题。

五、本卷年鉴按分类法编排，主体内容分类目、分目、条目3个层次。卷首设特载、年度聚焦、大事记，卷尾设人物、统计资料、附录、索引。正文百科部分设类目40个、分目235个、条目1239条。全书框架结构按地方综合性年鉴编纂要求设置。

六、本卷年鉴所刊载的情况和数据，均由钱塘区有关职能部门提供，并经过严格审核，文后署作者姓名。统计表由钱塘区统计局提供，业务数据由各业务主管部门提供。统计资料使用现行法定计量单位。文中数据比较除特别说明外，均为2021年与2020年相比，“上年”指“2020年”，其他年份之间数据的比较写明年份。因统计口径和统计时间的原因，部分数据与往年不具可比性，以统计资料公布的为准。

七、为表述简洁，本卷年鉴中中国共产党杭州市钱塘区委员会简称区委，杭州市钱塘区人民政府简称区政府；杭州市钱塘区机关部门、进区直属管理服务机构第一次出现时用全称，下文出现时用简称，机构全称及规范化简称见附录。

八、为方便读者查阅，本卷年鉴开发“钱塘年鉴”小程序，读者扫描小程序码即可阅读和检索。

江东大桥

（区融媒体中心 提供）

1 | 3
2 | 4

1. 下沙高教园区
2. 东沙湖
3. 智慧谷
4. 金沙湖

（此版照片由区融媒体中心提供）

2021 年 6 月 9 日，中国共产党杭州市钱塘区第一次代表大会开幕

2021 年 7 月 14 日，中共杭州市钱塘区委一届二次全体（扩大）会议召开

2021 年 7 月 19 日，中国人民政治协商会议第一届杭州市钱塘区委员会第一次会议开幕

2021 年 7 月 20 日，杭州市钱塘区第一届人民代表大会第一次会议开幕

（此版照片由区融媒体中心提供）

2021年4月9日,杭州市部分行政区划优化调整,钱塘区成立。图为2021年7月23日,杭州市钱塘区举行揭牌仪式

2021 年 11 月 24 日，钱塘区领导干部会议召开

2021 年 12 月 15 日，钱塘区新冠肺炎疫情防控工作会议召开

（此版照片由区融媒体中心提供）

2021 年 9 月 23 日，钱塘区举行“钱塘 · 美丽云城”发布会（区融媒体中心 提供）

2021 年 9 月 30 日，钱塘区举行钱塘产城融合核心区（江海之城）推介发布大会暨钱塘产城融合核心区管理办公室揭牌活动
（江海之城建设管理办公室 提供）

2021 年 3 月 25 日，钱塘区举行杭州钱塘科学城揭牌活动
（区融媒体中心 提供）

东芝空调新基地首批产品出货仪式

1 2

3 4 5

Panasonic
杭州松下家电（综合保税区）有限公司新工厂
FOUNDATION LAYING CEREMONY
奠基仪式
开工大吉
奠基

杭州钱塘新区
浙江华瑞航空制造

1. 2021 年 1 月 26 日，东芝开利空调（中国）有限公司新基地举行首批产品出货仪式
2. 2021 年 7 月 5 日，中国计量大学（钱塘区）校友产业园开园
3. 2021 年 6 月 23 日，杭州松下家电（综合保税区）有限公司新工厂举行奠基仪式
4. 2021 年 9 月 29 日，浙江华瑞航空制造项目主体工程开工
5. 2021 年 9 月 29 日，史陶比尔（杭州）精密机械电子有限公司研发及智能制造基地项目开工

（此版照片由区融媒体中心提供）

杭州之江新材料有限公司数字化车间　　　　（刘 年摄）

2021 年 12 月 22 日，广汽乘用车（杭州）有限公司量产首台 GS3 右舵车下线（区融媒体中心 提供）

2021 年 4 月，钱塘制造的新一代“林肯航海家”汽车亮相 2021 年上海国际汽车工业展览会（区融媒体中心 提供）

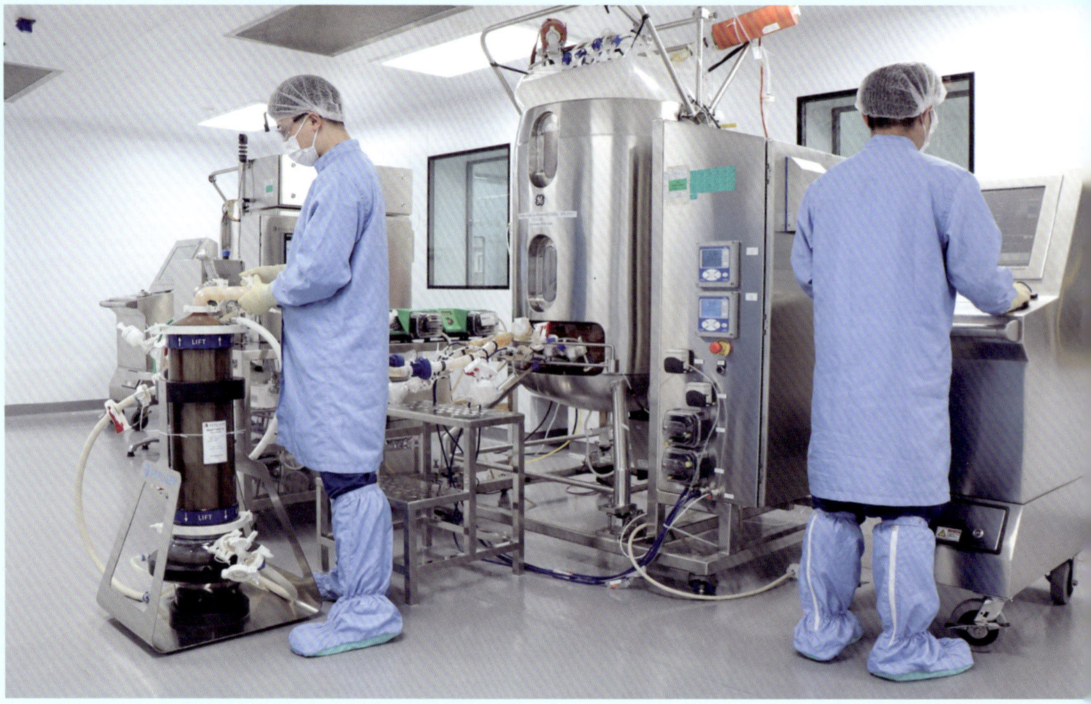

杭州奕安济世生物药业有限公司 GMP（药品生产质量管理规范）生产车间

杭州九源基因工程有限公司研发中心

格力电器（杭州）有限公司智能工厂

（此版照片由区融媒体中心提供）

临江街道东庄村莲池公园

新湾街道盛陵湾公园

（此版照片由区融媒体中心提供）

1. 河庄街道新围村“党建田园”
2. 前进街道前峰村樱花道路
3. 义蓬街道农居风貌

1 | 2 | 3

（此版照片由区融媒体中心提供）

沿江绿道

（区融媒体中心 提供）

油菜花田

临江湿地飞鸟

（区融媒体中心 提供）

下沙学林街

（区融媒体中心 提供）

（胡永强 摄）

天街

下沙龙湖金沙天街
（区融媒体中心 提供）

1 | 3
2

1. 大江东宝龙广场（俞建龙 摄）

2. 大学城北体育中心（区融媒体中心 提供）

3. 金沙湖大剧院　　（区融媒体中心 提供）

1	3
2	4

1. 2021 年 1 月 8 日，下沙 12 号路提升改造及附属配套项目现场

2. 2021 年 3 月 6 日，艮山东路过江隧道项目现场

3. 2021 年 1 月 28 日，下沙路与 12 号路提升改造工程项目现场

4. 2021 年 6 月 28 日，杭州地铁 8 号线一期开通。图为杭州地铁 8 号线文海南路站

（此版照片由区融媒体中心提供）

2021 年 6 月 30 日，钱塘区举行庆祝中国共产党成立 100 周年文艺晚会

2021 年 10 月 18 日，钱塘区举行浙江大学生电影周新闻发布会

2021 年 11 月 15 日，钱塘区举行 2021—2022 塘塘真甄爱心选品会暨线上线下同步开售启动仪式

（此版照片由区融媒体中心提供）

2021 年 11 月 19 日，钱塘区 2021 年全民终身学习活动周启动

2021 年 1 月 31 日，白杨街道美达社区举办“思乡祈福，爱在一起，我们在美达过大年”活动

2021 年 6 月 25 日，“奔跑吧杭州” 2021 城市定向挑战赛在钱塘区开赛

（此版照片由区融媒体中心提供）

2021 年 11 月 26 日，钱塘亚运轮滑馆通过赛事功能验收。图为运动员在场馆开展比赛训练

（董　恺　摄）

2021 年 11 月 10 日，钱塘区亚运观赛空间试运行活动启动　　（区综合行政执法局 提供）

2021 年 7 月 31 日，钱塘区举行“巾帼迎亚运，钱塘欢迎你”排舞民演活动　　（区妇联 提供）

目 录

中国共产党杭州市钱塘区委员会

杭州市钱塘区人民代表大会

杭州市钱塘区人民政府

中国人民政治协商会议杭州市钱塘区委员会

中国共产党杭州市钱塘区纪律检查委员会·杭州市钱塘区监察委员会

民主党派

群众团体

法　治

军　事

制造业

产业平台

服务业

农业·农村

建筑业·房地产业

招商引资

口岸贸易

改革·开放·合作

科学技术

城市建设与管理

交 通

公用事业

生态环境保护

财政·金融·税务

经济综合管理

国资公司

教　育

卫生健康

文化·体育

人力资源

社会民生

杭州下沙高教园区

辖区街道

索　引

特　载

高水平打造“智涌钱塘·现代星城”为建设现代化国际化一流新区而奋斗

——2021年6月9日在中国共产党杭州市钱塘区第一次代表大会上的报告

杭州市副市长、钱塘区委书记　柯吉欣

中国共产党杭州市钱塘区第一次代表大会，是在钱塘走过功能区发展历程、开启政区合一新征程的重要时刻，召开的一次具有里程碑意义的会议。这次会议的主要任务是：高举习近平新时代中国特色社会主义思想伟大旗帜，深入贯彻习近平总书记考察浙江、杭州重要讲话精神，全面落实党的十九届五中全会、省委十四届八次全会和市委十二届十一次全会精神，回顾总结工作，明确今后五年的目标任务，动员全区各级党组织、党员干部和人民群众，高水平打造“智涌钱塘·现代星城”，加快建设现代化国际化一流新区，奋力谱写“重要窗口”的钱塘篇章。

一、主要工作回顾

过去五年，是钱塘发展史上极不平凡、极富意义的五年。五年来，在省、市委的坚强领导下，我们开拓创新、砥砺奋进，地区生产总值突破千亿，主导产业加快集聚，综合实力跃上新台阶；交通路网建设全面提速，重大基础配套纷纷落地，产城融合展现新面貌；公共服务供给扩量提质，群众满意度持续提升，社会事业实现新发展。在诸多领域实现了争先进位：经开区跻身全国十强、全省第一；高新区排名提升52位、实现大幅跃升；综保区位列全国第六、全省第一。

特别是钱塘新区成立以来，我们以最快速度完成体制机制的整合融合，以最高标准谋划一系列规划计划，以最大力度推进产业发展、城市建设、改革开放和民生事业，各项工作都取得了佳绩。

我们坚持政治引领、对标实践，更加坚定了发展信念。学深悟透习近平新时代中国特色社会主义思想，巩固拓展“不忘初心、牢记使命”主题教育成果，扎实开展党史学习教育，通过党工委会议、党工委理论学习中心组学习会、辅导宣讲等多种形式，深入学习贯彻习近平总书记的重要讲话、重要文章、指示批示，切实增强“四个意识”、坚定“四个自信”、做到“两个维护”。去年习近平总书记考察浙江、杭州之后，我们认真学习领会、全面对标对表，结合省市明确的“四大定位”“三步走”目标要求，以创造性实践推动高质量发展，坚决做到“中央有号令、省市作部署、钱塘见行动”。

我们坚持逆风前行、共克时艰，有力夺取了双胜双赢。创新思路举措，化压力为动力，两年来为企业减税降负90亿元，兑现各类产业扶持资金110亿元；争取新增用地指标9000余亩，出让工业用地4000余亩，有力服务了企业发展和项目落地。特别是面对新冠肺炎疫情大战大考，高效落实硬核隔离和群防群控，出台“钱塘十条”专项政策，在全国首推复工专列、流动体检车、团配餐等暖心服务，与群众共渡难关，与企业共克时艰，在全市率先完成规上企业100%复工，经济快速复苏并实现“V”形反弹，打赢了“战疫情、促发展”的阻击战总体战。

我们坚持产业立区、创新驱动，全面增强了综合实力。扛起产业主平台担当，科学谋划“515”产业体系，主导产业不断延链强链，芯智造、生物医药、汽车制造等上榜全省“链长制”试点。加大招商引资力度，一批“大好高”项目落地开工、竣工投产，制造业利用外资、亿元以上落地项目总投资均列全市第一。大力实施新制造业计划，推进规上企业、高新企业、技术改造投入等“六个倍增”，工业总产值持续领跑全市。发布“1+4+X”产业新政，每年安排公共预算财力的20%专项支持产业发展。大力推进转型升级，亩均论英雄改革覆盖全域；启动临江区块和外六工段化工企业关停退出，完成低效用地整治3500亩；加快小微园区建设，力争三年打造百个园区。以国家高新区建设为抓手，持续做优创新生态，布局中科院医学所、钱塘科创中心等重点平台，高新企业、研发中心、发明专利等指标实现高位增长，研发投入强度增幅位居全市第一。今年3月，钱塘科学城建设重磅启幕。全面深化区校合作，实施“浙子回归梦钱塘”工程，校友经济“这边风景独好”。深耕细作人才工作，推出“人才安居乐业一件事”“钱塘人才卡”等特色服务，多项指标在全市考核中名列第一。

我们坚持深化改革、扩大开放，有效激发了内在活力。释放体制机制改革动能，在全省先行先试，整合设立六大产业平台，聚焦“3+3”主责主业，项目招引和产业发展全面提速。勇于自我革新，打破身份限制，推行“SABCD”五级全员绩效考核，一批年轻高素质的干部走上领导岗位，干部精气神极大提升。探索综合改革，首推全省营商环境集成改革试点，“亲清钱塘”数字平台、生物医药全链式跟踪服务、亲商助企“135”反馈机制等一系列特色改革举措纵深推进，钱塘新区的改革成效获省市充分肯定，并向全省发文推广。深化对外开放，自贸区钱塘区块正式获批，一体推进全国首个综保区城市货站、保税仓直播基地、跨境电商学院和跨境贸易法庭，率先实现B2B出口模式全覆盖。深入实施长三角一体化战略，加快推进与上海、嘉兴、绍兴等周边区域的交流合作，与海宁等地签订战略协议，推进政务通办、交通互联。

我们坚持以城促产、产城融合，切实提高了群众获得感。实施交通建设大会战，“九纵十横”道路全速推进，地铁1号线机场段、7号线建成运营，江东大桥收费站拆除。开展城市有机更新，盘活土地2100余亩，推动一批老旧工业区块华丽转身。启动美丽乡村建设和“149”环境综合提升行动，下沙街道全面拆除金沙湖区块“保笼”，前进街道成功创建美丽城镇省级样板。大剧院、轮滑馆、邻里中心、安置房等公共配套加快建设。推进美好教育，新增学校21所、基础教育学位17000个，集团化办学覆盖率超过80%，成功创建省教育基本现代化区。打造健康钱塘，杭州市第九人民医院挂牌运作，国家级卫生街道实现全覆盖。义蓬医养中心成为全省首批医养结合示范点。文体事业蓬勃发展，全域建成街道综合文化站和村级文化中心并免费对外开放，白杨、新湾等街道获评全省文化强镇，河庄江东村获评全国文明村。大学城北体育健身中心竣工，杭州国际女子马拉松获评国家金牌赛事。扎实做好就业、医保、救助、优抚、双拥等工作，成功创建全省“无欠薪”建设达标区，临江等6个街道荣获全国示范型退役军人服务站称号。圆满完成东西部扶贫、对口合作等任务。

我们坚持综合施策、创新治理，有力夯实了基层基础。深化下沉式治理，基层综合行政执法改革纳入省级试点，首创“吹哨一件事”改革并在全市推广。做实网格化治理，实现组织设置、力量配备、资源服务、运行保障“四个到网格”，基层治理“一中心四平台一网格”体系基本建成。探索数字化治理，在全市率先实现区、街道、村社三级移动办公和机关无纸化办公全覆盖，深化“平安钱塘”五色图改革试点。加强法治化治理，打造“法治钱塘”品牌，深入推进扫黑除恶专项斗争，开展招投标、工程建设等领域整治，依法处置涉法涉诉问题，防范化解各类风险隐患，综治维稳、安全生产、食品药品安全等形势总体稳定。

我们坚持党建引领、从严治党，不断浓厚了干事氛围。全面落实基层党建、党风廉政、意识形态等主体责任，统筹推进各领域党建工作。坚决贯彻中央八项规定精神，深入纠治“四风”，持续推动基层减负措施落地见效。严厉整治群众身边的不正之风和腐败问题，立案查处各类违纪违法案件95件，给予党纪政务处分81人，保持惩治腐败的高压态势。深入开展党风廉政教育，坚决抓好巡视巡察反馈意见整改，政治生态持续改善。重视企业党建工作，“产业红盟纵贯线”成为全省特色品牌。大力实施全员益智培训，干部理论素养和业务能力有效增强。111个村社全面实现“一肩挑”，在全市村社换届中率先一次性高质量夺取全胜，村社干部整体素质显著提升。认真落实中央和省、市委对新时代人大、政协工作的要求，在全省功能区中首推“一月一活动、一月一主题”活动日制度。有效发挥工青妇组织作用，统战、外事、民族、宗教、对台、侨务等工作扎实开展。

通过两年多的辛勤努力，一些困扰发展的难题找到了解决路径，一些错综复杂的难事正在逐步推进，并取得了阶段性成果。在这其中，我们深切体会到：必须要有一种定力，锚定目标，一张蓝图绘到底。只有始终保持战略定力，牢记省市赋予我们的重大使命，谋精谋细规划路径，坚定不移走下去，才能确保中央和省、市委重大决策部署在钱塘落地生根，不辜负人民群众的热切期望。必须要有一种追求，拉高标杆，奋勇争先创一流。只有对标先进、自我加压，始终聚焦第一的定位来履行责任和担当，才能在全区上下形成一心一意谋发展、齐心协力干事业的强大合力，确保在新一轮发展中赢得主动。必须要有一种胆魄，改革攻坚，越是艰险越向前。只有坚持发展出题目、改革做文章，益智创新、大胆实践，抓住主要矛盾和关键点，创造性地开展工作，才能真正打开新局面、抢占制高点。必须要有一种劲头，快抓实干，一抓到底求实效。只有拿出只争朝夕的干劲，发扬钉钉子的精神，用硬碰硬的数据、实打实的业绩说话，始终做到守正笃行，才能赢得群众的拥护和企业的信任。

近年来的成绩殊为不易，这是省委、市委正确领导的结果，是历任党工委、管委会领导班子接续奋斗的结果，是社会各界关心支持的结果，是全区党员干部和广大群众、创业者们团结拼搏的结果。在此，我代表区委，向所有关心、支持和参与钱塘建设发展的同志们、朋友们致以衷心的感谢和崇高的敬意！

二、今后五年的奋斗目标

从潮来水汪汪、潮退白茫茫的不毛之地，到堤外浪滚滚、堤内金粮仓的滩涂垦区，从厂房林立、道路宽阔的工业园区，到人才不断涌入、环境更加宜居的城市新区，几十年来，这片土地创造了依靠双肩围垦造田60万亩的奇迹，践行了“人民给我一方土，我还人民一座城”的承诺，凝结成了激励后人的围垦精神和开发区精神。此时此刻，我们由衷感激前辈们为我们开辟的广阔空间，为我们打下的厚实基础，为我们留下的宝贵财富。一代人有一代人的征程，一代人有一代人的使命。钱塘的昨天，已写在光荣的史册上；钱塘的今天，已站在一个全新的历史起点。新形势需要新担当，新使命需要新作为，我们要以勇往直前的积极心态，昂扬向上的奋斗姿态，风雨无阻的精神状态，努力绘就“钱塘繁华”的新画卷。

应潮而生，要在殷切期望中把准时代脉搏。党的十九届五中全会提出，要以高质量发展为主题，全面开启建设社会主义现代化国家的新征程。省委十四届八次全会提出，要围绕忠实践行“八八战略”、奋力打造“重要窗口”的主题主线，争创社会主义现代化先行省。市委十二届十一次全会提出，要围绕“数智杭州·宜居天堂”，加快建设社会主义现代化国际大都市，奋力展现“头雁风采”。中央和省、市委一系列决策部署为我们谋划新时期发展标明了航向、提供了指南。作为全省首个整合设立的新区，省、市委高度重视钱塘发展，明确“四大定位”，主要领导亲自联系，出台专项政策；设立行政区后，省、市委主要领导第一时间到钱塘调研指导、鼓劲加油，勉励我们在新起点上实现新跨越。面对省、市委的厚望重托和百万钱塘人民的热切期盼，我们更要自觉把钱塘发展放到国家、省市发展大局中去思考谋划，紧扣现代化、数智化、国际化的时代脉搏，顺势而为、乘势而上，努力在浙江打造“重要窗口”和杭州展现“头雁风采”中体现钱塘担当。

向潮而立，要在激烈竞争中凝聚奋斗伟力。从单一的产业功能区到政区合一，发展形势和目标要求都发生了深刻变化，需要对标对比的领域更加广泛，既要在国家级经开区、高新区、综保区和新区中争先进位，又要在全省89个、全市13个区县（市）中争创一流；既要对比产业质效、创新能力，又要对标民生服务、治理水平，发展任务更加繁重，竞争态势愈加激烈，不发展是后退，慢发展也是后退。特别是与先进地区相比，我们还有不少的问题短板。比如产业能级还不够高、结构还不够合理，创新要素集聚能力还不强、生态体系还不健全，民生领域还有不少历史欠账、城市功能还不够完善，治理能力和服务水平还不够高、党的建设还需持续加强。在加快补齐短板的同时，更要看到优势、增强信心。我们有得天独厚的区位条件，地处长江经济带、长三角一体化、全省大湾区等重大战略的交汇点，交通便利、空间广阔、潜力无限。我们有多区叠加的资源优势，拥有多个“国字号”高能级平台，建有浙江省内最大的高教园区。我们有扎实稳固的产业基础，制造业在全市处于领先地位，生物医药等新兴产业综合实力和竞争力领跑全省。我们有政区合一的体制活力，既沿袭了功能区体制扁平高效的特点，又兼具行政区管理健全规范的优势，有利于各项事业的统筹发展。我们有创新实干的队伍力量，干部能力素质不断提升，融合度、精气神、战斗力明显增强。我们必须把握好优势与短板的辩证法，始终保持忧患意识，瞄准标杆、扬长补短，充分释放发展潜能，推动钱塘脱颖而出、走在前列。

逐浪潮头，要在展望未来中锚定目标方位。站在新的历史关口，钱塘的发展必须找准自身特色，与时代的节奏同频共振，与发展的潮流同向而行，与人民的期盼同声相应。“高质量”是根本导向。“趟出一条高质量发展的新路”是省、市委对钱塘提出的明确要求。我们要将高质量要求贯穿到经济社会各个领域，实现速度和质量、价值和颜值、公平和效率的统一，推动质量、效率、动力的变革，不断增强创新活力、竞争能力和发展潜力。“数智化”是鲜明特征。数字化、智能化是时代发展的趋势潮流。要大力发展创新产业、智能制造、智慧治理和智享生活，让智能、智慧、智力在钱塘大地竞相迸发、不断涌现。特别是要抓住全省数字化改革和“数智杭州”建设的重要机遇，推动全领域现代化。“建星城”是美好蓝图。围绕杭州“一核九星”城市新型空间格局，牢牢把握产业主平台的定位，坚持创新引领、项目带动、产业强区，同时呼应群众对美好生活的向往，突出国际视野、以人为本、环境为基，推动人与自然和谐共生、产城人深度融合，打造最活力、最生态、最现代、最国际的璀璨之星，展现“一江春水穿城过、无限风华两岸生”的别样精彩，不辜负省、市委为我们冠以“钱塘”的重托。

道阻且长，行则将至，行而不辍，未来可期。今后五年，钱塘区工作的总体要求是：坚持以习近平新时代中国特色社会主义思想为指引，全面贯彻落实中央和省、市委各项决策部署，立足新发展阶段，贯彻新发展理念，服务新发展格局，忠实践行“八八战略”，紧紧围绕“四大定位”，强化系统观念，突出改革先行，以人的现代化为牵引，着力推动创新体系、产业体系、城市建设、治理体系“1+4”现代化，高水平打造“智涌钱塘·现代星城”，加快建设现代化国际化一流新区。

推动创新体系现代化，建设具有核心竞争力的活力新区。深入贯彻落实创新驱动发展战略，推进全面全域创新，高水平建设创新平台，引进高端科研机构，培育创新文化，全面形成创新生态，加快建设高水平创新型先行区，努力建成与世界级智能制造产业集群相匹配的科技创新承载地。

推动产业体系现代化，建设具有全球影响力的智造新区。以实施新制造业计划为抓手，围绕集聚集约、高质高效、绿色低碳发展要求，坚持项目为王，引进一批高精尖优质项目，培育壮大主导产业，前瞻布局未来产业，不断提升产业能级。推动一二三产高质量融合发展，实体经济与科技创新、现代金融、人力资源协同发展，更高层次参与国际产业的分工与协作，增强产业综合竞争力。

推动城市建设现代化，建设具有浓厚吸引力的美丽新区。优化生产、生活、生态三大空间，统筹规划、建设、管理三大环节，构建形成外畅内顺的交通网络、功能完善的城市配套、各具特色的美丽乡村、天蓝水清的宜居生态，都市和田园各美其美、美美与共，园区与小区相得益彰、相映成趣，城市吸引力和群众获得感持续提升。

推动治理体系现代化，建设具有高度向心力的幸福新区。秉持高效智治、惟精唯实的理念，探索标本兼治、长短结合、系统集成、特色鲜明的善治之策，健全可执行、见实效、高效率的制度体系，各领域法治化水平全面提升，清廉单元建设纵深推进，发展安全保障更加有力，行政效率和公信力显著提升，形成共建共治共享的治理新格局。

推动人的现代化，建设具有强大聚合力的英才高地。人是推动生产力发展的最活跃因素，是现代化建设的主体，要壮大各类人才队伍，聚天下英才而用之，让人才活力竞相迸发。发挥党员干部引领示范作用，持续推进精神文明建设和青年发展事业，大力提升人民群众素质，着力培育公共精神、道德追求、责任意识、规则意识，激发正能量、弘扬真善美。传承发扬钱塘特色文化，推动形成全区上下思想融合、价值认同、奋发有为的生动局面。

未来五年，全区地区生产总值突破1600亿元，年均增长7%；规上工业增加值达到1000亿元；研发投入强度达到4.5%以上；常住人口城镇化率达到90%，居民人均可支配收入年均增长率快于GDP年均增长率。国家级经开区、高新区、综保区排名保持前列，努力争先进位，争创国家级新区。

三、主要工作任务

蓝图已绘就，奋斗正当时。我们要突出主攻方向，抓住关键环节，在以下九个方面持续用力、协同发力、跨越发展：

1.打开全域数字化改革新局面

强化数字改革引领。把数字化改革作为全面深化改革的总抓手，从一开始就将数字化基因嵌入制度重塑和流程再造，以全域数字化设计钱塘未来，引领整体的经济发展、生活宜居、管理提效，让数字化成为钱塘区最鲜明的标识。坚持问题导向、需求导向、效果导向，聚焦百姓、企业、基层急难愁盼的高频事项，聚焦当前工作中的痛点、堵点、难点，以大道至简的理念，巩固提升无纸化办公、移动办公等改革成果，进一步做好核心业务梳理，理出问题清单、制度清单、场景清单，率先打造若干体现钱塘辨识度的成果。坚持多跨协同、条抓块统，构建以任务为中心的协同开发模式，坚决打破条块分割、避免重复建设，持续提升工作合力和整体效能。

打造最佳营商环境。对标世行标准，围绕法治化、国际化、便利化、数字化、特色化，持续推进营商环境集成改革，全面提升政务服务、投资贸易、产业发展、创业创新、法治、生态人文六大环境。坚持“人人都是营商环境、事事关系营商环境”理念，深化“放管服”改革，以行政区设立为契机，争取更多审批权限，更好地实现“办事不出区”；推广极简审批模式，推进个人办事、企业开办“分钟制”和项目审批“小时制”，加快政务服务“去中心化”，打造24小时不打烊的在线服务。迭代升级“亲清钱塘”数字平台，构建全生命周期亲商助企服务机制，推动企业服务更加精准、科学、高效，让企业扎根钱塘、安心发展、不断壮大，擦亮“投资钱塘就是投资未来”的金名片。

统筹重点领域改革。探索政区合一的运行模式，巩固提升大部制、扁平化、灵活高效的体制优势，形成快速决策、高效协同的工作机制，确保谋定的工作快落实、早见效。深化“标准地”集成改革，支持企业“零土地”技改。积极探索“产业飞地”到“创新飞地”的转换。探索片区开发模式，加强商业、办公、居住、公共设施用地的复合开发。深化国有企业改革，做优做强、增添活力。深化预算绩效管理改革，提高财政资源配置效率和使用效益。

2.抢占创新发展新高地

发挥人才核心作用。大力引进高层次人才，面向全球拓展引才渠道，围绕主导产业盯引“高精尖缺”人才，以积极有效政策推进团队、项目一起招。探索聘用制、雇员制等“柔性模式”，不拘一格降人才。培育多元人才队伍，突出创新型、应用型、技能型、复合型特色，培养具有国际视野、懂国际规则的人才，打造党政人才、经营管理人才、专业技术人才、高技能人才、农村实用人才、社会工作人才等六支队伍。强化引育并举，实施钱塘工匠培育、“金蓝领”职业技术提升等育才工程。采用更为科学的评价体系和激励手段引才、用才、留才，激发人才积极性和创造力。创新推出更有针对性、更具吸引力的政策和服务，让各类人才充分集聚、让智慧才华充分施展、让天下英才汇聚钱塘。

强化企业创新主体地位。坚持应用侧导向，努力成为长三角地区科技创新重要承载地。实施科技型企业梯度培育，形成种子企业、“独角兽”企业、平台型企业发展格局。持续壮大国家高新企业队伍，推进规上企业高新化、高新企业规上化的双向转型。支持龙头企业发挥示范作用，在建设高水平实验室、制造业创新中心、新型研发机构、创新联合体、共性技术平台等方面持续发力，突破一批“卡脖子”问题、掌握一批硬核技术、形成一批标志性科研成果。

完善创新生态体系。坚持“四个面向”，以国家高新区建设为引领，聚力打造钱塘科学城。科学布局创新基地、重大科研平台、加速器、孵化器、众创空间等平台载体，形成与产业地图相匹配的创新地图。推动“产学研用金、才政介美云”高效协同，着力提升创新综合服务能级。发挥区校融合特色，深化平台共建、人才共育、资源共享、产业共兴、氛围共创，实施“浙子回归梦钱塘”工程，建设钱塘智库，让更多的校友和人才留在钱塘创新创业创造，让更多的合作成果落地开花。支持中科院医学所、钱塘科创中心等科研院所发展，推动研究成果就地转化。发挥政府产业基金引导和带动作用，构建天使投资、风险投资、股权投资为重点的金融支持产业发展服务体系。举办各类创新赛事活动，着力营造双创氛围，形成产业生态与创新生态交织互融的钱塘新场景。

3.厚植产业融合发展新优势

深入实施新制造业计划。推动数字产业化和产业数字化高质量融合，努力建设全球先进制造业基地，再造一个杭州制造业。平台能级再提升。坚持“平台龙头引领、部街合力助推”，聚焦“3+3”职能，进一步减负放权赋能，滚动优化产业平台布局，推动资源要素向平台一线倾斜集聚。坚持特色发展、错位发展，加大统筹协调力度，促进平台间资源共享、优势互补、产业互通、联动发展。以平台为基础，构建“链式+集群”新发展模式，形成一批标志性产业链，在生命健康、智能制造、半导体等领域，率先攀登千亿级高峰。加快推进“三年百园”计划，把小微园打造成为新型中小企业的最佳成长平台。项目推进再提速。坚持招商引资“生命线”工程不动摇，优化项目准入机制，严把质量关，精准招引一批带动性强、技术水平高、市场影响力大的产业项目。创新“产业项目净地一件事”机制，紧盯签约、摘地、开工三个关键节点，以数字化手段打通堵点、简化流程，推动项目及早落地见效，打响钱塘速度最快、钱塘服务最优的品牌。加强项目绩效评价和履约监管，确保好项目发挥好效益。转型升级再提效。持续深化“机器换人”、工厂物联网、“企业上云”等专项行动，实施数字化改造“百千万”工程，实现规上企业数字化覆盖率100%。推进“未来工厂”建设，全力打造链主企业、聚能企业、灯塔企业和黑灯工厂。破解工业容积率审批问题，实现土地集约、智造上楼。深入实施知识产权、标准、质量和品牌战略。深化亩均论英雄改革，推行“全域亩均”综合评价，强化结果应用，倒逼低效企业提质转型。加快临江区块整治提升和外六工段化工企业关停退出，坚决淘汰落后产能。企业培育再提质。深入实施头雁、雨燕、雏鹰、凤凰等钱塘“领飞计划”，加快培育上市企业、单项冠军、隐形冠军和“专精特新”企业，形成结构合理、充满活力的企业梯队。优化调整“1+4+X”政策体系，继续出台针对性强的扶持政策，提高覆盖面和精准度。

培育壮大现代服务业。推进先进制造业和现代服务业协同发力，结合制造业强区特点，注重发展科技服务、检验检测、工业设计等生产性服务业，超前布局人工智能、5G生态、量子通信、区块链等未来产业。推动服务业向中高端跃升，大力发展总部经济、楼宇经济，整治提升仓储物流业。优化生活性服务业布局，招引和培育品牌型服务业企业，更好满足群众衣食住行的便利化品质化需求。

提升发展现代农业。扎实推进乡村振兴战略，建立完善“三农”政策体系，探索共同富裕的钱塘路径。因地制宜、因村施策，创新留用地开发模式，优化集体资产运营，持续壮大集体经济。大力发展现代高效生态农业，推进粮食生产功能区整治优化，建设一批“万亩粮仓”。加强与农业科研机构合作，建设种子种业创新基地、制种基地。打造辐射长三角的优质农产品生产加工和供应基地，打响钱塘农业“金品牌”。积极培育农村电商、乡村民宿、休闲康养等新型业态，把乡村生态优势转化为产业优势、经济优势。

4.构筑双循环战略新支点

更高视野促开放稳外贸。系统集成多区叠加综合优势，坚持“引进来”和“走出去”相结合，全面推进“一核两极三园四片”建设，发展壮大“保税+”数字贸易、跨境电商、生命健康、智能制造等产业，全面构建“综保区+自贸试验区+联动创新区+钱塘区”的全域自贸发展新格局。支持企业开拓“一带一路”“数字丝绸之路”市场，加快培育一批产业链条完整、产品特色鲜明、竞争优势明显的出口产业示范集群，打造“全国跨境电商第一园、全国综合保税第一流、全国数字贸易第一区”，努力成为具有标杆意义的对外开放窗口。

更大力度扩投资促消费。积极挖掘新的投资增长点，加强项目谋划储备，完善重大项目建设推进机制，强化土地、资金等要素多渠道保障，以政府投资撬动民间投资，推动基础设施、重大项目、重点产业、重点区域投资协同发力，持续释放有效投资需求。发挥新消费与新制造、新农业的结合优势，着力提升“云惠钱塘”等消费活动，推动传统消费业态升级，打造“网购保税+实体新零售”等创新型商业模式，加快建设创新消费体验区，培育壮大新零售新消费业态，构建特色化的杭州消费新中心。

更广领域强合作促发展。主动接轨长三角，加强与G60科创走廊重要城市的联动，依托优越的区位交通条件和现有产业平台资源，深度融入长三角区域发展产业链创新链。主动融入省域一体化，积极参与杭甬“双城记”，持续加强与海宁的联动共建，全面深化与周边区域的战略合作，努力在基础设施互联互通、“飞地”开发建设、临空经济发展、便民服务一体化等领域，组织实施一批具有节点性、标志性意义的合作项目，形成一批重要成果。主动参与区域发展，深化落实山海协作、东西部协作、结对帮扶等工作。

5.拉开城市建设新框架

优化大格局。坚持国际一流的规划理念和标准，紧扣政区合一新体制新要求，优化完善规划体系，推动形成产城融合、板块互联、科学统筹、疏密有度的功能布局，提高资源优化配置能力和综合承载能力。抓住大湾区空间规划和新一轮国土空间规划编制契机，着力调优永农布局，增加城乡建设用地规模，为发展留出充足空间。特别是结合全域有机更新，加强城市设计引导把控，加快实施重点街区改造、区校融合和土地腾挪，全力推动“腾笼换鸟”、城市面貌提升，全面激发城市生命力。

构筑大交通。立足建设杭州东部交通枢纽，争取更多线路纳入杭州轨道交通建设规划，推进钱塘高铁站建设，谋划提升临江出海码头服务能级，加快高速出入口、国省道、快速路等干线路网优化改造；加强钱江两岸以及与周边城区的畅通连接，建成投用艮山东路过江隧道、江东大道改造提升等一批城市骨干道路，加快启动江东三路过江通道建设；打通边界断头路，加强区域次干路及支小路微循环路网建设，提升内外交通便利性、通达性。强化交通组织管理，综合施策畅通江东大桥、绕城高速出入口等堵点，加快公共停车场建设，配建“P+R”换乘停车泊位，完善地铁站、产业园区、居住区、集镇间的接驳公交，提高公共交通覆盖率、换乘便捷度。

完善大配套。健全蓝领公寓、人才房、公租房等多元住房保障体系，加快回迁安置和拆后土地利用，打造云帆未来社区示范样板，让各类人才在钱塘安居乐业。强化商业配套，推进东沙湖、金沙湖城市核心区服务业态品质化、高端化、国际化提升，加快东部湾总部等办公集群建设，积极构建15分钟社区商业圈。围绕服务产业发展，合理布局并推进一批产业邻里中心建设，为职工提供一站式、全方位、多层次生活配套服务。统筹城市地下空间利用和市政基础设施建设，加快完善供水、供电、燃气、通信等设施，深入推进新型基础设施与海绵城市建设，不断提高城市承载力。

6.打造三生融合新样板

守住生态底色。坚持防源头、强监管，全面落实中央生态环保督察问题整改，统筹推进水、气、土、废综合治理，全力营造一流生态环境。持续攻坚蓝天行动，强化城市扬尘和机动车尾气治理，尤其要高标准推进碳达峰碳中和工作，优化调整能源结构，完成能源“双控”目标，遏制“两高”项目盲目发展，加快绿色制造体系建设。持续攻坚碧水行动，严格落实河长制，打造“幸福河湖”、护佑岸青水美。持续攻坚净土行动，探索“数字治土”新模式，加强化工厂区、农业面源等重点领域土壤污染防治和修复。持续攻坚清废行动，加强工业固废、生活垃圾、建筑垃圾和农业废弃物源头减量、资源利用、安全处置，助力全市“无废城市”建设。

彰显田园本色。保留江东区块最本土的韵味，建设“生态产城”。推进美丽乡村升级版建设，加强设计方案审核把控，着力破解千村一面问题。围绕新时代美丽城镇建设，做靓一批美丽田园、美丽庄园、美丽庭院，连片种植果树绿植，打造“云树绕堤沙”的沿江生态和围垦风貌，让百姓记得住乡愁。深入推进农村基础设施建设，推动乡村人居环境综合整治，解决好污水排放、垃圾处理、公厕改造等“身边小事”，让乡村更加清新清净、生态宜居。

做强都市特色。树立“公园新城”建设理念，着力把产业融入城市中、把城市建在公园里。坚持特色引领，提升下沙区块国际化水平，高起点谋划城市核心区建设。注重提升城市整体风貌，加强建筑色彩、建筑形态、城市天际线等方面把控，建好核心区块、钱塘门户和重点廊道，打造一批特色街区、标志性建筑，提升城市形象品位。巩固提升“149”环境整治成效，用好数字化手段，持续做好街区街面净化、建筑工地管理、空地围挡打开、共享单车管理等工作，推动城市管理更加精细、科学、智能。

7.塑造钱塘韵味文化新地标

深化精神文明建设。持之以恒用先进思想凝魂聚气，推动学习贯彻党的创新理论走深走实。深化“我们的价值观”主题实践和“最美钱塘人”选树工作，使社会主义核心价值观内化于心、外化于行。以文明城市创建为抓手，扎实开展群众性精神文明活动，倡导移风易俗，弘扬良好的家教家风、校风学风、劳模精神和乡贤文化，组织形式多样的志愿服务活动，树立文明新风尚，提升社会文明程度。坚持以文惠民，整合利用高校、企业文化资源，规划建设一批公共文化空间，不断繁荣文化事业。加快传统媒体和新媒体互融发展，打造国际传播矩阵，讲好钱塘故事，提升国际影响力。

弘扬钱塘特色文化。深入挖掘钱塘这片土地多年积淀的文化底蕴，传承和弘扬“奔竞不息、逐浪潮头”的潮涌文化，“战天斗地、敢为人先”的围垦文化，“大气开放、兼容并蓄”的移民文化，“心怀梦想、艰苦拼搏”的创业文化，赓续钱塘人的精神血脉。开展“文化拾遗”主题活动，保护利用好知青文化园、明清古海塘、南沙大堤、下沙三号大堤、头蓬老街、创业一号闸等特色文化资源。在抗击疫情、为民利企、改革发展的生动实践中，不断丰富钱塘文化内涵，推动文化传承与时代特征的有机结合。

提升文创产业水平。增强文创产业的渗透力、辐射力和带动力，加快发展“文化+”新型产业，与农业、制造业、服务业深度融合。依托资源禀赋，积极开发湿地生态游、美丽乡村游、围垦文化游、工业体验游、跨贸购物游。大力发展美丽经济，打造“美妆、美服、美食、美图、美生活”的五美新业态。

8.共建共享幸福美好新家园

打造美好教育先行区。以全域均衡为目标，加快编制完善教育设施布局规划，推进基础教育建设行动，持续扩大学位供给，保障所有符合条件的适龄儿童公平入学，形成更加均衡、更为合理的发展格局。以全域优质为目标，持续加大教育投入，坚持德智体美劳“五育”并举，系统推进“名校名校长名师”工程和“名校集团化”，大力提升办学软硬件水平，建设一批省市级名校和国际学校，教育整体学业水平迈入全市前列，形成与一流营商环境相适应的教育服务供给。推动公办民办教育协调发展，完善普惠托育、特殊教育、终身教育等服务体系。通过合作办学，积极发挥辖区高校在基础教育中的作用，支持职业院校培育专业技能人才。

建设健康惠民示范区。增加医疗资源布点，建设网格化城市医联体，引进群众急盼的妇幼医院，建设一批具有较强影响力的专业机构、特色科室，全面提升医疗服务水平，加快形成多层次、优质化医疗保障体系。做好常态化疫情防控，改革完善疾病预防控制体系，全面提升公共卫生应急支撑能力。深化医养护一体化，大力推动养老服务智慧化、公共服务适老化。实施亚运城市行动，办好亚运会轮滑、手球、击剑等赛事，做优本土赛事品牌，深入开展爱国卫生和全民健身运动，打造运动活力之城。

强化社会兜底保障。完善就业公共服务体系，提高失业人员、失土农民、就业困难人员、未就业大学生就业稳定性，认真做好就业援助和创业帮扶，不断提高就业质量。巩固村社集体经济“消薄”成果，促进低收入农户持续增收。完善多层次社会保障体系，健全医疗保险、社会救助、社会福利、慈善事业、拥军优抚等制度，化解劳动纠纷矛盾，加强残疾人关心关爱，兜牢民生底线、回应群众关切。

9.构建良序善治新格局

深化法治钱塘建设。牢固树立“法治是最好的营商环境”理念，坚持依法治区、依法执政、依法行政共同推进，健全公众参与重大公共决策机制，深化“两高一低”专项整治，推动严格执法、文明执法和公正司法，强化法律法规实施有效监督。持续巩固扫黑除恶专项斗争成效，严厉打击影响民生、侵害企业合法权益的违法犯罪活动，维护正常健康的市场经营秩序。加强普法宣传教育，引导群众依法理性反映诉求，使“办事依法、遇事找法、解决问题用法、化解矛盾靠法”成为企业群众的自觉行动。

深化平安钱塘建设。始终把安全摆在突出位置，构建大平安机制，推动社会治安防控体系立体化智能化，推动形成问题联治、工作联动、平安联创的综合治理工作格局。坚持党政同责、一岗双责、齐抓共管、失责追责，加强消防、交通、建筑、工贸等重点领域，以及危化品、特种设备、食品药品等重点行业的隐患治理，坚决遏制重特大安全事故发生。加强城市安全管理，完善综合防灾减灾体系，深化城市安全隐患排查，提高安全生产风险防控和应急救援数字化水平，增强监测预警和应急处置能力，筑牢公共安全屏障。

深化和谐钱塘建设。坚持服务群众、企业和基层的方向，健全社会治理“六和塔”工作体系，深化区、街道、村社三级矛调机构和“一中心四平台一网格”建设。推进村社减负增效，深化法治、自治、德治、智治“四治”融合，打造与邻为善、以邻为伴的幸福和谐大家庭。发挥社情民意收集、人民调解等机制作用，落实领导接访、包案等制度，持续开展重点领域矛盾纠纷专项治理，努力在下沉式、网格化、数字化治理体系建设中做实做好、凸显特色。

四、全面从严治党，为“智涌钱塘·现代星城”建设提供根本保证

实现今后五年的奋斗目标，关键在党，关键在人。要认真贯彻新时代党的建设总要求，坚决落实管党治党主体责任，坚决克服“七重七轻”倾向，做到谋精、快抓、实干、创新、益智、守正，实现以高质量党建推进高质量发展。

1.筑牢大融合思想根基。旗帜鲜明讲政治，健全完善“两个维护”的制度机制，严守政治纪律、政治规矩，严肃党内政治生活，严格执行民主集中制，体现民主高效，增加组织生活的仪式感、实效性。巩固深化“不忘初心、牢记使命”主题教育成果，坚持把习近平新时代中国特色社会主义思想作为理论学习中心组学习的“第一议题”，完善习近平总书记重要指示批示贯彻落实情况的督查机制，不断提高党员干部政治判断力、政治领悟力、政治执行力。牢固树立“我们都是钱塘人”观念，促进思想融合、行动融合、文化融合。精心组织庆祝建党百年系列活动，深入开展党史、国史、改革开放史和社会主义发展史学习，构建具有钱塘特色的政治理论学践体系。加强党对意识形态工作的领导，牢牢掌握意识形态领域工作的领导权、管理权和话语权，坚持正确舆论导向，加强互联网内容建设，让网络空间清朗起来。

2.构建大跃迁组织体系。围绕增强政治功能和组织力，坚持整体思维系统谋划，健全上下贯通、执行有力的组织体系。大力推动基层党建全域争先、整体跃迁，持续建强产业发展红盟、区校党建联盟两大载体，探索建立数智党建平台，加强机关、高校、国企等领域党建工作，推进平台企业、互联网企业、上市公司和新就业形态群体等新业态党建。适应村社书记、主任“一肩挑”新变化，大力实施“头雁领航”培训计划，不断建强基层执政队伍和党员队伍，推动各领域党建一年赋能、三年创优、五年跃迁，争创党建引领高质量发展样板区。

3.打造现代化硬核队伍。牢牢把握“五大历史使命”和“1+4”现代化体系建设要求，着眼全区未来5年、10年乃至更长期发展，突出实践标准、实绩依据、实干导向，强化思想融合争先、改革突破争先、服务赋能争先、风险防控争先。持续深化干部人事制度改革，系统重塑选人用人“一体系三机制”，全面实施钱塘英才计划和干部能力提升“风鹏计划”，深入构建全员益智培养体系。坚持严管与厚爱相结合，推进“两个担当”良性互动，常态化开展澄清正名、容错免责等工作，推动广大干部保持奋进者姿态、创造性张力、施工队精神，让钱塘成为优秀干部和专业人才涌现辈出的大摇篮。

4.建设高水平清廉钱塘。完善全面从严治党“四责协同”机制，层层压实管党治党责任。深化作风建

设，持续开展“三服务”活动，为企业分忧、为群众解难、为基层减负。深入贯彻中央八项规定及实施细则精神，驰而不息正风肃纪，防止“四风”反弹回潮。聚焦“七张清单”，坚决整改巡视、审计、督查等反馈问题。针对村社“三资”管理、招投标、工程建设等重点领域，深入开展专项整治。突出政治监督，加强对“一把手”和领导班子监督，强化廉政教育，系统推进清廉阵地建设。严肃查处腐败案件，精准运用监督执纪“四种形态”，一体推进不敢腐、不能腐、不想腐，让党员干部知敬畏、存戒惧、守底线。深化纪检监察体制改革，实施派驻机构统一管理，健全区委巡察机构，统筹衔接纪律监督、监察监督、派驻监督、巡察监督。突出清廉单元标杆引领，打造“钱塘廉潮”品牌，让以清为美、以廉为荣在钱塘大地蔚然成风。

要充分发挥党总揽全局、协调各方的领导核心作用，统筹协调好与人大、政府、政协之间的关系，健全科学化、规范化、制度化机制，支持人大依法履行职能，加强监督和代表工作；支持政府依法行政，集中精力抓好经济社会发展工作；支持政协加强政治协商、民主监督和参政议政，充分发挥专门协商机构作用，推进协商民主广泛多层制度化发展。加强对纪检监察工作的领导。支持法院、检察院依法独立公正行使职权。不断巩固壮大最广泛的统一战线，开创新时代统战工作新局面。做好民族、宗教、对台和港澳等工作。充分发挥工青妇等群团组织作用。加强党管武装和双拥工作，巩固和发展军政军民团结。

同志们，历史的接力棒已经交到了我们手里，这是我们的光荣使命和神圣职责。让我们更加紧密地团结在以习近平同志为核心的党中央周围，高举习近平新时代中国特色社会主义思想伟大旗帜，自信坚定，实干争先，高水平打造“智涌钱塘·现代星城”，为建设现代化国际化一流新区而奋斗，以优异成绩庆祝中国共产党成立100周年！

钱塘区沿江区块俯瞰　　（区融媒体中心 提供）

服务亚运会 奋进新征程
全面展现高能级战略平台的政治担当

——2022年1月14日在区委一届六次全体（扩大）会议上的报告

中共杭州市钱塘区委书记 金承涛

这次全会的主要任务是：高举习近平新时代中国特色社会主义思想伟大旗帜，深入学习贯彻党的十九届六中全会、省委十四届十次全会、中央和省委经济工作会议以及市委十二届十四次全会精神，从党的百年奋斗历程中不断汲取智慧和力量，推动全区党员干部坚定不移做“两个确立”忠诚拥护者、“两个维护”示范引领者，服务亚运会，奋进新征程，高水平打造“智涌钱塘·现代星城”，加快建设现代化国际化一流新区，全面展现高能级战略平台的政治担当，以优异成绩迎接党的二十大召开。

下面，我代表区委常委会向全会作报告。

一、过去一年的主要工作

2021年，钱塘正式实行功能区、行政区“区政合一”体制。一年来，区委常委会认真落实习近平总书记重要讲话精神和中央、省市委各项决策部署，团结带领全区广大干部群众统筹疫情防控和经济社会发展，实现“十四五”良好开局。预计全年地区生产总值增长6.5%；规上工业总产值突破3000亿元大关；固定资产投资461.3亿元，增长12.1%；研发投入强度达4.43%，位居全市第二；入选浙江省首批高能级战略平台培育名单，全省六大新区综合评价第一，全省开发区考核第一，获评全省优秀开发区、优秀高新区。

*过去一年，是全区上下知行合一、坚定走好红色初心路的传承之年。*我们积极践行“学党史、悟思想、办实事、开新局”，认真学习习近平总书记“七一”重要讲话和重要指示批示精神，精心组织开展庆祝建党百年系列活动，突出党史学习教育的“钱塘味”“新时代味”，组织开展“我为群众办实事、我为企业解难题、我为基层减负担”专题实践和“六讲六做”大宣讲活动，持续掀起党的十九届六中全会精神学习宣传贯彻热潮，进一步增强了全区党员干部传承红色基因、守好“红色根脉”的思想自觉、政治自觉和行动自觉。

*过去一年，是全区上下乘势而上、描绘钱塘繁华新画卷的振奋之年。*我们以高度的政治责任感和历史使命感，平稳有序完成行政区设立相关工作，始终做到思想不乱、工作不断、干劲不减，保障群众生活和企业生产不受影响。胜利召开首次党代会和区两会，擘画未来发展美好蓝图。广泛开展“我们都是钱塘人”大讨论大比武大担当活动，全体钱塘人实干争先的自信心前所未有、同心同向的凝聚力前所未有、奋发有为的精气神前所未有。

*过去一年，是全区上下深化改革、扩大开放合作创一流的破题之年。*我们以“区政合一”为契机，以数字化改革为引领，推动体制机制全方位系统重塑和流程再造，“一键找园”等4个项目入选全省数字化改革重大应用“一本帐”，“净地一件事”“智养钱塘”“全域智治”等一批特色场景上线应用，企业全生命周期政务服务和生物医药产业全链式创新“双线集成”，惠企利民有力有效。打造自贸区对外开放主平台，启动数字综保建设，推进eWTP全球布局，网展贸、跨境电商零售进口退货中心仓等多项经验做法在全国复制推广，外贸进出口总额保持全市前列。深化区域协作，加快8个省市级长三角重点项目建设，启动钱塘、理塘“塘塘合作”对口支援，积极探索“产业飞地”实践新路径。

*过去一年，是全区上下锚定目标、推进经济高质量发展的跃升之年。*我们聚焦主导产业，深入实施“新制造业计划”，全年签约亿元以上项目75个、总投资近600亿元，实到外资9.9亿美元，工业产值、实到制造业外资、工业投资、“152”项目落地数、工业用地出让量位居全市第一，获评全省利用外资优秀开发区。生物医药、航空航天“万亩千亿”平台考核位列全省十强，杭州医药港获评省级特色小镇，大创小镇成为省级特色小镇优秀创建单位，钱塘科学城、江海之城、美丽云城三个新平台挂牌运作。深化区校合作，落地项目150余个，中科院医学所一期建成。着力扶优培强，新增上市企业4家、规上工业企业78家、国家高新技术企业205家，新增市场主体增长率67.6%，位居全市第一。新引育全球顶尖及领军人才60名，其中鲲鹏人才2名，人才多项指标进入全市前列。深入实施创新产业园“三年百园”计划，省级五星小微企业园实现零的突破。深化“亩均论英雄”，盘活低效用地3900余亩。完成1.21万亩粮食生产功能区“非粮化”整治优化工作，获评全省粮食

增产保供成绩突出集体。大力发展现代服务业，优化省级检验检测高技术服务业集聚区布局，服务业占GDP比重稳步提升。

过去一年，是全区上下聚力共富、提升人民群众获得感的温暖之年。我们认真落实中央和省市委关于高质量发展建设共同富裕示范区的工作部署，成立社会建设委员会，制定实施方案、政策体系和工作机制。各级民生实事项目高标准收官，民生支出占公共预算比重超过三分之二。开竣工学校24所，高分通过全国学前教育普及普惠区省级验收，“双减”、暑期托管经验被央视专题报道。组建以市九医院为龙头的城市医联体，健康浙江连续三年考核优秀。慎终如始做好常态化疫情防控，守牢“外防输入、内防反弹”关口，启用区街隔离点25个，累计核酸检测16.7万余人、接种新冠肺炎疫苗165万剂，坚决打赢疫情防控遭遇战阻击战。地铁8号线开通运营，艮山东路过江隧道双线贯通，机场铁路接线工程、下沙至长安城际铁路方案获国家批复。打通一批干道支路，优化一批公交线路，服务群众出行“最后一公里”。公租房、人才房及蓝领公寓精准供应，1600余户在外过渡拆迁户喜迁新居。推进“迎亚运”环境整治和城市有机更新，全面完成高沙老小区拆违整治，东部湾、金沙湖、田园江东成为全省首批风貌区建设试点。亚运轮滑馆、手球馆、击剑馆竣工验收。全面完成外六工段等地化工企业关停转迁，深化污水零直排建设，PM2.5浓度下降3.1%，市控以上断面水质Ⅰ–Ⅲ类保持100%达标。全年刑事、治安警情下降9.6%，电诈发案下降22.1%，亡人交通事故数连续4年下降，禁毒预警完成摘帽。“一中心四平台一网格”基层治理体系更趋完善，信访总量和四级走访总量分别下降35.2%和54.4%，安全生产形势稳定，应急管理体系持续健全，平安法治建设一体推进。做好防汛防台工作，萧围北线标准塘工程荣获“大禹奖”。新增6个全国示范型退役军人服务站，就业、养老、社保、慈善等民生事业扎实推进。

过去一年，是全区上下合拍共鸣、释放钱塘文化新活力的奋进之年。我们坚持正确舆论导向，打好意识形态领域主动仗。高质量推进新时代文明实践阵地建设，做好全国文明城市创建国测、省测、市测迎检工作。注重钱塘历史文脉传承，举办首届围垦文化节，开展“非遗寻访+工业研旅”活动。深入实施文化惠民工程，累计建成农村文化礼堂52家、文化家园46个、示范农家书屋7个，“书香钱塘”品牌载体不断丰富。加强内外宣传，实体化运作钱塘融媒体中心，上线“杭州钱塘”推特账号、“钱塘发布”客户端，“钱塘声音”的国际传播能力显著增强。启用“文产云”平台，落地高端文化产业项目11个、总投资超32亿元，成功举办钱塘首届潮玩节、钱塘江IP创意大赛。

过去一年，是全区上下同心同德、强化党建引领勇担当的实干之年。我们坚持党的全面领导和党中央集中统一领导，严格落实中央、省委巡视和中央环保督察等“七张问题清单”整改工作，推进长江经济带生态环境问题整改销号。全面实施“风鹏计划”，持续加大党政储备干部引育力度，建立健全干部大监督、澄清保护、容错纠错等机制，促进“两个担当”良性互动。开展村社干部、两新书记专题培训，夯实基层组织骨干力量。推进全域党建联盟建设，“15分钟”党群服务网络体系全面建成。“小哥畅行”计划纳入全省试点，力促新就业群体暖心融杭。深入推进“大考大赛”常态化制度化，组织发动3.5万名干部群众奋战在疫情防控等重点一线。建立区委巡察机构“一办三组”，高质量完成区委两轮巡察及全市巡察上下联动试点工作。从严纠治“四风”，实施“治顽疾、提效能、促执行”深化作风建设行动，开展“亲清”政商关系突出问题等43个专项治理，立案查处各类违纪违法案件68件，其中群众身边腐败问题16起，纵深推进清廉钱塘建设。践行全过程人民民主，支持人大及其常委会依法行使监督权、重大事项决定权、人事任免权，建成人大代表联络站26个，全力推动新区立法工作，确保宪法法律全面有效实施。出台《关于新时代加强和改进人民政协工作的实施方案》，支持政协充分发挥专门协商机构作用，建立“请你来协商”平台体系，开展政治协商、民主监督、参政议政等活动26场。建设大统战工作格局，开展“同心筑梦跟党走”等活动，汇聚“我为钱塘做贡献”的合力。民族、宗教工作取得新进展，法院、检察院工作迈上新台阶，党管武装工作不断深入，工青妇、老干部、老龄和关心下一代等工作得到加强。

同志们，成绩来之不易，这是以习近平同志为核心的党中央和省市委坚强领导的结果，是全区党员干部筑梦启航、拼搏奋斗的结果，是全体钱塘人民凝心聚力、砥砺前行的结果。借此机会，我代表区委常委会，向全区广大党员干部群众、向关心支持参与钱塘发展的各界朋友们表示衷心的感谢和崇高的敬意！

二、准确把握党的十九届六中全会核心要义，始终牢记使命担当，把忠诚拥护“两个确立”、坚决做到“两个维护”落到实处

党的十九届六中全会通过的《中共中央关于党的百年奋斗重大成就和历史经验的决议》，是一个具有历史穿透力、政治动员力、思想引领力、行动感召力的纲领性文件，是一部彰显百年大党政治成熟度、形象辨识度、战略制胜度的马克思主义光辉文献，对于推动全党增长智慧、增进团结具有十分重要的意义，也为我们奋进新时代、夺取新胜利注入了强大信心和巨大力量。我们要从全局和历史高度充分认识党的十九届六中全会的重大意义，深刻领会党百年奋斗的伟大成就和历史经验，进一步把全区党员干部的思想和行动统一到六中全会精神上来，特别是要结合钱塘的使命定位，坚决扛起高能级战略平台的政治担当，以实际行动做“两个确立”忠诚拥护者、“两个维护”示范引领者。

纵观钱塘的发展历程，可以说是一部百折不挠、战天斗地的奋斗史。自上世纪五六十年代开始，钱塘大地上的干部群众艰苦创业、奋力拼搏，实现了茫茫滩涂到农业垦区、工业园区再到城市新区的历史性转变。习近平同志在浙江工作期间，十分关注钱塘这片土地，先后五次视察指导，特别是2003年4月调研经开区工业经济时，明确提出要“以开发区和项目建设为抓手，加快推动产业结构优化升级，深入推进先进制造业基地建设”。近年来，我们紧紧围绕总书记的殷殷嘱托和省市委决策部署，坚定不移推进“八八战略”在钱塘的具体实践，不断强化制造业主平台作用，引领带动经济社会全面发展、全面进步，在国家级经开区、高新区、综保区和省级新区激烈竞争中争先进位。在此过程中，我们也积累形成了一些思想认识和宝贵经验，为打造高能级战略平台指引方向、提供动力。

1.必须始终牢记对党忠诚、为党尽责，旗帜鲜明讲政治。习近平总书记指出，旗帜鲜明讲政治是我们党作为马克思主义政党的根本要求，是我们党一以贯之的政治优势，也是我们党能成为百年大党、创造世纪伟业的关键所在。这些年来，我们始终牢记总书记的指示要求，认真学习习近平新时代中国特色社会主义思想，坚决维护习近平总书记党中央的核心、全党的核心地位，坚决维护党中央权威和集中统一领导，坚决贯彻落实中央、省市委关于“一带一路”、长江经济带、长三角一体化、共同富裕、四大建设、城东智造大走廊、三大科创高地、数字化改革、“拥江发展”等各项战略决策部署，紧密结合钱塘实际，创造性开展工作，确保总书记有号令、中央有部署、省市有要求、钱塘见行动。特别是今年杭州即将举办亚运会，这是必须完成好的重大政治任务，我们的所有工作都要向亚运聚焦，所有部署都要围绕亚运展开，把讲政治的要求融入体现到具体工作实践当中。

2.必须始终牢记发展是第一要务，充分发挥“区政合一”的体制优势。开发区是我国改革开放的产物，是先进制造业和高新技术产业的承载地、集聚地。开发区在对外开放中的“窗口”效应、在经济发展中的先发优势、在城市建设中的拓展作用功不可没。实践证明，新区体制有利于先行先试、高效推动钱塘高质量发展，行政区体制有利于整合资源、更好服务高质量发展。当前，我们还面临土地要素紧缺、资金保障压力较大等瓶颈制约，节能降耗任务异常艰巨，必须按照一切有利于发展的原则，正确处理功能区和行政区的关系，充分发挥国家级经开区、高新区、综保区、自贸区和新区的叠加优势，传承弘扬艰苦创业、敢为人先的围垦精神和开发区精神，全力以赴破难题，集中力量办大事，久久为功见实效，推动经济持续快速健康发展。

3.必须始终牢记“一张蓝图绘到底”，保持战略定力。战略定力是推进可持续发展的基础保障。这些年来，我们坚定不移把“八八战略”作为根本行动指南，以钉钉子的精神，不断积小胜为大胜。特别是新区成立以来，我们把续写“八八战略”大文章与践行省市赋予的“四大定位”融会贯通起来，聚焦发挥优势、补齐短板两个关键，深化顶层设计，加强规划指引，谋精抓手路径，在产业发展、改革开放、产城融合、民生事业、营商环境等方面开创了崭新工作局面。立足新起点，迈步新征程，我们只有坚持“一张蓝图绘到底”，一任接着一任干，在坚守中发展、在继承中创新，才能在接续奋斗中不断谱写高质量发展的钱塘新篇章。

4.必须始终牢记改革是钱塘的“根”和“魂”，坚定不移开拓创新。钱塘因改革而生。这些年来，我们坚持准确识变、科学应变、主动求变，在全省首推平台体制、营商环境、人事制度等一系列改革举措，并得到省委主要领导批示肯定。但我们也清醒认识到，钱塘发展仍面临不少困难和问题，比如创新和人才对高质量发展的支撑还不够有力，城市面貌还需进一步提升，生态环境质量与群众期望还有不小差距，公共服务不平衡不充分问题仍然突出，社会治理的系统化智能化集成化水平有待提高，这些问题靠惯性思维、现有手段、传统路径很难解决，必须发挥首创精神，切实增强“没有走在前列也是一种风险”的意识，以数字化改革为牵引，找准改革的突破方向、工作机制、力度节奏，激发新活力、构筑新优势。

5.必须始终牢记产业是钱塘的立区之本，聚焦聚力做强先进制造业。高质量发展先进制造业是钱塘的使命所在，也是最大的特色优势。这些年来，我们始终坚持产业引领，研究出台“1+4+X”产业政策，深入实施“新制造业计划”，积极推进制造业集群化智能化品质化发展，工业规模领跑全市，生命健康产业产值占全市比重超过50%，获批2个全省“万亩千亿”新产业平台，芯智造、生物医药、汽车制造等上榜全省“链长制”试点。肩负“再造一个杭州制造业”的重任，钱塘必须瞄准全球产业最高标准、最高水平，加快完善产业链条和产业生态，推动制造业规模和质效“双提升”，不断擦亮“钱塘智造”金字招牌，促进一二三产协同发展，构筑更具竞争力的产业体系。

6.必须始终牢记以百姓之心为心，让钱塘人在高质量发展中拥有更多的安全感、幸福感和获得感。以人民为中心是我们党的根本政治立场和价值取向。2006年7月，习近平同志专门到近万名外来人员集中居住的邻里社区考察指导，充分体现了对基层群众的关心关爱。这些年来，我们始终把人民对美好生活的向往作为奋斗目标，坚定不移走产城人融合发展之路。特别是新区成立以来，我们加快解决城市配套、生态环境、平安稳定等群众关心的大事小情，努力让每个钱塘人都感受到家的舒适与温暖。当前，加快推进共同富裕是广大群众的共同期盼，是为人民谋幸福的关键着力点。我们要深刻领会中央的战略考量，正确认识把握实现共同富裕的战略目标和实践途径，结合钱塘移民之区、创业之城的特点，深化完善共同富裕“1+2+5”体系，着力缩小区域、城乡、收入三大差距，让发展成果更多更公平惠及全体人民群众，争创高质量发展建设共同富裕示范区的时代样板。

7.必须始终牢记党建引领，展现自我革命精神。勇于自我革命是中国共产党区别于其他政党的显著标志。党的十九届六中全会将“坚持自我革命”凝练为党百年奋斗的历史经验，彰显了中国共产党的最鲜明品格和独特优势。这些年来，我们认真贯彻新时代党的建设总要求，学深悟透习近平新时代中国特色社会主义思想，认真开展“不忘初心、牢记使命”主题教育、党史学习教育活动，加快建设变革型组织，提高干部塑造变革能力。但面对繁重的改革发展任务，部分干部的精神状态、工作作风、综合能力还不相适应，全面从严治党还存在薄弱环节，廉政建设方面有过深刻教训。我们必须深入推进新时代党的建设新的伟大工程，认真履行管党治党主体责任，强化严字当头、全面从严、一严到底，推动自我革命不断向纵深发展。

三、坚持稳进提质，以打造高能级战略平台的工作成效，彰显政治站位、履行政治责任、展现政治担当

2022年，机遇与挑战并存，大事要事喜事盛事齐聚。党的二十大是我们党进入全面建设社会主义现代化国家、向第二个百年奋斗目标进军新征程的重要时刻召开的一次十分重要的代表大会，是党和国家政治生活中的一件大事，保持持续向好的经济环境、国泰民安的社会环境、风清气正的政治环境是我们必须担负的政治责任。亚运盛会9月举办，这是习近平总书记和党中央交给杭州的光荣使命，是对我们政治站位、能力素质、作风状态的全面检验，也是全面提升城市品质、展现城市形象的重大机遇，亚运会、亚残运会涉及我区五大比赛场馆，72块金牌将在钱塘产生，我们必须举全区之力做好亚运服务保障工作，为高质量呈现“中国特色、浙江风采、杭州韵味、精彩纷呈”的亚运盛会贡献钱塘力量。共同富裕示范区建设步入新的一年，如何在做大“蛋糕”的基础上切好“蛋糕”，结合钱塘实际、探索更多好经验好做法，努力实现区域共富、城乡共富、群体共富、物质精神共富、协作地区共富，是我们必须直面的重大课题。数字化改革迎来全面贯通、集成突破、集中展示的一年，我们迫切需要放大数字化改革格局，推动体系架构迭代升级和各领域制度重塑、流程再造。此外，疫情防控形势仍然严峻，保持快响激活、守住疫情防线是做好全年一切工作的首要前提，我们必须以一控到底的决心，加快构建疫情防控六大机制，牢牢把握疫情防控主动权，以工作的确定性应对风险的不确定性。

新的一年，我们要以习近平新时代中国特色社会主义思想为指导，全面贯彻落实党的十九届六中全会、中央经济工作会议和省市委的部署要求，坚持稳字当头、稳中求进，以服务保障亚运为中心，加快推进全域创新、全域智治、全域美丽、全域共富，高水平建设现代化国际化一流新区，全面展现高能级战略平台的政治担当。综合考虑，2022年主要预期目标为：地区生产总值增长6.5%以上；规上工业增加值增长7%以上；研发投入强度达到4.4%以上；固定资产投资增长8%；实际利用外资突破10亿美元；完成国家和省市下达的能源和环境等约束性指标计划目标。

1.实施亚运城市品质提升工程，加快推动城市能级的迭代升级。扛起政治责任，树立大局观念，整合资源要素，调动一切力量，倾力打造“办好一个会，提升一座城”的钱塘最佳实践案例。全力保障盛会举办。构建高效的领导体系、工作机制和应变机制，以时间轴为核心，排出计划表，找准关键路径，量化闭环推进。高质量完成五大赛事场馆建设，统筹抓好安全保卫、交通组织、市政通讯、疫情防控等赛事保障，全面深化细节，把工作精确到最小颗粒度，做到

安全万无一失、保障周密细致。全力提升城市环境。建成投用钱塘快速路、江东大道提升改造等亚运保通工程，启动建设钱塘高铁站、头蓬快速路等重大交通基础设施，推动地铁、公交、慢行系统深度融合，打好新一轮交通治堵攻坚战。深入推进城乡风貌整治提升行动，坚决做好蓝天碧水净土污染防治，聚焦重点领域集中破解一批群众反映强烈的环境突出问题。高标准打造城市封面，开展高铁新城等重点片区规划设计，推进城市有机更新，集中力量建设生态海岸带和东部湾新城、江海之城“一带两城”；深化新时代美丽城镇、美丽乡村、美丽田园建设，让城市空间和生态空间相得益彰、都市新城与田园新城交相辉映。全力放大溢出效应。以国际视野拓展宣传推介，讲好亚运精彩故事，塑造钱塘文化品牌，展现钱塘独特韵味，全面提升知名度和美誉度。深化文明城市创建，丰富全民志愿活动，着力提升市民文明素质。推进亚运魅力展示工程，加快亚运主题公园、文体中心、大剧院等配套设施和国际化标识系统建设。借势扩大对内对外开放，争取更多跨国公司、国际团队、优质项目落户钱塘。广泛开展亚运主题活动和群众性体育赛事，提升女子国际马拉松赛、大湾区自行车公开赛等品牌赛事影响力，营造浓厚的全民亚运氛围。

2.实施产业核心竞争力提升工程，加快推动经济质效的迭代升级。坚持产业立区，坚定不移贯彻新发展理念，大力推进新型工业化，深化实体经济与数字经济高质量融合发展。建设全球先进制造业基地。深入实施“新制造业计划”，强化产业平台支撑，加大“链主”平台型项目、“专精特新”项目、微笑曲线两端项目招引力度，提升杭州医药港、大创小镇、钱塘芯谷等产业平台的专业化服务能力，加快培育生物医药、集成电路等标志性产业链和智能装备等千亿产业集群，确保全年规上工业总产值突破3500亿元、工业增加值突破700亿元。用好政策这个“船”和“桥”，完善重大项目要素保障机制，持续优化产业项目协同指挥平台、“703020+X”项目推进模式，“152”项目落地率、工业投资继续保持全市前列。深化“全域亩均论英雄”改革，实施新一轮“腾笼换鸟、凤凰涅槃”攻坚行动，推进创新产业园“三年百园”计划，亩均税收5万元以下低效工业企业三年动态出清。实施数字经济提升三年行动计划，加快布局元宇宙等未来产业，突出抓好“产业大脑+未来工厂”，深入实施“个转企”“小升规”，加大“专精特新”企业培育。系统推进碳达峰碳中和工作，支持引导企业加大节能技术改造，加快实现绿色低碳转型。大力发展现代服务业。探索“楼均论英雄”改革，紧盯上市企业、高端制造、科创研发、互联网经济等总部项目，重点发力楼宇经济、总部经济。推进先进制造业与现代服务业深度融合，积极布局软件信息、科技金融、检验检测、智能终端产业项目。补足江东区块精品商业，做强下沙区块高端商业，不断拓展“云惠钱塘”系列活动覆盖面，打造美丽经济，培育壮大新型消费，着力打响“消费在钱塘”品牌。积极发展高效生态农业。深化与省农科院合作，加快推进种子种业创新基地、制种基地项目落地和钱塘粮库建设。持续开展耕地“非粮化”整治优化和“大棚房”整治，打造万亩粮仓新样板。建设富有地域特色的草莓小镇、稻香小镇、荷美小镇，培育一批面向长三角的优质农产品生产加工和供应基地。

3.实施创新要素集聚工程，加快推动发展动能的迭代升级。坚持全面全域创新，强化“产学研用金、才政介美云”十联动，推动各类创新要素竞相进发、活力涌动。打造产才融合示范区。围绕产业链布局人才链，推进“大项目招才”“产业链招才”，启动“卓越工程师”、蓝领高技能人才培育计划。做强人才链催生产业链，持续引进顶尖领军人才和高层次人才创业项目。创新产业人才评价模式，增强企业用才话语权。加快钱塘才创园建设，争取全省海外高层次人才联谊会生物医药分会落地钱塘。构建全生命周期人才创新创业生态体系，不断加强教育、医疗、安居等优质公共服务供给，着力把创新和人才的“关键变量”转化为高质量发展的“最大增量”。建设科技创新重要承载地。聚力打造钱塘科学城，强化区校合作、科研机构协作的枢纽功能，统筹利用公共实验室，推动中科院医学所、钱塘科创中心等高端科研机构快出成果、出大成果。开展全省科创知识产权上市加速器试点，打造以“十中心十平台”为先导的“创新核”。全力推进“西研东产”，开拓众创空间–孵化器–加速器–科创上市园区等平台空间，全面深化应用研究、产业创新和成果转化，打造全省生物医药科创高地和制造重地。强化培育创新主体。企业是创新的主力军，我们鼓励龙头企业牵头建设创新联合体，推动关键核心技术攻关。企业必须在核心技术上不断实现突破，掌握更多具有自主知识产权的关键技术，掌控产业发展主导权。落实新一轮减税降费，优化完善产业扶持政策，提振市场主体信心。深入实施“凤凰计划”，新增上市企业3家以上。用活用好产业基金，实现科创项目精准扶持。推行区级品牌评价全域覆盖，加快培育一批含金量高、知名度高的钱塘优质品牌。

4.实施公共服务优质均衡工程，加快推动民生事业的迭代升级。钱塘人口结构多元、地理形态特殊、区块不均衡特征明显，要找准切口、拿出硬招，打造共同富裕的钱塘时代样本。用心用情“一老一小”。加快构建育儿友好型社会，完善普惠托育服务体系，推广产业园区、高校嵌入式幼儿园模式。开竣工学校项目16所，新增学位2700个以上，创建全国义务教育优质均衡发展区。推进老年友好社区建设，老年友善医疗在基层卫生服务机构实现全覆盖。优化医疗资源布局，提升社区卫生服务中心医疗服务能力，完善全民全生命周期健康服务。稳扎稳打“扩中”“提低”。实施就业援助精准服务计划，拓宽市场化社会化就业渠道，完善产业工人等重点群体就业支持体系，激发技能人才、科研人员、小微创业者等中等收入后备军群体增收潜力。深化“春风行动”，实施低保、低边、特困、临时救助和残疾人“五项补贴”制度，城镇职工基本养老保险和城乡居民养老保险应保尽保。全面推进乡村振兴，推动低收入农户持续增收，率先实现村集体经济总收入和经营性收入“10040”全达标。聚焦聚力“住有宜居”。推动房地产市场平稳健康发展，落实差异化购房政策，积极探索共有产权住房制度。加大保障性住房配建力度，最大程度满足高端人才、产业工人等重点群体住房需求。开工安置房项目3个、竣工2个，整户回迁1353户，实现征迁及在外过渡5年以上回迁安置动态“清零”。加快未来社区提质扩面，推进未来乡村建设，持续开展老旧小区改造，有效提升群众居住品质。

5.实施开放合作深化拓展工程，加快推动开放生态的迭代升级。发挥改革开放先发优势，以自贸区建设为切入口，持续深入推动商品和要素流动型开放，更加注重规则等制度型开放，以高水平开放带动改革全面深化，高质量服务国内大循环，高水平融入国际大循环。在对外开放上探索新业态。围绕“双一流、双引领”目标定位，不断健全高效协同机制、要素保障机制，创新搭建数字综保综合服务平台，推动合格境外有限合伙人试点落地，打造数字自贸展厅，在政策先试先行上取得更多成效，更好实现“试在片区、用在全市、服务全省、贡献全国”的辐射带动作用。持续加大外资招引力度，实际利用外资保持全市领先。支持企业更好地“走出去”，开拓多元化外贸市场，深度融入国际产业链。在国际合作上深化新模式。在全球主要创新资源集聚区域布局创新中心，依托“杭州+新加坡”双总部，推动“全球孵化-上海研发-钱塘加速（总部）-浙江腹地生产”的整体布局。做实做优新加坡科技园、浙非服务中心等平台载体，开展有深度、有粘性、有成效的国际合作，不断提升产业国际化水平。在区域协作上拓展新路径。积极融入长三角一体化发展，聚焦上海等科创资源集聚地，主动对接外溢产业资源，投运上海张江生物医药研发园区，将大湾区几何中心的区位优势转化为自身发展的持续红利。加强与嘉兴海宁、宁波前湾新区战略合作，推进杭嘉一体化、唱好杭甬双城记。加强与对口协作地区交流合作，推进“产业飞地”等共建项目落地。

6.实施数字化改革牵引工程，加快推动治理能力的迭代升级。坚定不移把数字化改革作为全面深化改革的总抓手，以加强应用、赋能治理、全面贯通为手段，全面强化数字化改革对全区面上改革的牵引、倒逼、重塑作用，牢牢占领数字文明时代的高质量发展制高点。扎实推进数字化改革。实体化运作区委改革（数字化改革）专班，紧扣省市委“1512”体系架构，围绕重大任务重大战略、解决重大问题、提升治理能力和群众获得感，不断完善重大需求、多跨场景、重大改革“三张清单”，对准改革跑道、聚焦实战实效，持续谋划建设一批具有钱塘辨识度和标志性的好场景好应用，不断催生新的技术变革、产业变革、模式变革和治理变革。打造一流营商环境。做好全省营商环境集成改革试点验收工作，重点考好世行评价、国家评价、省级评价和市级便利度调查等4场考试，持续放大生物医药产业全链式集成改革成果，逐步将改革经验向集成电路、智能制造等更多主导产业拓展延伸。深入推进“放管服”改革、政务服务“去中心化”，打造“15分钟”办事圈。把推动民营经济高质量发展摆在更加突出的位置，用好“亲清钱塘”、走亲连心三服务等载体，持之以恒做好企业服务。深入推进民主政治建设。坚持和完善人民代表大会制度，坚持和完善中国共产党领导的多党合作和政治协商制度，加强和改进人大工作，充分发挥人大职能作用，深化政协“请你来协商”、委员工作站、民生议事堂等平台建设，推动全过程人民民主的生动实践。支持法院、检察院依法履职，做到目标同向、工作同心、行动同步。发挥统一战线独特优势，增强社会各阶层的认同感和归属感，进一步凝聚乡贤力量，推进民族宗教工作高质量发展。强化党管武装，大力推进军地融合深度发展。加快推动新区立法工作，一体化推进法治钱塘、法治政府和法治社会建设。持续深化平安钱塘建设。迭代升级“基层治理四平台”，推进“区街一体、条抓块统”改革，推进三级矛调中心转型为社会治理中心，构建“136”工作格局，优化“民呼我为”工作体系，完善村社“全科网格”，构筑基层社会治理新格局。推动“141”体系与疫情防控六大机制有效对接，精准做好常态化疫情防控。加大隐患排查治理力度，做好安全生产工作。持续推进风险矛盾防范化解，加快实现信访积案“清零”。推进立体化信息化社会治安防控体系建设，狠抓除险保安，全力做好党的二十大、冬奥会、亚运会和亚残运会维稳安保工作。

四、守好“红色根脉”，打造变革型基层组织、提高基层塑造变革能力，以高质量党建引领高质量发展

当前，我们开启了全面建设社会主义现代化国家新征程，踏上了实现第二个百年奋斗目标新的赶考之路，我们要坚决贯彻新时代党的建设总要求，持续弘扬伟大建党精神，切实增强政治判断力、政治领悟力、政治执行力，加快构建党建统领基层整体智治体系，为打造高能级战略平台打牢坚实基础、提供坚强保证。

1.强化“两个确立”政治忠诚。坚持把习近平新时代中国特色社会主义思想作为政治学习的中心内容，全面落地“第一议题”制度，深入实施铸魂工程、溯源工程、走心工程，精心打造“钱塘·潮”理论学习品牌，持续优化“风鹏大讲坛”等学习载体，挖掘钱塘“理论富矿”“思想富矿”。全面把握和坚决执行中央和省市委的重大决策部署，忠诚拥护“两个确立”，坚决做到“两个维护”，切实把学习成效转化为做好本职工作、推动事业发展的积极行动。打造国际传播矩阵，谋划多种活动载体，深入开展主题宣传，讲述钱塘好故事，发出钱塘好声音，塑造钱塘好形象。强化各级党组织意识形态主体责任，全力守护网络重要阵地，健全舆情风险研判、应急处置机制，牢牢掌握新时代意识形态领导权。

2.打造党建高地“钱塘范例”。贯彻落实省委“红色根脉强基工程”部署要求，深入实施“红领钱潮全域争先”行动。强化党的全面领导，统筹机关、村社、国企、两新等各领域党建工作。深入实施“强基双培”工程，组织开展“党建领航、五星共富”创建活动，大力推进基层党支部规范化运行，持续推进基层带头人建设。将红色堡垒建在关键一线，巩固疫情防控“平战结合”群众发动机制，组织开展“平安护航”行动。做深做实街道“大工委”、社区“大党委”制，健全党建引领新型村社建设和治理“一统三化九场景”新机制。大力实施产业党建“红芯工程”，优化完善“党建红盟”运行机制，探索项目临时党支部变革型建设，组织开展党建强、发展强培育创建活动。持续推进党群服务矩阵建设，打造有温度、受欢迎、聚能量的党群之家。巩固放大党建带群建的机制优势，推动新时代党的群团工作创新发展。

3.纵深推进“清廉钱塘”建设。发挥全面从严治党引领保障作用，把严的主基调长期牢固坚持下去，以正视问题的自觉和刀刃向内的勇气推进党的自我革命，全面彻底抓好省委巡视、环保督察等“七张问题清单”整改落实，形成问题发现和整改闭环。用好“接力式”巡察规范化成果，深入推进政治巡察。持之以恒落实中央八项规定及实施细则精神，着力纠治“四风”顽瘴痼疾，力戒形式主义、官僚主义，坚决整治群众身边腐败问题，持续释放“零容忍”强烈信号。突出重点领域、重点岗位，强化“一把手”和领导班子监督，深化运用“四种形态”，推动构建“亲清”新型政商关系。坚持以案促教、以案促改、以案促建，强化惩治震慑、制度约束、提高觉悟一体发力，不敢腐、不能腐、不想腐一体推进，营造干部清正、政府清廉、政治清明、社会清朗的政治生态和高质量发展环境。

4.锻造奋发有为硬核队伍。着眼谋篇布局向未来，贯彻落实“抓好后继有人这个根本大计”要求，聚焦“人的现代化”，树立鲜明的选人用人导向，坚持把政治标准摆在首位，以实干实绩实效论英雄，全方位构建赛马机制，赛马识人、赛马选人，用大赛马实现大发展。建立专业干部、年轻干部“双百”梯队，为钱塘未来发展储备一批中坚力量。注重生成性学习、保持创造性张力，大力开展干部现代化建设能力提升行动。构建完整执行落实链条，强化清单式管理、项目化推进，形成唯实惟先、善做善成的团队文化。以省委巡视整改“回头看”为契机，全面推进干部“选用管育”全链条规范化建设。探索推行容错纠错、容错裁定、及时提醒等机制，深化推进澄清正名工作，激励干部大胆作为。持续推进干部人事制度改革，优化全员绩效考核，激发干部队伍整体活力。

同志们，征程万里风正劲，重任千钧再出发。让我们更加紧密地团结在以习近平同志为核心的党中央周围，增强“四个意识”、坚定“四个自信”、做到“两个维护”，深入贯彻落实中央和省市委的各项决策部署，踔厉奋发、笃行不怠，全面展现高能级战略平台的政治担当，交出一份不负历史、不负时代、不负人民的高分答卷，以优异成绩迎接党的二十大胜利召开！

名词解释

1.“一键找园”：将园区空间载体和产业资源要素数字化、可视化，实现园区可寻、可看、可比、可落。

2.“净地一件事”： 产业项目审批流转、部门协同实现系统化管理，净地时限由原先135天缩减至60天。

3.“智养钱塘”： 养老机构辐射社区并延伸至居家，依托人码、床码、康养、乐养、助养等手段，提供智慧化养老服务。

4.“全域智治”： 运用物联网、大数据和人工智能，全域感知各类基础信息，确保基层网格实时掌握区域内相关信息。

5.eWTP： 电子世界贸易平台。

6.网展贸： 展会组织和外贸服务的创新模式，实现数字展示、数字撮合、数字洽谈、数据挖掘、数字资讯等功能。

7.“产业飞地”： 打破行政区划限制，把飞出地的资金和项目放到飞入地的工业园区，利用税收分配、政绩考核等机制，实现两地资源互补、互利共赢。

8.“一中心四平台一网格”：“一中心”指社会治理中心；“四平台”指综治工作、监管执法、应急管理、公共服务四个功能性工作平台和党建统领、经济生态两大运行模块；“一网格”指全科网格。

9.“文产云”： 对全区文化产业全主体、全周期、全生态进行数智管理。

10.“七张问题清单”： 重大巡视问题、重大审计问题、重大督查问题、重大生态环保督察问题、重大安全生产问题、重大网络舆情问题、重大信访问题清单。

11.“风鹏计划”： 紧扣人的现代化，推进干部工作全方位、系统性、重塑性优化提升。

12.“小哥畅行”： 针对快递小哥、外卖骑手等新就业群体终端配送“门难进”问题，落地“亮码识身份”等各项畅行举措，全力打通“小哥”终端配送“最后一百米”。

13.“链长制”： 各地党政主要领导担任链长，帮助厘清产业链发展的堵点痛点，提供资金、人才、土地等政策支持，助推产业链高质量发展。

14.共同富裕“1+2+5”体系：“1”是1个方案，即《钱塘争创高质量发展建设共同富裕示范区时代样板的实施方案（2021–2025）》；“2”是2个机制保障，即领导小组及其工作规则；“5”是5张清单，即共同富裕指标体系清单、改革清单、任务清单、突破性抓手清单、典型案例清单。

15.生态海岸带： 浙江省大湾区标志性工程和魅力窗口，在海岸线陆侧20公里带状区域内，打造自然生态优美、文化底蕴彰显、人文活力迸发的滨海绿色发展带。

16.“链主”平台型： 在产业链、供应链体系中处于核心或支配地位的骨干企业，推进行业协作、供应链协同、产业核心环节引育的重点企业。

17.“专精特新”： 走专业化、精细化、特色化、创新型发展道路的企业群体。

18.“703020+X”： 一般工业项目签约到土地挂牌用时70天，挂牌公告30天，土地摘牌到取得施工许可证20天，特殊事项酌情增加各阶段用时。

19.“产学研用金、才政介美云”： 融合提升产业、学术界、科研、成果转化、金融、人才、政策、中介、环境、服务等，打造创新创业的生态系统。

20.“十中心十平台”：“十中心”指国际产业合作创新中心、国家电器安全质量检测中心、国家电子商务消费品质量检测中心、国家物联网智能安防及交通产品质量检测中心、知识产权公共服务中心、科创企业上市加速中心、知识产权投融资中心、知识产权交易中心、知识产权保护中心、国家特种材料检验中心；“十平台”指生物医药知识产权交易平台、高端装备制造知识产权交易平台、制造能力订单交易平台、药品上市许可持有人技术交易平台、高价值专利培育平台、特种材料检验公共服务平台、全球科技精准合作平台、浙江制造国际认证联盟、国家电梯产业技术创新战略联盟、特种设备与能源环保计量行业技术创新服务平台。

21.“创新核”： 位于智慧谷高新大厦，是辐射和带动全域创新发展的核心，是集聚领军企业和行业龙头、顶级中介等高端要素资源的核心区域。

22.“扩中”“提低”： 扩大中等收入群体规模，提高低收入群体收入，率先形成以中等收入群体为主体的橄榄型社会结构。

23.“10040”： 村集体经济总收入达到100万元，村集体经营性收入达到40万元。

24.差异化购房： 在杭州市现有限购政策的基础上，对购买钱塘区内住宅房源实施差异化政策，优先保障户籍和工作在钱塘区的无房家庭需求。

25.共有产权住房： 由政府提供政策、建设单位开发建设，限定住房面积、销售价格、购买条件、使用和处分权利等，是政府与购房家庭按份共有产权的保障性住房。

26.“1512”体系：“1”是一体化智能化公共数据平台；“5”是党政机关整体智治、数字政府、数字经济、数字社会、数字法治综合应用；“1”是基层治理综合应用；“2”是数字化改革的理论体系和制度规范体系。

27.“区街一体、条抓块统”改革：以党建为统领，以基层治理现代化为目标，以赋权赋能街道、提升街道统筹能力为内容，以重塑县乡管理体制和基层治理体系为发力点的重大集成改革。

28.“136”工作格局：“6”是六成纠纷消解在村社网络；“3”是三成纠纷消化在街道；“1”是指一成纠纷收口在区级的社会矛盾纠纷调处化解。

29.“141”体系：以区级矛调中心（社会治理中心）、街道“基层治理四平台”和村社全科网格为主干的县域社会治理体系。

30.“红领钱潮全域争先”行动：突出聚力赋能，开展农村领域“绿色发展”、城市社区“美好家园”、两新领域“双强示范”、机关领域“双建争先”、行业领域“协同发展”五大专项行动。

31.“强基双培”工程：按照夯实基础、锻造队伍，点线建精、整体建强的工作目标，在全区各领域培育100个五强优秀领头雁和100个五好标杆示范点。

32.“一统三化九场景”：以人民美好生活向往为中心，发挥党建统领作用，聚焦人本化、生态化、数字化三维价值坐标，构建以未来邻里、教育、健康、创业、建筑、交通、低碳、服务和治理等九大场景创新为重点的集成系统，打造有归属感、舒适感和未来感的新型城市功能单元。

钱塘区东部湾总部基地俯瞰　　（区融媒体中心 提供）

政府工作报告

——2022年2月15日在杭州市钱塘区第一届人民代表大会第二次会议上

杭州市钱塘区人民政府代区长 沈燕俊

一、2021年工作回顾

回首这一年，意义非凡。这一年，我们党迎来了百年华诞，我们国家开启了全面建设社会主义现代化国家新征程。这一年，浙江被中央赋予了高质量发展建设共同富裕示范区的重大使命。杭州完成部分行政区划优化调整，呈现出更具活力的城市空间新格局。这一年，发端于围垦大地的钱塘，完成了从功能区到“区政合一”的华丽蝶变，每一个追梦的钱塘人共同携手，跑出了令人振奋的加速度。在市委市政府和区委的正确领导下，在区人大和区政协的监督支持下，我们紧紧依靠全区人民、各界力量，坚持以习近平新时代中国特色社会主义思想为指导，全面贯彻党的十九大和十九届历次全会精神以及省市委决策精神，认真落实区委部署要求和区一届人大一次会议目标任务，扎实推进“十四五”规划执行，打造“智涌钱塘·现代星城”迈出了坚实的第一步。连续两年跻身国家级经开区全国十强，首获全省高新区突出贡献奖，连夺省级新区、产业集聚区综合评价第一，进入全省首批高能级战略平台培育名单。

新钱塘扬帆起航，交出了复苏上扬的经济报表。实现地区生产总值1218.23亿元、增长6.6%；三次产业比重调整为1.1 ：68.0 ：30.9；财政总收入240.61亿元、增长26.5%；一般公共预算收入117.31亿元、增长17%。特别是实现工业投资126.8亿元、制造业投资118.6亿元，规上工业总产值突破3000亿元，均居全市第一。经济运行态势良好。

新钱塘扬帆起航，交出了亚运兴城的建设报表。艮山东路过江隧道双线贯通，机场高铁和城际铁路获批启动。智慧谷、大学城北体育健身中心等地标项目竣工启用。轮滑馆、滑板公园等5个亚运场馆精彩亮相。现代化都市气息愈加浓厚。

新钱塘扬帆起航，交出了均衡提质的民生报表。打赢疫情防控总体战、遭遇战、歼灭战，累计完成新冠肺炎疫苗接种177.83万剂次。高质量完成10个区民生实事项目，民生支出占公共预算支出比重超过三分之二。群众获得感、幸福度持续提升。

新钱塘扬帆起航，交出了和谐文明的治理报表。“平安钱塘”建设纵深推进，刑事、治安警情下降近10%，年度信访总量下降35.2%。“钱塘大围垦文化”入选首批浙江文化标识培育项目，潮涌文化、围垦文化、移民文化、创业文化集聚融合，“我们都是钱塘人”逐渐成为最大共识。

新钱塘扬帆起航，交出了生态宜居的环境报表。美丽城镇、美丽乡村串珠成链，“千亩粮仓”“十里绿植”连片成景。直面群众反映强烈的空气质量问题，以最大决心和力度，关停化工、橡胶企业52家、占全市总数的70%。城市面貌、环境品质不断改善。

新钱塘扬帆起航，交出了开拓创新的改革报表。扎实推进14个国家、省市改革试点任务，创新推出“一键找园”“一站式”网办等15个重点改革举措，向着“企业选址如网购”“项目拿地即开工”“百姓办事不用跑”等目标前进了一大步。

回望2021年，我们贯彻新发展理念，落实高质量发展要求，抓重点、破难点，主要做了以下五个方面工作：

（一）聚力产业，经济结构更加优化

主导产业持续壮大。实施“新制造业计划”，落地44个制造业项目，新增规上工业企业78家。五大主导产业实现产值2661.28亿元，占工业总产值比重达84.0%，其中新材料产业增长28%、半导体产业增长10.3%。智能汽车及智能装备产业领域“链主”企业带动作用明显。医药港小镇创建为省级特色小镇、全市“最强产业小镇”。“芯智造”、生物医药产业链获评全省经开区“链长制”优秀示范单位。骨干企业亮点纷呈，长安福特、顶益食品、宜格化妆品等龙头企业行业地位不断巩固，新增广汽乘用车、星德科包装、双兔新材料等经常性税收亿元企业9家，培育省级企业研究院8家、研发中心23家，新认定国家高新技术企业205家。联德股份、福莱蒽特登陆上交所主板，美迪凯、奥泰生物登陆科创板，新增拟上市企业27家。九阳小家电、奥普家居分别摘得市政府质量奖、质量管理创新奖。顾家家居、金鱼电器等14家企业入围市制造业百强。恒逸高新获省“尖兵”“领雁”研发攻关计划立项。格林达电子材料获评国家级制造业单项冠军，吉华高分子获评省级隐形冠军企业。

新兴产业高速发展。数字经济核心产业增加值

实现两位数增长，高新技术产业投资增长52.2%，规上高新技术产业增加值比重达71.9%，入选市人工智能创新发展区培育名单。培育省科技型中小企业528家，德帕姆泵业科技和沃镭科技跻身国家级“专精特新”小巨人企业，中欣晶圆获评“独角兽”企业，新增“准独角兽”企业18家。现代服务业全面回暖，新增规上服务业企业213家，引进总部经济项目5个，培育东部国际商务中心等亿元楼宇6幢，实现服务业增加值375.65亿元、增长9%，社会消费品零售总额339.5亿元、增长9.6%。优化区域商业布局，江东天街、下沙吾角广场开业运营。美丽经济营收超千亿元、增长10.1%。

传统产业加快转型。组建“未来工厂”建设联盟。推动规上工业企业数字化改造全覆盖，中策橡胶入选省级工业互联网平台创建名单。整治低效工业企业72家、淘汰落后产能企业22家，规上工业亩均税收32.5万元、增长23.1%。落实“双碳”任务，实体化运作和达能源，差异化开展有序用电。创成市级以上绿色工厂12家，前进智造园创成全市首批低碳园区。加快传统农业向现代农业转型，打造农业示范园11个，新增高标准农田5000亩，农业综合机械化率达88%，粮食总产量突破3万吨，各项粮食指标均创历史新高。

（二）激发活力，发展动能更加强劲

打赢项目攻坚。实施“703020”项目流程再造，实行产业用地“净地一件事”、工业投资项目“小时制”审批，净地用时从平均135天缩短至60天，工业用地项目拿地到开工用时从平均162天缩短至114天。完成固定资产投资461.34亿元、增长12.1%。逐步推行涉企事项“一窗一次办”“一件事联办”，市场主体总数突破10万户，新增数和总数增幅全市第一。全域联动，招引亿元以上产业项目75个，总投资594.8亿元，实际利用外资9.9亿美元，其中高技术产业和制造业外资比重持续提高。发挥产业基金杠杆作用，带动社会资本投资115亿元，促成34个项目落地。出让工业用地38宗2652亩，创历年新高、全市第一。落地零跑汽车、英诺湖医药、赛德光电等10亿元以上项目28个，位列全市赛马榜第一。6个“152”重大产业项目全部开工，签约中欧创新中心等4个重大科技平台项目。

打响双创品牌。区校合作成果丰硕，引进校友经济项目150个，促成产学研合作项目75个，累计拥有有效发明专利11824项。大创小镇获评全市首批侨联侨界创新创业基地。建成中科院医学所一期，新增博士后工作站7家、省级孵化器和众创空间4家，实现省级五星级小微企业园零的突破。全社会研究与试验发展经费投入占GDP比重达4.43%，提前完成“十四五”规划目标任务。出台“人才新政25条”，建成2个特别人才居住区，引进全球顶尖及领军人才60名。开展技能提升行动，培育高技能人才3260人，获评“浙江青年工匠”18人。办好“走近钱塘”系列活动，引进35岁以下大学生3.7万名。出台“暖心八送”政策，为春节期间留区的新钱塘人送去温暖。

打造开放窗口。启动数字贸易展厅、数字综保综合服务平台建设，推进合格境外有限合伙人QFLP试点，“全球中心仓”等11项做法入选省市制度创新案例。扩圈“城市货站”，推进与上海浦东机场货站联程货物运输。投用全国首个对非一站式数字服务平台。落地4个“新世界工厂”项目。出口贸易结构持续优化，机电产品、高新技术产品出口额占比达83%，外贸进出口总额突破1000亿元。

（三）做优空间，城市功能更加完善

拓展发展空间。完成行政区划调整图上定界、实地勘界及“三区三线”两轮试划，谋定总体空间格局。修编下沙片区6个单元控规，启动钱塘高铁站项目前期。消化“三类地”1.24万亩，筹措新增建设用地指标3667亩，外购耕地数量指标500亩、水田规模指标1000亩。城市有机更新收储土地1515亩。推进军地置换合作，梳理即可恢复、功能恢复耕地图斑1.3万亩，耕地功能恢复2500亩。深化与理塘县、江山市等地区域协作，精心打造“塘塘协作”品牌，落地乡村振兴学院，与龙游县、淳安县共建“产业飞地”，入选全市共同富裕示范区城市范例首批试点。

完善综合交通。开通地铁8号线，实现三条地铁线路联通运营。开工杭绍甬智慧高速项目，加快建设钱塘快速路钱塘段、江东大道提升改造等综合交通项目，建成河景路西段。主次干道开工3条、完工6条、续建4条。完成487公里道路空洞检测和江东大桥等6个重要路桥维修项目。成立钱塘公交公司，优化前进和临江区域公交线路，开通地铁接驳专线6条。实施大创小镇、大学城北等区域交通拥堵专项治理，治理交通堵点4个。实行“货车限排”，抓好超限治理，群众出行体验有所改善。

做优城市生态。推进美丽村社大比武，拆除违法建筑25.8万平方米，提前3年实现省级美丽乡村达标村全覆盖。建立“林长制”，推进东沙湖农业生态湿地试点，实施13个重点区域景观提升，新增绿化112.3万平方米，裸土覆绿12万平方米。完成“污水零直排”项目36个，治理断头河11条，市控以上断面水质全达标。率先推行垃圾分类“双轨制”清运，运行临江焚烧厂、城东减量综合体。完成35家企业挥发性有机物排放治理，PM2.5浓度下降5.4%。落实中央环保督察、长江经济带生态环境警示片披露问题整改任务。

提升基础配套。加快电网建设，投产春澜变等3座110千伏输变电站。加快5G网络覆盖，建成基站293个。新建雨、污水管网15.6公里，清理疏通雨水管网1125公里，整治城市内涝积水点28处。开工海绵城市项目15个、竣工10个，新增海绵区域化面积8.8平方公里。建成绿道23.74公里，新辟口袋公园30个。建成政府投资公共停车场17个，新增停车泊位1.2万个，新配地铁出入口非机动车停放位800个。

（四）改善民生，群众生活更加美好

发展社会事业。投入6.5亿元开工学校项目16个，竣工8个、新增学位4260个，投入资金数、开竣工项目数、新增学位数均为历史最高。平稳完成金沙湖实验学校转制为公办学校。推进“名师名校名校长”工程，新增市级以上名师36名、名优学校16所。有序落实国家“双减”政策，寒暑期托管服务惠及学生1700余名。组建城市医联体，投用社区卫生服务站8家，新增婴幼儿成长驿站10家，培育儿童保健科等基层名科10个，十类重点人群家庭医生签约率达90.6%，居民健康素养水平达39.9%。公共卫生应急能力经受住“1·26”等突发疫情考验，32处集中隔离点平稳有序运转。开展3个“一百”等文化活动，举办首届稻香节、围垦文化节，钱塘书房上榜全市十大最美书房。启用亚运观赛空间，举办亚运主题健身活动109场，新建公共体育配套设施22处。工业旅游项目列入省市重点培育金名片。

加强民生保障。竣工安置房6240套，开工河庄安置房四期一标段，整户回迁安置1628户，完成在外过渡5年以上且有意愿的征迁户回迁安置。开4个邻里中心。推出公租房、蓝领公寓3840套。老旧小区改造完工2个、开工2个。完成既有住宅加装电梯107部，完工率全市第一。城镇新增就业8.9万人，职工养老保险参保率达98.9%，新增7900名被征地农民参加养老保险，医保领域欺诈骗保专项整治取得明显成效。成立区慈善总会。推行“幸福码”，发放助老、助残、助困资金超过1亿元。新增养老机构床位130张，适老化改造110户，启用5A级居家养老服务中心1个。提升残疾人之家3个，建设儿童之家92个，创建无障碍示范场所10处。抓好双拥优抚工作，健全退役军人服务保障制度。

提高治理水平。推进“一中心四平台一网格”建设，投用2个区级社会治理综合服务分中心，统筹多主体参与矛盾纠纷调处，省市信访积案清零。实体化运作7家社会工作服务站。建立和谐劳动关系三方机制，抓实重点领域欠薪专项整治。公安“利剑”出击，打掉黑恶势力团伙9个，电信诈骗、校园及周边警情发案量分别下降22.1%、67.0%，成功摘掉省级禁毒预警提醒单位帽子，未成年人保护工作取得良好社会效果。圆满完成建党100周年、十九届六中全会等重要敏感时段安保维稳任务。构建“1+12”安全生产责任制，建成“1+7+N”基层应急管理体系，隐患整改闭环机制有效运行，安全生产形势总体平稳。打赢抗击台风“烟花”“灿都”防御战。

（五）立足自身，政府履职更加务实

加强政治建设。扎实开展党史学习教育，政府系统全员践行“民呼我为”，积极开展下基层、走村社、进企业、讲党史活动。全面强化党风廉政建设和“一岗双责”，严格落实中央八项规定精神及其实施细则，执行廉政述职制度，纠治“四风”长效机制进一步健全。扎实推进省委巡视反馈问题整改，销号问题29个。

加强法治建设。严格执行区人大及其常委会决议决定，主动接受人大法律监督，自觉接受区政协民主监督，按期办结人大代表建议65件、政协委员提案48件。建立市场体系公平竞争审查制度，市场主体包容审慎监管“123工作法”入选省法治政府最佳实践培育项目。建立区政府常务会议会前学法、府院联席会议制度，抓实“两高一低”专项整治。发挥审计职能，节约财政资金9.22亿元。强化信息依法主动公开，发布政府信息1091条。

加强效能建设。按照大部制要求，组建区属政府工作部门19个，新设江海之城、钱塘科学城、美丽云城三大平台。完善政府议事决策和内控机制，“区政合一”的运行系统初步成形。深化政府数字化改革，建成启用区公共数据平台，实现“一网通办”率达98%、杭甬湖异地通办事项259个，4个应用项目列入省重大应用目录。钱塘生物医药板列入省政府区域性股权市场创新试点。深化省级营商环境集成改革试点，全市率先开展政策性融资担保一体化建设，线上兑付政策奖补资金6.87亿元，减免退税（费）110.15亿元，占财政总收入的45.8%。

同时，扎实开展国防动员、人民武装等工作，圆满完成征兵任务。工会、共青团、妇联、工商联、社科联、文联、科协、残联、老龄委、关工委、红十字等事业不断进步，老干部、外事侨务、民族宗教、港澳台事务、统计、档案、文保、地方志等工作取得新成效。

各位代表，过去一年，区政府在市委市政府和区委坚强领导下，统筹推进疫情防控和经济社会发展，全区人民团结一心、砥砺前行，奋力干出了创先争优的钱塘新业绩，初步勾勒出五种底色的钱塘画卷。在此，我代表区政府，向全区人民，向人大代表和政协委员，向各民主党派、工商联、无党派人士、人民团体，向区内高校、进区管理服务机构、驻区军警部队以及所有关心支持钱塘发展的社会各界人士，向为我们打下良好基础的老领导、老同志，表示衷心的感谢和崇高的敬意！

同时，我们也清醒地认识到，我区经济社会发展和政府工作仍然存在不少问题，主要是：五大主导产业规模不够大，服务业比重与现代化国际化定位不相匹配，产业用地亩均效益仍然较低，产业升级的任务很重；新形势下土地、资金、能源等要素制约趋紧，固有优势不够强，产业综合竞争力不够凸显；下沙片区的工业园区印象尚未有效扭转，江东片区公共服务配套“散、弱”问题依然突出，教育、卫生、文体等社会民生事业不够发达，城市智能化、精细化管理水平不够高，街道、村社基层治理能力相对薄弱；临江大气异味等生态治理任务艰巨，化工园区对安全和环境治理的挑战长期持续，安全生产等领域风险隐患较多；政府工作改革创新步伐还跟不上高质量发展需要，少数单位、工作人员“慢执行”“等执行”问题依然不同程度存在。对于这些问题，我们一定以“知不足而奋起直追”的责任担当，积极采取有力措施，力争通过本届政府几年努力，认真扎实加以解决。

二、2022 年目标任务和重点工作

2022 年是党的二十大召开之年，是杭州亚运会举办之年，也是全市各县（市、区）换届后，钱塘区与兄弟城区并线起步、全程争先的第一年。对标对表对位，任务十分艰巨。根据区委一届六次全会精神，今年区政府工作的总体要求是：以习近平新时代中国特色社会主义思想为指导，全面贯彻落实党的十九届六中全会、中央经济工作会议和省市委部署要求，在区委的坚强领导下，忠诚拥护“两个确立”、坚决做到“两个维护”，坚持稳字当头、稳中求进，以服务保障亚运为中心，加快推进全域创新、全域智治、全域美丽、全域共富，高水平建设现代化国际化一流新区，全面展现高能级战略平台的政治担当。

综合考虑各方面因素，建议 2022 年全区经济社会发展主要预期目标为：地区生产总值增长 6.5%，服务业增加值增长 10%；固定资产投资增长 8%，制造业投资增长 12%；一般公共预算收入增长 10%；完成国家和省市下达的能源和环境等约束性指标计划目标。

为确保上述目标任务如期实现，高质量建设省市厚望、人人向往的新钱塘，新的一年，区政府工作要牢牢把握以下五方面要求：

一是服务大局要求稳。坚决贯彻“双稳”总基调，统筹疫情防控和经济社会发展，扎实做好“六稳”“六保”工作，稳进提质、除险保安、塑造变革，确保经济平稳健康、政治风清气正、社会国泰民安，为迎接亚运盛会和党的二十大召开营造良好氛围。

二是开好新局要求进。锚定全省首位、全国一流、全球先进的发展方位，克服一切困难，想尽一切办法，全力夺取指标的进、位次的进、质效的进。更好统筹做大蛋糕、分好蛋糕，全面推动共同富裕“1+2+5”体系落实落地，争创高质量发展建设共同富裕示范区时代样板。

三是谋划全局要求实。全心扑下身子抓调研、躬身入局抓工作，准确把握钱塘城与乡的关系、产与城的关系、人与产的关系，增强决策的针对性、科学性、实效性，实行工作目标化、目标项目化、项目责任化、责任清单化，确保每一项工作都有实实在在的成效。

四是破解困局要求新。弘扬改革精神、传承创新基因，敢于在深水区里展身手，啃下产业升级、空间重塑、要素突围、自身改革等硬骨头，着力解决关乎钱塘发展的“长远大事”和百姓聚焦的“关键小事”，激发内生动力，千方百计打开经济社会发展的广阔天地。

五是应对变局要求快。始终保持对宏观局势和微观局面的敏锐性，看准风向标，深入细致做好战略准备、风险防备、方案储备、工作筹备、要素预备，敢于在政策转换中找准方向，抢喝“头口水”，善于在突发状况下精准应变，快速解决问题，保障钱塘发展行稳致远。

重点抓好以下六个方面工作：

（一）抢抓亚运新机遇，提升城市美誉度

坚持把亚运保障作为主题主线，凝聚各方面力量，秉持绿色、智能、节俭、文明的办赛理念，释放“溢出效应”，让每一枚奖牌的产生都带有钱塘韵味。

全情投入赛事保障。围绕场馆运行，健全“一办九组”亚运保障工作体系，组建最强工作团队，高效做好人流物流管理、医疗住宿保障、亚运风采展示，高水平承办好击剑、手球、轮滑、滑板等亚运赛事，

以及草地掷球、击剑等亚残运会赛事，交出钱塘高分答卷。围绕节俭办赛宗旨，高效利用亚运保障设施设备，科学谋划亚运场馆赛后利用方案。围绕场外氛围，弘扬“我们都是钱塘人”理念，构筑志愿服务矩阵，强化亚运主题宣传，开展“迎亚运、讲文明、树新风”活动，彰显“人人都是东道主”的良好精神风貌。举办百场以上亚运主题活动和群众性体育赛事，进一步打响杭州国际女子马拉松、大湾区自行车公开赛等赛事品牌，让健康钱塘续写亚运精彩。

全面提升城市品质。建设国际化标识系统，完成亚运场馆沿线及周边17个提升项目，开放金沙湖景观公园、亚运主题公园。完善公共服务场所无障碍环境，创建无障碍社区6个。提升生态环境质量，开展生态环境整治攻坚年行动，销号中央环保督察问题，实现水、气、土、废等环境指标全面提质。推进环卫绿化市政管养体系改革，攻坚五大类环境问题专项治理，完成背街小巷整治项目11个，实现“场馆区、重点区、辐射区”圈层式精细化管理，以靓丽城市迎接精彩赛事。

全域推动精准智治。推进“141”体系与疫情防控七大机制无缝协同，强化“源头查控+快响激活+硬核隔离+精密智控”，全力做到“外防输入、内防反弹”，坚决守住亚运会、亚残运会平安赛事底线。推进三级矛调中心转型为社会治理中心，用好各类社会调解力量，综合施策攻坚信访积案，着力去存量、控变量、清初量、防增量，争创省级“无信访积案区”。以基层治理“一件事”改革为核心，推动“区街一体、条抓块统”改革，实战提升基层治理能力。不断完善社会治安防控体系，一体化推进“雪亮工程”“警网融合”，扩大智能门锁试点，常态化推进扫黑除恶，严厉打击黄赌毒、盗抢骗、电信网络诈骗等违法犯罪活动。针对危化园区管理难点，实行危化运输车辆集中管理，提升智慧化监管水平。扎实提升防灾减灾抗灾能力，强化消防、道路交通、建设工程、食品药品等重点领域安全治理，织密基层应急抢险救援网络，杜绝重大以上安全生产事故。

全力扩大有效投资。坚持一切围绕项目转，全面实施抓项目扩投资“1+3+6”行动计划，力争固定资产总投资突破500亿元。优化招商服务中心实体化运作，完善“基金+资本+项目”机制，实施“双百亿基金撬动千亿产投”计划，签约50亿元以上项目1个、10亿元以上项目20个、亿元以上项目100个，全年实际利用外资突破10亿美元。推动顾家智能家居等20个亿元以上项目开工、华海生物等10个亿元以上项目投产，产业投资突破150亿元。围绕基础设施和社会民生两大领域，新建、续建政府投资项目182个，完成投资105亿元。推进资源要素向重大项目集中，消化批而未供、供而未用土地5000亩以上，盘活低效用地3500亩以上，争取省重大产业项目5个，新增建设用地指标3000亩，出让经营性用地1000亩。盘活PPP工程包，推动专项债和企业债申报发行破零。

（二）培育产业新动能，提升高质量发展加速度

坚持产业立区、双轮联动，围绕企业、紧盯项目，推进新型工业化和现代服务业融合发展、能级跃升，提高产业核心竞争力。

打造先进制造业高地。坚持“一平台一产业”发展方向，加快培育生物医药、集成电路等标志性产业链，智能装备等千亿产业集群，力争制造业投资突破130亿元、规上工业总产值突破3500亿元。启动数字经济提升三年行动，力争数字经济核心产业增加值占GDP比重达15%以上。推进制造业全产业链数字化转型，深化“产业大脑+未来工厂”建设，培育“链主工厂”2家、“智能工厂”8家。优化工业投资激励机制，力争技改投资占比达40%以上。布局“元宇宙”行业赛道，探索数字产业化的制造业发展新路径。大力度推进“腾笼换鸟、凤凰涅槃”，启动存量工业用地企业提质增效三年行动，以“五个一批”实现亩均税收5万元以下低效工业用地企业动态清零，首年完成50%以上低效工业用地企业整治提升。实施79家高耗能行业企业能源预算化管理，推动绿色低碳转型。优化“西研东产”双向空间配置，加大“协税护税”力度，守护培育根部经济。

大力发展现代服务业。实施服务业高质量发展三年行动，大力发展软件信息、科技金融、检验检测、智能终端等生产性服务业。以设计服务、潮流文化、数字内容等为重点，加快发展与制造业深度融合的“文化+”新型产业，文化及相关产业增加值增长8.5%。引导企业向“微笑曲线”两端延伸，做大总部经济、税源经济，引进总部项目5个，招引税收千万元以上企业15家。加快金沙湖、东沙湖核心商圈业态升级，打造钱塘人自己的CBD。建设“区域-社区-小区”分层商业网点体系，落地商贸业项目2个、开业1个，培育引进新零售企业5家，社会消费品零售总额增长7%。推动以美服、美食、美颜、美居、美生活为主导的美丽经济发展，改造建设“城市彩盒”商业综合体，引进美丽项目4个。打造“青年消费城”，培育“首发经济”“首店经济”，打响“云惠钱塘”品牌，吸引更多大学生、年轻人消费在钱塘。

加大科技创新力度。主动融入杭州创建国家综合性科学中心版图，打造创新联合体，扶持大院名所建设，加快打造生物医药等科创高地。建立创新指数评价体系，打造以“十中心十平台”为先导的“创新核”，建设知识产权上市加速器中心等创新公共服务平台。加快打造钱塘科学城，与区内高校手拉手、肩并肩，建好校友项目孵化园、加速园、产业园，引进校友经济项目153个，促成产学研合作项目85个。打造产才融合示范区，新增博士后工作站6家，力争引进顶尖及领军人才50名，落地高层次人才创业项目80个。设立园区投资基金，探索租投联动，新增创新产业园15个。扶持引导国高企业规上化、规上企业国高化，新增国家级高新技术企业144家、省科技型中小企业253家、“专精特新”企业20家、市级以上研发机构50家。

营造一流营商环境。加大亲商安商稳商力度，整合推出新一轮产业政策，全力提升惠企助企的精度、力度和温度，新增上市企业3家，促成“小升规”45家。建立品牌评价体系，培育和推广钱塘优质品牌。整合利用存量空间，集中配置冷链物流、能源供给等基础服务设施，满足生物医药等主导产业配套需求。最大限度发挥自贸区辐射带动作用，深化国际产业园建设，引导钱塘企业和产品“走出去”、先进技术和商品“引进来”，力争实现外贸进出口总额增长8%，服务贸易出口额完成12.5亿美元，跨境电商业务增长10%。完善“钱塘企服新干线”，努力达成企业诉求线上跑、政策线上兑、信息一键达。构建“投资钱塘”一体化系统，评选“红旗、蜗牛”项目，确保制造业项目半年内开工，平均用时比上年再压缩10%以上。

（三）构建区域新格局，提升城市能级高度

坚持以产城人融合发展为导向，加快推进城市高水平开发建设，在更深层面、更广领域、更高标准上全面提升城市能级。

高强度推进区块开发。巩固“三区三线”试划成果，为未来发展留足空间。推进河庄全域土地综合整治、乔司农场“万亩方”永农集中连片整治。建立“飞地”即可恢复耕地共建共享机制，科学利用飞地和已置换土地资源，推进共富飞地建设。坚持“城市重建、产业重构、机制重塑”，实行“平台+公司+社会资本”封闭运作，同步推进“一带两城”建设。深化省级生态海岸带先行示范区段建设，统筹推进江海湿地保护与开发。启动东部湾新城，高质量开展规划编制，推进主骨架道路建设前期，完成重点区块企业收储清零，盘活存量用地800亩，投用东部湾总部大楼。发布江海之城城市设计方案，完成启动区块基础设施项目，完善路网建设，实施东沙湖及景观整治，推进青西三路站TOD项目，基本形成核心区开发框架。

高标准构建交通网络。致力于“外联内畅”，投入资金45亿元，新建交通设施项目17个、竣工33个、续建22个。开工机场高铁钱塘段，适时启动高铁枢纽项目征迁。推进杭绍甬智慧高速项目，启动下沙南互通匝道改建。开工总长度11.37公里的头蓬快速路（江东大道至红十五线）、中环（河庄至萧山衙前段）工程。竣工钱塘快速路钱塘段和江东大道提升改造一、二期项目，切实便利群众过江出行。深化文津路、河景路、江东三路过江通道前期研究。开工主次干道、支小路10条，竣工12条。推进治堵攻坚，打通断头路3条，治理交通堵点6个，优化公交线路4条，推行“区域限货”，努力打造市域半小时交通圈。推进运河二通道、八堡船闸和下沙港试运行，打造杭州首个千吨级内河深水码头。

高品质完善基础配套。加快重要设施项目建设，建成启用大剧院、区文体中心。统筹电力、燃气、水务管网项目，建设综合管廊13.96公里，新建雨、污水管网6公里。开工电力主网项目2个、完工2个，新建5G基站230个。开工海绵城市建设项目10个、竣工8个，新增海绵区域化面积5平方公里。建成绿道2条、3.5公里，新增绿地203万平方米。完成公厕改造8座。新建停车泊位5000个、新能源汽车充电桩150个。精心打造2个未来社区、3个城乡风貌样板区，推出一批可感可及的共同富裕社区场景，加快实现城市让生活更美好。

（四）面向群众新期盼，提升民生福祉温度

坚持统筹均衡，加快城乡一体化和公共服务均等化，逐步实现幼有所育、学有所教、劳有所得、病有所医、老有所养、住有所居、弱有所扶。

改善居住品质。构建以职住平衡为导向的多层次住房保障体系。全市首推差异化购房政策，促进更多新钱塘人安居乐业。开工安置房项目2个、4800套、100万平方米，筹建公租房项目4个、33.3万平方米，配建人才房项目1个、10万平方米，筹建共有产权房1000套。启动“学生后时代”青年公寓项目。推动产业工人安居工程，做好产业平台周边闲置农居整合利用工作。以实现征迁及在外过渡5年以上回迁安置为目标，回迁安置农户1453户。启动8个老旧小区改造、完工2个，完成既有住宅加装电梯40部、12个小区高层住宅二次供水设施改造。

打造宜业钱塘。营造青年发展友好环境，实施

高校毕业生“留塘促进计划”，完善创业就业保障制度，规范提升人力资源行业，促进城镇新增就业3万人以上。办好第七届“创客中国”中小企业创新创业大赛全国总决赛、全国大学生创新创业大赛，新增大学生创业企业400家。举办职业技能培训和竞赛，发挥制造业中级评审委员会作用，新增高技能人才3200名、专业技术人才1000名，制造业用工缺口逐步缓解。坚持源头治理、多元化解，建立劳动争议调解工作室，着力解决重点领域欠薪问题。全面推进商业补充医疗保险。建立社会保险基础数据库动态管理机制，城镇职工基本养老保险和城乡居民养老保险应保尽保。

提升社会事业。启动教育全方位综合提质三年行动计划，投入8.5亿元开工学校项目8个，竣工8个、新增学位2790个。立足自身品牌培育，深化与高校合作办学，加大片区间优质师资交流力度，新增市级以上名师40名、名优特色学校20所，实现省教育现代化水平监测成绩排名进位，争创全国义务教育优质均衡发展区。抓实“双减”、促进“双提”，打响“1+T+X”课后服务品牌，推动青少年儿童全面发展。加快构建全民全程健康服务体系，竣工杭州康复医院等3个医疗卫生项目，开工义蓬街道社区卫生服务中心迁建项目。实施“名医名院名科”工程，初步形成“一中心一特色”“一中心一品牌”，不断提升基层医疗卫生服务能力。抓好“中小学健康促进”和“健康产业发展”2个省级示范试点行动。深化围垦博物馆前期工作，谋深义蓬老街项目方案，推进南沙大堤整治等项目，挖掘“吴越交融、江海交汇”文化底蕴。做好亚运遗产记录留存工作，传播发扬亚运精神，为钱塘文化注入新内涵。

夯实社会保障。加强社会工作专业化建设，完善村社“全科网格”，选树有钱塘特色的社区建设品牌，打造“居民会客厅”、邻里中心，加大社会组织引进培育力度，增强服务居民能力。打造5A级婚姻登记服务中心。推广产业园区、高校嵌入式幼儿园模式，新建8家婴幼儿成长驿站。以“原居安养”为导向，建成智慧公办养老院、康养联合体各1家，新增3个老年友好型社区，实现老年友善医疗功能全面嵌入基层卫生服务机构。深化省级康养结合高质量助残先行区试点，创建四星级以上残疾人之家3个，投用社区康复站7家。认真做好军转干部、转业士官、随军随调家属“阳光安置”。试点开展“社区救助顾问”制度，抓好低保、低边、特困、临时救助和残疾人“五项补贴”，加大对精神残疾等特殊困难群体的关爱、帮扶力度，坚决兜住困难群众生活底线。

（五）对标“三农”新要求，提升乡村振兴力度

坚持优先发展，促进农业高质高效、乡村宜居宜业、农民富裕富足，加快实现强村富民、全面振兴。

培育现代农业。实行最严耕地保护，大力实施科技强农、机械强农，推进“一区三基地”建设，落地省农科院钱塘区种业科技园，建成全省首个“万亩粮仓”示范区，新增“千亩粮仓”示范区8个，建设高标准农田5200亩，开工10万吨级钱塘粮库项目，粮食生产面积稳定在10万亩。打造一批绿色农产品基地，开设农产品品牌馆，加快种植业、畜牧业转型升级。

美化乡村环境。实施新时代美丽乡村建设三年行动，抓好防违控违拆违等工作，打造一批美丽田园、美丽庄园、美丽庭院，创建美丽乡村6个、省A级景区村庄5个。推进农村生活污水治理，新覆盖4个行政村，新增接户1546户。开展农业生态湿地、水美乡镇和美丽河湖建设。全面打造清廉村居，加快文化礼堂建设。数字赋能乡村治理、农业发展，争创首批市级数字乡村样板村2个，实现乡村微脑全覆盖。

促进农民增收。深化乡村振兴学院建设，引进培养急需专业人才。打造草莓小镇、稻香小镇、荷美小镇，办好稻香节、围垦文化节等活动，开设精品农旅线路。加强对口帮扶、低收入农户帮扶等工作。鼓励农业土地集中流转、规模化经营、市场化运作，支持留用地联合开发、跨村开发，建设乡村振兴共富联合体，实现七成以上村集体经营性收入达到100万元以上，创成低收入农户增收先行区。

（六）找准自身新方位，提升政府工作满意度

坚持走在前列，心无旁骛谋发展，夙兴夜寐抓落实，切实加快政府职能转变，努力在浙江打造“重要窗口”和杭州展现“头雁风采”中体现钱塘担当。

不忘初心，打造服务型政府。坚持以人为本、人民至上，始终牢记并践行为民服务宗旨。健全“民生小事”收集、办理和回应机制，走进基层和群众，切实做到问需于民办实事。集中财力全力保障民生事业，为群众提供更加均衡、更有品质的社会公共服务，政策措施向困难群体倾斜。深化简政放权，全面推进极简审批许可、便利开办登记、“一件事”通办、“多网点”可办，基本实现群众企业办事“掌上办不用跑”。坚持公平公正公开，不断健全开放有序的市场环境。

依法行政，打造法治型政府。坚决服从区委全面领导，认真执行人大决定，加强与政协协商互动，自觉接受人大依法监督、政协民主监督，快速高效办好建议提案。强化监察、司法、审计和舆论等各类监

督。加强府院联动，规范行政决策程序和行政执法行为。完善政府学法用法制度，严格执行重大事项决策公众参与、专家论证、合法性审查。深化政务公开、重点领域信息公开，让权力在阳光下运行。

刀刃向内，打造效能型政府。以数字化改革为牵引，聚焦共同富裕关键环节，推广一批管用实用好用的应用场景。完善“区政合一”运行机制，形成街道、部门、平台、国企高效协同的命运共同体。深化国企改革，盘活国有资产，推动国企资产证券化，提升区块开发、城市运营、产业经营能力。集中统一管理存量工业用地、闲置物业，提高资源利用绩效。实施政府执行能力提升年行动，聚焦重点领域逐月赛马打擂，健全全程跟踪、节点监测、分级督办、评估报告闭环机制，深入落实为基层减负，实现政府工作全面提速增效，努力做到“当年事当年毕”。

弘扬正气，打造廉洁型政府。坚决扛起从严治党主体责任，一以贯之抓好政府系统干部队伍作风建设，坚决守住政府工作人员清廉底线。从严从快做好重大巡视、重大督查等“七张问题清单”整改。加强公共资源交易、招投标、项目建设等重点领域廉政风险防范。强化国有资产监管，全力控制、稳步化解政府性债务。严控“三公”和日常公用经费，压减一般性支出10%以上，以政府的“紧日子”换取群众和企业的“好日子”。

同时，我们还将继续加强双拥和武装工作，全力支持国防动员和后备力量建设，扎实做好老干部、民族宗教、港澳台事务、外事侨务、科协、统计、档案、地方志、林业、文保等工作，积极支持工会、共青团、妇联、工商联、社科联、残联、文联、老龄委、关工委、慈善、红十字等事业不断发展。

2022年，我们将继续全力以赴办好民生实事项目。前期，区政府在广泛征集、仔细遴选、充分论证的基础上，确定12件候选项目，经全体人大代表投票表决，确定10件民生实事项目分别为：一是教育均衡项目，主要涉及学校建设、特色学校创建、民办幼儿园公办托管、青少年宫教学点增设、青少年学生素质教育实践基地建设等内容。二是学生健康项目，主要涉及公办中小学教室护眼灯光改造内容。三是住房改善项目，主要涉及老旧小区改造、既有住宅电梯加装、高层住宅小区二次供水设施改造等内容。四是住房保障项目，主要涉及回迁安置，以及公租房、人才房、共有产权房、保障性租赁住房供给等内容。五是群众出行项目，主要涉及停车泊位、地铁出入口非机动车停放点增设，公交线路优化和定制等内容。六是城市道路项目，主要涉及道路建设、断头路打通、道路环境提升整治、人行道整修等内容。七是生活配套项目，主要涉及健身绿道、口袋公园、“钱塘书房”、百姓健身房、多功能运动场、城市公厕、区域性微型消防站建设、改造等内容。八是助残关爱项目，主要涉及智慧公办养老院、残疾人康复之家建设，康养联合体打造，认知障碍照护专区床位增设，持证养老护理员队伍建设，无感服务智能终端配置等内容。九是食品安全项目，主要涉及农贸市场检测室设置、平安厨房试点建设等内容。十是健康惠民项目，主要涉及AED除颤仪布点、红十字技能培训和救护员队伍建设、应急救护实操体验点增设等内容。对以上民生实事项目，我们将进一步增强责任意识、服务意识，健全机制、严格督考，确保把实事办好、办实。

各位代表，使命重在担当，实干铸就辉煌，让我们更加紧密地团结在以习近平同志为核心的党中央周围，在市委市政府和区委的坚强领导下，不忘初心、牢记使命，只争朝夕、不负韶华，全面展现高能级战略平台的政治担当，努力唱响高质量发展主旋律，谱写现代化钱塘新篇章，以更优异的工作成绩，迎接党的二十大胜利召开！

年度聚焦

钱塘区成立

【概况】 2021年4月9日，杭州市部分行政区划优化调整，钱塘区成立，实行功能区和行政区“区政合一”体制，以原江干区的下沙街道、白杨街道和萧山区的河庄街道、义蓬街道、新湾街道、临江街道、前进街道的行政区域为行政区域。钱塘区人民政府驻河庄街道青六北路499号。钱塘新区作为一个经济功能区和省级新区，与行政区同时存在。

【钱塘区揭牌】 2021年7月23日，杭州市钱塘区举行揭牌仪式。副市长、区委书记柯吉欣，区委副书记、区长朱党其，区人大常委会主任周志辉，区政协主席金志强，区委副书记沈燕俊，区纪委书记、区监委主任张刚参加。柯吉欣讲话，朱党其主持。柯吉欣、沈燕俊为“中国共产党杭州市钱塘区委员会”揭牌。柯吉欣、周志辉为“杭州市钱塘区人民代表大会常务委员会”揭牌。柯吉欣、朱党其为“杭州市钱塘区人民政府”揭牌。柯吉欣、金志强为“中国人民政治协商会议杭州市钱塘区委员会”揭牌。柯吉欣、张刚为“中国共产党杭州市钱塘区纪律检查委员会”“杭州市钱塘区监察委员会”揭牌。

【中国共产党杭州市钱塘区第一次代表大会】 2021年6月8—11日，中国共产党杭州市钱塘区第一次代表大会在钱塘区国际创博中心举行。会议以习近平新时代中国特色社会主义思想为指导，深入贯彻中共中央总书记习近平考察浙江、杭州重要讲话精神，全面落实中共十九届五中全会、省委十四届八次全会和市委十二届十一次全会精神，回顾总结工作，明确今后五年的目标任务，动员全区各级党组织、党员干部和人民群众，把准时代脉搏，锚定目标方位，凝聚奋斗伟力，奋力谱写“重要窗口”的钱塘篇章。杭州市副市长、区委书记柯吉欣代表中共杭州市钱塘区委做题为“高水平打造‘智涌钱塘·现代星城’为建设现代化国际化一流新区而奋斗”的报告。大会选举产生中国共产党杭州市钱塘区第一届委员会委员34人、候补委员7人，中国共产党杭州市钱塘区第一届纪律检查委员会委员21人。大会通过《关于中国共产党杭州市钱塘区委员会报告的决议》《关于中国共产党杭州市钱塘区纪律检查委员会工作报告的决议》。

（年鉴编辑部）

党史学习教育

【习近平新时代中国特色社会主义思想学习】 2021年3月5日，钱塘新区党史学习教育动员部署会召开，制定5个专题、18项重点举措、65项实施计划。开展“我在钱塘潮起之地学党史”活动，聚焦中共中央总书记习近平在中共十九届六中全会、庆祝中国共产党成立100周年大会、党史学习教育动员大会等发表的重要讲话精神，以及《习近平在浙江》《习近平科学的思维方法在浙江的探索与实践》等，召开区委理论学习中心组党史专题学习会17次，在学习会上开展交流35人次。组织全区层面党史专题讲座6次。各级党组织开展党史专题学习5320

次，参与党员人数2.53万人。全区1228个党支部以党支部或党小组为单位召开党史学习教育专题组织生活会。（陈 海）

【党史学习教育基层宣讲活动】2021年5月28日，钱塘区“民呼我为 携手共建新钱塘”主题活动暨党史学习教育基层宣讲活动启动。活动现场颁发“民呼我为”任务书，为9个宣讲团授旗并颁发聘书，为驻区14名高校专家宣讲团代表颁发聘书。钱塘区党史学习教育基层宣讲团由“钱塘·潮声”宣讲团、高校专家宣讲团，以及“产业浪花”“机关浪花”“乡村浪花”“社区浪花”“少年浪花”“白衣浪花”“青年浪花”组成的“钱塘潮·七朵浪花”共计9支宣讲团组成，宣讲团成员超过300人。基层党史宣讲注重理论结合实际，借助融媒体中心、新时代文明实践中心、党群服务中心、农村文化礼堂、爱国主义教育基地阵地，走入机关、村社、校园、企业。至年末，开展党史专题宣讲1225次，其中宣讲团成员刘方竞参加杭州市宣传部主办的杭州市青年理论宣讲大赛获一等奖，并获“杭州市金牌理论宣讲员”称号。（周佳燕）

【“我们都是钱塘人”活动】2021年8月25日，钱塘区召开“我们都是钱塘人”系列活动动员部署会。该系列活动围绕优质产业、现代星城、便捷民生、和谐社会、美丽环境、高效政府的构建提出“6个如何”议题，开展“我们都是钱塘人”大讨论、大担当、大比武系列活动，研究新情况，破解新问题，实现新发展。活动期间举行以“爱钱塘、迎亚运、讲党史、办实事”为主题的首届“潮涌杯”英语演讲大赛、“学精神砺初心，知钱塘识星城”主题知识竞答等活动130多场，通过各类媒体刊发信息90多次。（曾莜文）

【“三为”专题实践活动】2021年，钱塘区开展“我为群众办实事、我为企业解难题、我为基层减负担”的“三为”专题实践活动。开展“民呼我为”优秀案例比武打擂赛，评选出“建设服务综合体，守护城市‘蜂行者’”“‘三联三圈’打造平安校园”等十大“民呼我为”最佳案例。全年走访服务企业1.38万个次，收集企业诉求1891件，办结率100%，帮助企业融资35亿元，协助企业兑现政策9.03亿元。聚焦老弱病残幼等十大特殊群体，建设儿童之家92个，推出暑期“暖心班”200多班次，服务学生1.12万人次，发放助老助残助困金3300万元，完成孤寡老人家庭适老化改造110户，新增养老机构床位130张。以“整合、下架、降频”的方式整改App38个，解散合并钉钉群700多个，全区各级党组织办实事8170件、解难题6517件、减负担427件。（严惠燕）

亚运服务保障

【“亚运文化会客厅”设立】2021年11月10日，钱塘区启动亚运观赛空间试运行活动。活动以“活力钱塘，共享亚运”为主题，在下沙文化中心广场举行。活动现场为首批6支钱塘区亚运志愿者团队授旗；6支团队分别来自区综合行政执法局、下沙街道、白杨街道和3所辖区内高校。“亚运观赛空间”是钱塘区营造亚运氛围、弘扬亚运精神、传播亚运品牌、观看亚运赛事的重要载体，通过利用城市现有公共空间，经改造提升成为亚运会赛场外观赛、举办活动的“亚运文化会客厅”。下沙文化中心广场作为钱塘区主要亚运观赛空间场地，计划在广场中央放置100平方米以上LED屏幕，根据比赛日程安排，实时转播亚运赛事，现场放置满足1000人观赛的座椅，供市民休憩观看。（柯 荣）

【亚运形象景观项目启动】2021年，钱塘区启动金沙湖特色街区、文泽广场景观布置、下沙南高速口景观布置等项目，推进亚运形象景观布置工作。金沙湖特色街区项目总投资1.59亿元，位于下沙中心区单元，乔下线—下沙路—文渊路—德胜东路围合区域，整治内容包括地铁口及道路两侧绿化空间梳理、口袋公园景观提升、河道绿道及绿化提升、海达南路（金沙大道—天城东路）路侧广场景观打造、音乐喷泉、建筑亮化、店招店牌整治、道路隔离带绿化提升等，绿化工程面积15.71万平方米，硬质铺装面积2.92万平方米，店铺招牌整治面积1.36万平方米。文泽广场景观布置项目内容包括在文泽广场设置公共艺术装置，主要以会徽和口号为主形象，展示在墙壁、路面。下沙南高速口景观布置项目内容包括在下沙南收费站出入口布置亚运形象景观，主要以亚运LOGO、宣传口号为主形象，展示在高速收费站门楼及两侧引道围挡处。

【钱塘亚运轮滑馆通过赛事验收】2021年11月26日，钱塘亚运轮滑馆通过赛事功能验收。该项目位于东部湾总部基地，22/24号大街以南，绕城高速以西，之江东路以北，建筑面积4.5万平方米。

亚运轮滑馆内设标准室内速度轮滑场地，赛场设计以蓝色为主，设有国际轮滑协会最新200×7米标准速度轮滑赛道和50×25米花样轮滑比赛场地。该场馆在亚运会期间承担滑板、轮滑2项赛事，届时产生12枚金牌。（李婷娜）

【2个工业旅游基地入选亚运人文体验点】2021年10月18日，2021年度“杭州亚运人文体验点”遴选结果公布，钱塘区广汽传祺（杭州）智能制造旅游示范基地和浙江太古可口可乐博物馆入选。广汽传祺（杭州）智能制造旅游示范基地由钱塘区企业广汽乘用车（杭州）有限公司打造，拥有工业旅游参观景点6处，包括冲压车间、焊装车间、总装车间、文化馆、传祺工业之窗和党群服务中心，并结合各自特色，针对不同参观人群，开辟“传祺智造之旅”“传祺红色之旅”“传祺探秘之旅”精品旅游线路3条。浙江太古可口可乐博物馆由钱塘区企业浙江太古可口可乐饮料有限公司打造，占地面积约600平方米，拥有来自世界各地、具有不同风格的可口可乐收藏品。一次可容纳60人参观游玩，每年接待参观游客超过2万人次。（房露婷）

【亚运主题宣传】2021年，钱塘区推进亚运主题宣传。在《钱塘新区报》、“钱塘发布”两微一端（微博、微信、手机客户端）开设《钱塘亚运元素》《亚运风华，最忆钱塘》《亚运钱塘》等专版报道，刊发《亚运风潮满钱塘》亚运倒计时200天特别专版4个、《亚运钱塘》专版7个，发布《亚运·运动生活》《亚运·365健康跑》等系列专题视频。全年发稿96篇。其中，中央级媒体12篇，省级媒体46篇，市级媒体38篇，《旋风陀螺亚运轮滑馆正式亮灯》在新华网、中国新闻网刊发。举办“2022从钱塘出发”杭州亚运会倒计时200天钱塘区大型融媒体直播，启动“亚运英语SHOW”活动。拍摄制作钱塘中英文迎亚运栏目《了不起的亚运人》《美丽钱塘 迎亚运》专题节目，在《看杭州》中英双语国际传播电视栏目播出，并通过浙江电视台国际频道向海外推送。（姜慧君）

【亚运氛围营造】2021年，钱塘区加强亚运景观布置，推进亚运氛围营造。设置亚运倒计时装置和特色景观小品36处，实现全区主要节点全覆盖。发放海报1.2万张、道旗1500多面，悬挂横幅600条，投放公交候车亭灯箱广告200块。推出钱塘区迎亚运文明素质提升八大行动，实施亚运志愿服务“百千万”（百个志愿服务品牌、千支志愿服务队伍、万名志愿服务者）工程，展现钱塘文明礼仪城区形象。开展“钱塘区2022庆新春·迎亚运 钱塘年味别样浓”“心心相融迎亚运·便民服务树新风”“巧手制旗映初心·巾帼红心永向党”“贡献‘她’力量”等文艺活动90多场，围绕摄影、书法、美术等主题开展“喜迎亚运·钱塘韵味”摄影大赛、“放飞梦想·拥抱亚运”主题美术节、“墨香钱塘·艺起亚运”书法活动等文化活动40多场。（朱振东）

争创高质量发展建设共同富裕示范区时代样板

【中共杭州市钱塘区委社会建设委员会成立】2021年12月24日，中共杭州市钱塘区委社会建设委员会揭牌成立。区委社会建设委员会为区委派出机关，与区发展改革局合署办公，主要职责为统揽全区社会建设事业发展，组织开展全区社会建设等重大问题的研究，推动重大任务、重大改革、重大政策落地，打造钱塘区共同富裕时代样板。

【《钱塘争创高质量发展建设共同富裕示范区时代样板的实施方案（2021—2025年）》出台】2021年10月25日，《钱塘争创高质量发展建设共同富裕示范区时代样板的实施方案（2021—2025年）》出台。方案明确钱塘区“十四五”时期实现共同富裕工作体系基本形成，物质基础有效夯实，成效体验真实可感，社会环境安定和谐，进程差距明显缩小。主要内容包括强化创新驱动引领，推动发展动能更加强劲持续；打造品质生活，推动

2021年12月24日，中共杭州市钱塘区委社会建设委员会揭牌仪式举行

（区发展改革局 提供）

公共服务更加均等可及；落实乡村振兴战略，推动新时代乡村更加宜居宜业；坚持共享发展成果，推动收入分配更加动态均衡；构建多元共治体系，推动社会环境更加美丽和谐；拓宽区域合作领域，推动协作体系更加紧密深入；强化工作保障，确保共同富裕各项任务高质高效落实。（黄　菲）

【“创新产业飞地建设”项目入选市共同富裕试点】2021年，钱塘区“创新产业飞地建设，打造山海协作工程升级版”项目入选首批杭州市争当浙江高质量发展建设共同富裕示范区城市范例试点清单。至年末，钱塘区共承接山海协作“产业飞地”2块。其中，与淳安县合作的“杭千飞地”形成“四块地（落实前进区块4宗约26万平方米土地供应）、一幢楼（完成千岛湖智海大厦转让）、一批税（推动“杭千飞地”税务征收）、一支付（创新推进亩均税收转移支付）”合作开发模式，全年实现税收收入9800多万元；与龙游县合作的“产业飞地”选址前进区块，落地启动项目2个。

【“塘塘合作”开启】2021年4月，根据杭州市新一轮东西部协作与对口支援县县结对关系优化方案，钱塘区与四川省甘孜州理塘县建立结对关系，在产业、消费、就业、教育、医疗、社会帮扶等多领域开展对口支援。至年末，结对学校6所、医院2所、社会组织3个，选派12名医疗、教育领域专技人才到理塘县挂职；落实财政援助资金4566万元，用于援建牦牛产业园区、理塘县第三完全中学学生宿舍和学生食堂建设等对口支援项目；引导辖区企业到四川省投资，完成实际投资额7.8亿元；培训理塘农村劳动力206人，其中脱贫人口141人；采购四川省农特产品价值4688万元，动员社会各界捐款捐物5500万余元；钱塘区22个企业与理塘县22个村完成结对，实现“村企结对”全覆盖。（赵　赛）

数字化改革推进

【党政机关整体智治】2021年，钱塘区党政机关整体智治门户上线。参照全省数字化改革重大应用“一本账”和党政机关整体智治跑道，谋划开发“文产云数智平台”“红盟钉”“人才全息场”“大会塘”和“钱总督”5个场景。其中，“文产云数智平台”被市委宣传部列为揭榜挂帅名单；“红盟钉”被市委组织部列为揭榜挂帅名单；“人才全息场”被列入市“三榜一单”，并形成《生物医药人才评价标准实施细则》；“大会塘”和“钱总督”被列为区级重大应用。（邵天成）

【产业数字化】2021年，钱塘区以打造智能化标杆为目标，围绕智能化生产、网络化协同、数字化设计、共享化制造、个性化定制等新场景，深化应用5G、人工智能、大数据等先进适用技术，培育一批技术水平领先、应用效果显著的“智能工厂”和一批具有较高生产效率和柔性制造能力的“数字化车间”，实现规模以上工业企业数字化覆盖率100%。至年末，认定省级“未来工厂”1个、培育1个；认定省级智能工厂、数字化车间14个。培育市级“未来工厂”体系企业45个。其中，链主工厂2个，智能工厂8个，数字化车间32个。认定市级“未来工厂”7个。其中，智能工厂3个，数字化车间4个，数量居全市第一位。近三年累计实施制造业数字化改造攻关项目97个，实施工厂物联网项目140个，实施机器换人项目393个，新增工业机器人2237台。（沈晶鑫）

【全市数字社会应用场景路演钱塘专场举行】2021年7月23日，全市数字社会应用场景路演活动钱塘专场在钱塘区举行，省发展改革委、省卫健委、省残联、市委改革办、市残联、市卫健委、市数据局等部门负责人和业内专家参加。路演期间，钱塘区聚焦物业管理问题，重点介绍“阳光钱塘智慧物业管理系统”应用场景。该场景针对业主、业委会、物业公司、管委会4个核心人群，推出电子业主卡、数据中心、物业公司平台、物业四级管理平台4个功能模块，方便业主对物业公司进行民主监督，辅助管委会进行科学监管。该场景演示获得与会领导及专家的肯定。9月17日，杭州市数字社会多跨场景第二轮首场路演在钱塘区举行，“智养钱塘”是钱塘区路演的唯一场景。“智养钱塘”关注钱塘区5.3万名60周岁以上老年人居家安养、医疗健康、生活服务等普遍性需求，针对高龄独居老人医药配送、膳食服务、心理疏导等个性化需求，形成“电话预约—服务代办—上门服务”的闭环式康养服务链。打通省市、区级部门间的数据壁垒，建成“用户画像——人一码—政策触及”的点对点助养服务形式，实现“健康评估——人一床一码—实时监测”的全方位乐养服务模式，打造“康养、助养、乐养”一体化的养老服务体系。（蒋燕利）

2021 年 3 月 25 日，杭州钱塘科学城揭牌仪式举行　（区融媒体中心 提供）

三大新平台成立

【“钱塘科学城”揭牌成立】2021 年 3 月 25 日，“钱塘科学城”揭牌成立。9 月 1 日，“钱塘科学城管理办公室”揭牌，进入实体化运作。科学城以高教园区为先行启动区、大创小镇区域为先导区，发展生命健康、智能制造等产业，实施科学驱动、三链融合、区校合作、开放协同、一带两城五大战略，打造应用创新策源地、高新产业主阵地、产教融合样板地、成果转化首选地和美好生活向往地。至年末，科学城集聚中国科学院基础医学与肿瘤研究所、钱塘科技创新中心、浙江大学（杭州）创新医药研究院等高端研究机构 30 多个，拥有省部级重点学科 82 个，国家和省部级重点实验室 61 个；国家高新技术企业、省科技型中小企业、省级以上企业研发机构分别有 600 个、1900 个、210 个；建成投用各类创新平台面积 220 万平方米，拥有领军型人才 281 名。（苏一侃）

【“美丽云城”发布】2021 年 9 月 23 日，钱塘区举行“美丽云城”发布会，启动“美丽云城”建设。“美丽云城”范围覆盖钱塘区全域，聚焦美服、美食、美颜、美居、美生活为主体的“美丽经济”，重点发展钱塘现代服务业，计划 3 年内引入总产值不低于 100 亿元“美丽经济”项目 30 个。至年末，全区集聚杭州宜格化妆品有限公司、杭州郝姆斯食品有限公司等“美丽经济”规模以上企业 43 个，实现“美丽经济”产业产值 1115 亿元，比上年增长 10.1%。（任蒙燕）

【“江海之城”发布】2021 年 9 月 30 日，钱塘产城融合核心区（江海之城）推介发布大会举行，“杭州钱塘产城融合核心区建设管理办公室”揭牌。“江海之城”总开发建设面积 24.5 平方千米，北至江东一路、东至头蓬快速路、南至钱塘快速路、西至河庄大道；核心示范区东沙湖板块 6.24 平方千米，东至青东一路，南至青龙路，西至前民河，北至南沙大堤。聚焦发展科创、商务、总部经济、现代金融、公共服务、文化休闲等三产服务业，打造“湾区活力门户、星城魅力客厅”。至年末，江海之城建设管理办公室推进核心区重点项目建设，完成设计招标项目 6 个，启动施工招标项目 1 个，完成工程初步设计项目 4 个，开工项目 2 个。（王 萱 张 吉 徐 锋 韩丹丹）

重要荣誉

2021 年 1 月 27 日，商务部公布 2020 年国家级经济技术开发区综合发展水平考核评价结果，杭州经济技术开发区列第 10 位。

4 月 23 日，钱塘新区获 2020 年度杭州市平安考核优秀等次。

5 月 12 日，杭州医药港获评杭州市“最强产业小镇”称号。

6 月 30 日，钱塘新区获 2020 年度全省六大新区综合评价第一名。

8 月 25 日，杭州经济技术开发区获浙江省级经济技术开发区综合考评第一名。

9 月 28 日，钱塘区获“全国政府采购百强区（市、县）”荣誉称号。

11 月 4 日，杭州大创小镇获浙江省特色小镇优秀等级。

11 月 6 日，杭州医药港获评浙江省特色小镇称号。

12 月 14 日，高新区综合评价结果排全省第三位，受全省通报表扬，并获“2020 年度浙江省高新技术产业园区建设突出贡献集体”称号。

12 月 15 日，钱塘新区入选首批浙江省高能级战略平台培育名单，成为全省打造国内一流、国际知名高能级战略平台的“第一战队”。（年鉴编辑部）

责任编辑　曹文慧

大事记

2021 年大事记

1 月

3 日 杭报集团钱塘新区新闻文化传媒中心在大江东宝龙广场举行以“遇见最美的钱塘少年”为主题的少年学报·钱塘小记者团迎新典礼。新区党工委副书记、管委会主任朱党其参加活动并讲话。

4 日 副市长、钱塘新区党工委书记柯吉欣主持召开座谈会，听取钱塘新区省、市、区人大代表，政协委员对杭州市《政府工作报告（征求意见稿）》和《中华人民共和国国民经济和社会发展第十四个五年规划和2035年远景目标纲要》的意见和建议。

△ 副市长王宏到钱塘新区开展“走亲连心三服务”活动。走访杭州郝姆斯食品有限公司，调研河庄街道新围村和义蓬街道火星村美丽乡村建设情况。新区党工委副书记、管委会主任朱党其陪同。

5 日 《杭州钱塘新区现代服务业高质量发展指引（2020—2022）》印发。

13 日 市长刘忻到钱塘新区调研亚运场馆建设工作。新区党工委副书记、管委会主任朱党其陪同。

15 日 赛德半导体有限公司的“赛德半导体项目”落户钱塘新区钱塘芯谷。

17 日 市长刘忻到钱塘新区调研杭州联德精密机械股份有限公司、杭州美迪凯光电科技股份有限公司、杭州捷诺飞生物科技股份有限公司、杭州奥泰生物技术股份有限公司、明峰医疗系统股份有限公司。钱塘新区党工委副书记、管委会主任朱党其陪同。

19 日 “红盟纵横、联创未来”钱塘新区产业红盟擂台赛暨资源对接会在钱塘新区党群服务中心举行。

20 日 省生态环境厅党组副书记、副厅长、一级巡视员虞选凌到钱塘新区开展2020年度“美丽浙江”建设和“五水共治”考核现场检查。新区党工委副书记、管委会主任朱党其陪同。

21 日 钱塘新区召开专题研究有机更新城市设计（下沙南区块）会议。新区党工委副书记、管委会主任朱党其参加会议并讲话。

△ 松下EP智慧家电项目落户杭州综合保税区举行项目签约仪式。新区党工委副书记、管委会主任朱党其，松下电器中国东北亚公司总裁本间哲朗出席。

24 日 钱塘新区举办2020年度“吹哨一件事”改革“部门述、街社评”比武打擂决赛。钱塘新区建设局获一等奖。

25 日 远大生物项目落户杭州医药港并举行签约仪式。

27 日 商务部公布最新国家级经济技术开发区综合发展水平考核评价结果，杭州经济技术开发区列第10位。

29 日 3102M路、3103M路2条地铁接驳公交线路开通，为地铁一号线文海南路站和下沙西站提供交通配套。

2 月

2 日 2020年“最美钱塘人”名单公布，何可南等10人上榜。

△ 大学城北体育健身中心竣工。

7日 市政协主席潘家玮带队到钱塘新区走访慰问，探望退役军人、烈军属家庭和消防救援官兵。副市长、新区党工委书记柯吉欣陪同。

8日 钱塘新区管理委员会与省农业科学院签订推进乡村振兴战略合作协议。副市长、新区党工委书记柯吉欣，新区党工委副书记、管委会主任朱党其出席。

24日 中国银行杭州大学城支行在大创小镇·海聚中心营业。

25日 副省长高兴夫带队到钱塘新区调研，开展“三服务”（服务领导、服务基层、服务群众）活动。省政府副秘书长董贵波，副市长、新区党工委书记柯吉欣陪同调研。

3月

1日 杭州联德精密机械股份有限公司在上海证券交易所A股主板挂牌上市。

△ 杭州鸿泉环境服务有限责任公司投入运营，该公司预估可处理小微类危险废物1.7万吨/年，化解全市小微类危险废物收集处置难题。

2日 杭州美迪凯光电科技股份有限公司在上海证券交易所科创板挂牌上市。

4日 立昂微总部项目及道铭射频芯片封装项目签约仪式在钱塘新区举行。新区党工委副书记、管委会主任朱党其出席。

9日 全国妇联公布2020年度全国“三八红旗手”、全国“三八红旗集体”名单。国家税务总局杭州经济开发区税务局纳税服务科（办税服务厅）获“全国巾帼文明岗”称号，钱塘新区企业杭州格林达电子材料股份有限公司董事长蒋慧儿获“全国巾帼建国标兵”称号。

11日 市委常委、市警备区政委唐春所到钱塘新区考察人武部机构及选址事宜。副市长、新区党工委书记柯吉欣陪同。

△ 上海药明生物技术有限公司首席执行官陈智胜一行到钱塘新区开展座谈交流。副市长、新区党工委书记柯吉欣参加。

12日 安徽省蚌埠市委书记黄晓伍一行到钱塘新区考察自由贸易试验区建设情况。

△ 钱塘新区建投集团2021年第一期18亿元非公开发行公司债券在上海证券交易所簿记发行。

13日 市长刘忻到钱塘新区调研浙江华海生物科技有限公司、杭州格调女王科技有限公司和杭州悦萱堂化妆品有限公司等项目建设情况并召开协调会。副市长、新区党工委书记柯吉欣，新区党工委副书记、管委会主任朱党其陪同调研。

15日 市长刘忻到钱塘新区会见浙江吉利控股集团有限公司董事长李书福。副市长、新区党工委书记柯吉欣陪同。

16日 杭州经济技术开发区文化配套用房（建筑）工程被评为杭州市建设工程“西湖杯”（结构优质奖）工程。

17日 “中昊芯英（杭州）科技有限公司开业仪式暨AI未来软硬件一体化展望论坛”在钱塘新区举行，现场与杭州电子科技大学等单位签署战略合作协议。副市长、新区党工委书记柯吉欣出席。

△ 金沙湖公园“下沉式”广场提升改造工程竣工。

18日 工信部副部长辛国斌到钱塘新区调研杭州士兰集昕微电子有限公司汽车芯片生产情况。副市长、新区党工委书记柯吉欣陪同。

19日 民盟中央专职副主席张平到钱塘新区参加民盟先贤雕像集体揭幕仪式和“历史与未来新时代参政党的责任与担当”理论研讨会。

22日 2021年全市供销系统春耕支农促生产“五送”（送政策、送文化、送医疗、送科技、送法律）下乡活动启动仪式暨农业社会化服务现场会在钱塘新区江东农场举行。副市长王宏出席。

24日 市长刘忻到钱塘新区参加全市重大项目“比学赶超”活动（第二组），考察华海生物园区制药及研发中心项目。

25日 杭州钱塘科学城举行揭牌仪式。副省长高兴夫，副市长、新区党工委书记柯吉欣出席。

△ 杭州奥泰生物技术股份有限公司在上海证券交易所科创板挂牌上市。

26日 中国商飞—浙江大飞机产业培育会在钱塘新区举行，省发改委主任孟刚与中国商飞公司签署《大飞机产业合作备忘录》。副省长刘小涛，新区党工委副书记、管委会主任朱党其出席。

△ 副省长刘小涛到钱塘新区调研杭州中科先进技术研究院，新区党工委副书记、管委会主任朱党其陪同。

28日 钱塘新区和达高科海聚中心入驻企业杭州乐秀电子科技有限公司获“年度优秀杭商最具成长力企业”称号。

29日 浙江零跑科技有限公司的“零跑科技新能源汽车”项目在钱塘新区签约。市长刘忻，副市长、新区党工委书记柯吉欣，新区党工委副书记、管委会主任朱党其参加签约仪式。

△ 钱塘新区2个新冠肺炎疫苗方舱接种点金沙大道600号和城建文化馆同时启动，为市民提供免费疫苗接种。

30日 浙江太古可口可乐饮

料有限公司首条MIS管理信息系统数字化生产线在钱塘新区启动。

△ 杭州市第三固废中心在钱塘新区建成并投入运营，预估处置危险废弃物13万吨/年，其中医疗废弃物处置量4万吨/年，是全市唯一有能力收集处置医疗废弃物的企业。

31日 省委第二巡视组巡视杭州钱塘新区党工委工作动员会议在钱塘新区举行，副市长、区委书记柯吉欣做表态讲话。新区党工委副书记、管委会主任朱党其主持会议。

4月

2日 钱塘新区召开安全生产、消防安全“遏重大”攻坚战及“国卫”复评省级明查迎检动员部署会。新区党工委副书记、管委会主任朱党其参加会议并讲话。

7日 省商务厅在钱塘新区召开2020年度全省综合保税区发展绩效评估工作座谈会。

8日 工信部党组成员、总工程师田玉龙到钱塘新区调研浙江西子势必锐航空工业有限公司和杭州艾美依航空制造装备有限公司。

9日 杭州市部分行政区划优化调整实施动员大会在省人民大会堂举行。副省长王文序宣读《浙江省人民政府关于调整杭州市部分行政区划的通知》。经国务院批复同意，设立钱塘区，以原江干区的下沙街道、白杨街道和萧山区的河庄街道、义蓬街道、新湾街道、临江街道、前进街道的行政区域为钱塘区的行政区域，区人民政府驻河庄街道青六北路499号。

13日 杭州硅谷协同创新中心被评为“2020年度浙江省境外经贸合作区”优秀园区。

14日 市长刘忻到钱塘区调研杭州顶益食品有限公司、中粮包装投资有限公司、浙江太古可口可乐饮料有限公司、5G产业先导园及浙江和泽医药科技股份有限公司。副市长、区委书记柯吉欣，新区党工委副书记、管委会主任朱党其陪同。

15日 国家市场监管总局副局长田世宏到钱塘区调研浙江西子势必锐航空工业有限公司。新区党工委副书记、管委会主任朱党其陪同。

△ 新区传媒中心作品《1江入怀紫7东来—杭州地铁7号线江南段、1号线三期开通融媒体主题报道》获“2020全国区县融媒体中心优秀案例提名奖”。

△ 杭州市第一季度“美丽城镇”现场会在义蓬街道举行。会议表彰2020年“美丽城镇”建设优秀县（市、区）及2020年“美丽城镇”样板乡镇。

△ 3剂次疫苗——重组新冠肺炎疫苗钱塘区接种点在城建文化馆方舱启动。

16日 钱塘区建投集团下属杭州金沙湖投资发展有限公司承建的220千伏沙南输变电工程（土建部分）项目开工。220千伏沙南输变电工程是亚运会轮滑比赛场馆和训练场馆供电配套工程，为确保场馆建设和启用作电力供应。

△ 圣戈班穆松桥（中国）项目签约仪式在钱塘区举行。该项目是钱塘区成立后首个落地的世界500强企业项目。

19日 钱塘区举行“钱塘区·凯里市”缔结友好区市签约仪式。凯里市委副书记、市长、黔东南高新区管委会主任杨波参加。区委副书记、区政府筹备组组长朱党其出席活动并讲话。

20日 钱塘区产业集团发行2021年度第一期中期票据，债券简称21钱塘新区MTN001，发行规模4亿元，期限3+2年，主体评级AA+，票面利率3.72%。

21日 省委常委、常务副省长陈金彪到钱塘区调研长安福特汽车有限公司、浙江西子势必锐航空工业有限公司和“华瑞航空制造”项目，了解企业生产经营情况、生产工艺和流程。

22日 天境生物科技（杭州）有限公司商业化生产基地奠基仪式举行。副市长、区委书记柯吉欣出席活动并致辞。

△ 钱塘区河庄街道新围村农村文化礼堂、同一村农村文化礼堂获评2020年度浙江省五星级农村文化礼堂。

△ 钱塘区企业怡得乐电子（杭州）有限公司总经理刘晓津、杭州九源基因工程有限公司总经理傅航、杭州郝姆斯食品有限公司董事长邱浩群上榜“杭州市优秀企业家”名单。

23日 钱塘区召开第一届人民代表大会选举工作会议，副市长、区委书记柯吉欣参加会议并讲话。

△ 钱塘新区获2020年度杭州市平安考核优秀等次。

△ 钱塘区2021年知识产权宣传周活动在国际创博中心启动。钱塘新区生物医药知识产权联盟注册成立。

25日 浙江传媒学院校友产业园举行开园仪式。钱塘区政府、浙江传媒学院及杭州范本企业管理有限公司签署合作协议，首批签约项目8个。区委副书记、区政府筹备组组长朱党其出席。

26日 钱塘区举行浙江省原料药安全研究中心成立仪式暨医药创新发展论坛。区委副书记、区政府筹备组组长朱党其出席。

27日 市长刘忻到钱塘区调研义蓬科创园、火星村、南沙新苑安置小区。副市长、区委书记柯吉欣，新区党工委副书记、管委会主任朱党其陪同。

△ 市人大常委会党组副书记、副主任，市行政区划优化调整实施工作领导小组人大工作指导组组长郑荣胜带队到钱塘区调研指导人大筹备工作并主持召开座谈会。

28日 钱塘区和达高科旗下园区10个企业入围2021杭州“独角兽”&“准独角兽”企业榜单。

5月

7日 江苏省镇江市委常委、常务副市长郭建一行到钱塘区考察。新区党工委副书记、管委会主任朱党其陪同。

8日 经省委、省政府批准，中共杭州市委办公厅、杭州市人民政府办公厅印发《杭州市钱塘区机构设置方案》，优化杭州市钱塘区机构设置。组建纪委和党委工作机关7个：区监察委员会、区委办公室、区委组织部、区委宣传部、区委统一战线工作部、区委政法委员会、区委巡察工作领导小组办公室；组建政府工作机构22个：区政府办公室、区发展和改革局、区经济信息化和科学技术局、区教育局、市公安局钱塘区分局、区司法局、区财政局、区人力资源和社会保障局、区住房和城乡建设局、区交通运输局、区农业农村局、区商务局、区社会发展局、区退役军人事务局、区应急管理局、区审计局、区市场监督管理局、区行政审批局、区统计局、区综合行政执法局、市规划和自然资源局钱塘分局、市生态环境局钱塘分局；组建区委议事协调机构及其办事机构9个：区委全面深化改革委员会、区委全面依法治区委员会、区委国家安全委员会、区委网络安全和信息化委员会、区委财经委员会、区委外事工作委员会、区委审计委员会、区委教育工作领导小组、区委区政府农业和农村工作领导小组。

△ 中国科学院基础医学与肿瘤研究所重大项目人才签约暨打造生命健康科创高地学习研讨会在钱塘区举行。副市长、区委书记柯吉欣出席会议。

9日 第23届中国大学生篮球三级联赛（东南赛区）开幕式在浙江经济职业技术学院举行。

11日 省长郑栅洁到钱塘区调研中国科学院基础医学与肿瘤研究所、杭州景杰生物科技股份有限公司及瑞博（杭州）医药科技有限公司。副市长、区委书记柯吉欣，新区党工委副书记、管委会主任朱党其陪同。

13日 钱塘书房竣工。书房位于学林街463号，高教园区东公园内，建筑面积500平方米。

15日 钱塘区下沙、白杨、河庄、义蓬、新湾、临江6个街道退役军人服务站通过验收，并被评为首批“全国示范型退役军人服务中心（站）”。

17日 副市长、区委书记柯吉欣会见《中国组织人事报》报社党委书记、社长张宝忠一行，双方围绕“政府搭建公共研发平台，降低人才创业成本”主题开展座谈交流。

△ 市政协副主席叶鉴铭到钱塘区调研“推进美丽大花园建设，打造美丽中国样本”情况。

19日 省委书记袁家军到钱塘区调研中科院基础医学与肿瘤研究所，考察核酸适体筛选中心、核酸检测分子诊断设备研发中心、ECMO（体外膜肺氧合）联合研发中心、创新药物研发中心等试验设施和科研平台。副市长、区委书记柯吉欣陪同调研。

△ 四川省副省长陈炜到钱塘区考察杭州顶正包材有限公司。

20日 钱塘产业数智化峰会暨联想科技产业行活动举行，联想工业互联网研究院、数智化制造创新产业园（特色小微园）项目签约。

△ 中科院院士、全国人大常委会副委员长、民盟中央主席丁仲礼到钱塘区考察中国科学院基础医学与肿瘤研究所并座谈交流。

23日 省委第二巡视组到钱塘区调研下沙城市核心区（金沙湖商务区）、浙江理工大学（杭州）技术转移中心、中国计量大学国家大学科技园、浙江高校产学研联盟钱塘中心、钱塘科创中心及钱塘新区行政服务中心下沙分中心。副市长、区委书记柯吉欣陪同调研。

26日 中国农工民主党杭州市钱塘区基层委员会成立，选举产生农工党钱塘区第一届基层委员会领导班子，李红当选为农工党钱塘区第一届基层委员会主任委员。

27日 省委第二巡视组到钱塘区调研东沙湖、临江兵团知青文化园、浙江传化化学品有限公司及临江江海湿地。

28日 钱塘区选举产生第一届人民代表大会代表222名。

29日 中国民主建国会杭州市钱塘区总支部委员会成立，选举产生民建钱塘区第一届总支部委员会领导班子，潘伟红当选为民建钱塘区第一届总支部委员会主任委员。

31日 “百年风华正少年”2021年庆祝“六一”儿童节暨献礼建党百年文艺会演活动在杭州

市文海实验学校举行。

6月

2日 杭州市钱塘区制造业工程技术人员工程师资格评审委员会批复成立。

3日 市委常委、组织部部长毛溪浩到钱塘区调研浙江锦阳人力资源集团有限公司、杭州景杰生物科技有限公司。副市长、区委书记柯吉欣，新区党工委副书记、管委会主任朱党其陪同。

△ 钱塘区召开亚运城市行动攻坚推进会，部署2021年亚运城市行动任务，区委副书记、区政府筹备组组长朱党其参加会议并讲话。

△ 中国科学院高能物理研究所所长、院士王贻芳到钱塘区调研中科院基础医学与肿瘤研究所、明慧医药（杭州）有限公司和奥明（杭州）基因科技有限公司。

△ 生物医药、航空航天“万亩千亿”平台考核列全省十强。

△ 浙江理工大学红色文化讲习馆入选省级党员教育培训基地名单。

△《杭州市人民政府关于对2020年度杭州市“两山”实践创新基地建设工作中成绩突出的集体和个人给予行政奖励的通知》印发，市生态环境局钱塘分局入选2020年度杭州市“两山”实践创新基地建设工作行政奖励名单。

4日 钱塘区第一届人民代表大会代表选举工作总结大会召开。

△ 中国民主促进会杭州市钱塘区总支部委员会成立，选举产生民进钱塘区第一届总支部委员会领导班子，夏海琴当选为民进钱塘区第一届总支部委员会主任委员。

△ 中国致公党杭州市钱塘区支部委员会成立大会召开。选举产生致公党钱塘区第一届支部委员会领导班子，杨帆当选为致公党钱塘区第一届支部委员会主任委员。

△ 中国民主同盟杭州市委员会批复同意中国民主同盟杭州钱塘新区支部委员会更名为中国民主同盟杭州市钱塘区支部委员会，祝水军为民盟钱塘区第一届支部委员会主任委员。

7日 第七届中国杭州大学生创业大赛钱塘赛区决赛举行。北京大学、浙江师范大学的炎黄国芯——宇航及高可靠领域自主可控模拟芯片，宜宾学院的引磁创新——只做无人机中的“大力士”获一等奖。

△ 下沙至海宁市长安镇城际铁路方案获国家发改委批复。

8—11日 中国共产党杭州市钱塘区第一次代表大会召开。会上，副市长、区委书记柯吉欣做题为《高水平打造“智涌钱塘·现代星城”为建设现代化国际化一流新区而奋斗》的报告。

10日 市长刘忻到钱塘区与云锋基金联合创始人、主席虞锋座谈交流。副市长、区委书记柯吉欣参加座谈会。

11日 中国共产党杭州市钱塘区第一届委员会第一次全体会议召开。选举产生区第一届委员会常务委员和书记、副书记。柯吉欣、朱党其、沈燕俊、李鹏、杨晓峰（女）、陈炯林、刘国娟（女）、张刚、吴勇、周伟东10人被选为区委常委，柯吉欣当选区委书记，朱党其、沈燕俊当选区委副书记。

△ 九三学社杭州市钱塘区基层委员会成立，选举产生九三学社钱塘区第一届基层委员会领导班子，徐志忠当选九三学社钱塘区第一届基层委员会主任委员。

△ 钱塘区所辖7个街道行政区划代码确定。其中，钱塘区行政区划代码为330114，下沙街道为330114001，白杨街道为330114002，河庄街道为330114003，义蓬街道为330114004，新湾街道为330114005，临江街道为330114006，前进街道为330114007。“33”表示浙江省，“01”表示杭州市，“14”表示钱塘区“，001～007”分别表示7个街道。

15日 市长刘忻在全市“亚运城市行动”比学赶超活动期间考察钱塘区文体中心项目。

△ 杭州亚运轮滑馆亮灯。项目总建筑面积3.6万平方米，该项目各专业工程全部完工。

16日 中国国民党革命委员会杭州市钱塘区支部委员会成立，选举产生民革钱塘区第一届支部委员会领导班子，许宏波当选为民革钱塘区第一届支部委员会主任委员。

18日 市委常委、常务副市长戴建平检查地铁8号线开通筹备情况并召开座谈会。

△ 浙江省半导体行业协会20周年庆典暨中国（钱塘）集成电路高峰论坛在钱塘区举行。

△ 2021年世界青年高质量创新创业（杭州）论坛在钱塘区举行。

△ 钱塘区产业园区发展联盟成立并揭牌。

△ 东芝开利空调（中国）有限公司新基地启动仪式在钱塘区举行。

△ 杭州钱塘国际博士后创新创业孵化中心成立并揭牌。

22日 杭州经济技术开发区文化配套用房经市民政局批复，以“金沙湖大剧院”为地名标准名称。

23日 省长郑栅洁到钱塘

区调研杭州娃哈哈第二生产基地，参观智能菌种和超临界车间、智能饮料生产线，了解自主研发菌种和健康饮料发展情况。区委副书记、管委会主任朱党其陪同调研。

△ 国家税务总局杭州市钱塘区税务局揭牌。

△ 松下家电EP智慧家电项目在杭州综合保税区举行奠基仪式。

24日 杭州亚组委副秘书长、副市长陈卫强到钱塘区调研亚运会竞赛场馆。区委副书记、管委会主任朱党其陪同。

△ 浙企牵手德国杜塞尔多夫对接洽谈会在钱塘区举行。省商务厅副厅长王坚出席活动并致辞。

28日 杭州地铁8号线首辆地铁开启首次载客运营。钱塘区步入地铁1号线、7号线、8号线“三线换乘”时代。

30日 “百年峥嵘奋斗路，钱塘逐梦开新篇”钱塘区庆祝中国共产党成立100周年文艺晚会在中国计量大学嘉量礼堂举行。副市长、区委书记柯吉欣出席。

△ 钱塘新区列2020年度全省六大新区综合评价第一名。

7月

1日 浙江省庆祝中国共产党成立100周年大会举行，副市长、区委书记柯吉欣出席。

2日 一届区委常委会（扩大）第一次会议举行，贯彻落实中共中央总书记习近平在庆祝中国共产党成立100周年庆祝大会上的重要讲话精神、传达省委十四届九次全会、市委十二届十二次全体（扩大）会议精神，研究产业功能平台增设及优化提升实施有关工作、干部人事有关事宜，听取有关情况汇报等。

3日 杭州市人力资源和社会保障局、杭州市钱塘区政府（筹）主办的全球青年创新创业杭州成长营第一期开营。

5日 中国计量大学（钱塘区大创小镇）校友产业园举行开园仪式。副市长、区委书记柯吉欣，中国计量大学校长宋明顺出席。

6日 市委常委、市纪委书记、市监委主任陈擎仓带队到钱塘区开展调研活动。副市长、区委书记柯吉欣陪同调研。

△ 市政府原常务副市长马时雍到钱塘区考察汽车产业发展情况。区委副书记、区政府筹备组组长朱党其参加座谈。

△ 中国（浙江）自由贸易试验区杭州片区钱塘管理办公室揭牌，区委副书记、区政府筹备组组长朱党其参加。

△ 河庄街道江东村被授予“全国文明村”牌匾。

△ 杭州市青少年手球锦标赛在钱塘区杭州市基础教育研究室附属学校开赛。

8日 一届区委常委会第二次会议举行，研究《关于制定杭州市钱塘区国民经济和社会发展第十四个五年规划和二〇三五年远景目标的建议》等有关事宜。

△ 由杭州文广融合发展中心、杭州电视台生活频道特别策划，钱塘区委宣传部承办的“爱上长三角”大型全媒体新闻行动收官仪式在钱塘区金沙湖畔落幕。

9日 钱塘区—理塘县对口支援劳务协作云上对接会暨“塘塘”就业服务中心挂牌。

12日 农业农村部合作经济司一级巡视员、副司长王锋到钱塘区督查调研河庄街道摩尔庄园点位整改现场、义蓬街道南开农机点位整改现场、产城融合中心抛荒地整治点位现场、河庄街道江东农场一分场点位现场。

13日 钱塘区“美丽庭院”创建工作现场推进会在义蓬街道召开。会议为“钱塘女儿”巾帼志愿队和“小荷姐姐”巾帼志愿队等5支街道巾帼志愿队授旗，表彰12户2020年度区级“美丽庭院”示范户。

14日 中国共产党杭州市钱塘区第一届委员会第二次全体（扩大）会议举行。审议通过《关于制定钱塘区国民经济和社会发展第十四个五年规划和二〇三五年远景目标的建议》。

△ 一届区委常委会第三次会议举行，研究2021年度民生实事候选项目等有关事宜。

15日 市政协副主席谢双成一行到钱塘区调研下沙海聚中心新松机器人有限公司。

△ 四川省甘孜州理塘县特色产品体验馆落户钱塘区和达城，区委副书记、区政府筹备组组长沈燕俊，理塘县县长郑显峰共同揭牌启幕。

△ 钱塘区举行中欧产业创新中心项目签约仪式。区委副书记、区政府筹备组组长朱党其出席。

19日 中国人民政治协商会议第一届杭州市钱塘区委员会第一次会议在国际创博中心开幕。市政协副主席陈国妹，区委副书记、区政府筹备组组长朱党其参加会议并讲话。

20日 杭州市钱塘区第一届人民代表大会第一次会议第一次全体会议暨开幕式在国际创博中心举行。区委副书记、区政府筹备组组长朱党其代表区政府向大会做政府（筹）工作报告。

21日 中央台办联络局副局长付强到钱塘区参加杭台两岸生物医药科技园项目奠基仪式。副市长、区委书记柯吉欣陪同。

△ 一届区委常委会第四次会议举行，研究钱塘区人民代表大会第一次会议干部人事等有关

事宜。

22日 钱塘区政协一届一次会议第二次全体会议召开。会议选举产生政协第一届杭州市钱塘区委员会主席、副主席、秘书长、常委委员。金志强当选为区政协主席，陈金泉、杨帆、包莹莹、卢小强当选为区政协副主席。沈建平当选为区政协秘书长。

△ 中国人民政治协商会议第一届杭州市钱塘区委员会第一次会议闭幕。大会听取提案审查委员会关于提案收集和初审情况的报告，审议通过政协第一届杭州市钱塘区委员会第一次会议决议。

23日 钱塘区第一届人民代表大会第一次会议第三次全体会议在国际创博中心举行，选举周志辉为钱塘区第一届人民代表大会常务委员会主任，朱党其为钱塘区人民政府区长，张刚为钱塘区监察委员会主任，余晟为钱塘区人民法院院长，钱铖为钱塘区人民检察院检察长。

△ 杭州市钱塘区第一届人民代表大会第一次会议闭幕，副市长、区委书记柯吉欣出席第四次全体会议并在闭幕式上讲话。

△ 中国共产党杭州市钱塘区委员会、杭州市钱塘区人民代表大会常务委员会、杭州市钱塘区人民政府、中国人民政治协商会议杭州市钱塘区委员会、中国共产党杭州市钱塘区纪律检查委员会、杭州市钱塘区监察委员会揭牌。副市长、区委书记柯吉欣出席仪式并讲话。区委副书记、区长朱党其主持。

28日 市政协主席潘家玮到钱塘区调研下沙街道人大代表联络站。副市长、区委书记柯吉欣，区委副书记、区长朱党其陪同调研。

△ 市政协主席潘家玮带队到钱塘区调研“高水平推进区域性创新高地建设”开展情况，走访中国科学院基础医学与肿瘤研究所和杭州中欣晶圆半导体股份有限公司。

△ 钱塘区下沙街道、白杨街道、河庄街道、义蓬街道、新湾街道、临江街道、前进街道7个街道党工委、人大工委、街道办事处、纪工委揭牌。

29日 一届区委常委会第五次会议举行，审议《钱塘区信访工作责任制实施细则》，研究分析全区上半年经济形势等事宜。

△ 钱塘区第一届人民代表大会常务委员会召开第一次主任会议，会议通过《杭州市钱塘区人民代表大会常务委员会主任会议议事规则（草案）》。区人大常委会主任周志辉参加会议并讲话。

29—30日 杭州市农业水价综合改革“五个一百”创建观摩交流会在钱塘区举行。

30日 中共杭州市委机构编制委员会印发《关于杭州市钱塘区人大机构设置事项的批复》，明确同意设置杭州市钱塘区人民代表大会常务委员会监察和法制司法工作委员会、杭州市钱塘区人民代表大会常务委员会财政经济工作委员会、杭州市钱塘区人民代表大会常务委员会社会建设工作委员会、杭州市钱塘区人民代表大会常务委员会城乡建设环境保护工作委员会4个机构。

△ 中共杭州市委机构编制委员会印发《关于杭州市钱塘区政协机关机构设置事项的批复》，明确：同意设置政协杭州市钱塘区委员会办公室，区政协专门委员会的办事机构纳入区政协办公室内设机构管理。

△ 钱塘区一届人大常委会举行第一次会议，向区人大常委会各街道工委和区政府各部门等新任命的国家工作人员颁发任命书并举行宪法宣誓仪式。区委副书记、区长朱党其列席会议。

△ 钱塘区首个天然气自助终端充值机在新湾街道启用。

8月

3日 全市党群服务最优项目打擂比武（第二片区）在钱塘区党群服务中心举办。临江街道临江佳苑社区党群服务中心“‘比临悦’，悦享晚年”项目和前进街道三丰村党群服务中心“传承沙地文化，犇进美好未来”项目获“优秀项目”奖。

△ 百明信康生物技术（杭州）有限公司“新型蛋白技术在过敏免疫治疗中的应用”项目获2021年“创客中国”暨“浙江好项目”中小微企业创新创业大赛冠军。

△ 杭州市钱塘区行政审批局挂牌。

4日 副省长卢山到钱塘区调研杭州中欣晶圆半导体股份有限公司、中国电子·积海项目、杭州士兰集昕微电子有限公司及杭州立昂微电子股份有限公司。区委副书记、区长朱党其陪同。

9日 中国农业银行杭州下沙支行更名为中国农业银行杭州钱塘支行。钱塘支行整合下沙片区和江东片区8个网点。

10日 第一个“330114”开头的“钱塘专属”身份证号在金沙湖派出所户籍室窗口发出。

11日 省人大常委会党组书记、副主任梁黎明到钱塘区考察浙江西子势必锐航空工业有限公司、河庄街道江东村代表联络站，调研县乡人大换届选举、街道和开发区（园区）人大工作、数字化改革工作等，副市长、区委书记柯吉欣陪同。

12日 杭州市生态环境局钱塘分局揭牌。

13日 杭州市公安局钱塘区

分局揭牌。

△ 杭州市钱塘区人民法院、杭州市钱塘区人民检察院揭牌。

△ 泽达集电高性能激光器项目签约仪式在钱塘区举行，副市长、区委书记柯吉欣出席。

△ 杭州市高科技企业孵化园区被认定为杭州市2021年高新技术孵化器成果转化园。

16日 中共杭州市钱塘区委政法委员会、杭州市钱塘区司法局揭牌。

△ 杭州市钱塘区农业农村局、杭州市钱塘区林业水利局、杭州市钱塘区乡村振兴局揭牌。

△ 杭州市钱塘区应急管理局、杭州市钱塘区市场监督管理局、杭州市钱塘区知识产权局、杭州市钱塘区教育局揭牌。

17日 杭州市钱塘区商务局、杭州市钱塘区投资促进局、杭州市钱塘区人民政府外事办公室揭牌。

17—21日 央广网、中新社、《浙江日报》、《杭州日报》等20多个中央、省、市级媒体记者到钱塘区围绕“大杭州、高质量、共富裕”主题开展5天集中采风活动。

18日 市长刘忻到钱塘区考察浙江工商大学校史馆、浙江理工大学校史馆并座谈交流。区委副书记、区长朱党其陪同考察。

19日 一届区委常委会第六次会议举行，学习贯彻中共中央总书记习近平对当前疫情防控工作的重要批示精神和省、市委有关会议精神，杭州市争当浙江高质量发展建设共同富裕示范区城市范例有关会议精神；研究有关事宜。

△ 衢州市龙游县委书记张晓峰，县委副书记、县长祝建东率党政代表团到钱塘区调研，对接“产业飞地”工作。双方签署《开发区合作意向协议书》。区委副书记、区长朱党其出席会议。

20日 省政协副主席周国辉到钱塘区调研明峰医疗系统有限公司、金卡智能集团股份有限公司及钱塘区规划馆。区委副书记、区长朱党其陪同调研。

△ 钱塘区政府召开第一次全体（扩大）会议。区委副书记、区长朱党其参加会议并讲话。

△ 钱塘区人力资源和社会保障局揭牌。

△“新钱塘人”陈位伟以“见义勇为类”入选中共杭州市委宣传部公布的“杭州好人榜”。

22日 一届区委常委会第七次会议举行，学习传达中央有关纪律审查和监察调查的决定以及省、市委有关会议精神，研究部署有关工作。

24日 市政协党组副书记、副主席张仲灿到钱塘区调研，实地考察卓健信息科技有限公司并召开座谈会，听取政协工作及钱塘科学城建设、杭州医药港发展情况汇报。

25日 省政协副主席、民建省委会主委陈小平调研钱塘区正典燕窝、菜鸟心怡仓并召开座谈会。

△ 杭州经济技术开发区列全省开发区综合考评第一位。

27日 钱塘区上线浙江省政务服务2.0事项“一网通办”自助终端，实现区行政服务中心、辖区7个街道便民服务中心全覆盖。

31日 住建部住房保障司司长曹金彪到钱塘区调研。区委副书记、区长朱党其陪同。

9月

1日 市委常委、政法委书记、市委依法治市办主任许明到钱塘区调研矛盾纠纷调处化解中心、新湾街道“湾嫂”议事厅并召开汇报会。

△ 杭州钱塘科学城管理办公室揭牌。副市长、区委书记柯吉欣，市科技局党组书记、局长周扬出席。

3日 一届区委常委会第八次会议举行，学习贯彻中共中央总书记习近平关于开发区建设的重要讲话指示精神，研究有关事宜。

△ 杭州市钱塘区审计局挂牌。

6日 杭州市钱塘区退役军人事务局、杭州市钱塘区残疾人联合会揭牌。

7日 区委副书记、区长朱党其到省乔司监狱调研。区委常委、副区长陈炯林代表钱塘区与乔司监狱签订《杭州市钱塘区政府与浙江省乔司监狱高质量融合发展框架协议》。

8日 省政协党组副书记、副主席孙景淼到钱塘区考察并开展座谈。副市长、区委书记柯吉欣，区委副书记、区长朱党其陪同调研。

△ 开封经济技术开发区与杭州经济技术开发区战略合作协议签约仪式在钱塘区举行。开封市委副书记、市人民政府党组书记、市长李湘豫，钱塘区委副书记、区长朱党其出席并致辞。

10日 钱塘区举行“三峡新能源”项目与“济民可信”项目签约仪式。副市长、区委书记柯吉欣出席仪式。

△ 衢州市江山市委书记童炜鑫，市委副书记、市长王光华，副市长郭林将带领江山市党政代表团到钱塘区考察调研。双方召开钱塘区—江山市推进山海协作工程联席会，举行《“江山—钱塘特色生态产业平台”战略合作协议》《山海协作工程战略合作协议》签约仪式。区委副书记、区长朱党其出席会议并致辞。

△ 钱塘区第一届人民代表大会常务委员会召开第二次主任会议。会议通过2021年区政府民生实事项目监督工作分组安排和区一届人大一次会议代表建议督办安排。区人大常委会主任周志辉参加会议并讲话。

△ 钱塘区下沙、白杨等街道的8个社区卫生服务中心与杭州市第九人民医院签约，开展城市医疗联合体合作。

17日 钱塘区一届人大常委会举行第二次会议。会议审议并表决区人大常委会主任会议、区法院、区检察院提交的人事任命议案，并向新任命的有关国家工作人员颁发任命书。区人大常委会主任周志辉主持会议。

△ 钱塘区博士后联谊会成立。

△ 凯德旗下综合产业园区新加坡杭州科技园三期项目——“元创公园”开园。公园占地面积23万平方米。

17—19日 中国药学大会在钱塘区举行。全国政协教科卫体委员会副主任、中国药学会理事长孙咸泽致开幕辞，浙江省副省长朱从玖，国家药品监督管理局副局长陈时飞，中国科协党组成员、书记处书记吕昭平出席开幕式并致辞。副市长、区委书记柯吉欣出席。

18日 钱塘区与中国农业银行浙江省分行签署战略合作协议。副市长、区委书记柯吉欣和中国农业银行省分行党委书记、行长冯建龙参加。

△ 一届区委常委会第九次会议举行，学习贯彻《中共浙江省委关于规范领导干部廉洁从政从业行为进一步推动构建亲清政商关系的意见》《中共中央关于加强新时代检察机关法律监督工作的意见》文件精神，听取有关情况汇报，研究有关事宜。

△ 龙湖杭州江东天街开业。

22日 钱塘区举行乡村振兴学院揭牌仪式暨“河庄·田城汇”乡村振兴共富党建联盟启动仪式。区委副书记、区长朱党其出席仪式并致辞。

27日 杭州市钱塘区工商业联合会（总商会）第一次会员代表大会举行，省工商联党组成员、秘书长、二级巡视员陈俊燕，副市长、区委书记柯吉欣出席。大会选举产生区工商联（总商会）执委会和常务委员会，陈立荣当选区工商联（总工会）主席（会长）。

△ 杭州综合保税区天猫国际新世界工厂（日化洗护工厂）举行启动仪式，标志着国内首个日化洗护类新世界工厂启用投产。

28日 一届区委常委会第十次会议举行，学习贯彻中共中央总书记习近平在2021年秋季学期中央党校中青年干部培训班开班式上的讲话，研究有关事宜。

△ 钱塘区获“全国政府采购百强区（市、县）”称号。

28—30日 2021年中国（浙江）自由贸易试验区国际生物医药（杭州）创新峰会暨第五届国际生物医药（杭州）创新峰会在钱塘区召开。4个生物医药领域共建项目签约落户生物医药“万亩千亿”新产业平台。市侨联创业创新基地、浙江钱塘数字贸易研究院、和达产业研究院揭牌。

29日 浙江华瑞航空制造项目主体工程举行开工仪式。副省长高兴夫出席。省政协原副主席孙文友，中国商用飞机有限责任公司副总经理魏应彪，省政府副秘书长董贵波出席。

30日 钱塘产城融合核心区（江海之城）推介发布大会暨钱塘产城融合核心区管理办公室揭牌。副市长、区委书记柯吉欣参加。

10月

9日 2021年首届杭州钱塘潮玩节在国际创博中心举行，副市长、区委书记柯吉欣，市委宣传部副部长、市文明办主任钮俊出席。

10日 2021年（第五届）生物药工艺发展峰会BPD（“Biological Product Deviation”缩写，生物制品偏差）在钱塘区开幕。

11日 一届区委常委会第十一次会议举行，学习贯彻上级关于意识形态工作相关文件精神，听取上半年钱塘区意识形态工作情况汇报，听取有关情况汇报，研究有关事宜。

12日 市政协副主席滕勇带领市政协委员到钱塘区开展“以筹办亚运会为契机，提升城市文明水平”的监督调研活动。

13日 钱塘区“最美医师”表彰暨“健康惠民示范区”启动仪式在杭州高级中学钱塘学校举行。区委副书记、区长朱党其出席仪式并致辞。

14日 市政协主席潘家玮一行到钱塘区开展深化“三服务”活动。

15日 钱塘产业集团召开成立30周年庆祝大会。

18日 杭州市钱塘公共交通有限公司揭牌。

△ 和达高科集团与雅诗阁有限公司旗下长租公寓品牌“雅遇”合作的杭州和达雅遇长租公寓（下沙）开业。

△ 钱塘区企业长安福特杭州分公司被评为全市首家省级“无废工厂”。

19日 钱塘区一届人大常委会召开第三次主任会议，听取区政府关于“美丽乡村”建设情况的报告和区政府关于2021年政府投资项目计划调整方案的报告。

21日 第七届“创客天下·杭向未来2021杭州市海外高层次人才创新创业大赛”留学人员创新创业项目专场生命健康组决赛在钱塘区杭州医药港举行。大赛于3月启动，征集到1532个海外创新创业项目报名参赛，48个项目进入专业组决赛。其中，12个项目进入生命健康组决赛，涉及基因治疗、抗肿瘤药物、植入器械等领域。

△ 钱塘区完成首次产业工人专项公租房摇号工作。

22—23日 第三届创新药物研究暨抗肿瘤药物开发高峰论坛在钱塘区举行。省药品监督管理局副局长邵元昌，区委副书记、杭州医药港党工委书记沈燕俊出席活动并致辞。

24日 全国首个金属材料与焊接高端技术创新联盟在钱塘区成立。

25日 钱塘区农民丰收月系列活动暨钱塘区首届稻香节开幕。区委副书记、区长朱党其出席活动并致辞。

△ 钱塘区企业杭州福莱蒽特股份有限公司在上海证券交易所主板上市。

△ 区侨联一届一次常委（扩大）会议暨“八大行动计划”启动仪式举行。第一批侨联海外联络站在仪式上授牌。

26日 广汽传祺（杭州）智能制造旅游示范基地和浙江太古可口可乐博物馆入围2021“杭州亚运人文体验点”名单。

28日 一届区委常委会第十二次会议暨区委理论学习中心组学习会举行，学习贯彻中共中央总书记习近平在中央人才工作会议讲话精神等，研究分析钱塘区前三季度经济形势并部署下一阶段工作，审议并通过《中共杭州市钱塘区委关于贯彻落实新时代加强和改进人民政协工作意见的实施方案》等。

△ 钱塘区委全面依法治区委员会第一次（扩大）会议召开。副市长、区委书记柯吉欣参加会议并讲话。会议审议并通过《中共杭州市钱塘区委全面依法治区委员会工作规则》《中共杭州市钱塘区委全面依法治区委员会协调小组工作规则》《杭州市钱塘区第八个法治宣传教育五年规划（2021—2025）》。

△ “珍宝岛药业”项目签约仪式在钱塘区举行。副市长、区委书记柯吉欣出席并见签。

△ 钱塘区社会科学界联合会成立暨第一次代表大会举行。区委副书记、区长朱党其出席会议并致辞。

29日 钱塘区召开双拥工作领导小组会议暨省级双拥模范区届中检查动员部署会议，部署2021年钱塘区争创浙江省双拥模范区工作。

30日 义蓬街道举行“好蓬友”新乡贤联谊会成立暨义蓬20周年庆祝活动。

11月

1日 中国人民解放军浙江省杭州市钱塘区人民武装部举行揭牌仪式。市委常委、警备区政委唐春所，副市长、区委书记、区人武部党委第一书记柯吉欣出席。

2日 市长刘忻到钱塘区参加推进重大产业项目活动并召开协调会。副市长、区委书记柯吉欣，区委副书记、区长朱党其参加会议。

2—4日 四川省甘孜藏族自治州理塘县党政代表团到钱塘区考察。副市长、区委书记柯吉欣，理塘县委书记格勒多吉出席座谈交流会并讲话。

4日 浙江省创建特色小镇2020年度考核结果公布，钱塘区杭州大创小镇获评优秀等级。

5日 一届区委常委会第十三次会议举行，传达近期疫情防控工作要求，贯彻全省基层党建工作会议及《中共浙江省委关于全面实施“红色根脉强基工程”高水平打造新时代党建高地的意见》精神，学习贯彻中央人大工作会议、全省各级人大常委会主任学习会会议精神，听取有关工作汇报，研究案件处理情况。

△ 杭州市高科技企业孵化园区被认定为2021年浙江省五星级小微企业园。

△ 杭州市钱塘区河庄街道建设村和江东村上榜全省第一批低（零）碳乡镇（街道）、村（社区）及减污降碳协同试点创建单位名单。

6日 杭州医药港小镇被评为第五批省级特色小镇。

7日 温州医科大学校长、中国工程院院士李校堃一行到钱塘区召开座谈会，副市长、区委书记柯吉欣参加会议。

8日 市、区两级人民检察院联合举办服务保障民营经济发展检察开放日活动。副市长、区委书记柯吉欣出席活动并致辞。

△ 2021年杭州“揭榜挂帅·全球引才”（生物医药）科洽会在钱塘区举行。

△ 和达药谷、和达高科·孵化器2个园区入选首批13个长三角G60科创走廊产融结合高质量发展示范园区。

10日 钱塘区以“活力钱塘、共享亚运”为主题的亚运观赛空间模拟运行活动启动。钱塘区亚运观赛空间通过触摸式倒计时装置、亚运元素展示等方式，打造蕴含钱塘特色与亚运文化于一体的现代化观赛空间。

△ 杭州市钱塘区互联网行业党委成立并揭牌。

12日 杭州格林达电子材料股份有限公司入选工信部第六批制造业单项冠军名单。

16日 省委生态环境保护专项督察组到钱塘区开展现场督察，区委副书记、区长朱党其陪同。

△ 钱塘区成立党外知识分子联谊会，杭州市知联会副会长、市人民检察院副检察长徐剑锋，市委统战部、二级巡视员胡德斌出席会议。

△ 钱塘区市场主体总量突破10万户。

18日 一届区委常委会第十四次会议举行，听取有关工作汇报，研究深化钱塘区与杭报集团宣传合作等事宜，审议相关文件。

19日 钱塘区举办首届围垦文化节。副市长、区委书记柯吉欣出席启动仪式。

△ 钱塘区全民终身学习活动周开幕。

23日 钱塘区委、区政府举办的“走近钱塘第一课”在浙江传媒学院开讲，并同步网络直播。

24日 钱塘区委召开全区领导干部会议，宣布省委关于对钱塘区领导调整的决定。市委副书记、市长刘忻出席并讲话。市委常委、组织部部长毛溪浩宣读任免文件。省委决定金承涛担任中共杭州市钱塘区委委员、常委、书记，提名沈燕俊为杭州市钱塘区区长候选人，免去柯吉欣中共杭州市钱塘区委书记、常委、委员职务，提议朱党其不再担任杭州市钱塘区区长职务。

△ 一届区委常委会第十五次会议举行，研究干部人事有关事宜。

△ 钱塘区关爱退役军人协会成立，选举产生区关爱退役军人协会第一届理事和班子成员。

26日 钱塘区政协举行民生议事堂、委员工作站授牌仪式，7个街道民生议事堂、6个委员工作站宣告成立。

29日 一届区委常委会第十六次会议举行，听取深入学习贯彻党的十九届六中全会精神在全区组织开展相关工作情况汇报等，研究团区委第一届常务委员会、区妇联第一届常务委员会人选事宜。

30日 市人大常委会党组副书记、副主任郑荣胜带队到钱塘区调研人大工作。

12月

1日 钱塘区召开民营经济统战工作推进会，宣布成立8个企业党委统战部、9个基层商会党支部。

2日 副市长胡伟到钱塘区督查信访问题整改工作，市政府副秘书长劳新祥，区委副书记、代区长沈燕俊陪同。

3日 副省长高兴夫到钱塘区调研杭州亚运防疫设施工作。区委书记金承涛陪同调研。

△ 白杨街道美达社区被评为全市“最美新时代文明实践志愿服务基层站”。

4日 临江临时出海码头完成首单大型储罐设备海上运输业务。

5日 钱塘区金沙湖休闲步行街入选“杭州餐饮业‘六名’（名厨、名服务师、名菜、名礼、名匠、名街）工程——名美食街”名录。

6日 钱塘区与浙江方圆检测集团股份有限公司土地签约仪式在杭州大创小镇举行。该项目总投资10亿元。

7日 全省首家化妆品生产企业“黑匣子”在钱塘区上线，章华化妆品科技有限公司成为全国第一个试点单位。

△ 由杭州市人力社保局、钱塘区政府主办的2021年杭州众创大会在钱塘区国际创博会展中心举行。

△ 钱塘区块生物医药重大项目入选浙江自贸试验区第七批“十大标志性成果”。

9日 钱塘区临江新城实验学校“红石榴”民族教育品牌入选第四批省级民族团结进步创建重点培育单位名单。

10日 一届区委常委会第十七次会议举行，学习传达中央、省市委民族工作会议精神和全国宗教工作会议精神；传达市人大换届选举工作会议精神，研究区选举工作；研究中共杭州市钱塘区委社会建设委员会设立方案等事宜；听取相关工作情况汇报。

△ 钱塘区与江西济民可信集团有限公司签约，项目五年总投资额20.5亿元。

13日 钱塘区配合完成杭州市首例“1+N”远程异地多点评标项目——大关西三苑长租公寓装修项目。

14日 临江高新技术产业开发区综合评价结果排名全省第三，并获得“2020年度浙江省高新技术产业园区建设突出贡献集体”称号。

△ 钱塘区流动人口数字化治理项目战略合作签约活动举行。中国建设银行浙江省分行副行长兼杭州分行行长叶进，区委副书记、代区长沈燕俊出席。

△ 和达药谷孵化器、佰富向上创业园被省科学技术厅认定为2021年度省级科技企业孵化器。

15日 钱塘新区入选浙江省高能级战略平台培育名单。

△ 河庄街道东沙湖社区入选浙江省第四批“未来社区”创建

名单。

16日 杭州和达物流有限公司的“杭州和达冷链产业园”和浙江圣山塑胶有限公司的“圣山冷链园”入选首批省级冷链物流基地（园区）。

△ 钱塘区被评为全省农村生活垃圾分类处理工作优胜县（市、区），临江街道萧东村被评为省级高标准农村生活垃圾分类示范村。

△ 京东国际“商仓一体化”项目落地杭州综合保税区海库保税仓。

17日 义蓬街道获评新时代美丽城镇建设省级样板。

21日 中国共产党杭州市钱塘区第一届委员会第三次全体会议举行。选举产生出席杭州市第十三次党代会候选代表22人。

△ 一届区委常委会第十八次会议举行，传达贯彻省疫情防控工作会议精神，传达贯彻高质量推进中国（浙江）自由贸易试验区建设大会精神，研究有关事宜。

△ 钱塘区—江山市山海协作云上联席会议举行。区委副书记、代区长沈燕俊，衢州市江山市委副书记、代市长徐明峰出席会议并讲话。会上，钱塘区与江山市分别就科技合作、文化合作、科创飞地合作签署山海协作协议书。

△ 智慧谷泛光照明工程完成专项竣工验收。

22日 钱塘区召开府院联席工作第一次会议。区委副书记、代区长沈燕俊参加会议并讲话。

△ 顾家集团股份有限公司上榜“2021浙江民营企业200强、研发投入100强、就业100强”3个榜单。

23日 中能公司节能降碳高校透平机械智造服务一体会产业基地项目落地钱塘区前进智造园。

24日 钱塘区与省二轻集团签署文旅项目框架协议。区委书记金承涛，省二轻集团党委书记、董事长虞岳明出席。

△ 中共杭州市钱塘区委社会建设委员会成立并揭牌。区委书记金承涛，区委副书记、代区长沈燕俊参加。

△ 钱塘区通过全国学前教育普及普惠区省级验收。

△ 钱塘区东部湾、金沙湖、田园江东成为全省首批城乡风貌样板区建设试点。

25日 钱塘区成立教育系统首个跨领域党建联盟。

26日 艮山东路过江隧道实现双线贯通。

27日 一届区委常委会第十九次会议举行，传达省委经济工作会议精神和《关于当前我省意识形态领域形势的通报》《关于当前我市意识形态领域形势的通报》，听取区委落实意识形态工作责任制检查情况等汇报。

△ 萧山围垦北线（四至外六、外十至二十二工段）标准塘工程获“2019—2020年度中国水利工程优质（大禹）奖”。

28日 省建设厅党组书记、厅长项永丹到钱塘区调研新冠肺炎疫情安置点汇澜公寓改造项目、大江东人才房改造项目。

29日 钱塘区被评为第二批市人工智能创新发展区。

30日 中国共产党杭州市钱塘区第一届委员会第四次全体会议举行。讨论并通过钱塘区出席中国共产党第二十次全国代表大会候选代表、浙江省第十五次党代会推荐代表、杭州市第十三次党代会预选候选人代表。表决通过《中国共产党杭州市钱塘区代表会议选举办法（草案）》。

△ 中国共产党杭州市钱塘区第一届委员会第五次全体会议举行。听取各代表团关于《中国共产党杭州市钱塘区代表会议选举办法（草案）》讨论情况的汇报，同意提交会议通过；通过分团预选和会议选举监票人名单，讨论总监票人、副总监票人建议名单，同意提交会议通过；听取各代表团关于市第十三次党代会代表预选候选人建议名单的汇报，通过市第十三次党代会代表预选候选人名单。

△ 一届区委常委会第二十次会议举行，听取杭州市出席中共二十大和省第十五次党代会代表候选人初步人选推荐名单的情况汇报。

△ 钱塘区第一届人民代表大会常务委员会召开第六次主任会议。会议通过2021年度民生实事项目实施情况满意度测评方案及优秀人大代表议案建议评选、优秀人大代表联络站选树活动开展有关事项。区人大常委会主任周志辉参加会议并讲话。

△ 钱塘区新生代企业家联谊会成立。区委副书记、代区长沈燕俊参加会议并讲话。

责任编辑　陈　玲

区情概览

自然环境

【地理位置与面积】钱塘区地处长江三角洲南翼、杭州市区东部，位于杭州主城区和萧山区东北部的沿钱塘江区域。具体四至范围为东、北以钱塘江界线为界，南至红十五线、十二埭横河及与绍兴县接壤的北侧河道，西南与杭州空港经济开发区交界，西至东湖路，西北与临平区、海宁市交界。规划总面积531.7平方千米。其中，陆域面积436平方千米，钱塘江水域面积95.7平方千米。

（单建树）

【气候特征】钱塘区地处亚热带季风气候带，一年中随着冬夏季风转换，天气系统、控制气团和天气状况均会发生明显的季节性变化，形成春多雨、夏湿热、秋气爽、冬干冷的气候特征。春季回暖早，冷暖转换快，气温日差较大。初夏常为梅雨季节，高湿闷热；盛夏晴热少雨，台风影响频繁。秋季多秋高气爽。冬季多晴冷天气。2021年，全区雨量1538.6毫米，最大为河庄街道1720.1毫米，最小为前进街道1376.9毫米。夏季最高气温40.9℃，冬季最低气温-7.4℃，最大风力每秒33.1米。

（金　叶）

【永久基本农田】2021年，钱塘区现状永久基本农田1.94万公顷，占总面积的36.5%。钱塘区东部永久基本农田主要分布在临江围垦区域，规模较大；钱塘区西部永久基本农田主要分布在乔司农场区域，相对集中。

（丁殿君）

【湿地资源】钱塘区界三面临水，水系丰沛，现状湿地资源面积1.8万公顷，由近海滩涂水域、内陆河流湖泊、蓄水区及水产养殖场组成。湿地地势平坦、视线开阔，内部水系纵横，生态环境整体较优，是候鸟迁徙重要中转站及留鸟的重要栖息地，也是杭州建设世界级生态景观休闲廊道“三江两岸”的重要组成部分。

（任　勍）

【水系河道】钱塘区下沙区块和江东区块河道密布，地块开发之前主要承担杭州东部的排涝、灌溉、运输和海塘抢险等功能。下沙区块南北向主要有幸福河、11号渠、临江护塘河等，东西向主要有五一河、新建河、2号渠、6号渠、12号渠，呈网格状分布，多为人工开挖，主要用来排涝、防洪。江东区块南北向主要有四工段直河、六工段直河、八工段直河、九工段直河、十工段直河等，东西向主要有沿塘地抢险河、围垦沿塘河、围垦后横河、义隆横湾等，同呈网格状分布、多为人工开挖，系随围垦区不断拓展而形成。主干河道水面宽60～70米，一般河道宽20～30米。

（孙　璐　李红卫）

【山体堤坝】钱塘区地势平坦，下沙区块为钱塘江常年冲刷沉积及围垦而成的一块平原，没有山体。江东区块为围垦区，唯有一座较小的丘陵——蜀山，位于河庄街道，海拔44.8米，山脊呈宽、窄长条状，占地面积约4万平方米。南沙大堤是萧山围垦文化的起源。现存南沙大堤西起南阳，后向东北再向东南延伸，过临江后终至红十五线以南萧绍分界线附近。南沙大堤钱

2021年钱塘区街道村（社区）情况表

表1

街道名称	区域面积（平方千米）	所辖村（社区）
下沙街道	49.8	头格社区、七格社区、智格社区、中沙社区、上沙社区、下沙社区、高沙社区、元成社区、东方社区、新元社区、松合社区、湾南社区、新沙社区、杭铣社区、铭和社区、柠檬社区、滟澜社区、早城社区、星野社区、银沙社区、金沙湖社区（共21个）
白杨街道	54.9	景园社区、大北社区、月雅苑社区、高教社区、邻里社区、闻潮社区、云水社区、海天社区、多蓝水岸社区、朗琴社区、伊萨卡社区、东湾社区、观澜社区、江滨花园社区、江潮社区、美达社区、晨光社区、东郡社区、云滨社区、云涛社区、银海社区、东保社区、凌云社区、汇澜社区、云邸社区（共25个）
河庄街道	69.2	城隍庙社区、知行社区、东沙湖社区、建设村、同一村、同二村、蜀南村、向公村、民主村、建一村、新和村、群建村、群欢村、向前村、向红村、闸北村、三联村、文伟村、新围村、围中村、江东村、新创村、新江村（共23个）
义蓬街道	56.48	义盛社区、头蓬社区、江盛社区、义和社区、义隆社区、向涛社区、全民村、小泗埠村、金星村、义蓬村、仓北村、春光村、春园村、春雷村、南沙村、蜜蜂村、义盛村、新庙前村、后新庙村、新益村、灯塔村、后埠头村、长红村、白浪村、金泉村、杏花村、蓬园村、火星村（共28个）
新湾街道	22.05	新北桥社区、新宏社区、共和村、共裕村、共建村、共兴村、新南村、三新村、建华村、冯娄村、宏波村、宏新村、创建村、创新村（共14个）
临江街道	44.1	临江佳苑社区、高新社区、东庄村、萧东村（共4个）
前进街道	40.54	前新社区、前悦社区、临江村、前峰村、三丰村（共5个）

塘区段全长28.37千米。河庄街道建有南沙大堤遗址公园。（饶　勇）

行政区划

【街道村（社区）设置】 2021年，钱塘区有街道7个、社区61个、行政村59个。其中，下沙街道有社区21个；白杨街道有社区25个；河庄街道有社区3个、行政村20个；义蓬街道有社区6个、行政村22个；新湾街道有社区2个、行政村12个；临江街道有社区2个、行政村2个；前进街道有社区2个、行政村3个。（钟慧妍）

【行政区划代码确定】 2021年6月11日，钱塘区及所辖7个街道的行政区划代码确定。根据《杭州市民政局关于确定部分区镇（街道）行政区划代码及村（社区）代码的通知》（杭民发〔2021〕55号），钱塘区行政区划代码为330114，下辖的下沙街道为330114001、白杨街道为330114002、河庄街道为330114003、义蓬街道为330114004、新湾街道为330114005、临江街道为330114006、前进街道为330114007。“33”表示浙江省，“01”表示杭州市，“14”表示钱塘区，“001～007”分别表示7个街道。（邱　董）

【区划地名管理】 2021年，钱塘区联合上城区、临平区、萧山区分别完成“上城钱塘线”“临平钱塘线”及“萧山钱塘线”三条界线勘定，签订联合勘定行政区域界线协议书，明确勘界起止点，确定边界线走向和界桩位置，划分边界线的维护和管理职责。边界线全长66.88千米。其中，“上城钱塘线”长3.72千米，“临平钱塘线”长10.78千米，“萧山钱塘线”长52.38千米。完成辖区道路命名13件，楼盘等地名核准23件，编制楼盘门牌19件，共计18103户，开出地址证明112件，发放门牌证158本。（钟慧妍）

人口变迁

【户籍人口】 2021年，钱塘区户籍人口总户数91281户，比上年增加3851户，增长4.4%，平均每户3.7人。全区户籍总人口334992人，增加15734人，增长4.9%。其中，城镇人口265093人，占全区总人口的79.13%；乡村人口69899人，占全区总人口的20.87%。在总人口中，男性人口165959人，占全区总人口的49.54%，增加7664人，增长4.8%；女性人口169033人，占全区总人口的50.46%，增加8070人，增长5%。性别比例为98.18 : 100（以女性为100），下降0.16个百分点。（方晓波）

【流动人口】 2021年，钱塘区流动人口在册666239人，比上年增加2308人，增长0.35%。其中，下沙街道194964人，白杨街道233325人，河庄街道59388人，义蓬街道56280人，新湾街道39466人，临江街道52563人，前进街道30253人。居住时间1年以下288108人，占流动人口在册数的43.24%；居住时间1～5年308530人，占流动人口在册数的46.31%；居住时间5年以上69601人，占流动人口在册数的10.45%。

16～59岁流动人口在册数601821人，占流动人口在册数的90.33%。流动人口中男性412467人，占流动人口在册数的61.91%；流动人口中女性253772人，占流动人口在册数的38.09%，性别比例为163∶100（以女性为100）。初中及以下学历流动人口303944人，占45.62%；大专及以上学历160879人，占24.15%。全区有少数民族52个，少数民族流动人口45930人，占全区流动人口的6.89%。（蔡国军）

【人口迁移】2021年，钱塘区迁移人口42840人，比上年增长6.92%。其中，省内迁入7708人，增长11.21%；市内迁入10064人，增长1.57%；省外迁入10239人，增长11.73%；省内迁出1316人，增长40.45%；省外迁出2289人，增长21.05%；市内迁出11224人，下降0.12%。（方晓波）

经济建设

【经济运行稳健】2021年，钱塘区实现地区生产总值1218.23亿元，比上年增长6.6%。其中，第一产业增加值13.96亿元，下降5%；第二产业增加值828.63亿元，增长5.7%；第三产业增加值375.65亿元，增长9%。三次产业比重调整为1.1∶68.0∶30.9。财政总收入240.61亿元，增长26.5%；一般公共预算收入117.31亿元，增长17%。固定资产投资461.34亿元，增长12.1%。其中，工业投资126.79亿元，制造业投资118.6亿元。规模以上工业总产值3169.11亿元，增长7.3%，首次突破3000亿元，居全市第一位。（童春惠）

【主导产业壮大】2021年，钱塘区五大主导产业实现产值2661.28亿元，比上年增长6.0%，占工业总产值比重84.0%。其中，新材料产业产值增长28%，半导体产业产值增长10.3%，生命健康产业产值增长8.7%，智能汽车及智能装备产业产值下降15.5%，航空航天产业产值增长39.5%。杭州医药港创建为省级特色小镇、全市“最强产业小镇”。“芯智造”产业链、生物医药产业链获评全省经开区产业链“链长制”试点示范。（周阿丽）

【新兴产业发展】2021年，钱塘区数字经济核心产业增加值实现128.96亿元，比上年增长13.3%；规模以上高新技术产业增加值实现487.22亿元，增长4.9%，占规模以上工业增加值比重71.9%；高新技术产业投资实现87.32亿元，增长52.2%。培育省科技型中小企业528个，新认定国家高新技术企业205个，新增“准独角兽”企业18个。新增规模以上服务业企业213个，引进总部经济项目5个，培育东部国际商务中心等亿元楼宇6幢，实现服务业增加值375.65亿元，增长9%；社会消费品零售总额339.5亿元，增长9.6%。龙湖江东天街开业运营。（王凌云 冯 青）

【传统产业转型】2021年，钱塘区实施“新制造业计划”，组建“未来工厂”建设联盟，推动规模以上工业企业数字化改造全覆盖，中策橡胶集团股份有限公司入选省级工业互联网平台创建名单。淘汰落后产能企业22个，规模以上工业亩均税收36.55万元，增长18.6%。落实“双碳”任务，实体化运作杭州和达能源有限公司，差异化开展有序用电。创成市级以上绿色工厂12个，前进智造园创成全市首批低碳园区。加快传统农业向现代农业转型，打造农业示范园11个，新增高标准农田333.33万平方米，农业综合机械化率88%，粮食总产量超过3万吨。（俞建龙 沈晶鑫 鲁业铮 施忠源 蔡 乐）

政治建设

【党的创新理论学习和实践】2021年，钱塘区把学习贯彻习近平新时代中国特色社会主义思想作为首要政治任务，结合党史学习教育，健全落实“第一议题”制度，分层分类开展政治理论学习，推动理论学习走深走实，举办青年建功学院、企业家领菁学堂等重点班次5个，全年集中轮训区管领导干部330人，调训各级干部700多人次。依托“学习强国”学习平台、“干部新干线”、“西湖先锋”等载体，加大网络培训力度，确保全员覆盖。整合区域党建红色资源，打造“1+10”红色初心路（1条中共中央总书记习近平的“钱塘足迹”和10条“重温嘱托、感悟发展、激励奋斗”的红色教育经典路线），建成开放式理论教学点32个，组织研讨、专题党课等学习活动300多场次。（来 佳）

【政治监督】2021年，中共杭州市钱塘区纪律检查委员会围绕贯彻落实中共中央总书记习近平重要指示批示精神，行政区划优化调整、亚运会场馆建设等上级重大决策部署和区委、区政府中心工作，清单化、常态化开展政治监督。聚焦疫情防控责任落实，开展联动督查890多次，出动1800多人次，推动整改各类问题900多个。加强对选人用人、评优评先等方面的监督，出具党风廉政鉴定意见1674人次。深化政治生态分析评估，出台《关于贯彻落实省委加强对“一把手”和领导班子监督十三项实施意见的若干措施》，加强对“关键少数”的监督。推进纪检监察自身整改任务落实，整改完成率95%。制定全面从严治党“两张责任清单”，健全“四责协同”责任体系，实现听取区级部门（单位）履责报告全覆盖。（黄治飞）

【庆祝中国共产党成立100周年活动】2021年，钱塘区按照中央和省市委统一部署，配合做好“七一勋章”评选颁授、“光荣在党50年”纪念章颁发等工作，推选杭州市优秀共产党员4名、杭州市优秀党务工作者5名、杭州市先进基层党组织6个，选树表彰钱塘区优秀共产党员100名、钱塘区优秀党务工作者50名、钱塘区先进基层党组织50个、钱塘区非公有制企业“优秀党建之友”26人，颁发“光荣在党50年”纪念章1075枚。组织开展“红色百年·潮涌钱塘”暨庆祝中国共产党成立100周年“迎七一、庆百年”专题活动，以及1735个党组织开展走访慰问、“微心愿”认领等11个活动。结合党史学习教育“我为群众办实事”活动，深化“包乡结村”“亲商助企”等工作机制，走访农居户1.5万户，服务企业3000多个。（来　佳）

文化建设

【围垦文化建设】2021年，钱塘区推进围垦文化建设。成立围垦文化研究会，重点打造“四个一”（即编纂一批历史文化丛书、保护一批历史文化遗存、组织一批历史文化活动、建设一批历史文化项目）工程。编撰完成首部记载和展现两岸围垦历史和开放、开发成就的记述史——《钱塘区围垦与开发历史文化读本》，制作完成钱塘“文化地图”。打造沙地红色纪念馆、江海湿地公园等围垦红色旅游精品线；搭建围垦文化大走廊，将南沙大堤、下沙老堤、“1969年围垦堤岸”3条堤岸建设成围垦文化慢行绿道主线；打造临江知青文化园、“围垦第一村”新围村五星级文化礼堂、“围垦基地学校”文思小学等10个阵地。开展“我在潮起之地学党史”围垦大宣讲大宣传，全区各级党组织开展围垦党课203场，受众2.8万余人。举办首届围垦文化节，开展节庆类、创作类、展演类、休闲类、竞赛类、论坛类、民俗类7个大类20项活动。（孙　硕）

【浙江省文化强镇和文化示范村创建复评】2021年12月27日，浙江省文化和旅游厅发布《关于浙江省文化强镇、文化示范村（社区）入选名单和复核结果的通知》，钱塘区河庄街道蜀南村和义蓬街道头蓬社区2个村（社区）新创建为省级文化示范村，白杨街道、河庄街道、义蓬街道、新湾街道4个街道通过省级文化强镇复评，下沙街道艳澜社区、白杨街道多蓝水岸社区、河庄街道江东村、向公村、建一村5个村（社区）通过省级文化示范村复评。

【“钱塘书房”开业】2021年9月18日，钱塘区举行“杭州书房”授牌和“钱塘书房”揭牌仪式，“钱塘书房”开业投用。“钱塘书房”位于钱塘区学林街463号高教东公园内，建筑面积约500平方米，藏书1万余册，包括人文社科类、少儿类等公共图书，与杭州图书馆实现通借通还。书房内设有公共借阅（阅览）区、少儿阅览活动区、展厅活动区、文创展示售卖区、轻餐饮食区五大功能区块，为读者提供多样化数字阅读服务。至年末，书房组织开展阅读分享、文化展示等各类群众活动10多场次，借阅流通量16487册次。“钱塘书房”获评杭州市2021年“十大最美杭州书房”。

【街道综合文化站定级】2021年，钱塘区通过浙江省第七次乡镇（街道）综合文化站定级工作，钱塘区7个街道综合文化站参与评

钱塘书房　（区融媒体中心 提供）

估定级。河庄街道综合文化站、义蓬街道综合文化站、新湾街道综合文化站获评浙江省特级文化站；白杨街道综合文化站获评浙江省一级文化站；下沙街道综合文化站获评浙江省二级文化站；临江街道综合文化站、前进街道综合文化站获评浙江省三级文化站。（周 洁）

社会建设

【就业工作】2021年，钱塘区举办“新春纳才·杭向未来”长三角高层次人员云聘会、杭州跨区域合作线上招聘会、“走进名校·汇聚英才”生物医药直播招聘会（浙江大学）等各类招聘会32场，提供就业岗位3.48万个。城镇新增就业8.93万人，失业人员再就业3259人。挂牌浙江—理塘对口支援劳务协作“塘塘”就业服务中心。实施就业援助精准服务计划，帮扶重点群体1.61万人次，实现就业5368人。兑付各类援企稳岗资金7769万元，惠及企业2291个次。（朱晓兰）

【人才工作】2021年，钱塘区新增市级高层次人才428人、区级高层次人才265人，兑现应届毕业生生活补贴、高学历往届毕业生生活补助、主导产业紧缺人才薪酬补贴等各类人才资金2.6亿元。举办“走近钱塘”系列活动，5年内新增大创企业1154个，引进35岁以下大学毕业生3.75万人。新增博士后工作站7个，至年末，全区有博士后工作站27个。6月1日，成立杭州市钱塘区制造业工程技术人员工程师资格评审委员会，全年评审通过502人。其中，机电制造工程技术人员358人，化工工程技术人员45人，电力工程技术人员32人，材料工程技术人员19人，纺织服装工程技术人员16人，轻工工程技术人员10人，能源工程技术人员10人，信息技术工程技术人员8人，石油天然气工程技术人员2人，食品工程技术人员2人。认定浙江省技术能手4人，杭州市技能大师工作室2个。开展全区技能提升行动，培训1.4万人。至年末，全区有技能人才9.3万人，其中高技能人才占技能劳动者45.5%。（蒋家梅）

【社保工作】2021年，钱塘区职工养老保险参保人数有38.42万人，户籍人员基本养老保险参保率98%以上。全年为4.8万名企业退休人员提供慰问、体检等社会化服务，全年拨付慰问经费1.5亿元。开展打击欺诈骗保专项行动，巡查定点医疗机构123个、定点药店182个，通报处理医药机构98个。推广浙里医保·西湖益联保及“4+3+2+1”服务新模式（4个预审窗口快速收件及分流，3个中导人员处理即办件及承诺件，2个自助人员引导办理网办业务，1个“大堂经理”负责协调前台秩序及疑难业务解答），居民办事排队时间由平均25分钟压缩至平均8分钟。参保登记存量被征地人员7900人，其中落实退休养老待遇的到龄人员1696人。（丁芳芳）

【劳动关系稳定】2021年，钱塘区为企业提供用工指导，组织政策宣传活动25场，培训3000多人次。实现规模以上工业企业“劳动关系协调员”取证培训全覆盖。完成400个企业用工诊断评估服务。依法立案查处劳动监察投诉举报案件850件，受理劳动人事争议仲裁案件2333件，共为2521名劳动者挽回追发工资报酬、经济补偿、双倍工资、工伤待遇等各类经济损失4400多万元。推广“互联网+调解仲裁”网络平台，开通“钱塘根治欠薪线索反映平台”，实现“指尖维权”，欠薪问题“码”上反映，方便劳动者随时随地反映欠薪线索。全面排查198个项目欠薪隐患以及“无欠薪”6项长效制度落实情况，全年为1059名劳动者挽回经济损失921万元。（戎玲观）

生态文明建设

【生态环境建设】2021年，钱塘区1个省级考核断面和3个市级考核断面水质符合Ⅲ类水质；区级河道断面共20个。其中，全年平均水质符合Ⅱ类水质断面2个，占比10.0%；符合Ⅲ类水质断面9个，占比45.0%；符合Ⅳ类水质断面2个，占比10.0%；符合Ⅴ类水质断面7个，占比35.0%。全年空气质量优良率85.2%，大气主要污染物PM2.5（直径小于等于2.5微米的颗粒物）平均浓度28.4微克/立方米。建立疑似或污染地块名录库，对10个退役地块、12个用途变更类地块，共计93.37万平方米土地开展场地调查评审，确保安全开发利用。全年VOCs（挥发性有机物）减排800多吨，完成10台天然气锅炉低氮改造，35台非道路机械改用新能源，拨发燃煤锅炉清洁化改造资金补助195.7万元、低氮改造天然气锅炉补助439万元。“百合花减污降碳”项目被列入全市典型并推广，杭州统一企业有限公司实现厂区化石能源零碳排放。河庄街道建设村、江东村入选全省第一批低碳村（社区）试点创建名单。

【“美丽钱塘”建设】2021年，钱塘区开展“美丽钱塘”建设三年

钱塘区江东沿江湿地飞鸟翔集　（区融媒体中心 提供）

行动计划评估，启动新时代“美丽钱塘”规划实施方案编制，推进废旧物资回收等项目，“全面推进抛荒地整治，深入实施美丽田园建设”“长安福特无废工厂创建”“杭州经济技术开发区‘亩均论英雄’的绿色进化论”3个案例入选“新时代美丽建设特色创新示范”市级选用案例。开展省级生态文明建设示范区创建，完成省级生态文明建设示范区创建项目招标，启动钱塘区生态文明建设规划编制，申报生态文明典型示范培育和国家生态环境导向开发（简称EOD）模式试点，完成钱塘区“蓝湾绿谷、智涌钱塘”EOD试点方案。

【**生态环境管理体制改革**】2021年，钱塘区深化生态环境管理体制改革，制定“美丽钱塘”目标责任书，完成《钱塘区有关单位生态环境保护工作职责》初稿，开展生态环境领域突出问题排查整改、长江经济带问题整改专项行动。结合年度街道领导干部经济责任审计，开展河庄街道、临江街道领导干部自然资源资产离任（任中）审计。核查市级线索3批次、区本级线索101条，生态损害赔偿案件1例，赔偿金额13.95万元。

【**生态修复和生物多样性保护**】2021年，钱塘区推进全区生态修复和生物多样性保护。完成沿江湿地鸟类本底调查，开展COP15（《生物多样性公约》缔约方大会第十五次会议）、生物多样性宣传日、“6·5”世界环境日等特色宣传活动，日常宣传38篇。其中，浙江在线10篇，《钱江晚报》5篇，“学习强国”学习平台浙江省平台3篇，央广网20篇。开展自然生态保护部门联合巡查整改，全年出动巡查1200多人次，巡查1.64万千米，清除猎套、粘网等非法猎捕工具91处。开展陆生野生动物收容救护，收容救护野生动物73只。推进“肥药两制”建设，建立田间肥效试验6个，出台《钱塘新区水稻等主要农作物化肥定额制施用标准和技术导则》，打造创新型农资信息化追溯和信用体系建设平台。全年农药使用量217吨，农药废弃物产生量21.7吨，实际回收量34.07吨，回收率157%，实际处置量33.75吨（含上年库存），使用农膜210吨，回收处置193吨，农膜回收处置率91.9%。　（陈悦辉）

责任编辑　曹文慧

中国共产党杭州市钱塘区委员会

综　述

【新冠肺炎疫情防控与经济社会发展】2021年，中国共产党杭州市钱塘区委员会常务委员会（简称区委常委会）落实中共中央总书记习近平重要讲话精神和中央、省委、市委各项决策部署，带领全区党员干部和人民群众统筹新冠肺炎疫情防控和经济社会发展。全年接种新冠肺炎疫苗177.83万剂次，核酸检测22.2万人次，绑定杭州健康码地址7435个、扫码1500万余人次；激活餐饮、农贸市场、大型商场（超市）、冷链物流等涉及进口冷链食品企业536个；接收国际商业航班33架次；落实人员集中管控，启用区（街道）级隔离点25个。全年地区生产总值比上年增长6.6%、固定资产投资增长12.1%；研发投入强度突破4.4%，列全市第二位。12月，钱塘新区入选首批浙江省高能级战略平台培育名单。

【重要活动组织与任务保障】2021年，区委践行“学党史、悟思想、办实事、开新局”理念，学习习近平“七一”讲话和指示批示精神，组织开展庆祝中国共产党成立100周年系列活动。增强全区党员干部传承“红色基因”，守好“红色根脉”思想自觉、政治自觉和行动自觉，组织“我为群众办实事、我为企业解难题、我为基层减负担”专题实践和“六讲六做”大宣讲活动。完成行政区设立工作，保障中共杭州市钱塘区第一次代表大会、钱塘区第一届人民代表大会第一次会议和政协第一届第一次协商会议、钱塘区委第一届全体会议和机构揭牌仪式等会议活动10多场次。组织开展“民呼我为”专题实践活动10多场次。推出“五大平台听民意”“十大攻坚破难题”“十大关爱暖人心”“十大举措减负担”，全年办理民生实事8170件，解决难题6517件、减轻居民负担事项427件。

【产业创新发展】2021年，钱塘区实施“新制造业计划”，签约1亿元以上产业项目75个、总投资594.8亿元，实到外资9.9亿美元，工业产值、实到制造业外资、工业投资、“152”工程项目落地数、工业用地出让量列全市第一位。杭州钱塘新区高端生物医药产业平台、杭州钱塘新区航空航天产业平台入选省“万亩千亿”新产业平台，杭州医药港获评省级特色小镇，大创小镇获评省级特色小镇优秀创建单位。钱塘科学城、产城融合核心区、美丽云城3个新平台挂牌运作。推进区校合作，落地项目150个，其中中国科学院肿瘤与基础医学研究所一期项目建成。全年新增上市企业4个、规模以上工业企业78个、国家高新技术企业205个，新增市场主体增长率67.6%。新引育全球“领军人才”60人，其中“鲲鹏人才”2人。培育高技能人才3260人。实施创新产业园“三年百园”计划，省级五星级小微企业园实现“零的突破”。推进“亩均论英雄”，盘活低效用地260公顷。

【城市建设工作推进】2021年，钱塘区落实中央、省委、市委关于高质量发展建设共同富裕示范区工作部署。12月24日，杭州市钱塘区社会建设委员会成立，并制

2021 年 6 月 15 日，位于杭州东部湾总部基地的杭州亚运轮滑馆亮灯

（马晗聪 摄）

订实施方案、政策体系和工作机制。全年开、竣工学校 24 所，通过全国学前教育普及普惠区省级验收，“双减”、学生暑假期间托管服务经验获中央广播电视总台专题报道。5 月 13 日，铁路杭州萧山机场站枢纽及接线工程可行性研究报告获浙江省发展和改革委员会批复。6 月 7 日，下沙至嘉兴市海宁市长安镇城际铁路方案获国家发展和改革委员会批复。6 月 28 日，杭州地铁 8 号线一期工程开通运营。12 月 26 日，钱塘快速路钱塘段艮山东路过江隧道双线贯通。推进“迎亚运”环境整治和城市有机更新，下沙街道高沙社区老旧小区违章建筑拆除及整治，东部湾、金沙湖、“田园江东”获评全省首批风貌区建设试点。亚运轮滑馆、手球馆、击剑馆等 5 个亚运场馆竣工并验收。推进平安法治建设，全年刑事、治安警情下降 9.6%，电话诈骗发案率下降 22.1%，交通事故死亡人数连续 4 年下降。完善“一中心四平台一网格”基层治理体系，信访总量和四级走访总量分别下降 35.2% 和 54.4%。做好防汛防台（风）工作，萧围北线（四—外六、外十—二十工段）标准塘工程获得“大禹奖”。

（高骏森）

【党委信息工作】2021 年，钱塘区党委信息工作围绕省委、市委决策部署和中心工作，建立“一张月报、两项制度”工作机制，即每月公布党委信息工作情况月通报，实行《钱塘区 2021 年度党委信息工作考核办法（试行）》和《关于进一步加强紧急信息报送和提高信息发布质量》的通知 2 项制度，发挥党委信息主渠道作用。全年上报信息稿件 320 篇，其中 3 篇成绩类稿件被省委办公厅录用，17 篇成绩类要情信息被市委办公厅录用，获省、市领导批示 8 篇。6 篇领导决策类稿件、22 篇问题调研类稿件被上级党委办公厅录用。全年在《钱塘信息·工作动态》刊物上刊发稿件 43 篇，获区领导批示 17 篇。全年在《钱塘信息·工作交流》刊物上刊发稿件 28 篇，获区领导批示 23 篇。建立“骨干培养＋分类培育＋挂职锻炼”党委信息员培训机制，全年组织全区党委信息员培训 1 次、定向培训交流会 3 场，通过举办沙龙、读书会、交流会等形式培训 262 人次。

（钟　辉）

区委重要会议

【区委第一届全委会】2021 年，中国共产党杭州市钱塘区第一届全体委员会（简称区委全委会）召开会议 5 次。

6 月 11 日，第一届第一次全体会议举行。出席会议的区委委员 34 人，候补委员 7 人。区纪委委员列席会议。通过选举办法，产生钱塘区第一届委员会常务委员 10 人，其中书记 1 人、副书记 2 人。表决通过中国共产党杭州市钱塘区第一届纪律检查委员会第一次全体会议关于区纪委常委、书记、副书记选举结果报告和《中国共产党杭州市钱塘区委员会工作规则（草案）》。

7 月 14 日，第一届第二次全体（扩大）会议举行。副市长、区委书记柯吉欣代表区委常委会做题为“高水平打造‘智涌钱塘·现代星城’，争创高质量发展建设共同富裕示范区的时代样板”的工作报告，审议通过《关于制定钱塘区国民经济和社会发展第十四个五年规划和二〇三五年远景目标的建议》。

12 月 21 日，第一届第三次全体会议举行。根据《中国共产党地方组织选举工作条例》规定和市委要求，选举产生出席杭州市第十三次党代会候选代表 22 人。

12 月 30 日，第一届第四次全体会议举行。讨论并通过钱塘区出席中国共产党第二十次全国代表大会候选代表、浙江省第十五次党代会推荐代表、杭州市第十三次党代会预选候选人代表。表决通过《中国共产党杭州市钱塘区代表会议选举办法（草案）》。

12月30日，第一届第五次全体会议召开。听取各代表团关于《中国共产党杭州市钱塘区代表会议选举办法（草案）》讨论情况的汇报，同意提交会议通过；通过分团预选和会议选举监票人名单，讨论总监票人、副总监票人建议名单，同意提交会议通过；听取各代表团关于市第十三次党代会代表预选候选人建议名单的汇报，通过市第十三次党代会代表预选候选人名单。

2021年5月27日，杭州医药港联合下沙街道“牵手下沙”平台在龙湖皇冠酒店举办“夏浅胜春·只等你来”青年人才交友联谊活动（沈东风 摄）

【区委常委会会议】2021年，区委常委会召开会议20次。区委常委会以习近平新时代中国特色社会主义思想为指导，贯彻中国共产党第十九次全国代表大会和第十九届历次全会精神，按照党委“总揽全局、协调各方”原则，议大事、把方向、掌全局、用干部，发挥在同级党组织中的领导核心作用，就事关钱塘经济社会发展重大问题进行研究讨论。

【区委重要专题会议】2021年，区委召开重要专题会议有：区委统一战线工作领导小组（扩大）会议、区委审计委员会第一次会议、全区新冠肺炎疫情防控工作部署会议、全区产业项目推进会议、区委编委会第一次会议、区委党建工作领导小组第一次会议、全区数字化改革工作推进会议、省委第二巡视组巡视杭州钱塘新区党工委反馈工作会议、钱塘区首届围垦文化节启动仪式、区委全面依法治区委员会第一次会议等。

（孔炬峰）

组织工作

【概况】2021年，中共杭州市钱塘区委组织部（简称区委组织部）开展干部政治理论学习教育，集中轮训区管干部330人、年轻干部160人，调训干部75人次。整合区域党建红色资源，建成开放式理论教学点32个，开展“沉浸式”课题研讨、党课专题讲座、“比、学、赶、超”等活动300多场次。组织开展“红色百年·潮涌钱塘”暨庆祝中国共产党成立100周年专题活动，走访慰问老党员、老干部220人次。开展“我为群众办实事”活动，走访居民1.5万户，服务企业3000多个次。推动干部队伍从“物理融合”走向“人心融合”，开展“组织部长讲区情”等互动活动20场次、谈心谈话400多人次。推动省委第二巡视组巡视整改常态化工作，成立以钱塘新区党工委书记为组长的巡视整改工作领导小组，全年召开领导小组专题研究会议7次，核查小组进入一线做调查30次，制订出台整改举措23项。省委巡视问题整改举措23项中销号17项、持续整改5项。省委组织部选人用人专项检查整改举措100项中销号58项、长期整改42项。党纪处分7人。其中，党内警告3人，党内严重警告2人，留党察看1人，开除党籍1人。政务处分2人。其中，撤职1人，开除1人。组织处理41人。其中，免职2人，责令辞职5人，降职1人，其他33人。诫勉9人，教育提醒46人次，建立完善制度60项，清退款项3629.49万元。

【“风鹏计划”制订实施】2021年，区委组织部结合区划调整实际情况，推进“政治建设走深走实、干部队伍深度融合、干部素养整体跃迁、干部赋能提质增效、‘两个担当，良性互动’”5项任务、100项关键指标，制订实施“风鹏计划”。通过举办“沉浸式”主体班次、“风鹏大讲坛”、“洞见与远见”成长论坛、行走长江三角洲“移动翻转课堂”等活动，青年建功学院培养年轻干部50人。建立选派学习干部培育机制，选派年轻干部100人到国家部委、省、市重点单位跟班学习和到四川省甘孜藏族自治州理塘县对口支援、东西部扶贫协作、杭州亚运会场馆等单位实践锻炼。提升年轻干部综合素养，优化选调生、党政储备队伍建设，组织200多名年轻干部参加专题调研，招引党政储备干部54人。

【人才激励政策】2021年，区委组织部围绕世界级智能制造产业集群、长三角地区产城人融合发展示范区、全省标志性战略性改革开放大平台和杭州湾数字经济与高端制造融合创新发展引领区“四个定位”，以“1+4”（以人的现代化为牵引，推动创新、产业、城市建设、治理）现代化体系，制订出台“钱塘人才新政25条”。完善产业人才激励、青年人才引育、人才创业支持、招才引智机制、行业人才培养、人才创新创业生态6个方面配套制度和操作细则16项。推进“名校名院名所”工程建设。全年全区人才总量突破19万人，新引进35岁以下大学生3.75万人，比上年增长54%；新引育全球“领军人才”60人、新认定D类以上人才112人、新落地人才项目112个、新引进院士团队2个。推进人才创业园建设，全区有生物医药高端人才618人。全年举办人才招聘活动35场次，“钱塘人才e点通”平台服务高层次人才3000多人次。

【党建引领基层治理做法获《人民日报》报道】2021年，区委组织部贯彻市委《新时代规范村级组织运行二十条意见》和《新时代城市基层党建聚力赋能社区治理二十条举措》（简称“双二十条”），推进在职党员“街社吹哨、部门报到”工作机制。全年整合专业社会组织、志愿者服务队伍等资源50多项，133个小区实现党组织100%覆盖，小区业委会党组织组建率突破93.2%。9月，联合浙江省农业科学院共建“乡村振兴学院”1所、河庄街道牵头组建“田城汇”乡村振兴共富党建联盟1个，集成“三农”（农业、农村、农民）资源283项、惠及农户4000多户。制定《开展村（社区）班子整固提升实施意见》工作机制，4个督导组“下沉”社区，走访党员和群众3122人，发现问题404个，撤换村（社区）干部3人。完善“一肩挑”（村党组织书记和村民委员会主任同一人担任）村（社区）治理体系12项，开设“头雁领航”学院培训班，集中轮训党员、干部1.8万人次，培养“星级”组织员22人。推进“红盟钉”数字化场景“红盟助力”服务机制，建立党员志愿服务队伍100多支，举办“党建引领前行，走进红企好物”活动12期、服务企业3000多个，其中钱塘“小哥”之家党建联盟创新做法获新华社等国家级媒体报道。构建党群服务中心工作体系，建立以区级中心为核心、覆盖全域15分钟党群服务网络体系，至年末，服务群众10万余人次。党建引领基层治理做法获《人民日报》报道。（来　佳）

宣传工作

【概况】2021年，中共杭州市钱塘区委宣传部（简称区委宣传部）围绕“理论宣贯成效明显、主流宣传出新出彩、文化建设繁荣兴盛、文明提升持续深化”4个方面推进全区宣传工作。全年开展“我们都是钱塘人”大讨论、大担当、大比武系列活动92场次，参加人数5500多人次。推进党史学习教育，举办“跟着习近平总书记学党史”专题学习会议17场次、党史专题宣讲1225场次。开展“三为”（为群众办实事、为企业解难题、为基层减负担）实践活动，全年全区基层党组织为群众办理实事8170件，解决难题6517件，减轻居民负担事项427件。1月，钱塘融媒体中心进入实体化运作，“钱塘发布”客户端上线，并建立钱塘区国际传播平台，开展海外宣传资源。全年在中央、省、市主流媒体发稿3200多篇。推进全区文化产业及“文化+”融合发展。9月，制定《钱塘区文化改革发展“十四五”规划》。提升文明城市创建质量，完成中央、省、市三级文明城市测评。11月，第三季度杭州市城市文明程度指数测评，钱塘区排名第三位。推进新时代文明实践阵地建设，建成志愿服务站点164个、农村文化礼堂52个、文化家园46个。做好钱塘围垦文化和非物质文化历史工作。10月，举办首届杭州钱塘潮玩节，区内和区外50多个创新企业代表参加。11月，以“垦荒创业见初心，潮涌钱塘启星城”为主题，举办首届围垦文化节。制定《钱塘区历史（围垦）文化挖掘传承工作方案》，编撰完成40多万字《围垦钱塘江，奋进新时代——钱塘区围垦与开发历史文化读本》。完善文化产业服务体系，开发“文产云”（文化企业数字化服务平台）数字平台，组织文化产业统计监测，通过政策智兑、校企合作、学科共建、产学研转化等模块建立，形成产业数据库，建立数字驾驶舱，数字赋能区内文化产业全流程发展。（彭善鹏）

【文化产业新发展】2021年，区委宣传部围绕“文化钱塘”发展目标，推进文化产业园区、公共文化设施、文化品牌活动、文艺创作精品“四个一批”文化项目建设，制定《钱塘区文化改革发展“十四五”规划》。促进全区文化产业及“文化+”融合发展，制定首个综合性文化产业政策《关于加快钱塘文化产业发展若干政策》。推动“之江文化”产业带建设，杭州华策影视直播项目招引企业入驻30个；秦学教育华东区总部项目入驻开业。完善文化产业发展服务体系，提升企业服务效能，开发“文产云”数智平台，以“数据共享、协同共享、应用共享”3个模型，解决数据难融通、服务难协同、服务难匹配。该平台试运行后，“文产云”数据统计时间由15天缩减到1天，走访服务企业由原来例行服务变成平台自动全流程服务。全区有文化企业2900个，产业增加值30.33亿元，比上年增长15.2%；规模以上文化企业50个，新增上市企业1个，营业收入84.18亿元，增长42%。全年招引杭州贝嘟科技有限公司、浙江十勇士网络科技有限公司、杭州火鉴科技有限公司、杭州众星互娱网络科技有限公司、得力数字智能家居等数字文化类企业35个，总投资32亿元。推动文化产业资金扶持，全年资助文化项目25个，投入资金560.3万元。入围浙江省重点文化企业1个、2021年杭州“独角兽”&“准独角兽”企业榜单1个、浙江省文化数字示范企业2个。

【意识形态工作责任与理论学习制度出台】 2021年，区委宣传部推进意识形态工作责任“一岗双责”，制定出台《意识形态工作考核方案》《意识形态工作责任制清单》《意识形态工作责任制约谈工作暂行细则》《意识形态工作联席会议制度》《定期分析研判和通报意识形态领域情况制度》等制度和文件。根据《钱塘区意识形态巡察档案清单》要求，开展意识形态工作责任制情况专项巡察，形成专项巡察报告，督促单位意识形态工作责任制规范化、制度化。推进理论学习中心组思想引领作用，制定印发《钱塘区委理论学习中心组制度》《街道党工委、区属各单位党组织理论学习中心组制度》《理论学习中心组巡听旁听制度》《重大事项决策前理论学习制度》。全年召开区委理论学习中心组专题学习会议14次，党组织理论学习中心组专题学习420次，编印《钱塘区党史学习教育参阅资料汇编》5期、《理论学习中心组学习材料》3期。

【文明城市建设工作推进】 2021年，区委宣传部推进文明城市创建工作，印发“钱塘区贯彻落实全国文明城市测评实地考察部分目标任务分解表”120份、“全国测评实地考察点及测评体系任务分解表”650份。围绕中央、省、市3个等级测评标准，印发公益海报1.65万份，在主要交通路口、社区小区、大型商场和超市、建筑工地、新时代文明实践中心等考察点展示文明创建成果。组建区级文明城市迎接上级单位检查指挥部，通过自查、互查、交叉检查，发现问题2650个、整改率99.2%。提升区文明城市创建质量，组建“钱塘阿纠”文明监督员志愿服务队伍。11月，第三季度杭州市城市文明程度指数测评，钱塘区排名第三位。推进新时代文明实践阵地建设，建成实践中心1个、实践所7个、实践站98个、实践点58处，实现网格化全覆盖，解决文化文艺服务、助学支教、医疗健身、法律服务等民生问题800多件。推进文明村、文明单位培育工作，2020年11月20日，河庄街道江东村获评全国文明村，2021年7月6日授牌。推进文化礼堂和文化家园“建、管、用、育、融”工作，全年全区建成农村文化礼堂52个。其中，五星级3个，四星级4个。建成文化家园46个，其中星级家园12个。

【钱塘融媒体中心实体化运行】 2021年，钱塘区融媒体中心投入实体化运作。《钱塘新区报》、《钱塘新闻》电视栏目、《潮涌钱塘》杂志、“钱塘发布”政务“双微”（微信、微博）号和“钱塘官方抖音号”等发布平台入驻该中心。设立“两委会”（编务委员会和品牌运营委员会），建立扁平化、联动化、共享化运行机制，实现7个街道“微融媒体”中心“一次采集、分类制作、多元传播、立体覆盖、有效应用”采编流程和“新闻+政务+服务”职能建设全覆盖。拓展媒体渠道，新增人民网“钱塘专栏”、《钱塘新闻》杭

2021年10月14日，杭州市意识形态工作责任制综合检查汇报会在钱塘区举行　　（区委宣传部 提供）

2021年8月24日，区委宣传部联合前进街道开展“扫黄打非·护苗2021·绿书签”宣传活动 （胡安安 摄）

州综合频道专栏等媒体平台。提升新闻宣传质量和效果，围绕全区智能制造、改革创新、城市建设、数字化改革、民生实事、党史学习教育等主题，全年在国家、省、市主流媒体发稿3200多篇。其中《人民日报》、新华社、中国新闻网等媒体用稿300多篇次。推动国际传播能力建设。10月，海外“推特账号‘杭州钱塘’”上线。

【钱塘区“扫黄打非”基层站点建设与活动】2021年，区委宣传部推进全区“扫黄打非”基层站点规范化、标准化建设，制定首个《钱塘区“扫黄打非”基层站点规范化标准》。全区创建示范站点8个，其中下沙街道滟澜社区获评省级示范站点。8—10月，举办“扫黄打非”卡通动漫（IP）形象作品征集，征集作品35幅，通过网络投票、线下评审会、专家打分等形式，评出一等奖1人、二等奖2人、三等奖4人、优秀奖10人。保护青少年儿童健康成长，倡导未成年人绿色阅读、文明上网，远离非法出版物及网络有害信息，全年开展“扫黄打非·护苗2021·绿书签”等主题宣传活动26场次，参加人数1.12万人次。

【网络综合治理体系建设工作推进】2021年，区委宣传部制定印发《关于加强舆情安全工作实施意见》，推动互联网行业管理和网络综合治理，打造“钱塘e创”网络文化家园健康发展。11月，杭州市钱塘区互联网行业委员会成立，区委网信办牵头成立以“玩物得志”、杭州微念科技有限公司等40多个区内互联网企业为会员单位的网络文化协会和以下沙网、大江东网等30多个区内自媒体平台为成员单位的区自媒体联盟。全年创作、编排网络安全舞台剧10部，组织下乡放电影活动10场次。

【“遇见最美钱塘少年”迎新盛典活动】2021年1月3日，杭州日报报业集团钱塘新区新闻文化传媒中心主办的“遇见最美钱塘少年‘少年学报·钱塘小记者团迎新盛典’”颁奖暨授牌活动在大江东宝龙广场举行，评出2020年钱塘新区“十佳小记者”和“优秀小记者”各10人。联合《少年学报》为“少年学报·钱塘小记者团”实践基地授牌和指导老师授证，“钱塘新区小记者团”升级为“少年学报·钱塘小记者团”。 （王 帅）

统战工作

【概况】2021年，中共杭州市钱塘区委统一战线工作部（简称区委统战部）围绕“寻找统战对象、成立统战组织、厚实特色优势、深化联谊联络、助力中心服务”5个方面开展全区统战工作。完成7个民主党派基层组织建设和区两会选举保障及人选推荐；创建7个区级统战团体组织、7个街道新乡贤联谊会和9个基层商会组织。提升民主党派成员综合能力。10月，以“校企合作中的科技成果转化”为主题，举办“民主党派讲谈社Talks”系列论坛。配合区委、区政府政策落实，组织7个民主党派和区司法局、区农业农村局、区交通运输局、区社会发展局、区经信科技局、区商务局等21个单位建立对口联系与专项民主监督工作机制。11月16日，杭州市钱塘区党外知识分子联谊会成立，并推出“钱塘区知联品牌工程”项目。推进统战领域数字化建设，“钱塘统战”微信公众号开通，13篇信息稿被中央统战部等主流媒体刊发和转载。推进平安宗教活动场所创建，提高宗教宪法意识法治素养规范管理，全年打击非法宗教活动5起、行政处罚1起。10月25日，杭州磐石堂获评“2020年度省级平安示范场所”。11月30日，新湾东海寺获评“浙江省宗教活动场所消防安全标准化管理百优争创活动优秀单位”。12月1日，杭州磐石堂获评“2021年度省级宗教法治宣传教育基地”。12月9日，下沙街道早城社区和临江新城实验学校获评“第四批省级民族团结进步创建重点培育单位”。

【7个统战团体组织成立】2021年9—12月，钱塘区7个统战团体组织分别成立。

9月18日，杭州市钱塘区归国华侨联合会（简称区侨联）成立，并召开第一次归侨侨眷代表大会。审议通过《区侨联实施〈中国侨联章程〉细则（草案）》，选举产生第一届委员会主席1人、副主席10人、秘书长1人。

9月27日，杭州市钱塘区工商业联合会〔（总商会）（简称区工商联）〕成立，并召开第一次会员代表大会，选举产生执委会主席（会长）1人、副主席13人、副会长11人、秘书长1人、常务委员43人、执行委员87人。

11月16日，杭州市钱塘区党外知识分子联谊会（简称区知联会）成立，选举产生第一届委员会主席（会长）1人、副会长10人、秘书长1人、理事33人。有会员95人。

11月18日，杭州市钱塘区新的社会阶层人士联谊会（简称区新联会）和杭州市钱塘区网络人士联谊会（简称区网联会）成立，选举产生第一届新联会会长1人、副会长12人、秘书长1人、理事16人。有会员92人。

选举产生第一届网联会会长1人、副会长4人、秘书长1人、理事2人。有会员24人。

11月25日，杭州市钱塘区留学人员和家属联谊会（简称区留联会）成立，并召开第一次会员代表大会，听取审议留联会筹备工作报告，选举产生理事会会长1人、副会长7人、秘书长1人。有会员80人。区留联会是全区留学人员和家属自愿组成的非营利性社会组织。

2021年8月，下沙街道早城社区“民族工作服务站”建成投用。图为民族服务微窗口
（赖土伟 提供）

12月30日，杭州市钱塘区新生代企业家联谊会（简称区新企联）成立，选举产生理事会会长1人、副会长13人、秘书长3人，监事1人，常务理事40人。有会员73人。区新联会是年轻非公有制经济代表人士自愿组成的联合性、地方性、非营利性社会组织。

【下沙街道早城社区“民族工作服务站”建成】2021年，区委统战部推进民族团结进步教育，以“五微”（微组织、微窗口、微热线、微平台、微心愿）为内容，开展城市民族工作“石榴籽工程”社区示范点创建。7—8月，在下沙街道早城社区建成“民族工作服务站”。该服务站设绿色服务通道，提供政策咨询、就业帮扶、子女就学、法律咨询、贫困救济、心理疏导等服务。启动“微就业”“微课堂”“微文化”“微反哺”等“微平台”建设。全年组织社区少数民族居民就业培训1次，举办招聘活动1次、青少年暑假期间文化“微课堂”讲座2次；开展“微反哺”少数民族志愿者小队文明劝导、垃圾分类、平安巡逻等志愿服务活动4次。

【“钱塘知联品牌工程”创建】2021年11月16日，钱塘区知联会启动并发布“钱塘区知联品牌工程”，内容包括以“钱塘知未来学院”为载体的思想政治引领工程、以“知联·项目面对面”为载体的产业发展助兴工程、以“知联·同心共富裕”为载体的社会民生助力工程和以“知联·青少年课堂”为载体的青年成长培养工程。12月7日，“钱塘知未来学院”在下沙高教园东区公园“钱塘书屋”开展党外人员“读书部落格Blog”第一期分享会，围绕《读懂未来中国经济——“十四五”到2035》一书交流谈论，邀请北京大学博雅教育研究院客座教授、英国剑桥大学演讲学者纪可人以“聚焦中国——十四五规划读书会分享”为主题，从“通胀泡沫和新冠肺炎疫情双击下的发展新思路”“人口红利问题的思索”“并购浪潮下的企业生存之路”“传统行业转型升级与企业战略性结合”4个问题分享“2035年远景奋斗目标”“内外双循环”“中国养老产业”等关键词并进行解读。至年末，“钱塘知未来学院”举办活动4期、“知联·项目面对面”开展现场洽谈会2期、“知联·同心共富裕”开展全民健康活动2场次。

【“发展高质量，钱塘新力量”论坛】2021年，区委统战部贯彻区党代会和区两会精神，推动全区新的社会阶层人士统战工作创新发展，全年举办“发展高质量，钱塘新力量”系列论坛活动4期。

8月27日，第一期论坛举行。围绕“企业刑事合规”为主题，从职能部门、律师、学者、企业等角度进行解读，介绍刑事合规制度主旨和初衷、刑事合规实践及样态、企业刑事合规机制完善、企业合规常见罪名法律依据等内容，助推企业提升合规意识和防范风险能力。

10月25日，第二期论坛举行。围绕“推动乡村振兴，稻花香里说共富”为主题交流讨论，分享以数字化创新提升村集体收益的杭州实践为经验，提出以数智化手段推进新冠肺炎疫情防控，以“飞地”农业合作、“院校+村（企业）”结对、建立“供需对应”机制、完善农业产业链促进区内和区域资源共享，加强技术标准指导、用好土专家、建立多元化扶持手段，推进农业创新创业人才队伍建设。新的社会阶层人士代表从农业品牌塑造方面提出推进物流供应、打造文化和旅游融合的乡村农业共同体、探索产品多样化等建议。

11月18日，第三期论坛举行。围绕“共话新使命”为主题，与杭州市和主城区新阶层人士代表交流探讨新阶层新主张。余杭区新联会副会长张江海、浙江公羊会杭州会副会长马兆斌、中国网络作家村办公室主任沈荣、钱塘区新联会会长裘宁敏、杭州市新的社会阶层人士统战工作研究中心特邀研究员屠玥分别围绕“未来乡村实验区探索路径”“企业在民生服务和智慧养老实践”“如何通过给文化产业发展梦想‘筑巢’，打造网络文学‘IP’产业链”“不同类型企业孵化案例和园区生态运营探索”“‘同心荟’统战工作经验‘让我们做个朋友吧’”为主题做分享。

12月2日，第四期论坛举行。围绕“钱塘数字经济、创新创业”为主题，组织浙江传媒学院、浙江经济职业技术学院、浙江经贸职业技术学院与新联会、网联会企业交流讨论创业历程，探索区校合作新路径，助推钱塘产业发展。

▶▶资料：刑事合规

刑事指控来临之前，律师帮助企业及其高层管理进行相关调查，诊断法律风险，依法化解可能的刑事追诉，提出应对刑事调查的具体方案法律服务。

【“新动力赋能计划”第一期活动】2021年12月4日，区委统战部组织新的社会阶层代表人士和网络代表人士参加以“团队建设”和“红色教育”为主题的“新动力赋能计划”活动，邀请浙江省委党校浙江行政学院政治学（科社）教研部副教授杨日鹏围绕《中共中央关于党的百年奋斗重大成就和历史经验的决议》的“突出亮点和重大论断”“百年奋斗的时代使命和伟大成就”“百年奋斗的重大意义和历史经验”3个方面解读中共第十九届六中全会精神。“新动力赋能计划”项目包含新阶层人士三年成长计划，通过红色课堂、城市考察、企业互访、知识座谈、头脑风暴、团队建设、产业互助等活动，以“进阶式”设计思维、“闯关式”激励机制、“立体式”学习模式，强化政治引领，凝聚发展共识。（赖土伟）

信访工作

【概况】2021年，中共杭州市钱塘区委杭州市钱塘区人民政府信访局（简称区信访局）受理群众投诉4.91万件人次，比上年增长2.9%。其中，群众来信171件，到访967人次，网上信访受理6039件，“12345”市长电话受理4.19万件。反馈率、办结率均为100%，回访核实率99.7%、信访部门满意率99.9%、责任单位满意率99.8%。全年收到国家、省级、市级积案75件，化解74件，化解率98.7%。其中，省级积案27件，市级积案15件，化解率均为100%。按照“一体两翼”体系建设要求，做好信息传递、风险研判、协调监督、防控化解等工作。

【信访制度制定与积案化解】2021年，区信访局结合区划调整情况，完善区信访工作联席会议工作制度，研究制定《积案化解和访源治理攻坚年活动实施方案》《信访工作责任制实施细则》《钱塘区领导接访工作办法》《钱塘区党政主要领导批阅群众来信办法》等信访制度。落实信访积案区级领导领衔包案，完善“党建+信访”工作体系，涉及“蒲公英天地”“万亚名城”“五大市场”、杭州朝阳橡胶有限公司等案件，通过建立工作专班、定期会商研判、接待约访、搭建平台等推动协商解决。

【区矛调中心提升改造】2021年11月，杭州市钱塘区社会矛盾纠纷调处化解中心（简称区矛调中心）根据工作运行需求，整合区法院诉讼服务中心和区劳动人事争议调解中心入驻办公，设置仲裁庭、法庭和调解室、市场监管、劳动纠纷、消费纠纷、房产物业纠纷等重点行业调解组织，并引入品牌调解工作室。提升改造后的区矛调中心总面积4400多平方米。年内，开通“线上矛调中心”系统应用，推进区、街道、村（社区）三级矛盾纠纷调处化解体系构建，实现“精准分流、高效运转、闭环管理”。至年末，区矛调中心接待群众到访1.37万人次，受理矛盾纠纷2770件、调解1928件，办理法律援助519件，开展法律咨询5500多人次。

【“浙江解纷码”推广】2021年7月起，区矛调中心制作宣传展板，发放宣传手册1.5万份，依托区、街道、村（社区）三级矛调中心向群众宣传讲解“浙江解纷码”使用方法和步骤，引导自主扫码，提高知晓率和使用率。“浙江解纷码”是浙江省委政法委推进平安法治“一件事”线上+线下“一体化”矛盾纠纷调处化解系统。该平台融合司法行政机关、信访局、劳动局和劳动就业服务中心、人力资源和社会保障局等部门资源，汇聚专业调解机构5000多个、调解员4万余人，设置“我要调解”“咨询服务”“投诉举报”“其他服务”4个主体功能模块，为当事人提供公证、法律援助、行政复议、司法鉴定等“一站式”线上受理和服务，实现社会矛盾纠纷调处化解从“最多跑一地”到“一地不用跑”。至年末，全区群众通过“浙江解纷码”扫码登记事项1608件，其中线上受理658件，转入省矛调协同应用系统受理950件，受理率87%。

（陈　焕）

政策研究

【概况】2021年，中共杭州市钱塘区委政策研究室（简称区委政研室）根据区划优化调整情况，服务保障区第一次党代会、区委全委会、区两会、机构揭牌仪式等重要会议活动材料起草和撰写。做好区委书记专题会议、区委常委会会议材料起草和撰写。配合省委第二巡视组到杭州钱塘新区党工委巡视的材料撰写工作，并全程跟进督促有关部门落实整改。全年报送省（市）领导专报、省（市）领导调研和专题会议汇报材料、区内会议材料300多篇。

【调查研究】2021年，区委政研室围绕区委中心工作，针对“区政合一”、市场主体发展、人才引育、区域企业用工难等问题开展走访调研活动，撰写报告6篇。全年编印《调查研究》25期。

【重大规划方案起草】2021年，区委政研室贯彻中共第十九届五中全会和省委十四届九次全会、市委十二届十二次全会精神，结合钱塘区实际情况，起草《钱塘区国民经济和社会发展第十四个五年规划和二〇三五年远景目标的建议》《钱塘争创高质量发展建设共同富裕示范区时代样板实施方案（2021—2025）》，明确“十四五”时期钱塘区经济社会发展总体要求、主要目标、重点任务和机制保障，主要阐明钱塘区经济社会发展战略意图，明确区委、区政府工作重点，围绕世界级智能制造产业集群、长三角地区产城融合发展示范区、全省标志性战略性改革开放大平台和杭州湾数字经济与高端制造融合创新发展引领区定位，推动创新体系现代化、产业体系现代化、城市建设现代化和治理体系现代化，打造“智涌钱塘·现代星城”，成为浙江高质量发展建设共同富裕示范区钱塘样板。

（黎洪正）

机要保密

【概况】2021年，中共杭州市钱塘区委保密委员会办公室（杭州市钱塘区国家保密局）根据行政区划调整情况，推进落实机关单位保密工作主体责任，对照自查自评工作办法，梳理规范区级领导干部、机关单位、内设机构、工作人员保密工作责任清单，形成区委保密委员会、区委保密委员会办公室及单位领导小组三级领导责任体系。规范保密工作制度体系，制订并发布有关机要保密工作制度和文电收发工作规程，制作统一工作模板，建立保密干部队伍，明确街道、区直单位保密联络员“AB岗”（职位主岗责任人和备岗责任人）。提升区电子政务安全水平，全年部署非密计算机终端2200多台，涉及街道、区直单位55个。

【保密工作宣传教育培训】2021年，区委保密办（区国家保密局）贯彻中共中央总书记习近平关于机要保密重要讲话精神和《中国共产党机要密码工作条例》，提升干部保密意识及能力素养，组织全区单位（部门）领导干部及文电收发员举行保密工作会议1次、专题教育培训5次，观看保密警示教育视频2场次，邀请市保密协会专家授课2场次。开展常态化保密宣传教育工作，全年制作保密应知应会知识折页2000多份，通过“浙政钉”App发布公告提醒1次。落实涉密工作人员持证上岗规定，组织保密干部开展培训1次，参训72人，获取上岗证书72人。

【涉密保障工作推进】2021年，区委保密办（区国家保密局）加强定密工作管理，提升定密责任人保密技能，结合全区单位（部门）法人设立情况，发送国家秘密事项范围清单。贯彻密码电报使用管理规定，保证紧急重要电报随收、随送、随到，定期开展紧急重要电报演练3次。全年收取、分发上级文电未发生事故、差错、遗漏。全年组织开展文件集中回收销毁工作3次，移送到有关省级单位，现场监督销毁2次。提升改造区委办机要室、保密室、涉密会议室等保密要害部位，按技术标准配置安全防护设施设备。做好党政专用通信技术服务保障，全年涉密视频会议机房运转没有发生事故。结合单位（部门）需求，统一配发涉密计算机终端。推进保密工作技术检查，联合市保密协会技术人员开展“飞行检查”，抽查重点单位27个、互联网计算机终端727台，现场要求终端使用责任人签字确认检查结果并整改，整改率100%。组织开展区办公自动化系统、微信等互联网应用软件专项检查，排查隐患8000多件，整改率100%。

（王江涛）

机构编制

【概况】2021年，中共杭州市钱塘区委机构编制委员会办公室（简称区委编办）根据区划调整实际情况，按照“区政合一”体制，设党政机构27个。其中，党委机构7个，政府工作机构20个。设市级部门派出机构2个。设钱塘新区管理委员会直属行政机构1个。设钱塘区人民代表大会机关及其工作机构、政协钱塘区委员会机关及其工作机构。设群众性团体组织机构8个。设事业单位99个。设公办学校（含幼儿园）87个。设社区卫生服务中心8个。设街道办事处7个。完善机构职能体系，科学界定部门职责，厘清部门职责政事边界，编制印发党政机构、区人大机关、区政协机关、区群团机关和区事业单位“三定”（定部门职责、定内设机构、定人员编制）规定114个。按照“编随事走、人随编走”原则，统筹调配区管干部192人，完成区外干部调动谈心谈话138人、区内干部转隶1452人。

【行政职能体系优化】2021年，区委编办根据浙江省文化和旅游厅、浙江省文物局编办要求，推动文物保护和文化旅游管理职责有机融合。7月，在区社会发展局（区文化和广电旅游体育局）增挂区文物局牌子。根据杭州市综合行政执法指导办公室统一部署，推进“大综合一体化”行政执法改革，完善“部门专业执法+综合行政执法+联合执法”体系。11月，在区综合行政执法局增挂综合行政执法指导办公室牌子，协调解决部门专业行政执法及综合行政执法中的重要问题。落实中央、省委、市委部署要求，推进全区事业发展全局和社会建设治理体系，设立中共杭州市钱塘区委社会建设委员会，为区委派出机关，与杭州市钱塘区发展和改革局合署办公。12月，全区公办学校隶属关系由钱塘新区管理委员会直属调整为区教育局直属。

【“区街一体、条抓块统”改革工作推进】2021年，区委编办贯彻省委、市委关于加强基层治理体系和治理能力现代化建设决策部署，按照“党建统领、赋权乡镇、多跨协同、数字赋能、整体智治”要求，配合区委组织部编制《政务服务事项责任清单》《行政权力事项责任清单》《街道“属地管理”事项责任清单》，提升部门职责边界明晰化、基层社会治理精细化、权责运行规范化，推动“区街一体、条抓块统”整体智治改革。至年末，梳理调整15个部门、86项街道“属地管理”事项责任清单。提升监管事项认领数据覆盖率，全区33个部门认领“互联网+监管”事项9692项、认领率100%。推进“大综合一体化”行政执法体制改革，结合区域实际情况，制订专业执法机构精简方案并组织实施，形成“1+6”（1支综合行政执法队伍+6支专业执法队伍）执法队伍架构体系。

【事业单位登记管理与“双随机”检查】2021年，区委编办按照事业单位登记管理法律法规和有关政策文件规定，至年末，办理机关群团单位赋码登记45个、事业单位法人设立登记42个、变更登记57个、注销登记10个。推动全区150个事业单位法人年度报告公示工作全覆盖。建立事业单位现代治理机制，根据《中国共产党机构编制工作条例》《事业单位登记管理暂行条例》等有关规定，修订科教文卫领域94个事业单位章程。推进事业单位法人信用体系建设，开展事业单位法人“双随机、一公开”检查，通过单位自查、法定代表人汇报、现场查阅台账等方式，按照10%比例，抽查全区事业单位15个，内容涉及法人设立、变更、注销登记、年度报告公示、财务及资产、宗旨和业务范围开展、法定代表人任职资格、对外开展活动名称使用、管理和使用事业单位法人证书及单位印章情况等内容，发现问题8个，整改率100%。

（李　竞）

督查考评

【概况】2021年，杭州市钱塘区委督查室（简称区委督查室）完善批示件办理机制。9月，联合区政府印发《杭州市钱塘区督查工作实施办法》，规范区委、区政府主要领导批示和交办事项办理反馈制度。至年末，印发区委主要领导批示件385件，办结84件；印发区委专题会议任务单10份，内容包括财政运行、土地利用、产业发展、招商引资等。上线“钱总督”应用场景，依托政务内网“督查督办”系统，分类展示批示督查、会议督查、活动督查、项目督查4项任务，实现区领导、责任部门与主办任务相关联。杭州市钱塘区委综合考评委员会办公室（简称区委考评办）创新建立“百千分”考评体系，探索建立考评工作数据共享平台，加强考核督查结果数据互通和成果互用，推动考评工作向数字化、智慧化转型。落实“四问四权”（问情于民、问需于民、问计于民、问绩于民；知情权、参与权、选择权、监督权）工作机制，以公民为导向，组织参加杭州市2021年“公述民评”面对面电视现场问政活动。做好526条社会评价意见整改，分阶段向社会公示。发挥群众考核主体作用，加强公众对社会评价整改、民生实事参与，针对社会评价意见整改目标和“公述民评”问政问题，推进检查考核力度，做好整改落实和绩效监督。

（孔炬峰　罗毅卿　刘　沁）

【“七张问题清单”整改工作】2021年，区委督查室做好省委“七张问题清单”（重大巡视问题、重大督查问题、重大审计问题、重大安全生产问题、重大生态环保督查问题、重大网络舆情问题、重大信访问题）场景工作。8月，印发《关于落实“七张问题清单”亮晒整改工作机制》的通知，制订问题发布、责任落实、整改闭环管理等应用工作总分机制。推进整改工作进度，开通机关各个单位“七张问题清单”系统应用账号，组建由清单发布、清单主管部门有关负责人、联络员组成的业务队伍。组织机关各个部门参加省市应用业务培训，组织清单主管部门围绕“全量问题库、问题蓄水池建设、整改销号流程操作、管控力指数提升”等为主题进行培训。至年末，纳入全量问题库清单问题100个，承接市级牵头单位清单问题1个，省市协同清单问题5个，其中办结2个。发布区级清单问题24个，办结23个。

【省委巡视反馈问题整改】2021年，区委督查室围绕区党代会、区委全会、区两会工作任务和年度考核目标及省、市各项决策部署，开展督查整改工作。3月31日至6月18日，省委第二巡视组到杭州钱塘新区党工委开展巡视，8月反馈意见整改方案。9月，印发《关于建立落实省委巡视反馈问题整改有关工作机制》的通知，成立专项督查组，根据省委巡视反馈的4个方面11类意见，分解问题37个、举措159条，并建立“红黄”预警机制，加强对整改滞后事项跟踪督办。至年末，整改问题29个、举措121条，整改率78.4%。

【“奋战四季度，大干一百天”活动督查】2021年，区委督查室围绕区党代会提出的“1+4”现代化建设目标，整合年度指标20项和任务120项，进行督查跟踪。10月，印发《关于开展“奋战四季度，大干一百天”活动》的通知，建立大督查工作机制，建立活动推进办公室，下设5个督查小组，通过牵头单位自查、督查小组专项督查、推进办公室重点督查等方式推动工作进度。全年编印《督查专报》18期，获区委、区政府主要领导批示15次。

（孔炬峰）

【“百千分”考评体系建立】2021年9月，区委考评办创新全区综合考评“百千分制”考核办法，建立“百千分”（“基础百分制”和“加分千分制”）考评体系。“基础百分制”考核办法对共性目标和个性目标进行考核，突出党建引领作用，统筹设置党建工作、职能目标、评价工作、市级重点工作目标、区级重点工作目标5个考评项目，根据工作实绩考出等次排名；“加分千分制”考核办法将激励目标和单项工作考核与奖金结合，统筹设置关键挑战、创新创优、单项目标3个考评项目。“百千分”考评体系运用省、市考核结果，减轻基层负担，实现所有目标“最多考一次”。该考评体系促使牵头单位牵头责任、责任单位责无旁贷、配合单位主动作为，形成“目标捆绑、责任捆绑、督考捆绑”联动机制，构建牵头单位“一牵到底”、责任单位“责无旁贷”、配合单位“积极作为”格局。

【综合考评绩效警示模式建立】2021年，区委考评办优化考评过程情况通报机制，建立绩效警示模式。8月6日，会同区发展和改革局对“15+7”指标，下发绩效管理警示单，要求责任单位制订“短板指标”提升方案。强化季度通报制度，编发《关于杭州市对钱塘区综合考评进展情况的通报》3期，督促有关单位了解薄弱环节，找到短板，及时补救。开展年底集中攻坚行动，由区领导召集牵头考核单位，梳理问题，提出举措，掌握情况，部署攻坚整改。编发《关于杭州市对钱塘区综合考评中需重点攻坚问题的通报》，梳理年度攻坚重点项目30个，解决率100%。

【社会评价意见整改工作】2021年，区委考评办推动杭州市社会评价意见整改工作，研究制订整改计划，梳理归纳意见建议526条，主要涉及城市管理、民生保障、环境污染、城市建设等问题。印发《关于做好2021年杭州市社会评价意见整改工作》的通知，要求部门（单位）将意见整改与部门（单位）业务结合，明确整改要求，落实整改责任，将群众关注度高的高质量发展、学校建设、交通治堵、违停治理、水气保护、垃圾分类、食品安全、文化服务8项作为年度重点整改目标。推进整改进度。6月、9月、11月，分阶段对市级8条重点整改意见进行重点督查，通过打电话形式反馈核查社会评价意见166人。12月13日，开展2022年社会评价工作，创新优化社会评价实施办法，优化评价对象、评价内容和评价监督方式，其中，评价对象增加部委办局班子成员和社区社工、行政村三委班子，企业样本由街道会同平台挑选辖区企业50个；评价内容进行“多表合一”改革，将作风评价表与综合评价表“合二为一”简化到5张表（评价表3张、意见征集表1张、调查问卷表1张）；优化评价监督方式，规范随机入户调查规则，评价服务人员纪律。至年末，社会评价整改工作满意度测评，满意率94.5%，比上年提升0.8%。

【“公述民评”问政活动保障】2021年10月27日，区委考评办起草《关于参加杭州市2021年“公述民评”面对面电视现场问政活动》的通知，确定牵头单位和配合单位，协调有关单位做好活动准备。建议有关区领导召开会议专题研究，协调过程中发生的问题，帮助牵头单位开展工作，完成活动保障。督促责任单位整改落实，对年度29个“公述民评”整改问题进行责任分解，督促牵头和责任单位制订整改举措，重点整改区领导现场承诺的8个问题。至年末，整改率100%。

（罗毅卿　刘　沁）

接待工作

【概况】2021年9月24日，中共杭州市钱塘区委机构编制委员会印发《中共杭州市钱塘区委、杭州市钱塘区人民政府接待服务中心机构编制规定》文件，批准设立杭州市钱塘区委、杭州市钱塘区人民政府接待服务中心（简称区委、区政府接待服务中心）。全年，区委、区政府接待服务中心接待国内外宾客297批、1.32万人次，比上年增长11%。其中，接待国家及部委领导16批，接待省、市级主要领导48批；接待省、市、县（区、市）考察团78批；接待外宾7批，其中松下电器中国东北亚公司总裁本间哲朗和丰田TRIKE总裁丰田浩之到访2次。全年保障区党代会、区委全会、区两会、浙江茂宇医疗器械有限公司“‘杭台两岸’生物医药科技园”项目奠基仪式等会务活动26批，接待商务活动122批。

【公务接待新管理办法出台】2021年，区委、区政府推进党风廉政建设，规范党政机关国内公务接待最新管理办法。区委、区政府接待服务中心新制定出台《杭州市钱塘区党政机关国内公务接待管理办法》。8月，梳理完成《接待管理手册》和《接待礼仪手册》。9月，在全区制度文件培训会上进行解读和分享。

【“钱塘印象”网页制作与点位梳理】2021年11月，区委、区政府接待服务中心设计制作“钱塘印象”接待网页，到访领导和宾客通过扫描“钱塘印象”二维码，可查看钱塘区区情概况、区位优势、行程安排、考察点简介和陪同人员等有关信息。12月，梳理区内生命健康、集成电路、智能汽车、智能装备、航空航天、新能源、新材料、数字经济、现代食品9个“美丽产业”和各平台、科研院所、城市建设、社会服务、历史人文5个方面重点考察调研点清单，筛选出138个代表性点位供全区部门（单位）参考。

（鲍妮佳）

老干部工作

【概况】2021年，中共杭州市钱塘区委老干部局（简称区委老干部局）贯彻中共中央总书记习近平关于做好新时代老干部工作重要论述和全国、省、市、区老干部局长会议精神，做好钱塘区老干部工作。至年末，钱塘区有离休干部1人（区划调整时从萧山区划转），退休干部957人，其中机关退休干部223人、事业单位

2021年3月16日，钱塘新区小记者团开展“建党百年，童心向党”系列活动。图为钱塘新区“最美长者”周妙奎（右）为小记者讲述围垦历史（单建欢 摄）

退休干部734人。单独建立退休干部党支部10个，退休党员干部和其他党员合编党支部25个。8月，杭州市钱塘区社会发展局（卫生健康局）原主管护师庞优雅（女）获“全省老干部工作先进个人”。

【老干部服务保障工作】 2021年，区委老干部局配合区委组织部推动全区退休干部服务保障工作，成立由区委常委、组织部部长任组长，2名副区长任副组长，区委办、区政府办、区财政局、区人社局、区社会发展局等8个单位主要负责人为成员的钱塘区老干部工作领导小组。完善老干部分类管理工作机制，按照市管干部（市委组织部备案退休干部）、区管干部（区委组织部备案退休干部）及以下退休干部实行分类管理。1名离休干部、20名市管退休干部由区委组织部老干部局服务，其他区管干部及退休干部由所在单位服务。提升老干部医疗保健服务质量，杭州市钱塘区老干部保健服务中心成立，核定编制人员3人。全年开展老干部健康体检、医疗保健服务1200多人次。

【老干部活动】 2021年，区委老干部局组织开展老干部活动50多场次。通过专题研讨、实地走访、主题讲座等形式，组织老干部讲好围垦故事和杭州经济技术开发区故事，受益党员、干部、群众2000多人次。参与全市老干部庆祝中国共产党成立100周年学党史答题竞赛、“红心向党”书画作品征集、“壮丽100年·讴歌新时代”主题征文比赛、“最美双百”（最美老党员100人和最美正能量之星100人）评选等活动，获奖16人。9月3日，举办区管干部退休仪式，12名区管干部集体退休。发挥老干部智慧和力量，区党代会、区两会、区委一届二次全体（扩大）等会议期间，邀请100多名老干部参加会议并建言献策。组织老干部志愿服务活动，成立“银发”志愿服务队，全年参加“三服务三助力”志愿活动的退休老干部有120多人，开展活动60多场次。

（郑昌俊 徐 超 施 懿）

档案管理

【概况】 2021年，杭州市钱塘区档案馆（简称区档案馆）推进档案基础业务建设，提升档案服务质量，制定《钱塘区贯彻落实“十四五”档案事业发展规划实施意见》《钱塘区归档文件管理细则》《钱塘区档案馆档案利用制度》《钱塘区档案管理库房与档案安全管理制度》等8项制度。推进区档案新馆建设，大江东人力资源大厦档案馆进入密集架安装阶段，钱塘文体中心档案馆进入内部装修阶段。全年走访企业（单位）42个，现场指导档案数字化工作，检查档案数字化加工室、档案整理室、档案实体保管、数据安全、工作人员管理、安防措施等情况；组织杭州士兰集昕微电子有限公司开展专项档案验收；指导广汽乘用车（杭州）有限公司档案业务工作开展。1月，参加杭州市委办公厅举办“我们”论坛暨党办系统档案业务能力提升“比、学、赶、超”活动，获三等奖。6月，市档案馆负责人带队到大江东人力资源大厦档案馆在建项目施工现场调研，并到松下家电（中国）有限公司、杭州和利时自动化有限公司、玳能科技（杭州）有限公司、白杨街道邻里社区开展基层“三服务”活动，指导专题档案数据资源库建设。参与第19届杭州亚运会档案服务工作，提供“勘界档案”（两级行政区域界线档案）历史数据资料整理、规范保存，派遣1名档案员入驻杭州亚运轮滑馆进行档案管理。完成巡查档案工作资料移交，解决原萧山区隶属街道档案处置问题。全年组织档案员专业培训5次，获市档案局颁发的“从事档案工作20年”荣誉证书“老档案员”4人。

2021 年 9 月 24 日，杭州市钱塘区档案馆与衢州市江山市档案馆“异地查档、跨馆服务”工作协议合作签约仪式现场 （富敏超 摄）

【《钱塘区“十四五”档案事业发展规划实施意见》编印】2021 年，区档案馆推动“十四五”期间档案事业发展，根据《“十四五”全国档案事业发展规划》《浙江省档案事业发展“十四五”规划》《杭州市档案事业发展“十四五”规划》《中共浙江省委办公厅、浙江省人民政府办公厅印发〈关于全面推进新时代基层档案工作实施意见〉通知》的文件精神，结合钱塘区实际情况，编制《钱塘区“十四五”档案事业发展规划实施意见》。该《意见》分总体要求、主要任务、保障措施 3 个部分，阐述“十四五”档案工作指导思想、基本原则、发展目标，内容包含推进档案法治工作、完善档案资源体系、推动档案工作整体智治、提升档案公共服务能力、健全档案安全体系，加强档案人才队伍建设 6 个方面 19 项任务，提出加强组织领导、档案宣传、坚持科技创新、落实经费等保障要求。《意见》采取总结回顾全区档案事业和“十三五”期间工作成效及存在不足，调研收集全区档案工作情况，科学谋划全区未来五年档案发展趋势编制方式，通过起草规划，框架讨论、修改，形成征求意见稿，向省、市档案局（馆）和其他市、县（区、市）档案局（馆）征求意见建议后，形成送审稿。12 月 8 日，经区委、区政府常务会议审议通过后联合印发。

【档案执法年检工作启动】2021 年 6 月，区档案馆首次启动全区档案执法年检工作，并纳入年度综合考核体系。制订“百分制”评分考核细则，推进档案管理体制建设、设置设备、保密措施、收集整理、信息化建设 5 个大项、65 个子项检查及考评。7 月，组织全区 62 个归档部门档案员年检业务专题培训，采用“线上+线下”模式，解读档案年检评分标准，分析年检工作重点和要点，实景示范馆室系统年检操作流程，结合全区档案工作现状和存在问题，提出责任落实、保障到位，维护档案实体、信息安全要求，指导 62 个部门（单位）编制《档案归档范围和档案保管期限规定》等管理制度。至年末，除 21 个新成立单位外，41 个单位全部完成 2020 年度档案整理工作，启动率 100%。

【档案“馆室一体化系统”建成投用】2021 年 11 月 18 日，区档案“馆室一体化系统”建成并投用。该系统以档案核心资源总库为目标，建立数据管理、档案借阅、档案管理、等级备份、档案统计等 9 个模块，涵盖信息资源采集、接收、整理、保管、鉴定、统计、利用等全过程规范化管理。至年末，该系统启动 95 个全宗（对档案进行管理过程中的文件形成的卷宗），完成 2021 年度档案年检网上申报。

【“异地查档、跨馆服务”工作协议签订】2021 年 9 月 24 日，钱塘区档案馆与衢州市江山市档案馆对接“山海协作”工作，签订民生档案“异地查档、跨馆服务”工作协议，并建立协调小组。10 月起，两地档案利用者持当事人有效证件到所在地国家综合档案局（馆）提出异地查档申请，可直接进行跨地查询利用服务，查档范围为两地综合档案局（馆）保存的婚姻登记、移民、知青、企业职工等民生档案。两馆每年召开 1 次协调会，研究解决档案查询问题，推进“最多跑一次”事项电子化归档、数字化改革等技术合作交流。 （张红丹）

地方志工作

【概况】2021 年 9 月 24 日，中共杭州市钱塘区委机构编制委员会印发《杭州市钱塘区档案馆机构编制规定》文件，批准设立杭州市钱塘区档案馆，并挂杭州市钱塘区地方志编纂研究室（简称区地方志编纂研究室）牌子，负责《杭州钱塘新区年鉴（2021）》编纂和组织钱塘区地方志、综合

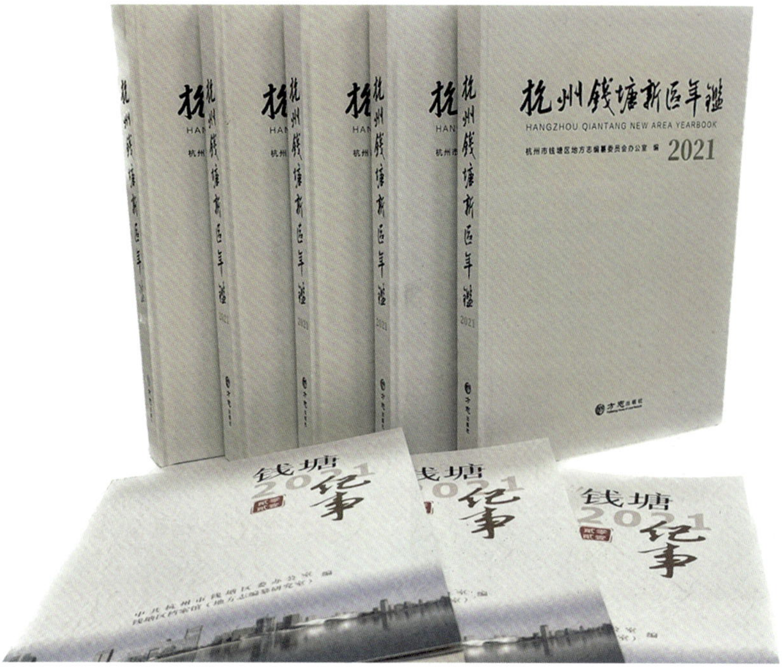

《杭州钱塘新区年鉴（2021）》与《钱塘纪事（2021）》 （陈 玲 摄）

年鉴编纂。区档案馆（区地方志编纂研究室）全年组建全区涵盖政府、辖区街道、高等院校、服务配套机构等80多个供稿单位、200多名撰稿作者队伍，通过不定期讲座、邀请专家授课、内部编辑相互交换稿件讨论、学习交流等形式提升撰稿质量和编辑部编辑编纂水平。12月，《杭州钱塘新区年鉴（2021）》编纂出版、《钱塘纪事（2021）》编印完成。推进史志资料电子化、数字化建设工作，年末，“钱塘年鉴”微信小程序上线，读者通过扫描二维码，可阅读和在线检索“2019—2021年杭州经济技术开发区年鉴和杭州钱塘新区年鉴”电子稿。

【《杭州钱塘新区年鉴（2021）》出版发行】 2021年12月，区档案馆、区地方志编纂研究室编纂的《杭州钱塘新区年鉴（2021）》由方志出版社出版、方志出版社图书经销中心发行。该年鉴是钱塘新区成立后编纂的第2卷，全面记载2020年钱塘新区经济社会发展变化的基本情况，围绕钱塘新区建设世界级智能制造产业集群、长江三角洲地区产城融合发展示范区、全省标志性战略性改革开放大平台和杭州湾数字经济与高端制造融合创新发展引领区战略目标，践行高质量发展之路所取得的成就、亮点、经验及在发展中遇到的新情况、新矛盾、新问题。内容涵盖自然、经济、政治、文化、社会和生态文明建设等，为社会各界人士了解和研究钱塘新区提供全面系统的地情资料。全书60万余字，主题按分类法编排，设类目36个、分目182个、条目813条。框架结构按地方综合性年鉴编纂要求设置。

【《钱塘纪事（2021）》编印】 2021年12月，《钱塘纪事（2021）》编印完成。《钱塘纪事（2021）》是钱塘区成立后，由区委办公室、区档案馆、区地方志编纂研究室联合编撰的首本内部资料性刊物，全书以编年体大事纪要形式，真实、客观地记述2021年1月1日至12月31日期间钱塘区（钱塘新区）经济、政治、文化、社会和生态文明建设等方面的重大决策、重要会议及重要事件。《钱塘纪事》与《钱塘年鉴》互为补充，是为钱塘地方区情历史留存的重要资料，是给社会各界研究钱塘区历史提供的重要参考资料的工具书。全书按月份设置12个部分，每月事条按时间顺序记载，以大事纪要形式收录事件687条、随文图照175幅。（曹文慧）

责任编辑 高骏森

杭州市钱塘区人民代表大会

综 述

【区人大组织机构】2021年3月，杭州市钱塘区人民代表大会（简称区人大）筹备组成立，并召开会议16次。5月28日，区第一届人大代表选举工作举行，产生区人大代表222人。7月19—23日，区第一届人大第一次会议召开，选举产生区人大常务委员会（简称区人大常委会）主任1人、副主任5人、委员26人。区第一届人大设监察法制司法、财政经济、社会建设3个专门委员会（简称区人大专委会）。区第一届人大常委会设办公室和监察与法制司法、财政经济、社会建设、城乡建设和环境保护4个工作委员会。

【区人大常委会依法履职】2021年，区人大常委会贯彻中国共产党第十九次全国代表大会、第十九届历次全会和中央人大工作会议精神，按照区第一次党代会部署要求依法履职。全年举行区人大常委会会议4次，听取和审议“一府两院”（区政府，区法院、区检察院）专项报告3个，组织开展执法检查、专题视察12次，做出决议、决定2个，发出审议意见书2份，依法任免国家工作人员253人次。

【区人大常委会自身建设】2021年，区人大常委会围绕“建制度、打基础，开好局、起好步”目标要求，发挥职能优势，助力全区经济发展。依法开展预算决算审查监督、行政执法工作监督、司法工作监督，做好决定和人事任免工作。用好全区产业、高等院校、产业平台等资源优势，推进人大代表联络站科学布点，建成人大代表联络站26个。推进政治、思想、组织、作风、纪律廉政建设，制订党组议事规则，建立党组理论学习中心组学习制度。全年召开党组会议4次、组织专题学习10次。9月8日，开展《浙江省街道人大工作条例》执法检察，规范街道人大工作程序，优化人大街道工委组成人员结构，任命人大街道工委主任7人、副主任4人、委员40人。完善街道居民议事会议制度，指导7个街道推荐产生507名成员代表参加第一届居民议事会第一次会议，白杨街道海天社区党支部书记蔡春宇获评“杭州市最美居民议事会成员”。加强人大工作制度、人大履职和代表风采宣传力度。7月12日，“钱塘人大”微信公众号开通。

区人大重要会议

【区第一届人大第一次会议】2021年7月19—23日，区第一届人大第一次会议举行，应到代表222人，实到代表220人。7月19日下午召开预备会议，通过表决方式，选举产生由44人组成的大会主席团，选举会议秘书长，表决会议议程。会议期间，举行4次全体会议、5次主席团会议和1次财政预算审查委员会会议。

会议听取和审查区人大常委会（筹）、区政府（筹）、区法院（筹）、区检察院（筹）工作报告；审查批准钱塘区国民经济和社会发展第十四个五年规划和二〇三五年远景目标纲要；审查钱塘区2021年国民经济和社会发展计划草案报告（书面）；审查钱塘区2021年国民经济和社会发展计划（草案）、钱塘区2021年预算（草案）报告，并做出相应决议决定；表决通过区人大会议议事规则；决定设立区第一届人大专委会；通过区第一届人大专委会组成人员名单；表决产生10件区政府2021年度民生实事项目。

选举产生区第一届人大常委会主任1人、副主任5人；区政府区长1人、副区长7人；区监委主任1人；区法院院长1人、区检察院检察长1人。会议收到代表建议65件。其中，涉及城市建设和城市管理23件，占35.4%；社会民生14件，占21.5%；经济科技13件，占20%；交通出行11件，占16.9%；农业农村和基层治理各2件，占6.2%。

【区第一届人大常委会会议】 2021年，区第一届人大常委会举行会议4次，即区第一届人大常委会第一次会议至第四次会议。

7月30日，区第一届人大常委会第一次会议举行。表决并通过区人大常委会议事规则、区人大常委会任免国家工作人员办法、区人大常委会任命国家工作人员宪法宣誓办法；审议并表决有关人事任命议案。

9月17日，区第一届人大常委会第二次会议举行。审议并表决有关人事任命议案；表决并通过区人大常委会2021年工作要点、关于设立区人大常委会代表资格审查委员会议案、区人大专委会议事规则。

11月26日，区第一届人大常委会第三次会议举行。审议并表决有关人事任命议案；表决并通过区人大常委会听取和审议"一府一委两院"专项工作报告办法、区人大常委会规范性文件备案审查规定、区人大常委会街道工委预算审查监督办法、区人大常委会关于开展第八个五年法治宣传教育决议。

12月31日，区第一届人大常委会第四次会议举行。审议并表决有关人事任命议案、区人大代表辞职及补选（另行选举）事项；听取和审议区检察院关于未成年人检察工作情况报告。

2021年7月23日，杭州市钱塘区人民代表大会第一届第一次会议选举产生的钱塘区常务委员会委员在下沙创博中心举行宪法宣誓　（王建枝 提供）

人大监督

【预算审查监督】 2021年，区人大常委会制定《关于开展2022年度预算草案"三审"制工作方案》，形成人大代表参与预审、财政经济委员会初审和人民代表大会审查"三审"工作制度。提升监督实效，成立监督小组2个，重点审查区农业农村局和前进街道2个单位。制定《钱塘区人民代表大会常务委员会街道工作委员会预算审查监督办法（试行）》，规范街道预算审查监督任务、重点和程序。7个街道人大工委分别组建5～7人预算审查监督小组，并建立预算审查监督制度。

【执法司法监督】 2021年，区人大常委会听取和审议区检察院关于未成年人检察工作情况，提出加大法治宣传教育和综合司法保护力度、维护未成年人合法权益、预防和减少未成年人违法犯罪等建议。开展土壤污染防治、固体废物污染防治、文物保护、宗教事务等方面执法检查监督活动。制定出台《钱塘区人民代表大会常务委员会规范性文件备案审查规定》，明确备案审查申报部门，规范审查工作流程。

【民生实事监督】 2021年，区人大常委会开展区政府10件民生实事专项监督。组建人大常委会监督小组，由1个人大工作机构牵头，1名人大常委会领导负责1件民生实事，1个人大代表监督工作小组跟踪督办。11月1日，推进民生实事建设情况实地调研，到大学城北监督"五化"（便利化、智慧化、人性化、特色化、规范化）农贸市场建设和到下沙街道浙江爱生药业有限公司保健食品生产企业阳光工厂、下沙街道头格社区居家养老服务中心建设情况。全年开展监督活动27次，参与人大代表301人次，提出意见建议85条。

【社会建设监督】 2021年9月，区人大常委会到杭州亚（残）运会草地掷球场地和轮滑馆现场实地调研项目建设情况，针对亚运筹备工作中存在的运行团队组建、基础设施建设、环境综合治理、沟通协调机制、亚运精神传承、后续运营等问题提出意见建议。助力亚运场馆建设，形成意见和问题清单，并提出建议。

【美丽钱塘建设监督】 2021年10月，钱塘区人大常委会到义蓬街道春光村、春园村调研监督美丽乡村建设。10月19日，召开第三次人大常委会主任会议，听取和审议区政府关于美丽乡村建设和投资项目计划调整方案报告。建议发展村（社区）集体经济，做好村（社区）级留用地开发建设，制订完善政策，解决群众诉求，实现农民收入增长；建议有关部门（街道）进入基层听取群众意见，做好“点对点”服务，解决建设过程中实际问题；建议加强资金监管，按照全年既定节点目标，推进项目建设进度；建议完善“一河一策”整治方案，试点建设净化提质循环系统，推进农村地区“无废城市”建设和环境保护基础设施建设。

人事任免

【区人大常委会规范人员任职制度】 2021年，区人大常委会规范做好人事任免和选举工作，执行拟任命人员任前法律知识考试、任后颁发任命书等制度，落实新任命国家工作人员向宪法宣誓制度，增强被任命人员宪法意识、公仆意识和自觉接受人大监督意识。全年依法任免国家机关工作人员253人次，任免人民陪审员105人。制定任免国家工作人员办法，贯彻执行《中华人民共和国宪法》宣誓制度。

【区第一届人大常委会第一次会议人事任职事项】 2021年7月30日，区第一届人大常委会第一次会议任命：盛露青为区人大办主任；郭强为区人大监察法司工委主任；盛永华为区人大财经工委主任；吴国灿为区人大社会建设工委主任；王雄斌、颜伟丽、刘晓霆为区人大办副主任；徐竹标为区人大财经工委副主任；俞光辉为区人大社会建设工委副主任；吴宏昌为区人大城建环保工委副主任；俞春传为区人大前进街道工委主任；林建军为区人大河庄街道工委副主任；泮炳锋为区政府办主任；胡潜为区发展改革局局长；李路宁为区经信科技局局长；钱晓华为区教育局局长；赵志军为区公安分局局长；徐志忠为区司法局局长；袁月为区财政局局长；汪新君为区人社局局长；高利忠为区住建局局长；庄加棒为区交通运输局局长；陈兴为区农业农村局局长；陈静为区商务局局长；夏海琴为区社会发展局局长；李中富为区退役军人事务局局长；叶萧红为区应急管理局局长；龚青为区审计局局长；田晓祥为区市场监管局局长；陈琦为区行政审批局局长；余庆锋为区统计局局长；叶永辉为区综合行政执法局局长；金达、朱宏明为区监委副主任；高海飞、屠晓蔚、张纹为区监委委员；余晟为区法院审判委员会委员、审判员；余莲娟、吴文峰为区法院副院长、审判委员会委员、审判员；邱彤、邱洁健、陈慧军、林国龙为区法院审判委员会委员、审判员；张清华等22人为区法院审判员；表决通过区法院院长余晟提交的《关于确定人民陪审员名额的议案》，确定区法院人民陪审员名额为160人。

【区第一届人大常委会第二次会议人事任职事项】 2021年9月17日，区第一届人大常委会第二次会议任命：王建枝等10人为区第一届人大监察法司工委委员；石晗等8人为区第一届人大财经工

2021年10月19日，钱塘区人大代表到义蓬街道调研监督美丽乡村建设

（王建枝 提供）

委委员；丁武杰等 11 人为区第一届人大社会建设工委委员；马仁爱等 12 人为区第一届人大城建环保工委委员；林国龙等 5 人为区法院庭长、副庭长；马燕等 105 人为区法院人民陪审员；钱铖为区检察院检察委员会委员、检察员；吴国刚、李征宇、胡葵阳、冯姣为区检察院副检察长、检察委员会委员、检察员；刘红华、俞瑾、宗昊渊、沈爱国、任祎俊、缪慧琴为区检察院检察委员会委员、检察员；李璐等 11 人为区检察院检察员。

2021 年，钱塘区河庄街道人大代表联络中心站被评为市级“最美人大代表联络站”（王建枝 提供）

【区第一届人大常委会第三次会议人事任职事项】2021 年 11 月 26 日，区第一届人大常委会第三次会议任命：沈燕俊为区政府副区长，代理区长职务；葛红卫为区法院义蓬人民法庭庭长；唐伟利、陈新政、夏传胜为区法院义蓬人民法庭副庭长；林晖为区法院审判员。

【区第一届人大常委会第四次会议人事任职事项】2021 年 12 月 31 日，区第一届人大常委会第四次会议任命：孙刚锋为区政府副区长；许志伟为区人大常委会下沙街道工委主任；徐旭升为区人大白杨街道工委主任；叶萧红为区人大河庄街道工委主任；施慧烽为区人大新湾街道工委主任；陆建华为区人大下沙街道工委副主任。

人大代表工作

【区人大代表选举组织责任与履职培训安排】2021 年，区人大常委会落实人大代表选举组织责任，依法设立选举委员会、代表资格审查委员会，做好选区划分、代表名额分配、选民登记、代表候选人名单公布、选民投票、代表资格审查等工作，保障选民知情权和流动人口选举权。全区有选民 43.3 万人，参加投票选民 41.2 万人，参选率 95%，依法产生区第一届人大代表 222 人。6 月 23—24 日，组织新当选人大代表和工作人员到市委党校参加履职培训。

【区人大代表联络站建设与活动开展】2021 年，钱塘区建成人大代表基层联络站 26 个，涉及村（社区）、企业、机关、学校等领域。制订年度、季度、月度工作计划，安排人大代表进驻联络站开展活动。1 个联络站配备站长、副站长、工作人员各 1 人，1 个人大代表联系 5～10 个民情信息员，做到场地、人员和经费“三保障”。

【优秀人大代表联络站评选】2021 年，区人大常委会组织开展全区人大代表联络站建设选树活动。河庄街道江东村人大代表联络站、下沙街道卓尚服饰（杭州）有限公司人大代表联络站、白杨街道邻里社区人大代表联络站、前进街道人大代表中心联络站、义蓬街道第五人大代表联络站被认定为区级优秀人大代表联络站。河庄街道人大代表联络中心站被评为市级“最美人大代表联络站”。

【区人大代表议案建议办理】2021 年，区人大常委会制定代表建议“大会接收、分类研究、人大交办、政府分办、人大督办”全流程办理机制，实现人大代表建议全过程督办。全年收到人大代表建议 70 件。其中，第一届第一次会议期间 65 件，闭会 5 件。按照分级管理、归口办理原则，分别交由“一府一委两院”及其他有关机关、组织研究办理，并通过检查工作、组织代表实地走访、召开座谈会等形式对承办单位进行监督。（王建枝）

2021 年杭州市钱塘区第一届人民代表大会第一次会议代表建议一览表

表 2

序号	建议编号	建议人	案　由	主办单位
1	2101 号	王　爽	关于七格公园提升改造的建议	区综合行政执法局
2	2102 号	应　霆	关于将省乔司监狱污水管网纳入地方政府建设维护的建议	区综合行政执法局
3	2103 号	周玉坤等	关于生物医药产业人才住宿问题的建议	区住建局
4	2104 号	孙志法	关于下沙区块河渠配水、清淤的建议	区综合行政执法局
5	2105 号	应剑波等	关于推进高质量环境建设、打造数字钱塘智慧生活的建议	区综合行政执法局
6	2106 号	王新平等	关于发挥党与群众工作优势，加速推进既有住宅电梯加装进程的建议 *	区住建局
7	2107 号	范　九等	关于迫切需要对老旧蓝领公寓（邻里中心）改造提升的建议	区住建局
8	2108 号	范　九等	关于提高钱塘区餐饮厨房垃圾规范化处置能力的建议	区综合行政执法局
9	2109 号	李灿辉	关于加快推进新区城市配套服务建设的建议	市规划资源局钱塘分局
10	2110 号	徐志富	关于加快解决河庄街道地铁站附近停车难问题的建议	区交通运输局
11	2111 号	张坚明	关于打赢生活垃圾治理攻坚战的建议	区综合行政执法局
12	2112 号	施建华	关于建立非生活类垃圾无害化处理机构的建议	市生态环境局钱塘分局
13	2113 号	赵国君等	关于加快研究并解决自然增长户问题的建议	区农业农村局
14	2114 号	邱建庆等	关于加快扶持建设头蓬老街的建议	市规划资源局钱塘分局
15	2115 号	张福良等	关于义蓬街道留用地开发有关事宜的建议	市规划资源局钱塘分局
16	2116 号	倪卫星等	关于义蓬街道既有建设用地开发利用的建议	市规划资源局钱塘分局
17	2117 号	赵国芳等	关于“扮靓南大门、提升新形象”的意见建议	市规划资源局钱塘分局
18	2118 号	赵国芳	关于加快高质量编制钱塘区规划的建议	市规划资源局钱塘分局
19	2119 号	黄文通等	关于完善农户宅基地审批有关政策的建议	区农业农村局
20	2120 号	李建良等	关于加快国土空间规划优化调整的建议	市规划资源局钱塘分局
21	2121 号	倪晓燕等	关于设置医疗废弃物集中处置中心的建议	区社会发展局
22	2122 号	许　维	关于加快前进区域道路建设的建议	区住建局
23	2123 号	冯伟仁	关于城市规划中工业用地二次开发利用的建议	市规划资源局钱塘分局
24	2124 号	周道扬	关于促进医疗健康事业发展的建议	区社会发展局
25	2125 号	任　洁	关于钱塘区产业工人技能提升的建议 *	区人社局
26	2126 号	方　琴	关于解决中小学学生放学过早对家长造成的接孩子和辅导压力问题的建议 *	区教育局
27	2127 号	谢　鑫等	关于在钱塘区建立大学生暑期三下乡社会实践基地的建议	区团委
28	2128 号	傅　欣	关于促进钱塘区大学生就业问题的建议	区人社局
29	2129 号	倪勤国等	关于优化城市核心区教育配套的建议	区教育局
30	2130 号	张琬皎等	关于促进校企合作“订单式培养”的建议	科学城管理办公室
31	2131 号	徐　莺等	关于加快发展学龄前儿童善惠托育服务的建议	区社会发展局
32	2132 号	徐　莺	关于加大学校心理健康服务借给能力的建议	区教育局
33	2133 号	王建兴等	关于尽快引入三甲医院的建议	区社会发展局
34	2134 号	魏妙君等	关于全面推进中小学教室改造的建议	区教育局
35	2135 号	魏妙君等	关于全面推进智慧课堂建设的建议	区教育局

续表 2

序号	建议编号	建议人	案　由	主办单位
36	2136 号	童建中	关于失地农民养老保险的建议	区人社局
37	2137 号	王婷婷	关于在临江街道开设青少年宫教学点的建议	区教育局
38	2138 号	方超奇	关于凝聚企业发展人才的建议	区委组织部（人才办）
39	2139 号	周正阳等	关于完善通信网络配套设施，打造数字钱塘智慧生活的建议 *	区经信科技局
40	2140 号	方　琴等	关于推进钱塘区“美丽经济”发展的建议	区商务局
41	2141 号	李灿辉	关于积极引进高新技术项目的建议 *	区商务局
42	2142 号	李灿辉	关于加大对本地汽车品牌扶持的建议	区经信科技局
43	2143 号	毛泉红等	关于鼓励和支持民营企业参与优势产业项目发展的建议	区财政局
44	2144 号	俞佳露等	关于加大配套型服务业扶持力度的建议	区商务局
45	2145 号	邵建明	关于加大扶持优势企业发展力度的建议	区经信科技局
46	2146 号	王建兴等	关于加快重大平台搭建与实体化运作的建议	区委办公室
47	2147 号	汪雄伟等	关于支持小微产业园、总部经济和根部经济发展的建议	区经信科技局
48	2148 号	李百春	关于加快建设化工行业智慧监管平台的建议 *	应急管理局
49	2149 号	陶小乐	关于设立钱塘区产业平台招商咨询团的建议	区商务局
50	2150 号	冯伟仁	关于加快发展小微产业园建设的建议	区经信科技局
51	2151 号	应　霆等	关于解决监狱区域周边交通和居民群众出行问题的建议	区住建局
52	2152 号	李　强	关于解决银沙路雨天积水严重及银沙路与迎宾路贯通问题的建议	区综合行政执法局
53	2153 号	陆永建	关于乔下线（德胜路与金沙大道）路段贯通的建议	区交通运输局
54	2154 号	李鑫刚等	关于钱塘区银海街全线贯通，缓解大学城北区域居民出行交通拥堵的建议 *	区交通运输局
55	2155 号	王　勤等	关于在高校教学区与生活区之间建设人行通道的建议	区住建局
56	2156 号	王大祝等	关于改善大创小镇核心区域交通拥堵及停车难问题的建议	区住建局
57	2157 号	赵国君等	关于完善公共交通网络的建议	区交通运输局
58	2158 号	王天国等	关于加快重大交通基础设施谋划与建设的建议	区交通运输局
59	2159 号	韩　燕等	关于开通地铁 8 号线至临江区块地铁接驳公交线路的建议	区交通运输局
60	2160 号	徐卫芳	关于加快推进新世纪大道南段维修的建议	区综合行政执法局
61	2161 号	田平风等	关于完善公共交通和配套设施的建议	区交通运输局
62	2162 号	施建华	关于要求长五线蜀南闸及群建闸改扩建的建议	区农业农村局
63	2163 号	王天国等	关于加快打造共同富裕乡村样板的建议 *	区农业农村局
64	2164 号	孙国伟	关于深入强化党建引领住宅小区新三方协同治理工作的建议	区住建局
65	2165 号	孙志芳等	关于社区工作人员专业化发展的建议	区社会发展局
66	2166 号	汪华锋	关于加快沿江带开发的建议	市规划和自然资源局钱塘分局
67	2167 号	汪华锋	关于弘扬钱塘特色文化，打造围垦文化地标的建议	区社会发展局
68	2168 号	许志伟	关于加强区级平台园区与街道小微产业园合作互动的建议	区经济信息化和科学技术局
69	2169 号	赵国君	关于加快城市建设及提前谋划村级安置的建议	区交通运输局
70	2170 号	肖成尧	关于促进区内建筑业发展的建议	区住房和城乡建设局

注：标 * 为重点建议。

（王建枝）

责任编辑　高骏森

杭州市钱塘区人民政府

综　述

【经济发展】2021年，钱塘区地区生产总值（GDP）1218.23亿元，比上年增长6.6%。其中，第一产业增加值13.96亿元，下降5%；第二产业增加值828.63亿元，增长5.7%；第三产业增加值375.65亿元，增长9%。三个产业结构比1.1∶68.0∶30.9。财政收入240.61亿元，增长26.5%。其中，一般公共预算收入117.31亿元，增长17%；一般公共预算支出156.25亿元，增长24.9%（其中教育、卫生等民生实事项目支出105.92亿元，占67.8%）。金融业增加值50.09亿元，增长6.1%。至年末，金融机构存款余额1312.62亿元，增长19.3%；贷款余额1406.56亿元，增长18.6%。数字经济核心产业增加值129亿元，增长13.3%；规模以上数字经济核心产业制造业增加值107.06亿元，增长11.7%。农林牧渔业增加值14.31亿元，下降4.8%。规模以上工业总产值3169.11亿元，增长7.3%；规模以上工业增加值677.17亿元，增长6.5%。其中高新技术产业、装备制造业、战略性新兴产业增加值分别增长4.9%、4.1%、13.5%。规模以上工业营业收入3664.92亿元，增长11.5%。规模以上工业企业利润总额221.19万元，增长9.1%；规模以上服务企业利润总额14.46万元，增长7.3%。至年末，全区新开发就业岗位3.48万个，新增就业人数8.93万人，失业再就业安置3259人。有年产值100亿元以上工业企业3个，10亿元以上69个，5亿～10亿元60个。建筑业增加值45.78亿元，增长6.8%，建筑安装工程投资236.77亿元，增长16.2%。固定资产投资461.34亿元，增长12.1%。其中，生态环保城市更新和水利设施投资增长73.2%，高新技术产业投资增长52.2%，民间投资增长28.4%，工业投资增长15.4%，交通投资下降19.4%。房地产开发投资177.42亿元，增长13.1%。全年新开工项目232个，在建项目525个，其中计划总投资1亿元以上项目262个。全年商品房销售面积165.81万平方米，增长155.7%。土地出让面积237.72万平方米，增长11.4%；其中工业用地176.81万平方米，增长26%。社会消费品零售总额339.5亿元，增长9.6%。其中，限额以上网络零售额160.13亿元，增长5.9%；限额以上批（发）零（售）住（宿）餐（饮）企业销售额1348.84亿元，增长17.9%。货物贸易进出口总额1028.6亿元，增长15.4%。其中，出口总额584.78亿元，增长20.7%；进口总额443.82亿元，增长9.4%。服务贸易出口额12.4亿美元。实际利用外资9.9亿美元，其中高技术产业4亿美元。新设外商投资企业115个，新增合同外资11.5亿美元。

【产业能级提升】2021年，钱塘区推动产业能级提升，成立由区委主要领导任组长、区政府主要领导任常务副组长、区分管领导任副组长、区经信科技局、区统计局等部门负责人为成员的高新区“争先进位”工作小组，编制《高新区绿色发展五年行动计划》《高新区高质量发展战略提升方案》。打造高新大厦“创新核”发展理念，依托钱塘“智慧谷”，推进高新大厦建设。集聚下沙、大江东2个区块现有公共服务平台，打造以“十中心十平台”为先导的科技创新服务业聚能“创新核”。全年新增国家高新技术企业205个，省科技型中小企业528个。新认定市“雏鹰计划”企业70个、区“雏鹰计划”企业47个。新认定省级企业研发中心2个、市级研发中心40个，省级企业研究院8所。新增“尖兵领雁”重点研发计划项目15个。发布主导（参与）制订和修订标准56个、“浙江制造”标准7个。新增加专利授权量8791件，增长32.4%。其中，企业专利授权量5909件，增长43.4%；发明专利授权量2145件，增长36.6%。至年末，有有效发明专利1.18万件。

【产业综合发展】2021年，钱塘区新增规模以上服务业企业213个，引进总部经济项目5个，培育东部国际商务中心等1亿元楼宇6幢，实现服务业增加值375.65亿元，增长9%。优化服务业结构，推进检验检测园、“网红”经济园、现代物流园、双创示范园和楼宇经济“四园一楼”建设。全区规模以上服务业营业收入增长14%，其中科学研究和技术服务业增长7.9%。推进耕地整治，粮食复种面积5966.67公顷，粮食总产量3.35万吨。推动传统农业向现代化农业转型，新培育农业研学基地7个，打造5类、11个农业产业示范园。投资800万元，新建成高标准农田333.33公顷，提升改造高标准农田333.33公顷。全年粮食总产量3.35万吨。至年末，59个行政村集体经济总收入超100万元、人均收入4.8万元。

【产业功能平台新增】2021年，钱塘区推进主导产业集聚式发展，调整优化钱塘新区产业功能平台设置，新设立钱塘科学城、美丽云城、产城融合核心区3个产业功能平台。推动区校融合发展，建成校友产业园3个，引进落地“校友”项目153个。其中，浙江传媒学院校友产业园入驻企业100个，中国计量大学校友产业园入驻企业20个。9月，北京快手科技有限公司华东创作总部中心、新世相新型互联网传媒公司、珠海市华策集团有限公司“策平星岛”文化新经济产业生态平台、中国节能环保集团有限公司钱塘首座低碳创新医疗综合体4个“美丽经济”项目签约入驻美丽云城，内容涉及绿色建筑、“网红”新经济、影视制作、短视频孵化等领域，全年实现营业额1115.07亿元，增长10.1%。

【产业平台创新体系推进】2021年，钱塘区围绕世界级智能制造产业集群、长三角地区产城人融合发展示范区、全省标志性战略性改革开放大平台和杭州湾数字经济与高端制造融合创新发展引领区定位，推动创新体系现代化、产业体系现代化、城市建设现代化和治理体系现代化，打造“智涌钱塘·现代星城”。7月6日，中国（浙江）自由贸易试验区杭州片区钱塘区块钱塘管理办公室揭牌，审议通过《中国（浙江）自由贸易试验区杭州片区钱塘区块三年行动计划（2021—2023）》和工作运行机制。至年末，网展贸（展会组织和外贸服务的创新模式，实现数字展示、数字撮合、数字洽谈、数据挖掘、数字资讯等功能）与跨境电子商务进口B2C（企业对消费者的电子商务模式）包裹退货入选商务部深化服务贸易创新发展试点“最佳案例”；“全球中心仓”项目获全省首批制度创新十佳案例；“保税进口+零售加工”新模式等4个项目入选省“十大标志性创新成果”。助推产业发展，钱塘芯谷管理办公室编制《杭州钱塘芯谷发展集成电路产业的路径研究》和《杭州市钱塘芯谷发展集成电路产业三年行动计划》，通过实施“芯谷数字赋码”工程，定期汇总规模以上工业产值、工业（固定）投资、

2021年12月，杭州市自由贸易区钱塘区块跨境电商全球退换中心获评第二批自贸区杭州片区优秀改革试点经验 （刘龙龙 摄）

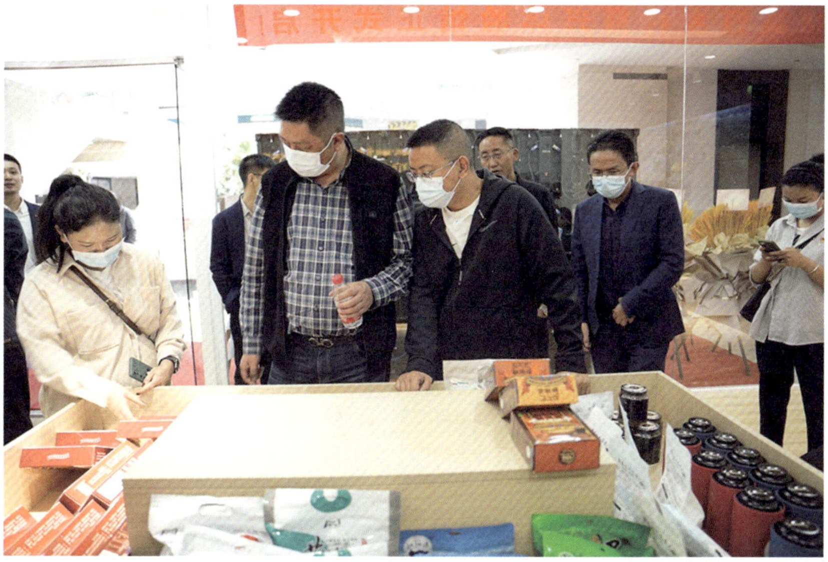

2021 年 11 月 3 日，位于钱塘区文泽路和达城地下一层的“塘塘真甄乡村振兴体验馆”开张　（方　波　摄）

一般公共预算收入、税收等数据，实时掌握产业链经济运行和重点企业发展情况。7 月，钱塘芯谷“芯智造”产业链获全省经济技术开发区“链长制”优秀示范单位。推进侨界“双创”（创新、创业）基地建设，服务产业质量发展和侨界创新创业。至年末，大创小镇获得首批“杭州市侨联侨界创新创业基地”“浙江省创建特色小镇优秀等级”称号；杭州医药港小镇获得“浙江省第五批特色小镇”“浙江省创建特色小镇良好等级”。

【综合行政执法改革工作推进】2021 年，钱塘区推进“大综合一体化”行政执法改革，按照《杭州市深化综合行政执法改革实施方案》要求，参与制定的“综合执法+专业执法+联合执法”的“杭州模式”行政执法机制体系完成。推动“互联网+监管”执法工作，一般程序网上办案实现率 100%。开展“双随机、一公开”监督抽查，事项覆盖率、任务完成率均为 100%，应用信用规则率 89%，跨部门监管率 20%。推进综合执法与基层执法改革有机融合，制定《基层综合行政执法案卷管理规定》《办案区设置和使用管理规定》等配套机制。

【重大项目建设用地及资金保障】2021 年，钱塘区推动重大项目落地建设，全年出让工业用地 38 宗、面积 176.8 公顷；新增建设用地指标 244.47 公顷，清理批而未供、供而未用、低效用地再开发等“三块地”总面积 826.4 公顷。推进征地程序规范化与土地成片开发，制定出台《杭州市钱塘区征地报批工作程序》《钱塘区 2021 年度土地征收成片开发方案》。全年启动征地项目 63 个，用地 251.89 公顷，其中建成项目 61 个，用地 238.5 公顷。提升“制造业计划”等项目资金保障，争取到上级财政部门专项资金 7.4 亿元。

【“结对帮扶”与“对口支援”工作推进】2021 年，钱塘区贯彻浙江省“山海协作”领导小组办公室印发的《关于进一步加强山海协作结对帮扶工作指导意见》。7 月，钱塘区潮益荟公益党建联盟与四川省甘孜藏族自治州理塘县人民政府签订《潮益荟党建联盟对口支援框架协议》，落实援助资金 4566 万元，完成消费帮扶资金 4688 万元，带动社会捐款捐物，折合金额 5500 万元。8 月，衢州市龙游县党政代表团到钱塘区对接“产业飞地”工作，签署《合作意向协议书》。9 月，衢州市江山市党政代表团到钱塘区对接“山海协作”工作，签署《钱塘区—江山市山海协作工程战略合作协议》《“江山—钱塘特色生态产业平台”战略合作协议》。

【城市综合治理】2021 年，钱塘区推动城市有机更新和重点片区开发，启动“钱塘高铁站”及周边地块概念规划和杭州地铁 7 号线、8 号线“TOD”城市设计，修编《钱塘区下沙区域城市有机更新思路研究》《钱塘区有机更新城市设计项目（下沙南扩展区块）》等 6 个单元控制性详细规划方案。全年修复路面 21.5 万平方米，收储签约 2 号大街以南、1 号大街以东、20 号大街沿线企业 16 个，总面积 101.06 公顷。推进城市环境综合治理，投资 5.2 亿元，提升改造入城门户 13 个及主要道路重点区域景观工程。6 月 28 日，杭州地铁 8 号线通车，钱塘区步入 1 号、7 号、8 号“三线换乘”时代。7 月 26 日，江东区块第一个工业园区大型生态停车场 228 个车位对外开放。9 月，建成杭州地铁 7 号线和 8 号线一期站点处非机动车停车点 8 处、停车泊位 800 多个。新增停车泊位 1.22 万个，其中公共停车泊位 1704 个。11 月，杭州亚运轮滑馆通过赛事功能专项验收、下沙文化中心广场亚运观赛空间模拟运行活动启动。12 月，下沙路隧道双线贯通。　（高骏森）

2021年杭州市钱塘区十件民生实事完成情况表

表3

序号	项目类别	实事内容	完成情况
一	道路交通	新开工道路3条以上；竣工16条。实施“断头路”打通工程：学林街—金沙大道。开通定制公交专线4条，优化地铁接驳公交线路4条；新增地铁出入口非机动车停放点位8处、非机动车停车泊位800个。新增机动车停车泊位7500个，其中公共停车泊位1300个	天城东路（乔下线—月雅路）、金沙大道（下沙西—月雅路）、江东一路（经四路—新世纪大道）3条道路开工；海达北路（新建河北—五一路段）、文泽北路（新建河北—省六监段）、河中路（江东一路—江东大道）等16条道路竣工。学林街—金沙大道“断头路”打通。开通定制公交专线11条，优化新辟地铁接驳公交线路6条；新增地铁出入口非机动车停放点8处、非机动车停车泊位800多个。新增机动车停车泊位12199个，其中，新增配建停车泊位10495个，新增公共停车泊位1704个
二	住房保障	新开工保障性住房5.7万平方米；新开工安置住房27万平方米，完成农户回迁安置1300户。开工建设“工业邻里中心”项目4个	新开工建设保障性住房5.73万平方米；新开工建设安置住房27.2万平方米（河庄安置房四期），回迁安置在外过渡整户农户1628户。“工业邻里中心”等4个项目竣工
三	小区改造	改造老旧小区2个；加装既有住宅电梯100台。创建“美好家园”住宅示范小区6个。实施高层住宅小区二次供水设施改造10个	河庄街道钱民花苑、下沙街道七格一期2个老旧小区改造完成；加装既有住宅电梯107台。其中，白杨街道7台、河庄街道41台、义蓬街道21台、新湾街道4台、临江街道34台。义蓬街道河东府等9个住宅小区被评为市级“美好家园”示范小区。下沙街道“和达御观邸”等10个高层住宅小区二次供水改造完成
四	食品安全	创建“五化”市场6个；实现中学、小学、等级幼儿园智能“阳光厨房”80个；改造提升农村家宴“放心厨房”2个	提升改造大学城北农贸市场等8个市场为“五化”市场；建成杭州市文海实验学校等单位智能“阳光厨房”126个；提升改造临江佳苑、高沙小区农村家宴“放心厨房”2个。至年末，建成全区家宴中心“阳光厨房”19个，实现全覆盖
五	城市更新	收储企业15个、收储土地面积100公顷以上；转迁企业10个，提升改造10个。提升改造城市公厕5所、农村公厕5所，提升改造无障碍设施城市公厕46所。新建和改造城市小（口袋）公园4个。整治积水点位23处、道路增亮5条	收储签约企业16个，总面积101.06公顷；转迁拜耳作物科学（中国）有限公司等企业10个；薇罗妮卡（杭州）科技有限公司等10个企业处于提升改造中，涉及地块面积43.25公顷。提升改造城市公厕5所、农村公厕5所，提升改造无障碍设施城市公厕46所；建成和改造下沙街道智格社区口袋公园和湾南社区口袋公园、河庄街道新和村停车公园，青春横河河道整治工程4个城市小（口袋）公园。整治积水点位28处、道路增亮5条
六	民政帮扶	新增养老机构床位70张；实施困难老年人家庭适老化改造90户；规范提升星级“残疾人之家”3个、残疾儿童康复机构1个	新增养老机构床位130张；改造适老化困难家庭住房110户。提升前进、临江、白杨3个街道“残疾人之家”为星级“残疾人之家”和1个杭州文汇学校学前班残疾儿童康复机构
七	教育卫生	新开工中学、小学、幼儿园15所以上（力争20所）；新建成中学、小学、幼儿园6所以上，新增学位2100个。建成2个社区卫生服务中心、1个区公共卫生服务中心、8个社区卫生服务站	新开工“伊萨卡幼儿园”等学校项目16所；建成“江与城配套幼儿园”等学校8所，新增学位4260个；建成白杨街道大学城北社区、下沙街道金沙湖社区卫生服务中心2个；建成区公共卫生服务中心1个，建成下沙街道东方社区、前进街道悦东方臻园社区等社区卫生服务站8个
八	婴幼儿照护	新增婴幼儿照护服务社区“成长驿站”10个，婴幼儿照护服务托位120个；开展婴幼儿家长养育技能提升专业课堂40场	新增下沙街道湾南社区等婴幼儿照护服务社区“成长驿站”10个，新增婴幼儿照护服务托位150个；全年开展婴幼儿家长养育技能提升专业课堂40场
九	文体商贸	建设杭州书房1个。新建足球场（含笼式足球场）1个。创建小康体育村2个；新建百姓健身房4个；创建区级商业特色街区1条，建设便民服务点10处以上	建成杭州书房1个，命名钱塘书房。建成足球场1个。建成新湾街道共裕村、义蓬街道春园村小康体育村2个。建成河庄街道东沙湖社区、下沙街道下沙社区和中沙社区、白杨街道邻里社区百姓健身房4个。建成区级商业特色街区2条。其中，头蓬老街主体建成，7个店铺完成招商，1个店铺待开业；金沙湖畔步行街完成市级六名工程“名街”申报，并通过专家及社会评价，待全市统一公布结果。在沿江绿道、前进街道及园区沿线建成便民服务点位48处，安装自动售卖机20台
十	美丽乡村	创建美丽乡村12个。其中，市级精品村2个，水美乡镇1个，数字乡村试点村1个	建成美丽乡村12个。其中新湾街道共裕村、前进街道前峰村被评为市级精品村，前进街道被评为省级水美乡镇，义蓬街道火星村被评为数字乡村试点村

（李倩倩）

区政府重要会议

【概况】2021年，杭州市钱塘区人民政府（简称区政府）召开全体（扩大）会议1次、筹备组会议7次、常务学习会议6次、党组会议10次、理论学习中心组（扩大）学习会议1次。传达学习中共中央总书记习近平在2021年秋季学期中央党校（国家行政学院）中青年干部培训班开班式上重要讲话精神和在中央人才工作会议上重要讲话精神；贯彻中共中央政治局会议、中央全面深化改革委员会第二十一次会议、国务院常务会议等会议有关精神；研究贯彻第二轮中央生态环境保护督察反馈意见整改方案、新一轮美丽乡村建设三年行动计划、《杭州市钱塘区“名师名校长名校”工程实施方案》等。

【区政府全体会议】2021年8月20日，区政府召开第一次全体（扩大）会议。明确杭州钱塘新区管理委员会、区政府领导班子分工情况；通报区政府（筹）工作报告任务分解计划、人大代表建议和政协委员提案交办情况。7个街道、15个部门代表领取年度任务书。区发展改革局、区教育局、区产城融合建设发展中心负责人做表态发言。组织开展党风廉政建设专题讲座，邀请区委常委、区纪委书记、区监委主任张刚做题为“正确履行党风廉政建设职责，共建共享清廉钱塘”的授课。

【区政府常务会议】2021年，区政府常务会议召开6次。

8月16日，第一次常务会议举行。组织开展集体学习法律活动，由区统计局做题为“统计法律法规文件精神学习及国家统计督察工作情况”的宣讲。

9月1日，第二次常务会议举行。传达学习中共中央总书记习近平在中央全面深化改革委员会第二十一次会议、河北省承德市考察期间、中央财经委员会第十次会议时的重要讲话精神及在《求是》杂志上发表的重要文章《总结党的历史经验，加强党的政治建设》。传达学习国务院常务会议、浙江省委书记袁家军与集中会交流干部集体谈话、省委常委会议等上级重要会议精神。组织开展区政府集中业务学习活动，由区发展改革局做题为“固定资产投资项目管理”的宣讲。开展部门综合工作汇报，由区人社局做题为“打造宜业钱塘品牌，走好人社事业赶考路”的汇报。

9月22日，第三次常务会议举行。研究落实第二轮中央生态环境保护督察反馈意见整改方案。研究2021年区政府投资项目计划调整有关事宜。研究《产业专项资金管理办法》修订有关事宜。

10月18日，第四次常务会议举行。传达学习中共中央总书记习近平在中央人才工作会议上的重要讲话精神和国务院常务会议、省，市、县（区、市）数字化改革座谈会、省政府常务会议等上级重要会议精神。组织开展集体学法活动，由区公安分局做题为“大型群众性活动安全管理”的宣讲。组织开展区政府集中业务学习活动，由区农业农村局做题为“美丽乡村怎么建”的宣讲。组织开展部门综合工作汇报，由区综合行政执法局汇报近期重点工作开展情况。

11月19日，第五次常务会议举行。传达学习国务院常务会议、省委常委会（扩大）会议、省政府常务会议等上级重要会议精神。组织开展集中业务学习，由区财政局做题为“钱从哪里来，钱到哪里去，钱再从哪里来——推动钱塘区财政更可持续”的业务讲解。由区交通运输局做题为“构筑大交通、引领新发展、争当高质量发展建设共同富裕示范区的开路先锋”的综合汇报。

11月22日，第六次常务会议举行。听取区综合行政执法局关于《杭州市钱塘区工程渣土管理办法》规范性文件有关事宜汇报，并进行讨论研究。听取市生态环境局钱塘分局关于调整杭州市钱塘区“国三标准”（国家第三阶段排放标准）及以下载货柴油车通行区域有关事宜汇报，并进行讨论研究。（孙霁文）

2021年10月18日，杭州市钱塘区人民政府第四次常务会议召开

（孙霁文 提供）

政务信息

【概况】2021年，区政府按照《中华人民共和国政府信息公开条例》和《浙江省人民政府办公厅关于印发〈2021年浙江省政务公开工作要点〉》的通知有关部署，推进基层政务公开标准化、规范化建设。全年在门户网站主动公开信息1万余件，其中政府信息3912件（规范性文件9件、政策解读18件、政府文件6件）。推进人大建议和政协委员提案办理结果公开，在门户网站公开建议提案办理答复10件。优化栏目设置，建立动态调整机制，打造“群众找得到，百姓看得懂”的开放平台，全年关停运营不善政务新媒体平台6个。制定并落实《政务信息公开定期检查和通报制度》，将通报结果纳入年度考核。全年全区未发生政府信息公开责任追究情况。

【政务信息依申请公开】2021年，区政府优化政务信息依申请公开办理规则，完善办理流程，受理信息公开申请170件。其中，区政府受理8件，部门和街道受理162件，均未产生诉讼复议等情况，受理申请件按规定在法定期限内予以答复。转办“12345”信访件13件次，办结率、群众回访率、答复满意率均为98%。

【政务信息刊发情况】2021年，区政府围绕中央，省委、省政府，市委、市政府决策部署，制定出台《钱塘区2021年政务信息考核办法》《钱塘区政务信息刊物编撰制度》。全年撰写信息稿200多篇。其中，《浙江政务信息（专报）》录用2篇，《浙江政务信息（每日要情）》录用1篇，获省领导批示2篇；《杭州政务信息（专报）》录用11篇，《杭州政务信息（本周要情）》录用7篇，《杭州政务·调查研究》录用1篇，《杭州政务信息（参阅）》录用1篇，获市领导批示8篇。全年编印《钱塘信息·工作动态》43期，获区领导批示17篇。全年编印《钱塘信息·专报》13期、《钱塘信息·参阅》6期，获区领导批示15篇。

【政务信息门户网站管理】2021年，区政府门户网站新增“新冠肺炎疫情防控、财政资金直达基层、规范性文件数据库、重大建设项目批准和实施全生命周期公开、全面推进基层政务公开标准化规范化、‘六稳、六保’”6个专题。设重点领域信息公开栏目15个，新建部门和街道信息公开专栏30个。其中，部门23个，街道7个。全年发起调查征集活动19次，在原有“政民互动”“咨询回复”栏目基础上增设“回应关切”栏目，回应区划优化调整、涉企优惠政策等信息，办理咨询回复2453件，均按时答复。设“我要咨询”“我要投诉”“我要举报”“领导信箱”“我要建议”“查询评价”“信件公开”“来信统计”“民意征集”9个互动性栏目，通过电话、电子邮箱等形式接受群众监督。

【政务信息工作机制建立】2021年，区政务建立“四个一”（一张清单、一个制度、一个办法、一个培训）信息工作机制，即政务信息分管领导及联系人清单、工作情况月通报制度、《钱塘区2021年度政务信息工作考核办法》及全区政务信息培训。至年末，组织全区政务信息员参加培训会1次，参与262人；选调挂职1人。（陆　铖）

政务督查

【概况】2021年，区政府围绕“建规章制度、办领导批示、跟专题会议、督民生实事”4个目标任务，开展政务督查工作。印发《杭州市钱塘区委、区政府主要领导批示和交办事项办理工作制度》《杭州市钱塘区政府督查工作计划》《杭州市钱塘区民生福祉考核办法》规章制度3个。规范政务督查工作运行机制，建立部门督查联系人、政府办跟线副主任和联络员、“两代表一委员”及新闻媒体监督队伍3支。全年收到上级批示258件。其中，省政府批示6件，市政府批示252件；执行区政府主要领导批示424件（其中阅读273件、办结151件）。围绕民生实事、重点项目开展实地督查专题11次、督查6次，编发《督查通报》7期。

【“跟学保障”专题会议】2021年，区政府召开“跟学保障”专题会议100多次，形成专题会议交办单91张。根据区政府主要领导讲话要求，分解交办专题会议具体任务965项。梳理2020年8月以来，区长朱党其专题会议讲话要求，形成区政府办公室专题会议“总账”和区部门专题会议“分账”，定期与有关部门对账、销账，形成任务交、办闭环。

（李倩倩）

建议提案办理

【概况】2021年2月，杭州钱塘新区管理委员会收到省、市、区人大代表建议和政协委员提案41件。其中，省人大建议2件，市人大建议6件，市政协委员提案4件，萧山区人大建议和政协委员提案29件。截至5月末全部办结，并向代表、委员做书面答复。面商率、答复率、满意率均为100%，平均解决率73.2%，其中萧山区人大建议和政协委员提案解决率82.8%。4月9日，钱塘区设立。7月19—23日，区人大第一届第一次会议和区政协第一届第一次会议召开，提出人大代表建议和政协委员提案113件。其中，建议65件，提案54件（其中不立案6件），会后代表建议5件。至年末，118件代表建议和委员提案全部办结。其中，建议答复率、办结率、满意率100%，解决50件，解决率71.4%。提案答复率、办结率、满意率100%，解决37件，解决率77.1%。

【建议提案办理制度制定】2021年，区政府参照《杭州市人民政府办理人大代表建议和政协委员提案工作规则的通知》等有关要求，结合区实际情况，制定出台《钱塘区人民政府办理人大代表建议和政协委员提案工作规则》。8月12日，印发《关于做好2021年钱塘区人大代表建议和政协委员提案办理工作的通知》《关于明确钱塘区人大督办建议、政协委员重点提案及区领导领办件的通知》，要求承办单位建立专门联络员建议提案办理工作制度，配置1名分管领导和1名工作人员，形成职责分明、督办有力、程序规范、审核严格、跟踪到位、反馈及时的建议提案办理工作流程。

【建议提案办理推进会议】2021年8月12日，区委、区人大、区政府、区政协召开人大代表建议和政协委员提案交办部署会议。118件建议和提案涉及24个主办单位、36个会办单位，内容涵盖城建城管、社会民生、经济科技、交通出行、农业农村、基层治理等领域。会议表示，办好人大代表建议和政协委员提案是推进钱塘民主法治建设、加快跨越发展和促进科学发展、密切党员与群众、干部与群众之间关系的现实需要，要注重沟通对接，加强与代表、委员之间沟通和联系，坚持“一个部门牵到底”，主要领导负起“一把手”责任，落实做好“一线工作法”。区发展改革局、区住建局、区综合行政执法局等单位代表做表态发言。（吴淑君）

数据资源管理

【概况】2021年，杭州市钱塘区数据资源管理服务中心（简称区数管中心）贯彻区委深化改革委员会关于数字化改革战略部署，按照“以用促建、共建共享”工作原则，围绕“152”（1个一体化智能化公共数据平台；党建统领整体智治、数字政府、数字经济、数字社会、数字法治5个系统；理论和制度规范2个体系）和“141”〔1个县级社会治理中心；4个乡（镇、街道）基层治理平台（综治工作、市场监管、综合执法、便民服务）；1个村（社区）网格〕总体框架体系，对标软件测试“V字模型”（快速应用开发）和“三张清单”（重大需求、多跨场景、重大改革）等数字化改革教材，开展全年工作。统筹优化信息化项目管理，以“IRS”（一体化数字化系统）应用目录“一本账”为基础，梳理审核“存量”和“增量”项目90个，核减到33个。完善一体化智能化公共数据平台建设，推进全区数据资源汇聚，编制供能申请的资源目录1.67万项、搭建专题库8个。建立“浙政钉”“浙里办”2个终端平台运维机制，提升“浙政钉”激活率。推进“城市大脑”建设，成立工作专班，开展“一网统管”工作，排摸全区“存量物联”设备，产生表格5张、数据50万条。

【一体化智能化公共数据平台建设】2021年，区数管中心围绕“打造健壮稳定、集约高效、自主可控、安全可信、开放兼容一体化智能化公共数据”平台目标，推进一体化智能化公共数据平台建设。归集区内数据资源，编制可供申请的资源目录1.67万项，建成钱塘区人口、营商环境评价、智养钱塘、区域治理、统一地址、疫情防控、市场主体、一表通8个专题库，包含数据项355个、数据量546.58万条。依托省、市、区三级数据共享体系，发挥平台数据共享保障能力，开发建设智养钱塘、政务服务大厅、市场主体全生命周期协同管理、一表通、白杨街道“全域智治”等11个场景应用，至年末，区内共享接口提升至59个，共享数据2790.3万条。

【2个掌上终端维护】2021年，区数管中心以“掌上办公更普及、掌上办事更便利”为目标，提升“浙政钉”“浙里办”2个终端使用频率，上线“浙政钉‘自建第三方’”应用平台30个、“宜搭”审批应用平台191个，其中重点孵化应用“智慧食堂”全年点击量超过5万余次，被列为浙江省高频率应用场景。至年末，“浙政钉”2.0平台注册9188人次，激活率100%，活跃率97.9%。依托“浙里办”打造钱塘服务板块（简称钱塘专区），上线家医助残、社会力量办赛申报一件事、掌上农机、企业服务新干线等14个政务服务应用，通过“线上+线下”服务大厅融合协同。至年末，区“政

务服务”2.0平台收件132.61万件、办结132.6万件，办结率99.9%，其中570项政务服务许可类事项全部办结。

【网络（数据）安全机制建立与维护】2021年，区数管中心以零安全事故为目标开展全年工作。建立《责任到人，安全工作机制》，成立网络安全工作领导小组，在全区各个部门、9个平台、7个街道设立钱塘新区首席网络安全管理员59人、网络安全联络员59人、首席数据管理员59人、数据专员59人。加强区政府网络机房安全设备配置，开展“渗透测试”、风险评估、漏洞扫描、应急处置等网络安全季度自查工作，完成数据分类、分级管理、数据库权限管控、态势感知分析等数据安全规范动作。建立安全工作制度，编制《钱塘区数据回流安全保障制度》《钱塘区数据开发环境安全保障制度》等文件。

（高伊阳）

机关事务

【概况】2021年4月，钱塘区机关事务服务中心根据区划调整情况，完成区第一次党代会和区两会会场选址、主会场舞台搭建、酒店分会场布置及2100多名参会人员住宿、餐饮、车辆等后勤保障工作。做好资源整合，完成招商服务中心、钱塘中心综合楼、钱塘行政服务中心等大楼18个单位（部门）办公用房装修、调整、搬迁及办公家具采购，保障157名区外转隶人员入驻。9月，启动区级机关工作人员值班用房申请，制定《党政机关办公用房管理实施办法》《行政事业单位租用办公用房实施细则》，整合人才公寓闲置房198套，解决干部、职工值班用房158间。贯彻中央四部委《办公用房整改工作中需要明确的几个问题》和省、市关于加强办公用房管理有关规定，落实全面从严治党主体责任。12月，会同区纪委区监委对区级机关（部门）、街道、企业等55个单位办公用房使用情况开展专项检查，通过实地查看、台账查阅、现场丈量、现场询问等方式，发现存在问题单位5个，指导整改5个、整改率100%。

【公务用车管理】2021年，钱塘区机关事务服中心强化公务用车管理职能建设，按照《党政机关公务用车管理办法》《浙江省党政机关公务用车管理实施办法》和《杭州钱塘新区管理委员会公务用车管理规定（试行）》，提升全区机关单位和事业单位公务用车使用管理水平。全年新购公务车12辆，其中商务车5辆。接待国际、国家、省、市到区投资、调研等活动公务用车360多批次，累计安全行驶10.2万千米；保障新冠肺炎疫情常态化防控及其他日常紧急用车，根据《杭州市直机关公务出行租赁社会车辆管理暂行办法》，通过社会化租赁车辆310批次，应急保障公务用车2800批次。优化公务用车源头管理，按照《杭州市本级机关公务用车和事业单位业务用车配备更新实施细则》，实行“先指标后预算”管理模式，明确公务用车审批范围、审批流程、审批时间，做到公务用车指标审批“三个一致”（标准一致、流程一致、政策一致）。推进公务用车“一张网”建设，录入“浙政钉”App系统公务车75辆，实现省、市、区三级信息互联互通。

【公共机构节能管理】2021年，钱塘区机关事务服务中心根据《杭州市节约型机关创建行动方案》和《杭州市节水行动实施方案》要求，至年末，建成80%以上“节约型”机关单位41个，60%以上党政机关“节水型”单位18个。通过信息化平台践行“节水优先”治水思路，联合区教育局开展“节水标杆校园”用水监控信息化建设。12月，杭州钱塘新区景苑中学获评“浙江省节水标杆单位”。配合区行政执法局落实行政机关生活垃圾强制分类管理工作，至年末，区人大办、区政府办、区政协办、市规划资源局钱塘分局等10个机关单位被评为区级垃圾分类先进集体示范单位。

【机关食堂服务】2021年，钱塘区机关事务服务中心通过“四化”（管理规范化、运行科学化、人员专业化、服务优质化）管理模式，打造“满意型”机关食堂。全年7个机关食堂办理工作人员就餐卡4584张。提高食堂饮食风味和质量安全，办事服务中心食堂风味档口改造完成，钱塘中心食堂引进星巴克咖啡和优质农副产品，并推进“五常法”（常组织、常整顿、常清洁、常规范、常自律）管理体系，定期组织工作人员开展食品安全规范操作和服务礼仪培训。10月30日，参加市机关事务管理局组织的“巧手成就卓越，匠心创造非凡”机关食堂烹饪技能竞赛，获团队三等奖1个、个人三等奖1人。12月，钱塘中心机关食堂通过区市场监管局评审，获“餐饮服务单位食品安全监督量化分级A级单位”。

【机关物业服务保障】2021年，钱塘区机关事务服务中心加强机关人员及物业工作人员综合应急安全意识，提升应急预案熟悉及现场处置能力，按照党政机关反恐怖防范系统管理规范规则，联合区消防大队、区公安分局驻区政府联勤警务站开展消防演练1次、防恐防爆演练2次。开展专项政务网络安全攻防演练，全年扫描电脑主机789台、发现高危漏洞1063个、高危端口3441个，全部修复。消除机关单位技防设施安全隐患，全年开展消防、水电、燃气管道等设施设备巡检3000多次、维修1.1万次。实行“会议室整理到位、会场责任到位、人员培训到位、服务执行到位”管理模式，全年保障服务重要会议7000多场次，其中区级以上重大会议1300多场次，服务参会人员14万余人次。（张全达）

应急管理

【概况】2021年，杭州市钱塘区应急管理局（简称区应急管理局）围绕构建“大应急、大安全、大减灾”工作体系，强化安全生产监管治理，做好防汛、防台和抗雪防冻应急管理工作。全年发生生产安全事故9起。其中，道路运输领域事故3起；工商贸领域事故4起；建筑施工领域事故1起；工伤事故1起。全年自然灾害领域未发生人员伤亡。落实责任体系，区委、区政府组织召开专题研究安全生产工作会议6次，研究解决问题13个。春节、新冠肺炎疫情期间，主要领导和分管领导带队到辖区检查企业复工、安全生产94个次、召开区级层面安全生产会议41场次。推进安全生产主体责任，区长和负责安全生产监管职责的副区长与7个街道、34个部门和主体单位签订安全生产责任书。全年组织召开自然灾害风险会商研判会议37次，启动和解除Ⅳ级、Ⅲ级、Ⅱ级和Ⅰ级应急响应16次。其中，Ⅳ级5次，Ⅲ级4次，Ⅱ级2次，Ⅰ级1次，解除4次。

【基层应急管理责任体系完善】2021年，区应急管理局出台《杭州市钱塘区应急管理“十四五”规划》《关于加强基层应急管理体系和能力建设的实施意见》，完成基层应急管理责任、应急管理组织和应急指挥调度3个体系。推进安全生产联防联控机制，以行政区划调整为契机，将安全生产职责融入各个行业、部门“三定”（定机构、定职能、定编制）方案，细化15个行业监管部门、16个配合保障部门、7个属地街道、3个直属企业42条、241项职能。制订安全生产委员会及专业委员会工作制度，对减灾委员会、防汛防台抗旱指挥部、防震减灾领导小组等议事机构功能架构和议事协调机制进行调整和优化；在“1+8”〔安全生产+建设、道路交通、危险化学品、教育卫生、特种设备、消防、城市管理（燃气）、农业农村〕专业安全委员会安全生产管理责任体系架构基础上，新增商贸服务、工业企业、交通运输、社会事务4个专业安全委员会，调整成“1+12”安全生产责任体系构架。

【隐患排查治理与风险管控提升】2021年，区应急管理局落实隐患排查和风险管控预防机制，开展粉尘涉爆企业、非法违法小化工企业、聚合工艺企业、危险物品违规储存销售企业“四领域一场所”等领域专项整治16次，检查企业（单位）6510个次，发现隐患2.24万个，整改率100%。其中，区安全生产委员会办公室暗访督查，检查企业（单位）232个次，发现隐患943个、整改936个，整改率99.3%。落实区领导包街道、街道领导包村（社区）、村（社区）干部包户到人工作责任制，汛期期间，出动检查人员3381人次，检查、排查场所和重点部位2467处，发现并整改安全隐患130处。全年推动11个重点行业和领域、7849个企业进行基础风险评估，督促自查自改企业3016个，完成工贸企业风险普查和现场核验1867个。新增三级及以上标准化创建达标企业57个，新增安全生产责任保险企业526个，服务安全生产企业8197个次。完成风险管控体系建设1440多个次；开展自然灾害风险普查，完成应急系统“承灾体”（公共服务设施）、化学工业园区、重点隐患调查工作和蜀山地质灾害工程整治。

【应急处突能力提升】2021年，区应急管理局提高应急处突能力，推进应急救援力量建设，指导街道通过巡防、民兵或外聘专职队伍建立50人以上综合队伍。推动9支社会公益队伍建设，构建“15分钟应急救援圈”和“15分钟安全治理圈”，打通基层安全“最后一公里”。成立应急先锋党建联盟，实现企业应急救援站和应急救援队伍在危险化学品重点企业、工业企业等100多个企业全覆盖。指导7个街道按照“六个有”（有班子、有机制、有预案、有队伍、有物资、有保障）和“八个一”（一张责任网格、一本预案、一套监测预警设备、一批避灾场所、一批防汛物资、一套警示牌、一套宣传资料、一次培训演练）要求，推进应急管理救援基础设施建设。全年建成避灾安置场所115个，应急消防管理站7个。修订《杭州市钱塘区突发事件总体应急预案》《杭州市钱塘区抗雪防冻应急预案》《杭州市钱塘区地震应急预案》《杭州市钱塘区防汛防台抗旱应急预案》4个应急预案。编制"多案合一"应急手册，帮助村（社区）居民开展应急演练提供指导。助推安全防汛，全区262个地下车库实现挡水板全覆盖。

【临江化工园区安全整改工作】2021年，区应急管理局编制完成《临江高新技术产业开发区新材料产业园化工行业安全发展规划（2020—2025）》，关停位于义蓬街道外六工段危险化学品监管企业7个，消除一级危险源2个、三级危险源1个。制定《杭州市钱塘区化工产业本质安全提升实施方案》，从10个方面提出本质安全提升要求，指导23个危险化学品监管企业编制方案。聘请第三方监管机构中国化学品安全协会专家，全流程监管一级动火、受限空间等高风险作业。全年发现隐患问题3864处、整改3739条，整改率96.8%，其中重大隐患208条、整改202条，整改率97.1%。

【应急安全文化建设】2021年，区应急管理局推进安全生产社会化服务，通过讲好钱塘故事，提升群众关注度和参与度，全年在中央广播电视总台、新华网、《中国应急管理报》、浙江电视台、《杭州日报》等媒体发表文章300多篇次，"政务"公众号订阅户5.2万人次。推进"政校合作"，完成部门、街道、村（社区）从事应急监管重点工作人员和网格员300多人次培训；检验队伍实战能力，举办地震、防汛、防台、危险化学品泄漏事故等应急演练4场次，参加人员320人次；全年通过"线上+线下"结合模式组织安全演习培训，参加人员6.5万人次；开展安全生产月活动，组织观看《生命重于泰山》电视专题片83场次，观看人数2990人次。

【应急智治一体化平台建成】2021年，区应急管理局根据辖区企业数量大、面极广、涉及环节多、链条长、风险管控难度高等问题，建成应急智治一体化危险化学品企业数字化监管（简称应急智治一体化）平台。该平台构建危险化学品企业数智管控、安全生产指数化监管、应急救援"一键达"3个场景。完善区应急管理视频监控，根据企业风险数据普查，将重大危险源视频信号接入到应急智治一体化平台，联合区公安分局，依托杭州市公共管理摄像头统筹工作，接入摄像头1.6万个。整合24个危险化学品重点监管企业"智能化二道门"系统建设，在"浙政钉"App平台上开发上线"一键报警"小程序，具备安装人脸识别、实时显示、报警、跟踪、统计、电子围栏、巡检管理、作业管理、应急处置9项功能，实现人员、车辆、区域、风险管控。至年末，24个企业整顿完成并运行，实现化工园区危险化学品企业动态监控全覆盖，形成"看得见、能预警、能监管、能辅助"4个功能。（吴伟丽）

消防救援

【概况】2021年，杭州市钱塘区消防救援大队（简称区消防救援大队）所属消防救援站接警出动1948起。其中，火灾79起，比上年下降2.5%；抢险救援488起，下降2.4%；社会救助153起，增长15%。抢救财产价值140.2万元，增长19.2%。全年未发生伤亡事故。全年走进120多个小区（社区）、150多个重点单位开展"熟悉演练"1200多场次，"两类场所"（出租房和合用场所）、大型物资仓库及其他消防重点单位实战演练360多场次，其中夜间演练144场次。推进全区消防安全专项整治行动，区委、区政府主要领导和分管领导参加消防安全工作会议10次，听取工作汇报15次、批示14次、带队检查23次；区人大、区政协领导调研5次。提升消防安全环境基础建设，完成白杨街道消防站指导员轮租房改建、江东消防站环境

2021年4月18日，杭州大江东城市设施管养有限公司组织应急人员开展防汛应急演练（郑舒影 摄）

提升和元成消防站室内训练馆改造。12月，前进街道消防站建成，并进驻执勤。探索基层消防执法改革试点，与白杨街道、义蓬街道签订委托消防行政执法协议，以“理论+实践”模式推进街道消防委托执法工作，打通执法落地“最后一公里”。增加避险训练设施，保障训练安全，下沙、大江东2个片区“组装式”游泳池建成并投用。全年完成区两会、“6·5”世界环境日、“双创”（大众创业、万众创新）、钱塘江观潮、中国共产党成立100周年等30多项活动和节日安全保障工作。至年末，获评省级优秀共产党员1人、获评省级个人三等功1人。

2021年11月9日，美团外卖消防宣传月在杭州市钱塘区龙湖江东天街广场举行，现场授予2名美团骑手“外卖消防安全宣导员” （顾亚方 摄）

【火灾安全专项整治】2021年，区消防救援大队推进“消防安全专项整治三年”行动，按照《重大火灾隐患判定标准》要求，落实“政府定期交办、平安办每月督办、消安办每周检查”督查机制。至年末，新湾街道三新村、杭州新松机器人自动化有限公司、杭州环球汽车零部件有限公司、下沙铭和苑一期工程4个被区政府挂牌督办的火灾隐患区域和单位摘牌。会同区消防办、区经信局、区教育局、区公安分局、区住建部、区商务局、区社会发展局、区应急管理局、区市场监管局、区综合行政执法局、区“五大市场”办等单位走进学校、医疗机构、宗教寺庙、养老机构、大型综合体、小（微）企业、危险化工企业等领域开展联合检查、集中行动、错时检查37次，检查单位3489个次，临时查封65个、责令“三停”（停产、停业、停止施工）44个，发放责令改正通知书589份、行政处罚决定书211份，其中抽查合用场所1126个，发现隐患968处，整改900处，整改率93%。推进高层建筑消防安全设施整治，组织有关部门和7个街道召开部署会、推进会、培训会及物业、开发商约谈会，落实1478幢高层建筑消防安全责任，印发督办整改单9份，完成10个登高场地“覆绿”小区和12个消防水系统供水故障小区整改。按照全区电动自行车综合整治要求，成立整治专班，排查堵塞疏散通道、车辆进电梯、电动自行车入户1271次，发现隐患1330处，整改1321处。开展电动自行车安全宣传，全年张贴公告1.1万张、发送短信7317条。会同区公安分局和街道开展安全隐患检查，至年末，检查老旧小区农民自建房7个、沿街商铺等场所179个，发现隐患59处，发放督办函2份。

【消防安全活动推广】2021年，区消防救援大队推进“五进”（进企业、进农村、进社区、进学校、进家庭）工作机制，以“线上+线下”结合模式，联合省、市、区有关平台开展消防安全火灾宣传，全年走进60个高层住宅、老旧小区巡讲；进入辖区企业、学校、综合体等单位授课70多场次、实战演练50多场次，推广消防安全“蓝码”7.71万个，加入钱塘消防“蓝翼”志愿者队伍7219人。“119”消防宣传月期间，联合《钱江晚报》、杭州交通91.8电台和浙江大学医学院附属邵逸夫医院（下沙院区）开展消防员“沉浸式”体验，《消防逃生模拟演练》视频直播，总播放量100万余次。11月9日，“‘落实消防安全主体责任’2021年美团外卖‘119’消防宣传月”在龙湖江东天街广场举行，利用互联网平台，开展“虚拟现实”（简称VR）模拟消防演练、线上消防安全互动答题等活动，以趣味性互动形式向全国“外卖骑手”和平台用户普及消防安全知识，现场授予陈忠强、高峰2名美团骑手“外卖消防安全宣导员”。

（梅玲玲）

责任编辑　高骏森

中国人民政治协商会议杭州市钱塘区委员会

综　述

【区政协组织机构】2021年7月，中国人民政治协商会议杭州市钱塘区委员会（简称区政协）第一届第一次会议召开，区政协成立。政协第一届杭州市钱塘区委员会领导机构设主席1人、副主席4人、秘书长1人、常务委员37人。设中国共产党、无党派人士、共青团和青联界、工会、妇联、工商联、科技界、社科和科协界、台侨界、医卫界、文体和新闻出版界、经济界、农业界、教育界、社会福利和社会保障界、民族宗教界、特邀界17个界别。政协第一届杭州市钱塘区委员会设办公室、提案委员会、经济科技委员会、城市建设交通和人口资源环境委员会、社会法治和港澳台侨委员会（文史和教卫体委员会）5个正处级机关；政协第一届杭州市钱塘区委员会办公室设秘书科、综合科、行政服务科和委员联络科4个机构；设1个事业发展服务中心。核定机关行政编制15人（专职常委编制单列不计入核定编制数内），事业编制6人。　（刘　讯）

【7个街道民生议事堂和6个委员工作站成立】2021年，区政协围绕钱塘产业特点和人才结构，打造协商议事平台和委员工作站。11月26日，举办民生议事堂、委员工作站授牌仪式，下沙、白杨、河庄、义蓬、新湾、临江、前进7个街道民生议事堂和齐家、国风文创、心之园、家园议站、先进制造、翰墨之家6个委员工作站成立。通过“请你来协商·民生议事堂”平台建设，推进区政协协商与基层协商衔接，实现“有事好商量、众人的事情由众人商量”制度化实践，搭建政协联系服务基层群众，助推改善民生福祉和基层社会治理平台。建立社情民意工作制度，形成“1+7+N”（1个“请你来协商”区级主平台，7个街道“民生议事堂”，N个委员工作站）“请你来协商平台”体系。至年末，收集社情民意信息39条，报送市政协4条，获市政协领导批示1条。

（俞淑婷　程魅超）

区政协重要会议

【区政协第一届第一次会议】2021年7月19—22日，区政协第一届第一次会议举行。205名政协委员听取和审议区政协筹备组组长金志强代表区政协筹备组所做工作报告；听取并审议市政府党组成员、区委副书记、区政府筹备组组长朱党其所做政府（筹）工作报告；审议区法院（筹）、区检察院（筹）工作报告及其他单位工作报告。通过发言、小组讨论、提交提案等形式，围绕全区改革发展稳定大局和人民群众普遍关注的热点、难点等问题进行协商议政、建言。收到以提案形式提出的意见建议54件，立案48件。7月22日，区政协第一届第一次会议闭幕，听取提案审查委员会关于提案收集和初审情况的报告，审议通过区政协第一届第一次会议决议。副市长、区委书记柯吉欣到会并讲话。

【区政协第一届常务委员会会议】2021年，区政协第一届常务委员会召开会议 2 次。

7 月 22 日，区政协第一届第一次常务委员会会议举行。会议协商通过区政协第一届常务委员会工作规则（试行）、常务委员会年度工作计划、专门委员会通则、专门委员会设置及组成人员名单、关于强化政协委员责任担当意见、提案工作办法等，协商通过有关人事事项。

10 月 29 日，区政协第一届第二次常务委员会会议举行。会议学习贯彻全国和省政协、市政协宣传思想工作会议精神，回顾区政协第一届第一次常务委员会以来的工作，通报区经济社会发展情况和区法院、区检察院工作情况，协商通过区政协委员履职管理办法。

【区政协第一届主席会议】 2021 年，区政协第一届主席会议召开 4 次。

7 月 22 日，区政协第一届第一次主席会议举行。会议研究通过区政协主席会议工作规则（试行）、主席会议成员分工、街道委员小组分组情况、小组召集人员名单及区政协第一届常务委员会第一次会议议程；研究常务委员会年度工作计划（草案）、专门委员会设置及组成人员名单（草案）、专门委员会通则（草案）、办公室主任和副主任名单（草案）、专门委员会主任和副主任名单（草案），专门委员会兼职副主任名单（草案）、提案工作办法（草案）、关于强化政协委员责任担当意见（草案）；听取关于区政协第一届第一次会议提案立案审查情况汇报。

8 月 27 日，区政协第一届第二次主席会议举行。会议研究通过区政协常态化学习交流制度、社情民意信息工作规则（试行）、委员履职管理办法、委员视察工作办法和政协机关有关内部管理制度；研究通过区政协第一届第一次会议重点提案建议方案、“请你来协商·聚力打造钱塘科学城”专题协商工作方案；推进“美丽大花园”建设（亚运会工程建设）专题视察活动方案；推进平安钱塘建设专项集体民主监督实施方案，传达市政协有关会议精神。

10 月 22 日，区政协第一届第三次主席会议举行。会议研究通过区政协委员工作室创建和评估办法、关于深化 7 个街道“请你来协商·民生议事堂”工作实施意见、区政协第一届常务委员会第二次会议方案、“请你来协商·平安钱塘建设”专题协商会方案。传达学习省政协、市政协委员会客厅（工作站）工作推进会精神。

11 月 17 日，区政协第一届第四次主席会议举行。会议研究通过关于建立区政协第一届第二次会议秘书处方案、关于征集区政协第一届第二次会议提案方案、“请你来协商·提升钱塘文化软实力”专题协商会方案；听取关于第一批委员工作室创建情况汇报，同意设立齐家、国风文创、心之园、家园议站、先进制造、翰墨之家 6 个委员工作站。（刘　讯）

政治协商

【钱塘科学城建设专题协商】 2021 年，区政协围绕加快钱塘科学城建设，到杭州市先进区域开展走访调研活动，并召开专家座谈会。在“钱塘数智政协”线上平台“主题议政”模块开设“聚力打造钱塘科学城”建言通道，通过“钱塘发布”等融媒体平台向社会征集意见建议。全年浏览量 7000 多人次，收到意见建议 160 多条。9 月 30 日，举办成立以来首场“请你来协商”活动，召开“请你来协商·聚力打造钱塘科学城”专题协商会。区政协经科委负责人结合前期调研工作成果，做题为“关于聚力打造钱塘科学城，引领‘人城科产’融合发展的建议”的专题报告，11 名政协委员提出“建立健全运行机制、拓展优化创新空间、引领升级创新生态、营造浓厚创新氛围、畅通产学研转化渠道”5 个方面意见建议。（刘　讯　程魁超）

【平安钱塘建设专题协商】 2021 年 10 月 29 日，区政协召开请你来协商·平安钱塘建设专题协商会。区政协社法委负责人做题为“关于深入推进平安钱塘建设的建议”的专题报告，提出“坚持联抓联管，进一步健全责任体系；坚持统筹推进，进一步夯实基层基础；坚持担当实干，进一步创新方式方法；坚持针对施策，进一步浓厚社会氛围”4 个方面意见建议。教育界、妇联、无党派人士、文体和新闻出版界等 7 个界别政协委员结合前期民主监督调研情况进行发言。（刘　讯　章　惠）

【委员工作站成立与美丽云城建设专题协商】 2021 年 9 月 26 日，杭州市政协委员钱塘区联络组委员工作站成立，14 名市政协委员参加挂牌仪式。搭建学习培训、交流联谊、参政议政、服务社会的平台，打造学习交流新载体、联系群众新纽带、协商民主新路径、团结联谊新平台、为民服务新渠道。10 月 14 日，开展美丽云城建设专题协商会，市、区两级政协委员探讨推进美丽云城建设，调研走访杭州装点文化创意有限公司、杭州乐秀电子科技有限公司、焕醒科技（杭州）有限公司、杭州玫隆食品有限公司，开展专题协商交流，围绕“产业发

展、平台影响力提升、项目招引等问题进行协商讨论，从平台搭建、沟通交流、校企合作”等方面提出意见建议。（俞淑婷 何乐意）

民主监督

【“美丽大花园”建设专项集体民主监督】2021年5月，区政协筹备组印发《钱塘区政协筹备组关于开展“推进美丽大花园建设、打造美丽中国样本”专项集体民主监督实施方案》，成立民主监督领导小组。组织常务委员召开专项民主监督动员会议，走进下沙、白杨、河庄、义蓬、新湾、临江、前进7个街道村（社区）调研监督。7月，组织区“美丽大花园”建设摄影活动。9月，开展“我们都是钱塘人·政协委员在行动”主题实践活动暨“杭州2022年第19届亚运会”工程建设专题监督活动，实地调研亚运轮滑馆、滑板公园、下沙路与12号路提升改造及附属配套工程，征集意见建议16条。（刘 讯 何乐意）

【平安钱塘建设专项集体民主监督】2021年，区政协贯彻区委关于“我们都是钱塘人”大讨论、大担当、大比武系列活动精神。9月，印发《“我们都是钱塘人·政协委员在行动”主题实践活动暨推进平安钱塘建设专项集体民主监督实施方案》，利用17个界别205名委员优势，实施“奋斗在钱塘”机关讨论、“学习在钱塘”自我提升、“聚力在钱塘”视察调研、“履职在钱塘”协商建言、“服务在钱塘”助力发展、“实干在钱塘”作风优化，带动社会各界和基层群众参与全区平安建设。其中，“聚力在钱塘”视察调研围绕“压实责任、夯实基础、破解难题、营造氛围”4个内容，成立4个民主监督小组，由区政协副主席带队，通过调研、协商、服务、暗访等形式，走进街道、村（社区）、平台、高等院校、工业园区等点位，重点监督道路交通、安全生产、消防安全、食品安全、生态安全、社会治理等领域。全年召开专题协商会议19次，调研街道7个、社区8个、企业14个、高等院校3所，参与政协委员171人次，发放调查问卷268份，收集意见建议87条。

（刘 讯 章 惠）

委员工作

【区政协组织第一届委员学习培训】2021年6月15日，区政协筹备组办公室围绕“提高委员履职能力、数智平台操作、提案撰写”等方面为主题，组织全区17个界别205名委员参加履职培训。学习贯彻中央和省委、市委关于新时代加强和改进政协工作意见精神、区第一次党代会精神，帮助政协委员正确认识人民政协性质定位，增强政协委员责任感、使命感，提升政协委员履职尽责能力和本领，当好人民政协制度参与者、实践者、推动者，推动党委各项决策部署落地。邀请专家做题为“懂政协、会协商、善议政——提高政协履职能力”“如何写好政协提案”的主题授课，并进行履职经验分享和“掌上履职”平台实操演练。

【“钱塘数智政协”一体化平台建设工作推进】2021年7月，区政协按照省政协、市政协关于数智平台“互联互通、三级共享”（前端展示、后台支持、掌上履职）建设要求，推进“钱塘数智政协”‘1154’一体化平台建设。以“数智赋能、系统重塑、流程再造”制订“180-30-7”（半年建成1个平台、1月攻坚1个应用、1周召开1场例会）工作机制，并成立工作专班。会同区委办和区政府办等部门开展现场推进会26场次、线上协商会11场次。至年末，完成“专题门户”平台框架搭建，包括协商履职、网络议政、社情民意、政协动态、一图导览、委员履职、自身建设、平台建设、提案办理9个场景，实现履职工作全景汇集、现时更新、一屏掌控，提供业务导览、数据分析、科学决策支持。在省政协8个统建应用基础上，自建我的履职、提案工作、委员议政、学习园地、社情民意、政协通知、会议资料、全会专题8个应用场景，实现政协履职“一屏掌控”。（俞淑婷）

▸▸资料：1154

第一个“1”指1个专题门户，打造前端综合展示平台。第二“1”指1个支撑平台，通过统一认证和大数据云平台构建“政协数据仓”，实现数据互通共享。“5”指政协门户网站、微信公众号、委员管理系统、移动履职系统、提案管理系统5个综合应用系统。“4”指构建政策制度、标准规范、安全防护和组织保障4个标准体系。

【区政协委员工作制度制定】2021年，区政协制定印发《中国人民政治协商会议杭州市钱塘区委员会委员履职管理办法》《政协杭州市钱塘区委员会提案工作办法》，区政协办印发《2021年钱塘区政协领导督办重点提案方案》等制度文件。建立考核体系，将委员提案、社情民意、协商活动、参加会议、网络议政、委员工作站建设等纳入考核范围。7月，成立街道委员小组，区政协办印发

《中国人民政治协商会议第一届杭州市钱塘区委员会街道委员小组分组名单》，分配委员到7个街道，在界别活动、党派活动、专门委员会活动、委员工作站活动基础上增加参与街道活动，提高建言资政与凝聚共识履职水平。8月，印发《钱塘区政协委员活动经费管理使用意见》，规范委员履职过程中经费支出。9月，印发《政协第一届杭州市钱塘区委员会专门委员会设置及组成人员名单》，提高专门委员会指导与帮助委员履职能力。（俞淑婷 刘 讯）

提案工作

【提案办理】2021年7月19—22日，区政协第一届第一次会议收到提案54件，立案48件。其中，涉及经济科技和农业农村方面提案16件，占33.3%；城建城管和旅游交通方面提案13件，占27.1%；教育、文化、卫生和体育方面提案11件，占22.9%；民主法治和劳动人事方面提案8件，占16.7%。重点提案20件，内容涉及杭州医药港服务配套精细化管理、集成电路产业链、制造业企业一线用工紧缺、杭州地铁出入口停车难等。区委、区政府领导领办15件；区政协领导督办5件。区委办、区人大办、区政府办、区政协办联合召开建议和提案交办会，41个承办单位（主办单位16个，协办单位25个）推进提案办理工作，在规定时间内全部办理并答复委员。其中，基本解决（A类）提案37件，占77.1%；正在解决或列入计划解决（B类）提案11件，占22.9%；办结率100%，满意率100%。不立案6件，转交到有关部门办理。

【提案办理机制完善】2021年，区政协组织委员参加政情通报会、专题视察等活动征集提案线索，规范提案审查流程。7月，印发《政协杭州市钱塘区委员会提案工作办法》。创新提案协商办理新模式，区政府办印发《钱塘区人民政府办理政协提案工作规则》，区委办、区政府办联合印发《关于明确区政协重点提案及区领导领办件的通知》，区政协办印发《2021年区政协领导督办重点提案方案》等文件。推进督办提案实效，协同区政府办走访提案承办"大户"单位，发现提案办理过程中存在的问题，通报提案办理情况，督促按时完成面商、答复、评价，实现提案办理全流程闭环。推进重点提案、优秀提案宣传，在《钱塘新区报》专版刊登重点提案，其中区政协工商联界别委员张立明提交的《关于钱塘区地铁开通后，地铁出入口停车难的建议》的提案被省政协《联谊报》刊发。钱塘数智政协"提案工作"应用案例信息被"浙江政协同心苑"和"杭州政协"微信公众号发布。（何乐意）

2021年中国人民政治协商会议杭州市钱塘区委员提案一览表

表4

序号	提案编号	提案类别	案 由	提案者
1	21003	经济科技、农业农村	关于推进钱塘区"清洁低碳"能源体系建设的建议	共青团和青联界别 田汉霖
2	21010	经济科技、农业农村	关于加快打造钱塘区高品质企业家驿站的建议 *	工商联界别 邓海鹰
3	21015	经济科技、农业农村	关于强化钱塘区集成电路产业人才政策力度的建议 *	社科和科协界别 李东昇
4	21016	经济科技、农业农村	关于进一步优化中小微企业营商环境的建议 *	社科和科协界别 刘 辉
5	21019	经济科技、农业农村	关于加大扶持力度，优化提升钱塘区文创产业发展的建议 *	文体和新闻出版界别 茅徐锃
6	21020	经济科技、农业农村	关于在国际特殊环境下建立以政府职能部门主导企业协同的关键物料供应模式的建议 *	经济界别 邓长青
7	21021	经济科技、农业农村	关于深化政、企、校联合职业技能竞赛工程，促进钱塘区企业品牌形象的打造及技能工培养的建议	经济界别 李春红
8	21024	经济科技、农业农村	关于做强做优国有企业，助力钱塘区高质量发展的建议	经济界别 徐 建

续表 4

序号	提案编号	提案类别	案　由	提案者
9	21025	经济科技、农业农村	关于加强粮食种植业发展要素保障的建议 *	农业界别 王柏军
10	21026	经济科技、农业农村	关于加大水产品苗种检测力度以确保水产养殖业丰产丰收的建议	农业界别 赵吉婷
11	21030	经济科技、农业农村	关于运用虚拟现实技术助力美丽乡村建设的建议	社会福利和社会保障界别 王沥平
12	21036	经济科技、农业农村	关于建立钱塘区航空航天产业专项基金的建议	特邀界别 2 组 高玲玲
13	21037	经济科技、农业农村	关于做长做深集成电路产业链的建议 *	特邀界别 2 组 魏　旻
14	21038	经济科技、农业农村	关于加快钱塘区现代服务业发展的建议 *	特邀界别 2 组 陈有文
15	21040	经济科技、农业农村	关于加强钱塘区技术交易平台建设及数字化赋能的建议	社科和科协界别 丛　飞
16	21050	经济科技、农业农村	关于进一步加强杭州医药港小镇服务配套精细化管理的建议 *	科技界别 程仲毅
17	21001	城建城管、交通旅游	关于推进老旧小区、集镇物业管理全覆盖的建议	无党派人士界别 俞常恩
18	21002	城建城管、交通旅游	关于加强全区消防安全宣传，增强全民消防意识的建议 *	无党派人士界别 蔡锦营
19	21006	城建城管、交通旅游	关于提议下沙环卫车辆错峰作业高峰时段作业区域调整的建议	工会界别 赵金亮
20	21007	城建城管、交通旅游	关于协同推进瓶装燃气智慧管理与应用的建议 *	工会界别 李伟军
21	21012	城建城管、交通旅游	关于降低或减免钱江隧道收费，加速钱塘区融杭的建议	工商联界别 姚忠立
22	21031	城建城管、交通旅游	关于规范住宅小区配套用房管理，保障社区公共服务物质基础的建议	社会福利和社会保障界别 李亚军
23	21032	城建城管、交通旅游	关于提升钱塘区城市形象，打造金沙湖板块文旅一体化的建议 *	民族宗教界 姚燕丽
24	21041	城建城管、交通旅游	关于设立钱塘区出租车营运公司的建议	经济界别 金　纳
25	21042	城建城管、交通旅游	关于进一步疏导之江东路与东湖南路交叉路口及周边交通拥堵的建议	经济界别 沈昊昱
26	21045	城建城管、交通旅游	关于加快推进二次供水改造的建议	特邀界别 1 组 林友柏
27	21046	城建城管、交通旅游	关于加快推进老旧小区住宅加装电梯的建议	特邀界别 1 组 郑　都
28	21054	城建城管、交通旅游	关于钱塘区地铁开通后，解决地铁出入口停车难的建议	工商联界别 张立明
29	21055	城建城管、交通旅游	关于筹建无人驾驶专用实验路，解决出行最后一公里难题的建议	特邀界别 2 组 刘向东
30	21009	教文卫体	关于引进建设国际学校，提升教育国际化水平的建议 *	妇联界别 赵　云

续表 4

序号	提案编号	提案类别	案　由	提案者
31	21011	教文卫体	关于构建钱塘区医防融合的全民医疗健康保障服务体系的建议	工商联界别 尉建锋
32	21013	教文卫体	关于加快提升医药产业高水平继续教育基地人才培育能力的建议	科技界别 胡誉怀
33	21018	教文卫体	关于进一步深化智慧医疗的研究和运用，完善钱塘区公共卫生医疗体系的建议	医卫界别 夏海琴
34	21028	教文卫体	关于加大投入，优化布局，完善机制，全面保障钱塘教育高均衡、高品质发展的建议 *	教育界别 罗　勉
35	21029	教文卫体	关于探索把家庭教育纳入优质公共服务体系建设的建议	教育界别 滕玲建
36	21033	教文卫体	关于传承“弄潮”文化，提升钱塘区国际站位的建议	特邀界别 1 组 应群颖
37	21035	教文卫体	关于支持钱塘区建设高等职业教育高地的建议 *	特邀界别 1 组 章金萍
38	21047	教文卫体	关于建立钱塘区老年人终身共享学习圈的建议	特邀界别 2 组 张国庆
39	21051	教文卫体	关于切实保障钱塘区学校师生生命安全，在校内定期开展急救技能培训的建议 *	医卫界别 陈昌贵
40	21052	教文卫体	关于加强阅读阵地数字化赋能，推动全民阅读高质量发展的建议	社科和科协界别 娄建勇
41	21004	民主法制、劳动人事	关于在区内高校广筑“钱塘巢”，促进“留智钱塘”的建议 *	共青团和青联界别 邵　诚
42	21005	民主法制、劳动人事	关于多角度加大钱塘区在人才培养、留存、吸引力度的建议 *	共青团和青联界别 张　洋
43	21008	民主法制、劳动人事	关于构建钱塘特色“熟人社区”，加强基层共建共治的建议 *	妇联界别 俞婷薇
44	21017	民主法制、劳动人事	关于有效解决钱塘区制造业企业一线用工紧缺难题的建议 *	台侨界别 金如森
45	21022	民主法制、劳动人事	关于缓解制造业蓝领工人短缺的建议	经济界别 沈浩杰
46	21039	民主法制、劳动人事	关于提高服务能级，促进大学生留、育钱塘的建议	共青团和青联界别 徐　琦
47	21044	民主法制、劳动人事	关于搭建人文关怀平台、远离网络诈骗的建议	经济界别 沈昊昱
48	21056	民主法制、劳动人事	关于完善钱塘大学生、研究生就职钱塘机制的建议	特邀界别 2 组 刘向东

注：带 * 为重点提案。

（何乐意）

责任编辑　高骏森

中国共产党杭州市钱塘区纪律检查委员会·杭州市钱塘区监察委员会

综　述

【区纪委区监委机构】中共杭州市钱塘区纪律检查委员会（简称区纪委）由中国共产党杭州市钱塘区代表大会选举产生，是中共纪律检查机关；杭州市钱塘区监察委员会（简称区监委）由杭州市钱塘区人民代表大会选举产生，是国家监察机关。区纪委区监委合署办公，实行一套工作机构、两个机关名称，履行中国共产党纪律检查和国家监察2项职责。至年末，区纪委区监委机关设办公室、干部室、宣传教育室、党风政风监督室、信访室、案件监督管理室、第一至第三纪检监察室、案件审理室等10个内设机构。派驻机构是区纪委区监委重要组成部分，由区纪委区监委直接领导和统一管理。至年末，区纪委区监委设派驻机构5个，经区纪委区监委授权，履行中共纪律检查和国家监察2项职责。区纪委区监委下属设纪检监察事务服务中心1个事业单位，负责执行纪律监督服务保障工作。

（庞东妮）

【政治监督与纪律保障】2021年，区纪委区监委贯彻中共中央总书记习近平重要指示批示精神，落实新冠肺炎疫情常态化防控、区划优化调整等16项决策部署和区党代会、区两会精神。9月，制定出台《钱塘区纪委区监委2021年下半年政治监督工作方案》，组建督查组跟进监督，出动1800多人次，开展联动督查活动890多次，整改问题900多个。开展生态环境监督，诫勉在2020年长江经济带生态环境治理中履职不力区管干部2人。组建区委巡察机构“一办三组”（1个巡察办公室、3个巡察组），通过常规巡察、交叉巡察、接力式巡察相结合模式，完成2个区级部门、2个街道、2个产业平台和9个村（社区）巡察工作。

【清廉钱塘建设】2021年9月，区纪委区监委围绕清廉钱塘建设目标要求，制定出台《关于纵深推进清廉钱塘建设的实施意见》及8个“清廉单元”（机关、国企、民企、村居、学校、医院、交通、文化）配套实施方案，建立

2021年7月2日，区纪委区监委到省乔司监狱与辖区4个省级监狱单位举行清廉钱塘建设监督执纪合作共建签约仪式　（庞东妮 提供）

“1+8+N”工作体系。全年召开清廉单元建设专题部署会、清廉阵地建设现场推进会、清廉村居建设观摩会4场次。建立清廉村居建设标准和测评指标，建成省乔司监狱警示教育馆、临江围垦纪念馆、村（社区）清廉驿站等清廉阵地14个。11月，出台《关于明确正负面清单进一步规范政商交往行为的意见》，构建“亲而有度”“清而有为”政商关系，规范廉洁从政从业行为，划出纪法底线和政策底线。加强清廉文化建设。6月，开通微信公众号“钱塘廉潮”，全年推送文章191篇次；举办“学百年党史，兴钱塘廉潮”书画作品征集活动，评出入围作品100件。其中，优秀作品10件，优秀提名作品20件。依托“钱塘廉潮”公众号开设“廉潮心语”和“清廉建设大家谈”专栏及“清廉考场”。至年末，“清廉考场”举行活动3期，参与人员2.8万人次。（庞东妮 李子云）

【“四个责任”落实】 2021年，区纪委区监委结合中央、省委、市委巡视巡察反馈情况，配合区委制订专项整改方案，明晰问题清单、任务清单和责任清单，开展“四责协同”（党委主体责任、纪委监督责任、党委书记第一责任、班子成员一岗双责）、廉政风险防控、基层监督提质增效、作风效能提升、“破题攻坚”5个专项行动。围绕谈责、述责、评责、督责等环节，通过主要领导集中听，分管领导分片听，召开履行全面从严治党主体责任会议10次，听取23个区级部门和7个街道党组织主要负责人2020年度履责情况报告，通过“当场评议+书面抄告”形式，反馈问题52个。9月，制定印发《2021年党风廉政建设和反腐败工作组织领导与责任分

2021年6月11日，中国共产党杭州市钱塘区第一届纪律检查委员会第一次全体会议召开（庞东妮 提供）

工》《2021年党风廉政建设考核细则》，推动7个街道、23个部门（单位）党组织主要领导签订《党风廉政建设责任承诺书》。

区纪委重要会议

【区纪委第一届第一次全体会议】 2021年6月11日，中共杭州市钱塘区第一届纪律检查委员会第一次全体会议召开。选举产生区纪委书记1人、副书记2人、常务委员4人、委员21人。会议指出，未来五年是钱塘区站在新的历史起点，开启建设“智涌钱塘·现代星城”新征程的重要时期，做好全面从严治党工作意义重大、影响深远。全区各级党组织和纪检监察组织要以习近平新时代中国特色社会主义思想为指导，贯彻习近平系列重要讲话和指示批示精神，按照中央、省委、市委、区委和上级纪委全会部署，增强“四个意识”、坚定“四个自信”、做到“两个维护”，推动上级党委和区委决策部署有效落实，推动巡视巡察反馈问题整改，推进清廉钱塘建设，一体推进不敢腐、不能腐、不想腐，为建设现代化国际化一流新区提供保障。

【区纪委常委会会议】 2021年，区纪委召开常委会会议30次，讨论和决定事项65项。传达学习中共中央总书记习近平庆祝中国共产党成立100周年大会讲话及浙江省庆祝中国共产党成立100周年大会、市纪委纪检监察机关信访举报业务培训会等会议精神；贯彻市纪委书记陈擎苍调研钱塘区讲话精神、区委第一届第二次全会精神、全国纪检监察系统审查调查安全联络员培训班有关精神等事项；听取纪检监察专网项目建设、办公电脑采购、清廉文化阵地与党建园地建设费用等事项汇报；研究有关案件情况、审查调查场所改造项目、纪检监察室分工联系情况、党组织筹建工作等事项；审议纪检监察干部主题实践活动实施意见、2021年度涉纪信访区纪委领导包案方案、2021年度政治监督工作实施方案等事项。（庞东妮）

执纪审查与监察调查

【省委巡视问题整改】 2021年9月，区纪委区监委出台《钱塘区纪委区监委落实省委巡视反馈问题整改工作方案》，建立整改责任清单，确定整改项目55个，整改率100%，挽回经济损失2083.91万元。做好省委巡视21项牵头整改任务整改及监督，推动整改落地措施123条，建立制度60项。

成立主要领导负责的省委巡视移交信访件办理专班，全年召开专题会议8次，解决涉及群众利益问题4个；组建核查小组2个、工作人员12人，办结省委巡视组移交信访举报案59件，立案查处4人、组织处理8人、谈话11人、印发监察建议书和抄告单6份，办结率100%。（庞东妮）

【信访办理与制度制定】2021年，区纪委区监委受理信访举报176件。根据《重要信访件办理质量评价办法》，评价重要信访案26件，发现问题78个，整改率100%。规范信访举报案件处理。6月，出台《关于信访举报首办责任有关规定》《钱塘区失实纪检监察信访举报澄清工作办法（试行）》《钱塘区纪检监察实名检举控告受理告知查询反馈工作操作办法（试行）》等文件，澄清正名受到失实检举控告党员干部10人，其中回访4人。（陈　展）

【正风肃纪明察暗访】2021年，区纪委区监委围绕“纠四风、树新风”，开展“治顽疾、提效能、促执行”专项治理活动。围绕区两会、行政区划优化调整、国家法定节假日等重点时间、重点人员、重点部门，会同区公安分局开展“酒局”“牌局”、违规出入高档会所、娱乐场所、违规公款吃喝、公车私用等方面问题明察暗访129批次，纠正问题75个，发放督促整改问题交办单3份。联合区交警大队开展酒驾、醉驾行动整治4次，检查车辆2190辆次、查处酒驾党员干部12人。开展国家法定节假日“四风”整治监督暗访工作，结合下沙“董氏家族”涉黑涉恶问题，全年公开通报违反中央八项规定精神问题等案例18起、19人。（庞东妮　李子云）

【漠视群众利益问题专项督查与整治】2021年，区纪委区监委专项整治漠视侵害群众利益、“亲清政商”关系、国有企业、土地“非粮化”等突出问题43个，处理问题线索30条，处理26人，处理群众身边腐败问题16人，典型案例在中央、省级媒体刊登96篇次。会同区公安分局等10个职能部门专项治理群众“感受最直接、反映最强烈的急难愁盼”问题15个，全年查处“不担当、不作为、不落实”问题36人，公开通报曝光党员干部履职不力问题典型案例3起。加强网络餐饮服务食品安全监管，保障消费者合法权利，督促区市场监管局制定《钱塘区保健食品违规销售、虚假宣传整治工作实施方案》《钱塘区药店违规销售处方药专项整治检查方案》。至年末，线下检查网络订餐单位840个、线上86个，责任整改21个，培训从业人员725人，发布“红黑榜”5期，被列入“黑榜”订餐单位19个，整改率100%。（庞东妮）

2021年国庆期间，区纪委区监委派驻第二纪检监察组对辖区内公务车使用情况进行监督　（庞东妮 提供）

正风反腐

【作风建设专项整治】2021年，区纪委区监委立案68人。其中，立案县处级干部12人，乡科级干部17人，一般干部12人，其他27人。党纪政务处分62人。查处违反中央八项规定精神问题20件、党纪政务处分20人，处置问题线索281条、组织处理126人、留置2人，移送司法机关1人。查处河庄街道办事处原调研员陈金康涉嫌职务犯罪案，该案件是钱塘区首例行贿受贿合并查处案件。推进作风建设专项整治行动，查处“不担当、不作为、不落实”问题27起，处置36人。开展全区受处分人员集中回访教育工作，集中回访教育党员干部25人。开展清查中共第十九次全国代表大会以来办理案件的涉案财物追缴情况，追缴涉案款5万余元。10月，编印《忏悔与反思——2019年以来钱塘区党员干部严重违纪违法案例选编》。全年开展全域警示教育活动5场次。（庞东妮）

【扫黑除恶惩腐打伞】2021年，区纪委区监委专项查处党员干部、公职人员涉黑涉恶、充当黑恶势力“保护伞”问题，成立反腐败协调小组和办公室，建立与公检法等单位联动问题线索移送机制。全年处置涉黑涉恶问题线索31

件，立案19人、党纪政务处分20人、组织处理19人，组织处理2个恶势力集团案件、处理党员干部3人。对“1105”专案暴露出工程招标投标、行政执法、国有企业运行、村级留用地开发建设等领域问题，向下沙街道、区产业集团、区综合行政执法局等5个部门（单位）印发监察建议书，推动实施专项治理项目4个、整改问题14个、修订制度7份、问责2人。（谢大双）

巡察工作

【组织架构】2021年5月，杭州市钱塘区委巡察机构（简称区委巡察机构）成立，设区委巡察工作领导小组办公室和区委第一巡察组、第二巡察组、第三巡察组。采取“专职+兼职”结合模式，配备巡察专职干部10人，通过“选派+选调+抽调”工作机制，从全区机关单位选派选调干部12人到巡察机构工作，并按轮次从区纪委区监委、区委组织部、区委宣传部、区委政法委4个党委部门各抽调1名干部协助巡察工作。全年区委常委会专题研究巡察工作1次、区委书记专题会听取巡察工作报告2次，区委巡察工作领导小组审议巡察报告和巡察事项3次。至年末，组织巡察机构干部、区纪委区监委、区委组织部和辖区7个街道纪工委开展巡察业务培训2期，受训80人。

【巡察工作机制完善】2021年，区委巡察机构推动巡察工作制度化、规范化、法治化建设，优化区委书记专题会议听取巡察报告、区领导参加被巡察单位巡察情况反馈会等区委落实巡察工作主体责任有关制度。根据巡察指导类、巡察业务类、内部管理类梳理出《中共杭州市钱塘区委关于加强区委巡察工作的实施意见》《钱塘区委巡察机构干部选调实施办法》《中共杭州市钱塘区委巡察工作领导小组办公室工作规则》《中共杭州市钱塘区委巡察组工作规则》《钱塘区委巡察整改情况报告和公开制度》《钱塘区委整改约谈制度》《钱塘区委巡察机构干部行为规范》等19项巡察工作制度。提升巡察工作规范化水平和工作效率，创新巡中组办例会、巡察信访受理处置办法等工作机制。

【巡察工作开展与监督】2021年，区委巡察机构围绕“三个聚焦”，组织开展第一届区委五年巡察工作调研计划工作。根据部门职能职责、信访受理情况、历史遗留问题、历年巡察情况等综合因素，排出时序清单，做好2022至2026年工作安排。全年开展2个街道、2个部门、2个平台常规巡察，发现问题148个、移交问题线索15条，向被巡察单位提出意见建议41条，向区级职能部门提出意见建议6条，其中3个共性问题得到解决。探索“区委巡察组+街道延伸交叉巡察组”巡察模式，组建街道延伸交叉巡察组，完成9个村（社区）党组织延伸交叉巡察工作。

【“接力式”巡察工作】2021年9月，区委巡察机构根据市委关于开展“市区巡察上下联动试点工作”部署安排，结合市委第一指导督导组意见，以涉及省委巡视反馈问题最多的区住建局为“接力式”巡察试点工作对象开展巡察。11月，下沙街道高沙社区拆迁违建工作在区委巡察组和区纪委派驻第五纪检监察组联合督办下，拆除老旧小区违规建筑房屋125户。完善市、区两级行业系统信息通报会、共性问题研商会、上下联动协调推进会等机制，围绕巡前、巡中、巡后各个环节，梳理形成聚焦巡察工作步骤6个，内容涵盖31个重点环节的市、县（区、市）党委“接力式”巡察工作流程图和市、县（区、市）党委“接力式”巡察流程对照表，为市委巡察办制订有关规范标准提供参考。（郑志敏）

责任编辑　高骏森

民主党派

中国国民党革命委员会杭州市钱塘区支部委员会

【概况】2021年，中国国民党革命委员会杭州市委员会批准，将户籍、工作地或居住地在钱塘区的15名原江干区基层委员会党员、3名原萧山区基层委员会党员、3名原上城区基层委员会党员、2名原拱墅区基层委员会党员和1名省直属机关工作委员会党员调整到钱塘区，组成中国国民党革命委员会杭州市钱塘区支部委员会（简称民革钱塘区支部）。6月16日，民革钱塘区支部成立，并召开第一届党员大会，选举产生第一届支部成员4人。其中，主任委员1人，副主任委员1人，委员2人。第一届民革钱塘区支部有党员24人，1980后出生12人，占52%。女性党员9人，占37.5%。本科以上学历23人，占95.8%；研究生以上学历6人，占25%。

【参政议政职能履行】2021年，民革钱塘区支部围绕“打造‘智涌钱塘·现代星城’，推进现代化国际化一流新区建设”为目标，发挥钱塘民革作用。7月，区政协第一届第一次会议召开，民革钱塘区支部党员参会8人，其中当选区政协第一届常务委员会委员3人。参加参政议政，提交个人提案5篇、集体提案10篇。其中，《关于继续完善村（社区）级留用地项目开发机制的建议》的提案入选大会口头发言材料，《关于协同推进瓶装燃气智慧管理与应用的建议》被列入重点提案办理。

【“同心向党，献礼百年”党史学习活动】2021年6月25日，民革钱塘区支部班子成员及党员到临江知青文化园开展党史学习。参观知青文化纪念馆“围海造田、

2021年6月25日，民革钱塘区支部班子成员及党员到临江知青文化园参观

（许宏波 提供）

荒涂夺粮、苦乐年华、情系故土、沧桑巨变”5个展览厅，感受知青革命精神和围垦精神。召开“同心向党，献礼百年”中共党史学习座谈会，支部主任委员许宏波传达区第一次党代会精神，要求支部党员围绕“打造‘智涌钱塘·现代星城’，推进现代化国际化一流新区建设”为目标，发挥钱塘民革作用；要重视“四史”（中共党史、新中国史、改革开放史、社会主义发展史）和民革党史学习，参政履职，推动钱塘区高质量发展。（许宏波）

中国民主同盟杭州市钱塘区支部委员会

【概况】2021年6月4日，中国民主同盟杭州市委员会研究批准，中国民主同盟杭州钱塘新区支部委员会更名为中国民主同盟杭州市钱塘区支部委员会（简称民盟钱塘区支部）。至年末，民盟钱塘区支部有盟员20人，主要成员和联系对象为文化界、教育界、科学界等界别知识分子。有支部成员5人。其中，主任委员1人，副主任委员1人，委员3人。7月19—23日，区人大第一届第一次会议和区政协第一届第一次会议举行，1名盟员当选区人大代表，7名盟员担任区政协委员、2名盟员当选区政协常务委员会委员。助力“美好教育”先行区建设，发挥教育界别优势，全年开展“教育咨询日”“小候鸟夏令营”“城市温暖日”等主题教育活动10多场次；利用“盟员之家”阵地、通过“线上+线下”直播方式，开展“构建校园纠纷多元化解机制”讲座会、“如何提升学生学习能力”“杭州市中考新政与备考策略”等讲座。11月28日，民盟钱塘区支部被民盟浙江省委会授予“五星级盟员之家”。

2021年10月28日，民盟钱塘区支部走进白杨街道杭州龙源专修学校听取关于落实“双减”工作汇报 （沈力清 提供）

【参政议政职能履行】2021年，民盟钱塘区支部围绕区委、区政府中心工作和人民群众关注的问题，开展走访调研活动。7月，在区政协第一届第一次会议上，提交提案参考材料5篇。其中，《关于完善钱塘区乡村治理体系的建议》的提案入选大会口头发言材料，《关于探索把家庭教育纳入优质公告服务体系的建设》《关于为中小学配备专职心理教师或向心理教育机构购买服务，积极鼓励名校创办家长学校，促进青少年身心健康发展》2个提案转交有关部门办理。提交的《教育公平原则下的新时代名校再定义》《关于把杭州医药港打造成为国内顶尖生物医药产业高地的建议》《以高水平打造“宜居天堂”为契机，如何加强钱塘江古海塘文化遗产保护和开发》《当前进口冷链食品监管难点与对策分析》4篇调研报告通过立项，并完成终稿。

【“双减”民主监督调研工作推进】2021年，民盟钱塘区支部推进《专项民主监督工作的实施方案》工作机制。10月28日，组织教育“双减”（减轻义务教育阶段学生作业负担和校外培训负担）课题组到区教育局和白杨街道开展专项民主监督调研，听取区教育局关于落实“双减”工作情况汇报，询问建立长效机制、守好学校主阵地、深化教育惠民、规范校外培训等方面工作进展情况；围绕“学业负担、课后服务、学生心理、教师负担”等内容提出意见建议。听取白杨街道关于推进校外培训机构长效化规范管理、加快分类转登、加强风险防控进展等工作汇报。围绕“基层教育执法力量、安全账户监管”等问题进行探讨。11月，完成《关于钱塘区落实“双减”政策的情况调研与实施建议》，并报送到区委统战部。（沈力清）

中国民主建国会杭州市钱塘区总支部委员会

【概况】2021年5月29日，中国民主建国会杭州市钱塘区总支部委员会（简称民建钱塘区总支部）成立，并召开第一届会员大会，选举产生第一届总支部成员5人。

其中，主任委员1人，副主任委员3人，委员1人。民建钱塘区第一届总支部下设钱塘区一支部和二支部，有会员38人，由民建市直机关支部、原民建江干区基层委员会下属支部、民建萧山区基层委员会下属支部部分会员组成。从事企业工作会员占比63%。其中，有市政协委员1人，区人大代表2人，区政协委员8人。是年，民建钱塘区一支部被民建市委会授予"优秀支部"，2名会员被授予"浙江民建为全面建成小康社会作贡献成绩突出个人"。

【参政议政职能履行】2021年，民建钱塘区总支部履行民主党派参政议政职责，全年提交社情民意和各类信息材料38篇，4篇被民建中央录用，7篇被省政协、省委统战部和民建省委会录用。其中，《建议加快企业"环保码"全国推广应用完善环境信用评价制度》获2021年度民建省委会参政议政优秀成果一等奖；《关于加强农业科技推广助推农业现代化的几点建议》获省委副书记和副省长批示，并获2021年度民建省委会参政议政优秀成果二等奖；《企业"环保码"深化应用研究》获2021年民建市委会参政议政优秀成果一等奖。《借鉴香港经验，提升杭州医疗国际化水平的建议》《农村生活污水处理设施运行现状及对策分析》《关于三湘和三江汇流区块水源地规范化建设的建议》获2021年民建市委会参政议政优秀成果三等奖。区两会期间，提交大会发言、议案、提案和建议5件，其中《关于补齐智能产业发展短板，做实未来产业的建议》的提案入选区政协大会口头发言材料。

【"同心向党，共忆携手初心"活动】2021年6月26日，民建钱塘区总支部到杭州民建办公旧址（现杭州市旅游职业学校葵巷校区）开展庆祝中国共产党成立100周年暨杭州民建成立70周年纪念主题活动，参观民建旧址纪念柱和杭州民建会史展览厅。围绕"智涌钱塘、现代星城"建设为目标，学习交流中国共产党党史和《中国共产党杭州市钱塘区委员会报告》，按照参政党建设"四新"（新气象、新提高、新作为、新面貌）和"三好"（好参谋、好帮手、好同事）要求，做好参政议政、社会服务、活动宣传、会员发展等工作。

【"向日葵爱心助学行动"走进富阳区春江中心小学】2021年5月27日，民建钱塘区总支部走进富阳区春江中心小学三星校区（农民工子弟学校）开展民建思源工程"向日葵爱心助学行动"，与师生庆祝"六一"国际儿童节，为家庭困难学生送上书包、文具、玩具、运动鞋、运动衣等礼品；为10个班级、299名学生送上学习用品、零食、玩具等儿童节礼物。募集捐款1.82万元为优秀学生颁发助学金。会员围绕"弘扬劳动精神，献礼建党百年"为主题开展教育活动，给学生送上彩绘拓印T恤衫，开授竹编"红船"新劳动教育课程。通过实践操作，寓教于课，帮助学生掌握生活技能，提高实践能力，培养创新精神。

【李百春被中央委员会授予全国优秀会员】2021年10月25日，杭州福莱蒽特股份有限公司（简称公司）在主板挂牌上市（股票代码：605566，发行价格32.21元/股）。该公司董事长、总经理李百春为民建钱塘区总支部副主任委员。公司成立1998年7月24日，有专利47件，其中发明专利37件，是国家级高新技术企业、省级高新技术企业研究开发中心、杭州市企业技术中心、高性能染料研发生产重点企业、省级企业研究院。2017年，公司为萧山区浦阳镇教育基金会捐款300万元，被浦阳镇人民政府授予"尊师重教、惠泽浦阳"奖牌；2019年，公司为临江街道教育卫生慈善基

2021年5月27日，民建钱塘区总支部"向日葵爱心助学行动"走进富阳区春江中心小学三星校区
（余晓燕 提供）

金捐款200万元；2020年2月，通过民建中央中华思源工程基金会捐款100万元，并捐赠一次性口罩1.6万只。2021年捐款、捐物55万元。12月，李百春被中国民主建国会中央委员会授予“2020年度全国优秀会员”，民建中央、省、市“抗击新冠肺炎疫情先进个人”。（余晓燕）

中国民主促进会杭州市钱塘区总支部委员会

【概况】2021年6月4日，中国民主促进会杭州市钱塘区总支部委员会（简称民进钱塘区总支）成立，并召开第一届会员大会，选举产生第一届总支部成员5人。其中，主任委员1人，副主任委员2人，委员2人。下设3个支部，有会员38人（新发展会员2人），主要为原民进江干区基层委员会、萧山区委员会和市属其他民进支部委员会会员，涵盖教育、经济、医疗等行业。其中，有区管干部1人，市人大代表1人，区人大代表2人，市政协委员2人，区政协委员6人，区政协常务委员会委员1人。8月8—11日，下属3个支部成员选举举行，分别选出主任委员、副主任委员和委员各1人。12月，民进钱塘区总支被市委会授予“反映社情民意信息工作先进集体”、民进钱塘区一支部被授予“2021年度优秀支部”。1名会员被民进中央委员会授予“反映社区民意信息工作全国先进个人”。3名会员被市委会授予“2021年度参政议政工作先进个人”、2名会员被评为“优秀会员”。

【参政议政职能履行】2021年，民进钱塘区总支围绕“区政协工作报告、区政府工作报告和《国民经济与社会发展第十四个五年规划和二〇三五远景目标纲要》等内容，组建专项民主监督小组，开展调研监督。完成《杭州邻里中心建设中的难点与对策研究》《社会组织参与社会治理的思考与建议》《建议加强三孩政策背景下个人“生育能力与疾病基因检查”》《建议依职权追加道路救助基金为交通事故赔偿第三人》《关于加强街道公共服务中心建设，提升便民服务水平的建议》等社情民意调研报告14篇。其中，民进中央录用3篇，民进省委会录用7篇，民进市委会录用4篇。区两会期间，提交人大代表建议和政协委员提案4篇，其中《打造未来社区智享生活，助力现代星城建设的建议》的提案入选大会口头发言材料。

2021年10月15日，民进钱塘区总支部联合民进市委会走进义蓬街道颐康医养中心开展“开明·公益性”重阳节送服务活动　（夏舒慧 提供）

【“开明公益行”社会活动走进义蓬街道颐康医养中心】2021年，民进钱塘区总支发挥教育和文化界别优势，打造钱塘民进“开明公益行”社会服务品牌。10月15日，联合民进市委会“开明艺术团”走进义蓬街道颐康医养中心开展重阳节专项慰问活动，为150多名老年人和40多名残疾人送上生活慰问品，以及杂技“顶缸”、舞蹈“送你一朵玫瑰花”、二胡独奏“战马奔腾”、歌曲“红旗飘飘”等节目表演。关心关注弱势群体社会责任，发挥会员作用，创新活动形式，以有奖抢答方式，把防诈骗、不购买“三无”（无生产日期、无质量合格证、无生产厂家）保健品知识融入到活动提问中，帮助老年人和残疾人员加深防范诈骗意识。（夏舒慧）

中国农工民主党杭州市钱塘区基层委员会

【概况】2021年5月26日，中国农工民主党杭州市钱塘区基层委员会（简称农工党钱塘区基层委）成立，并召开第一届会员大会，选举产生第一届基层委成员7人。其中，主任委员1人，副主任委员3人，委员3人。下设3个支部，会员主要为原农工党大江东产业集聚区支部党员和生活或工作在钱塘区的党员、原属江干区

2021年7月23日，农工党杭州市钱塘区一支部到临安区於潜鹤村参观《民族日报》社旧址　　（李志恩　提供）

和萧山区基层委员会党员54人，平均年龄43.6岁，本科以上学历48人，占88.9%；中级和高级职称38人，占70.4%；医药卫生系统领域15人，占27.8%。市管领导1人、科级干部11人、人大代表3人、政协委员12人。选举产生第一支部主任委员1人、副主任委员2人、委员2人；第二支部主任委员1人、副主任委员1人、委员2人；第三支部主任委员1人、副主任委员1人、委员2人。是年，农工党钱塘区基层委被省委会授予"2021年度全省组织工作先进集体"，被市委会授予"2020—2021年度先进集体"。第二支部被省委会授予"2021年度全省社会服务先进组织"，3个支部被市委会授予"2020—2021年度先进支部"。1名党员被省委会授予"2021年度宣传工作先进个人"、14人被市委会授予"个人荣誉"称号。

【参政议政职能履行】2021年，农工党钱塘区基层委参加区委、区政府及区政协、区委统战部组织的各类民主协商会、情况通报会10多场次，就加快推进有机更新、规范安置小区物业管理、发展钱塘"美丽经济"、加强综合治理平安建设等方面提出意见建议。在区第一届第一次人大和政协会议上，14名人大代表、政协委员提交个人（含联名）建议和提案3篇。其中，列为重点提案1篇，选入政协大会口头发言材料2篇。开展社情民意调查研究，向市委会及上级部门提供社情民意信息材料35篇，录用10篇。其中，获省级领导批示1篇，市级领导批示4篇。

【思想建设工作】2021年，农工党钱塘区基层委组织开展思想政治教育学习、座谈会、辅导党员报告写作等活动12场次，参加党员240多人次。创新党史学习教育路径，围绕"中国共产党创新理论，融会贯通学习中国共产党史与学习新中国史、改革开放史、多党合作史"，建议基层委和3个支部要做到"三个一"，即主任委员每月上1堂党史学习宣讲课、支部每月组织开展1次学习交流活动、党员每月撰写1篇心得体会文章。发挥党派优势，打造"同心"系列社会实践品牌，联合区青年团委员会、区妇联、区公安分局、高等院校等单位开展公益活动和社会实践活动40多场次。参加统一战线和理论工作学习和研究，全年在《前进论坛》《浙江农工》《杭州农工》等杂志、期刊及市委统战部、区委统战部微信公众号上刊发作品60多篇次。《杭州市钱塘区"同心护童心"项目正式启动》被人民网、人民政协网等国家级主流媒体报道，《促进新社会阶层人士参与社会治理的调查研究》被市委会录用。

【组织建设与社会服务】2021年，农工党钱塘区基层委新发展党员5人，其中研究生学历2人。做好党员培养，组织3名人大代表和12名政协委员到"初任培训班"学习、7名党员到区"民主党派成员培训班"学习。下辖3个支部按照《农工党杭州市委会2021年星级支部考核实施意见》，推进队伍规范化建设，第二支部被省委会授予"2021年度全省社会服务先进组织"，被市委会授予五星级支部。第一支部和第三支部被市委会授予四星级支部。做好社会服务工作，依托农工党医疗卫生专业特色和党员专业领域特长，建立"同心"服务基地，形成"同心护童心""同心助平安""同心助颐老""同心护国防""同心促发展"5个系列品牌。全年开展社会服务活动和公益活动30多场次。其中，"同心护童心"社会服务活动，第二届警察节义务诊疗活动，"云朵少年"义工团为环卫工人送温暖活动被国家、省、市和区级媒体报道30多篇次。助力新冠肺炎疫情防控，全年捐赠物资8批次，折合金额7万余元。

（李志恩）

中国致公党杭州市钱塘区支部委员会

【概况】2021年6月4日，中国致公党杭州市钱塘区支部委员会（简称致公党钱塘区支部）成立，选举产生第一届支部成员2人。其中，主任委员1人，委员1人。10月27日，召开党员大会，选举产生副主任委员1人。第一届致公党钱塘区支部有党员13人，平均年龄38.9岁，90%以上有海外关系或为留学归国人才。其中，有市管干部1人，正科级干部2人，区政协常务委员会委员3人、委员1人。致公党钱塘区第一届支部主要会员为原江干区和上城区、临平区等基层委员会部分会员及组织关系从上海市、浙江省丽水市转来的会员。

【参政议政职能履行】2021年，致公党钱塘区支部结合区域产业发展和中央、省、市中心课题，执行参政议政职能履行。开展民主监督，组织“我们都是钱塘人”系列活动走访调研。6月24日，围绕“打造未来乡村，推动共同富裕”为主题，走进河庄街道江东村和义蓬街道火星村2个农业示范行政村，调研“未来乡村”建设推进情况，围绕“非粮化”整治工作形成的专题报告。7月，在区政协第一届第一次会议上提交提案5篇，其中《打造三生融合钱塘样板，高水平建设未来乡村》专题调研报告选入大会口头发言材料。9月，参加区委统战部组织的第一期“我为钱塘发展献一策”主题论坛，就钱塘新区加速融合、聚力发展进行建言献策。

2021年11月18日，致公党钱塘区支部到河庄街道开展乐学课堂——法律讲堂“拆迁那些事儿”讲座

（练　烨　提供）

10月27日，与上城区基层委一支部联合开展“助力共同富裕，共谋城市发展”支部结对暨主题议政日活动，参观杭州亚运轮滑场馆及位于杭州综合保税区的玳能科技（杭州）有限公司和杭州乐链网络科技有限公司“全球中心仓”。11月，走进义蓬、河庄等街道村（社区）、企业，调研美丽乡村建设现状和企业发展情况。

【理论学习党史活动】2021年，致公党钱塘区支部开展集中学习活动3场次、交流研讨和“红色走访”等活动10多场次。6月18日，参加全区统一战线“学百年党史·看钱塘发展·话星城未来”暨传达通报区第一次党代会主要精神学习交流活动，走进杭州艾美依航空制造装备有限公司和河庄街道江东村及临江围垦纪念馆调研。7月26日，联合上城区基层委到桐庐县开展“庆祝建党百年，寻访红色印记”党史活动，参观忆长征红色拓展基地、分水镇党群服务中心、妙笔小镇智慧乐园、南堡精神纪念馆，回顾中国共产党带领中国农民百年乡村建设历程。11月19日，线上开展中共十九届六中全会精神专题学习，13名党员提交心得体会，其中《党员聚焦农村农业发展》的学习材料通过市委会报送到省委会。

【对外交流与社会服务活动】2021年，致公党钱塘区支部组织党员参与对外交流活动和社会服务工作。7月汛期期间，到临安区天目山镇和於潜镇等地区参加防汛防台风，劝返游客4000多人，安置900多人。9月23日，联合杭州市贸易促进委员会承办“2021年第三季度驻杭国际商务机构‘走进钱塘区’圆桌会”，帮助加拿大、德国等35个驻杭国际商务机构和企业代表“以商会商”。12月，参加新冠肺炎疫情防控，捐赠医用口罩10万余只、全套防护用品300多套、车载紫外“LED”杀菌防疫灯80只，折合金额10万余元。

【“拆迁那些事儿”法律知识讲座】2021年，致公党钱塘区支部助推钱塘经济社会民生协同高质量发展。11月18日，与河庄街道办事处结对，围绕“拆迁那些事儿”为主题组织街道、社区工作人员及居民开展法律知识讲座。通过安置房买卖是否受法律保护、夫妻离婚，妻子为拿回迁房与丈夫家人对簿公堂，她有权分吗、农村宅基地上房屋买卖合同是否有效、离婚后拆迁，可以索要拆迁房和补偿款么、想多拿一些拆迁补偿，假结婚没事、拆迁户口冻结之后，结婚迁入及新出生落户的孩子是否可以作为安置人口6组涉及民事、刑事、行政典型案例以案说法，帮助居民掌握拆迁有关法律知识，保护自身合法权益。（练　烨）

九三学社杭州市钱塘区基层委员会

2021年6月26日，九三学社杭州市钱塘区基层委员会到杭州市党群服务中心现场参观学习（姚肖飞　提供）

【概况】2021年6月11日，九三学社杭州市钱塘区基层委员会（简称九三学社钱塘区基层委）成立，并召开社员大会。选举产生第一届基层委员会成员7人。其中，主任委员1人，副主任委员3人，委员3人。下属3个支社委员会（简称支社），选举产生主任委员各1人、委员各3人。九三学社钱塘区基层委有社员56人（新发展4人），由原江干区基层委支社、萧山区基层委支社和市属其他支社部分社员组成，以科学技术界高中级知识分子为主，具有政治联盟特点。有市人大代表1人，区人大代表2人，市政协委员1人，区政协委员11人。有博士8人，硕士14人，教授2人。至年末，九三学社钱塘区基层委参与新冠肺炎疫情常态化防控，捐款1.1万元，捐赠口罩、消毒水、食品等物资，折合金额2.5万元。

【参政议政职能履行】2021年，九三学社钱塘区基层委围绕区委、区政府中心工作开展社情民意调查研究、建言献策，履行职能。至年末，创建社情民意服务中心1个，制订基层委内部制度2份，组织社会活动2场次。区两会期间，提交人大议案建议和政协委员提案7篇，其中基层委副主任委员徐建提交的《开源与增效并重，容错与合规同行，建议大力加快我省政府投资基金发展》的提案被省政协录用，并获副省长批示。全年撰写并上报宣传信息材料13篇。其中，上报到区委统战部6篇，录用3篇；上报到九三学社市委会7篇，录用4篇。

【基层党建学习教育活动】2021年，九三学社钱塘区基层委开展党建主题学习教育活动5场次，学习中共中央总书记习近平庆祝中国共产党成立100周年大会上的重要讲话和中共十九届六中全会精神。6月26日，组织基层委班组和支社班组及社员开展“同心向党，献礼百年”党史系列活动，到市党群服务中心参观，学习杭州发展史，并观看红色电影。传达中央统一战线有关文件精神、区第一届党代会精神，组织社员投入《杭州争当浙江高质量发展建设共同富裕示范区城市范例的行动计划（2021—2025年）》中，为增加建设钱塘区使命感和责任感，发挥参政议政职能。10月7日，到杭州萧山东海养殖有限责任公司开展社员生活会，研究专项民主监督课题及对口部门调研计划。（姚肖飞）

责任编辑　高骏森

群众团体

钱塘区总工会

【概况】2021年，杭州市钱塘区总工会（简称区总工会）辖7个街道总工会、6个平台工会工作委员会和17个直属工会，有基层工会975个，涵盖单位1806个，实名制工会会员16.3万人。区总工会坚持党建引领，举办庆祝中国共产党成立100周年系列活动，开展庆祝“红五月”和“9·26”杭州工匠日系列活动，成立劳模工匠宣讲团、劳模工匠志愿服务队，认定“钱塘工匠”10人，培育市级以上先进个人（集体）44个。推进产业工人队伍建设改革，培育省级产改示范点1个、市级产改示范点2个、区级产改示范点15个。打造“蓝领成才”职工素质提升工程，推动辖区14所高校与企业开展多元合作，507名产业工人获得学历补助。“钱工学堂”在线教育平台参训职工2万人次，承办市级一类职业技能竞赛2场，联合有关部门承办省、市、区域选拔赛10场。坚持维权服务，做实困难帮扶、医疗互助、高温慰问、职工疗休养、“小候鸟关爱”等品牌，建立“小哥驿站”“妈咪小屋”等阵地230个，惠及职工10万人次。开展农民工工资支付监督和职工队伍稳定排查，覆盖企业1468个，参与调处群体性事件2起，调处劳资纠纷11起，接待职工致电和到访63人次。开展普法竞赛、宣讲15场，在市总工会“平安杭州”创建工作总结会上以《实施“六举措”探索劳动争议多元化解“工会模式”》做经验交流。玳能科技（杭州）有限公司制造本部电脑制造课甲班获评全国工人先锋号。

【区工会第一次代表大会】2021年9月8日，杭州市钱塘区工会第一次代表大会召开，194名代表参会。区委副书记、区长朱党其出席会议并讲话。区人大常委会主任周志辉，市总工会副主席沈慧，区委宣传部部长李鹏，区委组织部部长吴勇，区人大常委会副主任董蒋灿，区政协副主席杨帆参加会议。大会回顾区总工会筹备情况，选举产生区总工会第一届委员会委员49人、经费审查委员会委员9人，选举产生

2021年4月7日至5月11日，钱塘区总工会等单位举办“红心永向党，奋进新钱塘”庆祝中国共产党成立100周年全区职工故事会比赛　（徐霞丽 提供）

以董蒋灿为主席，童华清为常务副主席，何友海、章国民、王芳（挂职）、于广信（兼职）为副主席的区总工会领导班子。大会讨论确定2021年至2025年工会工作目标和任务，提出建立健全以“凝聚职工、紧跟党走”为根本的职工思想引领体系，打造“忠诚之家”；建立健全以提升素质、促进发展为根本的职工建功立业体系，打造“成才之家”；建立健全以维护权益、促进和谐为根本的职工维权服务体系，打造“和谐之家”；建立健全以夯实基础、规范运作为根本的工会组织建设体系，打造“活力之家”；建立健全以内强素质、求实创新为根本的工运事业保障体系，打造“智慧之家”。

【关爱留守职工专项行动】 2021年1月11日，杭州市钱塘新区总工会联合新区社会发展局、新区经发科技局发布《致新区企业和广大员工的八项倡议》，号召企业同心抗击新冠肺炎疫情，鼓励员工留杭过年。设立关爱留守职工服务专项资金100万元，以“情系职工，温暖钱塘”为主题，推出春节期间关爱留守职工“五心五送”（贴心送暖护平安、同心送福添喜庆、爱心送礼增健康、归心送欢庆团圆、真心送爱聚福祉）系列举措。走访慰问留守职工、困难职工、医护人员、街道、村（社）、重点项目（企业）和环卫、公交等坚守工作岗位的一线职工，发放特产礼包2000份、亲情话费卡500份、电影券套餐500份、理发券100份、畅游杭州套票100份、新嫁衣代金券50份，提供免费客房100间、年夜饭100份。开通24小时免费法律咨询热线，为全区职工群众提供法律咨询服务。鼓励各级工会组织开展送温暖留心、强政策留岗、稳生产留工、优服务留人关爱举措，让留杭职工感受“第二故乡”温暖。

【助企减负纾困行动】 2021年，区总工会为发挥工会组织在支持实体经济发展、缓解企业融资困难等方面作用，根据《浙江省总工会办公室关于落实小微企业工会经费支持政策的实施细则》和浙江省企业拨缴工会经费缓减政策，开展企业工会经费缓减和小微企业工会经费返还工作，对辖区企业缓减应上缴工会经费的50%，对小微企业工会经费全额返还。年末，区总工会为1936个企业缓减2021年1月至12月工会经费3839.63万元，为207个小微企业返还2020年10月至2021年9月工会经费528.22万元。

2021年春节期间，钱塘新区总工会联合新区社会发展局、新区经发科技局开展关爱留守职工系列专项行动 （徐霞丽 提供）

【庆祝中国共产党成立100周年系列活动】 2021年4月7日至5月11日，区总工会举办全区职工故事会演讲比赛，128名职工讲述128个关于中国党史、先进模范、青春励志故事。杭州市文海实验学校皇甫佳英、杭州钱塘新区产业发展集团有限公司姜坤、杭州市钱塘区江湾小学刘方竞在决赛中获评一等奖。4月20日至6月18日，组队参加第二届杭州职工文化节，获评歌咏会金奖1个、铜奖1个，职工故事会银奖2个。5月13—14日，组织90多名工会干部开展党史专题学习培训。5月18日至6月25日，举办全区职工大合唱，活动通过“线上加线下”举行，1800多名职工参加比赛，区教育工会、区税务局工会获金奖。6月30日，区总工会组织编导原创情景剧《十年磨一剑》，讲述钱塘区从滩涂垦区到城市新区的创业发展史，在区中国共产党成立100周年文艺晚会上演出。11月30日至12月8日，区总工会班子成员走进15个企业开展中国共产党十九届六中全会精神“六讲六做”大宣讲，解读中共十九届六中全会精神，宣讲《中共中央关于党的百年奋斗重大成就和历史经验的决议》要点。

【对口支援协作甘孜州理塘县】 2021年7月15日，钱塘区职工（劳模）疗休养理塘基地授牌。10月11日—15日，区总工会组织120名职工到四川省甘孜藏族自治

2021年7月15日，杭州市钱塘区与四川省甘孜藏族自治州理塘县对口支援协作钱塘区职工（劳模）疗休养理塘基地授牌（徐霞丽 提供）

州理塘县疗休养。10月12日，发起爱心助学捐赠活动，组织区内10个爱心企业向理塘县第二中学、城关第四完全小学的困难学生捐赠10万元助学金和学习、生活用品（其中包括8万元现金和价值2万元的棉被、台灯、字典等）。号召全区基层企业工会参与“塘塘”结对，至年末，动员20个企业向理塘校车项目捐款64万元。

【国家级管理技能大赛决赛】2021年7月29日至8月1日，区总工会组织10名班组长到温州经济技术开发区参加第二届国家级新区经开区高新区班组长管理技能大赛决赛。大赛于4月启动，由中国开发区协会、全国新区开发区工会工作论坛理事会主办，竞赛内容围绕企业现场安全、质量、成本、生产、设备、环境、人事、人工智能、大数据应用、党建工建等方面，来自全国75个新区、经开区、高新区的800多个企业的1万余名班组长参赛。经过角逐，长安福特汽车有限公司杭州分公司罗成虎、谭恩龙获得个人一等奖，广汽乘用车（杭州）有限公司张一飞获得个人二等奖，长安福特汽车有限公司杭州分公司郭健获得个人三等奖。钱塘区总工会连续两年获得团体比赛一等奖。

【数智群团系统建设】2021年，区总工会牵头推进区数智群团系统建设工作，至年末，完成数智群团“一键入群”1084个，“群团集市”注册用户12.88万人，累计访问217万人次，发布风采信息1481条，发布活动1157场。4月，建立钱塘区数智群团驾驶舱，覆盖全区11个群团组织的组织数、会员数、荣誉数、阵地数信息。7月，接入市级数智群团“驾驶舱”。开发建设“钱塘游学一码通”应用场景，以钱塘区产业优势、特色小镇、田园风光资源为依托，策划红色之旅、美丽乡村、工业游学线路，上线“钱塘群团之家”微信公众号。10月，上线市“群团集市”，12月，更名为“钱塘文旅云”。组织11批中小学生到广汽乘用车（杭州）有限公司、康师傅梦想乐园、杭州味全品牌体验馆等企业开展工业游学活动，联合杭州松下家用电器有限公司开展“钱塘嗨购节”，为企业创收60万元。

【新就业形态劳动者保障权益维护】2021年5月20日，区总工会启动钱塘区新就业形态劳动者入会集中行动，至年末，新建100人以上快递企业工会4个，成立交通运输行业工会联合会1个，街道新就业形态联合工会2个，吸纳新就业群体工会52个，新增会员3000多人。8月，会同区委组织部、区群众团体成员等单位成立“小哥之家”党群联盟，实施工会“十大关爱行动”，即送法律服务、送安康服务、送互助保障、送疗养健康、送技能培训、送文体活动、送服务阵地、送温暖活动、送困难帮扶、送评优评先，线下服务快递小哥、外卖小哥、网约车司机、货车司机等群体6650人次。工作交流稿《钱塘区总工会“三个覆盖”提升新就业群体获得感、幸福感、安全感》分别被《中国开发区工会》和《浙江省总工会简报》录用，并获得省总工会党组书记、副主席张才方批示。（徐霞丽）

共青团钱塘区委员会

【概况】2021年5月，共青团杭州市钱塘区委员会筹建组成立，设组长1人，副组长2人。7月，经团市委批复，中国共产主义青年团钱塘区委员会（以下简称团区委）成立，团区委下辖基层团组织761个。其中，基层团（工）委64个，基层团总支20个，基层团支部677个，共青团员1.76万人。团区委在团市委年度综合考评中获评优秀等次；5名青年职工获得杭州市“优秀岗位能手”称号，18名青年技能人才入选首

2021 年 11 月，共青团钱塘区委作为杭州市唯一区县（市）代表在浙江共青团助力“双减”常态化托管志愿服务观摩会上做交流发言　（顾　颖　提供）

批“浙江青年工匠”培养项目；获评市级先进团（工）委 3 个、先进团支部 3 个、优秀团干部 4 人、优秀团员 5 人。

【团区委助力“双减”工作】2021 年 7 月，团区委坚持“需求导向、服务至上”原则，开展高校和中小学校定向结对志愿服务，招募组建 15 个“双减”特色青年志愿者服务队，发动 1000 名志愿者报名“双减”常态化课后托管志愿服务工作，服务时长累计 1000 小时。发挥红领巾学院思政育人，全区 43 所学校实现红领巾学院全覆盖，招募“红领巾宣讲团”，开设“红领巾讲堂”，供学校课后点单。11 月，团区委作为杭州市唯一区县（市）代表在浙江共青团助力“双减”常态化托管志愿服务观摩会上做交流发言，《中国共青团》杂志、“青春浙江”微信公众号等多个媒体宣传报道。

【“鱼跃钱塘”青年之家打造】2021 年 10 月，团区委联合泰隆银行钱塘支行，创新“金融+团建”新模式，打造 700 平方米区级示范型青年之家——“鱼跃钱塘”。做为区内首个创新型青年之家，探索“团区委—街道团工委—金融机构团委”三级管理运营模式，整合创业资源，打造创新创业实践基地、思政实践教育基地和学生劳动实践教育基地。青年之家内设“塘塘江畔爱心超市”“24 小时能量站”“I want you”招聘角、“小鱼和他的朋友们”公益集市等特色区块，助力爱心帮扶、便民服务和乡村振兴，成为钱塘区青年想得起、找得到、靠得住的温馨驿站。

【跨境电商青年创业工程】2021 年 7 月，在浙江团省委、杭州团市委指导下，钱塘区“跨境电商青年创业工程”启动。10 月，团区委协调区人社局、综合保税区管理办公室共同主办“我在窗口写青春|钱塘区跨境电商青年创业工程”首期“就业孵化班”，招生覆盖钱塘区属地 5 所高校，录取学员 44 人。通过 56 课时培训，评选产生优秀学员 7 人，并落实相关企业实习岗位。

【区 12355 青少年服务中心成立】2021 年 9 月 10 日，钱塘区 12355 青少年服务中心暨未成年人心理健康服务站揭牌。同时，区公安分局、金沙湖派出所、白杨派出所、河庄派出所、临江派出所 5 个分中心启动。12355 青少年服务中心以“倾听青少年呼声，服务青少年需求，维护青少年权益”为宗旨，整合社会力量，针对青少年学习、生活开展心理健康、法律咨询、爱心募捐、权益维护、助学申请、就业辅导、创业支持、社会实践、志愿者报名等服务。中心招募心理健康咨询热线专业志愿者 30 多人，举办青少年安全自护教育 9 场，开展

2021 年 9 月 10 日，杭州市钱塘区 12355 青少年服务中心暨未成年人心理健康服务站揭牌　（顾　颖　提供）

公益夏令营37场，收集整理心理援助典型案例16个，编撰发放《青少年心理减压自助手册》1万册，《钱塘区新冠疫情防控12355热线心理案例及指导手册》5000册。

【团区委助力防疫抗灾】2021年，团区委面对抗击新冠肺炎疫情、防台抗灾形势，组织“青年突击队”“潮小青志愿队”等基层志愿者队伍，参与防灾入户宣讲、抗台抢险、新冠肺炎疫苗接种等工作，实现基层志愿者服务全域化、规范化、有效化。发动基层志愿团队50多个，志愿者3000人次。

【青年微文化宣传】2021年，团区委组织评选“钱塘十大杰出青年”和“钱塘十大优秀青年”，并根据人物事迹原型创作一系列微文化产品。拍摄《逐浪钱塘》宣传片，在“学习强国”全国平台推广。制作《共富路上的青春担当》微视频、广播剧，原创《钱塘青年说》青年之歌，以青春视角宣传钱塘区，让青年更了解钱塘区、热爱钱塘区。（顾梦圆）

钱塘区妇女联合会

【概况】2021年5月，杭州市钱塘区妇女联合会筹建组成立，设组长1人、副组长2人。11月，经区委同意，成立杭州市钱塘区妇女联合会（简称区妇联）。区妇联下辖7个街道妇联，111个村（社区）妇联。立足“产城融合”背景下妇女发展新需要，打造“做钱塘女儿，创暖心妇联”钱塘品牌，在“助力产业发展，增添家庭幸福，成就女性梦想”三大目标中激发妇女群众新活力，获评全国巾帼文明岗1个；创建国家级、省级、市级先进集体和个人、家庭荣誉14项；获评市“女红巧手”创业示范基地1个；评选区级巾帼文明岗、标兵50个，基层优秀妇联干部、集体39个。“湾嫂议事厅”项目获市委常委、政法委书记许明和副市长柯吉欣批示肯定。基层妇联助力共享法庭、巾帼舞迎亚运、妇联执委“四必访”（对生产经营遇到困难的创业女性必访、困难家庭必访、空巢老人及留守妇女儿童家庭必访、涉及婚姻家庭矛盾纠纷的家庭必访）等特色活动，在《人民日报》《中国妇女》《浙江日报》《杭州日报》、“学习强国”学习平台、省妇女联合会官方微信公众号及官方网站、市妇女联合会官方微信公众号及官方网站等媒体、平台宣传报道30多次。

【思想引领强化】2021年，区妇联组织区、街、村（社）三级妇联上下联动开展庆祝中国共产党成立100周年系列活动，举办“群心永向党·百年正辉煌”主题教育、“唱红歌”“诵红诗”等群众性庆祝活动20多场。开展迎亚运系列活动，举办“红心向党·喜迎亚运·瑜见钱塘”户外瑜伽活动和“全民健身日·巾帼迎亚运”排舞展演活动，展现钱塘区女性风采。开展区党代会精神宣讲，举办“眺望2025·点亮星城”钱塘女性演讲比赛，宣讲“十四五”规划，动员广大妇女起而行之建设新钱塘；实施“六讲六做”大宣讲行动，传递中国共产党十九届六中全会精神。

【家庭建设先进典型选树】2021年，区妇联组织开展“最美家庭”评选，选树“最美家庭”“文明家庭”等先进典型，至年末，全区有区级及以上示范家庭75户。其中，国家级1户，省级9户，市级28户，区级37户。开展清廉家风建设，以“树廉洁家风·建幸福家庭”为主题，通过“七个一”活动（送出廉洁家风倡议书一封、聆听家风直播课一堂、观看一部警示教育片、做出一份“家庭助廉”承诺、抒写一封微家书、参观一次家庭式腐败案例展、共读一本家风读物），倡导领导干部家庭带头正家风、严家教。进行家庭教育指导，搭建线上家长学校平台，传播科学家教，举办直播课10期、视频课18期、音频课8期，累计观看收听2.6万人次。通过“美丽庭院”创建，结合“美丽村（社）”大比武，开展“美丽庭院”大作战活动。全区55个村社2.8万户农户参与，创建示范户2000多户，获群众赠予锦旗2面。

【妇女儿童关爱帮扶】2021年，区妇联完善信访维权机制，成立巾帼律师“法媛帮”，开展法律咨询服务和相关普法讲座；完善反家暴“110”联动机制和家事调解制度，培育“湾嫂”“爱家和”等一批社会组织，帮助协调化解家庭矛盾。深化平安家庭宣传，线上线下开展《中华人民共和国民法典》、反家暴、反诈骗等普法宣传315场。加大关爱帮扶力度，落实“四必访”，深入群众倾听妇女心声，三级妇联走访群众家庭累计3800多户，推动解决各类问题390多个。联合相关部门和公益组织，向困难妇女儿童、贫困女大学生、“两癌”妇女等发放救助资金、物资67.6万元。

【组织活力激发】2021年，区妇联强化基层组织建设，加大“四新领域”（新领域、新业态、新阶层、新群体）妇联组织建设力度，通过单独创建、联合组建等模式，建立妇联或妇女小组等妇女组织333个。培育各具特色的“妇女之家”“妇女微家”，推动“儿童之家”示范点创建，创建市级示范点19个，打造妇女儿童健康发展家园。指导村社妇联换届选举，选出街道村社妇联执委893人；培养年轻干部，妇联主席平均年龄38周岁，其中1990年后出生的干部15人。举办履职能力提升培训。执委“四必访”走访群众家庭7109户，解决问题390多个。进行数智妇联创建，融入“数智群团”建设，推动信息上网、活动上网、服务上网。（朱　阳）

钱塘区科学技术协会

【概况】2021年，钱塘区科学技术协会（简称区科协）对当年拟建院士专家工作站企业进行实地走访调研，针对不同企业在申报上提出的具体问题予以辅导，并推荐1个单位通过市级院士工作站审核，1个单位通过市级专家工作站审核。11月27日，在区科协指导帮助下，成立钱塘区第一个园区科协——杭州娃哈哈乐维园科学技术协会。

【科普宣传周活动】2021年9月17日，区科协举办“走近科学，数智未来”全国科普日暨科普周活动，包括科普宣传进文化礼堂文化家园，“银铃跨越鸿沟”老年人智能技术日常应用科普讲座（围绕老年人出行、就医、消费、文娱等高频事项和服务场景，帮助老年人融入智慧社会，享受智慧生活）、科普宣传周进社区等内容。科普周启动仪式在河庄街道东沙湖社区党群服务中心举行。仪式现场进行“F星推官”（区内汽车、航天、食品安全、生命健康等行业优秀专业技术人员或研究人员）“科普达人”（区内优秀科普讲解人才）授牌仪式。

【科普服务创新工作】2021年，区科协联合区教育局、社区学院，在各老年人大学及各街道社区开展“银铃跨越鸿沟”智能技术日常应用普及培训和相关讲座，参加培训7300人次；从钱塘区本土企业中发掘科技和科普人才10人，组建“F星推官”队伍，推广科普进校园活动。至年末，在钱塘区中小学开展科普讲座3场；借助钱塘区市级科普教育基地资源优势，建立“地校”合作，设置“精品科普”路线，4个科普基地接待学生1000批次，参观学生3.5万人次，好评率98%。

【青少年科技创新大赛】2021年，区科协联合区教育局举办钱塘区中小学生科技创新大赛，获奖学生7人，其中一等奖、二等奖分别为3人，优秀科技实践活动获奖1人，优秀少年儿童科学幻想画获奖3人。（许燕飞）

2021年9月27日，杭州市钱塘区工商业联合会（总商会）成立

（李　俊　提供）

钱塘区工商业联合会

【概况】2021年，杭州市钱塘区委统战部在系统排摸钱塘区民营企业资源基础上，通过统筹分析、择优筛选、商讨审议等方式，经各部门、各街道、各平台、各高校、各企业推荐，产生钱塘区工商业联合会（总商会）第一届常执委推荐人选。同时拟订章程、选举办法、筹备工作报告等文件。9月27日，杭州市钱塘区工商业联合会〔简称区工商联（总商会）〕第一次会员代表大会召开。大会选举产生区工商联（总商会）执委会和常务委员会。包括主席（会长）1人、副主席13人、副会长11人、秘书长1人、常务委员43人，执委87人。陈立荣当选区工商联（总商会）主席（会长），区工商联（总商会）成立。区工商联（总商会）为民营企业提供服务，从零起步开展商会组织工作，推动成立杭州医药港商会、大创小镇商会、下沙街道商会、白杨街道商会、河庄街道商会、义蓬街道商会、新湾街道商会、临江街道商会、前进街道商会等基层商会9个，发展会员455人。

【企业统战部和基层商会党组织成立】2021年，钱塘区有5.7万个民营企业。区工商联（总商会）成立民营企业党委统战部和基层商会党支部，加强新时代民营经济统战工作、促进民营经济高质量发展。至年末，杭州九阳小家电有限公司委员会、杭州和利时自动化有限公司委员会、杭州士兰集成电路有限公司委员会、杭州保灵集团有限公司委员会、杭州三花工业园委员会、浙江省海外留学人员创业园委员会、杭州颖泰生物科技有限公司委员会、杭州龙山化工有限公司委员会8个企业统战部成立；中共杭州市钱塘区医药港商会支部委员会、中共杭州市钱塘区大创小镇商会支部委员会、中共杭州市钱塘区下沙街道商会支部委员会、中共杭州市钱塘区白杨街道商会支部委员会、中共杭州市钱塘区河庄街道商会支部委员会、中共杭州市钱塘区义蓬街道商会支部委员会、中共杭州市钱塘区新湾街道商会支部委员会、中共杭州市钱塘区临江街道商会支部委员会、中共杭州市钱塘区前进街道商会支部委员会9个基层商会党支部成立。区委统战部、区工商联党组引导企业党委统战部和基层商会党支部共同推进钱塘特色企业统战和商会工作开展。

【钱塘区新生代企业家联谊会成立】2021年，区工商联（总商会）与各街道、基层商会、区级有关部门沟通协商，对符合新生代企业家条件人选进行摸底排查、重点走访和座谈交流，通过民主协商、部门联审、综合评价等程序，同时兼顾企业规模、行业代表性、年龄结构、男女比例等因素，产生73名会员理事人选。人选平均年龄34.9岁。其中，男性58人，占比79.5%；女性15人，占比20.5%。成员分别来自智能制造、生物医药、文化传媒、化工纺织等行业。通过大会选举产生会长1人、副会长13人、秘书长1人、监事1人、常务理事10人、理事47人，另聘副秘书长2人。中策橡胶集团股份有限公司董事会秘书沈昊昱当选为首届理事会会长。钱塘区新生代企业家联谊会是在非公有制经济领域工作的年轻优秀代表人士自愿组成的联合性、地方性、非营利性社会组织，包括在父辈企业中担任重要职务的优秀代表、自主创业的优秀代表、创业大学生中的优秀代表、留学归国创业的优秀代表，以及新经济组织和新社会组织中的优秀代表。联谊会通过聘请老一辈知名浙商、专家学者，担任新生代企业家的创业导师，发挥传帮带作用，促进新生代企业家健康成长。全国劳动模范、浙江省优秀企业家、杭州西子联合控股有限公司董事长王水福，浙江省优秀共产党员、杭州市劳动模范、浙江百合花集团股份有限公司董事长陈立荣，浙江财经大学教授沈渊担任首批创业导师。

【营商环境优化】2021年，区工商联（总商会）推进清廉民企建设，优化民营经济发展环境，构建亲清政商关系，召开清廉民企建设推进会，推出“钱塘民企合规经营助力团”，并向全区民营企业发出倡议，要求坚持中国共产党的领导、牢固树立法治思维、坚守诚信经营理念、坚持强化制度建设、坚持倡导清廉文化。

【企业精准服务提供】2021年，区工商联（总商会）联合区公安分局、区交通运输局、区税务局等部门召开“亲清直通车·政企恳谈会”，听取企业意见和建议，帮助企业解决实际问题，服务钱塘区民营企业发展。各部门负责人就企业关心的问题进行回应与探讨，并提出具体可行的解决方案，区工商联（总商会）负责抓好落实。

（李　俊）

钱塘区文学艺术界联合会

【概况】2021年5月，杭州市钱塘区文学艺术界联合会筹备小组成立（简称区文联筹备小组）。区文联筹备小组对接上级及相关单位，学习借鉴成熟管理制度，对照区文联成立法定程序，筹备组织机构架构、制定章程，做好区文联成立大会各项准备工作。钱塘区现有区书法家协会、区美术家协会、区摄影家协会3个区级协会，

2021年9月6日，杭州市钱塘区残疾人联合会举行揭牌仪式（张淑玲 提供）

共有会员317人，其中国家级会员16人，省级会员27人。组建钱塘区作家协会筹备组、钱塘区音乐家协会筹备组，以及钱塘区舞蹈家协会筹备组。12月，区文联党组成员、筹备组副组长沈小玲撰写的《钱塘传奇〈我与一座城〉》在《人民日报》刊登。

【书法联展活动举办】2021年11月，“笔歌百年，书颂伟业”——庆祝中国共产党成立100周年长三角三地园区书法联展举行。杭州市文联党组成员徐卫军、钱塘区副区长潘伟红等领导，区相关部门、各街道负责人，区书法家协会负责人、书法家代表、书法爱好者等60人参加开幕式，联展持续7天。（许波胜）

钱塘区残疾人联合会

【概况】2021年8月13日，杭州市钱塘区残疾人联合会（简称区残联）第一届主席团第三次全体会议召开，选举施科琦为第一届主席团主席，金迪、王国平为第一届主席团副主席，推举王国平为第一届执行理事会理事长、喻铮琴为第一届执行理事会副理事长。9月6日，区残联揭牌成立，下属事业单位1个（钱塘区残疾人综合服务中心）。至年末，钱塘区有持证残疾人6977人。其中，重度残疾人2048人，轻度残疾人4929人，视力残疾人769人，言语残疾人63人，听力残疾人1087人，智力残疾人763人，精神残疾人682人，肢体残疾人3330人，多重残疾人283人。

【基层组织建设】2021年，区残联新创建三星级残疾人之家（白杨街道残疾人之家、前进街道残疾人之家、临江街道残疾人之家）3个，实现街道残疾人之家全覆盖。儿童康复机构（杭州市文汇学校儿童康复中心）提升验收列全市参评机构第五位。加强街道残联理事长和专职委员队伍建设，举办业务专题培训班2期。11月27日，成立钱塘区孤独症人士及亲友协会，选举产生第一届领导班子。召开残疾人协会工作专题会议，交流协会工作经验，加强各协会之间工作联系，推进专门协会建设。

【“党建助残”工作】2021年6月29日，“党建铸魂，同心助残”庆祝中国共产党成立100周年钱塘区“数智残联”系统发布暨“扶残助残”公益联盟成立仪式在杭州高级中学钱塘学校举行。区残联发布钱塘“数智残联”系统，推进残疾人事业建设数字化改革。创建“党建+残疾人之家”品牌，在全区范围内开展党建联动和志愿服务，与各街道辖区内企事业单位开展联动10多次，志愿服务活动80多次，为残疾人完成“微心愿”5个，强化“党建+”工作（通过构建以党建为引领、统筹推进各项工作新机制，推动党建工作与中心工作发展）。与向红村开展党建结对、帮扶结对5次。与北京银行党支部开展共建，结对残疾人开展帮扶。推进机关、街道、中小学党支部与残疾人之家帮扶结对，组织党员志愿者走进残疾人之家，开展康复、文体娱乐等志愿活动。为6名残疾人对接实现微心愿。

【残疾人补贴与就业帮扶】2021年，区残联发放各类津补贴3.98万元。核定残疾人就业补贴企业533个，发放就业补贴318万元。新增职业技能培训155人，新增就业119人。完成全区残疾人基本状况调查，深化残疾人签约服务和康复工作，实现残疾人家庭医生签约率91%，精准康复服务率100%，辅助器具适配率100%。

【残疾人康养服务】2021年，区残联与区发改局联合制定出台《关于印发钱塘区残疾人事业发展“十四五”规划的通知》，印发《钱塘区“家医助残”项目实施方案》《钱塘区残疾人康复之家（康复站）规范化建设实施办法（试行）》《钱塘区无障碍社区创建实施意见》等规范文件。11月，钱塘区“康养结合高质量助残先行区”项目入围全省首批促进残疾人共同富裕先行先试名单。依托社区卫生服务中心和民政养护机构，新建残疾人康复之家（站）4个，组建康复服务团队7个、家医团队35个、生活照护团队7个。“家医助残”应用场景参加全省残联系统“数场赛马”路演。10月，上线“浙里办”“浙政钉”应用。编制“家医助残”服务手册，明确康复评估、心理疏导、中医适宜技术等康复服务28项，基本诊疗、用药指导、床边体检等医疗服务16项，基础护理、心理护理等常用临床护理6项。

【无障碍环境建设】2021年，区残联推进第四批省级无障碍社区创建工作，河庄街道知行社区第一批通过市检查组现场考核，验收排名全市第四，在全市会议上做创建工作经验介绍。会同市、区残疾人无障碍环境促进会，先后组织残疾人、无障碍设施专家对杭州电子科技大学体育馆（亚运击剑比赛馆）改造提升工程、浙江工商大学文体中心场馆（亚运手球比赛馆）改造提升工程、杭州东部湾体育公园—亚运轮滑馆和训练馆配套服务用房等40个新建项目进行竣工验收前无障碍体验，并出具无障碍体验报告。依据浙残联发〔2021〕26号文件关于困难残疾人家庭无障碍改造新标准，对50户困难残疾人家庭实施个性化无障碍改造。

【残疾人文化事业】2021年，区残联在庆祝中国共产党成立100周年、第31次全国助残日、国际残疾人日等重要节日，开展钱塘区残疾人文化艺术展、无障碍观影活动10场、“共唱红歌，感恩助残”残疾人演唱比赛、杭州市自强宣讲团钱塘分会场宣讲活动7场。聋人舞蹈《太阳之子》《点亮希望》获评杭州市第九届残疾人艺术汇演一、二等奖；区聋人舞蹈队参演的《逐日》《亚运之光》获评浙江省第九届残疾人文化汇演二等奖；区肢残人柔力球队的《爱上草原爱上你》和区聋人舞蹈队的*Push Push*获评杭州市残疾人排舞展示评比一、二等奖。聋人舞蹈《点亮希望》代表钱塘区参加由市委宣传部主办的“红旗飘飘”群众性歌咏活动。

【残疾人体育事业】2021年，区残联开展“喜迎亚运会，爱达百千万”亚运四进系列活动，拨发残疾人文体活动补助资金，提升残疾人文体参与率。在第十一届全国残疾人运动会暨第八届特殊奥林匹克运动会上，钱塘区运动员获金牌1枚、铜牌2枚。白杨街道残疾人运动员薛恩慧以打破全国纪录成绩获女子铁饼F11级金牌，为钱塘区残疾人体育发展史上首枚全国残运会金牌。举办全市首个残疾人无障碍专场游泳活动，并在中央广播电视总台、中新网、浙江卫视等主流媒体播出。推进特殊儿童融合教育，在杭州市第九届培智学校学生特殊奥林匹克运动会上，获金牌9枚、银牌9枚、铜牌8枚，奖牌数列全市各区县第一位。组队参加杭州市残疾人青少年田径、游泳锦标赛，锻炼残疾人青少年运动员队伍。组织开展“残疾人之家”文体竞赛、“残疾人之家”趣味运动日活动。

【残疾人法律服务】2021年，区残联完善信访工作制度，畅通信访渠道，坚持定期或重大节点分析研判信访形势。规范受理信访和网上信访件，受理率、办结率均为100%。12月8日，成立街道残疾人法律援助工作站，为残疾人提供就近免费法律咨询服务。

（张淑玲）

钱塘区社会科学界联合会

【概况】2021年10月28日，杭州市钱塘区社会科学界联合会（简称区社科联）成立暨第一次代表大会召开，82名代表参加会议。会议选举产生钱塘区社科联第一届理事会主席、副主席、秘书长，审议通过《钱塘区社会科学界联合会章程》；吸收浙江理工大学、浙江工商大学、浙江财经大学、浙江传媒学院、中国计量大学、杭州电子科技大学6所大学为钱塘区社科联副主席会员。会议明确2021年至2025年全区社科工作重点任务和发展目标。

【钱塘区文化历史研究】2021年，区社科联鼓励各部门、街道和村社开展地方历史文化、民俗等研究，协同属地街道、行业部门推进东海禅寺、明清古海塘、创业一号闸等5个遗存遗址保护工作，开展头蓬老街、南沙公园等围垦相关遗址集中整治提升；收集整理围垦老照片、老物件等600多件。11月，牵头成立杭州市钱塘区围垦历史研究会，由辖区专家、学者以及热心围垦事业的群众、围垦亲历者、企业家等63人组成，填补钱塘区围垦历史研究空白。（李建峰）

责任编辑　周　丹

法　治

政法委与综治

【概况】2021年，钱塘区统筹推进新冠肺炎疫情防控和“平安钱塘”建设，实现“平安区”首创，获评省“平安牌”县（市、区）。平安建设工作考核排名全市第五位。区委政法委对标政法系统“八个排头兵”指标体系，坚守政治安全底线，完成全国和省市区两会、中国共产党成立100周年、中国共产党第十九届中央委员会第六次全体会议、行政区划调整等重要会议、重大活动的安全保障任务。区委政法委被省委、省政府授予“2020—2021年度平安浙江建设先进集体”称号。

【“平安钱塘”创建】2021年，钱塘区根据省、市平安创建要求，组织开展“平安企业”“平安校园”等17个载体的行业创平安活动和平安“三率”（安全感、参与率、知晓率）攻坚宣传活动。开展“线上+线下”多种形式宣传，拍摄平安“三率”宣传片，发布在“钱塘发布”和“平安钱塘”微信公众号。刊登《钱塘新区报》平安创建专栏信息11期。组织网格员、志愿者进机关、企业、村（社区）开展活动1500多场次，发出《人人都是平安创建参与者——致钱塘居民的一封信》，发放宣传海报2000份、折页2万份、封签50万份。评选出区级“平安示范单位”120个，首次评选出平安旅游业示范单位和平安健身场所示范单位各1个，平安家庭示范单位20个。平安村（社区）考核中，66个村（社区）被评为2021年度钱塘区平安村（社区）。至年末，入选市级平安建设先进集体单位11个；入选省级平安建设先进个人1人，市级平安建设先进个人5人。

【疫情防控网格化管理】2021年，区委政法委推进新冠肺炎疫情防控网格化管理工作，做好“省疫情防控走访巡察模块”填报业务指导。完善网格化走访巡察工作机制，落实“五包一”〔一名乡级包村干部牵头负总责，一名村（居）干部负责摸排基本情况，一名医生负责指导消毒、检查体温，一名干警进行法治教育和管控，一名民兵协助干警管控〕责任制，确保管控不漏一户、不落一人。整合“五包一”网格化管理队伍，通过培训指导，新增农村网格员174人。春节期间，排查返乡人员信息125条，化解涉疫矛盾纠纷1件。做好健康码申述、复核和转码工作，全年核查健康码数据767批次、12.8万条。

【基层社会治理】2021年，区委政法委提升“网格化+数字化”治理效能，推动基层治理工作。完善“一中心四平台一网格”区域社会治理体系，全区117个村（社区）调整划分为417个网格，全年上报网格事件10.15万件，实现信息流转率、交办率和处置率均100%。开展10个老旧小区消防、治安、环境治理、违规经营、燃气经营等方面安全隐患专项整治，对部分小区实施社会治安重点地区挂牌整治，46天拆除228户违章建筑。开展“拉网式全覆盖、地毯式全方位、滚动式全时段”风险摸排，全年化解重大涉稳问题29个，化解率96.7%，稳控率 100%。完成重大决策社会风险评估 88 项，实现全区稳评工作全覆盖。

【智慧安防小区建设】2021 年，区委政法委推进智慧安防小区建设，推广出租房屋智能门锁应用，全年全区安装智能门锁 2.95 万把，发放智能门锁钥匙 11.08 万把，覆盖流动人口 7.59 万人，实名认证率（实人实名通过人脸验证）98.4%。推进"统一地址库"建设，升级"统一地址库"查询服务、建设看板、应用看板、管理与维护等基础支撑平台，录入地址数 70.54 万条，地址库数据丰富度 108.8%。全区投入建设资金 1400 多万元，建设智慧安防小区 150 个，其中高配版智慧安防小区 13 个。

【扫黑除恶工作常态化管理】2021 年，钱塘区根据上级交办及群众举报核查涉黑涉恶线索，制定涉黑涉恶线索核查办理工作规范，对线索受理分流、核查办理、督查督办落实三级责任制，实施限时反馈、快核快结，确保线索核查到位、责任落实到人。建立健全"源头治理防范整治机制、智能公开举报奖励机制、打早打小依法惩处机制、精准有效督导督办机制、激励约束考核评价机制、持续推进组织领导机制"六项机制，加强系统治理、依法治理、综合治理、源头治理，实现扫黑除恶工作常态化。全年惩治恶势力犯罪团伙 9 个，一审依法判决黑恶势力案件 1 件 9 人，刑事拘留涉黑涉恶犯罪嫌疑人 51 人。根据有关线索，破获涉黑恶势力刑事案件 160 起，查扣资产 1040 万元。查处涉黑涉恶腐败和"保护伞"问题，执行党纪政务处分和问责处理各 14 人。

（陈 焕）

公 安

【概况】2021 年，杭州市公安局钱塘分局（简称区公安分局）强化打防管控各项措施，深化治安防控体系建设，提升重点案件打击能力，统筹推进"平安钱塘"建设和队伍教育整顿。全年全区接报"110"有效警情 6.85 万件，比上年上升 16.8%；接报刑事警情 1892 起、治安警情 7324 起，下降 5%、10.7%。破获刑事案件 901 件，刑事拘留 898 人，行政拘留 2002 人，移送起诉 1064 人。处置涉稳事件 172 起，完成庆祝中国共产党成立 100 周年、区两会、行政区划调整、钱江观潮期间安保任务 70 多场次。开展"忠诚"系列行动，惩治电信网络新型犯罪、侵财、黄赌毒等各类违法犯罪行为，侦破"百亿级"特大虚开电子发票案、吸贩合成大麻素烟油案等。配合辖区内新冠肺炎确诊病例密切接触者流调溯源工作，全年完成 17.78 万人次核酸检测的安保任务。区公安分局被授予"浙江省卷烟打假打私工作成绩突出集体""杭州市美丽建设突出贡献集体"称号。8 月 13 日，杭州市公安局钱塘分局揭牌。

【违法犯罪惩治】2021 年，区公安分局构建"资源集中、支撑有力、运行高效、一体联动"的"大打击"体系，推动侦查手段、机制、模式提档升级，增强破案攻坚能力，加大违法犯罪惩治力度，提升群众安全感和满意度。全年打掉恶势力犯罪集团和犯罪团伙各 2 个、涉黄涉赌团伙 123 个，抓捕归案潜逃 26 年的命案逃犯 1 人。开展"打击电信网络新型违法犯罪"等专项行动，全年移送起诉新型案件数比上年上升 102%，电信网络诈骗发案数下降 22.1%，止损金额 1000 多万元。开展"放管服"（简政放权、放管结合、优化服务）领域专项整治，侦办"3·8"骗取人才落户专案，侦破"8·27"安置房项目串通投标案、"和平医院"医保诈骗案等民生案件。全年查处涉企案件 21 件。

【智慧警务建设】2021 年，区公安分局深化"雪亮工程"，完善立

2021 年 5 月 25 日，全区公安机关庆祝建党 100 周年安保·夏季护航暨"智慧巡控"启动仪式举行

（区融媒体中心 提供）

体化社会治安防控体系。配合区委政法委和街道推进“智安小区”建设，参加智慧安防项目初审会28次、方案论证会25次，新建项目全部符合“智安小区”建设规范，全年覆盖小区150个。推进流动人口动态精准管理，在试点楼宇、小区免费安装单元“智能门锁”5万把。推进“智慧巡控”工作，搭建巡控数据中心，为路面巡逻力量配备数据采集前端，形成“所队联合，警种联动”的高效巡控模式。创新“严重精神障碍患者”智能化管理，实现跨多部门、多场景的社会联动管理服务模式，该项工作获杭州市数字法治应用场景建设金奖、公安部基层技术革新奖。

【执法能力提升】2021年，区公安分局推进执法管理、执法保障、执法监督和执法培训工作，提升执法办案水平。全年排查重点涉案警情2.45万件，侦破重点案件2521件，查处执法突出问题287个，落实整改271个，电子卷宗源头数字化率提升至65.4%，刑事案件快办率提升至17.7%。行政诉讼、复议案件实现“零撤变”“零败诉”。4月，区公安分局被评为“浙江省执法质量优胜单位”。

【虚开电子发票犯罪团伙案件侦破】2021年4月16日，区公安分局配合杭州市公安局经侦支队开展集中抓捕行动，在广东省深圳市、潮州市，浙江省临海市、杭州市钱塘区等地抓获全国特大虚开电子发票犯罪团伙案件涉案犯罪嫌疑人张某某、陈某某等11人，查获电脑、手机、税盘等作案工具。该案涉及开票企业1200多户，受票单位和个人覆盖广东、山东、福建、河南、浙江等29个省、39个市，累计开具电子普通发票金额100多亿元。经审查，该犯罪团伙利用电子普通发票开具便利、成本低等特点，通过注册成立“空壳公司”，从事团伙化、暴力式虚开发票涉税违法行为。

【非法捕捞水产品案侦破】2021年，区公安分局根据重要线索，抽调警力对钱塘江六工段非法捕捞点进行盘查。2月26日和4月26日，抓获集捕捞、运输、销售于一体的非法捕捞犯罪团伙范某等犯罪嫌疑人58人，扣押用于非法捕捞的渔船9艘、捕鱼密网84张，查扣鳗鱼苗3000多尾。经审查，自2月起，范某等人多次使用禁捕工具捕捞钱塘江野生鳗鱼苗，破坏水域生态系统，侵害国家对渔业资源的保护，违反《中华人民共和国渔业法》。区公安分局对范某等45个涉案犯罪人员采取强制措施，其中移送起诉40人。

【“代办落户”案件侦破】2021年3月8日，区公安分局抓获“代办落户”犯罪团伙1个，涉案犯罪嫌疑人12人，其中移送审查起诉9人。经审查，该犯罪团伙在杭州市落户新政策推行之际，以“代办落户”为由，通过伪造外省国家机关公文证件，为不符合落户条件的人员办理落户手续，从中非法牟利。案件侦破获市委副书记、市长刘忻，市委常委、市公安局局长金志批示肯定。

（曹　明）

检　察

【概况】2021年，根据杭州市行政区划优化调整方案，经最高人民检察院批复，撤销杭州经济技术开发区人民检察院（简称经开区检察院），设立杭州市钱塘区人民检察院（简称区检察院）。8月，区检察院挂牌运行。全年区检察院（含经开区检察院）持续深化法律监督，坚持依法能动履职，推动刑事检察、民事检察、行政检察、公益诉讼检察全面发展，受理刑事检察审查逮捕案件331件、455人，审结332件、446人；受理审查起诉案件599件、962人，审结433件、653人；对轻微刑事案件不批捕277人、不起诉156人；对不构成犯罪，证据不足的46件案件不批捕、不起诉；监督立案11人，监督撤案11人，纠正漏捕3人，对16名犯罪嫌疑人变更强制措施为取保候审，制发纠正违法通知书11份；对390多名罪犯的财产刑执行情况开展监督，对330个社区矫正人员开展动态监督。民事检察办理民事生效裁判监督案件12件，提出再审检察建议1份；民事审判程序监督提出检察建议5份；民事执行程序监督提出检察建议6份。行政检察办理行政审判程序和执行活动监督13件，开展行政争议实质性化解工作，化解生效裁判行政争议案件2件、其他类执行争议案件2件。开展公益诉讼检察监督，办理行政公益诉讼诉前案件50件、民事公益诉讼案件6件，无障碍环境建设行政公益诉讼系列案获评钱塘区“民呼我为”优秀案例。羊某某等7人职务侵占系列案件被省公安厅、省检察院评为“护航2021”专项治理行动第一批典型案例。

【服务民营经济】2021年，区检察院根据“六稳”“六保”工作要求，依法办理各类涉企案件，服务保障民营经济发展。全年办理各类涉企案件40件、65人。开展

"亲商助企"联心结对工作，组成以检察长带队、4名干部"一对一"结对的服务团队，走访服务企业30多次，收集并解决法律政策咨询、法律风险化解、企业犯罪预防等有关问题，增强司法办案和检察服务的针对性和实效性。建立"区检察院派驻杭州医药港检察官办公室"，联合市检察院举办"服务保障民营经济发展检察开放日"活动，通过实案剖析、交流互动、实地走访等形式，为企业解决发展难题。推进涉案企业刑事合规制度改革，推动涉案企业走上合法轨道，为其他企业发展提供规范样本。联合区公安分局开展"护航2021"打击侵害企业利益经济犯罪专项治理行动，依法办理职务侵占、挪用资金等侵害企业权益类犯罪案件18件、21人；依法对涉企案件不批捕13件、23人，不起诉8件、9人。

【区域治理】2021年，区检察院以落实认罪认罚从宽制度和优化"案–件比"提高检察环节司法效率，全年适用认罪认罚从宽程序案件397件、591人，适用率91.7%，"案–件比"降低至1∶1.16。优化"12309"检察服务中心工作，推行信访代办制度，减少"重复访、多头访、走弯路"，群众信访件回复率100%。年内451件信访件均实现7日内程序性回复、3个月内落实办理过程或结果答复。开展司法救助工作，全年为经济困难的救助申请人发放司法救助金17.3万元。深化检律协作，走访调研律师事务所，围绕优化检察机关保障律师执业权利举措、加强认罪认罚从宽案件检律协作、畅通检律沟通渠道、提升检律双方业务水平、推动法律职业共同体建设等方面进行探讨。

▶▶资料："案–件比"

"案"指发生的具体案件，"件"指具体案件进入司法程序后经历的有关诉讼环节统计出来的件。"案–件比"中，"件"数越高，说明"案"经历的诉讼环节越多，办案时间越长，当事人对办案活动的评价相对越低，办案的社会效果越差。

【助力民生】2021年，区检察院围绕道路交通安全、消防、危险化学品、特种设备等安全生产领域开展专项监督，制发诉前检察建议17份，防范化解安全生产风险隐患。助力平安、绿色、法治乡村建设，针对影响农村稳定、损害农业发展、侵害农民利益、破坏农村环境等突出问题开展服务保障乡村振兴战略公益诉讼专项行动，制发检察建议，督促13个延期项目和4个退地项目按期办结。联合市生态环境局钱塘分局、区治水办等部门开展守护"美丽河湖"专项行动，通过制发检察建议，督促治理河道135条，整治水域面积44公顷。

【检校合作】2021年，区检察院深化检校合作，探索"检校共建"长效工作机制，结合实践教学和理论研究，打造"法科生"实践教学基地，接收辖区14所高校司法专业学生到检察一线部门实习。构建理论研究平台，与浙江工商大学合作的《认罪认罚控辩协商机制研究》课题被最高人民检察院立项。参与"平安校园"建设，走进浙江工商大学、杭州电子科技大学等高校开展普法教育，受益学生4000多人。

【未成年人检察】2021年，区检察院贯彻落实《中华人民共和国未成年人保护法》，主动向区人大常委会汇报贯彻落实情况。听取人大代表、政协委员及有关部门、法学专家、师生代表对未成年人检察工作的意见建议。以新修订的《未成年人保护法》《预防未成年人犯罪法》（简称"两法"）实施为契机，举办"检爱同行，共护未来"未成年人检察工作主题开放日等活动。现场开展"两法"宣讲，结合宣传视频，讲解全省

2021年6月2日，钱塘区举行"检爱同行，共护未来"未成年人检察工作主题开放日活动（区检察院 提供）

检察机关未成年人司法保护典型案例。

【数字检察】2021年，区检察院推进“非羁码”等数字检察成果运用，实现非羁押人员“云”监控。探索构建“羁押必要性全流程审查机制、非羁押全方位保障机制、非羁押诉讼社会支持体系”三位一体的社会危险性量化评估制度，重点把握审查逮捕案件社会危险性评估条件，统一办案尺度，落实“少捕慎诉”，诉前羁押率降至37.2%。强化数字赋能，推进政法一体化单轨制协同办案，实现办案流程监管数字化。提升检察技术协助办案力度，协助办理技术性证据审查案件58件、技术协助案件48件。

【无障碍环境建设行政公益诉讼系列案】2021年，区检察院在全区开展“民呼我为”公益诉讼，助推城市“有爱无碍”系列专项活动。通过社会调查、实地走访等形式，对盲道、无障碍停车位、残疾人停车费、信息无障碍4个板块开展专项检察监督，向有关部门提出检察建议。全年无障碍环境建设专项监督督促相关部门整改盲道1.39万平方米、缘石坡道942处；新增无障碍停车位162个；完成17个政府投资的公共停车场安装残疾人停车优惠公告指示牌；保障8个社区卫生服务中心开设现金支付窗口16个；完成11个区级及街道级别的“红色阵地”无障碍设施改造，覆盖率100%，提升城市无障碍环境品质。该公益诉讼系列案获评钱塘区“民呼我为”优秀案例。（胡浩然）

法　院

2021年8月13日，杭州市钱塘区人民法院和杭州市钱塘区人民检察院揭牌

（区法院 提供）

【概况】2021年，杭州市钱塘区人民法院（简称区法院）坚持“司法为民、公正司法”理念，保障全区经济社会发展，推进“法治钱塘、平安钱塘、和谐钱塘”建设。全年受理案件1.3万件；办结1.24万件，办结率95.4%，一线法官人均结案414件，高出全省平均值60件。融入社会治理，深化诉源治理，推进“共享法庭”建设。全年全区挂牌成立“共享法庭”126个，“共享法庭”实现村（社区）全覆盖。推进“共享法庭”融入“一中心四平台一网格”体系，将调解指导、在线诉讼、普法宣传等司法服务功能延伸到基层一线，打通基层社会矛盾纠纷化解“最后一公里”。提升人民群众诉讼便利度，在线立案率89.8%。保障当事人诉讼权利，开具协查函1330份、调查令359份。深化数智赋能，探索“案款一件事”改革，推行审判辅助事务集约化改革，启动司法行政事务“无纸化”改革，建设变革型现代化法院。“案款一件事”改革项目被列入省高级法院数字改革试点项目，并参评全省法院司法改革“微创新”示范案例。“12368”司法服务热线接听处理当事人咨询、投诉事项1.17万件。提升司法救助效能，年内，办理司法救助案件6件，发放司法救助金9.5万元。组建“共享法治”宣讲团，联合团区委、区妇联、区人力社保局等部门，依托“共享法庭”以“线上+线下”结合的形式开展法治宣讲，受众2万余人。通过短视频宣传及公众号发布等方式开展普法宣传，其中20篇宣传稿被“学习强国”学习平台录用。区法院获评2021年度全国法院司法宣传和通联工作先进单位。

【刑事审判】2021年，区法院发挥刑事审判职能，审结刑事案件311件、489人，审结严重暴力犯罪案件27件、31人。开展常态化扫黑除恶工作，审结恶势力犯罪团伙9人，督促被告人执行赔偿。打击电信网络诈骗行为，审结案件24件、78人。依法审结涉黄犯罪，制作、传播淫秽物品牟利罪，组织、介绍、容留卖淫罪案件16件、21人。落实轻罪从宽政策，缓刑219人，判处认罪认罚425人。依法保障当事人权利，排除

2021 年 12 月 22 日，钱塘区召开府院联席工作第一次会议

（区法院 提供）

“非法证据”案件 3 件，刑事案件证人出庭作证 13 件、16 人，刑事诉讼案件涉案财物庭审辩论提出处置意见 20 多件。

【民商事审判】2021 年，区法院审结民商事案件 8200 件。推进诉源治理，成立诉前调解指导工作室，建立“博士调解员”队伍，引入市场化纠纷解决机制。建立“钱塘湾嫂”家事调查员制度，推进家事案件审判方式和工作机制改革。实施案件繁简分流机制，提升审判效率，小额诉讼程序适用率居全市第一位。优化劳动仲裁与审判衔接，维护劳动者和企业的合法权益。处理“双减”政策出台后的涉教育培训机构纠纷，裁判示范案件 49 个，协调解决同类型案件 500 多个。深化“三服务”，开展“亲商助企”活动，申报知识产权纠纷类案件的一审管辖权。认定新类型互联网平台用工、网络主播的用工关系，保障新业态从业人员合法权益。通过减时、降费、优化流程，解决买卖合同类纠纷市场主体关切的“老大难”问题。推进企业诚信管理机制和市场信用体系建设，创新适用法律文书送达地址告知承诺制，执行判决律师费在无约定情况下由违约被告方承担。

【行政审判】2021 年，区法院审结行政案件 42 件，监督行政机关依法行使职权。完善府院联席会议机制，联合区政府出台《杭州市钱塘区人民政府 杭州市钱塘区人民法院关于健全完善府院联席会议机制的意见》，牵头召开首次府院联席工作会议。邀请上级法院与区内 30 多个行政机关开展“两高一低”（行政诉讼发案率高、行政机关败诉率高，行政诉讼协调化解率低）问题专项整治，并召开工作交流会。行政案件“三升三降”（结案率、正常审限内结案率、服判息诉率上升，一审判决改判发回瑕疵率、月均存案工作量、12 个月以上未结案数降低）质效指标中 4 项居全市第一位，行政案件协调撤诉率 44.6%，行政争议败诉率下降到 7.7%。

【执行工作】2021 年，区法院执结案件 3871 件，执结“标的”（指财产、物品“标的物”）金额 3.08 亿元。督促民商事审判执行人履行义务，打造“审前调解预告知—审中释法再明确—判后答疑多督促”闭环流程，在执行通知书附“缴款二维码”，方便执行人“云缴款”；推送《自动履行指引及拒不履行后果预告书》，“引导+警示”督促当事人自动履行，生效裁判文书自动履行率排名全市第一位。推动“最多跑一次”改革在司法领域扩面延伸，推进“司法拍卖一件事”改革，委托评估拍卖变卖平均天数由 29.58 天降至 15.57 天，居全市第三位，实现有财产可供执行案件法定期限内实际执结率 99.4%。强化失信被执行人惩戒措施，限制高消费 2748 人，限制出入境 1164 人，移送拒执犯罪 5 件、6 人，对 3 名职业放贷人移送税务机关征收税费 20 多万元，违法制裁率排名全市第二位。为确无财产可供执行的困难申请人提供暂时济困保障，办理蒋某某机动车交通事故责任纠纷执行案中，执行干警自发为申请人捐资 4000 多元纾难解困。

【业务流程数字化】2021 年，区法院落实省委数字化改革部署要求，以数字化和智能化手段推动业务流程再造、组织架构重塑和诉讼制度变革的全域现代化法院建设。推进案款清理整治工作，启动“案款一件事”数字化改革，完成“智能退结、智能止付、智能查询”的法院版极速退款系统改造。优化司法资源配置，对民商事案件审前、审后和执行辅助事务实施“集约化”改革，送达法律文书同步排期开庭案件 1280 件，压缩立案到排期平均用时至 5 日，集中送达执行法律文书 1.3 万份，集中办理外勤事项 1000 多项，提升审判执行工作效率。推进“无纸化”办公，在“浙政钉”机关内部“最多跑一次”改革事项平台启动多项行政事务在线审批流程。法院行政签章用印、人员离职交接、实习生审批、干警签领物品等司法行政事务办事流程纳入线上申请、审批、办理，并可回看整体流程，提升流程办理效率。（田文平）

司法行政

【概况】2021年，杭州市钱塘区司法局（简称区司法局）推进依法治区工作，完善规章制度。召开全面依法治区委员会第一次（扩大）会议，出台“两规则一细则”（委员会工作规则、协调小组工作规则、办公室工作实施细则）。完善领导干部任前法律知识考试制度，会同区委组织部制定印发《钱塘区拟提拔区管领导干部任前法律知识考试办法（试行）》。反馈市级立法征求意见24件，办理钱塘新区管理委员会国家赔偿案件2件。组织首届行政执法人员法律知识考试，提高全区行政执法人员执法证持证率，落实行政执法人员持证上岗制度。年内，全区执法证持证率86%，比上年上升32%。推进行政执法人员证件换发工作，换发率100%。建立政府与法院联席制度，并召开第一次联席会议，听取区司法局全年“两高一低”专项整治成效汇报。全区行政诉讼案件败诉率下降12.3%；调处化解行政诉讼案件29件，案件调撤率44.6%，上升17%；行政负责人出庭率97%，上升4个百分点。提升全民普法力度，出台《杭州市钱塘区第八个法治宣传教育五年规划（2021—2025年）》，落实“谁执法谁普法、谁主管谁负责、谁服务谁普法”普法责任清单制度。开展“民主法治村（社区）”创建，义蓬街道火星村等4个村（社区）获评省级民主法治村。探索律师业行政管理和行业管理结合管理模式，成立杭州市钱塘区律师工作委员会，设主任1人、副主任2人、委员4人，下辖工作委员会12个。

2021年12月1日，钱塘区举行第一届“钱塘法潮”法律文化节。图为校地共建签约仪式（区司法局 提供）

【区行政复议局成立】2021年9月1日，杭州市钱塘区行政复议局（简称区行政复议局）成立。区行政复议局承办区政府行政复议案件，推进区政府行政复议体制改革工作；办理以区政府名义做出的行政行为引起的行政诉讼的应诉工作；指导和监督全区行政复议、行政应诉工作；受理并审查区政府行政赔偿案件。印发《关于进一步做好行政复议行政应诉案件相关工作的通知》，制定行政复议集体讨论、请示报告、沟通协作、答复通报、复议统计分析、档案管理、复议决定公开、败诉纠错案件分析报告、出庭应诉备案报告等制度。成立以来共接收行政复议案件24件，审结7件，无纠错案件。以区政府或管委会为被申请人的行政复议案件审结63件，纠错3件，纠错率4.8%，比上年下降6.4%。

【“钱塘法潮”法治文化节举行】2021年12月1日，钱塘区宪法宣传周暨“钱塘法潮”法治文化节启动仪式举行。宣布钱塘区高校普法联盟成立，并为“钱塘弄潮儿”普法工作室授牌。区司法局牵头协调驻区14所高校组建钱塘区高校普法联盟，包含“弄潮”大学生普法志愿服务队、“追潮”律师普法宣讲团和“赶潮”高校教师普法智库3支普法队伍，衔接高校和相关领域的人力资源、智库资源，在项目设计、项目转化、项目实施方面，提供专业支撑。成立“钱塘弄潮儿”普法工作室，驻点浙江财经大学，开展专题法治讲座、普法公益性活动、网络法治宣传等活动。区司法局将区校合作作为创新引领“法治钱塘”建设的重要战略，统筹区内法治资源，实现区校共建，推进协同创新。

【人民调解与法律援助】2021年，区司法局完善大调解工作格局，发挥人民调解维护社会和谐稳定"第一道防线"作用，助推完善新时代社会综合治理体系。10月，杭州市钱塘区人民调解委员会成立，构建区、街道和村（社区）三级人民调解组织网络体系，实现人民调解组织全覆盖。成立杭州市钱塘区人民调解委员会驻杭州启潮工贸有限责任公司调解工作室，预防和调处监狱下属企业矛盾纠纷，优化营商环境。全区各级人民调解委员会全年调处矛盾纠纷3082件，成功率99.9%。开通农民工追索劳动报酬、工伤赔偿及解决劳动保障问题"绿色通道"，实行简化程序和优先受理、优先审批、优先指派"一简三优"服务。推广运用浙江政务服务网、"浙里办"App和"12348"浙江法网等法律援助网络渠道，推进街道法律援助工作站建设，落实村（社区）法律顾问代办法律援助申请服务。建立"援调对接"机制，提高农民工维权服务效率。推行非诉纠纷化解机制，将法律援助与人民调解有效衔接，优先采用调解、和解等非诉讼方式结案，提高法律援助维权效率。全年区法律援助中心受理法律援助案件866件。其中，民事655件，刑事211件；办理法律帮助397件，解答法律咨询5105人次。

【社区矫正人员管理】2021年，钱塘区新增社区矫正人员158人，期满解除139人，协助监管1人。至年末，在册社区矫正人员199人。开展社区矫正领域执法不规范问题集中治理，完成"矫务公开"、案卷评查、矫正人员大走访、社区矫正对象"四学一做"修心教育计划表录入等工作。开展专项行动，辖区未发生矫正对象脱管、漏管情况。组织矫正对象参加公益活动，全年开展社区矫正对象线上教育和线下走访1525人次，完成信息化核查监管矫正人员294人。

【法治政府制度建设】2021年10月，钱塘区加强政府基础制度建设，落实重大行政决策管理要求，拟订《杭州市钱塘区人民政府重大行政决策程序规则》。组织区级重大行政决策立项工作，推行年度重大行政决策目录清单式管理。区司法局落实重大合同法制审查机制，审查区级和部门合同420份，对重大协议、涉法疑难问题出具法律意见书185份次；审查依申请公开行政规范性文件45件，出具行政规范性文件法律审查意见书23份次，向市级报送备案通过率100%，实现对区政府（新区管委会）名义签订的合同合法性审查全覆盖。落实政策解读要求和主要负责人参与政策解读制度，文件配套政策解读率100%。清理规范性文件，年内清理行政规范性文件110件。其中，继续有效34件，拟修改1件，废止65件，宣布失效10件。对实施1年以上的涉及6个部门的9件规范性文件开展"后评估"，为文件修改完善、废止提供参考。

【律师事务所管理】2021年，钱塘区有律师事务所15个。其中，合伙律师事务所9个，个人律师事务所6个。有执业律师224名。其中，专职律师203名，兼职律师21名。全年办理刑事诉讼、民商事诉讼、行政诉讼等案件5466件。浙杭律师事务所在区法院设立调解工作室，接收法院委派案件2126件，成功调解615件。根据市司法局《关于做好2021年律师事务所年度检查考核工作的通知》要求，组织律师事务所及律师开展年检考核工作。结合日常监督管理和"双随机"抽查工作，走访辖区9个律师事务所，对执业行为规范、规章制度制定、经办案件资料等方面进行督查。开展律师进村（社区）活动，全年安排律师值班3706次，为居民提供法律咨询服务3461人次、出具法律意见书96份，举办普法讲座43场次，参与司法调解68件次。

（李　奇）

责任编辑　陈　玲

军 事

人民武装

【概况】2021年，中国人民解放军浙江省杭州市钱塘区人民武装部（简称区人武部）成立。区人武部按照学懂弄通做实要求，学好习近平新时代中国特色社会主义思想和习近平强军思想，学习贯彻中共十九届六中全会精神，践行“两个维护”。开展庆祝中国共产党成立100周年系列活动。开展纪律教育，组织作风建设督查。抓好国防教育、民兵整组和日常训练等工作，完成民兵潜力数据核查、编组方案拟制和基干民兵分队组建，全面建设工作取得新的进步。

【兵员征集】2021年，钱塘区以行政区身份开展春季和秋季征兵工作。6月16日，召开征兵工作领导小组全体会议，区委副书记、区长朱党其，区人武部（筹）部长王雷、有关区领导，区征兵工作有关人员，7个街道党工委书记、办事处主任、专职人民武装干部参加。王雷宣读区征兵领导小组和征兵办公室成员名单并部署秋季征兵工作，朱党其讲话。区人武部结合时间节点，开展征兵宣传、摸清应征底数，组织目测初检、上站体检、政治考核、役前训练，召开定兵会、欢送会，落实优抚政策等。全年完成新兵征集任务。新兵服役前，组织预定新兵在笕桥空军场站和清圆教育基地进行教育集训7日。

【征兵“云宣传”】2021年，区人武部组织辖区14所高校开展网络在线授课。12月22—24日，区人武部部长王雷和政治委员刘少平通过“云课堂”网络直播方式，向9所高校1.2万名学生进行网上征兵宣传。两位主官结合自身经历，为大学生开授征兵宣传课。“云课堂”结束后，王雷、刘小平与学生面对面交谈，就征兵时间安排、参军服役年限、大学生参军优待政策等问题进行讲解，并

2021年12月22日，区人武部举办2022年春季征兵动员宣讲会

（区人武部 提供）

向大学生介绍参军入伍条件、征兵程序。

【基层武装】2021年，区人武部按照“随时动、立即用”要求，做好民兵整组工作，确保关键时刻能够“联得上、收得拢、过得硬”。坚持乡镇党委统揽、武装部部长主抓的工作思路，推进民兵整组工作落实。摸清基干民兵、退伍军人、专业技术人员数量和分布情况，拟订编组方案，组建基干民兵分队，增强整组工作针对性。结合民兵整组加强对基干民兵的政治教育，建设一支政治可靠、训练有素、纪律严明的民兵队伍。推进民兵应急队伍建设，发挥民兵组织在防汛救灾、新冠肺炎疫情防控、处置突发事件、维护社会稳定等方面的主力军作用。

【双拥工作】2021年10月29日，钱塘区召开双拥工作（地方拥军优属、军队拥政爱民工作）领导小组会议暨省级双拥模范区届中检查（双拥模范区四年创建周期中的第二年届中检查）动员部署会议，部署创建浙江省双拥模范区工作，分解迎检任务并明确责任部门和配合部门。年内，完善双拥工作规范化、制度化、常态化，借力平安钱塘建设工作，发挥军政、军地、军民同心合力作用，推进军地双拥共建工作。开展现役军人父母及享受定期抚恤补助的烈士遗属免费健康体检工作，为军人军属提供免费健康体检。完成转业干部安置工作，全年举办欢迎退役军人仪式37场，安置转业干部和转业士官。区双拥工作办公室组织召开钱塘区“双拥”工作领导小组会议暨省级“双拥”工作领导小组会议暨省级“双拥”模范区届中检查动员部署会，编制10个大类80项共7册迎检汇编。（乐泽宇）

人民防空

【概况】2021年，钱塘区人民防空办公室（简称区人防办）规范人防依法行政审批工作，完善人防规划管理网上并联审批流程，实现人防审批事项依法依规网上申报。深化审批制度改革，提升审批流程速度。组织“3·1”国际民防日、“5·12”全国防灾减灾日宣传，发放人防宣传资料800多份。结合“9·18”防空警报鸣放开展人员疏散演练。加强人防指挥所维护管理，落实人防军事斗争准备。加快人防信息化建设，定期开展单边带电台操作训练，提升通信设备使用技能。围绕人防指挥所工程维护管理规范要求，对区人防指挥所进行调整升级，完成发电机组更新、购置和安装调试，解决原有设备缺陷。

【国际民防日宣传活动】2021年3月1日，钱塘区国际民防日宣传活动在白杨街道千帆社区像之素公寓公园广场举行。活动以“关注人民防空，共建和谐家园”为主题，由市人防办主办，社区居民100多人参加。区建设局组织居民观看人防宣传短片和知识展览板报，并设置咨询台，为居民提供人防政策法规、防空防灾和应急自救知识等问题的专业解答，发放人防法律法规、人防杂志等宣传材料200多册。

【防灾减灾演练】2021年，区人防办对人防警报器进行统一调试播放2次，警报器实际鸣响率100%。根据省、市人民防空指挥办公室有关要求，借助政府公众号“钱塘发布”“钱塘论建”，并通过“浙政钉”公告，发布“5·12”关于试鸣防空防灾音响警报公告，并于“防灾减灾日”当日，开展“5·12”人员疏散掩蔽演练，提高街道、社区处理突发性事件的组织指挥能力，增强市民群众国防观念和人防意识。白杨街道、杭州市钱塘区云帆小学等20多个单位300多人参加演练。（罗依莲）

责任编辑 陈 玲

制造业

综　述

【产业规模持续扩大】2021年，钱塘区实现规模以上工业总产值3169.11亿元，首次突破3000亿元，居全市首位；规模以上工业销售产值3122.89亿元，比上年增长6.6%；规模以上工业企业产销率98.5%；规模以上工业企业增加值677.17亿元，增长6.5%；高新技术产业增加值487.22亿元，装备制造业增加值278.94亿元，战略性新兴产业增加值283.45亿元，分别增长4.9%、4.1%和13.5%；数字经济核心产业增加值128.96亿元，增长13.3%；工业投资126.79亿元，工业用地出让176.8万平方米。至年末，钱塘区在库规模以上工业企业616个。其中，年产值100亿元以上企业3个，年产值50亿～100亿元企业7个，年产值10亿～50亿元企业62个，年产值1亿～10亿元企业274个。

【五大制造业集群发展】2021年，钱塘区推进五大制造业集群发展，半导体、生命健康、智能汽车及智能装备、新材料、航空航天五大制造业实现产值2661.28亿元，比上年增长6%，占全部规模以上工业企业总量的84%。其中，半导体产业产值658.07亿元，增长10.3%；生命健康产业产值473.26亿元，增长8.7%；智能汽车及智能装备产业产值703.43亿元，下降15.5%；新材料产业产值824.17亿元，增长28.0%；航空航天产业产值2.35亿元，增长39.5%。（周阿丽）

【“新制造业计划”推进】2021年，钱塘区推进“新制造业计划”，实施“领飞计划”，瞄准智能制造、高端制造和绿色制造，发展战略性新兴产业和未来产业。加快传统产业数字化智能化改造，每年安排20%以上的区财政收入，用于专项支持产业发展。创新宣传贯彻模式，开设“亲清直播间”，通过直播形式开展政策“云宣讲”4次，覆盖全区900多个制造业、科技、服务业企业。打造“亲清钱塘”政企服务数字化平台，重塑政策兑现体制机制，简化程序，优化流程，兑现资金近7亿元，涉及区内企业1500多个次。（沈晶鑫　施春晞）

【传统产业转型升级】2021年，钱塘区实施整合淘汰落后攻坚、低效企业整治、产业结构调整和城市有机更新四大攻坚行动，全年整治提升高耗低效企业626个、低效用地244.08万平方米，腾出用能7.86万吨标准煤。其中，通过产业结构调整、城市有机更新关停企业59个，整治提升低效用地88.15万平方米，腾出用能7.86万吨标准煤；通过扩大生产、导税增税整治提升低效企业55个，低效用地150.19万平方米；通过集聚入园整治提升低效企业512个，低效用地5.74万平方米。推进临江化工园区智慧化园区建设，通过省级化工园区复评。开展亩产效益综合评价工作，简化评价报送流程，实现亩产评价全覆盖，13个企业和2个园区入选2021年浙江省制造业重点行业亩均效益领跑者。（俞建龙）

【小微企业园建设】2021年，钱塘区推进小微企业园建设，挖掘小微企业园平台载体优势，提升园区载体能级，推动产业快速发展。至年末，全区培育创建创新产业园区72个，认定省级小微企业园25个。其中，五星级园区1个，四星级园区2个，三星级园区10个。总建筑面积约182.69万平方米，入驻企业4300多个。其中，规模以上（限上）企业56个，高新技术企业185个。全年实现营业收入402亿元，税收13.56亿元，亩均税收125万元/亩。（朱　伟）

【“未来工厂”培育】2021年，钱塘区聚焦数字产业化和产业数字化，围绕“互联网+”“大数据+”“人工智能+”，深化制造业全产业链供应链体系的数字化场景创新和应用推广，推进企业组织形态变革，加快建设“未来工厂”。至年末，累计认定省级“未来工厂”1个、培育1个；认定省级智能工厂、数字化车间14个；认定市级“未来工厂”7个，其中智能工厂3个、数字化车间4个；培育市级“未来工厂”体系企业45个，其中链主工厂2个、智能工厂8个、数字化车间32个、云端工厂3个。（沈晶鑫）

【区主导产业“链式+集群”做法获评省“最佳实践”案例】2021年1月6日，浙江省经信厅通报

2021年钱塘区省级小微企业园一览表

表5

序号	园区名称	园区类型	星级评定
1	杭州传化公路港	生产性服务类	三星
2	正泰中自科技园	生产制造类	四星
3	浙江省海外留学人员创业园（下沙）	生产性服务类	三星
4	杭州市高科技企业孵化园区	生产性服务类	五星
5	新加坡杭州科技园	生产性服务类	四星
6	和达·智造产业化基地	生产制造类	三星
7	杭州和达文化创意产业园	生产性服务类	三星
8	杭州智慧谷移动互联网创业园	生产性服务类	三星
9	杭州义蓬科创园	生产性服务类	三星
10	国脉科技园	生产性服务类	三星
11	龙驰科创园	生产性服务类	无
12	临江科技孵化园	生产性服务类	三星
13	建友科创园	生产性服务类	三星
14	新湾科创园	生产性服务类	无
15	创想邦AT800创新中心	生产性服务类	无
16	和达高科海聚中心	生产性服务类	三星
17	红帮东部乐创	生产性服务类	无
18	安和药谷	生产制造类	新园区无星级评定
19	新界科创园	生产性服务类	新园区无星级评定
20	佳宝科创中心	生产性服务类	新园区无星级评定
21	七格检测智造园	生产性服务类	新园区无星级评定
22	和达药谷中心	生产制造类	新园区无星级评定
23	网虹城数字文化产业园	生产性服务类	新园区无星级评定
24	艾迪时尚产业链小微园	生产性服务类	新园区无星级评定
25	海弘微智造园	生产性服务类	新园区无星级评定

中策橡胶集团股份有限公司"未来工厂"车间　　（区融媒体中心 提供）

2020年度经信系统考评结果，钱塘新区促进主导产业"链式+集群"发展的做法获评县（市、区）"最佳实践"案例。新区围绕产业链协同发展推出多项举措，提升产业发展聚合力。开展汽车整零企业对接会、生命健康产业招商推介会、航空航天产业峰会等活动，推动一批主导产业所需的"补链"企业扎根新区，发挥主场优势助力新区企业加强与供应商、客户的合作，提升产业链协同发展水平。建立杭州医药港、杭州大创小镇、杭州综合保税区、杭州钱塘芯谷、杭州前进智造园、杭州临江高科园6个产业平台，重点打造生物医药、数字经济、跨境经济、半导体、智能汽车和智能装备制造、航空航天、新材料等产业链，形成政务服务驿站服务企业新机制、拿地即开工项目推进新机制和专家参与评审招商引资新机制，提升企业服务、项目推进、招商引资效能，释放产业发展活力。推进"链长制"建设，梳理产业链发展现状、研究制定产业链图、制定支持各产业链发展的政策措施，"芯智造""生物医药""汽车和零部件"3条产业链入选全省开发区"链长制"试点，入选数量居全省开发区前列。（周阿丽）

【产业项目数字化平台上线】2021年9月2日，钱塘区产业项目协同指挥平台上线。该平台致力于解决产业项目推进中"项目底数不清、滞后主体不明、问题协调速度不快"难题，通过建立数据驾驶舱、滞后预警、问题协调、领导督办4个场景，实现优化跨部门协同监管机制、促进产业项目链式推进等功能，提升产业项目推进数字化水平。至年末，开工入库"维亚生物""泰德医药""驭远"等项目17个。

（陆玲亚）

【产业园区发展联盟成立】2021年6月18日，钱塘区举行产业园区发展联盟揭牌成立仪式。该联盟集聚和整合产业创新资源，提升园区资源的综合利用水平，为企业搭建对接政务、项目招引、人才引进和资源共享的产业生态平台，让产业园区成为培育龙头企业和中小企业的产业集聚地。联盟成立仪式上发布《钱塘区产业园区发展联盟实施意见》，明确指导思想、组织架构、重点任务和工作要求，明确产业园区联盟职责、任务和要求，为高质量打造产业园区发展联盟提供路径遵循。至年末，联盟有成员单位83个，设立理事长单位1个、理事单位5个。（朱　伟）

【14个企业入围市制造业（数字经济）百强】2021年11月15日，杭州市工业经济联合会、杭州市企业联合会、杭州市企业家协会公布2021年杭州市制造业（数字经济）百强榜，钱塘区企业中策橡胶集团股份有限公司、顾家集团有限公司、杭州金鱼电器集团有限公司、杭州九阳小家电有限公司、杭州电缆股份有限公司、广汽乘用车有限公司、杭州电力设备制造有限公司、永杰新材料股份有限公司、格力电器（杭州）有限公司、聚合顺新材料有限公司、百合花集团股份有限公司、杭州电化集团有限公司、和利时科技集团有限公司、吉华江东化工有限公司14个企业入围。（王凌云）

【亲商助企服务】2021年，钱塘区完善亲商助企连心结对工作机制，梳理四上企业、高成长性企业、招商紧盯项目和产业推进项目清单，选派1863名干部与企业"一对一"结对服务，实现"重点企业全覆盖，全区干部全覆盖"。至年末，累计走访服务企业1.38万个次，收集解决涉及业务咨询、政策、审批、公共配套等方面问题5702个。"亲清钱塘"平台线上受理企业诉求1829件，诉求办结率100%，满意率99.6%。推进企业赋码工作，对"亲清钱塘"管理平台内4591个企业进行赋码，打通企业和政府两端，实现"一个端口进一个端口出"，开展"企业码"活动33场，受益企业2220个次。（施春晞）

半导体产业

【概况】2021年，钱塘区组建集成电路产业、招商引资2个专班，成立集成电路产业政银企党建联盟、“芯智造”创业联盟，制定半导体产业链图谱、招商引资地图，建立产业项目库，到北京、上海、深圳、西安等地接洽集成电路核心项目300多个，对接各类功能性机构61个，推动“至芯紫外芯片”“赛德光电”“虹蚁智慧窗”等一批高新项目落地。至年末，半导体产业实现规模以上工业总产值658亿元，占全区规模以上工业总产值20.7%，比上年增长10.3%。其中，集成电路及零部件企业37个，实现工业总产值184亿元，增长12.5%；智能应用企业14个，实现工业总产值81亿元，增长30.3%；智能终端企业30个，实现工业总产值393亿元，增长5.9%。（朱　伟　李胜楠）

【《杭州市钱塘芯谷发展集成电路产业三年行动计划》编制】2021年，钱塘区启动编制《杭州市钱塘芯谷发展集成电路产业三年行动计划》，制定出台扶持集成电路产业发展的专项政策措施，规划发展核心区9.03平方千米，打造芯智造万亩千亿新产业平台，重点建设“两园”（未来产业孵化园、和达芯谷服务园）“两谷”（2025中国智造谷、钱塘智慧谷）和“三区”（重大项目承载区、高端器件制造区、智能芯片应用区）。（林　曦）

【产业专题调研】2021年，钱塘区联合杭州市经济和信息化局开展钱塘区集成电路产业专题调研，编制完成《杭州市钱塘芯谷发展集成电路产业的路径研究》，明确钱塘区集成电路产业发展现状、存在问题、目标和路径，以及建设重点任务和发展保障措施，通过聚焦半导体产业细分领域，实施差异化竞争，提升钱塘区集成电路产业能级。

【集成电路项目招引】2021年，钱塘区推进集成电路项目招引，围绕芯片设计、终端应用、特色工艺芯片制造、先进封装测试、关键材料及核心设备零部件等方面，建立产业链招商信息库、在谈项目跟踪库、龙头企业盯引库3个项目库。2020—2021年，招引落地集成电路产业链项目45个，总投资443亿元，其中10亿元以上项目18个。通过项目招引集聚集成电路产业上下游企业96个，涉及半导体材料、设备、IC设计、晶圆制造、封装测试及终端应用等领域。年内，全区以集成电路为核心的芯智造产业实现产值438.09亿元，比上年增长11.8%。（方　佳）

杭州中欣晶圆半导体股份有限公司　（区融媒体中心　提供）

【中欣晶圆12英寸大硅片二期扩建项目竣工】2021年12月20日，钱塘区半导体企业杭州中欣晶圆半导体股份有限公司12英寸大硅片二期扩建项目竣工。该项目自2021年3月开始筹划，12月20日竣工。项目建成后，可新增容纳20万片12英寸大硅片产能的无尘室车间及配套的纯水、气体化学品供应系统，计划于2022年末实现12英寸硅片20万片/月产能。杭州中欣晶圆半导体股份有限公司于2017年成立，具备6英寸及以下硅片40万片/月、8英寸硅片45万片/月、12英寸硅片10万片/月的产能。（胡欣毅）

生命健康产业

【概况】2021年，钱塘区生命健康产业完成产值473.26亿元，比上年增长8.7%。规模以上生命健康产业企业83个，主要涉及生物医药、医疗企业、健康食品等行业领域。其中，年产值1亿元以上企业54个，5亿元以上企业21个，10亿元以上企业11个。生物医药生产企业以杭州默沙东制药有限公司、浙江康莱特药业有限公司、杭州中美华东制药江东有限公司、杭州九源基因工程有限公司、杭州惠松制药有限公司、艾博生物医药（杭州）有限公司为代表；医疗器械企业以明峰医疗系统股份有限公司、杭州协合医疗用品有限公司、杭州奥泰生物技术股份有限公司、杭州泰尔茂医疗器械有限公司、杭州龙鑫科技有限公司为代表；健康食品企业以杭州顶益食品有限公司、浙江太古可口可乐饮料有限公司、费列罗食品（杭州）有限公司、杭州统一企业有限公司、杭州百事可乐饮料有限公司、杭州娃哈哈饮料有限公司为代表。年内，“九洲药业制剂+CDMO项目”“德琪医药生物大分子项目”“景杰生物项目”“英诺湖生物制药项目”“远大生物项目”“创响生物项目”“江西济民可信集团项目”“黑龙江珍宝岛药业项目”“高跖医药项目”签约落地，产业呈集聚发展态势。

（张迪庆　杨一洲）

【生命健康产业能级提升】2021年，钱塘区推进生命健康企业创新，加强创新人才集聚，提升产业能级水平。17个生命健康企业入选市“准独角兽”榜单，数量居全市第一位；拟上市生命健康企业19个，其中重点拟上市企业9个。51个生物医药企业完成融资，融资额92亿元。28个创新药物启动临床试验，19个仿制药启动生物等效性试验，115个创新医疗器械获批上市。集聚生命健康领域顶尖人才13人，领军型人才161人，各类高端人才500多人。

【生命健康产业生态扩展】2021年，钱塘区推动高能级科研平台建设，深化数字化改革应用，加强人才创新创业氛围，扩展产业生态。中国科学院基础医学与肿瘤所引进合成生物学和材料学院士团队2个，挂牌杭州重离子研发中心，启动项目二期建设，总规模20万平方米；浙江省药品监督管理局与中国药科大学合作共建浙江省原料药安全研究中心、全省首个生物医药MAH（上市许可持有人制度）产业化服务平台。建成可视化生物医药产业地图，数字化创新服务平台通过验收，谋划“生物医药产业服务一件事”改革，重塑产业全生命周期服务。承办第七届“创客天下·杭向未来2021杭州市海外高层次人才创新创业大赛”留学人员创新创业项目专场生命健康组决赛，对接12个优质生物医药项目；举办2021杭州“揭榜挂帅·全球引才”（生物医药）科洽会，成立杭州生物医药“揭榜挂帅”创新共享中心，作为政府服务推动企业发榜、人才揭榜的桥梁和纽带。

钱塘区和达药谷　　（区融媒体中心 提供）

【生命健康产业项目招引】2021年，钱塘区绘制生命健康产业图谱，拓展资源渠道，招大引强。科学拟订生命健康产业项目招引清单及招商计划，拟订100多个目标客户清单，推进金域医学等上市公司区域总部及研发中心项目落户。围绕生物制药、医疗器械、CXO（医药外包）等重点领域，到各地招商50多次，对接头部企业102个，推进“济民可信”“昭衍新药”“远大医药”“修正药业”等11个重点项目落地。完成签约落地1亿元以上项目36个，其中10亿元以上项目11个，总投资244.1亿元。

【生命健康产业项目建设】2021年，钱塘区加大生命健康产业项目推进力度，力促项目开工建设、竣工投产。完成“杭台生物”“泰德医药”等10宗工业用地招拍挂出让并摘牌，总出让面积37.8万平方米；完成“天境生物”“维亚生物”“加速器五期”“九洲药业”等12宗26.8万平方米工业用地开工，其中“维亚生物”“九洲药业”“泰德医药”3个“152”项目开工建设。25个在建工程按时间节点施工；“景杰生物”“药明生物”“浙大智能创新研究院”“天境生物”“九源基因”等30多个10万余平方米租赁厂房项目进场施工。

【杭州奥泰生物技术股份有限公司上市】2021年3月25日，钱塘区生物医药企业杭州奥泰生物技术股份有限公司在上海证券交易所科创板挂牌上市，以133.67元/股的价格公开发行新股数量1350多万股，成为全区生命健康行业第一股。杭州奥泰生物技术股份有限公司于2014年9月开始投产，有较强的科研和技术创新能力，在胶体金、乳胶等标记技术，单克隆抗体、多克隆抗体、基因重组抗原、合成抗原等生物原料技术以及免疫层析技术等前沿生物领域处于国内领先水平。该公司致力于打造国际一流的体外快速诊断试剂研发与生产基地，开发新产品100多个，有各类专利30多个，产品销往100多个国家。该公司计划在钱塘区重点打造3个新技术平台和1个研发中心，项目总投资2亿元，总建筑面积3.5万平方米。（张迪庆）

【2个企业获“浙江好项目”中小微企业创新创业大赛奖项】2021年9月2日，2021年“创客中国”浙江赛区暨“浙江好项目”中小微企业创新创业大赛决赛在钱塘区举行。大赛以“围绕产业链、部署创新链、配置资金链”为主题，聚焦新一代信息技术、生物技术、新能源、新材料、高端装备等战略性新兴领域，重点面向专精特新“小巨人”企业、隐形冠军及培育企业、首台（套）企业、创新型和科技型中小微企业以及创新创业团队。钱塘区企业百明信康生物技术（杭州）有限公司和明峰医疗系统股份有限公司分别获大赛企业组二等奖与三等奖。百明信康生物技术（杭州）有限公司参赛的为新型蛋白技术在过敏免疫治疗中的应用项目，该技术采用肽载体融合蛋白技术进行重组过敏原的多肽及载体的构建，能制成低致敏性脱敏药物，具有安全有效、产品质量可控、精准治疗等优势。明峰医疗系统股份有限公司参赛项目为自主研发超高端256排CT产业化应用，该产品采用原创的真球面探测器和量子能谱技术，既提升探测精度，又降低材料成本。（施春晞）

【生物医药全产业链服务新模式构建】2021年，钱塘区构建生物医药创新链、产业链、人才链、政策链、金融链、服务链“六链融合”产业生态圈，打造生物医药高能级平台。中国科学院基础医学与肿瘤研究所、浙江省药监局疫苗批签发实验室、浙江大学智能创新药物研究院等29个公共服务平台落户，引育高层次人才500多人，海外领军型人才171人，浙江省“鲲鹏计划”3人。新增启动临床试验创新药物28个、启动生物等效性试验仿制药19个，获批创新医疗器械115项。（王佳杭）

智能汽车及智能装备产业

【概况】2021年，钱塘区作为杭州市和浙江省汽车产业发展的重要平台，集聚有广汽乘用车（杭州）有限公司、长安福特汽车有限公司杭州分公司、浙江吉利汽车有限公司杭州分公司3个整车企业和46个汽车零部件生产企业，具备轿车、SUV（运动型多用途汽车）、新能源整车及零部件的汽车全系列设计开发与生产能力。广汽、吉利、福特3个汽车品牌在产车型12款，总建设产能55万辆。至年末，全区智能汽车及智能装备产业实现规模以上工业总产值703.43亿元，比上年下降15.5%。全区汽车产业产值1亿元以上企业35个、5亿元以上企业12个、10亿元以上企业6个。钱塘区智能装备产业处起步发展阶段，主要引进以工业机器人等产业为特色的智能装备企业和科技机构落户，集聚史陶比尔（杭州）精密机械电子有限公司、泰瑞机械股份有限公司等企业。至年末，全区智能装备产业产值1亿元以上企业40个、10亿元以上企业6个。（张迪庆 金卓雯）

【新能源汽车产业三年行动计划发布】2021年11月16日，由钱塘区前进智造园牵头编制的《钱塘区发展新能源汽车产业三年行动计划（2022—2024）》印发。该行动计划聚焦实施新能源整车龙头企业招引、传统存量整车厂转型、汽车产业链补链强链、汽车后市场服务体系完善、新能源汽车应用推广、充换电基础设施建设、智能网联汽车示范区打造、新能源汽车科创平台建设八大重点任务，构建“一核两翼、三擎、四极”的总体空间布局，打造中国新能源汽车产业链协同发展引领区。（郭英豪）

【零跑科技新能源汽车项目签约】2021年3月29日，钱塘新区和浙江零跑科技有限公司签约“新能源汽车”项目。项目位于钱塘区前进智造园，规划总用地55.8万平方米，总投资45亿元，计划建成年产20万台新能源汽车项目。项目投资主体浙江零跑科技有限公司成立于2015年12月，是科技型智能电动汽车企业，具备智能电动车完整自主研发能力，业务范围涵盖智能电动汽车整车设计、研发制造、智能驾驶、电机电控、电池系统开发、基于云计算的车联网解决方案等方面。

【福特双擎项目签约】2021年12月30日，长安福特汽车有限公司大型双擎SUV项目落户钱塘区前进智造园。该项目建成后将投放四款新车型，新建电池包生产线及零部件配送中心，项目计划总投资33.3亿元。（章国强）

【广汽传祺新车型下线】2021年5月31日，广汽传祺GS4 PLUS在钱塘区广汽乘用车杭州工厂量产下线。该车型以动控PLUS、智能PLUS、颜值PLUS3个优势，有130万基盘车主。钱塘区广汽乘用车杭州工厂于2017年投产，累计下线车辆超35万辆，涉及主力车型GA4以及全新研发的GS3 POWER、GS4 PLUS、GS5等多种车型，累计贡献产值超300亿元，成为杭州整车生产的龙头引领企业。（郭妍洁）

【三花汽零入选省级“隐形冠军”】2021年1月12日，浙江三花汽车零部件有限公司入选浙江省“隐形冠军”企业名单，是新区首个省级“隐形冠军”企业。浙江三花汽车零部件有限公司是三花控股集团下属汽车零部件产业的核心企业，主要经营新能源汽车及传统汽车热管理系统用、空调系统用各类核心零部件，产品包括热力膨胀阀、电子膨胀阀、贮液器、控制器、电磁阀等一系列产品。企业建有汽车热管理工程研究中心、院士工作站、博士后工作站、浙江省省级重点研究院等科研平台，有效专利543件，产品获得IATF16949、ISO14001、OHSAS18001的认证，成为全球知名新能源车企的供应商。（施春晞）

【汽车企业党建联建活动】2021年，杭州市钱塘区汽车企业党建联建机制坚持“龙头引领、组团互联、全线提质”，把党建资源转化为发展资源和发展活力，辐射带动区域内航空航天产业、智能制造产业等核心产业的协同优质发展。全年举办“金牛纳福进企业，我在钱塘过大年”活动、春节期间“吉福前进牛气，钱塘——前进政银企携手新钱塘人留杭过大年”党建共融活动、“铭记党史、智造未来”汽车企业党建联建机制年度党建赋能发展活动、余杭径山红色游学活动、红盟集市车展、走进红企好物等系列活动，推进汽车企业资源共享、业务共进、合作共赢。该联建机制建立于2018年6月，是钱塘区首个党建联建机制，主要由辖区内长安福特汽车有限公司杭州分公司、广汽乘用车（杭州）有限公司、浙江吉利汽车有限公司杭州分公司、东风裕隆汽车有限公司4个整车企业和55个汽车零部件企业组成。（金卓雯）

钱塘区三花汽车产业园　（区融媒体中心 提供）

【太古可口可乐首条MIS数字化生产线启动】2021年3月30日，钱塘区企业浙江太古可口可乐有限公司的MIS数字化生产线启动，成为新区传统饮料行业全产业链数字化升级新标杆。MIS系统由太古可口可乐（中国）公司与西门子公司共同开发，可在生产过程中实时采集设备及工艺数据，并实现在效率、能耗、安全、质量、预测等多维度的动态数据分析，将统计效率从“事后”统计变为“过程”统计，缩短故障诊断时间，在中国饮料业内首创“预测性维护”解决方案，实现工厂的智能化管理、科学化决策和标准化流程。（沈晶鑫）

【2个企业获评国家级专精特新“小巨人”企业】2021年8月24日，工业和信息化部公布第三批国家级专精特新“小巨人”企业名单，钱塘区企业德帕姆（杭州）泵业科技有限公司和杭州沃镭智能科技股份有限公司入选。德帕姆（杭州）泵业科技有限公司专注于流体输送设备研发生产，产品广泛应用于石油、化工、新能源、水处理等各个领域，产品国内市场占有率第一位，公司拥有80多项专利，获世界500强配套企业、国家高新技术企业、国家火炬计划产业化项目等称号。杭州沃镭智能科技股份有限公司是一家致力于汽车零部件、半导体器件领域的智能制造解决方案提供商，主营产品为智能检测系统、自动化产线及制造执行系统，在汽车底盘电控制动行业装配与检

测装备细分领域排名第一位，拥有授权发明专利51项，建有省级企业技术中心、省级企业研究院等科研平台，产品多次获评浙江省首台套装备称号、浙江省科技进步奖。（施春晞）

【重点新产品开发】2021年，钱塘区智能汽车及智能装备制造企业加大科技研发力度，提升产品开发能力，不断推出新产品。在智能汽车产业领域，长安福特汽车有限公司杭州分公司新投产林肯航海家SUV，广汽乘用车（杭州）有限公司新投产GS4PLUS型SUV和GA4PLUS型轿车，浙江吉利汽车有限公司杭州分公司新投产枫叶60S充换电一体新能源车。在智能装备智造产业领域，杭州富尔顿热能设备有限公司、德帕姆（杭州）泵业科技有限公司、杭州世宝汽车方向机有限公司3个企业获评2021年度浙江省首台（套）产品，产品涉及低排放节能锅炉、高性能泵、汽车关键零部件。（张迪庆）

航空航天产业

【概况】2021年，钱塘区航空航天产业实现总产值2.35亿元，比上年增长39.5%。有规模以上企业3个，分别是浙江西子势必锐航空工业有限公司、浙江嘉航科技有限公司和杭州艾美依航空制造装备有限公司，其中浙江西子势必锐航空工业有限公司是C919 9个机体结构供货商中唯一的民营企业，有特种工艺资质认证287项，是中国商飞、欧洲空客、加拿大庞巴迪、中航工业、美国势必锐一级供应商，A320机翼小肋全球唯一供应商，A220前起落架舱全球唯一供应商，中国唯一空客“挑战者”供应商。在2021年全省“万亩千亿”新产业平台考核中，列航空航天细分领域第一位。（张迪庆 金卓雯）

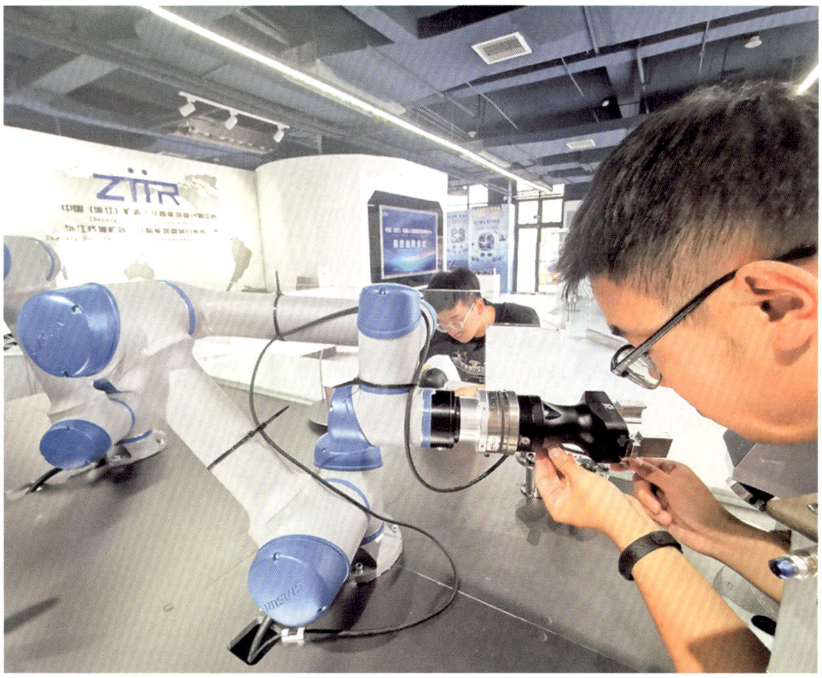

钱塘区中国（浙江）机器人及智能装备创新中心　（区融媒体中心 提供）

【浙江省“万亩千亿”新产业平台合作共建协议签署】2021年3月17日，浙江金控投资管理有限公司、国投招商投资管理有限公司与杭州前进智造园管理办公室签署浙江省“万亩千亿”新产业平台合作共建协议，明确三方围绕新能源汽车及零部件、航空航天、智能制造领域，在项目投资、信息共享、招商引资、人员交流、基金合作、投资顾问等方面开展合作，建立合作共建关系。（郭英豪）

【浙江华瑞航空制造项目主体工程开工】2021年9月29日，浙江省航空大部件制造产业标志性项目——浙江华瑞航空制造项目主体工程开工仪式在钱塘区举行。该项目坐落于前进智造园，总投资100亿元，占地总面积39.6万平方米，一期占地29.4万平方米，规划建筑面积53.8万平方米。项目计划建成国内单体最大的航空复合材料厂房，满足配套中国商飞中机身大部件生产的要求，助力国产大飞机CR929研发试飞量产。浙江华瑞航空制造有限公司成立于2019年11月，是一个由浙江机电华瑞航空投资有限公司、美国势必锐航空系统公司和西子联合控股有限公司在杭州设立的中外合资经营企业，主要从事航空复合材料大型结构件设计、开发、制造及相关工作，是浙江省打造航空航天“万亩千亿”新平台标志性企业之一，也是浙江省属制造企业转型升级的试点企业。（金卓雯）

【亚太航空项目签约】2021年8月9日，亚太航空项目签约落户钱塘区前进智造园。该项目位于钱塘区临江东四路与规划东一路交叉口，项目总投资3.3亿元，总用地2万平方米，建筑总面积3万平方米，新建航空专用紧固件生产线10条。项目建设单位为杭州毕方航空技术有限公司，建设工期为

2021—2023年。项目建成后可形成年产航空航天专用涂覆材料1.5万千克和各类高端航空紧固件120万件，实现年产值3.45亿元、年税收3124万元。

【2021中国商飞——浙江大飞机产业培育会】2021年3月26日，“2021中国商飞——浙江大飞机产业培育会”在钱塘区举办。该培育会由浙江省人民政府、中国商用飞机有限责任公司主办，浙江省发展和改革委员会、中国商飞采购与供营商管理部、杭州钱塘新区管理委员会承办。会议围绕大飞机产业发展和建设，开展民机产业链供应链培育，加深浙江省大飞机产业链配套企业与中国商飞的合作关系，推动浙江省与中国商飞公司的战略合作落地。省内外81个优秀大飞机产业链航空航天企业参加会议。会上中国商用飞机有限责任公司与浙江省发展和改革委员会签署大飞机产业合作备忘录。（章国强）

【航空航天专场路演】2021年9月28日，“我们都是钱塘人·航天航空项目专场路演”航空航天投融资对接会活动在钱塘区举行。活动由浙江省股权交易中心、钱塘区财政局、杭州前进智造园、深圳证券信息有限公司联合举办，以“我们都是钱塘人·航空航天项目专场路演”为主题，聚焦航空航天与智能装备领域，开展融资对接活动。“中天智控”“凌智飞航”“博鹰通航”3个无人机项目，9个投资机构参加此次活动。活动上，3个无人机项目分别就创业者及管理团队、商业模式、技术水平、市场前景、财务预测、融资需求、落地诉求等方面进行介绍，特邀点评专家及投资机构对其进行提问和点评。（郭英豪）

新材料产业

【概况】2021年，钱塘区新材料产业以高端精细化工（高端染料、颜料等）、电子化学品材料和化纤纺织为主，全年新材料产业实现产值824.17亿元，比上年增长28%，占全区规上工业总产值的26%。按产业细分，先进基础材料产值402.66亿元，增长26.2%；前沿新材料产值254.8亿元，增长25.8%；关键战略材料产值166.7亿元，增长31.3%。全年新材料产业总产值排名前10位的头部企业占总产值比重超60%，产业总产值排名前10位的企业分别为浙江恒逸高新材料有限公司、浙江巴陵恒逸己内酰胺有限责任公司、浙江双兔新材料有限公司、浙江永杰铝业有限公司、浙江东南新材料技有限公司、杭州聚合顺新材料股份有限公司、东南新材料（杭州）有限公司、杭州油脂化工有限公司、百合花集团股份有限公司、永杰新材料股份有限公司。（项飞达）

【《杭州临江高科园新材料产业链细分赛道研究报告》编制完成】2021年12月，《杭州临江高科园新材料产业链细分赛道研究报告》编制完成。该报告由临江高科园牵头编制，通过研究新材料发展趋势，分析园区现有资源优势，借鉴外部经验，明确高性能纤维、集成电路关键材料、碳中和关键材料3个细分赛道为新材料主导产业重点招引方向，为园区紧抓新材料、“双碳”窗口期，明确产业发展方向，统筹招商资源力量，实现产业链精准招商提供支持。（盛　杰）

【杭州福莱蒽特股份有限公司上市】2021年10月25日，杭州福莱蒽特股份有限公司在上海证券交易所挂牌交易，股票简称“福莱蒽特”，股票代码“605566”，发行价32.21元/股，发行市盈率为22.99倍。杭州福莱蒽特股份有限公司成立于1998年，主营中高端分散染料产品，应用于运动服饰、家纺和汽车等行业领域。（张　琪）

2021年10月25日，杭州福莱蒽特股份有限公司在上海证券交易所上市
（区融媒体中心 提供）

【格林达公司产品获评国家制造业单项冠军】2021年11月8日，工业和信息化部公布第六批制造业单项冠军名单，钱塘区企业杭州格林达电子材料股份有限公司的产品“TMAH（四甲基氢氧化铵）显影液”上榜。该产品是杭州格林达电子材料股份有限公司自主创新研发的核心产品，拥有独立自主知识产权。杭州格林达电子材料股份有限公司成立于2001年10月，是一家专业从事高纯电子化学品研发和生产的国家高新技术企业，设有省级企业研究院、市级企业技术中心，拥有多项自主知识产权，为杭州市专利试点企业。（沈晶鑫）

【恒逸高新公司获省“尖兵”研发攻关计划立项】2021年11月25日，浙江恒逸高新材料有限公司“生物基呋喃二甲酸聚酯的绿色合成与高效催化剂开发”项目列入浙江省2022年度“尖兵”研发攻关计划。该项目聚焦聚合级呋喃二甲酸高效制备、聚酯聚合催化剂高效开发，以及量产工艺、装备设计等关键技术的攻关，结合呋喃二甲酸聚酯聚合动力学、化学和分子序列结构与性能的构效关系研究，建立高耐热、高阻隔的生物基呋喃二甲酸聚酯的规模化制备示范线。该项目以自主创新为核心，结合公司生产经营实际需求，实现环境友好型材料领域与新兴科技的交叉与融合，助力新材料产业高质量发展。（全敬鹏）

重点企业选介

【杭州士兰集成电路有限公司】杭州士兰集成电路有限公司成立于2001年1月，注册资本6亿元，位于杭州经济技术开发区10号大街（东）308号。该公司有员工1958人，自有用地12.53万平方米，建筑面积12.92万平方米，主要生产集成电路产品和稳压管、肖特基管、开关二极管、超快恢复二极管等特种分立器件产品。公司整体生产经营规模位居国内同类型企业首位，世界同类型企业前5位。2021年，该公司实现产值14.4亿元，比上年增长14.8%。

【杭州立昂微电子股份有限公司】杭州立昂微电子股份有限公司成立于2002年3月，注册资本3.6亿元，是专注于集成电路用半导体材料和半导体功率芯片设计、开发、制造、销售的高新技术企业，建有浙江省重点企业研究院——“浙江省立昂射频集成电路制造技术重点企业研究院”，以及院士工作站、博士后企业工作站。该公司拥有杭州、宁波、衢州三大经营基地，分别对应公司总部、杭州立昂东芯微电子有限公司、浙江金瑞泓科技股份有限公司、金瑞泓科技（衢州）有限公司。作为国内唯一具有硅单晶、硅研磨片、硅抛光片、硅外延片及芯片制造能力的完整产业平台，该公司横跨半导体分立器件和半导体硅材料两大细分行业，是国内最具竞争力的半导体材料、功率半导体和集成电路制造的产业平台。2021年，该公司实现产值9.4亿元，比上年增长99.6%。（朱　伟）

【杭州九源基因工程有限公司】杭州九源基因工程有限公司是杭州华东医药集团的子公司，也是国内最早实现基因工程产业化，集基因药物研发、生产、销售为一体的国家高新技术企业，该公司开发能力和生产规模居浙江省生物医药企业前列。自1993年成立以来，一直致力于基因工程蛋白药物、合成多肽药物等的研发，拥有“国家级高新技术企业、国家火炬计划重点高新技术企业、浙江省专利示范企业、杭州市十佳高新技术企业”等荣誉称号，建有院士工作站、博士后工作站等高尖端人才科技平台。2021年，企业营业总收入13.3亿元，比上年增长25.5%。

【杭州和泽医药科技有限公司】杭州和泽医药科技有限公司成立于2006年，是一个以药物研发为核心，从事药品持证及转化的服务型国家高新技术企业。现有员工近500人，其中专业技术人员占比85%以上，拥有300多个项目（含一致性评价项目）的开发经验。作为药品MAH持证转化研究的践行者，该公司建立一整套完善的MAH药品持证质量管理体系和项目运营管理体系，在研及待审批的持证产品50多个。2021年，企业营业总收入3.7亿元，比上年增长57%。（方劲伟）

【长安福特汽车有限公司杭州分公司】长安福特汽车有限公司杭州分公司成立于2012年7月，占地140万平方米，由福特汽车公司和长安汽车集团共同出资建设，是长安福特第4个整车工厂，也是杭州市引进的第一个世界级整车项目、最大单体工业项目之一。作为长安福特在华东地区的生产基地，工厂设计整车年产能25万辆，在岗职工约2000人。公司采用福特诸多全球顶尖技术，拥有世界领先的制造工艺和高度柔性化的生产线，包括冲压、焊接、涂装、总装四大工艺车间，可同时生产六款不同车型。2021年，长安福特汽车有限公司杭州分公司实现产值310.92亿元，比上年增长75.9%。

【杭州宝伟汽车零部件有限公司】 杭州宝伟汽车零部件有限公司由上海宝钢（世界500强）国际经济贸易有限公司和重庆平伟汽车科技股份有限公司合资兴建，公司于2013年9月成立，注册资金3亿元，占地面积9.15万平方米。该公司主要为长安福特汽车公司杭州生产基地、广汽乘用车（杭州）有限公司、杭州吉利汽车有限公司等主机厂提供汽车用钢材加工，零部件制造以及JIT配送等专业产品及技术服务，致力发展成为集研发、设计、制造、服务为一体的现代化智能制造企业，成为全球一流的汽车零部件供应商。2021年，实现产值9.57亿元，比上年增长87.4%。

【杭州艾美依航空制造装备有限公司】 杭州艾美依航空制造装备有限公司成立于2016年5月，是浙江大学航空制造高端装备研究中心研究成果工程化、市场化主体，是一个专注航空、航天、船舶等领域高端数字化装备设计、制造、集成与服务的高新技术企业，在飞机自动化调姿对接、机器人制孔、自动化钻铆、复合材料自动化铺丝等高端装备研发和系统集成领域处于国际先进水平。2021年，公司实现产值7400万元，比上年增长57.4%。

【浙江嘉航科技有限公司】 浙江嘉航科技有限公司成立于2017年5月，是一个集研发、生产、销售服务于一体的专业铝合金锻造产品深加工制造商，致力于飞机内饰系统部件、氧气系统部件及机翼结构件、汽车和摩托车行业的转向系统部件、悬挂系统和转向系统研发，也为五金工具客户提供转子壳体、底座等部件。该公司获得AS91000和美国柯林斯宇航供应商认证、IATF16949体系认证，客户群体涵盖美国柯林斯宇航、日本本田、东风汽车、钱江摩托、宗申汽摩，春风动力，百得电动工具等国际国内知名客户。2021年，实现产值6000万元，比上年增长138.1%。（张海洋）

【杭州聚合顺新材料股份有限公司】 杭州聚合顺新材料股份有限公司成立于2013年11月，注册资本3.15亿元，是集聚酰胺6切片的研发、生产和销售于一体的国家高新技术企业。公司主营“超细旦纤维专用切片”“用于高强纤维的尼龙专用料”“用于汽车电路接插件注塑材料”“具有耐光、热老化性能尼龙纤维专用料”等系列产品，核心技术达到国内领先水平。2020年6月18日，该公司在上海证券交易所主板上市。2021年，实现产值30.18亿元，比上年增长29.2%。

【浙江巴陵恒逸己内酰胺有限责任公司】 浙江巴陵恒逸己内酰胺有限责任公司成立于2008年1月，总投资约62亿元，占地面积78.13万平方米，主营业务己内酰胺生产、销售，是国内单地生产规模最大的己内酰胺新材料企业。公司一期20万吨/年己内酰胺项目为杭州市与中国石油化工集团公司“2+4”战略合作重点工程，于2012年5月投产，经过两轮扩能改造，实现产能40万吨/年。2021年，实现产值75.18亿元，比上年增长152.3%。

（洪楚楚）

责任编辑　曹文慧

产业平台

杭州医药港

【概况】2021年，杭州医药港生物医药企业实现营业收入450亿元，税收30亿元。全年固定资产投资35亿元、工业投资30.3亿元。落地1亿元以上项目36个，其中10亿元以上项目12个，总投资246.1亿元。自主培育企业杭州奥泰生物技术股份有限公司在上海证券交易所科创板挂牌上市，累计上市及重点拟上市企业19个。天境生物科技（杭州）有限公司等17个企业入选市“准独角兽”企业，“准独角兽”企业数居全市第一位。全年启动临床试验创新药物20个、启动生物等效性试验仿制药14个，获国家药监局批准注册医疗器械产品208个。获批农转用地54.06万平方米，出让建设用地37.87万平方米。开工建设项目12个、在建项目24个，总投资130.2亿元。年内举办中国药学大会、中国医药企业家科学家投资家大会、国际生物医药（杭州）创新峰会、生物药工艺发展峰会高规格峰会，加强国内外产业界的技术交流与合作。入选国家、省级领军型生物医药人才20人。新认定国家高新技术企业20个、省科技型中小企业18个。杭州医药港被评为“最强产业小镇”“浙江省级特色小镇”“先进基层党组织”，列《第一批省级“新星”产业群培育名单》首位和“全省21个现代产业集群类产业创新综合体考评”前三位。

（杨一洲）

杭州医药港　（区融媒体中心 提供）

【杭州医药港获评“最强产业小镇”】2021年5月12日，杭州市召开全市特色小镇高质量发展推进会，杭州医药港获评市“最强产业小镇”。杭州医药港于2017年启动建设，以生物制药、生命医学、医疗器械、数字医疗为发展方向，至年末，集聚各类生物医药企业1400多个，全球十大医药企业落户7个，入选“准独角兽”榜单企业16个，建有中科院医学所一期、中国药科大学（杭州）创新药物研究院等一批创新服务平台，与浙江大学医学院附属第一医院、浙江大学医学院附属第二医院、浙江大学医学院附属邵逸夫医院、浙江省人民医院、浙江省肿瘤医院5个省内一流医院共建临床试验中心，促进创新药物研发及成果转化。（王佳杭）

【《杭州医药港拓展区城市设计》发布】2021年9月，《杭州医药港拓展区城市设计》发布，该城市设计分为整体概念规划及核心区城市设计2个层次。其中，整体概念规划范围南至绕城高速，北至新建河，东至海达北路，西至东湖南路，总用地面积380公顷；核心区城市设计范围南至绕城高速，西至乔下线，北至围垦街，东至海达北路，总用地面积128公顷。规划主要围绕“营城”“聚人”“育产”3个方面。其中，“营城”，即做好区域融合发展，完善城市功能，规划引导杭州医药港对接下沙片区整体发展，形成海达北路、幸福北路、围垦街“产城共融”的功能发展轴，布局多元功能，推动医药港复合化发展，同时构建开放互联、绿色高效的交通系统和更加完善的基础设施网络，提升区域城市功能；“聚人”，即通过人性化服务提升区域人气，规划打造“丰字”形公共绿廊，构建分级绿色开放空间体系，提升服务设施密度，提高公共生活服务可达性和便利性，通过“大绿地+水平地标”的配套中心，形成核心服务场所，同时提升绿地及公共空间的复合功能，形成服务导向的产业社区及生活配套；“育产”指引导医药港拓展区打造更加弹性、包容、复合化的“研发—生产”一体化空间，满足医药产业综合发展需求，拓展区的建筑平面尺度和空间景观环境设计以医药行业空间需求为导向，在表现形式上融入钱塘文化特色。（邬显达）

【安和药谷产业园落户】2021年6月8日，安和药谷产业园（简称产业园）入驻杭州医药港。该产业园占地面积2.53万平方米，建筑面积7万平方米，是MAH持证转化产业园，也是国内践行MAH制度先行示范区和探索MAH持证转化模式试验田。产业园旨在整合MAH全产业链资源要素，打造成以MAH持证转化为核心，集MAH持有人、CRO（研发）、CMO/CDMO（生产）、CSO（销售）、CSP（推广），以及保险、基金、法律服务于一体的全生态产业园区。（王佳杭）

【九洲药业杭州研发中心开工】2021年10月27日，九洲药业杭州研发中心在杭州医药港开工建设。该项目用地4.67万平方米，建筑面积14万平方米。依托自身CDMO一站式服务优势，扩大公司产业规模，广拓创新药小分子原料药临床前和Ⅰ期临床研究业务，完善临床前和早期临床制剂研发生产服务平台建设，以及多肽、核酸等大分子业务的工艺开发和生产服务平台建设，推动更多创新药物上市，助力全区生物医药产业高质量发展。

【天境生物项目开工】2021年4月22日，天境生物科技（杭州）有限公司商业化生产基地奠基仪式在杭州医药港举行，项目开工建设。项目杭州商业化生产基地一期厂房面积1.2万平方米，将建设包括工艺开发实验室和分析实验室、6条2000升GMP原液生产线及1条水针灌装冻干制剂线。项目商业化生产基地二期占地4.67万平方米，建设包括多条6000升原液生产线并符合cGMP标准的大规模商业化生产车间、研发中心、办公及活动中心等功能的现代化生物制药园区。（邬显达）

【珍宝岛药业项目签约】2021年11月1日，珍宝岛药业项目举行签约仪式，珍宝岛药业项目落户杭州医药港。该项目计划从事抗肿瘤ADC（抗体偶联）药物研发，总投资17亿元。珍宝岛药业项目由黑龙江珍宝岛药业股份有限公司投资建设，该公司是一家以中药、化药和生物药研发生产为主的医药健康产业集团，是中国医药工业百强企业。

【远大生物医药产业项目签约】2021年1月25日，钱塘新区与杭州远大生物制药有限公司举行签约仪式，远大生物医药产业项目落户杭州医药港。该项目总投资10亿元。杭州远大生物制药有限

2021年11月1日，珍宝岛药业项目签约活动举行（区融媒体中心 提供）

公司是中国远大集团全资子公司，成立于2004年，是一家专业从事生物制药技术及其产品开发、生产与销售的高新技术企业。公司拥有多项自主发明专利，主营双歧杆菌四联活菌片属微生态制剂新药，2019年纳入国家医保药品目录，并获得GMP生产证书。

【济民可信项目签约】2021年9月10日，钱塘区与江西济民可信集团有限公司举行签约仪式，济民可信项目落户杭州医药港。该项目计划投资建设小分子创新药物研发总部及制剂生产销售基地，拟落地10个1类化学药、4个2类化学药等自主研发品种及国外独家引进品种，项目五年总投资20.5亿元。项目主体江西济民可信集团有限公司于2000年成立，是一家以现代中药、化学药、生物制剂、保健品的研发、生产和销售为主营业务的大健康产业集团。（王　磊）

【中国科学院医学所院士团队入驻】2021年5月8日，中国科学院基础医学与肿瘤研究所举行重大项目人才签约暨打造生命健康科创高地学术研讨会。签约仪式上，杨焕明、俞书宏2个院士团队与青年人才代表签约，并为中科院医学所——澳门大学联合癌症实验室、杭州重离子研发中心揭牌。中国科学院院士杨焕明系著名基因组学家，其带领团队完成“国际人类基因组计划”和“国际人类单体型图计划”的“中国卷”，是中国基因组学研究领域的开拓者之一；中国科学院院士俞书宏长期从事无机及复合材料的仿生合成、组装及功能化应用研究，相关领域研究取得多项国际性创新成果。中科院医学所将以合成生物学和材料学为主攻方向开展重大创新，以钱塘实验室建设为载体，争创分子医学国家重点实验室，并结合国科大肿瘤医院的临床实践，加快肿瘤等医学前沿诊治的产学研一体化成果的落地。

【凌科药业公司入选中国小分子药物企业创新力TOP30】2021年9月27日，在第六届中国医药创新与投资大会上，2020年度中国生物医药企业创新百强系列榜单公布，钱塘区企业凌科药业（杭州）有限公司登上“2020年度中国小分子药物企业创新力TOP30排行榜”。凌科药业（杭州）有限公司于2017年成立，由来自辉瑞、默沙东和强生的药物研发专家和高层管理人员共同创立，是1个处于临床阶段的创新药研发公司，主要研发针对自身免疫性疾病、炎症与癌症的全球FIC（首创）/BIC（同类最优）小分子药物，有4个原研产品的IND（新药临床研究审批）批件。（周永存）

【中国药学大会】2021年9月18日，2021年中国药学大会开幕式在钱塘区举行。活动由中国药学会、浙江省科学技术协会、杭州市人民政府主办，浙江省药学会、杭州市钱塘区人民政府承办，中国药学会常务理事、理事、监事，2021年学会最美科技工作者、第十六届中国药学会科技奖等获奖代表，以及浙江省、杭州市有关部门领导，科研院所、高等院校、医疗机构、医药企业、监督管理等领域专家学者1000多人参加大会。大会总结“十三五”医药事业所取得的成绩，围绕“十四五”时期中国医药产业发展的目标和任务，重点探讨新时代药物创新新理论、新方法、新技术、新进展；展望国家药学事业发展前景，对重大疾病防治进行研讨。大会邀请国家药监局副局长陈时飞和6个院士做主题报告。大会设8个分会场，123个专家在分会场做专题报告。

【浙江省原料药安全研究中心成立仪式暨医药创新发展论坛】2021年4月26日，浙江省原料药安全研究中心成立仪式暨医药创新发展论坛在钱塘区举行。活动由浙

2021年9月18日，2021年中国药学大会开幕式在钱塘区举行

（区融媒体中心 提供）

江省药品监督管理局、中国药科大学、钱塘区人民政府主办，浙江省食品药品检验研究院、中国药科大学（杭州）创新药物研究院、杭州医药港管理办公室承办，医药领域专家学者、企业家200多人参会。浙江省药品监督管理局、中国药科大学、浙江省食品药品研究院与钱塘区举行浙江省原料药安全研究中心落户杭州医药港签约仪式。在医药创新发展论坛上，浙江省食品药品检验研究院副院长陶巧凤、中国药科大学博士生导师尤启冬教授等专家围绕原料药产业发展现状、质量控制、影响因素与发展策略等进行探讨。（王佳杭）

大创小镇

【概况】2021年，大创小镇强化招商引资、项目推进及企业服务，打造钱塘区高质量发展主阵地、上市公司摇篮地、科技创新策源地、区校合作样板地、创业者的梦想地以及最优服务一站地“六大高地”。至年末，有各类企业1.4万个，“四上”企业423个。其中，规模以上工业企业233个，100亿元以上企业2个，10亿元以上企业29个，5亿元以上企业50个，1亿元以上139个。规模以上服务业企业97个，限额以上贸易企业93个。全年实现规模以上工业总产值1284.06亿元，比上年增长8.4%，占全区产值的40.5%。全年落地项目22个，总投资111.65亿元；新增人才项目115个。出让工业土地7宗，出让面积11.13万平方米；完成工业用地做地收储4宗，面积约7.1万平方米。推进项目建设36个。其中，省重点项目1个，152项目1个，市重点项目6个。探索地下空间“共享共建”模式，推动杭州浩月实业有限公司、杭州福莱蒽特新材料有限公司、杭州梦饷实业有限公司、浙江鸿汇大健康科技集团有限公司总部项目地下室连通开发。首创“红立方”机制，建立大创小镇商会，“人才之家”运营，开展企业家座谈日活动，调研走访企业1000多个次，收集问题900多个，解决问题900多个。安排高校老师进企授课17场，参训人数3000多人。组织大创小镇党工委“七一”表彰暨“两新”党建工作专题推进会、校企党建共建大会等党建活动10多场。成立联合党支部32个，覆盖企业151个，打造“路格”“华博特”等党建示范点。（毛巨江）

【创新要素集聚】2021年，大创小镇新增市级科技企业孵化器4个，国家高新技术企业93个、省科技型中小企业266个，分别占全区增量的100%、45.4%、49.5%。至年末，认定国家高新技术企业393个、省科技型中小企业894个。新认定市级企业研发中心18个，集聚市级以上企业研发机构138个；建成市级以上孵化载体33个，面积214万平方米。至年末，累计有效发明专利9825个，占全区总量的84.2%。

【创新企业培育】2021年，大创小镇多措并举，推进创新企业培育。全年培育国家单项冠军企业1个，国家级专精特新“小巨人”2个，省级专精特新中小企业12个，区级“未来工厂”企业14个。至年末，培育上市企业11个，占全区61%；“独角兽”企业2个，“准独角兽”企业19个。入选浙江省智能装备、智能电气、新一代信息技术、现代家具行业“亩均效益领跑者”名单企业9个，正泰中自科技园获评“浙江省小微企业园亩均效益领跑者”。

【创业生态打造】2021年，大创小镇举办创新创业大赛、创客中国、协同创新峰会、“未星计划”等大型活动20多场次。完成游客中心改建、标识制作、景观提升等基础工程，加快AAA景区申报建设，完善小镇全市“数字经济旅游十景”的参访路线，优化旅游服务配套，接待参访人员1500多人次。创建杭州首批“侨界创新创业基地”，获评“浙江省创建类

大创小镇（区融媒体中心 提供）

特色小镇考核”优秀等次。杭州市高科技孵化园获“国家级科技企业孵化器”考评A级，新加坡科技园在“浙江省国际产业合作园”考核中列第一位。（程宇昂）

【“红立方”品牌打造】2021年，大创小镇加强党建引领，响应杭州市委“民呼我为”主题活动要求，落实大创小镇党工委区域党建管理职责和企业党建主体责任，建立“组团式服务、扁平化管理、协同化作战”的党建赋能“红立方”品牌服务机制，提升服务效率，打造企业最优服务“一站地”。全年实现423个规模以上企业走访全覆盖，收集问题421个，办结率100%。（劳丽芳）

【圣戈班穆松桥（中国）项目落户】2021年4月16日，钱塘区政府与浙江创新发展资本管理有限公司、浙江管理有限公司以及杭州圣禹新材料科技有限公司签约，圣戈班穆松桥（中国）项目落户钱塘区。法国穆松桥公司成立于1856年，隶属于世界500强企业法国圣戈班集团，公司有先进的输配水管道系统技术，可以提供高品质的系统化管网整体解决方案，服务领域包括管道、管件、阀门等。该项目以杭州圣禹新材料科技有限公司为主体，以混合所有制构成，通过聚集政府、企业、资本等各方力量，开展上下游产业链资源整合，加速产业链条的集聚效应。（侯正巍）

【“玩物得志”App入选《中国文创典鉴2020》】2021年5月18日，“美好生活，由我而创”首届人民文创国际创意大赛颁奖盛典暨人民文创高峰论坛举行，发布《中国文创典鉴2020》，钱塘区“玩物得志”App入典。《中国文创典鉴2020》由《中国文创典鉴》编委会编著、人民日报出版社出版发行，聚焦当前具有文化创意属性的作品、产品、行为、事件与模式，从文化内涵、创新创意、商业价值、行业贡献和产品潜力5个维度对案例进行考量，历时5个月编撰完成。“玩物得志”App是钱塘区企业杭州装点文化创意有限公司开发的涵盖文玩工艺品交易、专家在线鉴宝和国风生活社区的综合移动互联网平台，平台商品覆盖玉翠珠宝、木雕盘玩、紫砂陶瓷等8个品类77个小类，有精准文玩用户4200万人，单月交易额10亿元以上，月活跃用户数超过600万人。（郝爽）

2021年4月16日，圣戈班穆松桥项目签约仪式举行（区融媒体中心 提供）

【东芝开利公司新基地启动】2021年6月18日，钱塘区举行东芝开利空调（中国）有限公司（简称东芝开利公司）新基地启动仪式。新基地占地面积5.3万平方米，建筑面积7.2万平方米，生产线采用自动化单元式生产模式，设有多联机（VRF）空调的最新生产设备和最尖端的实验室，建有可进行115米实验的高落差实验塔。东芝开利空调（中国）有限公司成立于2013年9月，是东芝开利株式会社与开利亚洲共同投资建设的中国第一个商用空调生产基地，主营商用中央空调的制造、设计及售后和维修，是世界著名的商用空调制造商。（韩璐）

【“四地连建”项目开工】2021年9月1日，位于大创小镇核心区的“四地连建”项目开工。“四地”即“福莱蒽特总部”“浩红总部”“欣琛科技总部”“鸿汇大健康总部”项目用地。4个项目总投资13.5亿元，总用地面积3.93万平方米，建筑总面积23万平方米。（徐勤贵）

【新加坡杭州科技园“元创公园”开园】2021年9月17日，凯德集团旗下综合产业园区新加坡杭州科技园三期项目——“元创公园”开园。该园区位于钱塘区大创小镇科技园路与6号大街交叉口，总面积23万平方米，集聚文化创意、健康医疗、生物科技、人工智能和相关科研机构。园区建筑风格引入杭州茶园形象元素，实现全面智能化管理，采用智能门禁和NFC（（近场通信技术，是一种基于安卓系统设备，近距离的无线通信技术，通常通信距离为

2021 年 9 月 17 日，新加坡杭州科技园元创公园开园庆典举行

（区融媒体中心 提供）

4 厘米或更短））技术，实现物业无钥匙管理、停车场自动化管理、智能视频安全管理等，为园内企业和社群提供“精智”的商务办公生态空间体验。（洪路通）

【史陶比尔研发及智能制造基地项目开工】2021 年 9 月 29 日，史陶比尔研发及智能制造基地项目开工。该项目占地面积 2.5 万平方米，建筑面积 6.5 万平方米。新厂区内设现代化研发中心与实验室、大中华区总部行政大楼、高端设备制造装配及测试基地等。

（徐勤贵）

【恩和项目签约】2021 年 11 月 5 日，2021 中国浙江国际数字经济高峰会暨第七届中国（浙江）—欧洲数字经济和高新技术产业高峰对接会在上海举办，恩和项目参加会前举行的浙江省重大项目签约仪式，落户杭州市钱塘区大创小镇。该项目计划总投资 1.6 亿美元，搭建涵盖酶工程、菌株工程和发酵工艺的生物制造平台，涉及生物催化、生物转化和生物合成 3 个业务板块，满足不同生物制造市场需求。杭州恩和生物科技有限公司是全球运营的合成生物公司，主要开发高效、绿色、低成本，且适用于大规模生产的工业生物制造技术，为化工、食品、制药和农业等多产业提供关键技术解决方案。（易晨曦）

【方圆检测集团土地签约】2021 年 12 月 6 日，钱塘区与浙江方圆检测集团股份有限公司土地签约仪式在杭州大创小镇举行。该签约项目总投资 10 亿元，固定资产投资 7.5 亿元，用地面积 3.33 万平方米，总建筑面积 12.8 万平方米，其中地上建筑面积 10 万平方米，主要建设集创新平台、国家质检中心和系列战略性领域专业实验室于一体的检测认证基地，重点布局新能源汽车零部件、高端智能制造装备、人工智能等战略性新兴领域检测部，筹建国家智能电网输配电及控制设备质检中心，新能源汽车驱动系统国家重点实验室等。（徐勤贵）

【西门子（杭州）高压开关有限公司测试大楼项目开工】2021 年 12 月 7 日，西门子（杭州）高压开关有限公司测试大楼项目开工奠基仪式举行。该项目总投资 8164 万元，计划 2022 年 10 月竣工投产。西门子（杭州）高压开关有限公司是西门子能源 SF6 高压开关产品在亚洲的主要生产基地，也是西门子能源继德国柏林开关厂和美国杰克逊开关厂后投资建设的第 3 个高压开关厂。（郭　靖）

【大创小镇企业党组织与高校院系党组织党建共建】2021 年 11 月 12 日，大创小镇企业党组织与高校院系党组织党建共建大会在钱塘区下沙行政中心广场举行，参会人员 200 多人。会上，浙江理工大学生命科学与医药学院党委、杭州电子科技大学计算机学院党委、浙江工商大学工商管理学院党委、中国计量大学经济与管理学院党委等代表与杭州和利时自动化有限公司党委、顾家集团有限公司党委、中粮包装投资有限公司党委、松下家电（中国）有限公司党委等企业代表共计 12 对校企党组织代表签署党建共建协议。（魏吉良）

杭州综合保税区

【概况】2021 年，杭州综合保税区实现规模以上工业总产值 106.94 亿元，比上年增长 10.6%；规模以上工业企业实现利润总额 3.56 亿元，增长 22.1%；实现税收总额 20.5 亿元，下降 0.9%；实现货物进出口总值 269.97 亿元，下降 1%；全年跨境零售进口额 76.95 亿元，下降 24.6%。根据海关总署发布的 2020 年综合保税区发展绩效评估结果，在全国 127 个海关特殊监管区中，杭州综合保税区排名全国第 12 位、浙江省第二位。

【项目招引】2021 年，杭州综合保税区招引“松下家电（综合保税区）智慧家电”“隅田川咖啡新世界工厂”“道铭半导体射频及功率器件系统集成封装”“浙江贡河农业开发有限公司总部深加工中心”“浙江省智慧零售产业基地”5个1亿元以上项目。招引落地“马来西亚正典燕窝”“隅田川咖啡”“德意志尚玻尿酸”“JOLIYOYO功能糖果”“新毛利洗护用品” 5个“新世界工厂”项目。

【园区营商环境提升】2021年，杭州综合保税区聚力园区营商环境提升。完成园区存量用地、用房及企业亩均效益排位等摸底工作，收回工业用地9.47万平方米。加快项目审批流程，松下EP智慧家电项目从拿地到获得施工许可证用时22日（含公示10日），成为钱塘区新开工节点要求的示范项目。与钱江海关下沙办事处签订促进综保区“高水平开放，高质量发展”共商合作协议，加强共商共建、战略合作，共同推动杭州综合保税区“高水平开放，高质量发展”。在“7×24小时”通关服务模式基础上，推出保税转非保系统建设，提高通关时效，缩减企业经营成本。

【松下EP智慧家电项目落户】2021年1月21日，松下EP智慧家电项目落户杭州综合保税区。项目用地2万平方米，建筑面积3.1万平方米，总投资3亿元，计划于2022年4月投入使用。项目投资主体杭州松下家电（综合保税区）有限公司成立于2001年，是出口加工区封关运作后的首批入区企业之一，也是松下集团唯一在综合保税区内的公司。

【首批跨境电商“9610”出口包裹退换货业务走通】2021年3月3日，杭州综合保税区首批9610出口1.12万个包裹通关。3月22日，全国首批“9610”（B2C小包出口）出口包裹退运。杭州综合保税区联合海关创新完成适合“9610”出口模式业务开展的软硬件设施建设，在园区中心监管仓设有5000平方米的仓库平台，并配备3条查验线设备，日监管跨境电商货物10万件。至年末，杭州综合保税区跨境“9610”包裹出口金额1.15亿美元。

【杭州综合保税区成为全国首个淘宝直播保税仓基地】2021年7月15日，淘宝直播保税仓基地授牌仪式在杭州综合保税区举行，区内企业杭州海库供应链管理有限公司成为淘宝直播基地官方授权的合作伙伴，杭州综保区跨境电商产业与直播元素深度融合。该基地以保税仓作为直播场景，链接商品与消费者，解决消费者对商品真实性需求，使企业商业行为更具直观性和可追溯性。

【一般纳税人试点推广】2021年，杭州综合保税区推广一般纳税人试点政策，通过打通国内增值税“免抵退”链条，降低企业税负成本，提升企业经营效益。至年末，叠加试点政策企业11个。其中，生产企业9个，外贸企业2个。政策助力试点企业取得增值税专用发票1.17万份，开具增值税专用发票2396份，实现内销4.8亿元，降低试点企业经营总成本700万元。

【易货贸易新模式创新】2021年1月20日，3箱国产假发通过航空运输方式从上海浦东国际机场发往非洲贝宁共和国。3月12日，来自非洲的青铜金豹雕塑完成所有报关手续，入境落户浙非服务中心，杭州钱塘新区完成浙江自贸区易货贸易首单实单测试。杭州综合保税区在完成海关“0130”（易货贸易）项下易货贸易浙江自贸区块首单闭环交易测试的基础上，深化“0130”海运试单，与中国商业联合会就杭州国际数字易货贸易园区项目签订合作备忘录，探索推动数字易货贸易综合平台建设。

【特色创新探索】2021年，杭州综合保税区围绕跨境电商、保税经济、生物医药等产业发展和生态建设，探索特色创新。至年末，报送制度创新案例24个、标志性成果29个，其中“全球中心仓”项目、生物医药全产业链服务新模式、高校科技成果转化专项贷3个案例入选省制度创新案例。“保税进口+零售加工”新模式、中

2021年1月21日，杭州松下家电（综合保税区）有限公司智慧家电项目签约仪式举行（区融媒体中心 提供）

国科学院肿瘤与基础医学研究所再次签约重大项目人才、松下EP智慧家电项目开工、钱塘区块治疗新冠肺炎的在研新药获批进入临床试验、总投资10亿元的花西子全球创新研发及产业中心项目、新落地世界500强项目9个，其中松下普洛斯属于钱塘区块、联动创新区签约落地一批生物医药重大项目7个成果入选省标志性创新成果。杭州机场（下沙）综保区货站、全国首个中国（杭州）跨境电商学院、跨境零售进口售后服务中心、全国首个“跨境保税仓直播总部基地”、浙非服务中心项目、海外人才安居乐业一件事——“融境”综合服务、高校科技成果转化专项贷、跨境电商全球退换货中心、全要素在线的数字展览——网展贸MAX 9个案例入选杭州片区制度创新优秀案例。

（印婧鑫）

钱塘芯谷

【概况】钱塘芯谷是钱塘区重要产业功能平台，规划总面积138平方千米，以半导体产业、未来产业为主导方向，重点发展集成电路、柔性电子显示、智能终端、5G等产业，集聚日本电装（杭州）有限公司、广汽乘用车（杭州）有限公司、得力普乐士办公科技有限公司、浙江东南绿建集成科技有限公司等多家行业龙头企业，以及浙大航空研究院、国家特种金属结构材料质检中心（浙江）、上飞公司——杭州艾美依卓越创新中心等创新科研平台。2021年，实现规模以上工业总产值282.81亿元，比上年增长45.4%；实现规模以上工业增加值39.62亿元，增长30.4%；实现财政税收6.35亿元，增长122.4%；实现一般公共预算收入2.89亿元，增长66.5%；实现数字经济核心产业产值8.17亿元，增长80.7%；完成固定资产投资27.77亿元，增长56.4%，其中工业投资27.47亿元，增长56%。

（林 曦 胡欣毅）

【“芯智造”产业链】2021年，钱塘区“芯智造”产业获评全省开发区“链长制”优秀示范单位。依托“芯智造”产业链，钱塘芯谷推动集成电路产业链、创新链、人才链融合集聚，完成产业项目准入决策项目26个，总投资141.35亿元，其中10亿元以上项目7个；签约项目24个，总投资123.45亿元，其中“赛德光电”“拓扑时空”“Zetta高性能激光器”等5个项目入选全市招商赛马榜。开展人才政策宣讲走访企业50多次，做好企业高层次人才申报指导，引育D类以上人才6人。

（方 佳 郭妍洁）

钱塘芯谷 （区融媒体中心 提供）

【赛德半导体项目签约】2021年1月15日，钱塘新区、杭实集团和赛德半导体有限公司举行项目签约仪式。该项目初步计划首期投资2.6亿元，在区内建设2条年产600万张的可折叠柔性超薄玻璃生产线，每条线设备投资1.3亿元。赛德半导体有限公司专业从事可折叠超薄柔性玻璃的研发和生产，相关玻璃处理技术处于业内领先地位，具备整套研发和制造能力。

【中国（钱塘）集成电路高峰论坛】2021年6月18日，中国（钱塘）集成电路高峰论坛在钱塘区举行。论坛由浙江省半导体行业协会、杭州国家“芯火”双创基地、杭州市经济和信息化局、钱塘区人民政府联合主办。来自浙江省、市、区各级政府领导，中国半导体行业协会以及上海、江苏、安徽行业协会、科研院校、集成电路（半导体）基地园区负责人、行业专家学者、企业代表、新闻记者等300多人参加。在论坛上，中国工程院院士吴汉明、中国半导体行业协会专家委员会主任严晓浪分别做“后摩尔时代面临的机遇和挑战”“浙江省半导体产业20周年回顾与发展愿景”的主旨演讲。大会表彰20年来在浙江省半导体行业中的5个功勋人物、9个标杆企业、21个创新力企业和7个优质服务机构；举行“中国集成电路产业发展丛书”（浙江卷）编撰启动仪式。

2021年6月18日，中国（钱塘）集成电路高峰论坛在钱塘区举行

（区融媒体中心 提供）

【“芯智造”创业联盟入选省集成电路产业技术联盟副理事长单位】 2021年7月16日，浙江省集成电路产业技术联盟成立大会暨产业链协同创新论坛举行，浙江大学杭州国际科创中心联合浙江大学、杭州电子科技大学、杭州国家“芯火”双创基底（平台）等省内集成电路产业链机构，以自愿、合作、共享、共赢为原则，发起成立浙江省集成电路产业技术联盟。钱塘芯谷牵头主导的“芯智造”创业联盟入选副理事长单位并受邀参加。“芯智造”创业联盟成立于2020年10月15日，由杭州电子科技大学、钱塘科技创新中心、杭州士兰微电子股份有限公司、杭州立昂微电子股份有限公司、杭州中欣晶圆股份有限公司共同成立，旨在更好地服务集成电路“芯智造”产业链，发挥组织协调作用，放大芯智造产业链“链长制”优势，实现产业资源共享、合作共进和创新共赢。（方　佳）

【2个项目入选浙江省重大产业项目名单】 2021年8月16日，《2021年浙江省重大产业项目（第一批）名单》发布，钱塘芯谷的兆奕5G智能通讯模块化组件新建项目和得力智能家具项目入选实施类名单。兆奕科技新建5G智能通讯模块化组件项目，总投资7亿元，总用地面积5.33万平方米，项目计划2022年建成投产；得力智能家具项目，总投资6.8亿元，总用地面积6.91万平方米，拟建设工厂3幢，配备综合服务中心。（孙超男）

【金属材料与焊接高端技术创新联盟成立】 2021年10月24日，金属材料与焊接高端技术创新联盟在钱塘区钱塘芯谷成立。该联盟以打造改善科技创新生态高地为引领，以打造激发创新创造活力高地为目标，以打造支撑行业高质量发展高地为主旨，汇聚“政、产、学、研、用”等各方资源及优势，围绕金属材料与焊接技术领域科技难点，建立高校、科研院所、企业公共实验室及协同科研攻关机制，实施国际科技合作战略，培养一批国际水平的金属材料与焊接技术领域领军人才和团队。首批入盟单位有浙江大学、上海交通大学、哈尔滨工业大学等13个高等院校以及浙江巴顿焊接技术研究院等3个科研院所，浙江省特种设备科学研究院为秘书处承担单位。（郭妍洁）

【中欣晶圆半导体材料研究院成立】 2021年10月28日，中欣晶圆半导体材料研究院在钱塘区成立。该研究院总部设立在中欣晶圆杭州总部，结合科研单位和企业的发展模式运行，团队成员主要以博士、硕士为主，聘请相关高校、研究院所的专业人员共同参与，主要研究方向为轻掺、重掺硅单晶面向应用的物理化学研究以及单晶成型技术开发、硅片（外延片）加工技术开发、检测分析技术开发与应用。研究院的各项创新研究将立足实际情况，解决产品加工过程中的各种工艺问题。（胡欣毅）

临江高科园

【概况】 2021年，临江高科园实现规模以上工业总产值700.32亿元，占全区比重22.1%，比上年增长31.1%；工业增加值120.32亿元，增长17%；完成固定资产投资27.33亿元，工业投资23.16亿元；税收收入23.55亿元，增长86.1%，税收收入3000万元以上企业22个，其中5000万元以上企业12个。一般公共预算收入12.17亿元，占全区比重10%以上，增长68.2%。（徐丽丽）

【《临江片区产城融合与空间优化布局规划》编制完成】 2021年11月，《临江片区产城融合与空间优化布局规划》编制完成。该规划以产城融合与空间优化布局为重点，按照宜业宜居环境和产业能级双提升的工作思路，研究临江片区现状问题、产城融合策略、

临江高科园　　（临江高科园管理办公室 提供）

空间优化布局、景观特色提升、核心区块形态概念设计、有机更新实施机制等内容，明确临江片区“新材高地·大美临江”的发展定位，引导建设宜业宜居的美丽临江新形象，构筑“一城四区”新格局。（洪楚楚）

【“零碳”绿色园区建设启动】2021年8月4日，格力智慧园区通过有关部门审核，启动建设“零碳”绿色园区。该园区坐落于钱塘区临江高科园，占地93.33万平方米，整个园区铺设“零碳+直流”项目，搭建七维一体互联互通、多向流动新型源网荷供应系统，兼顾电网调峰、新能源消纳、氢能利用等功能，构建园区级能源互联网样板，实现园区级生产经营“零碳化”。（张　琪）

【项目招引】2021年，临江高科园依托临江片区省级化工园区优势资源，健全省级化工园区入园项目流程机制、存量用地履约保函机制、宿舍用地准入机制，抓好重点项目的招引对接攻坚工作。全年签约1亿元以上产业项目12个，总投资95.63亿元。招引落地1亿元以上制造业项目10个，总投资69.05亿元，其中10亿元以上3个。完成实际利用外资8817万美元，其中高技术产业实际利用外资1635万美元。（洪江生）

【项目建设推进】2021年，临江高科园优化项目推进机制，落实项目专人制、问题破解制、挂单销号制3项制度，实施项目问诊把脉先行，项目线下图审先行，项目单体或桩基先行。开工建设“网创”“格力三期”“中天”“欧集星”“佳鹏”“驭远”“百合花”“前进齿轮”项目8个，项目投资31.9亿元。中策650万套绿色子午线轮胎项目、之江新材料高性能密封胶电子封装新材料项目获批浙江省第一批重大产业项目。

【低效用地整治】2021年，临江高科园深入实施低效用地整治工作，助推片区转型升级。全年梳理出低效企业70个，低效用地491.73万平方米，按“督促增税一批，扩建提升一批，转让收回一批”“三个一批”分类推进整治，对“中整”区块和物流行业开展重点整治。收回杭州科达生物医药发展有限公司、东风裕隆商用汽车有限公司、杭州九隆芳纶有限公司3个企业土地52.07万平方米，盘活东风裕隆系配套企业低效存量空间4个，低效用地8.93万平方米。（孔灿刚）

【驭远生物项目刷新工业投资项目审批用时纪录】2021年7月12日，驭远生物项目土地摘牌，公示10日。7月19日，项目签订土地出让合同。7月23日，项目办理施工许可证并进场施工。该项目实现摘牌即公示、公示结束即办证开工的目标，从签订土地出让合同到办理施工许可证仅用时3.5日，成为杭州市工业投资项目开工用时最短的项目。驭远生物项目是浙江省重大产业项目，总投资6.7亿元，用地面积5.8万平方米，总建筑面积8.4万平方米。（许佳楠）

【助企服务】2021年，临江高科园聚力解决企业困难问题，全年走访企业186个次，解决聚合顺宿舍、三隆新材料道路排水、东南新材料煤改气气价优惠、化纤企业库存紧缺、顾家家居项目停车难、恒迅实业数字化改造难等问题137个。通过组织新春专项招聘会、网站线上招聘信息申报等途径，为园区17个重点用人单位解决用工800多人。谋定邻里中心项目，加快临江区域产城融合，完成地块控规调整，打造钱塘区邻里建设样板工程。开通公交线路2条，加快经二路、创威佳鹏配套道路建设，完成经五路和鼎龙驭远中间道路前期工作。（童建列）

前进智造园

【概况】前进智造园规划总面积75平方千米，其中核心区块22.6平方千米。平台聚焦发展航空航天、汽车及零部件、智能机器人、高端数控机床、智能家电、智能专用装备等产业，重点打造航空航天和汽车及零部件2个万亩千亿产业大平台。至年末，有规模以上企业58个。其中，工业企业38个，服务业企业8个，贸易业企业11个，建筑和房地产企业1个，“雨燕”企业15个。平台获评浙江省首批“万亩千亿”新产业平台、浙江省汽车产业“链长制”示范试点单位、杭州市首批“低碳园区”试点。全年实现工业总产值468.12亿元，完成税收40.94亿元，固定资产投资13.89亿元，工业投资12.16亿元，货物进出口总额71.93亿元。落地20亿元以上项目2个，实到外资1.38亿美元。工业用地出让86.6万平方米，整治低效企业9个，盘活低效工业用地30.25公顷，新认定杭州市D类及以上人才4人。（金卓雯）

【前进智造园三大主导产业规划出台】2021年12月1日，《杭州前进智造园汽车产业“十四五”发展规划》《杭州前进智造园航空产业“十四五”发展规划》和《杭州前进智造园航天产业“十四五”发展规划》出台。《杭州前进智造园汽车产业“十四五”发展规划》指出，“十四五”期间，前进智造园汽车产业发展将聚焦传统汽车、新能源汽车、智能网联汽车、关键核心零部件、汽车后市场等领域，构建集研发、制造、销售、后市场为一体的汽车全产业链生态，建设万亩千亿汽车产业平台，打造以新能源汽车转型为依托的汽车及零部件千亿级产业集群。《杭州前进智造园航空产业“十四五”发展规划》指出，“十四五”期间，前进智造园航空产业发展将以航空制造为核心，重点发展大飞机零部件制造、航空高端装备、航空材料、机载系统和无人机等方向，协同发展航空文化和航空服务，将前进智造园打造成为全国领先的航空智能制造产业集聚区。《杭州前进智造园航天产业“十四五”发展规划》指出，“十四五”期间，前进智造园航天产业发展要初步构建以宇航高端产品和核心电子元器件、宇航产品开发与总装测试集成、基于卫星互联网的卫星综合应用三大重点产业为主体，以航天智慧创新一大核心为支撑，以N个“航天+”产业为拓展的“3+1+N”航天产业体系，初步形成航天装备智能制造产业基地。（郭英豪）

【招商洽谈与投资推介】2021年，前进智造园到北京、深圳、广州、上海等地开展招商，拜访中国商用飞机有限责任公司、成都飞机工业（集团）有限责任公司、西安飞机工业（集团）有限责任公司、上海航天技术研究院、中国航天科技集团公司第十二研究院、中信海洋直升机股份有限责任公司、深圳市大族激光科技股份有限公司、浙江吉利控股集团有限公司等头部企业，整合储备项目信息300多条，涵盖新能源汽车、汽车零部件、航空航天、高端装备、智能制造等领域，梳理重点跟进产业项目40多个，参加宣讲会、创业大会等10多场次。

杭州前进智造园　（区融媒体中心 提供）

【大项目招引】2021年，前进智造园围绕“重抓今天的汽车项目、快抓明天的智造项目、早抓后天的航空航天项目”，签约总投资45.2亿元的零跑新能源汽车项目、总投资25亿元的顾家家居新增100万套软体家居及配套产业链项目2个20亿元以上项目。围绕四大主导产业，签约总投资3.45亿元的昌鼎智能制造项目、总投资3.3亿元的毕方航空项目、总投资2.05亿元的古伽智能环保设备项目、总投资2亿元的科力健智能装备项目、总投资2亿元的五福气动工具项目、总投资1.67亿元的立强智能家居项目、总投资1亿元的顾家智能家居核心零配件项目。

【顾家家居项目落户】2021年9月19日，顾家家居新增100万套软件家居及配套产业项目落户前进智造园。该项目从事高端软体沙发、高端智能功能沙发、高端床垫、智能控制系统功能铁架、电机及配套、智能系统配套等家具产业链产品的生产，依托大数据、物联网、云计算、AI（人工智能）、VI（视觉识别系统）等新技术，打造智能数字化工厂，建设工业4.0级先进床垫生产线，实现家居生产全流程智能控制。项目计划总投资25亿元，其中固定资产投资23亿元，用地面积28.67万平方米。（章国强）

【项目开工推进】2021年，前进智造园实行重大项目开工推进周报、挂图作战等制度，按照“关口前移、并联推进”的思路，以拿地即开工为目标，推进各项工作，世如智能家居项目、中通食品加工及冷链一期项目分别实现从签订土地出让合同到取得施工许可仅需9日和8日，打造“零障碍”“加速跑”优秀试验样板。零跑新能源汽车项目、中通食品加工及冷链一期项目完成开工并入库，世如智能家居项目、古伽智能环保设备项目、博华食品制造项目、欧亚轻工智能装备制造项目、航空航天专用涂覆材料及高端紧固件研发生产基地新建项目5个项目实现开工。

【低效用地整治】2021年，前进智造园出台《前进智造园低效用地整治提升实施方案（2021—2023年）》，对低效企业进行分类指导、精准定位、精准施策，形成低效用地整治提升机制，重点整治杭州深国际综合物流港发展有限公司、杭州交联物流有限公司等物流企业。加大企业“用而未尽”空地整治力度，完成杭州长安民生物流公司1万平方米空地整治工作，启动长安福特汽车有限公司杭州分公司4.2万平方米零件配送中心项目建设相关方案设计、审批等前期工作，以及杭州统一企业有限公司2.56万平方米智慧冷链综合共配中心项目建设事宜。（周　珂）

【前进智造园入选全市首批低碳园区】2021年8月23日，杭州市首批低碳乡镇（街道、园区）试点名单公布，钱塘区前进智造园入选。前进智造园是浙江省首批“万亩千亿”新产业平台，单位工业增加值能耗0.13吨标准煤/万元，为全省工业园区最低。园区围绕工业低碳化、能源管理低碳化、低碳技术创新和应用、新能源汽车“碳积分”和未来低碳工厂5个低碳场景，推进产业低碳转型，创新节能低碳技术，实施华瑞航空制造项目等一批绿色低碳未来工厂项目，建设以低碳排放为特征的产业体系、能源体系、建筑体系、交通体系，形成具有示范效应的低碳园区，输出一批可复制可推广的试点经验。

2021年12月3日，杭州长安民生物流有限公司保税仓库启用

（区融媒体中心 提供）

【首个保税仓库启用】2021年12月3日，钱塘区企业杭州长安民生物流有限公司通过杭州钱江海关现场验收，获得保税仓库注册登记证书，成为钱塘区唯一公用型保税仓库。杭州长安民生物流有限公司位于钱塘区前进智造园，主要为区内长安福特公司、顾家家居公司、浙江西子势必锐航空工业有限公司等企业提供国际物流、B2B供应链、商品车运输、仓储管理等配套服务。新启用的保税仓库是公用型保税仓库，总建筑面积4316平方米，其中纳入海关监管保税仓储面积3158平方米，配置2个标准集装箱卸货坑，可容纳120个标箱货物存储。仓库应用WMS（仓库管理）系统，全程智能运作，可进行作业系统防错、账实同步、系统可视，实现信息化全覆盖。（郭英豪）

【中能项目落地】2021年12月23日，杭州中能汽轮动力有限公司节能降碳高效透平机械智造服务一体化产业基地项目签约钱塘区前进智造园。该项目总投资10.5

亿元，计划年生产300台套工业汽轮机、200台套大型离心式压缩机，并提供其他高端动力设备及其技术服务、能源综合利用装备成套产品及其技术服务。项目主体杭州中能汽轮动力有限公司是国家高新技术企业、国家火炬计划重点高新技术企业、浙江省优秀创新型单位、浙江省服务型制造示范企业，主营高附加值的余热利用工业汽轮机、压缩机及其辅助设备等的设计、生产和技术服务，其“工”字牌工业汽轮机被认定为中国名牌产品。（章国强）

江海之城

【概况】2021年7月16日，《杭州钱塘新区产业功能平台增设及优化提升实施方案》出台，明确设立钱塘产城融合核心区管理办公室，实行实体化运作，与产城融合建设发展中心合署办公。9月30日，钱塘产城融合核心区（江海之城）推介发布大会暨钱塘产城融合核心区管理办公室揭牌仪式举行，“江海之城”发布。产城融合核心区总开发建设面积24.5平方千米，北至江东一路、东至头蓬快速路、南至钱塘快速路、西至河庄大道。核心示范区东沙湖板块6.24平方千米，东至青东一路，南至青龙路，西至前民河，北至南沙大堤。主要发展科创、商务、总部经济、现代金融、公共服务、文化休闲三产服务业，适当发展都市型制造业，搭建产业活力创新协同平台；推进智能基础设施建设，拓展智慧城市应用，布局优质教育资源；引入国际化元素，提升核心区城市品质，打造产城融合、职住平衡、生态宜居、交通便利的未来城镇先行实践区。产城融合核心区管理办公室围绕主责主业，谋划核心区开发建设，重点推进青六路（江东三路—江东大道）整治工程、塘新线（红泉路—老青六线）拓宽工程、未来社区片区和东沙湖片区等项目建设。

（王　萱　张　吉　徐　锋　韩丹丹）

【核心区重点项目推进】2021年，产城融合核心区管理办公室推进产城融合核心区重点项目建设。青六路（江东三路—江东大道）整治工程、塘新线（红泉路—老青六线）拓宽工程开工；东湖防洪调蓄湖配套工程（原东沙湖一期景观方案）完善景观设计方案；完成南沙大堤综合提升整治工程初步设计初稿；完成云帆社区北侧配套道路（云帆社区西侧配套道路—宝龙南侧道路）工程、云帆社区南侧配套道路（云帆社区西侧配套道路—义蓬中路）工程、云帆社区西侧配套道路（云帆社区北侧配套道路—艮山东路东延）工程、宝龙南侧道路南延伸（青龙路—塘新线）工程4个工程初步设计；启动通惠湖周边生态农业综合整治工程设计招标工作；钱塘区江海文化长廊（蜀山段）开发建设及环境整治工程完成文化研究初稿。

（张　吉　徐　锋　韩丹丹）

2021年12月23日，中能项目战略合作协议签约仪式举行

（区融媒体中心 提供）

【门户大道—青六路（江东大道—江东三路）整治项目开工】2021年9月4日，钱塘区门户大道—青六路（江东大道—江东三路）整治项目开工。该项目南起江东大道，北至江东三路，全长3.3千米，整治面积13.8万平方米。建设内容包括沿线道路两侧及中分带、人行道、南沙大堤环岛的改造、沿线两个地铁站出口整治和“海绵城市”建设、景观绿化及其他附属工程，项目概算6812万元。至年末，完成绿化60%、土建30%、桥梁工程20%，完成总工程量的45.1%。

【塘新线（红泉路—老青六线）拓宽工程开工】2021年12月27日，塘新线（红泉路—老青六线）拓宽工程开工建设。该项目西起现状红泉路，东至老青六线，建设内容包括道路拓宽、桥梁2座（一座现状老桥拼宽、一座桥面改造）、原有道路路面整修等。红泉路至小泗埠直河段原道路用地宽度22米，路面宽19米，拓宽至36米，长1.3千米；小泗埠直河至老青六线段进行路面整治，长450米。项目概算1.27亿元，其中建安

工程造价8232.26万元。（徐　锋）

钱塘科学城

【概况】2021年3月25日，“钱塘科学城”揭牌成立。9月1日，“钱塘科学城管理办公室”揭牌，进入实体化运作。科学城围绕“贯彻国家科技发展战略，抢抓区域创新发展机遇，扛起省市创新发展担当，落实钱塘‘四个全域’部署”使命，以高教园区为先行启动区、大创小镇为先导区，在核心区下沙片区通过“东联、西聚、北提、南塑”，构建“一园双极，三擎四片”空间格局。重点发展生命健康、智能制造等产业，实施科学驱动、推动三链融合、强化区校合作、坚持开放协同、践行一带两城五大战略，打造钱塘科学城应用创新策源地、高新产业主阵地、产教融合样板地、成果转化首选地、美好生活向往地。至年末，科学城集聚中国科学院基础医学与肿瘤研究所、钱塘科技创新中心、浙江大学（杭州）创新医药研究院等高端研究机构30多个，拥有省部级重点学科82个，国家和省部级重点实验室61个。（苏一侃）

【“科学城+高校”体制机制创新工程实施】2021年，钱塘科学城建立区校高层统筹会商、“1+1+1”高层组团式联系高校等六大机制，构建“一体、双核、多堡、全域”的政校企合作体系，召开领导小组会议、高校负责人座谈会等高层领导研究会议50多次，研究解决高校遗留房产确权、产业纳统、交通道口设置等重点问题12个。推出“钱塘校融·产学研一体化合作平台”，上线合作事项和共享资源832项，推动单一低频对接向实时多频对接转变。打造“活力钱塘青春校融”系列品牌活动，举办“高校走近钱塘”“高校专家走进钱塘名企”“大学生知钱塘”“开学第一课”“钱塘不一YOUNG”高校工业旅游专线等活动10多场。（沈燕羽）

【“科创能级提升”工程实施】2021年，钱塘科学城重点推进钱塘科创中心、中科院医学所等高能级平台建设，钱塘科创中心纳入国家实验室架构体系，并启动申报省实验室；中科院医学所建成浙江省首个重离子研发中心等研发平台10多个。做好高校研发投入纳统工作，全区研发投入强度居全市第二位，增幅排名全市第一位。打造研发平台、高校、企业的协同创新网络，建立高校科研院所数据库，编制《创新资源手册》。首创“高校科技成果转化专项贷”，举办高校科技成果拍卖会6次，拍卖成交金额超过1亿元。25个区校合作项目获2021年度浙江省科学技术提名一等奖。（苏一侃）

【产教研学用“十百千万”工程实施】2021年，钱塘科学城创新“产教研学用”融合发展模式，做强浙江高校产学研联盟钱塘中心，实施促进十大项目合作、推动百名博士入企、联合千位专家智库、服务万家企业发展的“十百千万”工程。累计在六大产业平台、5G先导产业园等创新平台园区建成钱塘高校服务驿站18个，促成重大区校合作项目30多个，校企合作项目400多个，组织博士入企400多人，建立专家智库2000多人，服务区内企业1万余个，为300多个企业攻关解决关键技术问题。7所现代产业学院入选2021年省级重点支持建设名单，占全省三分之一。浙江西子势必锐航空工业有限公司、顾家家居股份有限公司、杭州士兰集成电路有限公司等8个企业成为省年度产教融合型试点企业。

【“浙子回归梦钱塘”工程实施】2021年，钱塘科学城依托高度集聚的高等教育资源和百万校友资源，搭建“14+2+N”（“14”指14所钱塘区内高校；“2”指浙江大学、浙江工业大学；“N”指国内外各高校）校友经济大框架，建成钱塘校友之家1个、校友产业园2个，投资金额11.3亿元，招引“轻食主义”“君安有道”等优质校友经济项目153个；举办“计量大学全球校友创业大赛”等大型校友活动17场，实现落地项目20多个。推出“校友日、校友卡、校友林、校友赛、校友刊”系列服务载体，举办浙大人工智能行业赛、“梦萦钱塘，校友归创”校友赛、“数智未来”“智学”校友沙龙、校友篮球友谊赛等活动。

【中国计量大学（钱塘区）校友产业园开园】2021年7月5日，中国计量大学校友产业园开园仪式在钱塘科学城佳宝科创中心举行。园区由中国计量大学与钱塘新区管委会合作共建，围绕数字化计量、先进检验检测等领域，立足钱塘区现代产业基础，依托中国计量大学在NQI（国家质量基础设施）领域优质的科研、人才与校友资源，创新推出NQI一站式服务联盟钱塘中心，探索政府与名企、名院、名校战略合作新模式，打造集研发总部、加速载体、交流枢纽、展示中心于一体的校友创新创业平台。在开园仪式上，作为校友产业园的指定运营机构，杭州量友创业投资有限公司与杭州诚鸿佳煜测量技术有限公司、

2021年7月5日，中国计量大学（钱塘区）校友产业园开园仪式在钱塘科学城佳宝科创中心举行　（区融媒体中心 提供）

杭州君安有道网络有限公司等一批涵盖智能装备、生物医药、精密检测等科创领域的优质校友企业签署战略合作与入驻协议。至年末，校友产业园落地“都林生物”“君安有道”“云莓科技”“亚微特科技”“舜地智能”等重点项目12个；举办“量友汇”投融资对接会1场，组织参加各类创新创业大赛、路演活动10多场；搜集项目100多个，筛选出符合钱塘区“515”现代产业定位项目22个，其中重点项目17个。　（李超超）

美丽云城

【概况】2021年7月，钱塘区调整优化产业功能平台设置，新增设杭州美丽云城管理办公室。9月23日，举行美丽云城发布会，启动美丽云城建设。该平台范围覆盖钱塘区全域，主要聚焦“五美”（美服、美食、美颜、美居、美生活）为主体的“美丽经济”。美丽云城管理办公室重点推进“快手”华东创作总部、“新世相”新媒体全国总部、“华策策平星岛”、“中节能”钱塘首座低碳创新医疗综合体等重大项目4个，跟进改造美丽场馆相关前期设计进度，策划美丽线路、美丽地图、美丽打卡点等美丽经济旅游线路，并联合区内部门、企业开展“数智新国潮，钱塘新智造”国潮消费节、汽车消费节、钱塘潮玩节、百草味“5·17”美味节、顾家“8·16”家居节、衣邦人“99定制周”等系列活动。

【“美丽经济”调研】2021年，美丽云城管理办公室开展“美丽经济”调研，为平台发展理清思路。走访调研杭州宜格化妆品有限公司、杭州装点文化创意有限公司、杭州九阳小家电有限公司、顾家家居股份有限公司、卓尚服饰（杭州）有限公司等区内美丽经济头部企业20多个；组织召开涵盖区内20多个“五美”企业及技术服务和直播平台、3所高校及10多个职能部门的座谈会4场；邀请政府、高校、媒体、企业等专家就建立钱塘美丽经济内外双循环、提振区域消费、集聚品牌效应、扩大校企合作、加强政策支持等建言献策。

【“美丽经济”企业集群】2021年，钱塘区实现美丽经济产业产值1115亿元，比上年增长10.1%，集聚43个规模以上美丽经济企业。美妆企业有杭州宜格化妆品有限公司、玫琳凯（中国）有限公司、杭州悦萱堂化妆品有限公司、杭州悠可化妆品有限公司、杭州协合医疗用品有限公司等企业；美食企业有杭州郝姆斯食品有限公司、费列罗食品（杭州）有

玫琳凯（中国）有限公司亚太生产中心。图为企业护肤品生产线　（区融媒体中心 提供）

2021 年 10 月 9 号，钱塘区“美丽经济”企业品牌在首届杭州钱塘“潮玩节”亮相
（区融媒体中心 提供）

限公司、杭州可莎蜜兒食品有限公司、杭州统一企业有限公司、杭州顶津食品有限公司、杭州娃哈哈营养食品有限公司、杭州加多宝饮料有限公司、杭州味全生技食品有限公司等知名企业；美居企业有顾家家居股份有限公司、杭州松下家用电器有限公司、杭州九阳小家电有限公司、格力电器（杭州）有限公司、奥普家居股份有限公司等企业；美服企业有杭州万事利丝绸数码印花有限公司、卓尚服饰（杭州）有限公司、杭州衣邦人科技有限公司、恒龙有为实业（杭州）有限公司等企业；美生活企业有杭州微念品牌管理有限公司、杭州缦图摄影有限公司、杭州装点文化创意有限公司和华策策平星岛直播电商产业园等企业。

【“美丽经济”项目推进】2021 年，美丽云城管理办公室加快全域产城融合项目的策划招引，推进“快手”华东创作总部、“新世相”新媒体全国总部、“华策策平星岛”、“中节能”低碳创新医疗综合体等项目 4 个。其中，“快手”华东创作总部项目围绕短剧以及以短剧为代表的生态领域，探索成长性的音乐和二次元等创作，意向成立短视频创作孵化中心；“新世相”新媒体全国总部项目意向落地钱塘区；“华策策平星岛”项目总建筑面积 2.3 万平方米，通过影视 IP 与电商有机结合，意向打造集直播平台、网红机构、供应链公司、TOP 主播为一体的行业资源服务综合体；“中节能”低碳创新医疗综合体项目意向以钱塘区生物医药产业基础，打造钱塘首座绿色低碳型创新医疗综合体，建设“杭州最绿建筑”和“杭州最健康建筑”。

【美丽云城“十四五”发展规划专题协商会】2021 年 12 月 7 日，美丽云城“十四五”规划专家座谈会在钱塘区召开。会议提出“1+3”（建立 1 个智库，推进 3 条工作线）发展思路，明确“一馆一院”工作落脚点，强调解决数字问题、品牌问题、人气问题，并就构建美丽共生系统、加强美丽经济研究、打造城市品牌形象和特色气质提出意见建议。（任蒙燕）

责任编辑　曹文慧

服务业

综　述

【服务业实现增加值375.65亿元】2021年，钱塘区登记注册并正常经营的服务业企业3万余个。其中，规模以上服务业企业917个；营业收入1亿元以上企业182个，涉及交通运输、软件信息服务、商务服务、研发检测、批发零售、住宿餐饮等12个门类。按行业门类细分，规模以上服务业企业中交通运输企业137个、软件信息服务企业33个、商务服务企业95个、研发检测企业41个、批发零售企业426个、住宿餐饮企业70个。全区实现服务业增加值375.65亿元，比上年增长9%，增速列全市第五位，占地区生产总值比重30.8%，服务业总营业收入超过1500亿元。杭州壹网壹创科技股份有限公司、浙江米奥兰特商务会展股份有限公司、杭州微念品牌管理有限公司等一批行业头部企业和"准独角兽"企业发展迅速。

【《钱塘区现代服务业"十四五"规划》编制】2021年8月，钱塘区启动编制现代服务业"十四五"规划，厘清"十四五"期间服务业发展面临的新变化和新趋势，谋划未来五年服务业发展的主要任务和政策思路。规划通过研究钱塘区服务业发展环境、发展现状及发展趋势等核心问题，明确钱塘区服务业发展总体思路、重点产业体系、空间功能布局、重点项目包装、重点行动计划、产业招商机会和发展保障措施。至年末，《钱塘区现代服务业"十四五"规划（初稿）》完成。

【钱塘区未来产业规划编制】2021年8月，钱塘区启动编制未来产业规划，通过调查研究和资料研究相结合的方法，研判"十四五"未来产业发展趋势和发展环境，分析钱塘区未来产业发展面临的机遇和挑战，明确未来产业发展的指导思想、基本原则和主要目标，结合发展基础、存在问题和面临形势，确立钱塘区未来产业"十四五"时期发展的战略方向和路径，提出未来产业重点方向、发展目标、空间布局、重点项目、发展路径以及相关保障措施体系，为钱塘区未来产业"十四五"时期发展的实施提供决策参考。至年末，未来产业规划初稿完成。

【2个园区入选省级现代服务业集聚示范区百强】2021年6月12日，浙江省发展改革委发布2020年度省级现代服务业集聚示范区综合评价前百名榜单，钱塘区浙江传化物流基地、新加坡杭州科技园入选。浙江传化物流基地即杭州传化公路港，项目一期物流中心入驻客户700多个，依托传化智联建设形成"零担数字化服务平台""陆运通/融易运——网络货运平台""供应链金融"3个服务体系，形成线上数字货运网，线下公路港城市物流中心网，实现企业供应链降本增效。新加坡杭州科技园位于钱塘区大创小镇，园区以IT研发、服务外包、电子商务（跨境电商）、生物医药研发等为主导产业，是杭州第一个现代化、国际化的综合科技园区。

【顾家家居公司入选省级"两业融合"发展试点】2021年9月17日，浙江省发展改革委公布2021

年省级先进制造业和现代服务业融合发展试点名单，钱塘区企业杭州顾家家居股份有限公司入选。“两业融合”是价值链由以制造业为中心向以服务业为中心发展的过程，重在物流业与制造业在供应链全链条上的战略合作，相互渗透、共同发展，于2019年国家《政府工作报告》提出。杭州顾家家居股份有限公司是家居行业的龙头企业，通过打造3D虚拟展示平台、客户定制化设计平台、柔性化制造系统以及数字化服务平台等举措顺应企业综合发展的战略需求，以及制造业转型升级的行业发展趋势，推进家居产业链健康可持续发展。（冯　青）

软件信息业

【概况】2021年，钱塘区鼓励发展软件信息服务业，重点发展人工智能、大数据、云计算服务等核心产业，引进杭州微点创新科技有限公司、杭州卡赛科技有限公司、浙江星巢网络科技有限公司等软件信息服务业企业。至年末，有规模以上软件信息服务业企业33个，比上年增加5个，实现营业收入31.21亿元。

【天翼阅读公司获“数字+党建”最佳创新案例奖】2021年6月，钱塘区企业杭州天翼阅读文化传播有限公司的《推进“数字+党建”赋能基层组织力提升》获中共杭州市委新经济与新社会组织工作委员会、中共杭州市数字经济综合委员会颁发的“数字+党建”组织生活最佳创新案例奖，为党建数字化普及提供技术支撑。杭州天翼阅读文化传播有限公司位于钱塘区白杨街道科技园2号，前身为成立于2010年的中国电信数字阅读基地，是中国通信运营商首个数字出版文化公司。

【米奥兰特公司“数字外贸综合销售平台系统”获省级优秀案例奖】2021年7月，钱塘区企业浙江米奥兰特商务会展股份有限公司的“数字外贸综合销售平台系统”获浙江省国际数字贸易协会与浙江省钱塘数字贸易研究院颁发的“浙江数字贸易创新应用优秀案例”二等奖。该平台依托互联网，以大数据服务为核心，具备线上会展、线上组织、线上交易3个功能，建设资金5000万元，为外贸企业提供产品和自身企业形象展示，支持全球提单买家查询服务，提供多种公共服务入口，助力企业便捷成交。浙江米奥兰特商务会展股份有限公司成立于2010年，主营境外会展策划、组织、推广及运营服务，聚焦中国企业“走出去”，打造“自主产权、自主品牌、独立运营”且布局全球的互联网展览公司，是为“中国制造”量身打造拓展全球市场，特别是“一带一路”市场的数字营销方案的综合服务商。

（冯　青）

检验检测业

【概况】2021年，钱塘区有检验检测机构46个，其中省属机构5个。实验室面积25万平方米，户均实验室面积5435平方米，有仪器设备2.8万台（套）。全年出具报告116万份，户均报告数2.5万份。全年检验检测业实现产值10.76亿元，税收2057万元。至年末，全行业从业人员3104人。其中，实验室技术人员2348人，中级以上职称专家968人。检测领域覆盖建材及无损检测、食品、机动车检测、纺织品、动物疫病、环境及空气、废水、电子电器产品、室内空气检测、刑侦司法鉴定、药物检测、消防检测、建筑防雷等多个行业，以建筑工程、建筑材料、环境与环保、食品、机动车检测等行业类型为主。推进国家级检验检测高技术服务业集聚区杭州园区建设，累计引进第三方检验检测机构20个，完成总产值6亿元，其中产值1亿元以上的检验检测机构4个，分别是浙江省医疗器械检验研究院、浙江省计量科学研究院、杭州华测检测技术有限公司、浙江方圆检测集团股份有限公司。企业内部实验室通过CNAS（中国合格评定国家认可委员会）认证37个。

【浙江浪潮精密机械有限公司获“浙江制造”国际互认证书】2021年11月4日，钱塘区企业浙江浪潮精密机械有限公司产品木工硬质合金直刃形镂铣刀通过“浙江制造”国际认证联盟成员万泰质量体系认证中心的各环节评审取得“浙江制造品字标”认证证书，获CE国际互认证书，为钱塘区首个获国际互认的“浙江制造”生产企业。浙江浪潮精密机械有限公司是一家集研发、生产、销售于一体的现代化数密刀具生产企业。公司制造的精密切削刀具产品被用于航空航天、桥梁轨道、模具加工、汽车零部件等各类重要行业，销往欧洲、北美、南美、非洲、中东及亚洲等84个国家。

【企业主导参与修订标准56项】2021年，区市场监督管理局引导企业树立“质量提升、标准先行”理念，培育先进制造业集群和高端装备、生物医药、新材料等战略性新兴产业标准化创新平台，以标准化统筹引领研发机构、产业创新联盟、新兴产业平台的发展，提升集群核心优势。至年末，全区企业主导参与制修订国际、国家、行业、团体等各类标准56项，其中“浙江制造”标准8项。发放2020年省级标准化项目资助5项，共52万元；2020年市级标准化项目资助18项，共124.34万元。2021年省级标准化项目资助4项，共24万元。（侯晶雅）

【方圆检测公司获评国家中小企业公共服务示范平台】 2021年12月7日，工业和信息化部公布2021年度国家中小企业公共服务示范平台名单，钱塘区企业浙江方圆检测集团股份有限公司入选。浙江方圆检测集团股份有限公司成立于2002年，是一个专业检测公共服务平台，面向社会提供社会化、商业化的检验检测服务。集团设有浙江省院士专家工作站、方圆检测技术省级企业研究院和长三角地区唯一的国家级标准验证检验检测点，附设国家化学建材质量监督检验中心等6个国家级质检中心、浙江省电动车辆产品质量检验中心等5个省级质检中心。集团系“浙江制造”国际认证联盟主席单位。（施春晞）

现代物流业

【概况】 2021年，钱塘区现代物流业实现增加值19.69亿元，比上年增长12.4%，占服务业增加值比重5.2%。至年末，登记注册物流企业865个，其中限额以上物流企业137个，仓储总面积450多万平方米，各类物流运输车辆7800多辆，运营方式以普通道路运输、货运代理和第三方仓储服务为主。钱塘区下沙区块现代物流业以规模型物流企业为主，有杭州德邦货运代理有限公司、浙江八方物流有限公司、浙江苏宁物流有限公司等AAA级及以上物流企业6个；钱塘区江东区块现代物流业以物流园集聚发展为主，有普洛斯物流园、传化公路港物流园、深国际物流园等大型物流园区10多个。

【2个企业获评省级物流创新发展试点企业】 2021年11月，浙江省发展和改革委员会公布2021年度浙江省物流创新发展试点名单，物流新业态新模式发展试点企业共30个，钱塘区华东医药供应链管理（杭州）有限公司和杭州德邦货运代理有限公司入选。浙江省物流创新发展试点工作是浙江省物流降本增效综合改革试点的重要内容，通过鼓励企业运营模式创新、技术研发应用创新、企业绿色物流发展、企业物流标准化，促进现代物流业健康发展。

【冷链物流发展】 2021年，钱塘区推进冷链物流发展，创建浙江省冷链物流基地（园区）。11月，杭州和达冷链产业园和圣山冷链产业园入选浙江省首批省级冷链物流基地（园区）名单。至年末，钱塘区有普洛斯（杭州）仓储有限公司、华东医药供应链管理（杭州）有限公司、杭州和达冷链物流有限公司、杭州华商物流股份有限公司、杭州松朗冷链物流有限公司、浙江亚冷圣山供应链管理有限公司等优质冷链物流仓储企业，为全区生物医药和食品饮料产业发展提供储存运输保障。

【物流园区提质增效】 2021年，钱塘区落实《浙江省人民政府关于深化“亩均论英雄”改革的指导意见》，整治提升低效物流仓储企业，改变“散小乱弱”现状，推进物流仓储行业高质量发展。鼓励低效物流仓储企业通过“一园一策”“改造提升”“招商引资”等方式开展整治提升；与各部门开展联合执法，促进企业提高亩产税收；支持有机更新指挥部和国资公司等做地主体加大做地力度，收储低效物流仓储用地，收储后用地指标优先用于新增制造业项目。至年末，33个自有用地物流园区总税收4.08亿元，比上年增长6.5%；综合亩均税收8.74万元/亩，每亩增加0.53万元。（冯　青）

商贸流通业

【概况】 2021年，钱塘区推进商贸流通业发展，有商业综合体11个，总建筑面积122.15万平方米（未包含社区商业）。其中，建筑面积4万平方米以上商贸综合体8个；大中型超市26个，其中物美、世纪联华、华润、永辉以及盒马鲜生等品牌超市12个；商品专业市场8个，分别为杭州恒大国际建材家居博览中心、杭州瑞纺联合轻纺城、杭州金茂家居市场、杭州万品汽配城、杭州大江东产业集聚区杭州湾花木城、杭州传化公路港市场、杭州下沙商贸城、杭州华东下沙家居商城；农贸市场18个；连锁便利店总公司1个，辖区设置网点50个。

【社会消费品零售额增长】 2021年，钱塘区实现社会消费品零售总额339.5亿元，比上年增长9.6%。其中，批发零售业实现零售额193.92亿元，增长4.9%；住宿餐饮业实现零售额10.64亿元，增长29.6%。限额以上贸易企业实现零售额214亿元，增长5.9%。实现网络零售额1128.8亿元，增长12%。

【“消费在钱塘”品牌打造】 2021年，钱塘区成立“云惠钱塘”消

2021年5月，钱塘区举办“云惠钱塘”消费嘉年华系列促消费活动

（区融媒体中心 提供）

费嘉年华组委会，制定《2021年“云惠钱塘”消费嘉年华系列活动方案》，打造“消费在钱塘”品牌。开展“五一”国际劳动节促消费活动，线上发券1万余张，总金额400多万元；全区15个大型商场、超市累计实现销售额9134.76万元；3个主要汽车销售公司销售汽车67辆，销售额1276万元。开展“国潮”消费节直播活动，线上观看11.6万人次，获点赞4万次、曝光量218万次。开展“钱塘车·擎未来”汽车促销活动，长安福特汽车有限公司杭州分公司汽车开票金额享受补贴316.27万元，浙江吉利汽车有限公司杭州分公司、广汽乘用车（杭州）有限公司分别享受补贴119.18万元、55.15万元，福利补贴使用总额490.59万元，3个公司总计实现销售额1.75亿元。

【龙湖江东天街开业】 2021年9月19日，钱塘区龙湖江东天街开业。该商业中心位于钱塘区江东大道与青六路交叉口，地处江东片区核心区，商业综合体11万平方米，集聚生活亲子、餐饮美食、休闲娱乐、时尚零售等多种商业形态，入驻品牌店200多个，配套1500个地下停车位。开业3天，入店50多万人次，实现销售额3900多万元。（姚肖飞）

文创旅游业

【概况】 2021年，钱塘区推进文旅融合发展，加强各级工业旅游示范基地创建工作，加快工业旅游示范基地提档升级，创建省级工业旅游示范基地1个、区级工业旅游示范基地4个。做好浙江省A级景区村庄创建工作，推动乡村旅游工作，打造精品乡村旅游线路，创建浙江省AA级景区村庄3个、浙江省 A级景区村庄1个。推进“诗画浙江·百县千碗”工程，培育“诗画浙江·百县千碗”美食示范店（体验店），开展“诗画浙江·百县千碗”寻味钱塘有奖征集活动，打造钱塘区“诗画浙江·百县千碗”美食文化传播体系。优化“钱塘文旅云”线上数字文旅服务平台，完善平台设置，丰富数字资源，参加杭州市“二季度文化和旅游数字化改革应用场景”比学赶超路演活动，“钱塘文旅云”线上数字服务平台列全市第三位，入围案例表彰项目。

【工业旅游发展】 2021年，钱塘区推动文旅与产业融合发展，打造省级文旅“金名片”。广汽传祺（杭州）智能智造旅游示范基地、浙江太古可口可乐博物馆2个省级工业旅游示范基地入选“杭州亚运人文体验点”名单，万事利丝绸工业博物馆获评“杭州市中小学生研学旅行市级优秀基地（营地）”。开展全区中小学生“非遗寻访+工业研旅”活动，接待研学游客1.5万人次。召开钱塘区工业旅游联盟座谈会，推进工业旅游高质量发展。至年末，工业旅游示范基地累计接待游客9万余人次，实现经济效益2000多万元。

【工业旅游示范基地创建】 2021年，钱塘区发挥产业集聚优势，探索文旅融合新途径，打造“工业旅游+”新模式，寓产于游、寓学于游、寓乐于游，寓购于游，满足群众多元化、多层次的精神文化和旅游休闲需求。至年末，广汽传祺（杭州）智能智造旅游示范基地获评“浙江省工业旅游示范基地”。长安福特杭州分公司、浙江钱塘机器人及智能装备研究有限公司、松下家电（中国）有限公司、统合电子（杭州）有限公司4个工业企业获评“钱塘区工业旅游示范基地”。

【首批省A级景区村庄评定】 2021年，钱塘区根据《浙江省A级景区村庄服务与管理指南》要求，开展首批省A级景区村庄申报评定工作。经村级自评、街道推荐，钱塘区社会发展局联合区农业农村局，对创建单位进行现场查看、评定审核，经公示无异议后，命

广汽传祺（杭州）智能智造旅游示范基地。图为“室外汽车主题乐园”祺行金刚　（区融媒体中心 提供）

名河庄街道江东村、新围村、围中村为浙江省AA级景区村庄，新湾街道共裕村为浙江省A级景区村庄。

【“诗画浙江·百县千碗”工程推进】 2021年，钱塘区推进“诗画浙江·百县千碗”工程，以“寻味钱塘”为主题，挖掘钱塘美食文化，制作美食地图、美食视频、美食图书、美食歌曲、美食明信片、美食榜单，在“学习强国”学习平台上发布钱塘美食推介视频，形成钱塘区“诗画浙江·百县千碗”美食文化传播体系。培育“诗画浙江·百县千碗”美食示范店（体验店），德盛宾馆获评钱塘区特色美食示范店、省级第三批“诗画浙江·百县千碗”美食体验（示范）店，东沙小镇获评钱塘区美食体验店。组织“诗画浙江·百县千碗”——寻味钱塘有奖征集，评选最具钱塘特色的十大热菜、十大冷菜、十大点心。参与杭州市“百县千碗·杭州味道·运河美食汇”市民体验活动，展示钱塘美食并参与评比，钱塘区的醋溜肉皮、倒笃春笋、土法双臭、土香肠、桂圆糖氽蛋5个菜品入选“百县千碗·杭州味道金牌美食”。2名钱塘区民间美食爱好者获评杭州市级“美食达人”。

【“微改造、精提升”工程推进】 2021年，钱塘区推进“微改造、精提升”工程，重点改造提升A级旅游景区、城市书房、街道艺术展览馆等旅游核心吸引物，A级景区村庄、美丽乡村等旅游目的地，以及酒店、工业旅游示范基地等旅游接待场所。至年末，实施项目24个。其中，体验“精致”工程10个，环境“精美”工程9个，服务“精心”工程3个，设施“精良”工程2个。累计投资7073.5万元，解决问题15个。

【杭州英冠温德姆酒店获评国家五星级酒店】 2021年12月9日，全国旅游星级饭店评定委员会授予钱塘区杭州英冠温德姆酒店“五星级旅游饭店”称号，实现钱塘区国家五星级酒店“零的突破”。酒店总建筑面积4.2万平方米，位于钱塘区大江东商业中心地带的英冠天地综合体内，距萧山国际机场5千米。酒店有客房314间，面积分别为1200平方米、800平方米超豪华多功能大厅2个。

（房露婷）

【文化企业发展】 2021年，钱塘区有文化类企业4407个，实现总营业收入282.88亿元，比上年增长52.1%，其中规模以上文化企业56个，总营业收入84.42亿元，增长47.7%。杭州装点文化有限公司被评为浙江省重点文化企业，上榜2021杭州“独角兽”&“准独角兽”企业榜单，杭州微念品牌管理有限公司、杭州壹网壹创科技股份有限公司入选浙江省文化数字示范企业，杭州美迪凯光电科技股份有限公司上海证券交易所科创板上市。（孙　硕）

责任编辑　曹文慧

农业·农村

综　述

【农林牧渔业产值稳定增长】2021年，钱塘区围绕“农业高质高效、农村宜居宜业、农民富裕富足”“三农”工作总体目标，推进美丽田园、美丽乡村、美丽河湖、美丽经济和对口帮扶工作。全年农业牧渔业总产值18.9亿元，全年种植业产值12.49亿元，畜牧业产值2.80亿元，渔业产值2.99亿元，农业服务业产值0.73亿元。全年粮食播种面积5966.7公顷，比上年增长0.6%；粮食总产量3.35万吨，增长15.7%；蔬菜播种面积8019公顷，下降18.3%。有市级及以上农业产业化龙头企业31个。其中，国家级农业龙头企业1个，省级龙头企业2个，市级龙头企业28个（含新培育市级农业龙头企业1个）。至年末，农村股份经济联合社实现集体经济总收入1.76亿元。人均收入4.8万元，增长8%。（陆　燕）

【品质农业建设】2021年，钱塘区农业产业实施农业“双减”（肥料减量、农药减量）、“双强”（科技强农、机械强农）和品质农业建设行动，推进“肥药两制”改革，种植业化肥农药定额施用，畜牧养殖兽用抗菌药减量化、饲料环保化，水产养殖用药减量化。全年主要农作物单位面积农药施用量0.16千克/亩，单位面积化肥施用量21.23千克/亩。2个农业“双强”项目列入省级项目预选库。推动高品质农业转型升级，加快推进“三品一标”（无公害农产品、绿色食品、有机农产品和农产品地理标志）建设，引导无公害农产品向绿色食品转化。全年打造精品绿色农产品基地5个、无公害农产品基地5个。开展农产品质量安全检测4021批次，合格率99%。实现农产品全程溯源，有可追溯性生产主体17个，开具食用农产品合格证1938张。

（蔡　乐）

【“千亩粮仓”示范区创建】2021年，钱塘区创建“千亩粮仓”示范区，依托区内农田平整、集中、连片的资源优势，提出囊括生态连片、科技应用、产量品质等8个维度的考评体系，打造“万青生态示范区”“临江村示范区”等12个粮食生产优质示范样板。其中，江东一分场示范区以创新为抓手，试验粮食新品种40多个；桥头堡南示范区采用生态绿色防控技术，推广化肥减量、测土配方施肥等新技术的示范应用；小泗埠村示范区通过抛荒地整治提升，成为规模化种植的优质粮田。全年整治抛荒地1266.67公顷，小麦、早稻和晚稻规模种植面积分别为1826.67公顷、1666.67公顷、2200公顷，比上年增长166%、13.6%和46.7%，上交国家订购粮3.59万吨。粮食生产稳定度和农业增加值均列杭州市第一位。示范区农田连片复种面积均在66.67公顷以上，亩均节约成本和带动创收分别为60元和80元，应用绿色生态防控、无人机植保、测土配方施肥等技术措施，耕种、插秧、收割及病虫草害防治等生产环节全程机械化率均100%。

（施忠源）

【未来乡村建设】2021年，钱塘区农业农村局（简称区农业农村局）根据《杭州市未来乡村建设工作试行方案》，围绕农民收入高、经济活力强、共富基础好、人居品质优、数智应用广5个目标，创建未来乡村。对照未来乡村建设要求，提升基础设施和公共服务水平，打造未来邻里、未来文化、未来健康、未来生态、未来创业、未来建筑、未来交通、未来数字、未来服务和未来治理十大应用场景，重塑乡村生产生活生态。义蓬街道火星村和河庄街道江东村列入首批创建市级未来乡村试点。

2021年，首批创建市级未来乡村试点的河庄街道江东村

（区农业农村局 提供）

【数字农业发展】2021年，钱塘区加快数字农业发展，推进数字农业园区建设，辖区乔司农场数字农场数据驾驶舱和数字农场温室项目入围市级数字农业园区建设示范项目。开发“掌上农机”应用场景，以数字化应用新场景，助推农业“双强”建设。数字乡村应用系统投入试运行，河庄街道江东村、义蓬街道火星村被列入首批市级数字乡村样板村建设试点单位。 （年鉴编辑部）

【农业投入品监管】2021年，钱塘区有农产品规模生产主体36个、农药生产主体2个、农药经营主体45个、兽药生产主体2个、兽药经营主体11个、饲料生产主体1个、种子经营专卖店3个。年内，区农业农村局出动检查人员370人次，检查主体单位160个，分批对16个农业生产主体开展专项检查，涉及粮油、蔬菜、水果、水产品、畜禽5类25个品种。全年定量检测430批次。其中，市级任务156批次，不合格1批次，合格率99.4%；区级任务250批次，不合格2批次，合格率99.2%。定性检测5197批次，其中：街道检测4048批次，不合格4批次，合格率99.9%；基地检测1149批次，合格率100%。累计抽检蔬菜5196批次、水果22批次、水产20批次、生鲜乳16批次，以及猪、禽类尿样80批次、饲料10批次，合格率100%。开展“一户一策一干部”结对帮扶工作，全年制作帮扶卡2000本，处理信访投诉21件、种子质量纠纷1起、动物诊疗纠纷10起、农业投入品6起，开展农田鉴定4次，挽回农户经济损失20多万元。

（蔡　乐）

【区级农业产业示范园打造】2021年，区农业农村局结合辖区产业优势和特色，通过夯实生产基础、完善设施设备、集成熟化技术、规范管理制度，打造钱塘区首批农业产业示范园11个。其中，“阳光菜园”3个，“优鲜果园”3个，“缤纷花园”1个，“活力牧园”3个，“特色渔园”1个。产业示范园有科学合理的规模布局、生态环境、生产养护流程、管理运维体系，是全区农业建设发展的样板。新培育产业优势突出、基础条件完备、精品课程丰富的农业研学基地7个，总规模133.33公顷，接待参观研学30万人次。

【“清道侧”综合整治】2021年，区农业农村局开展“美丽杭州”创建暨“城市环境大整治、城市面貌大提升”长效管理工作，结合道路环境综合整治工作方案，对江东片区“五纵五横”（河庄大道、青西一路、青六北路、青西四路、梅林大道五条纵向主干道，江东一路、江东大道、江东三路、塘新线、临鸿东路五条横向主干道）主干道两侧耕地抛荒等问题实施整改，通过景观改造等方式，提升道路两侧环境品质。围绕“不合理搭建拆除、因地制宜复耕、道侧空挡消除”3个方面开展整治，整治重点问题点位16处，消除道侧空挡1850米，涉及面积74.8公顷，整治后种植小麦66.67公顷。 （施忠源）

种植业

【概况】2021年，区农业农村局加大粮食生产收购扶持力度，全区粮食供应稳定，有粮权2.34万吨（折合原粮）。其中，储备粮小麦4860吨，早籼稻谷9096吨，粳稻谷7966吨，粳米1000吨。发展

绿色农业，落实绿色生态发展资金180.31万元。其中，推广商品有机肥4864吨，补贴资金145.9万元；市级蔬菜高效双低新农药补贴资金34.41万元，惠及农业基地和种植大户26个。推广绿色高产高效技术，落实资金204万元，建设科技兴农项目24个，其中：粮食高产示范项目12个、农作物新品种示范推广项目6个、病虫害绿色生态防控示范项目6个。全年收购水稻小麦3.59万吨，其中：小麦0.78万吨、早稻0.99万吨、晚稻1.82万吨。12月，区农业农村局被省政府授予“全省粮食增产保供成绩突出集体”称号。

【**粮食产销政策扶持**】2021年，钱塘区出台粮食产销扶持政策，落实粮食生产收购补贴。其中，耕地地力保护补贴745.08万元，补贴农户3.4万户；规模种粮直接补贴2886.92万元，涉及稻麦种植大户160户、旱粮种植大户99户。落实社会化服务补贴1272.39万元。其中，补贴病虫统一防治服务，金额550.81万元，面积5801.25公顷；补贴水稻机插服务，金额599.54万元，机插面积2220.5公顷；补贴粮食烘干服务，金额122.05万元，烘干粮食2.4万吨。订单粮食收购价外补贴1772万元，收购量3.59万吨。

【**耕地“非粮化”整治**】2021年，钱塘区推进耕地“非粮化”整治工作。排摸全区2520公顷粮食生产功能区，查明需整治优化的粮食生产功能区35个，粮食生产功能区“非粮化”面积1144.91公顷。其中，建房、基础设施建设等“非农化”占用面积102.42公顷，种植苗木、花卉和草皮1021.45公顷，种植水果等多年生经济作物20.97公顷，挖塘养殖水产6.73公顷，粮食生产功能区“非粮化”率45.5%。全年全区完成粮食生产功能区“非粮化”整治763.2公顷，优化调整粮食生产功能区772.87公顷。

【**高标准农田建设**】2021年，钱塘区开展高标准农田建设，夯实粮食安全基础。印发《关于印发杭州钱塘新区农田建设项目管理办法的通知》，由区级财政保障高标准农田建设资金。补助标准按照实际投入额的80%进行补助。其中，高补助建设类不超过5000元/亩，提升类不超过3000元/亩。采取以奖代补形式，为配套高效节水灌溉的农户每亩增加1000元补助。年内，制定高标准农田建设“十四五”规划，完成高标准农田建设潜力调查分析报告，新建高标准农田349.67公顷。

【**农药废弃包装物处置**】2021年，区农业农村局加强农业面源污染综合治理，采取有偿回收模式，委托第三方作为农药废弃包装物定点回收与集中处理的责任主体，负责收集、转运和处理辖区内因农业生产产生的、不再具有使用价值而被废弃的农药包装物。全年落实财政补助资金120万元，设置回收网点39个，回收农药废弃包装物34.07吨，处置农药废弃包装物41.37吨。

▶▶资料：面源污染

又称非点源污染，主要由土壤泥沙颗粒、氮磷等营养物质、农药、各种大气颗粒物等

2021年钱塘区畜牧业生产情况一览表

表6

项目	计量单位	2021年	2020年	比上年	
				增加	增长（%）
一、生猪年末存栏	万头	9.18	9.17	0.01	0.1
存栏中母猪	万头	0.82	1.64	0.82	-50
出栏肉猪	万头	10.05	14.49	-4.44	-30.6
二、牛年末存栏	头	1365	1378	-13	-0.9
存栏中乳牛	头	298	670	-372	-55.5
年内出栏	头	171	231	-60	-25.9
三、羊年末存栏	只	10900	9800	1100	11.2
年内出栏	只	5400	8300	-2625	-31.6
四、家禽年末存栏	万羽	4.08	10.78	-6.70	-62.2
年内出栏	万羽	11.01	36.58	-25.57	-69.9
五、肉类产量	吨	9290	9000	290	3.2
牛奶产量	吨	5827	6723	-896	-13.3
禽蛋产量	吨	72	98	-26	-26.5

组成，通过地表径流、土壤侵蚀、农田排水等方式进入水、土壤或大气环境。

（施忠源）

养殖业

【概况】2021年，钱塘区水产养殖面积1303公顷，总产量7791吨。其中，养殖产量7756吨，捕捞产量35吨；渔业总产值3.0亿元。南美白对虾养产量5334吨，占全区养殖总产量的68.5%；龟鳖养殖产量397吨，其他水产养殖产量2060吨。有捕捞渔船24艘，总吨位427.3吨。全年畜牧业总产值2.8亿元，可比价格比上年增长52.2%。其中，牲畜产值2.5亿元，家禽产值291万元，畜禽产品及其他动物产值2327万元；肉、蛋、奶产量分别为9290吨、72吨和5827吨，蜂蜜产量155.5吨。

（李红玉 胡立成）

【动物检疫与动物无害化处理】2021年，区农业农村局监督畜禽养殖户和家禽屠宰点的检疫申报办理、现场检查、入场查验、宰前检查、同步检疫和宰后监督无害化处理等检疫工作。建立健全无害化处理体系，完善无害化处理补助政策，加强无害化处理监管，形成保险公司、无害化处理中心、动物检疫点三方联动。全年全区检疫申报点办理行政许可证5672件；产地检疫生猪31.08万头、羊1070只、奶牛68头、犬类24只；屠宰检疫家禽36.59万羽。全年处理病猪死猪2.64万头，比上年下降57.5%；处理病牛死牛25头。

【动物疫病防控】2021年，钱塘区推进常规动物免疫及春、秋两季重大动物疫病集中防控工作，落实重大疫病强制免疫措施，实行强制免疫疫苗“先打后补”。全年使用生猪口蹄疫疫苗26.47万毫升（含规模场自购）、猪瘟疫苗23.55万毫升（含规模场自购）、牛羊口蹄疫疫苗1.67万毫升、狂犬病疫苗1.5万头份、羊小反刍兽疫疫苗6000头份。年内，投入180多万元，筹建钱塘区农业农村局兽医实验室。该实验室占地面积300平方米，设有样品保藏室、血清学检测室、分子生物学检测室、档案室、洗涤消毒室等，为省动物疫病监测中心、市畜牧农机发展服务中心批准成立的疫病检测机构。主要从事非洲猪瘟、高致病性禽流感、猪瘟、口蹄疫、繁殖与呼吸综合征、新城疫等动物疫病的检测工作。

（胡立成）

►►资料：“先打后补”

畜禽规模养殖场户直接向疫苗生产、经营企业购买强制免疫疫苗。按规定程序和病种进行畜禽免疫后，经第三方抗体检测机构检测抗体合格，出具正式报告后，提出申请，由市动物卫生监督所抽检免疫抗体合格，在镇办政府统一组织下，向市农业农村部门申请国家畜禽强制免疫疫苗购置补助。

【水产品质量安全】2021年，区农业农村局开展水产品质量安全定量检测，抽检水产品136批次。其中，省级44批次，市级72批次，区级20批次，检测合格率均100%。推进4个被列入杭州市水产养殖可追溯试点主体，纳入杭州市“数智农安”系统，在水产养殖过程中实时记录用药情况，在水产品上市前开展药物残留检测并上传检测结果。通过扩大全区农产品质量安全可追溯体系覆盖面，保障农产品质量安全。

（李红玉）

水 利

【概况】钱塘区是以灌为主，排灌结合的平原河网灌区。2021年，有小型灌区86个，主要从区域河网引水灌溉。全区有灌溉泵站300多座，灌溉面积7886.67公顷，实际灌溉面积7013.33公顷，毛灌溉用水量4555万立方米。区农业农村局推进农田水利事业发展，强化农田水利工程管护及农业灌溉用水管理，提升农业用水效率，全年新增灌溉节水能力582万立方米。钱塘区获省级农业水价综合改革工作考核优秀等次。

【“五个一百”示范创建】2021年，钱塘区开展“五个一百”（创建100座农业灌溉更新升级示范泵站机埠、100个农业灌溉更新升级示范水闸堰坝、100个改革示范灌区灌片、100个各类农民用水管理示范主体、100个改革示范基层水利站所）示范创建活动。组织街道和行政村开展集中培训，学习农业水价综合改革有关政策及“五个一百”示范创建标准和要求；开展现场督导工作，敦促街道和行政村按照时间节点和创建要求完成示范创建工作；拍摄示范工程宣传片，展示本地特色和水价综合改革成果。年内，临江街道东庄村1号机埠、东庄村桥头堡2号机埠，河庄街道文伟村桥头堡灌片，杭州江东农场开发有限公司入选2021年度全省农业水价综合改革“五个一百”优秀典型案例。

【水利管理与水域环境优化】2021年，区农业农村局管辖钱塘江一线海塘68千米，二线、三线海塘120多千米，直接管理下沙区域四格排灌站、下沙排涝闸、850

排涝闸。四格排灌站引水5008台时，引水量1.13亿立方米，排涝开机141.5台时，排水量320万立方米；下沙排涝闸排水2022孔时，排水量1.82亿立方米，水泵机排65台时，排水量156万立方米；850闸排水298孔时，排水量1565万立方米。年内，推进美丽河湖建设，整治断头河11条，创建“水美乡镇”1个，“美丽池塘”15个。落实“美丽海塘”提升项目，在大江东区块外四工段至廿工段，种植桃树、海棠、梨花、桂花等，形成“十里桃花”“十里海棠”“十里梨花”“十里桂花”特色海塘景观带，重点打造外六工段盘头公园景观节点。

2021年10月，江东农场一分场晚稻收割　　（区农业农村局 提供）

【钱塘区萧围北线标准海塘工程获中国水利工程优质（大禹）奖】 2021年12月，中国水利工程协会发布《关于颁发2019—2020年度中国水利工程优质（大禹）奖》，钱塘区萧围北线（四至外六、外十至二十工段）标准海塘工程获中国水利工程优质（大禹）奖。该标准海塘工程全长12.71千米，主要建筑物标准海塘为1级，防洪（潮）标准达100年一遇，项目投资7.05亿元。项目于2016年9月28日开工，至2018年9月26日完工。项目完工后，按照水利工程标准化管理要求，组织人员落实管理责任，制定对应管理制度。委托第三方专业单位开展沉降观测、滩地测量、白蚁防治等工作，录入信息化平台运行，并于2019年通过省级水利工程标准化管理验收。该堤防工程经受2018年和2020年钱塘江流域的第二次特大洪水和台风暴潮。　（陈海奇）

农业机械化

【概况】 2021年，钱塘区加强农业机械化社会化服务，改善农业生产经营条件，提高农业生产技术水平、经济效益和生态效益。通过增加农田水利设施、新建机耕道路等措施，提升耕地质量等级，形成高质量耕地连片区域。年内，全区发展农机专业合作社14个，其中具备全程机械化服务能力的农机专业合作社4个，从业人数307人。全年农机作业面积3.25万公顷，农机社会化服务作业面积1.24万公顷，机械烘干粮食量2.44万吨，水稻生产全程机械化率96.5%。至年末，创建部级示范性农机合作社2个，省级示范性农机合作社2个。

【农业机械化补贴落实】 2021年，区农业农村局贯彻落实国家农机购置补贴政策，提升农业机械新机具、新技术推广力度和农机作业水平，落实农机购置补贴，优先保障粮食生产机械购置补贴，蔬菜、水产等农产品生产所需机具购置补贴。全年落实农机社会化服务资金721.6万元。其中，补贴水稻机插资金599.5万元，粮食烘干资金122.1万元。落实农机购置补贴资金257.42万元。其中，中央补贴资金160.58万元，省级补贴资金10.08万元，区级财政配套补贴资金15.12万元。

【农业机械化服务体系建设】 2021年，钱塘区加快农业领域“机器换人”，推进农机与农艺融合、机械化与信息化融合发展，推广先进农机装备。在机耕、秸秆还田、育秧、插秧、收割等生产主要环节配套相应的农机具，提供从育秧到烘干的全流程服务。全区有农机具资产100万元以上的合作社（公司）15个，其中农机具原值200万元以上的合作社8个。

【专业化社会服务组织转型升级】 2021年，区农业农村局将专业化社会服务组织从原始种植打药模式转型为综合服务模式。培育杭州萧东植保服务专业合作社和杭州广通植保防治服务专业合作社成为市级示范性植保服务组织，配备植物保护技术人员和服务管理人员，提供病虫害统一防治和绿色防控植保无人机、担架式喷雾机等新型高性能药械204台

（套）。开展整街道、整村式植保社会化服务，日作业能力133.3公顷以上，全年专业化统防统治面积5800公顷，规模种粮服务面积覆盖率90%。（蔡 乐）

农村治理与乡村振兴

【概况】2021年，钱塘区围绕产业振兴、人才振兴、文化振兴、生态振兴、组织振兴，通过制定适宜地域农业发展的相关制度，配套政策支持，落实财政资金投入，鼓励农民参与等方式推进乡村治理现代化建设。年内，江东区域60个村（社区）（59个行政村和1个江盛社区）实现村级集体经济总收入2.82亿元，平均每村469.84万元，比上年下降1.2%；经营性收入1.76亿元，平均每村293.85万元，增长1.4%。全年村集体资产总额49.31亿元，平均每村8218.08万元；所有者权益总额25.06亿元，平均每村4175.88万元；实现收益12.13亿元，平均每村202.23万元，10个村实现分红，按股分配总额3281.12万元，农民人均收入4.8万元，增长8%。至年末，下沙街道12个社区股份经济合作社实现集体经济总收入6.36亿元，平均5302.21万元；经营性收入5.70亿元，平均4751.79万元；集体资产总额61.91亿元，平均5.16亿元。

【美丽乡村建设】2021年，钱塘区开展“美丽乡村”大比武活动。活动按照双月评分、年底打擂、赋分排名的方式进行，评选出“星级美丽乡村示范村”5个和“星级美丽乡村”12个。制定《“围垦风光，大美钱塘”新时代“美丽乡村”建设三年行动计划（2021—2023年）》，推进美丽乡村达标创建和美丽乡村精品创建。全年区农业农村局组织开展农村民俗节庆活动30次，创建区级“千亩粮仓”示范区12个，会同区教育局创建区级中小学生劳动教育实践基地7个，会同区社发局创建省A级景区村庄4个。全区90%以上村创建美丽庭院核心示范带，31个村实行围墙降高、通透、美化等改造。年内，创建省级新时代美丽乡村11个。其中，省级新时代美丽乡村精品村5个，省级示范乡镇和省级特色精品村各1个。新增市级精品村2个。启动“美丽乡村”示范村、特色村建设，创建区级“精品村”2个、完成9个区级示范村规划方案评审。6月，启动江东村、火星村2个市级“未来乡村”建设。

【乡村人才培育】2021年，钱塘区提升乡村人才振兴力度，健全乡村人才工作机制，落实人才振兴保障措施，通过拓展本土人才培养，引导城市人才下乡，推动专业人才服务乡村等举措，为推进乡村振兴、加快农业农村现代化发展提供人才支撑。制定《钱塘区加快推进乡村人才振兴的实施意见》，与浙江省农业科学院合作共建钱塘区乡村振兴学院，开展培训22次，培训人员1200多人次。完成省级示范性合作社监测3个，培育提升家庭农场9个、农民专业合作社6个，打造研学基地7个。累计培育市级乡村产业技能大师工作室2个、市级乡村产业技能大师7人。全区从事农业生产人员1.79万人，含农业C级、D级人才各1人、E级人才4人，农创客25人，农村实用人才4800多人。

【数字乡村建设】2021年，钱塘区启动义蓬街道火星村和河庄街道江东村市级数字乡村样板村试点建设。围绕数字化产业发展目标，推动农业领域物联网建设和现代农机应用，完成智慧农业大数据中心建设，涵盖47个标准化生产基地；安装99套北斗农机管家智能监测装备，测量面积2533.33公顷；启用“浙江省智慧畜牧业云平台”，实现全区生物安全隔离区在线视频监控网络全覆盖。省乔司农场入围市级数字农业园区建设项目，项目包含数字农场数据驾驶舱和数字农场温室。“掌上农机”应用场景入选杭州市数字乡村十大景秀应用场景。

【首届农民稻香节】2021年10月25日，钱塘区举办农民丰收月系列活动暨首届稻香节。钱塘区种

2021年10月25日，钱塘区在河庄街道举办农民丰收月系列活动暨首届稻香节 （区农业农村局 提供）

子种苗基地、稻香小镇、荷美小镇、草莓小镇4个区级农业产业项目在启动仪式上集中签约，现场为7名区级乡村产业大师和12个区级“千亩粮仓”颁奖。丰收集市展出全区20多个企业及农业专业合作社的特色农产品，包括南美白对虾干、甲鱼、原浆酒、澳洲淡水龙虾以及理塘县、江山市、淳安县、富阳区湖源乡等对口帮扶协作地区企业的30多种农副产品，有牦牛肉干、牦牛肉酱、藏香菇等特色产品。现场举行稻田趣味运动会，开展稻田拔河、无人机大赛等趣味项目。同期举办“发展高质量，钱塘新力量”论坛——稻花香里说共富，围绕“庆丰收、感党恩、奔共富”主题，共谋乡村和产业发展，助推钱塘乡村振兴和高质量建设共同富裕。

【低收入农户结对帮扶】2021年，钱塘区围绕省扶贫数字化管理系统应用试点改革，建立精准扶贫大数据平台，通过“大数据+扶贫”，实现精准识别、精准帮扶。区农业农村局联合区社会发展局形成低收入农户认定标准线与低保边缘户认定标准线“两线合一”新机制，依托数据平台落实全区1818户2375名低收入农户数字结对帮扶工作，每月定期上报数据，系统动态调整填报完成率100%。落实低收入农户“浙农码”绿黄红三色管理，实行全流程监管、全方位监测、全链条预警处置，并由系统内纪检部门靶向监督低收入农户帮扶政策落实情况。全年，为所有低收入农户购买医疗补充政策性保险。（陶晓兵）

农业防灾减灾

【概况】2021年，区农业农村局围绕“提标、扩面、增品”要求，推广政策性农业保险服务。加大地方优势农产品保险覆盖面，打造“一县多品”特色。全年参加特色仔猪保险养殖企业7个，参保仔猪13万余头，提高生猪产能市场供应保障；落实惠农政策，做到惠农政策、承保情况、理赔结果、服务标准、监管要求“五公开”，健全查勘定损机制，简化理赔手续流程，开通重大灾害等特殊时期理赔绿色通道，全年赔付到位保险金1297万元，包括受台风“烟花”影响的第一笔5.63万元早稻受灾理赔款；加强政策性农业保险宣传，鼓励农户购买保险，全年召开政策宣讲会2次，发放宣传手册4000多份，培训指导农户及街道、村（社区）人员180多人次，实现宣传到户、承保到户、定损到户、理赔到户，畅通农业保险服务“最后一公里”。

【病虫害监测报告和统一防治】2021年，区农业农村局开展病虫害监测报告和统一防治工作，设立病虫害监测报告点6个，监测稻纵卷叶螟、二化螟、草地贪夜蛾等病虫害，形成数据信息，购买社会化专业植保服务，实地调查田间病虫害情况，综合病虫害测报点数据信息和植保服务实地调查情况制定科学防治方案，并通过“浙江农民信箱”发送给农户。全年发布“钱塘植保”病虫情报15期，为全区种植户提供虫害最佳防治时间和防治方法。全年统一防治病虫害面积5800多公顷，占规模种粮总面积的90%以上，全区病虫害蔓延情况得到控制。（施忠源）

责任编辑　陈　玲

建筑业·房地产业

建筑行业管理

【概况】2021年，钱塘区有建筑业企业212个。其中，一级总承包资质企业13个，二级总承包资质企业24个。全年建筑业总产值128.1亿元，比上年增长20.9%；建筑业税收11.78亿元，增长76.3%。建设项目建筑安装工程投资236.8亿元，增长16.2%。审核企业变更、企业分立资质216项，审核房地产开发资质44个，审核人员1.3万人。审核建设工程专业技术人员391人，其中申报正高级工程师6人、高级工程师111人、中级工程师274人。

【建筑业市场监管】2021年，区住建局围绕行业税收产值等重点问题专题调研，形成调研成果《关于促进建筑业高质量发展的思考与建议》。制定《零星工程管理细则》，规范工程管理，提升工作效率。加强对建筑企业市场行为监管，开展施工企业资质检查和建筑材料质量抽检，检查企业106个、项目42个，发放整改通知书37份，注销企业3个。集中开展建筑市场和混凝土行业专项整治，检查项目168个、企业9个，发放整改通知书92份。全年行政处罚企业2个、个人4人，罚款95.7万元。

【建筑业新生态】2021年，钱塘区深入推进绿色节能与建筑工业化，构建建筑业绿色低碳新生态。完成公共建筑节能改造2.5万平方米，完成居住建筑节能绿色化改造19.37万平方米，实施可再生能源应用260.3万平方米，能耗监测系统数据迁移100%完成，在线率90%以上。高品质绿色建筑比例提升，新建民用建筑全部落实绿色建筑节能要求，其中二星级、三星级绿色建筑面积占90%以上。创建杭州钱塘新区云帆社区、浙江中医药大学附属第一医院（浙江省中医院）中医药传承创新基地项目（三星级）等高星级绿色建筑示范项目，其中“钱塘云帆未来社区未来体验馆”项目通过全市首例“近零能耗”建筑设计评审。全区新开工装配式建筑的建筑面积365.8万平方米，开工钢结构住宅的建筑面积8.35万平方米。申报创建市级2021年度新型建筑工业化示范项目4个。其中，浙江华云电力实业集团有限公司电力物联网产业研发制造项目（2标），钱塘新区国产宽体客机零部件生产厂（一期）二标段工程，义蓬街道城乡一体化安置小区（棚户区三期）被评为杭州市示范项目，浙江东南绿建集成科技有限公司被评为“杭州市建筑工业化示范产业基地”。（罗依莲）

工程质量监督

【概况】2021年，钱塘区有受监（需监理或需质监站监督）项目、在建项目318个。其中，房屋建筑项目202个，总建筑面积1522万平方米；市政项目17个，总投资142亿元；水利工程项目1个，总投资0.97亿元。全年新办理受监项目137个，其中：房屋建筑项目114个，总建筑面积645万平方米；市政工程23个，造价70亿元。至年末，竣工验收项目46个，合格率100%，其中：房屋建筑项目竣工42个，总面积295万平方米；其他项目竣工

4个，总面积4.1万平方米，出具质量监督报告46份。获评杭州市“标准化工地”12个、杭州市建设工程“西湖杯”奖10个、浙江省建设工程“钱江杯”奖1个。

【安全生产工作】2021年，杭州市钱塘区住房和城乡建设局（简称区住建局）开展“安全护航”专项行动，针对防坍塌、防汛抗台、地下空间、在建市政道路等工程开展执法检查。全年，检查全区受监、在建项目264个，检查工地779个，发现安全隐患2108处，签发责令整改通知书779份，签发责令暂时停工整改书54份，处罚存在较大安全隐患企业74个，约谈企业项目负责人12次。开展安全生产月、建筑施工领域“遏重大”生产安全事故整治和建筑施工（农村房屋、地下空间）安全专项整治等活动12次。召开钱塘区建设领域“安全生产月”启动仪式及现场观摩会，邀请专家进行危险性较大工程安全整改培训；完成三年行动计划工作任务（计划完成12项，实际完成15项），16项“遏重大”整治工作完成14项。开展起重设备季度性检查，全年检测起重设备1774台。其中，塔吊940台，施工升降机627台，物料提升机207台，下发整改单195份，责令停止使用设备435台，对不合规操作的单位行政处罚4起，处罚金额6万元。委托“星期天工程师”及市建筑行业协会专家开展安全生产检查和评估，出动“星期天工程师”840人次，检查项目420多个；委托专家92人次，开展安全风险评估检查46次。

【工程质量检测】2021年，区住建局开展工程项目质量常规检测829个次。其中，桩基检测355个次，防雷检测216个次，主体检测176个次，节能检测19个次，分户验收8个次，钢结构检测28个次，幕墙检测5个次，市政检测16个次，钢筋原材料检测6个次。发现存在问题构件项目60个，落实整改49个。印发《钱塘区提升市政道路工程施工质量管理若干意见（试行）》，强化和规范新建、改建、扩建市政道路工程施工质量管理的主体责任和监管责任。区工程质量与安全中心收到的质量投诉信访均按要求处理。

【文明施工检查】2021年，区住建局开展文明施工常态化检查，委托第三方配合监督组检查项目1722个，发现问题2601个，全部完成整改。年内，收到杭州市生态环境保护委员会办公室抄告意见98条、杭州市城乡建设委员会文明施工抄告项目375个、区环境综合提升工作领导小组办公室抄告意见85条，均按要求全部回复。全年对未按文明施工要求施工的和整改不到位的9批60多个项目进行“黑榜”公示，处罚整改不力、问题反复出现企业71个。

【文书事项办理】2021年，区住建局签订居住区配套设施建设合同14份，受理房地产开发项目工程形象进度核准申请72件，受理居住区配套设施建设合同履行确认12件。全年受理建筑起重机械产权备案1980台，产权注销614台，安装告知备案650台，使用告知备案685台，拆除告知备案493台，全部在法定期限内完成核准申请。（罗依莲）

房产管理

【概况】2021年，区住建局发放房产预售许可证64本，总建筑面积166.21万平方米。其中，商品住宅153.45万平方米，非住宅12.76万平方米。预售商品房成交1.62万套，成交总面积177.27万平方米。其中：商品住宅成交1.52万套，总面积165.24万平方米；商业用房成交250套，总面积2.11万平方米；其他房产成交734套，总面积9.92万平方米。全年全区批准预售商品房1.55万套，总面

完成加装电梯的河庄街道钱民花苑小区（摄于2021年）（区住建局 提供）

积166.21万平方米，其中商品住宅1.42万套，总面积153.45万平方米。全区商品房成交1.66万套，总面积183万平方米。商品房成交均价2.28万元/平方米，比上年上升6%，其中商品住宅成交1.57万套，总面积171万平方米，成交均价2.31万元/平方米，上升1%。全年成交二手房4230套，成交总面积40.82万平方米，其中住宅3522套，总面积35.72万平方米。

【住房保障与管理】2021年，区住建局增进民生福祉，完善住房保障体系。全年推出公共租赁住房房源2716套；加装电梯107台，加装电梯市级考核完成率237.8%；受理个人住房补贴申请454人；受理区级安居租赁、购房补贴申请445件；发放市级廉租房货币补贴124万元；发放市级公租房货币补贴916万元；实施新引进应届大学生租房补贴“亲清在线”受理，发放住房补贴1.47亿元。住房保障年度考核排名及加装电梯完成率排名均居全市第四位。保障性租赁住房建设工作获住房和城乡建设部保障司肯定。“同二村”项目、“圣奥集团职工宿舍”项目作为浙江省优质案例在全国住房保障工作座谈会上介绍。

【公共租赁住房管理】2021年，钱塘区落实公租房配建政策，加快筹集房源，建成区级公租房7279套；江东片区河庄街道听琴湾小区2585套公租房房源由市级公租房配租转为区级公租房配租，解决外来务工人员住房难问题。9月18日，发布产业工人专项配租公告，推出房源1476套。推进市级公租房建设，全区在建3780套。其中，下沙区域在建2303套，江东区域在建1477套。至年末，全区在建项目13个，落实配套建设总面积2148.11万平方米，其中年内开工项目6个，占地面积5.82万平方米。

河庄街道城乡一体化安置房三期（摄于2021年）　　（区住建局 提供）

【人才专项住房建设管理】2021年，钱塘区加快人才专项租赁住房建设，建成人才房2682套。其中，白杨街道汇澜公寓1394套，沁香公寓1288套。汇澜公寓配租入住168套，拟订汇澜公寓和沁香公寓连房带地出让。至年末，有在建人才房项目5个、3666套房，全部由市统筹配租，地上建筑面积22.8万平方米。

【蓝领公寓建设】2021年，钱塘区落实蓝领公寓建设工作，筹建蓝领公寓1914套，包括环卫集体宿舍196套，科技路边集体宿舍270套，金乔街蓝领公寓北块400套，江蓝领公寓东778套，智造谷蓝领公寓270套。至年末，建成交付1914套，完成分配1215套。

【安置房建设】2021年，钱塘区交付“河庄新农村”“义蓬三期”“临江二期”“前进二期”安置房项目4个；续建安置房项目3个。其中，新湾一体化安置房主体装修完成，河庄街道城乡一体化安置房三期装修完成90%，新湾街道新龙片安置房完成总体进度的50%，施工主体结构11至16层。推进2个“十四五”期间新建安置房（河庄安置房四期、义蓬安置房四期）项目建设，其中河庄安置房四期EPC（公司受业主委托，按照合同约定对工程建设项目实行全过程或若干阶段的承包）工程总承包招标处于预公示阶段。

【农户拆迁安置】2021年6月，钱塘区完成河庄街道棚户区四期拆迁项目，拆迁农户143户。累计回迁安置农户4批次，整户农户回迁1628户，分配房源4830套，全区“在外过渡五年以上且有安置意愿的回迁户”全部回迁安置。落实安置“在外过渡五年以内”的回迁户，年内完成河庄街道新农村项目（云上学府）1666套，550户回迁户；完成前进工业园区高层安置房二期（前乐佳苑）1083套，344户回迁户；完成临江城乡一体化安置小区（旭东景苑）927套，299户回迁户（其中3户货币化安置）；完成义蓬街道城乡一体化安置小区（棚户区三期）（向涛名苑）1154套，435户回迁户。前进街道、临江街道在外过渡农户全部回迁。（罗依莲）

物业管理

【概况】2021年，钱塘区有物业管理项目147个，物业管理总建筑面积2334.29万平方米。其中，住宅113个，总建筑面积1487.04万平方米；非住宅34个，物业管理面积847.26万平方米。全区办理业委会变更、备案24件，物业管理区域划分22件，物业管理用房缴交（预缴）17件，物业用房竣工缴交18件，物业合同备案21件，物业管理用房调整4件，前期物业招标备案12件，前期物业招投标开标10件，建设项目方案审查18件，居住积分审核960件，房屋租赁备案8176件。义蓬街道江东府、下沙街道滟澜园茗轩等9个小区创建"美好家园"小区。完成街道社区、业委会、业主及物业公司物业管理法律法规指导和解释工作18件，调解协调小区物业矛盾纠纷32件。至年末，区住房保障与物业管理服务中心接待处理物业信访投诉1382件。

【住宅小区环境提升】2021年，区住建局根据《"美丽杭州"创建暨"'迎亚运'城市环境大整治、城市面貌大提升"长效管理工作方案（2020—2022）》，制定《杭州钱塘新住宅小区环境秩序长效管理工作方案》，通过小区业主"日报料"、监督员"日查"、街道社区"周查"、区住建局"月查"长效检查监督管理机制，限期整改问题，提升小区管理水平，美化群众生活环境。至年末，7个街道、122个小区自查问题3597个，全部完成整改。

【城乡危房治理】2021年，区住建局完成房屋"两查"工作（违法建设和违法违规审批专项清查、农村房屋安全隐患排查整治），根据《第一次自然灾害综合风险普查工作方案》和《杭州市第一次全国自然灾害综合风险普查实施方案》（既有房屋建筑专篇），制定《杭州市钱塘区第一次全国自然灾害综合风险普查实施方案》（既有房屋建筑专篇），开展灾害普查房屋调查工作。鉴定农村房屋中用作生产经营自建房、其他自建房及非自建房存在安全隐患的房屋117户，整治改造其他自建房危房14户，其中农村困难家庭危房8户。房屋安全鉴定报告备案23件，核发督促解除危险房屋隐患通知书22份。危险房屋复核鉴定审核7件，现场核查危房鉴定5份，办理房屋鉴定合同申请5件。

【租赁市场整治】2021年，区住建局按照钱塘新区住房租赁市场摸底排查整顿规范工作领导小组对租赁市场的整治工作要求，对市场租赁企业进行排查和分类处置，对高风险企业进行整顿规范。组织核查629个租赁企业，整治高风险企业37个、失联企业（不履行税收义务并脱离税务机关监管的企业）63个。完成租赁房源审核2829件。加强流动人口外来人员管理，会同杭州市租赁中心、区公安分局及区委政法委开展租赁房智能门锁安装资金补助审核备案。通过杭州市房屋租赁监管平台，对租赁企业和全区8万套租赁房源进行审核。

【物业防汛防台】2021年，区住建局发布暴雨、台风、汛情各级应急响应警示45次。布置物业公司做好汛情危害防范和应急处理。开展防汛防台汛前检查暨隐患排查工作，督促区内物业管理项目对小区排水设施设备、低地下车库地下室、低洼路面窨井盖、应急预案物资储备等方面的排查，排查项目136个，检查点位5809处，发现隐患400处，全部完成整改。9月8日，制定《钱塘区住宅小区防汛防台工作预案》，落实

改造后的临江街道临江佳苑老旧小区（摄于2021年）　（区住建局 提供）

物业防汛防台长效管理。

【消防安全隐患治理】2021年，区住建局加强消防安全隐患检查，对物业管理区域范围内沿街店面房“下店上宅”“前店后宅”的住宿与经营合用场所进行检查。对存在无烟雾报警器、违规做饭、烟感吊顶被封、私拉乱接、商铺违规住人等问题督促落实隐患整改。对辖区内3个消火栓无水的高层建筑单位，制定相应措施落实整改。根据《钱塘区电动自行车综合整治方案》，开展电动车消防安全检查整治行动。指导、督促物业服务企业落实《高层民用建筑消防安全管理规定》和《杭州市物业管理条例》，加强住宅小区电动自行车停放、充电等涉及消防安全管理的工作，将工作纳入对物业服务企业的监管和考核中；配合开展电动车消防安全隐患整治试点工作；督促物业服务企业配合开展住宅小区内电动自行车安全整治宣传。

【公用设施安全排查】2021年，区住建局在“五一”劳动节、国庆节、春节等节假日期间，督促物业公司对消防灭火设备、电梯等公用设施设备和公共通道、地下空间进行隐患排查整改。检查消防设施设备2080处，发现隐患24处；检查公共通道1267处，发现隐患149处；检查地下空间280处，发现隐患9处，全部完成整改。

【既有建筑外墙高空坠物安全隐患排查】2021年，区住建局根据“边排查、边排危，边治理”原则，组织排查辖区内商品房、保障房、商住楼宇项目194个（其中自管托管项目42个），涉及高层建筑963幢，发现安全隐患点位260处，包括外墙开裂、空鼓，墙砖脱落，外墙变形，及因风化造成的屋顶檐沟、铝板、扶手脱落。要求物业公司将检查中发现的隐患和问题进行分类施策，对能立时整改的点位组织整改；对不能立时整改的点位，制订方案，限时修复或消除安全隐患；对难以修复或存在困难的点位，落实安全监护责任，制定应急措施，设立警戒警示牌，预防事故发生。

【物业行业乱象集中整治】2021年，区住建局贯彻落实物业行业乱象集中整治工作，制定《杭州市钱塘区物业行业乱象集中整治行动实施方案》，成立杭州市钱塘区物业行业乱象集中整治工作专班，由分管副局长牵头，街道分管副主任、物管中心具体负责，落实排查整治工作。会同属地街道、社区开展集中排查，排查问题全部完成整改。梳理分析信访平台受理的投诉举报，发现问题线索并与投诉反映人核实情况，重点关注存在重复投诉、多人投诉的项目。梳理涉及物业停车收费、经营性收支等问题线索10多条，督促物业服务企业限时完成整改。对照问题清单逐一整改销号，对前阶段排查出的问题整改情况开展“回头看”，加大指导督促力度，持续整治确保整改工作按期完成。

（罗依莲）

责任编辑　陈　玲

招商引资

综　述

【招商体制优化】2021年，钱塘区深化产业功能平台体制改革，坚持强化特色、发挥优势、错位发展的思路，调整优化产业功能平台设置，在原有6个产业功能平台基础上，增设3个平台，构建“7+2”（杭州医药港、大创小镇、杭州综合保税区、钱塘芯谷、临江高科园、前进智造园、钱塘产城融合核心区7个实体化运作的块状产业平台；钱塘科学城、美丽云城2个全域产业平台）的平台招商体系。

【招商服务创新】2021年，钱塘区商务局推进招商服务创新，提高招商成效。实现数字化招商空间读取，在区“投资之家”网页、“钱塘汇商”公众号上，设置“存量空间招商导引”模块，提供全区存量空间的面积、价格、位置等情况，全年在该模块显示的厂房空间信息50多条。深化招商项目信息系统建设，至年末，系统有意向项目信息328条、盯引项目信息592条、新设企业信息5752条、专家库管理309条、工业项目固定资产投资信息99条。助力复工复产，对从事商务、物流、生产和技术服务等领域的急需外国商务人员，做好新冠肺炎疫情期间邀请外国商务人员到浙江工作的邀请函申办工作，全年为210个次企业、437人次申请到省级邀请函。协助做好外籍人士新冠肺炎疫苗接种，了解省市外事部门最新政策和要求，成为全市最早为外籍人士进行新冠肺炎疫苗接种服务的区，全年为区内外籍人士接种新冠肺炎疫苗1060多人。

【基层走访帮扶】2021年，钱塘区商务局推进“三服务”等基层走访帮扶，纾困外向型企业。深入基层调查研究，走访外贸外资企业累计100多个次，召开重点外贸外资企业座谈会、RCEP等业务培训会，参会企业800多个，指导新企业外贸经营权手续办理，宣传推广省商务厅集装箱一件事应用和海外仓在线应用数字化工具。开展困难群众走访，走访慰问2个街道6户次城镇低保家庭，以及义蓬街道蜜蜂村低收入农户17户；结对河庄街道城隍庙社区，兼职委员定期联系社区基层，开展“一线传党声”“书香传递”等活动，捐赠书籍50本，防疫包30个。

【《杭州市钱塘区产业项目准入决策意见》出台】2021年9月22日，钱塘区出台《杭州市钱塘区产业项目准入决策意见》。根据意见，产业项目按照规模大小、先进性、成长性等属性，分为A、B、C三类，采用“平台决策会议、产业项目联席会议、区政府常务会议、区委常委会会议”分级决策流程，提高项目准入工作效率，提升产业招引效能，确保准入决策工作科学规范、严谨公正、务实高效。至年末，区商务局牵头召开联席会议14次，讨论议题122个，其中准入项目84个。（沈江丽）

项目招引

【签约总投资1亿元以上产业项目75个】2021年，钱塘区围绕“515”主导产业体系，实施招大引强战略。全年签约1亿元以上产业项目75个、总投资600亿元。其中，10亿（含）~20亿元以上项目20个（含），20亿（含）~40亿元以上项目6个，40亿元（含）以上项目2个。杭州医药港签约项目24个，总投资188亿元；大创小镇签约项目10个，总投资107亿元；杭州综合保税区签约项目5个，总投资19亿元；钱塘芯谷签约项目14个，总投资84亿元；临江高科园签约项目10个，总投资78亿元；前进智造园签约项目10个，总投资84亿元；钱塘芯谷与杭州综合保税区合作项目2个，总投资33亿元。

【外资引进利用】2021年，钱塘区实际利用外资9.9亿美元，其中高技术产业实际利用外资4亿美元，占实际利用外资的40.4%。全年新设外商投资企业115个。其中，第二产业企业16个，占比13.9%，以生物医药企业居多；第三产业企业99个，占比86.1%，涉及科学研究、技术服务等行业。

【重点签约项目】2021年，钱塘区签约重点项目7个，其中生物医药项目3个，分别是：总投资20亿元的济民可信小分子创新药物研发总部及生产销售基地项目，建设小分子创新药物研发、生产及销售总部，计划落地的研发管线包括10个1类化学药，4个2类化学药等自主研发品种及国外独家引进品种；总投资17亿元的珍宝岛药业项目，从事抗肿瘤ADC药物的研发；总投资15亿元的德琪医药项目，引入在研全球临床项目，一期建设产能22000L的抗体药物生产基地，拟设立全球肿瘤新药中国临床研发基地，以产品引进+后续临床开发的形式，加快产品在中国和亚太地区的落地。集成电路项目2个，分别是：总投资39亿元的士兰微电子12英寸芯片生产线项目，利用8英寸生产线厂房，通过购买工艺设备、增容部分动力设施，建设一条年产36万片的12英寸功率半导体芯片生产线；总投资12亿元的赛德光电项目，拟建设2条可折叠柔性超薄玻璃（UTG）生产线，项目技术来自原韩国三星团队，拥有自主知识产权。新能源汽车项目1个，为总投资40

2021年钱塘区实到外资1000万美元以上项目情况表

表7

序号	公司名称	实到外资（万美元）	占全年到资比重（%）
1	辉瑞生物制药（杭州）有限公司	20600	20.8
2	浙江中通智能制造有限公司	13000	13.1
3	杭州杭东梦乐城房地产开发有限公司	10576	10.7
4	杭州郝姆斯食品有限公司	9999	10.1
5	杭州钱塘新区城发贸易有限公司	9859	10.0
6	维亚聃诚生物科技（杭州）有限公司	5000	5.0
7	中通云冷网络科技（浙江）有限公司	3473	3.5
8	杭州临投贸易有限公司	3170	3.2
9	史陶比尔（杭州）精密机械电子有限公司	2304	2.3
10	宝湾供应链管理（杭州）有限公司	2011	2.0
11	味全食品投资有限公司	1500	1.5
12	杭州裕桥电子科技有限公司	1379	1.4
13	杭州华策策赢企业管理合伙企业	1200	1.2
14	杭州铭铸实业有限公司	1032	1.0
15	杭州传泰物联网技术有限公司	1021	1.0

表 8 2021 年钱塘区总投资 10 亿元及以上签约落户产业项目情况表

单位：亿元

序号	项目名称	总投资	所属产业（行业）
1	英诺湖生物医药项目	45	生物医药
2	零跑科技新能源汽车项目	40	新能源汽车
3	士兰微电子 12 英寸芯片生产线项目	39	集成电路
4	立昂微总部项目	33	集成电路
5	半导体射频及功率器件系统集成封装项目（道铭）	33	集成电路
6	中策 4.0 数字工厂项目	30	高端制造
7	顾家家居新增 100 万套软体家居及配套产业项目	25	智能制造
8	济民可信小分子创新药物研发总部及生产销售基地项目	20	生物医药
9	珍宝岛药业项目	17	生物医药
10	创响生物项目	16	生物医药
11	德琪医药项目	15	生物医药
12	赛德光电项目	12	集成电路
13	百明信康实验室和研发生产基地项目	11.2	生物医药
14	十勇士项目	11	高端服务
15	高跖医药项目	10.6	生物医药
16	昂坤视觉项目	10.3	集成电路
17	恩和项目	10.2	生物医药
18	钛和检测运营总部项目	10	检验检测
19	杭州远大生物医药产业项目	10	生物医药
20	景杰生物蛋白组学和抗体检测试剂研发及产业化项目	10	生物医药
21	方圆检测认证基地项目	10	检验检测
22	之江年产 7.36 万吨高性能密封胶电子封装新材料项目	10	新材料
23	Zetta 高性能激光器项目	10	集成电路
24	龙焱能源碲化镉薄膜光伏组件项目	10	新材料
25	花西子全球创新研发及产业中心项目	10	新经济
26	浙江省智慧零售产业基地项目	10	高端服务
27	美迪凯光电研发及运营总部项目	10	集成电路
28	万事利项目	10	高端制造

亿元的零跑科技新能源汽车项目，计划2023年导入一款车型（C13纯电SUV），2024年再导入三款车型（C02纯电轿车、C02增程轿车、C21增程MPV）。高端制造项目1个，为总投资30亿元的中策4.0数字工厂项目，项目采用先进生产工艺和技术装备，建设自动化、信息化、智能化、绿色化的全球最先进的轮胎智能制造工厂，主要生产全钢子午线轮胎。

【招商推介活动】2021年，钱塘区商务局通过“线上加线下”结合方式，加大招商推介力度，招引大项目好项目。全年对接项目、企业、机构等830批次，参与杭州、北京、深圳等地对接交流活动78场，到北京、上海、深圳等10多个城市开展敲门招商，获取招商信息400多条。6月24日，钱塘区与德国杜塞尔多夫经济促进局合作举办浙企牵手德国杜塞尔多夫交流会，德国杜塞尔多夫经济促进局中国事务中心联合德国海外商会联盟，携手专家及落户杜塞尔多夫的中国企业开展合作实务及经验交流。

（王越豫）

项目开工建设

【5个项目参加全省重大项目集中开工】2021年8月13日，浙江省高质量发展建设共同富裕示范区重大项目集中开工活动启动仪式在杭州举行。钱塘区共5个项目参加，分别为维亚聘诚杭州新药CMO（药品委托生产）/CDMO（定制研发生产）生产基地标准厂房项目、杭州源玺医药科技有限公司新建厂房项目、史陶比尔研发及智能制造基地项目、驭远生物科技项目和前进初级中学项目，总投资40.3亿元。维亚聘诚杭州新药CMO/CDMO生产基地标准厂房项目位于杭州医药港，总投资10亿元，总用地面积2.67万平方米，总建筑面积7.83万平方米，拟建设生物医药中试与生产基地工业化厂房及生产车间。杭州源玺医药科技有限公司新建厂房项目位于杭州医药港，总投资10亿元，总用地面积1万平方米，总建筑面积2.67万平方米，计划建设制剂研发中心、办公中心与制剂生产基地。史陶比尔研发及智能制造基地项目位于大创小镇，总投资约10亿元，总用地面积2.47万平方米，总建筑面积6.52万平方米，拟建设研发及智能制造生产基地，主要用于生产机器人、纺织开口装置等。驭远生物科技项目位于临江高科园，总投资约6.7亿元，总用地5.8万平方米，总建筑面积8.37万平方米，拟制造医药制造业厂房，主要生产化妆品级、食品级透明质酸钠原料。前进初级中学项目位于前进街道江东二路与东三路交会处，总投资3.58亿元，总用地5.2万平方米，总建筑面积约5.57万平方米，拟设置42个班。（陈　伊）

【项目推进机制优化】2021年，钱塘区出台《杭州市钱塘区产业项目推进工作机制》。建立钱塘区产业项目协同指挥平台，健全项目进度报送机制，实现项目及时录入、节点实时报送、进度按月报送。建立项目流程管理智治机制，以项目流程节点图谱为依据，依托协同平台的流程再造，实现项目正常、滞后管理。建立项目全流程推进机制，明确各类情况项目的土地农转用组件、土地挂牌、“核发施工许可证”及竣工验收完成时间。建立项目推进工作周例会、项目问题报送交办及项目问题督办评价机制，协调项目推进问题，提高项目推进质量。建立考核评价激励推进、项目推进责任落实通报机制，发挥考评激励导向，激发项目推进动力。

【项目推进数字化管理平台建立】2021年9月2日，钱塘区项目推进数字化管理平台上线。该平台以项目前期决策、审批服务和现场管理“三线”同步推进为总体思路，依托产业项目全流程链式事项节点图，通过数据赋能、流程再造，实现数据动态“一屏掌控”、项目节点“一链推进”、问题协调“一贯到底”，助推项目“早开工、早达产、早见效”。至年末，全区120个产业项目纳入全流程监管。（陆玲亚）

责任编辑　曹文慧

口岸贸易

海关监管

【概况】2021年，杭州海关隶属钱江海关驻下沙办事处（简称海关驻下沙办事处）共监管进出口货物29.2万吨，货值404.7亿元；受理并审结报关单6.3万份；征收关税和代征增值税36.9亿元；监管集装箱5.3万箱；检验检疫出入境货物1.3万批次；签发各类原产地证书1.2万份，货值5.7亿美元；监管跨境电商进口商品3575.7万票，货值76.9亿元。至年末，辖区实有备案企业数2474个，其中高级认证企业8个。推进海关“加贸作业无纸化”和“企业跑零次”工作，23类业务实现网上办理，通关保税业务无纸化办理实现全覆盖。辖区原产地证书自助打印率90%以上，开展企业AEO（经认证的经营者）认证标准等新政策线上宣讲300多个次。

【海关“一企一策”服务】2021年，海关驻下沙办事处提供“一企一策”精准服务。针对辖区企业星德科包装技术（杭州）有限公司进口用于新冠肺炎疫苗高速液体灌装和装盒生产线制造原材料的需求，实行7×24小时预约加班制度，压缩通关时效，协助企业完善材料申报，实现货物随到随查，合格即放；帮助加工贸易企业完成账册核销，避免停产风险；配合地方做好进口冷链食品集中监管仓业务；协助杭州港务集团及地方有关部门推动下沙港筹备建设；开展RCEP（区域全面经济伙伴关系协定）关税实施政策宣讲；助力福特汽车杭州分公司首次实现“进口船边直提”；指导企业建成杭州长安民生公用型保税仓库；帮扶默沙东制药公司通过AEO高级认证复评审。

【“内销选择性征收关税”政策落实】2021年9月，“内销选择性征收关税”政策在杭州落地。海关驻下沙办事处开展业务调研和政策宣讲，梳理申报流程，编写企业申报教程，指导企业完成申报。通过适用“内销选择性征收关税”政策，企业在综合保税区内生产、加工并内销到国内市场的货物，自主选择按照成品状态或按对应的进口料件缴纳关税。

【增值税一般纳税人资格试点】2021年，海关驻下沙办事处联合有关部门，开展政策宣讲和业务指导，“一对一”帮扶区内企业梳理账册设立、货物通关和成本测算等具体业务，指导企业申请一般纳税人资格，开拓国内国际市场。至年末，杭州综合保税区内有8个企业参与增值税一般纳税人资格试点，试点以来进出区货值15亿元。

【“保税+”模式创新】2021年，海关驻下沙办事处完善区内一般纳税人企业保税货物与非保税货物便利流转监管流程；优化区内生物医药保税研发“实际耗料+自主报核+自动核销”监管模式；支持进口增值产业链发展，在综保区内打造“世界工厂”，完善“保税进区+简单加工+跨电出区”和“保税仓储+一纳加工+非保出区”配套监管流程，探索建立区内食品、化妆品加工的跨部门协同共管机制。打造全球物流分拨中心，构建“一区多功能，一仓多形态”，完成非保税货物与保税货物“同仓存储”“同仓调拨”“同仓交割”“同仓一体”，实现“全球采买，全球开卖”。

【监管模式创新】2021年，海关驻下沙办事处拓展综保区口岸功能，扩大综保区城市货站辐射范围。探索生物医药特殊物品出入境公共服务和集中监管平台建设，创新进境生物材料检疫监管，支持钱塘区生物医药与健康产业集群发展。支持自贸试验区内企业按照综保区维修产品目录开展“两头在外”保税维修业务；发挥自贸试验区辐射作用，协助有条件的综保区外企业争取高技术含量、高附加值、符合环保要求的自产出口产品保税维修试点资质。

【跨境电商业态调研】2021年，海关驻下沙办事处开展跨境电商调研分析，完成研究报告，提出意见建议，助推跨境电商业务健康发展。具体举措包括：支持跨境电商出口规模上量；跨境电商出口eHUB（智能营销系统提供商）建设；做大做强跨境电商B2B出口业务；推广跨境电商直接出口、海外仓和保税出口模式；拓展钱塘制造跨境电商“出海”新通道；探索进口商品“保税展示+”试点，支持在杭州市区范围内试点“保税展示+定点配送+互转调拨”；支持在综保区打造跨境电商进出口商品退换货中心仓；探索跨境电商保税进口商品超期退货返区处置“上链赋码”和跨境电商进口退货溯源系统研发；开展打击跨境电商进口走私“断链刨根”专项整治行动。（吴　丛　李　晗）

对外贸易

【概况】2021年，钱塘区实现外贸进出口额1028.6亿元，比上年增长15.4%，规模列全市第二位，占全市比重15%。其中，出口584.78亿元，增长20.7%，规模列全市第三位；进口443.82亿元，增长9.4%，规模列全市第二位。外资企业经营稳健，实现进出口总额610亿元，增长14.7%，占进出口总额的59.3%。民营企业出口表现突出，实现出口208.73亿元，增长35%。外贸进出口经营主体增加，至年末，全区外贸进出口实绩经营主体1089个，净增加122个，增长12.6%；新增外贸经营者备案登记企业300多个。

【服务贸易出口总额12.4亿美元】2021年，钱塘区服务贸易目标任务为11.7亿美元，其中服务外包目标任务为11.2亿美元。全区实现服务贸易出口总额12.4亿美元，完成目标任务的105.9%，比上年增长7.4%，其中服务外包离岸执行额为11.91亿美元，完成目标任务的106.3%，增长6.3%。全区新增服务贸易出口实绩企业6个，总数49个，增长13.9%。服务贸易出口金额5000万美元以上企业5个，1亿美元以上企业2个，新增服务贸易示范企业6个。

【惠企服务】2021年，钱塘区加强政策惠企，修订商贸政策，协助企业争取上级项目，完成中央进口贴息申报企业10个，涉及设备进口金额8000多万美元；省出口名牌认定7个，市出口名牌认定3个；外综服企业认定5个；服务外包人才培训机构认定2个。优化企业服务，帮助企业应对国外反补贴反倾销案件；与中国出口信用保险公司开展合作，为企业免费提供海外买家资信调查服务，首次搭建小微外贸企业出口信保联保平台，为小微出口企业定制优惠承保方案并对保费给予全额补助。（胡全君）

跨境电子商务

【概况】2021年，杭州综合保税区实现跨境出口交易额63.76亿元，跨境进口交易额115亿元，新招引跨境电商企业84个。加强与阿里巴巴集团公司合作，推出全国首创的“新世界工厂”项目，再造优化进口供应链。实现跨境出口“1210”和“9610”的全部退换货模式，建成全业务模型的跨境电商全球订单履约中心。支持跨境电商企业利用保税仓开展直播业务，开辟跨境直播领域新赛道，挖掘市场和消费新增长点。推进杭州互联网法院跨境贸易法庭的创新治理机制，签署保障杭州跨境贸易高质量发展合作意见。推动中国（杭州）跨境电商学院“政企校研创”为一体的办学模式，完成学院2020届学生毕业和2021级新生录取工作，举办跨境电商未来者大会暨第二届跨境电商人才培养高峰论坛。

【“新世界工厂”模式全球发布】2021年3月25日，阿里巴巴天猫国际全球合作伙伴盛典活动举行，天猫国际“新世界工厂”模式发布。杭州综合保税区的正典燕窝是“新世界工厂”模式在全国落地的第一个项目，实践“保税进口+深度加工”试点，将海外的成品终端加工前置到杭州综合保税区内，对进口原料进行保税加工，面向国内市场定制化销售。该模式解决海外品牌输华供应链成本和效率问题，提升跨境供应链稳定性。

【“新世界工厂”集聚效应初显】2021年，杭州综合保税区与阿里巴巴天猫国际平台共同开启“新世界工厂”模式的全面战略合作。引入“正典燕窝”“隅田川咖啡分装”“日本功能性软糖”“新西兰

2021 年 3 月 25 日，天猫国际新世界工厂正式发布　　（区综保办 提供）

新毛利洗护”4 个项目，品类从单一食品拓展至日化用品和化妆品，形成“新世界工厂”集聚效应。

【跨境贸易法庭成立一周年特别活动】2021 年 7 月 15 日，杭州综合保税区与杭州互联网法院举行跨境贸易法庭成立一周年特别活动，国内各知名跨境电商参加座谈，会上发布《杭州互联网法院跨境贸易法庭服务和保障中国（浙江）自由贸易试验区建设白皮书》。杭州互联网法院跨境贸易法庭是依法集中审理跨境数字贸易纠纷的法庭，主要针对跨境纠纷的特点，立足现有在线诉讼程序规则，发挥在线审理模式、异步审理模式、智能审理模式优势，解决跨境电子商务案件在时间和空间的阻隔，为跨境数字贸易纠纷打造国际接受度高、认可度高，可复制、可推广的诉讼程序体系。

【跨境电商未来者大会】2021 年 12 月 23 日，跨境电商未来者大会暨第二届跨境电商人才培养高峰论坛在钱塘区举行。会议由杭州综合保税区管理办公室和中国（杭州）跨境电商学院共同举办，采取“线上+线下”方式进行，并进行全网直播。大会邀请国内知名高校专家教授，阿里巴巴国际站、杭州巨星科技股份有限公司、连连国际公司等行业专家，探讨跨境电商人才培养的方向、学科体系的构建以及跨境电商企业对人才的期望。

【中国（杭州）跨境电商学院人才培养】2021 年 7 月 4 日，中国（杭州）跨境电商学院 2021 届毕业典礼在钱塘区浙江工商大学国际会议中心举行，有 87 个学生修读完跨境电子商务微专业学分毕业。中国（杭州）跨境电商学院是浙江工商大学与中国（杭州）跨境电子商务综合试验区建设领导小组办公室、钱塘区政府共同创办，突出“国际+、课程+、师资+、实践+、创新+”人才培养路径特色，培养具有跨境电商理论、跨境电商平台运营和大数据分析能力的复合型、应用型、创新型跨境电商人才。

【日化洗护类新世界工厂启用】2021 年 9 月 27 日，杭州综合保税区天猫国际新世界工厂（日化洗护工厂）举行启动仪式。该工厂由新西兰企业新毛利Te Atua集团投资建设，主要为入驻天猫国际的个人护理、家居清洁等日化类海外品牌提供分装加工、中小样灵活生产、新品定制等服务。工厂按照国内和国际双重质量管理体系进行分装加工，成品由品牌方按照全球化标准验货，天猫国际通过第三方专业机构进行质检。

（陈　可）

责任编辑　曹文慧

改革·开放·合作

改　革

【概况】2021年，钱塘区围绕省委、省政府“四大建设”决策部署，发挥杭州经济技术开发区等国家级平台带动作用，推进数字化改革。通过谋划营商环境改革试点、全域土地综合整治试点、健康浙江行动示范试点、数字自由贸易试验区建设，以改革促提升、促发展。统筹成立钱塘区委全面深化改革委员会和数字化改革领导小组，建立一体化平台专班、党政机关整体智治专班、数字经济专班、数字社会专班、数字政府专班、数字法治专班，围绕数字化改革重点领域，聚焦党政机关、数字政府、数字经济、数字社会、数字法治的改革重点，针对群众关注的高频事项，构建需求收集、归并、分析的工作闭环。梳理完成数字化改革场景71个，明确重大应用场景28个。打造数字化改革门户，建设“数智钱塘”总门户及1.0版本子门户5个，并接入各领域场景。推动机关内部“最多跑一次”改革，按照部门间办事标准化、规范化要求，推进非涉密事项100%实现网上办、掌上办。落实国家部委、省、市重点改革（试点）任务，推进营商环境改革试点、全域土地综合整治试点等14项国家、省级重点改革试点，助力钱塘区高质量发展。

【“投资之家”服务模式推出】2021年，钱塘区持续迭代“投资之家”服务模式，取消传统审批窗口模式，打破传统大厅服务模式，取消审批窗口，分别设置宣传展示、咨询洽谈、自助服务、培训互动4个区块，把“窗里窗外排队式审批”模式改造为“一对一商务型洽谈”模式。商事登记服务推出无窗口商务洽谈模式，新增外商投资、股份公司等小众需求业务，实现商事登记改革创新全覆盖。开发“投资服务效能平台”，设置项目总览、示警项目、效能分析、交办事项4个模块，围绕土地开工前期等7个阶段和73个细分审查要点，实现项目分类管理、审批超时预警、效能智慧分析和事项线上交办。推进审批承诺制改革和简易低风险项目审批改革，优化产业项目报批流程，实现24个事项并联审批。集中整合商事、发改、建设等22个条线和27项具体管理职能，将涉企审批、管理、服务事项统一至“投资之家”线上线下平台流转，实现“查、报、审、诉”全链式服务。围绕企业投资全生命周期，线上平台和实体大厅同步提供投资者关心的区域优势、主导产业、项目用地、政策扶持等信息，包括可供投资的区域、地块、厂房等资源信息，以及涉审中介、知识产权、人力资源、金融服务、政务服务等服务信息。该服务场景被省委改革办《竞跑者》刊物刊发。

【农业水价综合改革】2021年，钱塘区以“农业灌溉节水减排、工程管护良性循环”为目标，通过加大农田水利投入、创新工程管护机制、强化农业用水管理，解决农业用水粗放和农田水利设施管理职责不明确、管理水平低、管护资金不稳定等问题，实现集约化、产业化、规模化、机械化种植，扶持粮食作物生产。辖区农田水利工程完好率提升30%，通过提升节水能力新增灌溉面积582万立方米，节约电量11.64万千瓦时，同时减少面源污染排放。该做法入选全省农业水价综合改革“五个一百”优秀典型案例，改革经验在“杭州改革”微信公众号上发布。

【“拿地即开工”改革】2021年，钱塘区做好项目建设服务保障工作，为投资项目开展“春耕”服务。建立项目推进机制，推动项目早开工、早投产、早见效，实现“拿地即开工”。落实项目全链条管控，前期帮助企业梳理审批流程、关键环节、事项材料，提前规划路径；后期定期跟踪指导，对接目标计划进度，全程关注关键工作推进与后续审批落实，做好企业项目申报指导。借助“亲清在线”平台，为企业缩减申报所需材料、表单填写和审批用时，助力企业早开工早落地。杭州世如家居科技有限公司的智能家居项目用1天时间取得建设用地规划许可证、建设工程规划许可证和施工许可证，该项目从签订土地出让合同到取得施工许可证用时9天，实现“拿地即开工”。该改革案例被编入《省工程审改办关于推广部分地区“拿地即开工”改革探索经验做法案例》。

（邵天成）

【钱塘“红盟钉”云平台打造】2021年，钱塘区依托产业党建联盟及行业系统服务红色联盟，打造集信息交流、资源对接、纾难解困和红盟积分等功能于一体的钱塘“红盟钉”云平台，构建全覆盖信息交通站、全共享资源中转站、全领域服务联络站，实现各联盟各领域党组织联系零距离、资源对接无障碍、线上办事一站通，全年累计上线各类资源1500多项，形成“红企好物”“红盟资源荟”等党建活动示范品牌；全区243名企业党建指导员和助企服务员加入“红盟钉”，“吹哨服务”企业2500多个次。平台以党建赋能产业发展的做法被新华社、《时代先锋》等媒体报道。“红盟钉”项目助力“民呼我为”案例获市委领导批示肯定，“红盟钉”系统获“火种计划”2021年数字经济党建创新项目全国十强。

【“人才全息场”数字化改革】2021年，钱塘区以数字化改革为牵引，构建“钱塘人才全息场”应用体系，搭建覆盖党政人才、经营管理人才、专业技术人才、高技能人才、农村实用人才、社会工作人才等各类人才队伍的分析决策平台。上线生物医药产才融合平台，绘制全国生物医药人才地图，构建产业人才需求和靶向招引分析模型，提升人才引育带动强链、延链、补链精准度，产才融合平台被纳入全市人才工作数字化改革试点场景。优化“钱塘人才‘e’点通”系统，新增“我是Bio”“我要创业”等功能板块。开发钱塘“人才云图”数字项目，实现全区人才结构、人才企业分布、政策兑现概览一屏掌握。打造“大学生就业码上办”应用场景，实现大学生实践、实习、就业一站式服务。

【生物医药产业人才分类评价改革】2021年，钱塘区创新生物医药产业人才评价体系，将生物医药人才分为科研技术人才和经营管理人才，前者以个人创新成就为主要评价依据，后者以企业效益成就为主要评价指标，实现人才评价类型化、个性化。打破唯论文、唯职称、唯学历、唯奖项的“四唯”评级，将人才评价由条件目录式改为赋分划线式，从学历学位、从业经历、薪酬待遇、任职岗位、创新成就或企业效益、荣誉、紧缺程度七个方面对人才进行加权赋分评价，建立以创新价值、能力和贡献为导向的人才评价体系，释放人才活力。

（贾瑜璐）

【市场主体全生命周期协同管理应用上线】2021年，区市场监管局围绕市场主体协同管理监管机制，会同区税务局打造市场主体全生命周期协同管理应用平台。平台功能包括“1+2+3+X”〔1个基础场景（市场主体全量数据仓）；2个协同子场景（主体认领、协同管理场景）；3个数据分析场景（通用分析、专项分析、平台统计分析场景）；X个展示子场景（企业外迁预警、“监管一件事”场景等）〕多跨场景，设置“观察期”“警示期”“休眠期”监管制度，通过分级分段式信用监管，实现市场主体全生命周期全链条监管，打造集行政执法部门、行业主管部门、属地政府“三位一体”协同管理、联合共治的智慧化平台。开展“综合查一次”执法检查，通过逐级拆解任务，优化协同关系，打通数据归集，实现104个检查事项“一次查清”。落实网吧、影院等娱乐场所，饭店（餐馆）、酒吧等餐饮场所，游泳场馆等健身场所通知和告知书点对点精准推送，检查后形成的数据提供给属地街道，方便查询分析。年内，拟订和修订《钱塘区市场主体协同监管规则》《关于进一步加强全区市场主体协同监管实施方案》《市场主体全生命周期协同管理（企业数治在线）应用管理规范》，形成数字化改革书面成果。

2021年10月29日，区市场监管局试点药品安全智慧监管“黑匣子”工程建设推广应用。图为工作人员检查药企“黑匣子”驾驶舱数据动态情况

（区市场监管局 提供）

【药品“黑匣子”工程建设】 2021年3月，钱塘区企业杭州澳亚生物技术有限公司被选定为全省首批药品“黑匣子”试点单位。“黑匣子”工程实现药品生产全程数字化管控。公司以产品“质量链”为抓手，从信息化管理系统中，获取生产过程关键参数建立数据仓，以数字化、智能化手段实现设备互联、信息互通，做到数据完整、过程可控、追溯可查，形成“一项技术标准＋两大清单”，助力工程建设。7月，钱塘区企业浙江康莱特药业有限公司、杭州中美华东制药江东有限公司、浙江杭康药业有限公司作为第二批试点单位加入工程，初步实现药品生产过程关键参数集中化管理——“一盒管数据”。9月，区市场监管局牵头启动医疗器械、化妆品生产企业“黑匣子”项目。全年全区4种药品、2种医疗器械、1个化妆品生产企业上传数据12万条。国家药品监管局对“黑匣子”的预警、复盘、震慑作用予以肯定。该项工程被列入国家药品监管局药品智慧监管一体化平台试点和省政府推进数字化改革试点。

（侯晶雅）

【政务服务“一网通办”】 2021年，钱塘区立体化构建政务服务2.0系统“一网通办”体系，梳理接入28个部门、1197个事项，实现2.0系统与全区业务系统全面互联。开通街道2.0平台并下发事项182个，同步开通7个街道、115个村（社区）账号并投入使用，系统接入率100%，实现区、街道、村（社区）三级全域覆盖。将2.0系统接入综合自助机，形成窗口端、PC（个人计算机）端、移动端、自助端等线上线下“多端融合互补”模式。年内，全区接入综合自助机59台，接入率81.9%。提升2.0系统应用率及服务指标，“一网通办”收件率、服务满意度3项核心指标（承诺时限压缩比、即办率、跑动次数）列全市第二名。区行政审批局配合省级部门完成失业一件事、出生一件事、退休一件事等9个高频次“一件事”联办事项的2.0改造。完成浙江政务服务网钱塘区站点建设，1813个事项实现网上办，网办率98.4%。

【智慧化交易打造】 2021年，杭州市公共资源交易中心钱塘分中心实施“投标不出门”“评标不见面”改革，依托电子招投标软件系统，建设“云上开标大厅”，招标人与投标企业从“面对面”转为“屏对屏”，通过招标文件线上导、企业在线一键投、开标数据同步传、评标结果即时出，实现企业投标全流程“零跑腿”。全市率先实现工程建设全程电子化招投标行业全覆盖，施工、监理、勘察项目全流程电子化率100%。平均开标时长缩短至10～15分钟，效率提升3倍以上。全年138个工程项目实现全流程电子标，减少企业标书制作、差旅交通住宿等各项成本近1000万元，减少人员往来2万余人次。依托远程异地多点评标系统，实行“专家随机抽取、远程分散评标、全程见证监督”评标新模式，完成一个主场加一个副场远程异地评标项目20个。探索实行1个主场加多个副场远程异地多点评标，年内完成评标项目8个。配合完成全市首场五地联动多点评标，参与投标企业736个。全面应用小额公共资源交易电子化监管系统，实现小额招投标前期审批、中期交易、后期信用评价及数据统计阶段全覆盖，企业一般在10分钟内完成登录、交易、解密、开标，用时缩减80%。年内，全区公共资源交易中心开标评标1310场次，涉及预算金额155亿元，节约率14%。线上标占总项目数的74%。激活交易市场竞争力，工程建设领域投标企业突破2万，比上年增长25%；外地企业中标率42.9%，增长10.2%。政府采购网上商城商品审核量超过48.8万件，增长3.1倍，中小企业采购率45.3%。

【深化“一件事”改革】2021年，钱塘区通过减环节、减材料、减时间，提升招投标市场主体便利度。重塑流程，精简招投标环节，由14个环节精简为7个；压缩项目核准到开标全流程用时，由38天缩短至26天；依托数据共享精简办事材料，由32件精简为10件。优化升级不动产登记系统，打通税务部门和不动产登记部门数据，实现税费、土地出让金、收益金缴纳一窗一次办成。上线“不动产登记+水、电、燃气、数字电视、宽带网络（新办、过户）”一件事联办服务，将“多件事”融合成“一件事”，利用数据共享成果，提升群众办事便利度。

【“两集中两到位”改革】2021年，钱塘区围绕“办事不出区”目标，深化“两集中两到位”（推进一个行政机关的审批事项向一个处室集中、行政审批处室向行政审批服务中心集中，保障进驻行政审批服务中心的审批事项到位、审批权限到位）改革，按照“应进必进、便民高效”原则，完善行政服务中心“一站式”服务功能，明确“投资项目审批审查内容必须进驻、全流程网办查询服务宣传等事项必须进驻、现有窗口的部门所有政务服务事项必须进驻”3项原则，推动涉及13个部门的155个事项进驻“中心”，涵盖企业年检、教师资格认定、养老机构备案、商品房预售、机关单位社保办理、社工证办理等高频事项。至年末，行政服务中心可办事项1674项，占全区总事项数的90.8%。

【招投标市场主体减负增效】2021年，杭州市公共资源交易中心钱塘分中心推广建设工程电子投标保函应用，鼓励投标企业使用银行保函、保险机构保证保险保单、融资担保公司保函替代投标保证金，有效缓解企业资金压力。全年受理电子投标保函2.04万笔，涉及招标项目186个，企业应用率98%，帮助企业减负61亿元。推广应用“政采贷”融资模式，依托市级统一搭建的信用融资平台，对政府采购诚信考核和信用审查合格的中小企业，凭政府采购合同享受优于一般中小企业的贷款利率，获政府采购信用融资权利，扶持中小企业发展。辖区工商银行、建设银行、农业银行等12个银行提供“政采贷”业务。推行政府采购履约信用差别化管理，对履约验收评价满分的企业免缴履约保证金，全年为政府采购供应商减免履约保证金400万元，惠及企业30多个。

（蒋莹莹）

开　放

【自贸区钱塘区块挂牌】2021年7月6日，中国（浙江）自由贸易试验区杭州片区钱塘区块（简称自贸区钱塘区块）揭牌。自贸区钱塘区块占地面积10.1平方千米，由杭州综合保税区、大创小镇、东部湾总部基地组成，围绕“双一流、双领先”目标任务，以杭州综合保税区“保税+”功能为基础，推进数字贸易高质量发展，建设数字综合保税区，培育数字经济产业集群，打造合作先行示范区，发展数字贸易、跨境电商、生物医药、智能制造、保税经济等产业，构建“自贸试验区+联动创新区+钱塘区”的全域自贸发展新格局。至年末，自贸区钱塘区块新增市场主体1792个，比上年增长62.5%，累计入驻企业5200多个，实现税收36.6亿元，外贸进出口总额402.6亿元，自贸区钱塘区块以占全区1.8%的面积，实现全区15.2%的税收和39.1%的外贸进出口量。

【自贸区钱塘区块政策】2021年，自贸区钱塘区块成立建设领导小组，编制《中国（浙江）自由贸易试验区杭州片区钱塘区块建设方案》和《钱塘区块“十四五”产业规划》，制定《自贸试验区钱塘区块三年行动计划》。设立自由贸易专项工作职能机构，建立工作运行机制，将自贸区工作纳入区政府考核。复制推广全国自贸试验区制度创新经验184条，复制推广率100%；落实《浙江自贸区2021年工作要点》33项，实施完成率100%。

【自贸试验区改革创新推进】2021年，钱塘区推进23项创新工作。其中，“跨境电商零售进口退货中心仓模式”作为2021年国务院第六批改革试点经验，在全国复制推广；14项制度创新案例入选省自贸办评选案例，“全球中心仓”项目和生物医药全产业链服务新模式等入选省制度创新案例；“保税进口+零售加工”新模式、中国科学院医学所签约合成生物学材料学领域2个院士团队等9个项目入选浙江省标志性创新成果；“跨境保税仓直播总部基地”等入选杭州片区制度创新优秀案例。

【营商环境优化】2021年，钱塘区开展商事主体登记确认制改革，建立可在全省范围复制应用的“自主申报+信用承诺”登记体系，形成“统一标准、统一规则、公开公平、预期明确、监管到位”的新模式。钱江海关驻下沙办事处为贯彻落实《中国（浙江）自贸试验区扩区方案》要求，助力中国（浙江）自贸试验区杭州片区钱塘区块建设，结合辖区产业特色及企业需求，出台《钱江海关驻下沙办事处关于支持中国（浙江）自由贸易试验区杭州片区钱塘区块建设的若干举措》。建成投用“对非一站式数字服务平台”——浙非服务中心，推进“丝路电商”合作项目，加速非洲产品“导入”电商平台。发挥数字化手段和人才资源优势，结合浙江资源特色和合作布局，开展对非专项合作。通过开展“双品网购节”等电商活动，助力非洲国家优质特色产品和旅游服务推广。推进“海外人才安居乐业一件事”集成改革，建设“融境”综合服务系统，为海外人才创新创业、工作生活提供服务保障。

【生物医药产业峰会】2021年9月28—30日，钱塘区举办中国（浙江）自由贸易试验区生命健康产业推介会暨第五届国际生物医药（杭州）创新峰会，会议由市政府、中国（浙江）自由贸易试验区工作领导小组办公室主办，国内外医药企业负责人、专家等140多人参加峰会。副市长、区委书记柯吉欣出席并致辞，现场为杭州市侨联创业创新基地、浙江钱塘数字贸易研究院、和达产业研究院揭牌。生物医药领域4个共建项目英诺湖医药项目、创响生物项目、德琪医药大分子项目、君合盟重组人生长激素项目签约落户生物医药“万亩千亿”新产业平台。（郭　帅）

合　作

【“一校一品”特色合作工程】2021年，钱塘区推进“平台共建、产业共兴、人才共育、资源共享、氛围共创”五共计划，培育“一校一品”特色合作工程。全年促成浙江理工大学科技成果转化中心和设计产业创新中心、杭州职业技术学院联想新视界工业互联网研究院等5个平台项目成立，中国计量大学科技园扩园、浙江工业大学校友产业园等16个产业项目落户，中国计量大学新松机器人研究生实践基地、浙江经贸职业技术学院—美迪凯光电“校社政企”四方合作办学等80个人才培养项目设立，浙江传媒学院“浙江大学生电影周”、杭州电子科技大学“国际青年科学家论坛”等30多个品牌宣传项目开展。（李超超）

【“属地+高校”新冠肺炎疫情联防联控】2021年，钱塘区构建“一级指挥、二级联动、三级布防”的“属地+高校”联防联控体系，建立“精密智控+全面排查+隔离管控”工作机制，组建“8个部门+14所高校”的作战指挥部，联动高校、部门和街道，形成90人的工作专班，安排高校志愿者2000多人，做好高校新冠肺炎疫情防控。科学城管理办公室召开“高校疫情防控”专题会议10次，走访高校23次，协调区防控办、区交通局、区卫生健康局解决困难35个，疫情防控系统下发数据核查率100%，涉疫师生管控率100%。（吴明新）

【区县协作】2021年，钱塘区与淳安县开展区县协作和镇街结对，助力淳安特别生态功能区建设。全年到位协作资金4210万元，用于淳安美丽乡村建设和村集体经济发展。捐助教育资金70万元，用于维修淳安临岐中学塑胶操场。区农业农村局协助开展四川省甘孜藏族自治州理塘县对口支援、江山市和杭州市淳安县“山海协作”等工作，落实协作帮扶资金360万元，助力理塘县千户藏寨、江山市枫石村、淳安县上坊村和衍昌村实施“美丽乡村”建设，打造对口地区乡村振兴示范点。

【结对帮扶】2021年，钱塘区牵头“联乡结村”第41帮扶集团与富阳区湖源乡开展结对帮扶，筹集项目资金348万元（其中钱塘区落实帮扶资金70万元），用于湖源乡新二村“元书纸研学基地”项目建设。项目以“环境整治、产业振兴、品牌建设、文化传承”为目标，保护、传承和发展竹纸制作技艺。派驻由区农业农村局主要负责人担任组长、河庄街道人武部负责人为常驻人员的驻江山市李坪村工作组，协助开展工作。落实30万元帮扶资金用于支持李坪村“月牙湖荷花莲藕景观带”项目建设，助力困难低收入农户增收致富。全年帮扶工作组为李坪村落实建设项目7个，项目资金总额1007万元。（陶晓兵）

责任编辑　陈　玲

科学技术

综　述

【科技创新助力区域发展】2021年，钱塘区加大科技创新力度，集聚创新资源要素，优化创新发展环境，助力区域高质量发展。新认定国家高新技术企业205个、省科技型中小企业528个、市“雏鹰计划”企业70个，新认定市级以上研发机构71个，新立项“尖兵”“领雁”科技项目16个；新认定市级以上孵化器、众创空间12个。其中，国家级孵化器1家，国家级众创空间3家。R&D经费支出占生产总值比重4.4%，全市排名第二位，研发投入强度增幅连续2年居全市第一位。钱塘区入选杭州市人工智能创新发展区培育名单，在杭州市2021年度区、县（市）创新发展专项考核中获“优秀”等次。临江高新区综合评价结果排名全省第三位，并获评“2020年度浙江省高新技术产业园区建设突出贡献集体”。　（屠佳阳　王　倩）

中国科学院肿瘤与基础医学研究所（摄于2021年）　（区融媒体中心　提供）

【9个企业获浙江省科学技术奖】2021年，钱塘区9个企业获2020年度浙江省科学技术奖。其中，一等奖2项，二等奖2项，三等奖5项。泰瑞机器股份有限公司研发的“大型复杂光学级零件注塑成型工艺与装备的研发及产业化”、杭州力源发电设备有限公司研发的“大型高效水力发电机组关键技术及工程应用”获一等奖；浙江方圆检测集团股份有限公司研发的“基于金融云平台技术的现金流通全程管控系统关键技术及核心装备”、杭州百富电子技术有限公司和杭州高特电子设备股份有限公司合作研发的“移动智慧传感采集与诊断预警研究”获二等奖；杭州朝阳橡胶有限公司研发的“矿用全钢工程机械子午线轮胎”、杭州益昊农业科技有限公司研发的“农业照明用量子点耦合荧光粉光色调控高品质LED（发光二极管）技术及其产业化”、杭州电力设备制造有限公司研发的“新型开关设备态势感知与智能运维关键技术及产业化”、杭州创新生物检控技术有限公司的“临床重要病原微生物分子流行病

学分析及快速检测方法的建立”、浙江传化功能新材料有限公司研发的“共聚改性亲水型醋丙乳液整理剂关键技术研发及产业化”获三等奖。（冯 炜）

【中欧产业创新中心项目签约】2021年7月15日，钱塘区与米兰华夏集团公司通过视频连线的形式举行中欧产业创新中心项目签约仪式。项目涉及航空航天基础研究、高端设计等领域，通过引进意大利“蜂巢The HIVE”孵化加速器中国总部、AEROSPACE Lab-航天实验室、意大利罗马万神殿设计与科技学院等，加速国外优质创新资源落户钱塘区。（陈依丹）

【钱塘区入选人工智能创新发展区】2021年，钱塘区入选杭州市人工智能创新发展区培育名单。钱塘区发挥先进制造、集成电路等产业优势，深化人工智能技术在智能制造、城市管理、智能高校、智慧医疗等领域的融合应用，探索具有钱塘特色的人工智能发展模式和路径，招引落地史陶比尔（杭州）精密机械电子有限公司、杭州卓健信息科技股份有限公司、浙江大学智能创新药物研究院、搜狗（杭州）智能科技有限公司等企业和研发机构，形成以人工智能创新融合应用为引领的新一代信息技术特色产业群。至年末，全区119个企业被纳入杭州市人工智能企业备案库。（王 倩）

【科技成果转化】2021年，钱塘区举办科技成果竞拍活动2场，47个科技成果总成交额3307万元。区政府会同杭州联合银行推出“高校科技成果转化专项贷”，为拍得科技成果的企业预授信1400万元。推荐11个企业申报杭州市科技成果转化项目入库项目。其中，杭州百富电子技术有限公司，浙江浪潮精密机械有限公司，杭州山博自动化设备有限公司3个企业入库项目通过验收。（赵 利）

科技体制机制

【概况】2021年，区经信科技局围绕实施创新驱动发展战略，加快形成有利于创新发展的体制架构和政策体系，制订区科技创新委员会成员单位工作职责，明确科技创新工作会议决策制度、专家咨询制度、监督检查制度、文件签发制度和联络沟通制度。融合科技创新发展考核内容和高新区综合评价指标体系，形成钱塘科技创新专项考核细则，按照创新发展指标无量纲化和评价指标结果排名考核方法，将各指标考核结果与各成员单位年度绩效相结合。

【国家高新区建设】2021年，钱塘区坚持创新驱动，强化国家自主创新示范区核心区创新引领作用，围绕高新区评价指标体系和评价方法，制定《高新区战略提升行动计划》。开展国家高新区绿色发展专项行动，根据科技部火炬中心《国家高新区绿色发展专项行动实施方案》要求，完成高新区绿色发展五年行动计划。在全国高新区中综合排名创历史新高，较上年提高15个位次，是全省国家级高新区进位次数最多的高新区。（王 倩）

创新主体培育

【概况】2021年，钱塘区实施新一轮科技企业“双倍增”计划，新增国家高新技术企业205个、国家科技型中小企业141个、省科技型中小企业528个；新认定杭州市“雏鹰计划”企业70个、区“雏鹰计划”企业47个。探索“企业出题、政府立题、协同解题”产学研合作之路，围绕产业链布局创新链。全区14个重大科技项目入选省科技厅“尖兵”“领雁”计划，立项数居全市第二位。攻克生物医药、电子信息、智能制造等主导特色产业领域“卡脖子”技术。落实企业研发后补助资金，对递交研发投入资助申请资料的478个企业，通过初审、

2021年7月9日，浙江科技成果竞价（拍卖）会钱塘区专场暨揭榜挂帅签约仪式举行（区融媒体中心 提供）

复审、联审等程序，兑现研发投入补助资金9000多万元，惠及企业307个。完成拨付2021年度市“雏鹰计划”企业市级认定奖励700万元，惠及企业70个。辖区新增市级以上企业研发机构71个。其中，市级企业研发中心40个，省级企业研发中心23个，省级企业研究院8个。至年末，全区有市级以上企业研发机构522个。其中，省级重点企业研究院10个，省级企业研究院74个，省级企业研发中心161个。新增中国药科大学（杭州）创新药物研究院和杭州三花研究院有限公司省级新型研发机构2个。

（屠佳阳　冯　炜）

【中科院医学所院士团队入驻钱塘区】2021年5月8日，中国科学院基础医学与肿瘤研究所（简称中科院医学所）举行重大项目人才签约暨打造生命健康科创高地学术研讨会。中科院医学所新引进合成生物学杨焕明院士团队、材料学领域俞书宏院士团队与青年人才代表签约，并为落户在钱塘区的“中科院医学所—澳门大学联合癌症实验室”、杭州重离子研发中心揭牌。“中科院医学所—澳门大学联合癌症实验室”主要从事肿瘤防治、诊疗和抗癌药物研发关键科学技术问题的创新型基础开发和临床研究。杭州重离子研发中心占地面积1.67公顷，建有重离子加速器全国控制中心、网络总部和大数据中心，入驻专业研发团队技术人员20多人。

（冯　炜）

【70个企业入选杭州市“雏鹰计划”企业】2021年9月10日，杭州市“雏鹰计划”企业（具有一定创新能力，拥有自主知识产权和较高发展潜力的初创型企业）名单公布，钱塘区企业杭州欧光芯科技有限公司、杭州曼孚科技有限公司等涵盖生命健康、电子信息、航空航天等主导产业的70个企业入选。钱塘区聚焦构建“515”产业体系，推出“苗圃+孵化器+加速器+创业社区”全链条创新载体，结合“1+4+X”政策体系，助力企业全生命周期成长。至年末，钱塘区有杭州市“雏鹰计划”企业415个。

▶▶资料：“515”产业体系和“1+4+X”政策体系

“515”产业体系：“5”指半导体、生命健康、智能汽车及智能装备、航空航天、新材料5个先进制造业，“1”指未来产业，“5”指研发检测、电子商务、科技金融、软件信息、文化旅游5个现代服务业。

“1+4+X”政策体系：“1”指一纲领性文件，“4”指“钱塘头雁计划”“钱塘雨燕计划”“钱塘雏鹰计划”“钱塘凤凰计划”4个“领飞计划”，“X”指从各条线细化政策。

（屠佳阳）

创新生态打造

【概况】2021年，钱塘区按照“一核两翼多点”布局，打造以“十中心十平台”为先导的“创新核”，形成科技创造、科技运用、科技服务“三个高地”，促进创新生态打造。开拓全域覆盖的众创空间—孵化器—加速器—创新产业园区等助力科创企业快速成长的创新空间，鼓励企业创建市级以上孵化器和众创空间，激活产业发展新动力。至年末，全区有市级以上孵化器28个、市级以上众创空间19个。认定孵化器面积54.85万平方米，2021年度新增“在孵企业”（进驻到科技孵化器内经营并接受该孵化器所提供的孵化服务，但还处于企业初级阶段形式的公司）359个；认定众创空间面积2.99万平方米，进驻企业500多个。

▶▶资料：“十中心十平台”

“十中心”：国际产业合作创新中心、国家电器安全质量检测中心、国家电子商务消费品质量检测中心、国家物联网智能安防及交通产品质量检测中心、知识产权公共服务中心、科创企业上市加速中心、知识产权投融资中心、知识产权交易中心、知识产权保护中心、国家特种材料检验中心。“十平台”：生物医药知识产权交易平台、高端装备制造知识产权交易平台、制造能力订单交易平台、药品上市许可持有人技术交易平台、高价值专利培育平台、特种材料检验公共服务平台、全球科技精准合作平台、浙江制造国际认证联盟、国家电梯产业技术创新战略联盟、特种设备与能源环保计量行业技术创新服务平台。

（王　倩）

【科技创新发展】2021年，钱塘区推进全域科技创新发展，助力科技创新产业稳步增长，对接工业互联网、生物医药、新能源、智能智造等领域的上市企业、跨国公司、国家高新技术企业等29个项目方，签约落地科技项目4个。根据项目需求，与辖区高校、小微园区、企业进行对接，推动优质项目落户钱塘区。　（陈依丹）

知识产权保护

【概况】2021年，杭州市钱塘区

钱塘区大创小镇核心区域的海聚中心（摄于2021年）

（区经信科技局 提供）

市场监督管理局（简称区市场监管局）完善知识产权公共服务中心、知识产权交易中心、科创企业知识产权加速器中心建设，推进生物医药产业国家知识产权运营中心谋划。全年新增专利授权量1.26万件，比上年增长34.1%。其中，发明专利授权量2839件，增长20.8%；企业发明专利授权量896件，增长28.2%。国际专利申请189件，增长15.2%。有有效发明专利1.18万件，总数居全市第三位，万人发明专利拥有量153.75件。专利、商标质押额13.41亿元，增长1倍。新增市级专利试点示范企业45个，总数居全市第三位。全区有品牌指导站5个、知识产权维权援助工作站1个。

【全省首个“生物医药产业知识产权联盟”成立】2021年4月，全省首个“生命健康制造业集群知识产权联盟”——“钱塘区生物医药产业知识产权联盟”经省市场监管局授牌成立。联盟建立首个专利池，有团体标准制订资质，加强知识产权各环节协同优化整合，全面服务生命健康产业知识产权需求。联盟开展社会团体注册，推进实体化运作，并由专家、律师开展专题讲座培训，为联盟企业专利创造、维权提供专业化指导。做好专利运营、金融服务、标准服务、人才培养等方面工作，服务联盟成员，助推钱塘区生物医药产业创新。至年末，联盟成员申报省级企业运营类专利导航项目1个，发展会员单位49个，组织参与“知识产权产教融合高端人才公益培训”等5个项目，全年参与活动900多人次。

【5个企业入选省创造力“百强企业”】2021年4月，浙江省市场监管局发布浙江省创造力“百强企业”榜单，钱塘区杭州三花研究院有限公司、浙江三花汽车零部件有限公司、杭州三花微通道换热器有限公司、杭州士兰集成电路有限公司和艾博生物医药（杭州）有限公司5个企业入选，上榜企业数列全市第三位。浙江省创造力百强企业主要涉及企业有效发明专利存量、高价值发明专利量和近三年发明专利授权量三项指标，并以此构建企业创造力综合指数模型。钱塘区企业创造力得分270.2分。其中，有效发明专利存量621件，高价值发明专利242件。

【知识产权服务提档升级】2021年4月23日，钱塘区知识产权宣传周活动在大创小镇国际创博中心启动。钱塘区与浙江省知识产权交易中心、浙江省知识产权保护中心、杭州市知识产权公共服务运营平台3个知识产权运营机构举行共建合作仪式，3个省、市级知识产权保护机构全流程、全覆盖服务下沉钱塘区，为辖区企业知识产权保护工作提供直接服务。完善知识产权政策扶持体系，落实《关于进一步推进科技创新创业的若干政策》《关于进一步加快现代服务业发展的若干政策》等文件，兑现知识产权区级扶持资金1700多万元，惠及中小企业200多个。

【知识产权人才培育活动】2021年，区市场监管局加强社会机构对企业的精准服务，通过搭建知识产权、会计、金融、法律等专业机构与企业的合作平台，实现互帮互赢。联合浙江省知识产权研究与服务中心、中国计量大学知识产权学院、国家知识产权（浙江）培训基地等高校、机构，建立常态化培训合作机制，通过开展“知识产权与高质量发展”培训暨产教融合知识产权高端人才公益培育项目、“生物医药领域知识产权专题讲座”等培训，提升企业知识产权管理能力。

（侯晶雅）

责任编辑　陈　玲

城市建设与管理

综　述

【城市快速路建设】2021年，钱塘区钱塘快速路涉及的下沙路与12号路项目，下沙路明挖隧道完成总工程量的93.8%，12号路明挖隧道完成总工程量的87.3%；综合管廊完成总工程量的67%；艮山东路过江隧道完成总工程量的70%；艮山东延项目完成总工程量的56.6%，年度投资9.5亿元。江东大道提升改造一期（河庄大道—青六路）土建结构完成总工程量的97.8%，二期完成总工程量的45%，三期完成总工程量的6.5%。

【城市主干道建设】2021年，钱塘区开工主干道项目3个，总长3.2千米；完工主干道项目3个，4.52千米。年内，纳入民生实事项目的3个打通断头路项目及“管委会西侧道路”项目、杭州医药港小镇规划道路（围垦街—元北路）项目全部完工，新四路项目冯娄横路—蓝商路段完成河道围堰和桥梁桩基的70%，并启动管道施工。

【艮山东路过江隧道双线贯通】2021年12月26日，钱塘快速路钱塘段的重要组成部分艮山东路过江隧道实现双线贯通，迎亚运快速路建设取得阶段性成果。艮山东路过江隧道项目全长4616米。其中，越江盾构段3210米，隧道为双向6车道，设计速度80千米/小时。

【城市管理维护】2021年，杭州市钱塘区综合行政执法局（简称区综合行政执法局）清运辖区内4个集中隔离点医疗危废，累计清运危废垃圾120多吨，实现100%无害化处置。成立区环境消杀工作组，进行公共场所消杀6150次、公共设施消杀3904个、隔离点消杀23个。完成830多千米雨水管道、510千米污水管网清淤疏浚，集中整治易积水点28处。完善防汛预案，完成第6号台风“烟花”、第14号台风“灿都”、“8·11”暴雨抗台防汛工作。开展城市道路体检，检测道路487千米，结构性检测下沙片区73座桥梁。发现道路破裂、坑洞隐患300多处，修补下沙南路、2号大街等21处空洞及脱空隐患，全年修复路面21.5万平方米，完成应急抢修工程53个。消除下沙片区道路隐患1056处；更换大江东片区故障塑钢护栏1.26万米，安装减速带696米。强化河道监管，整改河道污染源153个，实施聚首河、新华河、临江护塘河、2号渠、上沙渠、银沙渠清淤工程，年度清淤量5万立方米。打捞清除河道漂浮物、水草、垃圾等976吨，修剪、清理水生植物1.06万平方米，维修曝气机48处，清理鱼笼94处。发现、整改驳坎破损30处、节制闸问题4处，替换和补充河道安全警示牌160块、救生圈10个。办好民生实事，新建临时停车场5个，新增停车位600个。提升改造城市公厕和农村公厕各5座。完成高层小区二次供水改造10个。完成无障碍问题清单3946个、城市公厕无障碍设施提升改造46座、无障碍示范场所创建10处。海达南路（德胜路—金沙大道）获评2021年度浙江省街容示范街。高教东渠、高教西渠、文泽渠创建为2021年度杭州市“美丽河湖”。“东沙湖公园一期”获评“2021年度浙江省优质综合公园”。开展执法检查，全年查处违法案件4.7万件，罚款1091.58万元，案件查处无行政复议诉讼败诉，无行政赔偿。受理群众信访投诉11070件，承办的人大代表建议件8件、政协委员提案件3件，回复意见均为满意。年内，钱塘新区获评杭州市“整洁示范区”，区综合行政执法局获评“杭州市执法质量优秀单位”。杭州大江东城市设施管养有限公司环卫部保洁组长倪文华获评“杭州市新时代巾帼先锋”。

【城市环境提升】2021年，区综合行政执法局以“核心街区先靓起来，逐渐向周边辐射”为目标，推进“149”工程（编制1套总体规划、开展4个整治行动、实施9项亮点工程），投资金额5.22亿元。全年施工项目3个（区口广场、23号大街和25号大街、文津路综合整治工程）、开展前期工作项目4个（大创小镇周边、下沙东互通、文渊路、围垦街综合整治工程），建设完工德胜快速路北侧、区口广场（1号大街与6号大街交叉口，是钱塘区下沙区块主入口）等项目7个。德胜路北侧景观工程利用“区内土方市场调剂规则”，节省资金1354万元。推进金沙湖核心区域特色街区景观提升工程，在下沙文化中心广场设置100平方米LED触摸式倒计时屏幕及沉浸式亚运观赛空间。实施2项景观小品工程献礼中国共产党成立100周年。试点金沙大道、海达南路创建“席地而坐”洁美区域；建成“口袋公园”30个，道路增亮5条。启动“十纵十横”道路提升等项目，推动核心区、重点区域环境提升。全年完成污水管网建设6.9千米，完成率133.4%；完成雨水管网建设6.1千米，完成率101.7%。

【渣土管理】2021年，区综合行政执法局制定《钱塘工程区渣土管理办法》《渣土消纳场地标准化管理细则》等文件。开展“清尘行动”，立案查处943起，处罚金额547.39多万元，检查消纳场地（提供废弃建筑垃圾的场地）756个，发放问题抄告单53份。对全区23个出土工地及4处中转场地渣土跨省市外运情况进行调查摸底，确保外运工作规范有序。统筹调度400多万立方米土方（工程开挖出来的土），定期开展区内消纳场地全覆盖检查，对消纳场地裸土未覆盖问题进行治理。

（柯　荣）

钱塘直河（摄于2021年）　　（区综合行政执法局 提供）

【电力设施建设】2021年，杭州市钱塘区住房和城乡建设局（简称区住建局）完成灯塔110千伏输变电工程、闸北110千伏输变电工程投产项目2个。推进续建项目2个。其中，沙南220千伏变电站110千伏送出工程（线路土建）完成总工程量的70%，春澜110千伏输变电工程（线路土建）完成工程总量的90%；新开工宏波110千伏输变电工程。其余项目处于项目前期进程。

【停车泊位建设】2021年，区住建局经过系统分析与规划，对辖区内可用地停车场点进行改（扩）建。“河庄新农村、临江二期、前进二期”3个安置房项目配建停车泊位1.05万个；金沙湖地下停车场、杭州市钱塘区景苑中学地下停车场新增公共停车泊位1704个。

【2个项目入选杭州市海绵城市建设优秀项目】2021年，钱塘区完成38.8平方千米区域化海绵城市建设要求，获中央补助资金2550万元，重点打造大学城北板块具有较高显示度的系统化建设区域，创建大学城北体育健身中心，大学城北幼儿园二等示范项目10个。其中，大学城北体育健身中心，金沙湖公园项目（四期）景观工程入选2021年度杭州市海绵城市建设优秀项目；大学城北体育健身中心项目入选浙江省典型案例。大学城北体育健身中心项目通过雨水径流组织，采用下凹式绿地、雨水花园、绿色屋顶、透

水铺装、屋面雨水断接、雨水收集池与回用设备等“渗、滞、蓄、净、用、排”措施，削减初期雨水径流污染，实现良性水文循环。该项目所在的大学城北单元是海绵城市重点建设区域之一，建成大学城北体育健身中心及水云街北侧公共绿地、秀水街北侧公共绿地等多个海绵城市项目。金沙湖公园项目（四期）景观工程采用旱溪、植草沟、透水铺装等低影响开发措施将金沙湖湖体作为天然雨水调节、储存池，通过自动喷灌系统，利用湖水浇灌公园绿地，实现雨水资源化利用。

▶▶资料：海绵城市

水资源管理策略和方法。新一代城市雨洪管理概念，城市能够像海绵一样，在适应环境变化和应对雨水带来的自然灾害等方面具有良好的弹性。

（罗依莲）

城市规划管理

【概况】2021年，杭州市规划和自然资源局钱塘分局（简称市规划资源局钱塘分局）完成63个项目的“多规合一”审查工作；核发选址及用地预审文件106件、建设项目用地规划许可证72件、建设项目工程规划许可证145件、用地规划意见93件、审查建设项目设计方案76件；实施“阳光规划”，完成125个项目的公示工作；开展规划验收，办理规划灰线验收74件，规划核实确认78件；完成权籍调查255件；用地复核验收50宗。

【国土空间规划编制】2021年，市规划资源局钱塘分局按照国土空间规划体系总体部署和综合安排，推进国土空间规划编制。3月，完成生态保护红线划定上报并同步开展勘界定标工作。6月，过渡期城镇开发边界获批，作为项目报批上位依据。8月，按照自然资源部、省自然资源厅要求，完成“三区三线”（“三区”指农业空间、生态空间、城镇空间三种类型的国土空间，“三线”指永久基本农田保护线、生态保护红线、城镇开发边界三条控制线）第一轮试划工作。10月，完成第二轮试划工作，并于10月20日上报市规划资源局，完成“一张图”系统录入。

2021年4月16日，钱塘区220千伏沙南输变电工程（土建部分）项目开工典礼举行
（区建投集团 提供）

【重点片区控规编制】2021年，市规划资源局钱塘分局启动开发区单元等单元控规修编工作，对金沙湖商务区、有机更新区块、军地置换区块等重点区域进行研究。其中开发区单元和开发区西单元完成阶段性成果，并按照程序开展公示。湿地单元开展规划调整研究，围绕东部湾区块功能定位，调整优化功能布局，增设产业总部用地，完善居住生活配套，并于4月形成初步方案，7月召开部门方案讨论会，后续与东部湾城市设计同步推进。

【重点片区城市设计】2021年，市规划资源局钱塘分局推进重点片区城市设计。开展江海之城城市设计国际方案征集工作，明确出资主体，落实编制经费，开展技术服务团队招标，发布征集公告。方案建议规划研究范围36.93平方千米，城市设计范围11.46平方千米，其中1.38平方千米由市规划资源局组织开展青西三路站TOD（从公共交通为导向的发展模式）城市设计方案竞赛。明确深圳市蕾奥规划设计咨询股份有限公司、株式会社日本设计、浙江绿城建筑设计有限公司联合体3个单位为优胜方案设计机构。推进地铁TOD规划设计，开展地铁7号线、8号线TOD城市设计，统筹谋划一体化空间形态打造、地下空间互联互通、交通组织、公共空间环境，完成方案部门意见征求工作。推进钱塘高铁站及周边地块概念规划设计，联合杭州市交通投资集团有限公司开展高铁新城概念规划编制，规划设计以钱塘枢纽为核心片区；对接扩大规划研究范围事宜，明确概念规划面积为16.3平方千米，首期开发做地面积为6平方千米；明确站城综合体用地面积36公顷，由站房综合楼及站场综合体组成，地上建筑面积总量控制在100万平方米左右。

【专项规划编制】2021年，市规划资源局钱塘分局深化落实国土空间规划要求，根据上报至省自然资源厅的国土空间规划过渡期城镇开发边界方案，推进商业服务业、公共服务设施、教育设施等专项规划编制，提升功能配套，助力产城人创融合发展。专项规划于3月启动编制，9月形成阶段性成果，按照国土空间规划过渡期“三区三线”划分情况落实空间布局方案，明确分级体系、空间布局、配置标准等。专项规划后续工作结合国土空间规划和单元控规修编同步优化完善。

【乡村规划编制】2021年，市规划资源局钱塘分局在国土空间规划基础上，开展乡村管控专项规划编制，科学划定乡村单元，探索乡村地区单元管理模式。年内，启动三联乡村单元和沿江围垦乡村单元试点规划编制，探索全区乡村单元规划建设途径，引导乡村“三生”（生产、生活、生态）空间和社会形态高质量发展。对接全域综合整治，明确区级战略对2个单元的规划要求。根据三联单元毗邻桥头堡地铁站“左手田园、右手城市”的独特区位，规划打造都市休闲田园。沿江围垦单元为农田集中地区，规划重点做好生态修复和农田整治提升工作。（苗　婧）

土地利用管理

【概况】2021年，市规划资源局钱塘分局推进用地报批工作，提速报而未批项目审批进度，上年度上报的95个项目全部完成审批，所有农用地转用方案批次项目总面积346.54公顷。围绕年度全区建设计划，组织各用地单位开展建设项目用地需求梳理，明确区内急需用地项目67个，涉及新增建设用地244.47公顷。推进土地整治工作，完成下沙街道“万亩方”永久基本农田集中连片整治项目立项工作，项目总面积739.69公顷。2个耕地质量等级提升、1个垦造水田项目通过省自然资源厅验收备案；3个建设用地复垦项目工程竣工并完成水稻田灌水工作。

【征地签约及不动产登记】2021年，钱塘区完成杭绍甬高速公路等66个建设项目征地工作，签订征地补偿安置协议99份，涉及征地面积252.73公顷（其中萧山“飞地”项目37.6公顷）。启动编制钱塘区首个土地征收成片开发方案并获批，划定开发片区25个，土地总面积697.84公顷。全年窗口受理不动产登记业务1.91万件；发放不动产权证书1.03万本、不动产登记证明8238份；完成权籍调查255件；用地复核验收50宗，出让土地首次转让审查7宗。

【土地出让与盘活利用】2021年，钱塘区出让工业用地38宗，总用地面积176.8公顷，出让宗数和出让面积分别比上年增长31%和28%，工业用地出让量居全市第一位，保障“史陶比尔、松下”等重大产业项目落地。推广“云签约”方式，推动重点招商引资项目早开工、早投产、早见效，全年完成工业用地出让合同线上签约7宗。加速推进“降存控新”工作，全年完成批而未供消化利用土地302.67公顷，消化供而未用土地263.27公顷，完成低效用地再开发225.67公顷。出让人才专项租赁住房用地1宗，面积1.67公顷，建成后可供600多套人才专项租赁用房。

【土地执法监察】2021年，市规划资源局钱塘分局围绕“大综合一体化”行政执法体系改革，成立自然资源行政执法队，配备执法车辆、执法记录仪等设备，落实耕地保护执法工作。执行卫片执法（利用卫星遥感监测等技术手段，对一个行政区域的自然资源的开发利情况开展执法检查），按照“月清+季度+年度”评估要求，开展部级卫片遥感执法检查12次、市级遥感检查5次，对1307个图斑开展外业调查和内业研判。开展土地督察专项整治和农村乱占耕地建房摸排、“大棚房”问题专项清理整治行动“回头看”工作，加强耕地保护，制止耕地“非农化”。开展土地执法常态化巡查，把行政边界、“飞地”等区块作为重点监管区域，加大巡查力度。（苗　婧）

市政基础设施

【概况】2021年，钱塘新区建设投资集团有限公司（简称区建投集团）围绕“落实主体责任”“强化过程监督”“健全评价体系”3个重点，推进匠心“质”造行动，打造匠“心”工程；制定与工程相关的招标文件示范文本，优化招标文件内容及合同条款，提高招标文件示范文本使用率，提升招标质量；强化工程建设“5+X”内控管理体系建设，出台工程建设、管理、考核制度36项。全年承接市政基础设施建设任务93个，涉及投资金额216.5亿元；开工市政基础设施项目44个，竣工43个，完成投资34.1亿元。其中，海达南路和德胜东路周边环境提升工程施工图设计及施工EPC总承包项目获2020年度杭州市优秀园林绿化工程（道路类）金奖，萧围北线标准塘工程获2019—2020年度中国水利工程优质（大禹）奖。

【43个市政基础设施项目竣工】 2021年，区建投集团负责建设的43个市政基础设施项目全部竣工。项目分别为求智路（北一路—江东大道）项目、华威西侧规划支路、经二路（纬七路—河景路）工程、国环三路延伸段（北二路—左十四线）、国横四路（宝龙地块—青东一路）、临鸿南路、河庄新农村安置小区配套道路、杭州大江东产业集聚区江东大桥至钱江通道接线工程（江东一路）2标、江东一路市政配套工程、北二路（临鸿南路—现状河道）工程、新东泵站、围中泵站、河庄路（北二路—杭高大江东分校桥）一期、江东片区江东七路向西延伸（青西三路—青西四路）、国横二路（规划道路—青西二路）、北一路（青西四路—金星全民直河）、国横一路（前民直河—青西二路）、青东一路（江东大道—北二路）、国横三路（国纵二路—青六路）、国环一路（规划道路—北二路）、北一路拓宽工程（青西四路—金星全民直河）、青西二路（南沙大堤—江东大道）、地铁站周边道路景观恢复工程、青春河（义蓬路北伸—小泗埠直河）、河庄安置房代征河道整治（闸北七字河）、义蓬街道城乡一体化安置小区（棚户区三期）河道改道与整治工程、灯塔电力管沟、河景路（头蓬快速路—义蓬东二路）段灯塔变110千伏进线电力管沟工程、江东三路（青六路—青东二路）新扩建电力管沟工程、江东三路（长五线至青六路）新扩建电力管沟工程、银沙路（华景街南侧）S41地块规划支路东延伸段工程、管委会西侧道路（金沙大道—学林街）道路及两侧绿化带工程、沿江居住区提升整治——27号路（学正街—10号路）综合整治工程、绕城南出入口景观提升工程、文泽路（2号大街—德胜东路）整治工程、金沙湖公园下沉式广场提升改造工程、二号坝路（银海街—新建河边）道路两侧绿化工程、文津北路（德胜东路—围垦街）道路两侧景观提升工程、支路及零星打包——杭州钱塘新区浮力森林项目道口工程—跨纬三渠桥梁、金沙湖地下停车场及综合配套项目、2021年治堵任务、11号渠水生态景观提升工程C区块。

【江东大道提升改造工程开工建设】 2021年7月，江东大道提升改造工程（二、三期）开工建设。江东大道提升改造工程（二期）西起滨江二路西段，东至河庄大道，全长2.4千米，道路设计等级为城市快速路，项目主线采用“高架快速路+地面快速路”的建设形式，高架快速路段红线宽53米，地面快速路段红线宽72米，综合管廊长2.05千米，总投资13.86亿元。江东大道提升改造工程（三期）西起青六路东，东至苏绍高速，全长5.62千米，道路设计等级为城市快速路，项目主线采用“地下快速路+地面道路”的建设形式，综合管廊长4.27千米，主线和辅道均采用双向六车道，总投资41.8亿元。

【农垦路及周边绿化工程开工】 2021年5月，区建投集团负责建设的农垦路（文海北路—文津北路）道路及周边绿化工程开工建设，完成市政桥梁工程，交通（公路）工程、排水工程、道路工程分别完成工程量的70%、50%和30%。该项目位于下沙东北部，为东西向城市主干道，设计时速50千米/时，项目东至文海北路，全长805米，宽度41～45米，下穿通道连接农垦路两头断头路，贯通东西向交通。（李婷娜）

城市绿化

【概况】 2021年，钱塘区综合行政执法局（简称区综合行政执法局）以建设“美丽钱塘”为工作重点，保障公园（景区）、道路、滨水绿地、高架绿化完好率不低于98%，东沙湖公园一期、金沙大道和江东锦苑分别参加省级优质综合公园、绿化美化示范路和园林式居住区（单位）评比。打造的花境小品“花漫钱塘”在庆祝中国共产党成立100周年杭州市园林艺术精品展中获特等奖，春节、“五一”国际劳动节期间打造的环境小品获杭州市城区环境小品三等奖。开展“‘植’入春色、‘树’立希望”义务植树活动，累计植树3万余株。开展“书香换花香”绿化宣传活动并附赠小型绿植盆栽1000多盆。发动社会各界参与绿植认建认养，组织花展等主题活动，传递爱绿、植绿和护绿的理念。

【“美丽杭州”创建工作推进】 2021年，区综合行政执法局践行中共中央总书记习近平绿水青山就是金山银山理念，落实新区“美丽杭州”创建暨“城市环境大整治、城市面貌大提升”集中攻坚行动各项工作。3月，以环境整治长效管理检查为契机，联合街道、园林绿化养护单位开展钱塘新区园林绿化养护环境整治集中统一专项行动，开展全覆盖、多维度整治，促进各责任主体落实长效管理。分阶段开展4个专项行动，处置公共管养绿化带枯枝、裸土等问题，清理垃圾270吨、枯枝2600株，修剪行道树800多株，整治公共安全交通隐患点位270多处。加强检查督办，根据环境整治行动方案和目标，对重点区域公共绿地、产权绿地、在建工地绿化等区块进行绿化问题检查抄告，并落实回头看。全年常态化开展督办绿化问题，完成市区两级环境整治抄告，解决问题3500多个。（柯　荣）

城市有机更新

【概况】2021年，杭州钱塘新区城市有机更新指挥部办公室（简称区有机更新办）以“破解存量难题”为导向，针对辖区内存量产业用地存在的空闲用地、低效用地和闲置厂房，以传统制造业有机更新为工作重点，开展低效整治、资源盘活和产业转型，在“老空间”实现“新发展”。全年完成收储签约企业16个，收储土地面积101公顷；经营性用地出让5宗，出让宗地面积20.33公顷，总出让额124.2亿元；产业用地出让3宗，出让宗地面积22公顷。开展规划设计研究，重点开展“下沙片区城市更新思路研究”，解决下沙片区“产业创新能力亟待提升”“功能板块拼贴尚未形成发展合力”“城市配套品质度与产城发展融合度尚需提高”“土地资源亟待通过有机更新释放”4个核心问题，拟订谋板块提升、促板块融合、定更新引擎的更新思路。

【企业签约收储】2021年，区有机更新办完成16个企业用地收储签约，收储土地总面积101公顷；开展10个企业转迁，启动10个企业提升改造，完成39个企业丈量评估并进入实质性谈判阶段，丈量评估土地总面积129.67公顷；启动10个企业土地丈量评估，土地总面积42.53公顷。

【城市发展空间利用】2021年，区有机更新办完成15个收储企业房屋拆除和场地平整工作，土地总面积88.47公顷，建筑面积43.56万平方米。启动浙江省电力设备总厂有限公司等9个企业的房屋拆除工作，土地总面积32.89公顷，建筑面积15.50万平方米。完成腾地任务96.13公顷，储备经营性用地37.33公顷。完成经营性用地出让5宗，出让宗地面积20.33公顷，收取出让金124.2亿元，5宗用地分别引进融创房地产集团有限公司、绿城房地产集团有限公司、万科房地产集团有限公司等房地产开发企业。完成产业用地出让3宗，出让宗地面积22公顷，分别引进产业发展集团有限公司、方圆检测集团检验检测认证基地和杭州联德精密机械股份有限公司等优质企业。（李　波）

美丽城镇建设

【概况】2021年，钱塘区河庄、义蓬、新湾、临江4个街道纳入年度“美丽城镇”样板创建。其中，河庄、义蓬、新湾3个街道创建都市节点型省级样板，临江街道创建工业特色型省级样板。全年投入资金71.4亿元，实施“美丽城镇”建设项目76个。出台“一镇一策”，制定专项资金补助办法；发挥“三师融合”制度优势，利用区级首席设计师、驻镇规划师、发展师，为高质量规划、高水准建设“美丽城镇”提供技术支撑。年内义蓬街道、前进街道被纳入全市第一批乡村小脑（生态管家）建设试点，河庄街道被纳入第二批试点，前进街道“乡村小脑”建设模式获市建设局美丽城镇办肯定并在全市推广。承办全市一季度“美丽城镇”现场

2021年，钱塘区河庄街道琅琴湾小区创建成为“美好家园”示范小区

（区住建局 提供）

会，提升美镇建设在全区范围内的知名度。启动第一部区级“美丽城镇”宣传片拍摄，为塑造钱塘美丽品牌奠定基础。钱塘区“美丽城镇”创建覆盖江东片区5个街道，至年末，前进街道、义蓬街道成功创建成为省、市级样板，河庄街道、新湾街道创建成为市级样板，市级样板覆盖率80%。

【拆违控违】2021年，区住建局围绕“基本无违建区”创建要求，巩固“基本无违建区”成果，全年拆除违法建筑33.2万平方米。指导新湾街道创建“无违建街道”，河庄街道创建“基本无违建街道”。全年通过督促相关职能部门开展日常巡查，做好拆违控违工作，各街道及综合行政执法局组织开展现场巡查330多人次。

【农村生活污水治理】2021年，区住建局围绕“雨污水全分流、污水全收集、污水处理全达标、水资源全利用、监管全智慧”“五全”要求，提升全区农村生活污水治理能力及运维管理水平，织密城乡污水管网，打造宜居城乡环境。全年完成20立方米以上污水处理终端标准化运维任务190个，推进农村生活污水终端提标改造及污水“零直排村”建设。

（罗依莲）

城管综合执法

【概况】2021年，区综合行政执法局开展“三车”（违停车辆、共享单车、“僵尸车”）整治，提升全区市容面貌。采取堵疏结合方式整治违停车辆，加大人行道、绿地机动车违停管理力度，实施执法贴单4.02万辆。盘活停车场库，保障场库周边机动车辆停车需求，减少违停现象。开展共享单车“清废行动”，实现共享单车控量1.5万辆，清运超量单车5.97万辆，投放共享电单车2000辆。开展“僵尸车”查处工作，拖移处置“僵尸车”192辆。制定《钱塘区“迎亚运”市容市貌整治工作实施方案》，整治行动梳理各类问题655处，上报市市容市貌专班。拟订《杭州市钱塘区城市国际化标识系统提升工作实施方案》，更换标识牌252块，增设各类标识牌警示牌383块；更换、增设公厕标识标牌、夜间指示牌、公厕距离指向牌、公厕内标识标牌等571块；更换、增设公共停车场（库）、路面收费泊位告示牌75块。

2021年2月，区综合行政执法局开展节前街面秩序专项整治。图为工作人员拆除辖区内存在安全隐患的户外广告牌（区融媒体中心 提供）

【市容综合整治】2021年，区综合行政执法局整治地铁站周边、主要商业区等区域的流动摊点、占道修车洗车、笃牌灯箱、店外摆卖物品等占道经营和乱摆厨余垃圾、晾晒生活日用品等影响市容市貌的行为，排查发现问题8010个，并完成整改。开展车容车貌联合执法整治，整治车辆8413辆。开展户外广告整治，整改户外门店招牌1593处、电子走字屏1939处，拆除道闸广告、玻璃贴画等宣传品5531处，完成亭棚整改32个。开展餐饮污染物治理，对检查不合格的170个餐饮店加装后厨在线监控系统。开展街面序化督查检查93次，检查道路397条次，整改率100%。

【区综合行政执法局揭牌成立】2021年7月28日，钱塘区综合行政执法局（城市管理局、综合行政执法队、综合行政执法指导办公室）揭牌成立，综合行政执法局主要负责城市管理和综合行政执法工作，承担园林绿化、市容环卫、道路桥梁、燃气管理等城市管理工作，履行民防、生态环境、水利、气象等21个条线，1000多项行政处罚权。（柯　荣）

环境卫生管理

【概况】2021年，区综合行政执

法局“以控量减量”为核心，推进体制机制建设，丰富环境治理“杭州模式”。提升生活垃圾末端处置能力，年内启用临江焚烧厂和城东减量综合体。全年日均垃圾产生量995.99吨，比上年增长5.9%。推进建筑垃圾管理，完成新一轮建筑装修垃圾名录库建设，引入正规建筑垃圾处置企业4个，日处置建筑垃圾增至1200吨，满足日常处置需求。配合新冠肺炎疫情防控工作，出动危废专用运输车，清运4个集中隔离点医疗危废，日均处置量1.44吨，累计清运危废垃圾119.39吨，实现100%无害化处置。完善垃圾分类投放定时定点模式，街道设置垃圾分类专班，村（社区）设置垃圾分类管理人员，辖区有小区和村垃圾分类专管员437人、定时定点投放点138个、误时投放点102个、再生资源收集点196个、垃圾收集集置点429个、垃圾分类宣传教育基地17个。深化示范村社创建工作，至年末，全区建成省级高标准分类示范小区20个、示范村3个，建成省级分类示范预备小区110个、示范村28个，推行农村智慧化行政村44个。

【垃圾末端处置项目投用】2021年，钱塘区启用临江循环产业园、城东问题综合体项目，为实现原生垃圾“零填埋”提供支撑。5月30日，城东减量综合体项目启动调试运营，日均转运量达1600吨。通过中端转运满足杭州市城东区域前端清洁直运垃圾接纳及末端临江能源项目垃圾焚烧需求。至年末，城东分类减量综合体项目接收钱塘区、拱墅区等6个区及天子岭、萧山2个综合体生活垃圾，日均进场垃圾5000吨以上。

【建筑装修垃圾处置企业名录库建设】2021年，钱塘区制定建筑装修垃圾处置企业名录库建设标准，引导企业根据入库要求评估成本、合理投资、妥善运营，吸引社会资本入库，通过市场机制调节作用淘汰“低小散”企业。运用“一月一查，三月一比”定期考核模式，倒逼入“库”企业规范经营。全年全区装修垃圾平均处置费用由年初的110元/立方米下降至100元/立方米，降幅10%。正规装修垃圾处置企业增长1倍，垃圾处置能力由2020年的800吨提升至1300吨，提升率62.5%。

【农村垃圾分类“3+X”模式推出】2021年，区综合行政执法局结合区内建制村垃圾分类现状，推行“3+X”（“3”即保洁员、村民组长和村委三方力量，每日早中晚由村民组长对村民垃圾桶进行检查，村委进行定期检查，保洁员在打扫处理垃圾时对垃圾分类进行进一步检查；“X”指村里的房东，房东监督租户做好垃圾分类，在入住前与租户签订垃圾分类处理协议，对出现违反协议的租户，房东有权退租）模式，通过推行“3+X”模式，垃圾分类正确率提升至90%以上。全区16个村被评为省级分类示范预备村，2个村被评为省级高标准分类示范村。

【试点垃圾分类“一六六”工作模式建立】2021年，钱塘区河庄街道知行社区探索试点垃圾分类“一六六”工作模式，以一张党建网格为引领，凝聚社区党支部、社区居委会、小区功能性党支部、物业、业委会、公益组织六方面力量，通过六步法找准小区垃圾分类定位。通过开会、问卷调查等形式收集居民意见和诉求，汇总成垃圾分类议题；召集六方协商议事会，提出解决小区定投点选址等问题的初步建议；由协商议事委员会根据会议初步建议，拟订解决问题草案；将草案张榜公示，征求居民对小区垃圾房落地选址等方案的意见；垃圾分类第三方专业人士对草案审查监督；将公约或方案提交居民代表会议，在2/3以上人数通过后落实实施。“一六六”工作模式共同解决垃圾分类定投点、再生资源回收站选址、垃圾房落地、垃圾分类质量提升办法、督导员培训内容等议题，被评为杭州市垃圾分类优秀案例。

【钱塘区获评全省农村生活垃圾分类处理工作优胜区】2021年，钱塘区获评全省农村生活垃圾分类处理工作优胜县（市、区），临江街道萧东村获评省级高标准农村生活垃圾分类示范村。钱塘区以“做好家门口的小事”为宗旨，创新垃圾分类工作模式，引入第三方测评系统，完善垃圾清运工作考核制度，巡查人员采用手持平板电脑对清运作业情况进行测评打分，拍照取证，即时上传、线上交办；垃圾清运企业通过整改、线上反馈，实现对清运情况和清运质量的全方位、全过程监管。创建特色装修垃圾处置“名录库”制度，从开放式市场环境、严格准入条件、精准考核体系、数字监管和退出机制5个方面，总结闭环式科学管理办法，形成以“政府引导、市场参与”为特色的“名录库”管理制度，实现全区装修垃圾资源化利用率80%以上，偷倒案件发生率下降33%，非正规堆放点实现清零。正规装修垃圾处置企业增加至4个，处置能力从日均800吨提升至1300吨，处置效率提升60%。萧东村将“比学赶超”思路落实到农户垃圾分类工作中，设立垃圾分类“红

黑榜”和积分兑换礼品制度，激发村民参与积极性。至年末，全区创建省级示范预备村13个、省级示范预备小区14个。（柯 荣）

“五大市场”管理

【概况】2021年，钱塘区恒大（包括浙宝城）、金茂、瑞纺、银沙、东皇“五大市场”位于德胜东路两侧，东至中心路、西至月雅河、南至金沙大道，北至临平区接壤，占地面积68.21公顷，总建筑面积150.27万平方米。钱塘区成立“五大市场”管理办公室（简称区“五大市场”办），主要负责“五大市场”区域综合管理工作，实施安全监管、经营规范、城市管理、社会事务、信访等综合管理工作。

【安全管理】2021年，区“五大市场”办多措并举整治市场历史遗留安全隐患，实现全年“零事故”。开展常态化检查200多次，发放整改单165份，完成问题整改415项；联合有关部门开展消防、交通、特种设备、危化品等领域专项执法检查31次，发出整改通知书126份，完成问题整改322项；针对市级消防隐患挂牌督办历史问题，拆除市场违法搭建商铺68间，总面积1156平方米；组织消防技能比武季度赛，提升市场主办方和经营户消防安全意识，增强应急处置能力。

【城市管理】2021年，区“五大市场”办以“美丽杭州”创建、“迎亚运”环境大整治为载体，开展市场环境整治工作。加强垃圾分类管理，督促各市场落实专员，完善硬件设施配备，建立长效管理制度；会同上城区、临平区开展三区交界处黑臭河整治，落实市场出资根治“三不管”（指河道位于钱塘区、上城区、临平区交界处，因三区对河道管理责权不明确，日常疏于管理）地带环境治理问题；开展无证照电动车、“牛皮癣”广告、“僵尸车”、流动摊贩等专项整治，处置车辆300多辆、消除“牛皮癣”广告3000多处，清理“僵尸车”21辆，整治物流点56处，取缔临时摊贩130多处；开展市场外立面广告乱象专项整治，清理各类违法广告297处。

【信访工作】2021年，区“五大市场”办明确市场主体责任，做好市场信访工作，全年接待到访群众526人次，协调化解矛盾纠纷24次。做好沟通引导工作，助推有序返款。约谈市场负责人62次，针对市场存在的不稳定因素，督促落实各项举措。

【市场转型提升】2021年，区“五大市场”办统一部署，通过转型促进市场提升发展，解决历史遗留问题。按照全区发展趋势和产业规划要求，经过区政府第六次常务会议研究，决定利用原有建筑，按照市场化原则，将东皇市场转型提升为“中高端三位一体一站式汽车城生活综合体”，年内东皇市场开展转型升级各项工作。

【民生实事项目推进】2021年，区“五大市场”办推进民生实事项目落实工作，组织市场开展建筑安全评估，督促隐患问题整改，协调职能部门及时为经营户审批发放证照。实施自来水管网改造，为市场节约水费60多万元。拆除运河二通道项目红线内市场商铺23间，总建筑面积1万余平方米。通过协调，完成市场内国家电网电线“上改下”工程。（虞晓峰）

责任编辑 陈 玲

交　通

综　述

【综合交通建设】2021年，杭州市钱塘区交通运输局（简称区交通运输局）落实综合交通投资，对外基本形成沪昆绕城高速公路、绕城高速公路、钱江通道（杭州第二绕城高速公路）“两绕一连”主骨架，实现与上海、宁波、绍兴等方向的高等级公路联系；下沙路网基本建成。做好项目前期谋划，主动与萧山区、临平区、海宁市、绍兴市等区市对接。杭州中环河庄至萧山衙前段工程、江东三路过江通道完成工程可行性编制和桥梁涉江水文研究。6月7日，市域（郊）铁路下沙至嘉兴市海宁市长安镇城际铁路方案获国家发展和改革委员会批复；头蓬快速路完成工程可行性编制；文津路过江通道、河景路过江通道及下沙南互通改建、下沙枢纽增加西北象限功能等项目完成前期方案研究。5月13日，铁路杭州萧山机场站枢纽及接线工程可行性报告获浙江省发展和改革委员会立项批复，站城一体化开发定位研究方案基本完成。推动重点项目建设，完成杭绍甬高速公路钱塘新区段工程拆迁和土地征收等前期工作，管线迁改有序实施。完成江东大桥钢桥面专项维修工程，协调推进江东大桥过江慢行系统建设。6月末，会同区住建局、区重大交通项目建设办公室等部门，保障地铁8号线一期建成通车。推进京杭运河二通道、下沙作业区、江东大道提升改造工程、钱塘快速路等项目建设。

2021年1月6日，下沙路隧道工程首台盾构机“钱塘奋进1号”始发，工程进入盾构掘进施工阶段　　（赵　琳　提供）

【交通服务能力提升】2021年，区交通运输局开展综合施策交通治堵工作，强化规划方案研究，完成《钱塘区治理城市交通拥堵“十四五”规划》初稿，牵头研究并出台缓解下沙区域停车难有关实施意见。在道路提升改造窗口期，完成6号大街25号大街东口等13个路口堵点治理；优化改建下沙收费站收费车道，打通江涛路断头工程，提升路口通行效率。配套地铁7号线、8号线一期站点，建设8处800个非机动车停车位，完成市、区民生实事任务。新建专用临时上下客区域3处6个，改善龙湖杭州金沙天街、浙江大学医学院附属邵逸夫医院下沙院区等人流聚集地拥堵状况。进行“轨道、公交、慢行”三网融合示范站点—地铁下沙江滨站治理。提供公交优先服务，优化平台公交线网方案。其中，前进平台“3+2”（新辟公交线路3条，优化2条）和临江平台“3+1”（新辟公交线路3条，优化1条）公交优化方案实施。新辟地铁线路5条，优化完善地铁线路1条，新开通定制公交线路11条，缓解平台、学校早晚高峰通勤需求。至年末，开通定制公交线路61条，其中学校专线22条、企业通勤线39条。加快车检“一件事”改革，督促辖区3个检测机构落实相关改革措施，推动服务项目、内容和价格公示进度，提升服务水平。

【运输服务保障】2021年，区交通运输局优化行政审批工作，审批事项下放，实现交通运输170多个审批事项全覆盖；推广“网上办”“就近办”“掌上办”等便民措施，提升网办率；开展窗口服务培训，提升工作人员业务能力。至年末，办件1.3万件，网办率96.2%。保障公交服务，完成公交一体化改革（下沙和江东两区块合并后，通过推进公交一体化改革，将原有的多头经营模式整合优化为一体化运营），挂牌成立杭州市钱塘公共交通有限公司。完成春运公交服务，提供158万余人次、178.57万千米运力服务。协助高校做好秋季开学交通服务，临时增加地铁接驳公交专线，提

2021年12月26日，杭州艮山东路过江隧道工程实现贯通　（赵　琳　提供）

升地铁站到杭州师范大学等高校的接驳能力。完善货运管理体系，构建货运行业社会化管理体系。定期组织召开行业会议，举办教育培训、行业自律检查、事故分析、管理台账评比等活动，至年末，累计培训企业800多个次，从业人员2000多人次。持续规范运输服务业，至年末，对辖区驾培机构开展全面检查80次，督促整改问题18个。举办“浙里学车”App进传媒活动，开展软件应用推广，规范学驾费用第三方监管。组织选拔驾驶优秀教练员，参加杭州市教练员技能竞赛，获评团体二等奖。推动维修企业尾气治理“M”站建设，通过审核企业9个，完成市交通运输局考核任务。完成维修行业中央环保督察和挥发性有机物整治工作。

【清廉交通构建】2021年，区交通运输局开展党史学习教育，组织学习《习近平新时代中国特色社会主义思想》等4本书，集中收听收看习近平总书记在庆祝中国共产党成立100周年大会的重要讲话。召开党史学习教育专题组织生活会，规范并推进机构组织建设，完成“三定”方案编制；成立局党总支部，下设2个党支部，发挥基层党组织作用，开展结对帮扶、社区服务活动。成立交通运输行业党委，建立行业党建联盟，实施“关心关爱司机小哥”等举措，推进行业党建工作。加强廉政教育，制定清廉交通实施意见和专项整治方案，建立清廉交通工作机制，开展岗位廉政风险排查，深入项目、行业推进专项整治工作。落实省委巡视整改要求，开展“八个一”作风整顿教育活动，以案促廉。开展酒驾案件廉政教育，组织全体工作人员到乔司监狱廉政教育基地学习，建立廉政微广播每周学习机制，出台22项管理制度，形成常态化教育。（白安娜）

▶▶资料：八个一

“八个一”作风整顿教育活动包括：召开一场警示教育大会、组织一次法院庭审旁听、观看一部警示教育片合集、编发一本《忏悔与反思》、开展一次家庭助廉教育活动、举行一次线上廉政知识测试、阅读一本清廉书籍、参观一次警示教育馆

杭州艮山东路东延伸段TB-8工程透视图（平行匝道）　　（赵　琳　提供）

交通规划

【公共交通专项规划】2021年，区交通运输局根据“十四五”发展规划，结合钱塘区公共交通发展实际，以及杭州市公交专项规划、钱塘区国土空间规划和控制性详规等，梳理并明确钱塘区公共交通发展理念、体系及思路，根据新区公共交通整体发展现状，分析梳理通和达、线和面、内和外、快和慢、建和治的关系，结合钱塘区人口分布、城市建设发展进度，细化和完善《杭州钱塘新区公交发展专项规划》，为公共交通良性发展创造条件。

【杭州港钱塘港区下沙综合作业区进入规划建设阶段】2021年，杭州港钱塘港区下沙综合作业区项目进入规划建设阶段。项目位于京杭运河二通道东岸，金乔街与绕城高速之间，港区占地面积0.25平方千米，码头岸线长773.6米，是以集装箱为主、件杂货为辅的多用途码头，设计等级为1000吨级，建设规模为6个作业泊位和3个待泊泊位，以及集装箱堆场、仓库、海关查验区等配套设施，设计年吞吐量300万吨（其中集装箱为24万TEU，TEU为国际标准箱单位）。项目总投资12.12亿元，建设总工期两年，采用一次设计、分期实施，一期工程与运河二通道项目计划在2022年杭州亚运会前同步建成投入使用。（白安娜）

【快速路网规划建设】2021年，钱塘区重大交通项目建设办公室（简称区重大交通项目办）推进5条快速路（8个项目）规划建设，分别为钱塘快速路新区段（下沙路与12号路提升改造、艮山东路过江隧道、艮山东路东延）、江东大道提升改造（一期、二期、三期）、头蓬快速路、104国道钱塘段、江东三路过江通道，总长46.5千米；前期项目3个，分别为头蓬快速路、104国道钱塘段、江东三路过江通道，构建钱塘区与杭州主城区及周边区域的快速通道。钱塘段西起下沙宝华路西侧，东至头蓬快速路，全长20.7千米，贯穿钱塘区东西两端，分为下沙路与12号大街段、过江隧道段、艮山东延段3个单独立项项目，总投资135.6亿元。江东大道提升改造项目西起滨江二路，东至苏绍高速，全长12.6千米，总投资95.61亿元，分3期实施。头蓬快速路北起江东大道，南至红十五线，道路全长6.5千米，总投资52.14亿元；头蓬快速路完成立项批复，开展工程可行性研究阶段各项工作，计划2022年12月局部开工，杭州亚运会后全面开工，工期2年零6个月。104国道钱塘段北起江东三路，南至艮山东路，全长4.7千米，项目总投资46.72亿元，104国道钱塘段完成立项批复，开展用地预审报批及初步设计，预计2022年12月局部开工，杭州亚运会后全面开工，工期2年零6个月。江东三路过江通道东起钱塘区现状江东三路，与104国道新建互通连接后，以双层桥梁形式跨越钱塘江，沿海宁二号直河向西布设高架及地面道路，终点与沪昆高速新建互通连接，全长7.3千米，总投资74亿元。钱塘段长2.6千米，投资28亿元。江东三路过江通道开展工程可行性深化及涉江专题研究，计划2022年启动项目报批，2023年6月开工建设，工期2年零6个月。（朱英梅　赵　琳）

交通建设

【重大交通项目统筹推进】2021年，钱塘区交通工程建设项目按计划实施。至年末，艮山东路东延（过江隧道—头蓬路）工程主线高架桩基完成、墩柱完成，完成总工程量的62%，全年总投资9.9亿元，累计投资22亿元；江东大道提升改造一期（河庄大道西—青六路东）工程，隧道主体及桥涵工程完工，导改（对交通路线，走向、标志、状况进行改造）完成，北半幅道路通车，道路工程完成30%，绿化及多杆合一等附属设施项目进场施工，完成总工程量的80%，全年投资6.2

亿元，累计投资27.23亿元。杭州市大江东产业集聚区临江至九工段接线工程主线（江东一路—江东三路段）通车，主线（江东三路—江东五路段）及江东五路支线段路基工程完成，路面与桥梁工程基本完成，完成总工程量的51%，全年投资0.65亿元，累计投资1.23亿元。杭州市大江东产业集聚区江东大桥至钱江通道接线工程主线（青东二路至钱江通道地面道路段）及支线（江东一路至江东三路段）开通，主线（滨江二路至河庄大道段）主车道、慢车道中面层沥青铺设完工，人行道道板铺设完成70%，完成总工程量的92%，全年投资1亿元，累计投资14.4亿元。“围垦飞地”区域道路桥梁维修项目总投资8000万元，维修改建围垦飞地23条道路计38.3千米及3座桥梁。9月，施工单位进场施工，至年末，完成义蓬片直路K14+200、楼塔垦种南横路、楼塔垦种北横路、宏图管桩西侧道路、九工段直路、34号路横路、十二埭横河北路、焚烧厂西侧横路、十三工段横路、十三工段横河北道路、十三工段横路、十三工段横河北道路、十四工段横河南直路13条道路施工。

【道路修缮和整治提升】2021年，区交通运输局开展公路“大中修”项目，左十四线、塘新线、观十五线等5条道路13千米完成“大中修”。启动“围垦飞地”23条道路3座桥梁维修改建项目，协调处置飞地道路修缮与耕地恢复调优（调整优化）矛盾，完成17条道路维修及3座桥梁前期管线交底。谋划“美丽公路”整治提升项目，将头十一线、观十五线、永新线整治提升工程，列入一期建设计划，开展前期可行性研究。启动党农线提升改造工程，对6.05千米党农线进行路面提升改造、绿化提升、安全设施完善等施工，计划投资1.3亿元，至年末，完成初步设计评审。强化公路日常养护力度，推行现场工作法，高标准开展公路保洁工作。落实公路巡查管理，维护交通安全设施、路产路权，确保道路交通设施完好。完善长效管理机制，提升公路路域环境。全年公路巡查1816工，清扫路面路肩31万千米，修补坑洞2.8万平方米，处理路产（公路管理部门依法管理使用的所有有形和无形的公路路产，包括公路、公路用地、公路附属设施）损坏事故34起，收取责任方（肇事方）赔补偿款20多万元，拆除非公路标牌18处，保障群众出行安全。

【重大交通工程项目建设】2021年，区重大交通项目办根据省、市、区有关规划要求，结合“五比五强”大赛马工作（比工程质量强管理、比工程进度强推进、比安全生产强责任、比环境整治强形象、比党建亮点强队伍），首创十大管控和“2+X”质量管控体系（“2”是指首件验收、溯源管理，“X”是指全员全过程精细化管控）。通过首件验收、溯源管理，全员全过程精细化管控，建树品质工程，加强PPP项目管理，以“2+X”质量管控为关键，做好重大项目统筹、协调和推进工作，涉及项目15个（子项目19个），重大项目总里程107.27公里。其中：省重点项目4个、市重点项目3个；完工项目3个（子项目3个）、在建项目9个（子项目12个）、前期研究和报批项目3个（子项目4个）、累计完成固定投资56.5亿元。围绕关键时间节点，抓好质量、安全、进度，统筹推进快速路、管廊、电力设施上改下、地铁建设。

▸▸资料：PPP项目

PPP又称PPP模式，即政府和社会资本合作，是公共基础设施中的一种项目运作模式。在该模式下，鼓励私营企业、民营资本与政府进行合作，参与公共基础设施的建设。

【下沙路隧道双线洞通】2021年，区重大交通项目办推进下沙路与12号路提升改造及附属配套工程建设。1月6日，首台盾构机“钱塘奋进1号”始发，下沙路隧道进入盾构掘进施工阶段。12月，下沙路隧道双线洞通。下沙路与12号路提升改造及附属配套工程西起钱塘区下沙宝华路西侧，与艮山东路高架九堡段衔接，东至下沙23号路东侧，与艮山东路过江隧道相连，全长7.47千米。全线交通采用“主线隧道+地面道路”建设形式，主线隧道2座（包括盾构隧道1.6千米），并同步建设城市综合管廊。项目概算总投资64.5亿元，其中建安（建筑安装工程投资）投资55.4亿元，采用PPP模式建设，建设工期3年。

【艮山东路过江隧道双线贯通】2021年12月26日，艮山东路过江隧道实现“先锋号”“吉祥号”双线贯通，该路段是钱塘快速路钱塘段重要组成部分。隧道建成后，将缓解江东大桥交通压力，为杭州亚运会提供道路支持，也是杭州拥江发展、跨江融合代表性项目。工程主要包括隧道、综合管廊和地面道路等。工程总投资36.45亿元，采取政府和社会资本合作（PPP）模式建设，工期38个月。艮山东路过江隧道是钱塘江底最大直径市政工程盾构隧道，全长4616米，其中盾构段3210米，最大埋深水下45米，隧道为双洞双向六车道，设计时速80千米/时。隧道分上、中、下三部分：上部为排烟道；中间为行车道层，双向六车道，设计速度80千米/时；下部为服务层，左侧疏散滑道或楼梯，中间疏散通道和电缆通道，右侧综合仓。按设计时速计算，往返只需4分钟。

【艮山东路东延工程开工】2021年，镇海至萧山公路萧山南阳至钱塘新区义蓬段一期工程（艮山东路东延）按计划实施，工程为省重点交通项目，是钱塘快速路钱塘段重要组成部分，西起钱塘区艮山东路过江隧道工程（在建）东侧出口，东至头蓬路（规划）交叉口。项目采用"上层高架桥+下层地面道路"形式，全长8.64千米，其中高架桥梁2.81千米。概算总投资33.36亿元，计划2022年5月末完成高架快速路工程，并通车。

【杭州地铁8号线开通】2021年6月28日，杭州地铁8号线一期工程开通，开通典礼在钱塘区举行。地铁8号线一期工程在钱塘区范围内线路长17.2千米，设文海南路站（1号线运营站点）、文桥区间风井（工商大学云滨站）、桥头堡站、河庄站、河景路站（青西三路站）、青六中路站、青蓬路站（仓北村站）、义蓬东二路站（冯娄村站）、新湾路站（新湾站）9座车站和新湾车辆基地1座，其中青六中路站与地铁7号线换乘，同日，杭海城际铁路，杭绍城际铁路（绍兴市轨道交通1号线柯桥段）同步通车。

【开发区电力隧道工程实施】2021年2月26日，钱塘区开发区电力隧道工程（一期二标）进入开工实施阶段。钱塘区开发区电力隧道工程（一期二标）段位于下沙区域，沿德胜东路、海达北路、新建河和文渊北路合围成"口"字形路线，包括顶管工作井基坑14座、3.18千米直径4米钢筋混凝土顶管段和明挖隧道3段。

【地下综合管廊建成】2021年，江东大道（一期）、河景路和青西三路3条地下综合管廊工程机电安装工作完成竣工验收。地铁专线电缆入廊试投运，江东大道DN1200给水主管入廊工程按计划施工，预计2022年一季度建成投用。（朱英梅 赵 琳）

【区域公交发展】2021年，钱塘公交公司拥有城市公共交通营运车600辆，其中公交车337辆、出租车263辆。公交营业线路45条，线路总长542.15千米，线网辐射钱塘区69条主次干道，全年提供出行服务2195.54万人次，实现票款收入3752.11万元。钱塘公交公司被评为省级"春运先进单位"、区级"文明示范单位"、区级"平安示范单位"。（徐 方）

【平台公交线网优化】2021年，区交通运输局按照"试点先行、逐步推广"工作思路，以平台为单位设计优化区域公交线路整体优化方案。通过对区位特点、路网结构、人员分布、出行需求等各方面因素进行综合分析研究，结合现有公交线网结构，对前进智造园、临江高科园平台分别制定实施"3+2"（新辟3条、优化2条公交线路）、"3+1"（新辟3条、优化1条公交线路）公交网络优化方案，解决平台与地铁站、购物中心、行政中心及周边集镇互联互通问题。（白安娜）

【地铁公交线网构建】2021年，区交通运输局基于"地铁到站，公交到家"的公交发展新定位，结合轨道交通建设时序，构建轨道交通与公交一体化服务网络体系。围绕"网络接驳化、线路短型化、车辆小型化、运营准点化"发展策略，优化公共交通系统可靠性、可达性、便捷性和舒适性。钱塘公交公司以乘客需求为导向，推进线网优化工程。全年新辟地铁接驳线6条、新辟常规线2条，填补前进街道萧东村等地公交空白，解决大学城北及江东区块等公交出行难题，提升公交线网覆盖率和通达率，缓解公共交通出行压力，初步构建地铁公交接驳体系。

【公交服务定制】2021年，区交通运输局通过调研分析，结合区域道路情况，依据民生意向，探索建立精细化、差异化、多层次公交服务体系。个性化规划特色专线公交，完善定制公交路线图。至年末，新开通定制公交线路23条，其中学校求知专线10条，通勤专线13条。累计开通定制公交线路61条。其中，为16所初高中学校定制求知线22条，通勤专线39条。在求知专线设置上，覆盖学生上下学时间段，匹配放学托管，采用"点接线送""点接点送"等模式，做优公交出行新业态。钱塘公交公司在春节、清明节期间开通高校至地铁接驳线2条，发放班次256个，运送学生5050人次。完成公务员考试等客运保障任务，加密考场周边线路班次间隔，推出3条地铁接驳专线，投放班次188个，运送5850人。

【公交一体化改革】2021年，区交通运输局为解决钱塘区"一个城市两家公交公司运营"问题，制定公交一体化实施方案，按照

“依法推进、理顺体制，政府主导、企业运作”改革思路，整合资源，兼顾各方合法利益，完成1个钱塘公共交通有限公司、2个出租车企业的组建，推出公交民营资本退出补偿政策，平稳推进国有化改造。10月18日，杭州市钱塘公共交通有限公司挂牌。

（白安娜　徐　方）

交通管理

【道路交通综合治理】2021年，杭州市钱塘区公安分局交警大队（简称公安分局交警大队）聚焦“事故下降、畅通提升”目标，采取源头防控、路面管控、抓基层打基础、科技便民等举措，全区道路交通安全、有序、顺畅。全区发生交通死亡事故比上年下降10.3%；交通事故警情4.28万起，下降6%。开展“迎亚运、保畅通”交通拥堵综合治理行动，高峰延误指数、平峰拥堵时长均下降5%。区公安分局与区综合行政执法局、区住建局等部门联动，在车位缺口大的住宅区，开辟限时长、限时段“夜间停车位”；在农贸市场、药店、商店等周边建成绿色停车位，漆画道路夜间时段路内停车泊位2512个，全时段泊位952个，建设绿色停车位50个，缓解重点区域停车难问题。公安分局交警大队联合分局巡（特）警、各派出所民警等警种，合力形成“空中发现、路面拦截”的“空地结合”常态整治模式。通过“交巡合一”（交通警察、巡警合一警务模式）等方式，解决警力不足问题。推进电动自行车智控系统覆盖，建成20个路口、80个方向的非机动车智控系统前端抓拍设备；依托“导航即申报、出行即服务”城市货运通行导航系统建设，规范路面货运秩序，实现“货运导航系统”内车辆“闭环管理”，货运驾驶员推广率100%。（倪高波）

【公交“双防”管理】2021年，杭州市钱塘公共交通有限公司（简称钱塘公交公司）坚持抓好“双防”（防汛抗台、防范新冠肺炎疫情）工作。通过“管住人，守好门”，开展来自中高风险区员工摸排工作，动员员工及家属不出省。推进全员疫苗接种工作，接种率100%。进行宣传引导，执行防控要求，落实司机佩戴口罩、乘客上车出示健康码、车辆到达站点全面消毒等措施。储备“双防”物资，加强场区安全巡视，开展隐患排查42次，公司应急指挥中心连续运转96小时，参与值守管理人员42人，投入应急公交车15辆，转移居民500多人。（徐　方）

交通执法

【运输执法工作推进】2021年，区交通运输局推进从严执法运输治超（治理超限超载）工作，以江东大桥超限超载治理为主阵地，坚持高压态势24小时现场整治；强化源头管理，升级单向四车道治理超限超载非现场设备。强化非现场执法，超限率稳定在0.2%，低于全市普通公路平均超限率。

（白安娜）

【道路交通执法】2021年，公安分局交警大队开展交通安全保卫战、“千警强整治”等专项行动，对黄牌货车六类重点违法（危化品运输车辆超速、疲劳驾驶、违法停车、不按规定车道行驶、不按规定路线行驶、违反禁限行规定）、工程车违反“六定”（定人、定车、定时、定路线、定车道、定车速）、电动三轮车、电动自行车闯红灯、骑快车道违法、斑马线不礼让行人、开车使用手机、醉驾、酒驾等交通违法行为开展专项整治，累计查处各类交通违法案件（行为）70.4万起，比上年上升15.2%。其中：非机动车重点违法案件（行为）17.67万起、开车使用手机4.58万起、斑马线前未礼让行人2.57万起、查获酒驾醉驾1045起。根据辖区事故、违法实际情况，加强每天5～7时、17～21时重点时段勤务部署，确定整治点，实行定人、定岗、定时、定责分包责任制，严查各类重点交通违法。

【“两客一危”车辆专项整治】2021年，区公安分局联合区交通运输局和区综合执法局等执法力量，集中开展“两客一危”车辆（电动二轮车、电动三轮车，黄牌货车，工程运输车，以及农村面包车）等专项整治行动58次。（倪高波）

交通安全

【平安交通建设】2021年，区交通运输局强化组织建设，部署落实平安交通建设工作，成立交通运输专委会，从安全防控、道路隐患、专项整治、赋色治理4个方面明确12项具体工作内容，研究制定相应管理制度。强化隐患治理，完成红十五线K34+750处（红十五线顶端）省级挂牌道路交通事故多发点段整改。做好6条区级公路隐患点治理。督促公交公司落实每月一次安全生产联查，至年末，开展检查14次，整改隐患54个。应用“浙运安全码”智控平台，每月对8个危货运输企业开展检查，每日督查危货车辆超速、疲劳驾驶情况。对危货运

2021年7月25日，钱塘区交警清理道路，减少台风“烟花”对道路安全的影响，保障交通安全 （倪高波 提供）

输企业实施赋码治理。至年末，4个企业稳定在蓝码，4个企业稳定在黄码。开展“铁拳整治”行动，至年末，排查整改问题隐患133个，卫星定位违章数据较年初下降98.6%。强化行政执法，依托监控系统和举报线索，开展部门联合执法，查处街道交通乱象、重点路段非法营运整治、驾培行业专项执法等违法违规行为，至年末，出动执法人员400多人次，查获各类违章83起，立案21起，罚款14.26万元。处理信访件1877件，及时处理率100%。坚持“两战”（防疫+抗台）并重，做好防台防汛值班值守，准备应急物资，落实防台防汛措施，组建应急抢险队伍3支。做好疫情防控，组织疫情防控编组转运组工作，落实企业主体责任，推进从业人员疫苗接种，持续对地铁、公交、出租车、车站等场所开展防疫检查，至年末，检查85处、车辆413车次，发现问题均落实整改措施。 （白安娜）

【道路交通安全治理】2021年，区公安分局建立健全交通安全隐患排查治理、快速抢修联动、违规占道查处等机制，排查梳理辖区因照明不足、绿化遮挡等导致交通视线遮挡情况。推进德胜东路等10条货运廊道、银海街等17条货运通道、斑马线治理及围垦街样板道路智能交通建设，会同区交通运输局、区综合行政执法局、区住建局等部门，在全区范围内开展拉网式道路交通安全隐患排查治理行动，排查出道路交通安全隐患5512处，治理完成5276处，治理率96%；排查治理市级事故多发公路隐患827处，完成省级隐患点治理并通过验收。提升优化隔离护栏46千米，绿化护栏11.4千米，优化路口信号灯35组，人行道信号灯58组。依托“平安钱塘”“钱塘公安”及区各部门、各街道微信公众号等宣传教育媒介，利用文化大礼堂、村（社区）交治站、固定主题党日和志愿者服务日等载体，通过宣传海报、宣传教育视频等方式，提高市民交通安全意识，实现居民安全宣教41.65万人，累计实有人口普及宣传率49%，重点人员宣传教育率97.4%，建成村（社区）交通治理站106个，企业交通治理站335个，交通治理站建设运行率100%，打造村（社区）基层交通治理“枫桥经验”。 （倪高波）

【公交平安护航】2021年，钱塘公交公司树立风险防范意识，开展安全隐患大排查大整治，摸清各重点场所及道路安全风险底数，全年开展不定期安全检查51次，查处各类隐患33处，整治率100%；修订编制相应的应急预案，组织开展反恐防暴和消防应急逃生演练等活动26次，参与人数317人次。组织司机安全培训14期，参训506人次，为庆祝中国共产党成立100周年各项活动，营造良好公共交通安全环境。 （徐 方）

责任编辑 周 丹

公用事业

供　水

【概况】2021年，杭州市水务集团有限公司东区供水服务分公司（简称东区供水服务分公司）成立，分公司下设城东客户服务中心，主要承担杭州经济技术开发区、钱塘智慧城、九堡、七堡、乔司、彭埠街道高速公路以东等范围的供水服务，服务面积83平方千米，服务人口70多万人，负责773千米管网、1.2万只供水阀门的维修与维保，6万余只水表的抄表收费。全年售水总量9735.47万立方米。江东水厂二期改扩建工程通过主体结构验收，助力保障江东区块供水。

【供水服务网格试点】2021年，东区供水服务分公司坚持“试点先行、以点带面、全面推动”宗旨，推动网格化试点工作。在城东中心设立下沙泵站网格试点，初步建成集运营服务、生产小修、新冠肺炎疫情防控、党建管理于一体的网格运作体制，按照“定格、定人、定责”要求，推进“一格多员、共同履职”改革，构建“专兼合一”服务队伍。年内，建立网格流程管理、网格员队伍管理监督考核机制，推动网格管理实现动态化、长效化、科学化。

【二次供水】2021年，东区供水服务分公司推进供水服务“最后一公里”，排查整改辖区内存量二次供水小区，完善二次供水监管和验收备案、定期检查维护、水质化验等制度。东区供水服务分公司与开发商、物业公司对接验收后接手管理，并制订科学的供水方案和应急预案，全年保障各小区供水工作24小时不间断。

【“阿力”便民服务队】2021年，东区供水服务分公司擦亮水务金名片“阿力志愿者”，开展“阿力”志愿服务进社区活动，为辖区用户提供上门服务，帮助用户处理内部用水管道问题，维修小家电等。宣传“五水共治”理念，倡导用户节约水资源，提供水费收缴、一户一表受理等便捷服务。东区供水服务分公司拓宽服务范围，走访学校、医院、单位用户，为辖区单位提供内部检漏、维修等服务。

【“智慧管网”建设】2021年，东区供水服务分公司推进“智慧管网”建设，开发智慧抢修和智慧监护场景。成立EWATER（数据分析）工作室，水务与互联网的跨界联动。完善供水管网GIS（地理信息系统）系统，供水覆盖率、准确率均达100%，并通过“智慧管网”建设落实管网“外勤系统、双重预防系统”全面应用。大数据掌握用户需求，通过智慧服务手段为用户提供精准服务。建成落地动态热机械分析平台，推进管网水力模型的建模分析进程。试点水表100%远传化和实现无人泵站值守。

【江东水厂二期改扩建工程通过主体结构验收】2021年4月，萧山环境集团江东水厂二期改扩建工程通过主体结构验收。该项目总投资5亿元，包括扩建一组30万米^3/日的水处理设施和污泥处理设施及一期深度处理工艺改造。后期推进工艺管道、设备、配电及自控系统安装，同时穿插装饰装修及室外道路施工。工程建成后供水规模达60万米^3/日。至年末，清水池一、二期联通并投入使用，常规工艺正常通水。

【市第二水源输水通道工程江南线项目山岭段竣工验收】2021年10月，市第二水源输水通道工程江南线项目山岭段竣工验收。该项目是千岛湖配水供水工程的重要组成部分，分山岭段、平原段和过江段。项目建成后，形成以千岛湖、钱塘江互为备用的双水源供水格局，提高钱塘江南岸区域供水保障能力。至年末，平原段竣工，过江段工程进度68%，配水站进入施工阶段。

（姜佳佳 郑 萍）

2021年8月，钱塘区供电公司电力技术工人对架空线路进行检修

（钱塘区供电公司 提供）

供 电

【概况】2021年，国网杭州市钱塘区供电公司（简称钱塘区供电公司）全口径售电量132.07亿千瓦时，比上年增长11.4%。全社会用电负荷突破历史记录，最高负荷电量224万千瓦时，增长8.2%。供电可靠性99.9%，在省内县（区、市）级供电公司中居第二位。钱塘区供电公司衔接全市“一核九星”（“一核”即核心城区，由上城、拱墅、西湖、滨江4个区组成，总面积约600平方千米；“九星”即萧山、余杭、临平、钱塘、富阳、临安、桐庐、淳安、建德等“九大星城”，总面积1.62万平方千米）空间格局和钱塘发展定位，调整供电区划，将原有钱塘区供电公司负责供电服务的九堡、彭埠街道划至杭州市上城区供电公司，实现供电辖区与行政区划对应。

【电力供应保障】2021年，钱塘区供电公司应对“4·30”强对流天气灾害，及时抢修受损供电设施，实现950个专变用户、1167个低压用户在灾情发生后17小时全部恢复供电。“烟花”“灿都”超强台风期间，会同有关部门整治树障隐患等问题，排查城市地下空间配电室、开闭所等电力设施的防涝隐患问题。应对用电供需较大的月份，监测所辖区域配网线路负载情况，制定应急预案，包括线路负荷分析、负荷转供措施、配网保电措施、事故预想及应对措施等，保障居民用电。

【电力改革深化】2021年，钱塘区供电公司开展“三进三服务”（进政府服务经济社会发展、进企业服务复工达产增产、进社区服务群众民生需求），走访企业14个，解答企业用户关于电力改革关心关切的问题。推动国家改革政策落地及电力市场化交易开启，配合政府完成首批入市企业用户提醒2190户次，引导企业参与市场交易2.26万户次。

【电网发展升级】2021年，钱塘区供电公司编制完善“十四五”时期电网发展规划，落实主网和配网建设资金30亿元。年内，7个主网项目取得核准，规划中14个项目提前完成三年核准计划。投入运营“灯塔”“闸北”“春澜”110千伏输变电工程3个，为江东核心区“十四五”时期发展提供支撑。钱塘区供电公司与珠海格力电器股份有限公司合作建设杭州亚运低碳氢能示范工程，参与浙江西子航空工业有限公司“零碳工厂”用能方案设计，打造产业园区能效升级和绿色制造的“钱塘样板”。推动“柔性直流±10千伏风光储”“格力直流配电”多跨场景融合创新，探索多元接入、多能互补、多方合作的能源消费新模式。

【供电保障能力提升】2021年，钱塘区供电公司优化提升围垦区域网架，建立健全驻点抢修机制，提升城乡供电服务同网同质水平，江东区域供电可靠性首次突破4个9（99.99%，年户均停电时长45.7分钟，比上年缩短51%）。建成共裕村红船·光明驿站，打造新时代乡村电力服务新模式。执行延伸投资界面政策，节省企业办电成本2373万元。推进民生保障项目，完成老旧小区100台电梯加装涉及的电力设施迁改，保障

临江工业园区安置房、前进工业园区安置房等小区按期通电，确保居民及时回迁。（张 俊）

供 热

【概况】杭州杭联热电有限公司（简称杭联热电公司）是钱塘区下沙片区集中能源供应的基础企业，生产销售电力、蒸汽、灰渣综合利用及压缩空气集中供气，总装机容量5.7万千瓦，供热能力550吨/时。热能应用于食品、电子、印染、医药、化工等行业，同时为医院、宾馆、高校、办公写字楼、工业厂房等用户提供采暖、制冷等用能服务，产生的电能通过下沙变电所并至国家电网。2021年，杭联热电公司售热462万吉焦，比上年增长5.7%；发电1.77亿千瓦时，下降20.5%。至年末，在册蒸汽热用户91户。杭联热电公司与杭州和达能源有限公司（简称和达能源公司）就北区热网（从杭联热电公司出口至杭州医药港小镇）及能源站等资产进行交割，包括北区热网管道约19千米、杭州医药港1号能源站、杭州医药港2号能源站、杭州电子科技大学热水站，交割蒸汽热用户27户、供能用户19户。杭州医药港小镇区域内由和达能源公司进行综合能源供应。杭联热电公司完成年度压力管道定检工作，包括厂区内压力管道3000米、厂外热网管道57.4千米，定检工作历时9个月。杭联热电公司根据国家发展改革委发布《关于进一步深化燃煤发电上网电价市场化改革的通知》的要求，完成交易主体和交易用户注册，参与电力市场化交易运作。

【供热管网优化】2021年，杭联热电公司根据钱塘区北部区块有机更新情况，停用1号大街西至凌浩路DN200蒸汽管900米，新建20号大街北DN200蒸汽管39米，同时进行热网管道的整年优化。根据下沙路与12号路提升改造工程及杭州艮山东路过江隧道工程需要，迁改热网管道570多米。

【碳排放权交易】2021年2月1日，全国《碳排放权交易管理办法（试行）》实施。7月16日，全国碳排放交易开市。8月，杭联热电公司完成生态环境部指定平台的碳排放权结算交易注册登记。9月，通过并获取2019—2020年度碳排放配额。12月，完成2019—2020年度碳排放配额履约清缴任务。至年末，杭联热电公司碳排放总量65万吨。

【智能巡检系统投入使用】2021年4月，杭联热电公司智能巡检管理系统投入使用，系统选用NFC位置定位技术方式，使用具有安卓系统的手机作为巡检终端，系统主要分成电气、汽机、锅炉、制水、环保5个专业，生产现场共设置巡检点158个，覆盖运行主要区域。（林 玲）

供 气

【概况】2021年，杭州中燃城市燃气发展有限公司（简称中燃燃气公司）及其子公司杭州东能管道燃气有限公司（简称东能燃气公司）为钱塘区江东区块提供天然气服务。杭州钱江燃气有限公司（简称钱江燃气公司）为钱塘区下沙区块提供天然气服务。中燃燃气公司根据特许经营协议规定，拥有钱塘区江东区块管道燃气特许经营权。至年末，中燃燃气公司在江东区块建成河庄街道天然气门站、高中压调压站大江东前站、大江东片区江东北站各1座。全年供应天然气4.76亿立方米。其中，电厂代输3.76亿立方米，居民用气量726万立方米，非居民用气量7600万立方米，总用气量比上年增长18.9%。

东能燃气公司负责钱塘芯谷管理办公室范围、江海之城、河庄街道、义蓬街道（头蓬区块）及周边燃气供应，建有集管道燃气和储存液化天然气的储气站1座，储气站集供气、储气、调峰、充装等多功能为一体，向经营区域内居民、公建商服、工业企业

杭州东能管道燃气有限公司储气站（摄于2021年）

（杭州东能管道燃气有限公司 提供）

用户提供管道天然气，是钱塘江东区块气源储备保障基地。全年累计供气6350万立方米，新增居民通气点火3915户。通燃气小区69个，使用管道天然气居民3.35万户。小微商服及工业用户180多户。

钱江燃气公司是钱塘区下沙区域内唯一从事终端用户管道天然气供应和服务的企业，由杭州市燃气集团有限公司与杭州钱塘新区产业发展集团有限公司共同出资组建。全年钱江燃气公司销售天然气8850万立方米，增长14.7%。其中，居民用户售气量1616万立方米，工业、锅炉用户售气量3626万立方米，向海宁连杭经济区售气量2402万立方米，学校和小餐饮店用气量1206万立方米。新增调压器18座、调压站533座。“殷一珍燃气供应服务技能大师工作室”被评为市级技能大师工作室。

【燃气工程建设】2021年，中燃燃气公司施工市政中压工程9.53千米，推进钱塘区江东区块管道“成环成网”。配合钱塘区发展和重点工程建设，进行管道改造。配合江东大道三期改扩建工程，迁改江东大道次高压燃气管道（DN400）4.8千米；配合艮山东路、杭绍甬高速公路改造，迁改DN300等各类管径中压燃气管道4.48千米。全年燃气居民用户安装3520户，主要包括前进工业园区高层安置房二期、义蓬棚户区三期安置房、新湾一体化安置房、大江东人才专租房等安置小区的燃气配套。

东能燃气公司建成市政中压管网232千米，庭院低压管网380千米，累计612千米；加快燃气配套项目建设，完成希宾乐潮城、新宝水泥、江东三路停车场、龙湖天街、金领公寓等板块的燃气配套项目。

钱江燃气公司完成艮山东路综合管廊V标段验收通气；推进下沙路隧道施工配合拆改工程，完成各类拆改项目10个；完成春潮路等配套道路的开发建设，全年新建中低压管道16千米，累计投运中压和低压管网553千米；完成绿城春风金沙小区等楼盘1295户居民的燃气配套工程。

【燃气安全保障】2021年，中燃燃气公司组织人员在节假日开展安全专项检查8次；组织工作人员开展安全培训20次，参加培训人员500多人次；组织安全演练2次。采用科技化手段，引入燃气管道及设施“二维码”管理；引进无人机巡线方式，使用红外线检测设备等，提升巡线工作覆盖面。上线“快水利仿真系统”，开展气源调度、应急处置、管网布局等工作。通过媒体及自有微信公众号推送安全知识，并对举报安全线索的居民群众进行奖励。制定《关于居民小区及自然村安全专项方案》，开展安全服务进村（社区）活动4次。全年发放安全燃气知识宣传册8000多份，在小区悬挂安全条幅50多条，补栽标志桩、标志块3000多根，制作安全宣传画板10多块；开展广场安全宣传活动4次。中燃燃气公司对非居民用户进行节前安全检查100多次、用户设备检测1000多次，应急处理辖区内企业用气问题96个。加强重点工程安全保障，开展杭绍甬高速（十五线）施工监护150多次，艮山东路（新建）监护运行管线30多次，江东大道扩建项目施工监护230多次，新湾大道扩建（雨污水整改）配备专人连续监护30多天。准备LNG（液化天然气）备用气源保障民生生活用气5次。全年未发生安全责任事故。

东能燃气公司投资建设有国际先进水平澳大利亚悉亚特的燃气管网自动监控SCADA（数据采集与监视控制系统），在线监控经营区域内所有中压、中低压站场及工业用户调压柜的压力、流量、温度及各重要用气点的可燃气体浓度，在公司调度室远程监护燃气管网及站场；每日安排10多名管网维护人员携装有GPS定位系统的设备在燃气管线上进行巡护，

2021年11月8日，殷一珍燃气供应服务技能大师工作室获评市级技能大师工作室
（钱江燃气公司 提供）

确保管网处于安全状态；每日安排9人24小时应急值班，夜间抢修每日3人值班，保证随时可处理突发事件；培养专业抢修团队，并定期进行应急演练，确保全区正常、安全用气。

钱江燃气公司开展管道沿线道路塌陷“百日大排查”，排查燃气管线6700多千米；制定亚运场馆保障方案，加装远程切断装置5处，投运中低压预警系统；集中开展隐患“清零”行动，完成直排式热水器“清零”；开展小区登高管整治，完成金沙学府小区139根登高管更换。新报装用户均配套安装报警装置；通过集中安检，实现老用户燃气报警安装告知率100%；整改安装高校、监狱等单位的报警装置。打造升级“无胶管社区”为“两更换双升级”安心智能社区，完成松合、东方和中沙3个社区升级改造，涉及居民用户4457户，更换金属管3545根、智能燃气表3009个。全年签订燃气管道施工保护协议98份，施工区域、小区增设燃气标志标识1035个。

【供气服务优化】2021年，中燃燃气公司提升用户充值便利度，在临江街道、前进街道等处安装自助服务充值机5台。推广安装智能物联网表，免费发放NFC智能燃气卡，为居民用户实现线上充值。提升业务办理和用户意见投诉受理效率，升级“杭州中燃”公众号，新增开户、报装、发票开具等服务，全年处理线上业务320多起。

东能燃气公司响应深化政府“最多跑一次”改革，提升获得用水用气“一件事”全流程便利化水平，对非居民用户用气报装从“421”服务标准优化调整至“102”〔用户申请用水、用气报装至接通不超过1天（不含内、外线施工环节）〕服务标准；无须材料，办理环节减至报装申请、装表接通2个。对小微商服用户工程推出“7天竣工通气”等承诺。整合公司生产、客服、增值业务资源，发挥员工一岗多职、一岗多能作用。根据“一万户用户”“15千米服务半径”“30分钟抢险到达时间”3个原则，将所属区域划分为4个网格片区，以现有人员、设备为基础，每个网格设置1名网格长，多名网格员，由网格长统一调配车辆设备。加强新老居民用户安全，安排专职安检员入户检查管道、球阀、表具、灶具、波纹管等，并向居民普及燃气安全知识及使用方法。

钱江燃气公司完善用户管理系统，居民安检执行杭州市燃气服务标准，新上线安检隐患新标识；提升便民服务力度，全年开展“三社联动、安心安居”服务进社区40次。社企、校企联合，推进“瓶改管”工程，高校沿街商铺及下沙街道沿街商铺天然气全覆盖，全年完成205个商铺“瓶改管”和6条商业示范街建设，更换居民智能表具1.3万只。新增居民用户2599户，累计用户9.1万户；新增工业公建用户201个，累计用户748个。

（胡　斌　鲍汝荧　袁　田）

通　信

【概况】2021年，钱塘区的通信行业主要包括移动、电信、联通3个主体。中国移动钱塘分公司做好钱塘区通信服务和网络保障工作，全年通话用户日通份额82.6%。开展分级分层营销，落实专人专项跟进，推动5G用户发展，提升5G终端渗透率，5G分流比35.5%。打造5G品牌，针对属地内高校用户，挖掘潜在学生用户流量需求，推出各类校园专属权益流量包，推动流量大幅度增加。年内，钱塘移动用户DOU（平均每户每月上网流量）26GB，比上年增长27.5%，手机上网总流量2008亿兆，增长32.5%；针对青年群体，推出随心会员、爱看超级会员等实用优惠5G权益（各类视听优惠会员），实现5G无线网络下沙区域全覆盖和大江东核心区域广覆盖，实现全量小区上联千兆可接入。

杭州电信钱塘分局2021年主要营业收入比上年提升10%，移动用户量提升12%，宽带用户量提升4%。杭州电信钱塘分局增强客户经理、营业员和装修经理等前后端人员联动，加强渠道合作，做好客户服务。至年末，完成杭州电子科技大学击剑馆、浙江工商大学手球馆、东部湾轮滑馆亚运会场馆的网络建设。12月，获2021年浙江电信“十佳服务满意单位”称号。

中国联通钱塘区分公司作为钱塘区联通与电信5G站点主导建设方，全年安装开通5G站点195个，4G站点80个，全区有5G基站1080个，室分站点140个。完成新国标及自建小区固网宽带接入建设项目39个（其中千兆小区22个），楼宇新建接入15个，园区宿舍接入5个。推进接入网光衰整治，开展自有装维和多元化协同跟进优化处理，合格率98%以上，新增10G pon OLT（支持万兆光网络光线路终端）设备20套。中国联通钱塘区分公司推进街道、学校、企业、社区各级项目合作，助力智慧新区建设。整合产业合作生态，聚焦“互联网+”重点行业领域，推进智慧安防小区建设4个、学校智慧校园信息化项目3个、数字化舆情项目10个。

义蓬街道全域智治指挥调度平台（摄于2021年）

（中国移动钱塘分公司 提供）

【移动项目拓展】2021年，中国移动钱塘分公司围绕项目拓展，提升行业份额占比，跟进政府数字化改革需求，牵头钱塘区数字人大项目，助力建设数字政府；完成区“雪亮工程”交警标项，提升钱塘区社会综合管理能力和治安整体防控能力；落地数字义蓬驾驶舱，推进义蓬街道新型智慧城市建设。联动分公司网络部，建立“新区跟进一张表”，设置前中后期专人跟进沟通，为客户提供一站式服务，制定针对性解决方案，拓展智慧园区安控项目，落地“三网合一”（电信网、广播电视网、互联网）项目4个。协同浙江信息系统集成有限公司、中移建设有限公司浙江分公司和中移建设有限公司杭州分公司，利用分公司客情优势和集成公司资质，中标“顾家新工厂弱电”项目和“临江街道智慧社区”项目；协同中移建设有限公司浙江分公司和中移建设有限公司杭州分公司，中标浙江省第六监狱新厂房安防系统建设项目。

【网络建设】2021年，中国移动钱塘分公司推进5G网络建设，全年建成5G基站1150个，进度列全市第三位，覆盖总面积360平方千米。提升网络基础建设，推动F5G（The 5th generation Fixed networks，第五代固定网络）全光网络建设，完成杭州电子科技大学、浙江工商大学、浙江传媒学院等7所高校有线网络品质提升，发展千兆小区152个，涵盖信息点14.69万个，基本实现钱塘小区千兆宽带能力全覆盖。支撑信息化项目，完善一体化DICT〔DT+ICT，指在大数据时代DT（Data Technology:大数据技术）与IT、CT的融合，即在简单信息化基础上，实现向大数据、云服务的智能信息化发展，创造更多融合性智能化应用〕支撑服务，推进钱塘“雪亮工程”一期、新湾“雪亮工程”、“白杨全域治理”等大区域视频监控项目，开通有关业务345线。推进“快速亚运”建设，完成浙江工商大学文体中心手球馆、杭州电子科技大学体育馆击剑馆和东部湾轮滑馆3个亚运场馆的公网开通及浙江工商大学文体中心的专网开通，完成9个室分项目建设、6个宏站项目设计和优化升级，确保信号覆盖良好。

2021年，杭州电信钱塘分局继续完善钱塘区5G网络部署，投资光网建设、管线建设、基站建设及网络扩容优化，覆盖区域内94.4%人口。提供卫星电话800多部。

【网络安全保障】2021年，中国移动钱塘分公司提升网络安全运维保障力度，根据辖区道路提升改造进度要求，配合完成下沙路、12号大街、江东大道沿线、钱塘快速路、地铁7号线、8号线工程等大型光缆迁移改造项目。加强防汛抗台通信保障，在台风“烟花”登陆前期，制订精细化网络保障方案，落实高架设施防台加固、低洼站点设备抬升、重要机房外围沙包堆叠、油机预埋（提前在机房预留油机，以备应急供电）等防汛举措，保障24小时专业人员轮班值守，全区范围随时响应抢修，确保台风过境期间有线、无线网络畅通。开展“智慧战疫”，对街道新冠肺炎防疫专班人员开展移动产品使用操作培训，通过大数据产品，发送新冠肺炎疫情防控短信38万条。利用移动人工智能系统防疫助力，通过智能机器人代替社区工作人员进行人工询访，提升效率超20倍。

杭州电信钱塘分局强化关键核心能力，打造专业化、属地化的智慧家庭工程师、智慧政企工程师专业队伍，提供现场驻点服务。助力教学政府综合应用建设，配合安全生产、疫情防控等协同应用场景智慧化升级，助力打造钱塘区城市大脑及各级数据仓，助力建设、服务智慧小区和美丽乡村。加速推进产业大脑、未来工厂数字基础设施、5G+工业互联网等方面的建设和发展。

2021 年 12 月 5 日，电信钱塘分局获第四届“绽放杯”5G应用征集大赛全国二等奖（电信钱塘分局 提供）

【电信服务政府信息化建设】2021年，电信钱塘分局接应政府数字改革工作要求，完成一体化公共数据平台、党政机关整体智治的方案统筹。落实政府提出构建数字化改革“1612”新体系架构工作要求，协助提交“数字法治门户”“全量信息视图”“四平台改造任务”等系统集成项目建设方案。推进街道数据驾驶舱建设，承建临江街道数据驾驶舱项目；完成下沙街道指挥中心搬迁项目、前进街道三村两社“乡村小脑”项目实施和综治平台升级改造项目汇报，承建前进街道、白杨街道等 11 个智安小区项目建设，构建“互联网+社会治理”新模式；结合现行“数字乡村”建设规划要求，完成江东村“数字乡村”项目建设。参与“雪亮工程”项目建设，围绕监控升级及人脸识别新技术能力等要素，扩大全区视联资源覆盖面。

▶▶资料：“1612”新体系架构

第一个“1”即一体化智能化公共数据平台（平台+大脑），“6”即党建统领整体智治、数字政府、数字经济、数字社会、数字文化、数字法治 6 个系统，第二个“1”即基层治理系统，“2”即理论体系和制度规范体系。

【电信钱塘分局获 5G 应用征集大赛全国二等奖】2021 年，电信钱塘分局引进行业人才，通过“云迁移”（即企业从传统的平台向云平台迁移）高级认证和PMP（即项目管理专业人士资格认证）项目管理认证，做好“云迁移”“云灾备”细分市场，以数字驾驶舱为主打产品，形成信息系统构建自研能力。基于 5G 网络大容量、无线化、低时延特点，自主研发 UPF（User Port Function，用户平面功能。主要负责 5G 核心网内用户平面数据包的路由和转发等功能）系统，通过该系统解决三花控股集团有限公司对多个生产线数据响应时间控制及数据安全要求等问题。电信钱塘分局研发的基于 5G 的“工业网关+下沉 UPF+工业互联网平台+应用系统”的“全域性溯源系统”，被工信部授予第四届“绽放杯”5G 应用征集大赛二等奖，为全省最高奖项。

【联通运营服务提升】2021 年，中国联通钱塘区分公司到小区开展免费宽带检测服务，全年开展线下服务活动 100 多场次，覆盖小区 60 个。会同区残疾人联合会，推出“畅听王卡”产品，依托联通集约化 IT 和网络服务能力，以“通信网络+AI技术+社交网络”结合模式，实现运营商通信网和互联网连接，服务听力障碍用户。定期开展“联通客户日”活动，为用户提供多种附加权益，全年受益用户 3 万余人。

（王　均 蒋祝同 徐佳乐）

责任编辑　陈　玲

生态环境保护

综　述

【污染防治与环境执法】2021年，杭州市生态环境局钱塘分局（简称市生态环境局钱塘分局）推进水污染防治工作，完成长江经济带生态环境问题整改年度任务，下沙闸水质稳定达标。实施工业示范园区1个、生活小区33个、污水零直排提升街道2个，打通断头河10条，完成市级农污水改造提升建设任务30个。杭州医药港小镇成功创建省级"污水零直排"工业园区，恒逸己内酰胺公司"三全三分"做法在全省城镇"污水零直排"建设大会做经验分享。开展大气污染防治工作，完成19个企业VOCs（挥发性有机物）深度治理、16个企业VOCs无组织排放治理等任务，完成天然气锅炉低氮排放改造10台；划定非道路移动机械禁用区域，对国三及以下柴油车（本市注册登记的，符合国家第三阶段排放标准的各类在用柴油车，不包括国三柴油公交车）实施全域禁行；完成以化工为主的企业关停转迁52个（占全市任务的70%）。实施土壤固体废物污染防治工作，完成"无废城市"创建任务64项，建设"无废细胞"50个。长安福特汽车有限公司杭州分公司入选杭州市首个省级"无废工厂"。监督医疗废物处置，杭州第三固废中心稳定运行，危废小微收集点建成投运，全年转移危险废物17.6万吨。80个重点企业完成危废专项整治，122个核技术利用单位完成核辐射评估报告。全年出动检查人员5199人次，检查企业2196个次，立案处罚101件，罚金1107万元。（陈悦辉）

【空气和水环境质量监测】2021年，钱塘区环境空气质量优良率85.2%。PM2.5（大气中直径小于或等于2.5微米的颗粒物，也称为可入肺颗粒物）年均浓度28.4微克/立方米，比上年下降5%。市级控制断面以上功能区断面水质达标率100%。区级河道断面20个，达到Ⅳ类水质以上的13个，占比65%。（徐　涛）

【生态环境保护督察】2021年，市生态环境局钱塘分局对38件第二轮中央生态环保信访件、17件省委生态环保督察信访件开展跟踪督办，逐一销号，推进杭州朝阳橡胶有限公司等企业重点问题整改。完成省委生态环境保护专项督察迎检工作，累计办理信访8件，提交资料20多项，均按时序要求落实整改。推进长江经济带下沙闸问题整改，完成重点区域七大整改任务，6项"举一反三"工程提前竣工，下沙排涝闸水质稳定达到地表水Ⅳ类标准，通过国家级"整改回头看暗访"巡查。（葛永铭　徐建飞）

▶▶资料："无废细胞"

"无废细胞"是指社会生活的各组成单元，包括学校、乡村、医院、园区、工厂、景区、工地等。

生态环境建设

【"美丽钱塘"建设】2021年，市生态环境局钱塘分局制定年度区级美丽钱塘生态目标任务书和配套考核办法，形成水气土细化责任清单，治水、大气、生态、土

2021年11月25日，杭州市钱塘区临江湿地首次观测到国家一级保护动物白头鹤 （郑建江 摄）

固4个办公室统筹协调，压实部门街道生态治理责任。推动数字赋能，构建“一网三图一平台”，实现环境质量数据、污染源排放数据、企业治污设施数据一平台协同；上线“浙政钉”数字环保应用，接入自动监控点320个，打通省市平台13个大类、45个小类数据，纳入企业服务对象1000多个，通过预警提示整改问题1000多个，服务企业100多个次，通过线索查处环境违法问题2个。开展江海湿地鸟类生物多样性现场调查评估4次，组织主题宣传6次，开展“绿色亚运，生态钱塘，来钱塘一起拍鸟”等主题摄影活动2次。辖区首次发现白头鹤等国家一级保护鸟类。（赵　栋）

【生态建设补贴与规划研究】2021年，市生态环境局钱塘分局开展生态文明建设项目补助工作，收集、整理和审核补助资金申报项目，确定补助项目84个，共补助资金433.12万元。完成区“十四五”时期生态环境保护总体规划和流域水生态环境保护规划编制。启动省级生态文明示范创建工作。完成《钱塘区生态文明建设规划》和《新时代美丽钱塘建设规划实施方案》初稿编制，落实新时代美丽杭州建设要求，谋划打造美丽杭州“钱塘样板”。（徐建飞）

环境污染防治

【大气污染防治】2021年，市生态环境局钱塘分局依据环境医院诊断，深化工业废气治理，VOCs深度治理企业19个，VOCs无组织排放治理企业17个，推进结构关停，年末前关停外六工段11个、部队区域19个、街属范围20个、下沙区块2个，共计52个（占全市任务近70%），化工企业关停转迁工作完成。全区天然气锅炉完成低氮改造10台，非道路机械改用新能源35台，发放燃煤锅炉清洁化改造资金补助195.7万元，低氮改造天然气锅炉补助439万元。划定非道禁行区域，“国三”排放标准及以下柴油车全域禁行。“百合花”减污降碳项目被列入全市典型并推广，杭州统一企业有限公司率先实现厂区化石能源零碳排放。建设村和江东村入选全省第一批低碳村社试点创建名单。至年末，全区VOCs减排800多吨。践行绿色亚运理念，每季度召开城市生态环境治理暨扬尘治理例会，组织第三方力量不定期对辖区建筑工地开展巡查，全年累计巡查200多次，发布通报20多份，整改问题150多个。

（徐建飞）

【水污染防治】2021年，市生态环境局钱塘分局实施工业示范园区1个、生活小区33个、镇街污水零直排提升2个，打通河道断头河10条，完成市级农污水改造提升建设任务30个。杭州医药港小镇成功创建省级“污水零直排”工业园区。钱塘区企业浙江巴陵恒逸己内酰胺有限责任公司“三全三分”创建做法，在全省城镇“污水零直排”建设大会上，以视频形式做经验介绍。长江经济带问题整改七大重点区域整改项目完成，六项“举一反三”工程竣工，下沙排涝闸水质稳定达到地表水功能区标准。开展“农业面源污染防治试点行动”，建设农田氮磷生态拦截沟渠系统1条，水产养殖尾水治理试点项目3个，整治池塘11个，推进测土配方和农药化肥减量化，统防统治面积5800公顷，畜禽粪污资源化利用和无害化处理率91%。前进街道成功创建“水美乡镇”。（冯甜甜）

【土壤污染防治】2021年，市生态环境局钱塘分局制定并落实《钱塘区土壤、地下水和农业农村污染防治暨“清废行动”2021年实施计划》，建立疑似或污染地块名录库，动态更新浙江省土壤环境信息化管理平台信息，对退役地块10个、用途变更类地块12个，共计93.37公顷土地开展场地调查评审，确保安全开发

利用。完成26个重点监管企业土壤和地下水自行监测、隐患排查，累计排查隐患点位116个，立行整改33个。（沈林峰）

【固废污染防治】2021年3月，杭州市第三固废处置中心建成并投入运营。该项目位于钱塘区临江循环经济产业园，占地面积11.27万平方米，概算总投资9.03亿元，建设规模为处置危险废弃物13万吨/年。12月，临江环境能源项目正式投产运行。项目总建筑面积13.96万平方米，设计日焚烧处理生活垃圾5200吨，年发电量10.68亿千瓦时。筹建杭州鸿泉环境服务有限责任公司，该公司专门收集新区小微类危险废物，危险废物收集能力1.7万吨/年，3月投入运行。6月，市生态环境局钱塘分局印发企业危险废物规范化管理考核工作实施计划。至年末，钱塘区危险废物规范化管理抽查完成危废经营单位（包括小微收集企业）8个，土壤环境污染重点监管企业22个，并完成企业危险废物规范化管理现场打分，抽查企业总体符合规范，考核成绩均在合格以上。

【“无废城市”建设】2021年，市生态环境局钱塘分局完成“无废城市”创建任务64项，建设“无废细胞”50个。依托市第三固废处置中心、鸿泉小微集中收集点和魏霞废物经营单位，借助第三方专业力量，对全区危废排放情况进行排查，新增工业类危险废物小微收集点1个，涉及23大类、113小类收集能力，基本实现危废产生、收集、运输和末端处置全生命周期闭环管理。长安福特汽车有限公司杭州分公司入选杭州市首家省级“无废工厂”。全年安全处置危险废物17.6万吨。（孙秀萍）

【“辐射污染”管控】2021年，市生态环境局钱塘分局督促放射源使用单位规范日常巡检工作，确保在线监控设备正常运行；受理辐射安全许可证新申请（重新）26个次；变更申请9个次；延续申请10个次，注销申请5个次。完成122个核技术利用单位2020年度辐射安全与防护状况评估报告。（沈雯迪）

【企业污水排放经验分享】2021年11月，浙江巴陵恒逸己内酰胺有限责任公司“三全三分”做法在全省城镇污水“零直排”建设大会做经验分享。浙江巴陵恒逸己内酰胺有限责任公司年产己内酰胺40万吨，其临江工业园区工厂是国内生产己内酰胺规模最大厂区，厂区储罐林立，危化品众多，管线错综复杂，面临“风险大、体量大、难度大”特点。该公司累计投入1.5亿元，通过“三全三分”方式推进污水“零直排”建设。

▶▶资料：“三全”系统

“三全”系统是指初期雨水精准全收集，物料输送明管全覆盖，初期雨水智能全管控，其核心在于解决厂区初期雨水收集的难题；“三分”系统是指分级智控，分质排放，分类处置，其核心是解决收集后雨水的处置问题。

【长安福特汽车有限公司创建省级“无废工厂”】2021年9月，钱塘区企业长安福特汽车有限公司杭州分公司成功创建杭州市首个、浙江省第一批“无废工厂”。作为长安福特汽车有限公司在华东地区生产基地，长安福特汽车有限公司杭州分公司设计整车年产能25万辆。该公司制定每年削减5%工业固废减量化目标，重点跟踪单车水耗、单车VOC，排放减量、生活垃圾减量、废水污泥、废漆渣减量指标。所有工业固废“零填埋”，每年考察固废供应商，优先综合利用，危废分包处置，注重资源利用最大化。实施现场有序化管理，委托专业第三方固废管理服务供应商，从收集、分选、打包到最终处置跟踪，进行全过程服务及管理，工厂监管过程化管控，重点做好冲压废铁角料源

2021年9月，长安福特汽车有限公司杭州分公司成功创建杭州市首个、浙江省第一批“无废工厂”（区融媒体中心 提供）

2021年8月12日，杭州市生态环境局钱塘分局挂牌成立　（陈悦辉　提供）

头分类、危废过程减量化、固废场集中分拣处理。　（孙秀萍）

环境综合治理

【环境审批改革】2021年，市生态环境局钱塘分局落实生态保护红线、环境质量底线、资源利用上线和生态环境准入清单“三线一单”分区管控方案，实施源头管控，累计上门指导服务120人次，前期项目协调指导130个次。全年累计实施区域环评备案管理项目72个，实行审批管理项目53个。首次实现区域环评改革向小微企业园延伸，发布“和达智造产业化基地园区环评改革实施方案”，优化小微企业营商环境。

【排污许可“回头看”】2021年，市生态环境局钱塘分局制定排污许可证“回头看”三年行动目标，明确年度具体实施计划。引入专家技术团队，涵盖区内81个具体行业，开展排污许可证内容填写质量抽查。开展区县交叉互查，对发证登记企业进行再复核，形成“一企一案”清单134个，帮助企业完善并解决问题920个。　（詹中英）

【环境统计】2021年，市生态环境局钱塘分局开展排放源统计名录库更新工作，确定纳入排放源统计企业200个。组织排放源统计视频培训会，指导和解答企业填报难点。开展数据审核工作，完成6轮企业数据审核及问题整改，1次污染源排放总量会审，现场抽查20个企业，按时上报数据。指导12个重点企业环境统计季报和20多个环境服务业企业财务统计。　（潘传信）

环境管理执法

【环境监察与巡查】2021年，市生态环境局钱塘分局出动5199人次，检查企业2196个次，出具环境监察意见书52份，做出处罚决定101件，处罚金额1107万元。受理环境信访件1458件，其中大气污染的信访投诉1090件。针对中策橡胶集团有限公司、杭州朝阳橡胶有限公司废气排放问题，累计出动执法人员451人次，开展检查和巡查212次，进行监测23次；针对杭州东裕华庭小区异味投诉，累计出动执法人员458人次，开展检查和巡查123次，其中夜间检查13次，进行监测48次，其中5次带领居民代表实地检查监测，对周边违规违法企业累计处以罚金450万元。

【环保专项执法行动】2021年，市生态环境局钱塘分局根据安全生产三年计划，针对挥发性有机废气、汽车修理行业、危险废物处置等开展执法行动。落实污染源日常监管随机抽取检查对象，随机选派执法检查人员，抽查情况及查处结果及时向社会公开的“双随机、一公开”制度。至年末，“掌上执法”检查企业312个、即时检查企业145个、“双随机”抽查企业167个，抽查总任务19个，完成19个。参与跨部门抽查任务总数7个。掌上执法率100%，检查公示率100%，抽查事项覆盖率100%，应用信用规则率100%，跨部门监管率36.8%。　（王　伟）

环保科研监测

【污染源监督监测】2021年，杭州市钱塘生态环境监测站（简称钱塘生态环境监测站）完成重点企业污染源监督性监测133个次。其中：水环境重点排污单位53个，大气环境重点排污单位56个，涉及VOCs排放单位36个，涉及土壤污染单位2个，其他单位2个（重点污染物存在重合）。根据检验检测机构资质认定评审通用要求，开展质量管理工作。5月8日，通过杭州市市场监督管理局组织监督检查。5月23日，通过中国环境监测总站组织的水质化学需氧量能力验证。7月21日，通过杭州市环境监测系统体系交叉检查。7月19日至10月18日，在杭州市生态环境局、杭州市总工会、共青团杭州市委共同主办的杭州市生态环境检测机构岗位技能竞赛中，钱塘生态环境监测站参赛人员获评个人第三名、第六名成绩，其中代表杭州市参加省级比赛3人，获评综合二等奖1人；12月3—5日通过资质认定复评审和扩项评审。

【水环境监测】2021年，钱塘区有地表水断面321个，实际监测断面315个。其中，经济技术开发区区域42个，包括湖泊断面1个、闸站3个（1个进水闸和2个出水闸）和河道断面38个。江东区域273个，包括湖泊断面2个、闸站（出水闸）7个和河道断面264个。监测指标主要为pH值、溶解氧、氨氮、总磷、高锰酸盐指数等。地表水断面平均水质符合Ⅱ类水质断面6个，占比1.9%，比上年上升0.9个百分点；符合Ⅲ类水质断面71个，占比22.5%，上升8.5个百分点；符合Ⅳ类水质断面42个，占比13.3%，比上年下降4.9个百分点；符合Ⅴ类水质断面102个，占比32.4%，下降3.6个百分点；劣于Ⅴ类水质断面94个，占比29.8%，下降1个百分点。满足水环境功能区目标水质要求断面220个，占比69.8%。全年平均水质符合Ⅰ～Ⅲ类断面占比24.4%，整体水质状况为中度污染，主要污染物项目为氨氮和总磷。钱塘区地表水水质类别与上年保持一致，均符合Ⅴ类水质。高锰酸盐指数平均浓度为6.5毫克/升，比上年上升8.3%；总磷平均浓度为0.332毫克/升，比上年下降2.1%；氨氮平均浓度为1.05毫克/升，下降7.1%。全区地表水水质主要污染物为总磷和氨氮，断面年均水质超标率分别为28.9%和6.7%（以区域目标水质评价）。

【环境空气监测】2021年，钱塘区设有环境空气质量自动监测站点3个，分别为浙江理工大学国控站（以下简称理工站）、临江站和九中站。环境空气质量情况分析主要以理工站数据为基础，临江站和九中站数据作为参考。理工站数据显示钱塘区环境空气质量有效监测天数357天，优良天数304天，比上年减少19天；优良率85.2%，下降5.5个百分点。环境空气质量指数级别以二级为主，占有效监测天数的61.1%。钱塘区全年空气质量优良率最高月份为2月，优良率100%，优良率最低月份为9月，优良率53.6%，超标污染物均为臭氧；全年出现空气污染53天次。其中，轻度污染占86.8%，中度污染占13.2%。

（徐　涛）

环保宣传教育

【环保校园创建】2021年12月，杭州市生态环境局、杭州市教育局发布《关于命名杭州市第十二批市级绿色学校的通知》，命名59所学校为杭州市第十二批市级绿色学校，杭州市钱塘区景苑中学、杭州市钱塘区文清小学、杭州市钱塘区听涛小学、杭州市钱塘区文思幼儿园名列其中。杭州市生态环境局、杭州市教育局发布《关于公布2021年度环保小卫士评选结果的通知》，认定杭州31名中小学生为杭州市环保小卫士，杭州市钱塘区景苑中学七年级学生陈一菡和杭州市钱塘区听涛小学四年级学生路辰逸名列其中。

【环保主题宣传】2021年，市生态环境局钱塘分局以国际生物多样性日为契机，开展生物多样性“云直播”观鸟活动，54.7万人在线观看。以“6·5”世界环境日为契机，开展“人与自然和谐共生”为主题的“6·5”世界环境日宣传活动；以浙江生态日为载体，组织环保公众开放活动，参观钱塘生态公园和省级生态文明教育基地。中国共产党成立100周年之际，组织拍摄MV《没有共产党就没有新中国》集体合唱活动；组织第三届钱塘区中小学环保主题绘画比赛，收到38所中小学321幅作品，培养中小学生生态环保意识。开展环保公益演出进社区活动1场；启动钱塘区首届鸟类摄影展、市级绿色学校创建等系列生态环保活动。通过“钱塘生态环境”微信公众号等平台，宣传身边劳动模范事迹、全年通过媒体发表环保宣传与科普文章80多篇，其中国家级2篇、省级11篇、市级14篇。

（陈悦辉）

责任编辑　周　丹

财政·金融·税务

财　政

【概况】2021年，钱塘区实现财政总收入240.61亿元，比上年增长26.5%。其中，一般公共预算收入117.31亿元，增长17%，占财政总收入的48.8%；税收收入109.21亿元，增长17.9%，占一般公共预算收入的93.1%。全年土地出让金收入178.08亿元，获新增一般债券20亿元、再融资债券37.9亿元。一般公共预算支出156.25亿元，政府性基金预算支出133.11亿元。

【社会事业财政支出保障】2021年，钱塘区社会民生事业支出105.92亿元，增长24.7%，占一

2021年钱塘区财政收支预算执行情况表

表9

收入项目	2021年（万元）	2020年（万元）	增长（%）	支出项目	2021年（万元）	2020年（万元）	增长（%）
一般公共预算收入	1173123	1003047	17.0	一般公共预算支出	1562549	1250772	24.9
一、税收收入	1092146	926383	17.9	一、一般公共服务	145065	109839	32.1
1. 国内增值税	522157	427307	22.2	二、国防	231	127	81.9
2. 企业所得税	227923	216220	5.4	三、公共安全	72891	61468	18.6
3. 个人所得税	64814	53184	21.9	四、教育	277608	214519	29.4
4. 资源税	0	0	—	教育费附加安排的支出	23189	0	—
5. 城市维护建设税	106516	72677	46.6	五、科学技术	203979	94362	116.2
6. 房产税	44507	61789	−28.0	六、文化旅游体育与传媒	2826	4028	−29.8
7. 印花税	27544	19731	39.6	七、社会保障和就业	79056	39394	100.7
8. 城镇土地使用税	11787	14507	−18.7	八、卫生健康支出	44467	29399	51.3
9. 土地增值税	79443	59038	34.6	九、节能环保	8771	75881	−88.4
10. 车船税	7221	1722	319.3	十、城乡社区	311319	267287	16.5
11. 耕地占用税	0	0	—	十一、农林水	35915	41045	−12.5
12. 契税	0	0	—	十二、交通运输	5933	20494	−71.1
13. 环境保护税	150	161	−6.8	十三、资源勘探工业信息等	269416	188106	43.2

续表 9

收入项目	2021 年（万元）	2020 年（万元）	增长（%）	支出项目	2021 年（万元）	2020 年（万元）	增长（%）
14. 其他税收	84	47	78.7	十四、商业服务业等	12414	18260	-32.0
二、非税收入	80977	76664	5.6	十五、金融	384	426	-9.9
1. 专项收入	77844	55540	40.2	十六、援助其他地区	3031	3031	0.0
教育费附加	40867	27879	46.6	十七、自然资源海洋气象等	6110	5897	3.6
地方教育附加收入	27245	18588	46.6	十八、住房保障	22397	22070	1.5
残疾人就业保障金收入	9731	9050	7.5	十九、粮油物资储备	261	1101	-76.3
教育资金收入	0	0	—	二十、灾害防治及应急管理	10467	8954	16.9
农田水利建设资金收入	0	0	—	二十一、债务付息	49631	37531	32.2
2. 行政事业性收费收入	985	11925	-91.7	二十二、债务发行费用	377	353	6.8
3. 罚没收入	1514	4425	-65.8	二十三、其他	0	7200	-100.0
4. 国有资本经营收入	0	3354	-100.0	附：政府性基金支出	1331122	1722687	-22.7
国有企业计划亏损补贴	0	0	—	—	—	—	—
5. 国有资源（资产）有偿使用收入	634	1316	-51.8	—	—	—	—
6. 政府住房基金收入	0	0	—	—	—	—	—
7. 其他收入	0	104	-100.0	—	—	—	—
上划中央税收小计	1233009	899488	37.1	—	—	—	—
1. 消费税	271746	68075	299.2	—	—	—	—
2. 增值税	522157	427307	22.2	—	—	—	—
3. 企业所得税	341885	324330	5.4	—	—	—	—
4. 个人所得税	97221	79776	21.9	—	—	—	—
财政总收入	2406132	1902535	26.5	—	—	—	—
附：政府性基金收入	1824341	1970937	-7.4	—	—	—	—

般公共预算支出的 67.8%。其中，教育事业支出 27.76 亿元，主要用于支持校舍建设与提升改造，落实国家“双减”政策，强化教育经费生均保障，提高教师工资待遇；养老、社会治理、帮扶救助事业支出 7.91 亿元，主要用于完善社会保障体系；医疗卫生事业支出 4.45 亿元，主要用于支持医疗卫生服务，改善就医环境；新冠肺炎疫情防控资金支出 6252 万元，主要用于保障防控物资、核酸检测、新冠肺炎疫情防控人员等有关经费需求；农业农村事业支出 4.29 亿元，主要用于推进高标农田建设、农业现代化和乡村振兴战略实施。　（汪丽景）

【经济发展资金保障】2021 年，钱塘区财政局出台《杭州市钱塘区政府产业专项资金管理办法》《进一步规范协议文本的若干意见》《杭州市钱塘区产业项目租赁和购置国有企业标准厂房补助办法》等政策文件，完善产业扶持政策，提高产业资金绩效。全年兑现产业资金 52 亿元，鼓励企业开展科技创新活动，推进产业转型升级；投入 55.7 亿元支持城市建设，保障钱塘区电力隧道工程、艮山东路东延工程等重大基础设施建设，推进“五水共治”、老旧小区改造等城市环境面貌改善；兑现人才专项资金 8.74 亿元，支持高层次人才项目、大学生创业、科创平台建设。　（陆鹏飞　沈　慧）

【财政改革深化】2021 年，钱塘区财政局深化机关内部“最多跑一次”改革，实现财政专项资金“审批+拨款”全流程线上化，提升财政资金审批效率，防范拨款风险。深化绩效管理改革，落实财政项目资金绩效分级管理，42 个部门、7 个街道、94 所学校的

1110个项目被纳入绩效管理，实现项目绩效目标和绩效监控全覆盖；开展3个财政支出重点项目绩效评价，为政策完善提供决策支撑；开展绩效自评442个，涉及金额19.57亿元，绩效抽查复评45个，督促绩效评价问题整改落实。加强政府采购监管，开展政府采购支持融资畅通工程，推广“政采贷”、预付款保函、履约保函等政府采购金融服务，组织各类政府采购培训11场，规范单位采购行为，实施政府采购备选库、名录库、资格库专项清理，健全政府采购专项检查和抽查机制，获评“全国政府采购百强区（市、县）”，政府采购营商环境考核列全市第二位。（任益平）

【财政监督管理】2021年，钱塘区财政局修订完善《钱塘区预算管理办法》《钱塘区财政资金拨款审批管理办法》，编制行政区预算草案，规范收支管理。压减公用经费定额5%，压减“三公”经费、差旅费、会议费、培训费等经费，严控一般性支出，严格执行通用办公设备家具配置标准。全年共筹措财政性资金93.68亿元用于政府债券还本付息和隐性债务化解，落实八年化债计划进度要求。抓住地方政府债券发行窗口期，争取政府债券57.9亿元，增长46.6%。出台《杭州市钱塘区政府投资项目资金纳入国库集中支付改革管理办法》，减少资金拨付环节，提高资金使用效益，清算建设类应收款，收回财政资金1.46亿元。（汪丽景　王　方　陆鹏飞）

【国库集中支付改革】2021年，钱塘区财政局统筹推进预算单位和财政资金全覆盖，全年国库集中支付业务8.45万笔，支付金额123.06亿元。加强预算执行动态监控系统建设，细化动态监控预警规则，将纳入集中支付的142个预算单位的预算管理资金、专户管理资金、转移支付资金等全部纳入动态监控范围，实现每一笔财政资金支付信息从指标、计划、直接支付、授权支付进行全过程监控。全年触发动态监控规则424笔，经人工确认取消预警345笔，确认触发动态监控79笔，涉及金额525.97万元，全部实现修正。（王　瑛）

【国资国企管理】2021年，钱塘区财政局出台《杭州钱塘新区行政事业单位国有资产处置管理暂行办法》《关于规范杭州钱塘新区国有房产管理的通知》《杭州市钱塘区区属企业资金信用监督管理暂行办法（试行）》等制度办法，重点管好国有资本布局、规范资本运作。开展国企领域8个方面突出问题专项治理工作，形成专项治理突出问题和风险化解任务清单，打造“清廉国企”。将经营性资产划转注入国有企业，全年划转9.94亿元股权、房产等经营性资产注入区属国企，安排国有企业资本4.6亿元，优化国有资产布局。加强行政事业单位国有资产报废处置、价值变更、调拨等日常管理，完成2021年度行政事业单位国有资产年报统计和区属国有企业年报统计工作。至年末，全区行政事业单位资产总额166.97亿元。其中，流动资产28.21亿元，非流动资产138.76亿元；固定资产原值68.08亿元，净值36.06亿元。全区财政直接监管国企6个，资产总额1208.81亿元，全年营业收入53.31亿元。

【“资产云”2.0平台上线】2021年1月1日，钱塘新区政府资产管理云服务平台（简称“资产云”）2.0版本上线。相较于“资产云”1.0平台，2.0平台打通资产内部业务流程管理，具备人人可查看、自定义打印单据样式等多种功能，政务外网、互联网均可登录，可供卫生、教育等体系单位登录使用，实现“人人都是资产管理员”的目标。2.0平台可开展个性化定制服务，涵盖低值易耗品管理、维修、自定义报表，与财政端数据实现衔接，提高办事效率。（王　颖）

金　融

【概况】2021年，钱塘区有金融机构及地方金融企业55个。其中，银行机构25个（网点90个），保险机构6个，证券机构5个，融资租赁机构16个，融资担保公司2个，典当行1个。至年末，全区金融机构存款余额1312.62亿元，贷款余额1406.56亿元，比上年分别增长19.3%和18.6%。普惠小微贷款余额328.76亿元，比上年增长30.2%；绿色信贷余额27.37亿元，环比增长2%。

【2个国有银行自贸区支行落地】2021年，钱塘区推动区内2个国有银行设立自贸区专营机构，支持浙江自贸区杭州片区钱塘区块建设。中国银行浙江自贸区杭州钱塘支行于2021年12月14日更名设立，发挥中国银行外汇业务优势，为优质外商投资企业提供资本项目外汇收入支付便利化业务，全年挣揽外资1.88亿美元。中国农业银行股份有限公司浙江自贸区杭州科技园支行于2021年12月9日设立，推动传统国际业务与自贸区业务一体化，为客户提供专业化服务，全年对公国际业务有效客户131户，结售汇量2.6亿美元，国际业务结算量7.8亿美元。

【“政银担”合作机制构建】2021年，钱塘区政府与杭州市融资担保有限公司签订战略合作协议，通过批量化担保、数字化赋能等方式全方位、多角度推动“政银担”合作，加大对小微企业和“三农”的融资担保力度，为区内企业提供0.8%担保费率，降低企业融资成本。至年末，杭州市融资担保有限公司与区内16个银行达成合作，完成浙江中自庆安新能源技术有限公司、杭州日芝电气有限公司等387个企业政策性担保业务1093笔，累计金额2.54亿元。

【产业基金壮大】2021年，钱塘区做大产业基金，助力招商引商，推动产业发展。至年末，钱塘区产业母基金参股的基金项目30只。其中，国家基金4只，政策性直投基金3只，定向基金3只，社会化合作子基金20只。发挥财政资金杠杆作用，母基金在社会化合作子基金中累计认缴出资18.02亿元，带动社会资本认缴86.41亿元。发挥基金引导作用，在政策性直投基金投资的23个项目中，“独角兽”项目1个，杭州“准独角兽”企业项目9个；1个项目4倍获益退出，3个项目进入上市辅导期，2个项目上市股改；社会化合作子基金投资项目186个，完成投资金额37.22亿元，其中区内项目占比60%，引进34个企业落户钱塘区。支持主导产业发展，产业基金体系实现重点产业全覆盖，生物医药产业占比50%，集成电路产业占比20%，新能源汽车产业占比13%。

【企业上市培育】2021年，钱塘区鼓励引导企业强化资本意识，推动企业上市。联合浙江省股权交易中心举办上市沙龙活动、培训活动10多场次，邀请浙江省证监局、新三板（北交所）专家解读上市审核要点、新三板改革新政等，500多人参加。协调解决企业上市难题，协调开具上市所需的相关证明40多份，解答企业问题200多人次。兑现“凤凰政策”奖励资金2642.19万元，惠及企业15个。全年新增杭州联德精密机械股份有限公司、杭州美迪凯光电科技股份有限公司、杭州奥泰生物技术股份有限公司和杭州福莱蒽特股份有限公司4个境内外上市企业，IPO募集资金48.36亿元，投资钱塘区比例86%。至年末，钱塘区有上市企业18个，新三板挂牌企业8个，重点拟上市企业27个，意向上市企业30多个。

2021年6月2日，区财政局（筹）联合建行杭州钱塘支行开展“严厉打击电信诈骗，提高识骗防骗能力”活动 （区财政局 提供）

【地方金融稳定】2021年，钱塘区防范非法集资，到街道、社区、学校、企业举办防范非法集资宣讲活动32场次，参与群众人数9870人，入企宣传200多个次。防范电信诈骗，走访白杨街道大北社区、下沙街道上沙社区等7个社区，以及浙江真韩贸易有限公司、杭州阿莱文化传媒有限公司等23个企业，发放“防电诈”宣传折页1500多份。 （陶 旭）

税 务

【概况】2021年6月22日，国家税务总局杭州市钱塘区税务局成立。全年组织税费收入343.07亿元，增收84.38亿元，增长32.6%。其中，组织税收收入242.47亿元，增收50.75亿元，增长26.5%；组织社保费收入89.32亿元，增收30.87亿元，增长52.8%；组织非税收入9.54亿元，增收2.87亿元，增长43%。

【税费优惠政策落实】2021年，钱塘区税务局落实减税降费政策。全年为111.75万户次纳税人减免退税费110.15亿元，相当于同期税费收入32.11%。贯彻执行煤电和供热企业“减、退、缓”税措施和制造业中小微企业税收缓缴政策，为6个煤电和供热企业办理“减、退、缓”税费5457.66万元，为2209个次制造业中小微企业延缓缴纳税费1.78亿元。

2021年6月25日，钱塘区税务局与海宁市税务局、临平区税务局共同成立"之江潮税"党建一体化联盟（区税务局 提供）

【纳税服务优化】 2021年，钱塘区税务局拓展"非接触式"办税服务，打造"税务网店""你带我办"云互动办税政务服务创新项目，网上综合办税率98.5%。开展"亲清钱塘一对一结对助企"活动，开设杭州医药港等税务服务驿站，走访企业1033个，收集意见建议19条，解决问题10个。设立"杭海协作专窗"，实现9类70个事项杭海协作通办。坚持"快退税、退税快"，推行增值税留抵退税快速审批，全年加速办理增值税留抵退税314户次、14.92亿元，出口退税5853户次、29.97亿元。

【税收征收】 2021年，钱塘区税务局开展税收征管质量监控。配合开展现金税费征缴专项整治工作，重点完成7个税收社会共治服务点，共计3.24万份作废发票、2472份冲红发票的排查。落实杭州市税务局"首次服务"工作机制试点任务，探索杭州市税务系统"首次服务"工作开展路径。强化大企业管理服务，开展辖区拟上市公司辅导，配合杭州市税务局开展富通集团及富春江集团的税企遵从合作协议签约工作。

【"之江潮税"杭海一体化党建联盟成立】 2021年6月25日，钱塘区税务局与海宁市税务局、临平区税务局共同成立"之江潮税"杭海一体化党建。三方就党建、业务、工作机制等具体事项达成共识，成立"之江潮税"杭海一体化服务队，开通"杭海一体化跨区域办理直通车"，实现优惠办理、申报纳税、证明办理等多个涉税事项在杭海区域内一窗通办，推行税收政策实时对接、风险管理统筹应对、企业服务协同开展、智慧办税一体推进等管理服务举措，最大限度便利纳税人办税。

【税收宣传】 2021年，钱塘区税务局开展税收宣传，全年在媒体刊发新闻稿件100多篇次、新媒体作品100多篇次。推送优惠政策信息82.42万条，通过网络纳税人学堂发布直播课程29场，直播观看量2.91万人次。与浙江传媒学院联合共建大学生税法宣传教育基地，建立税务系统与院校协同育人机制。开展"亲商助企连心结对"活动，集中开展企业走访活动3次，走访企业525个次，解决企业需求23个。（姚祎婷）

责任编辑　曹文慧

经济综合管理

发展和改革管理

【概况】2021年，钱塘区完成固定资产投资461.34亿元，比上年增长12.1%，获全市有效投资优胜单位，实现地区生产总值增长6.6%、服务业增加值增长9%。编制《杭州市钱塘区国民经济和社会发展第十四个五年规划和二〇三五年远景目标纲要》，阐述"十四五"期间钱塘区重点发展任务。制定出台《钱塘区政府投资项目管理办法》《钱塘区产业项目推进程序优化方案》，6个"152"项目实现100%落地，4个项目被纳入2021年第一批实施类省重大产业项目清单，数量居全市第一位。推进共同富裕，挂牌成立钱塘区委社会建设委员会，结对四川省甘孜藏族自治州理塘县开展对口支援，与江山市签署战略合作协议。获批浙江省整县推进屋顶分布式光伏试点区县，前进智造园获批杭州市首批低碳园区。推动省级营商环境集成改革试点，全球中心仓、生物医药全产业链服务新模式入选2021年中国（浙江）自由贸易试验区最佳制度创新案例。（陈　伊）

【钱塘区"十四五"规划发布】2021年9月，《杭州市钱塘区国民经济和社会发展第十四个五年规划和二〇三五年远景目标纲要》发布。规划全文设置12篇、46章，从科技创新、产业发展、新发展格局、数字化改革、产城融合、乡村振兴、文化建设、社会民生、绿色发展、社会治理10个方面阐述"十四五"期间的重点发展任务。设置专栏17个，对重大改革、重大平台、重大政策、重大项目等做出安排，分解落实目标任务，保障"十四五"规划落地见效。（童春惠）

【有效投资扩大】2021年，钱塘区完成固定资产投资461.34亿元，比上年增长12.1%，完成杭州市下达的年度目标。其中，完成高新技术产业投资87.32亿元，增长52.2%；完成生态环保、城市更新和水利设施投资94.78亿元，增长73.2%；完成民间投资263.88亿元，增长28.4%；完成工业投资126.79亿元，总量居全市第一位。钱塘区扩大有效投资工作受到市委、市政府认可，被杭州市授予"2021年度扩大有效投资推进重点项目优胜管理单位"称号。

【"152"省市县长工程项目落地率100%】2021年，九洲药业杭州生产研发新基地项目、史陶比尔研发及智能制造基地项目、零跑项目、中通智能制造项目、维亚聃诚杭州新药CMO/CDMO生产基地标准厂房项目和源玺医药科技新建厂房项目6个项目纳入"152"省市县长工程，总投资106.25亿元，全部实现开工并完成统计入库，落地率100%。

【政府投资项目管理办法出台】2021年11月23日，《杭州市钱塘区政府投资项目管理办法（试行）》印发。提出规范政府投资项目管理，建立科学、合理的政府投资项目决策和实施程序，优化投资结构，提高投资效益，强化政府投资前期决策和事中、事后监管。

【6个项目入选省重大产业项目】2021年，杭州朝阳橡胶有限公司年产650万套全钢子午线轮胎绿色5G数字工厂项目、5G智能通讯

模块化组件新建项目、得力智能家具项目、智能集控年产7.36万吨高性能密封胶电子封装新材料高技术扩产项目、杭州景杰生物科技股份有限公司蛋白质组学技术服务和抗体研发生产项目、系列纳米级高性能有机颜料及配套材料产业化项目6个项目被列入省重大产业项目名单，钱塘区项目入选数、实施类项目数、预选类项目数均居全市第一位。

【优化产业项目推进机制】2021年11月15日，钱塘区制定出台《钱塘区产业项目推进程序优化方案》，以“703020+X”（“70”指签约到土地挂牌控制在70天，“30”指土地挂牌公告30天，“20”指土地摘牌到取得施工许可证20天，“X”指酌情考虑特殊事项办理时间再加X天）产业项目推进机制助推产业项目推进再提速。该机制重点围绕签约至供地、供地至开工2个阶段，统筹商务洽谈、做地供地和设计审查3条主线，按照“三线”并行、并联优先、创新审批3个原则，综合考虑政策规定要求、工程审批标准和项目实际情况，提升产业项目推进效率。（陈 伊）

【“平台+统筹”联动机制优化】2021年，钱塘区启动平台、街道、部门、国企联动机制方案谋划编制工作。组织召开专题研究讨论会议，修改完善方案，完成《钱塘区优化平台+统筹联动机制实施方案》初稿。方案以“坚持全域思维，优化资源配置”“坚持分工合作，促进融合发展”“坚持明确权责，实现共建共享”为基本原则，明确平台作为产业发展主体、街道作为服务保障主体、部门作为统筹协调主体、国企作为建设运营（代建）主体4个定位，通过建立产业平台与街道“命运共同体”，明确职能权限分工，探索考核机制，创新体制机制4个改革，实现钱塘区高质量创新融合发展，提升区域能级、产业能级和核心竞争力。（冯 青）

【营商环境优化行动】2021年，钱塘区围绕打造一流营商环境的目标，以省级优化营商环境集成改革试点和数字化改革赋能为抓手，优化政务服务环境、投资贸易环境、产业发展环境、创业创新环境、法治保障环境、生态人文环境。组建成立区委书记挂帅的建设一流营商环境工作领导小组，统筹推进优化营商环境工作。强化监督考核，建立健全激励机制，支持改革创新，鼓励担当有为，对重难点问题及时分析补足，对进展迟缓、落实不力等问题加大检查，督促整改。畅通企业诉求通道，组建“听潮者”队伍，听取各界民声，强化企服新干线等数字场景，优化企业线上诉求闭环管理模式，有效服务企业。

【政务服务环境优化】2021年，钱塘区推进政务服务环境优化。开办企业网办率95%以上，实现“一个环节、四份材料、零费用、30分钟办结”。一般工业项目立项备案实现“即办”，工程许可审批时间、施工许可审批时间均在3小时内，新赋码的一般企业投资在批项目平均审批用时1.2日，“小型项目”项目平均审批用时1.17日。企业土地首次登记权籍调查办理时限压缩50%，企业不动产登记时间不超过2个工作日。推出创建“云税钱潮”服务品牌，开发交互式视频软件“税点通”，为市场主体提供专业化的纳税辅导与咨询。依托“一网注销”系统，信息共享实现全流程进度实时跟踪、实时反馈，完善企业退出机制，降低企业注销成本；推进政务服务2.0平台、建设区街一体化智慧大厅、钱塘特色“一件事”及承诺制改革。打造“不见面”交易体系，深化工程建设招投标“一件事”全流程改革。推进“互联网+政府采购”，依托“政采云”和政府采购监管系统，完善信用融资、履约验收、信用评价等功能，精简办事流程，优化服务保障，提高政府采购全流程电子化水平。

【投资贸易环境优化】2021年，钱塘区推进投资贸易环境优化。进出口业务实现“单一窗口”办理，覆盖“两步申报”通关模式，推出“7×24小时”通关服务，提升通关时效。实现服务贸易出口正增长，连续2年进出口规模列全市第一位。搭建跨境电商“全球中心仓”，加速跨境电商与传统产业融合发展，开展跨境电商“9610”“9710”出口新模式，联合海关完成首单“1210”保税进出口退换货测试，探索实现“9610”跨境电商“9610”出口退换货试点，形成“一盘库存卖全球”的闭环。联合网易考拉海购实现“保税仓+直播”模式，引进淘宝保税仓直播基地，实现保税仓直播基地常态化运作。加速布局“保税进口+零售加工”模式。推进“互联网+海关”，实现90%以上的加贸业务线上办公，95%以上的通关业务线上办公，以及办事“跑零次”。

【产业发展环境优化】2021年，钱塘区推进产业发展环境优化。实现电力16类常规业务“一次都不跑”，5类复杂业务“最多跑一次”，深化“一件事”改革，实现小微企业新装、增容手续精简至2个，小微企业新装、增容接入零成本；推进水电气网“4+1+1”（水电气网+蒸汽+压缩空气）协同报装“一件事”改革，对负面清单以外的外线施工涉及道路挖掘、占用绿化的实行承诺制备案实现标准化管理；完善信贷风险共担和补偿机制，以及金融服务中小企业发展支撑体系，实现中小企业融资平等待遇。加大省重大产业项目用地保障力度，为市场主体提供生产要素供给机制，提高农转用组件报批效率，确保项目落地。

【创业创新环境优化】2021年，钱塘区推进创业创新环境优化。搭建“钱塘人才数据库”，实现顶尖人才引育、人才分类认定、生物医药产业人才分布、应届高校毕业生引进等各项人才工作数字化动态管理。优化“钱塘人才E点通”“钱塘人才卡”功能，实行“钱塘举才官”制度。开展援企稳岗稳就业行动，做好企业用工监测，以市际和跨省劳务协作的方式拓展各类求职招聘模式，保障企业用工。创新推广电子合同应用，深化电子劳动合同应用场景，提升区内劳动关系领域管理、服务数字化智能化水平，推进钱塘高质量和谐劳动关系建设。搭建国家高新技术企业“发现一批、服务一批、推出一批、认定一批”的培育机制，探索建立高新技术企业后备，定期遴选符合产业发展方向、创新基础好、有发展潜力的科技型企业入库。以省科技型中小企业、市“雏鹰计划”企业为抓手，以孵化器建设为载体，引进培育科技型中小微企业。

【法治保障环境优化】2021年，钱塘区推进法治保障环境优化。实施“数字化投诉举报项目”，化解重大涉稳、涉群体性、敏感性消费投诉纠纷。全市首创企业承诺地址送达机制，在买卖合同纠纷中在没有约定的情况下将守约方支出的律师费首次判决由违约方承担，成为杭州市受理首例单方申请司法确认案件。钱塘法院利用移动微法院、政法一体化等智慧法院建设成果，为当事人提供线上线下、方便快捷的综合性诉讼服务。探索“案款一件事”改革，改革项目被列入浙江省高院数字改革试点项目，钱塘法院成为唯一试点法院。运用“E键送达”等平台，在立案后2个工作日内送达副本材料，推广适用企业法律文书送达地址告知承诺机制，减少送达时间。推广运用庭前会议程序，提高开庭效率。

【生态人文环境优化】2021年，钱塘区推进生态人文环境优化。实施蓝天保卫战、碧水截污、净土清废行动，建成区级有害垃圾暂存分拣等工作机制，改善大气和水环境质量，健全生态环境治理体系，提升治理能力。制定出台《关于高质量开展“围垦风光，大美钱塘”新时代美丽乡村建设三年行动计划（2021—2023年）》。推进建设杭州书房、百姓健身房，开展群众性文体惠民活动。打造外联内畅的大交通体系，开展钱塘高铁枢纽概念设计，地铁7号线、8号线通车。（方一波）

【对口支援】2021年，钱塘区结对四川省甘孜藏族自治州理塘县开展对口支援。全年结对学校6所、医院2所、社会组织3个，选派12名医疗、教育领域专技人才到理塘县挂职。落实财政援助资金4566万元，用于援建牦牛产业园区、理塘县第三完全中学学生宿舍和学生食堂建设等对口支援项目。引导企业到四川省投资，完成实际投资额7.8亿元。培训理塘县农村劳动力206人，其中141人为脱贫人口。采购四川省农特产品4688万元，动员社会各界捐款捐物5500万元。“村企结对”实现全覆盖，钱塘区22个企业与理塘县22个村结对。

【山海协作】2021年，钱塘区结对江山市、龙游县、淳安县等地区开展山海协作。在科教文卫等社会民生领域与江山市开展交流合作；开展产业联动，签署《“江

2021年11月3日，钱塘区—理塘县对口支援工作联席会议召开

（区发展改革局 提供）

山—钱塘特色生态产业平台”战略合作协议》，推进江山市特色生态产业平台建设。援建3个山海协作乡村振兴示范点，拨付援建资金330万元。深化“杭千飞地”合作模式，千岛湖智海大厦全年实现税收9800多万元；探索建设5平方千米钱塘—淳安共富“产业飞地”。与龙游县签署共建“产业飞地”框架协议，确定约1.01平方千米一期地块以及2个合作启动项目。钱塘区“创新产业飞地建设，打造山海协作工程升级版”入选杭州市争当浙江高质量发展建设共同富裕示范区城市范例首批试点。 （赵　赛）

【能源预算化管理】2021年，钱塘区制定《钱塘区能源预算化实施意见与方案细则》，做好对高耗能行业企业的能源预算化管控，采用分级管控机制，制定科学合理的“一企一策”，确保企业措施落实到位。保障重点低能耗高产出企业用电供给，重点保障增加值率高、能耗强度低、亩均效益好的生物医药、航空航天等主导产业企业。

【低碳示范园区创建】2021年8月，钱塘区前进智造园入选杭州市首批低碳园区。园区聚焦汽车及零部件、航空航天、智能制造等主导优势产业，围绕“产业低碳转型、创新节能低碳技术、推动数字赋能、倡导绿色低碳生活”等主题，实施华瑞航空制造项目、欧亚轻工智能装备制造项目等一批绿色低碳项目，打造前进制造园低碳工业示范区、能源管理低碳化示范区、低碳技术创新和应用示范区、新能源汽车碳积分示范区、未来低碳工厂示范区。

（鲁业铮）

【价格管理】2021年，钱塘区通过“12345”市长热线、网上政务平台等渠道，处理价格信访252件，涉及楼盘精装修、转供电价格、停车收费等领域，办结率100%，满意率98%以上。配合区教育局确定课后服务收费标准，强化对校外培训机构运营及收费情况的监管。落实价格监测报告制度，全年上报价格信息数据表163起，根据市场供应与价格变动情况启动监测应急预案。全年办理价格认定案件187起，标的数738个，金额346万元。 （沈　磊）

市场监督管理

【概况】2021年，区市场监管局聚焦数字化改革。省级数字化改革药品监管“黑匣子”项目试点、市场主体全生命周期协同管理应用2个数字化改革项目获评杭州市市场监管局优秀改革项目。聚焦营商环境优化，开展自贸区商事主体登记确认制，全区在册市场主体10.29万户，比上年增长34.7%。其中，在册企业6.01万户，增长30.3%；在册内资企业5.87万户，增长30.3%；在册外资企业1064户，增长17.8%。区市场主体总量占全市总量6.8%，增幅居全市第一位。新增市场主体2.65万户，增长67.6%，新增注册资本847.47亿元，下降28.5%。小微企业增幅位居全市前列，获评小微企业“三年成长计划”工作优秀单位。聚焦法治建设，2个法治项目获市级肯定。聚焦除险保安，承建全市1/4的监管仓，处理量居全市第一位。

【“综合查一次”执法改革】2021年，区市场监管局“综合查一次”执法改革被中共杭州市委全面依法治市委员会评为“2021年度有辨识度有影响力法治建设成果”。区市场监管局坚持“监管一件事”系统集成思维，构建区市场监管局“综合查一次”场景式监管体系，针对同一对象，通过统筹各科所，整合不同事项，形成只去一次、只查一遍、只立一案的“综合查一次”执法机制。重点实施3个举措：编制“综合查一次”场景式检查清单，包括场景名称、检查主体（含发起机构、联合机构）、检查事项、检查依据及检查任务数等内容；在市场主体全生命周期协同管理平台开设“综合查一次”项目端口，增设检查对象名录库、执法人员名录库、检查事项库，推行掌上执法；规范检查流程，针对检查的发起阶段、实施阶段、后处理阶段明确操作流程，让执法检查更有实践性和实效性。制定大型卖场、商务楼宇、药店等检查场景清单6项，涉及检查项目303个。

【“包容审慎监管”入选省最佳实践项目培育名单】2021年8月31日，区市场监管局“包容审慎监管”入选浙江省县乡法治政府建设最佳实践项目培育对象名单。区市场监管局坚持包容审慎的监管理念，实施包容审慎监管“123”（“1”指设置1个观察期监管，对区内四新经济企业设置不超过两年的观察期，以行政提示、行政建议、行政约谈等柔性监管方式为主；“2”指首违从轻和轻微免罚；除因涉及食品药品、特种设备、产品质量等重大违法，首次违法可以从轻处罚，轻微违法可以免予处罚；“3”指规范涉企检查、强化行政指导、做好从业教育3个举措）工作法，优化营商环境。开展企业观察期监管52个次，行政约谈、行政指导88个次。对部分轻微违法行为、一般违法行为予以免罚或减轻，办理不予处罚、减轻处罚案件44件；为受新冠肺炎疫情影响的各类市场主体纾困解难，受益主体75个。

【7个街道星级食安办验收通过】 2021年，钱塘区7个街道星级食品药品安全委员会办公室全部通过省星级街道食安办验收。其中，下沙街道食安办获评“全省首批五星级食安办”；白杨街道、临江街道食安办获评“2021年浙江省四星级乡镇（街道）食安办”；义蓬街道、河庄街道、新湾街道、前进街道食安办获评“2021年浙江省三星级乡镇（街道）食安办”。区食安办加强分类分级指导，制定印发《钱塘新区基层食安办星级评价方案》，指导街道食安办对照《基层食品安全协调管理评价规范》，从基层领导、人员建设、制度建设、工作保障、运行管理等方面深化网格化管理模式，推进街道食品安全协调星级管理评价工作。

【区市场主体总量超过10万户】 2021年11月16日，在区行政服务中心江东分中心，区市场监管局向杭州裕诚新能源有限责任公司颁发营业执照，是钱塘区第10万份市场主体营业执照。区市场监管局推进商事制度改革，深化“最多跑一次”改革和优化营商环境，推出全域住所申报承诺制改革，破解“住所证明难”问题，试点自贸区商事主体登记确认制改革，创新开设“商事登记零窗服务专区”，打造“审批更少、流程更优、体制更顺、机制更活、效率更高、服务更好”的极简化审批。全年新增市场主体2.65万户，比上年增长67.6%，增幅居全市第一位。

【自贸区商事主体登记确认制改革试点】 2021年，区市场监管局开展自贸区商事主体登记确认制改革试点，以申请人“自主申报+信用承诺”为基础，通过登记确认商事主体资格和一般经营资格，构建“自主申报+信用承诺”登记体系，全年完成商事主体确认制登记409个。自贸区商事主体登记确认制基于自治自主、信用承诺、依法确认、便捷高效原则，实施登记服务自助办理、名称自主申报、住所自主选择、经营范围自助选定、退出效率提升5个举措，对申请人提交的登记材料实行形式审查，审查通过后即时登记确认，核发营业执照，并予以公示。商事登记由行政许可变为行政确认，实现市场主体登记便利化。

【进口冷链食品集中监管仓建设】 2021年，区市场监管局承建进口冷链食品公共集中监管仓1个。公共集中监管仓位于白杨文津北路501号普洛斯物流园区B1号库，总面积3420平方米，冷库储存容量3500吨，其规模和容量全省第一位。公共集中监管仓组建行政监管、消毒、核酸检测和冷库运行管理4支队伍，配备全省唯一的核酸检测移动方舱，实现即采即测，成为全省出具核酸检测报告最快的监管仓。中央广播电视总台《焦点访谈》《新闻30分》《新闻周刊》对监管仓运行情况进行专题采访报道。全年进入集中监管仓的冷链运输车辆有785辆，入仓、消毒进口冷链食品77.83万件、1.44万吨，核酸检测8079份，阴性8078份，阳性1份（系阿根廷的冷冻去骨牛肉，共1102件，26.09吨），阻断阳性食品流入省内市场。

【小微企业三年成长计划实施】 2021年，区市场监管局实施第三轮小微企业三年成长计划，聚焦小微企业发展成长环境、成长压力、成长质量、成长机制，推动小微企业持续健康高质量发展。全年登记在册小微企业5.18万个，在册数量比上年增长29.5%；新设小微企业1.18万个，增长48.9%；有高端装备制造、数字经济产业等8个万亿产业小微企业1.51万个，新增4131个。8月31日，钱塘区获浙江省“小微企业三年成长计划”工作领导小组通报表扬。

【转供电专项整治】 2021年，区市场监管局推进转供电专项整治，核实转供电主体底数157户，清退新冠肺炎疫情期间95%阶段性优惠90.4万元，清退2018年4月以来6次降价多收费用1810万元，惠及终端用户9485户。

【江东片区首家市级“放心肉菜超市”创建】 2021年11月，华润万家生活超市（浙江）有限公司杭州义蓬店通过评审验收，成为江东片区首家市级“放心肉菜示范超市”。区市场监管局出动执法人数20人次，开具食品监督意见书3份，组织召开推进协调小组会议3次，助力超市通过市级评审验收。群众在“放心肉菜超市”购买肉菜，可直接通过手机扫码方式，获得所购买肉菜的索证索票信息。

【16个企业获评“浙江省AAA级守合同重信用企业”】 2021年8月，钱塘区16个企业获评“浙江省AAA级守合同重信用企业”，分别是杭州爱知工程车辆有限公司、杭州纸友科技有限公司、杭州美控自动化技术有限公司、浙江宝泰建设集团有限公司、顾家家居股份有限公司、浙江可胜技术股份有限公司、杭州电化集团有限公司、广汽乘用车（杭州）有限公司、杭州华测检测技术有限公司、浙江永泉市政园林工程有限

公司、泰瑞机器股份有限公司、浙江美丽达被服有限公司、杭州电力设备制造有限公司、杭州金毅科技有限公司、杭州电缆股份有限公司、浙江方圆检测集团股份有限公司。

【省级商业秘密保护示范站点建成】2021年11月，钱塘区企业浙江三花汽车零部件有限公司通过省级商业秘密保护示范站点验收。浙江三花汽车零部件有限公司主要从事汽车零部件的生产、销售以及技术开发。根据《商业秘密保护管理与服务规范》DB33/T 2273-2020，强化商业秘密事项管理、企业自主保护和商业秘密维权，通过信息化PLM（产品生命周期管理）系统、加密软件等方式为企业商业秘密打造“防火墙”，发挥商业秘密保护示范引领作用。

【10个企业“阳光工厂”建设纳入省民生实事项目】2021年，区市场监管局推进区内27个食品生产企业建成“阳光工厂”，其中10个企业“阳光工厂”建设纳入省民生实事项目。“阳光工厂”的洗手消毒、加工作业区、检验室、成品仓库的实时画面及加工作业区、检验室、成品仓库的实时温湿度控制数据均接入省市场监督管理局浙江省食品安全信息追溯监管平台（“浙食链”平台），省市区三级监管人员可在平台实时查看生产、检验、储存等环节是否规范，温湿度控制数据是否正常，如超出预设范围将自动预警。作为“浙食链”平台的升级版，“阳光工厂”部分功能向公众开放。对在“浙食链”系统录入数据的产品，消费者通过手机扫描产品二维码，可以了解该产品的生产商、保质期等基本信息、出厂检验报告等批次信息和监督抽检信息，实时查看企业加工作业区的监控画面。

【8个农贸市场创建成“五化”市场】2021年，区市场监管局推进“五化”市场创建工作。被列入全省第二批“五化”（便利化、智慧化、人性化、特色化、规范化）创建名单的8个农贸市场改造完成，投入改造资金280万元，改造提升项目12个，新增提升项目10个。提升市场基本服务，夯实市场内外的软硬件建设，配套服务台、垃圾房、休息室和卫生间等便利设施，规范市场引导体系，8个农贸市场摊位入驻率平均提高5%。提升市场人性服务，设置母婴房、消费者休息区，配置AED（自动体外心脏除颤器）、轮椅、急救医药箱等设施设备，建设无障碍通道，添加共享充电宝、共享租赁雨伞、共享充电桩等共享元素，搭建共享空间配优便民服务体系。提升市场政务服务，配置政务一体机5台，实现经营户政务服务“就近办”，为市场入驻商户提供“一站式”服务300多次。建设智慧监管AI抓拍系统，在现场制售品及熟食品销售区加装AI监控摄像头，在市场出入口、主要通道和营业场所等3个重点区域安装监控探头，具备对佩戴口罩、人流量、占道经营等场景监测功能，实现对违法违规行为的自动抓拍取证，规范经营秩序。

【5个星级民生药事服务站挂牌】2021年，钱塘区2个四星级和3个三星级民生药事服务站挂牌启动运行。区市场监管局按照《2021年浙江省民生药事服务站建设标准》，落实民生药事服务站应当具备药品（含医疗器械）零售资质，以及具备民生药事服务的场地、人员、设备的条件和达到项目服务数、月均服务数等要求，上门指导服务，合理规划场地，设置区域、公示服务项目，设立用药用械指导、中药切片打粉、网订店送等服务项目，满足群众药事服务需求，提高服务质量。

【2个企业获“杭州市信用管理示范企业”称号】2021年12月，钱塘区企业杭州万保箱柜有限公司、杭州晨基住工科技有限公司获2021年度“杭州市信用管理示范企业”称号，系信用管理机构健全、信用管理制度完善、信用管理效应明显、社会信用形象良好、具有典型示范作用的企业。获认定企业可在银行贷款、行政许可、资格认定、公共服务、社会宣传等方面获得支持。

【消费类投诉举报工作推进】2021年，区市场监管局接收投诉、举报、咨询2.4万件，处理率100%。其中，省统一政务平台和区信访平台转办件8150件，全国“12315”互联网平台件1.58万件，总量比上年增长41.6%。全年受理投诉1.55万件，占比64.6%；受理举报7839件，占比32.7%；受理咨询637件，占比2.7%。为消费者挽回经济损失1017.75万元，罚款没收金额24.63万元。（侯晶雅）

审计监督

【概况】2021年5月，钱塘区审计局成立。8月，钱塘区委审计委员会成立并召开第一次会议，审议并通过《中共杭州市钱塘区委审计委员会工作规则》《中共杭州市钱塘区委审计委员会办公室工作细则》和年度审计项目计划。全年组织开展审计项目7个，查出管理不规范金额7.86亿元，提出审计建议27条，采纳27条，推动建立和完善制度28项。

【经济责任审计】2021年，区审计局对区内2个街道和1个国有企业的5名领导干部开展经济责任审计，发现问题109项。街道领导干部经责审计重点关注决策管理、财政基础管理、民生项目绩效管理、工程管理以及园区运营管理是否到位；国有企业领导干部经责审计重点关注现代化企业治理体系、国有企业改革情况、经营风险、国有资产保值增值情况。督促被审计单位完善“三重一大”决策等制度，规范街道财政预决算管理，提高财政资金和国有资产使用绩效，提升国有产业防范重大风险隐患能力。

【自然资源资产审计】2021年，区审计局推进自然资源资产管理和生态环境保护情况审计，重点关注永久农田利用是否合理、土地流转管理是否到位、水污染防治是否履责、渣土管理是否规范。全年对区内2个单位的4名领导干部任职期间履行自然资源资产管理和生态环境保护责任情况开展审计，发现问题18项。

【商务发展专项资金审计】2021年，区审计局推进商务发展专项资金审计，重点关注政策制定与执行是否科学、资金使用和管理是否高效、项目申报和管理是否严格审核。全年对近3年钱塘区商务发展专项资金管理使用情况进行专项审计，发现问题10项。

【民生审计】2021年，区审计局推进民生审计，重点关注基础医疗服务是否全面、医疗废弃物处置是否妥当、补贴发放是否规范、医务人员配备是否达到标准和均衡。全年对区内7个街道的8个社区卫生服务中心医疗服务和财政财务收支情况进行审计，发现问题11项。

【审计监督整改】2021年，区审计局出台《杭州市钱塘区审计整改督查工作实施办法（试行）》，规范整改督查工作程序。编制并发布钱塘区《行政事业和国有企业审计发现共性问题提醒清单（第一批）》，提炼共性问题32个，发挥“提醒清单”预防作用。对2020年度审计工作报告反映的247个整改事项进行督查，完成整改244项，持续整改3项，问题整改率98.8%，收回资金426.23万元，推动建立、完善制度80项。（于晓文）

统　计

【概况】2021年，钱塘区统计局围绕区委区政府工作部署，履行统计调查、统计分析和统计监督工作职能，为全区经济社会高质量发展建言献策。加强防范和惩治统计造假，提升统计调查服务水平，深化统计现代化改革创新，强化统计基层基础建设，各项工作取得较好成效。（金　怡）

【统计监测分析】2021年，区统计局完善统计监测体系，围绕经济社会热点，跟进统计服务，开展主导产业、数字经济、城乡居民、大湾区新区、特色小镇等统计监测。加强数据解读，发布月度、季度经济指标和年度统计公报，宣传全区经济社会发展成就。全年撰写分析报告30篇，得到主要领导批示9篇次。（金升杰）

【统计业务开展】2021年，区统计局聚焦重要指标统计、重点领域统计和入库纳统工作。开展重要经济指标和高质量发展指标统计，提出合法合规挖潜力的思路建议；开展重点领域统计，摸排全区综合体分布情况和入驻商户情况，研究商贸综合体纳统的可行路径，有关建议被杭州市采用推广；开展入库纳统工作，推进“小升规”入库流程改革，统筹指导各主管部门、街道平台做好规模以上企业培育入库工作，全年新增名录库法人单位9014个，达标入“四上库”企业406个。其中，月度新增入库企业48个，年度“下转上”入库企业358个。（喻春华）

【民生统计服务】2021年，区统计局完成人口普查工作，公布普查数据，跟进普查资料开发应用，

2021年8月11日，钱塘区区委审计委员会第一次会议召开

（区审计局 提供）

全区统计调查系统多个单位和个人受到省、市政府行政嘉奖，《从七人普数据看钱塘区人口发展变化》调研报告获常务副市长柯吉欣批示肯定。开展“统计联心、数为民用”专题活动及各类社情民意调查，全年完成人口抽样、营商环境、平安浙江、居家养老满意度、交通出行满意度、外贸出口、中小微企业等专项调查10多项。（鲍承君）

【统计法治教育】2021年，区统计局完善防惩造假责任体系，出台防惩统计造假责任制实施办法，区有关部门、街道平台均出台落实办法细则，建立防惩统计造假责任体系人员清单。开展法治宣传教育，全年举办统计法治培训班20多场次，实现区级有关部门、街道平台、国企系统中层以上干部培训全覆盖。对全区统计系统工作人员和2300多名企业统计员开展2次集中法治培训，对“四上”（规模以上业、规模以上服务业、限额以上贸易业、资质以上建筑业和房地产业）企业领导层开展统计法治针对性宣传，点对点宣传5000多人。（刘　磊）

质量技术监督管理

【概况】2021年，区市场监管局以“改革创新服务”为主线，以各级“政府质量奖”申报创建为引领，以“浙江制造品字标”认证为载体，以“首席质量官”队伍培养为抓手，推进质量强区、强业、强企、强品工作，开展质量提升行动，助力钱塘经济高质量的发展。推进质量强区建设，实现钱塘区杭州市政府质量奖“零的突破”，获杭州市政府行政奖励嘉奖。推进钱塘区品牌建设，全年新增“浙江制造”品字标认证企业10个，26个企业获30本“浙江制造”品字标证书。推进企业梯队建设，以规模以上工业企业为主，建立“提升、发动、冲刺”三级阶梯企业培育库，培育重点企业70个，覆盖高端装备、新材料、服装等行业。强化激励引导，兑现2020年度品字标创建企业奖励资金180万元、2020年度区政府质量奖获奖企业奖励资金240万元。

【2个企业获杭州市政府质量奖】2021年，区市场监管局以区域特色产业和高端装备制造、生命健康产业为重点，行业龙头骨干企业为主体，实施首席质量官质量管理提优行动，根据企业发展情况动态完善企业梯队培育机制，建成“提升、发动、冲刺”三级梯队企业培育库。全年组织申报市政府质量奖企业5个，通过资格审查、资料审核、现场审核、决赛投票，杭州九阳小家电有限公司、奥普家居股份有限公司获杭州市人民政府质量奖。

【“黑匣子”工程建设启动】2021年3月4日，钱塘新区企业杭州澳亚生物技术有限公司在DI工厂（数字化智能工厂）建设基础上，率先启动“黑匣子”工程建设，被省药监局选为全省首批、杭州首家试点单位。“黑匣子”工程是依托钱塘区药品生产企业的DI（数字化智能）工厂质量监控系统，通过电子化自动记录收集影响药品质量的关键参数，保存在企业端的数据仓，一旦发生问题，即从“黑匣子”中获取全面的企业端关键参数，通过参数查找问题，分析原因，保证“源头可溯、流向可查、风险可追、质量可控”。该项目列入国家药监局药品智慧监管一体化平台试点、省政府推进数字化改革试点。

【10个企业获“品字标浙江制造”认证】2021年，钱塘区新增品字标认证企业10个，获“品字标浙江制造”认证证书11本。“品字标浙江制造”是浙江省的金字招牌，是省政府着力推进的品牌建设工作，采用“标准+认证”的工作模式，通过高标准的运用实施来引领高品质发展，对符合高标准、高品质要求的产品进行整体培育，为企业发展带来契机。区市场监管局发挥质量发展施工队、专利保护施工队等9支施工队的作用，开展重点企业“一对一”全程服务，组织浙江制造品促会专家入企帮扶，全年走访服务、培训企业180多个。至年末，全区累计品字标认证企业30个，获“品字标浙江制造”认证证书32本。

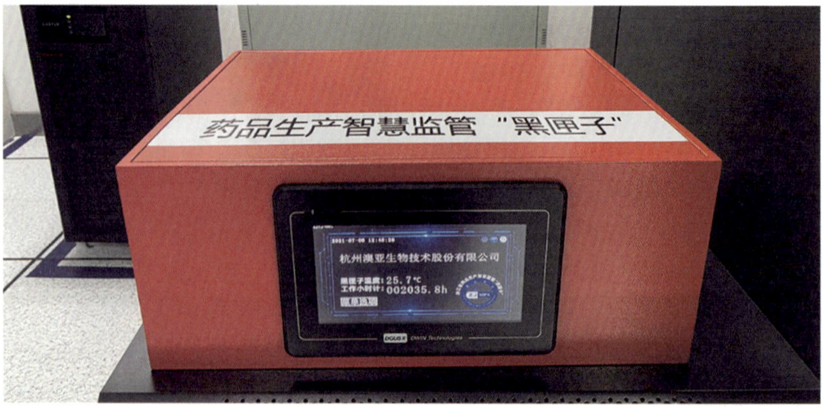

药品生产智慧监管“黑匣子”　（区融媒体中心　提供）

【电动自行车综合治理集成改革】2021年，区市场监管局推进电动自行车综合治理集成改革。11月1日，启用“码牌合一”数字化车牌，执行电动自行车经营单位扫码入库、标配销售，以精密智控为手段，依托数字化平台，推进电动自行车综合治理集成改革。全年“浙江e行”在线注册电动自行车经营单位225个，实行数字化车牌100%。钱塘区综合治理改革举措获《中国市场监管报》报道。（侯晶雅）

行政审批服务

【概况】2021年，区行政审批局（行政服务中心）优化审批体制机制。围绕“办事不出区”目标，梳理行政审批服务事项2041项并导入政务服务网权力事项库。修订区级行政审批服务工作管理办法（试行）、行政服务中心窗口及工作人员日常管理考核办法、公共资源交易管理办法等制度。围绕高质量建设行政服务中心，起草任务清单，列出10个攻坚任务，明确责任体系和时间节点。围绕优化营商环境目标，推进营商环境集成化改革，筹划组建放管服工作领导小组。

加快投资项目审批。优化产业项目报批流程，24个事项归纳为4条主线并联审批，实现一般产业项目拿地后45天内开工。推行“小时制”审批，实现一般工业项目立项备案、施工许可审批9.5小时内完成，项目完成率100%。组建由21名审批部门协办员和36名平台代办专员组成“管家式”服务队伍，对项目实行从招商引资到竣工投产全生命周期跟踪服务管理，召开项目审批例会36次，跟踪推进投资项目202个。优化投资项目审批协调机制，提升重点项目联审效率，实现新出让工业用地半年内开工要求。对产业用地项目实行“红黄绿”灯三色预警通报机制，及时管控风险，加快项目进程。

拓宽便民政务服务。深化“就近办”改革，打造“15分钟便民服务圈”。强化政银合作，社保医保、学生卡、燃气充值等业务实现银行网点可办。深化跨域通办，实现杭州141个事项、宁波88个事项、湖州30个事项异地通办。构建政务咨询导办体系，提升群众办事满意度。加快适老化改造，开设老年人服务专窗并全程导办帮办。打通无障碍办事渠道，在社保、市民卡等高频业务窗口增设“绿色通道”，为残疾人、孕妇等提供优先服务。

【“15分钟便民服务圈”打造】2021年，钱塘区深化“就近办”改革，打造“15分钟便民服务圈”，打通办事“最后一公里”。推进公安“一窗通办”业务进驻街道便民服务中心，实现户籍、流动人口等85项公安政务服务“一窗通办”。推动社会救助、居家养老、殡葬管理等向社区延伸，试点社区联合工作站模式，白杨街道大北社区和美达社区工作站可办事项57个。联合中国燃气，在银行和街道网点配置自助充值终端，5个银行网点、4个街道实现24小时燃气自助充值。推动医保、社保等领域事项下沉银行网点。全区160个高频民生事项下放至街道，89个事项实现政银合作，设置自助办理点135个，可办事项554项，24小时自助办事站35个。

【便民事项“异地通办”】2021年8月4日，钱塘区试点10台杭州办事服务综合自助机，开通“杭甬湖异地通办”功能，259个高频事项实现异地通办。其中，杭州上线141个事项，宁波上线88个事项，湖州上线30个事项。通过综合自助机“钱塘区特色模块”，全区66万名流动人口实现浙江省居住证签注、流动人口居住登记凭证打印自助办。

【政务咨询导办体系构建】2021年，钱塘区整合归并政务服务热线，实现办事咨询“一号呼”（89898899），便利群众咨询，全年接听电话5万余个。建立覆盖政务咨询热线、“亲清D小二”、人社AI客服、实体窗口、政务网络平台等“线上+线下”、多渠道同源解答的咨询服务体系。构建“1+4+X”导办帮办体系，通过行政服务中心大厅1个导引总台，社保医保、商事登记、投资项目、公安4个高频业务咨询分台，高校青年志愿队伍等X个辅助导办人员帮助企业群众现场办、自助办、即时办。全年导服群众91万余人次，提供志愿服务2746人次。

【“投资之家”一站式线上线下双平台入选杭州市改革创新优秀实践案例】2021年2月9日，2020年度杭州市改革创新优秀实践案例评选结果公布，钱塘新区构建“投资之家”一站式线上线下双平台入选。钱塘新区以“投资钱塘就是投资未来”为理念，围绕“投资者只进一扇门，完成投资所有事”的目标，创新推出钱塘新区行政服务中心下沙分中心、江东分中心2个“投资之家”一站式平台，推出PC端网页版“投资之家”和移动端“亲清钱塘”线上平台，提供投资服务供给。针对投资者、投资行为、投资项目，围绕项目“落地前准入、落地时审批、投产后服务”，集成整合

2021 年 7 月 1 日，区行政审批局（行政服务中心）开展基层政策宣传

（区行政审批局 提供）

10 多个部门审批服务事项及高校、科研、金融、中介等资源，推行“一项目一管家”的“金牌管家”服务，以“一件事”理念服务企业“全生命周期”。

【“市民之家”窗口服务优化】 2021 年，区行政审批局（行政服务中心）聚焦老年群体，打造老年友好型大厅，加快适老化改造，开设为老服务专窗 4 个，为该类群体提供从取号到办结的全程陪伴式服务。聚焦残障群体，启动无障碍建设，增设“绿色通道”6 个，设立信息无障碍专窗，添置无障碍读屏电脑、电子助视器、在线手语翻译系统、无障碍盲文有声服务指南等，畅通特需办事。聚焦孕妇、孩童等特殊群体，开设集休憩、阅读、母婴服务于一体的综合功能区，满足办事群体多元化需求。对窗口办事等候时长进行分级预警（15 分钟、25 分钟、30 分钟），动态调整窗口，办事平均等候时长由 14.6 分钟减少至 9.6 分钟，下降 34.2%。以企业群众获得感为第一评价标准，建立服务评价、实时上报、差评回访、整改落实、结果反馈的全流程“好差评”闭环工作机制，在传统窗口评价基础上，开发基于平板的“零窗”现场评价模块，将网办、掌办、导办等纳入评价体系，实现评价事项、对象、渠道全覆盖。至年末，窗口评价满意率 99.9%，投诉件比上年下降 54.3%，获锦旗 58 面、表扬信 53 封。处理差评件 356 件，差评件按期申诉、整改率均为 100%。

【便民服务零距离活动开展】 2021 年 7 月 1 日，区行政审批局（行政服务中心）开展“迎七一·民呼我为，服务零距离”活动，组织社保、医保、市民卡等高频事项窗口工作人员到河庄街道群欢村和白杨街道东郡社区，为百姓传递惠民政策、解答切身问题，并收集意见建议。11 月 26 日，区行政审批局（行政服务中心）联合义蓬街道开展“走进政务服务，共话营商环境”系列活动之“民呼我为·便民零距离”宣传服务活动，组织交警、出入境、社保医保、就业服务、人才服务、民政残联、综合宣传、住房保障、商事审批、纳税服务、不动产登记、公积金、钱塘华数等窗口业务人员到龙湖江东天街，为群众提供“一对一”的“专业化”咨询服务。

【项目审批“小时制”推行】 2021 年，区行政审批局（行政服务中心）依托“亲情在线”数字平台，推行工业项目审批“小时制”办理模式，项目立项备案及用地规划许可证、工程规划许可证、施工许可证 3 个阶段用时控制在 9.5 小时内，提交材料减量 80%。全年完成“菲丝凯化妆品”“网创装配中心”“蝶妃彩妆”等 12 个项目的在线审批办理，完成率 100%。（蒋莹莹）

责任编辑 曹文慧

国资公司

区建投集团

【概况】2020年8月，杭州钱塘新区建设投资集团有限公司（简称区建投集团）与杭州东部城市建设投资集团有限公司（简称东投集团）实行“一套班子、两块牌子”的运作模式，主要负责新区基础设施、公建配套及保障性用房、公建厂房、产业项目等开发建设任务，以及做地、经营性资产的管理运营、对外投资等。通过机构重组优化，形成7个内设机构、10个下属子公司的全新组织架构。至年末，区建投集团合并总资产600多亿元，净资产136亿元，区建投集团主体信用等级为AA+，东投集团主体信用等级为AA。

推出“钱塘建匠”党建品牌，以匠心、雄心、慧心、红心和慎心，创建品质、活力、数智、保垒和健康的“五心建投”；融合党史学习教育主线，促进党史学习教育走深走实。

开展“三比一提”（比服务、比管理、比效率，提作风）评比考核活动，全年开展“三比一提”评比活动7次，通报4次。在子公司中开展“五比一创”（比工程质量、比安全生产、比工程进度、比工地文明、比工程投资，创一流施工队）月度考核12次。

数字化改革工作列入集团年度“十件大事”，拟订数字化管理体系。至年末，完成驾驶舱、工程项目、协同办公、财务金融、党建人才、综合档案、资产管理搭建，并投入测试运行。围绕集团开发建设任务、做地职能、经营性资产运营、对外投资等工作，搭建一体化数据综合运用平台，推进“一屏览全貌、一图连现场”数智建投驾驶舱建设。

履行建设主体职责，全年完工项目50个，竣工房屋面积196.5万平方米，竣工道路总长15.47千米，新增绿化面积29.94万平方米、提升改造绿化面积29.94万平方米；完成固定资产投资54.6亿元，完成率156%；拓展资产经营，自营性资产可出租面积24万平方米，出租面积23万平方米，出租率97%，收取租金9000万元；可销售面积9.27万平方米，出售面积7.89万平方米，出售率85%，完成销售收入7.67亿元。

【集团2021年非公开发行公司债券（第一期）发行】2021年3月，区建投集团2021年第一期18亿元非公开发行公司债券在上海证券交易所簿记发行，期限5年，最终票面利率4.0%，创2021年以来AA+私募债可比条件最低发行利率新低。至年末，区建投集团发行私募公司债38亿元，收益债10亿元，海外债3亿美元，直接融资产品折合人民币68亿元，融资成本大幅降低。

【4个安置房项目竣工】2021年，由区建投集团负责建设的4个安置房项目竣工，分别为前进工业园区高层安置房二期项目、河庄街道新农村建设项目、临江街道城乡一体化安置小区项目、义蓬街道城乡一体化安置小区（棚户区三期）项目。涉及项目总投资约58.7亿元，总建筑面积约115万平方米，房源6240套。

【9宗地块出让】2021年，区建投集团下属子公司杭州东部城镇化

2021年9月，河庄街道新农村建设项目完成竣工备案并交付使用

（区建投集团 提供）

建设有限公司完成交易土地9宗。其中，6宗位于下沙区域，3宗位于大江东区域。总出让面积33.22万平方米，总建筑面积88.98万平方米，成交金额147.3亿元，应返还出让金63亿元。

【3个电力项目竣工】2021年，区建投集团负责实施的3个电力项目竣工，分别是2020年下沙片区电力管沟工程、110千伏春澜变工程、2021年下沙片区电力管沟工程〔16号大街（1～5号大街）新建10千伏管沟、3号大街（14～18号大街）新建10千伏电力管沟、天城东路（乔下线—海达南路）新建10千伏管沟〕。

【金沙湖地下停车场及综合配套项目竣工】2021年6月，金沙湖地下停车场及综合配套项目通过竣工验收。该项目位于钱塘区金沙湖中央商务区，金沙大道以南，海达南路以西，天城东路以北，环金沙湖布置，为地下一层停车场，北面连通金沙湖地铁C出口。总建筑面积8.72万平方米，机动车停车位1620个（含无障碍车位36个、充电桩停车位172个）。

【大学城北体育健身中心项目竣工】2021年2月，区建投集团负责建设的大学城北体育健身中心项目竣工。项目总用地面积1.8万平方米，总建筑面积3万平方米，其中地上1.9万平方米。该健身中心由主体育馆、攀岩馆以及室外运动场组成，主馆涵盖篮球馆、网球中心、综合健身等功能。

【钱塘书房项目竣工】2021年3月，钱塘书房开工建设；5月，竣工。该项目位于学林街463号，高教园区东公园内，面积500平方米，总藏书1万余册，包括人文社科类、少儿类等公共图书，与杭州图书馆实现通借通还。书房内设有公共借阅（阅览）区、少儿阅览活动区、展厅活动区、文创展示售卖区、轻餐饮食区5个功能区域，提供多样化数字阅读服务，加强钱塘区公共文化服务，打通公共阅读服务“最后一公里”，构建“15分钟阅读圈”。

【金沙湖公园景观工程建设】2021年，区建投集团下属子公司金沙湖公司负责建设的金沙湖公园景观工程完成公园南北管理用房装修，绿化完成40%，铺装完成60%，绿道完成75%。该项目位于钱塘区金沙湖地块、金沙大道以南、海达南路以西、天城东路以北，环金沙湖布置。工程范围包括1号、2号、3号、南北管理用房以及湖面与湖区周边的绿化工程，用地面积44.4公顷，湖面面积25公顷。项目于2019年4月开工，计划2022年4月竣工。

【工程匠心“质”造行动启动】2021年3月，区建投集团启动工程匠心“质”造行动，围绕“落实主体责任”“强化过程监督”和“健全评价体系”3个重点，推进建设工程匠心“质”造行动。全年对102个建设工地开展工程匠心考评4次，“综合得分85分及以上”工程17个次，“综合得分80分以下”工程76个次，对涉及违约单位处罚235个次。102个建设工地执行《房屋市政工程文明施工标准化指导图集（2.0版）》，以《建设工地环境秩序治理行动方案》为指导施行“自查+检查+抽查”三级检查机制。全年开展工地检查673次，发现隐患3794处，全部落实整改。（李婷娜）

区产业集团

【概况】2021年，杭州钱塘新区产业发展集团有限公司（简称区产业集团）提升产业服务专注力，完善产业发展生态，构建产业金融服务体系，助力全区主导产业发展。区产业集团主要业务涉足产业园区开发运营、生物医药技术服务、科技会展、保税物流、综合能源服务、物业服务、商业服务、酒店管理、创业投资等行业领域。全年区产业集团实现主营业务收入18.55亿元，上缴税款2.93亿元，完成固定资产投资7.2亿元，合同租金收入6.15亿元。至年末，区产业集团有总资产164.04亿元，有下属全资子公司31个、控股（含子公司控股）公司7个、参股（含子公司参股）公司28个。

推进产业园基础设施公募REITs（信托投资基金）发行，材料报送杭州市发展和改革委员会，并向浙江省发展和改革委员会储备库预提交资产数据清单；推进和达高科IPO（首次公开募股），完成股权和资产划转，启动市场化考核激励机制；推进市场化基金改革，成立钱塘创投管理团队，从事市场化基金管理和投资业务。

加快海内外园区布局，杭州医药港和达药谷四期开园；江东片区第一个产业园区和达芯谷一期工程摘牌。推进Q BAY全球布局，钱塘中心（硅谷）园区入驻企业/机构40多个，设立钱塘中心（波士顿）办公室并实现实体化运行；承办日本（静冈）境外经贸合作区推介会。推进园区建设，和达药谷五期工程、东部国际健康中心工程开工建设。

完善产业金融服务体系，形成政府产业母基金管理、自主产业投资、产业基础设施开发投资、跨境产业投资4个投资平台，为钱塘区产城及配套建设、产业招引提供金融服务。

围绕钱塘区挂牌成立运行后的中心工作，区产业集团所属成员企业和达物业管理有限公司、钱塘安保科技有限公司、万国酒店管理有限公司等完成区第一次党代会、区两会的会议服务、餐饮、安保等保障任务。东部国际商务中心等3个项目亮灯工程竣工，开发区文化配套用房项目启用金沙湖大剧院为地名标准名称，该项目获杭州市西湖杯（结构优质奖）。金沙湖休闲步行街入选“杭州餐饮业‘六名’工程—名美食街”名录。和达商管公司提升改造新雁公寓项目1070套，改造面积4.5万平方米。开展“梧桐树下的小团圆”活动推广“梧桐树”长租公寓品牌。根据“和达城”项目特点开展主题活动。和达希尔顿逸林酒店成为全区唯一的亚运会官方接待酒店。钱塘安保公司为全区260多个企事业单位提供安保服务。“司法矫正辅助监测”中心平台接入全国6000多名司法矫正人员。和达物业公司推动物业前期介入咨询，形成物业全过程管理，全年物业服务项目面积120万余平方米。

强化红色引擎，开展“红心铸

2021年区产业集团所属全资子公司一览表

表10

序号	全资子公司名称	序号	全资子公司名称
1	杭州和达高科技发展集团有限公司	17	杭州和达科技服务有限公司
2	和达投资集团（杭州）有限公司	18	杭州和达物流有限公司
3	杭州和达房地产开发有限公司	19	杭州汉达国际货运代理有限公司
4	杭州和达商业资产管理有限公司	20	杭州综合保税区服务管理有限公司
5	杭州万国酒店管理有限公司	21	杭州东杨商业管理有限公司
6	杭州钱塘新区安保科技有限公司	22	杭州万维投资有限公司
7	杭州和达金融服务有限公司	23	杭州源东投资有限公司
8	杭州和达物业管理有限公司	24	杭州和生物技术有限公司
9	杭州和达能源有限公司	25	杭州万景房地产开发有限公司
10	和港科技（国际）有限公司	26	杭州金缕投资管理有限公司
11	杭州和港创业投资有限公司	27	融华亚洲有限公司
12	杭州经济技术开发区创业投资有限公司	28	杭州和达融资租赁有限公司
13	HEDA INVESTMENT LTD	29	杭州和达意远工程管理有限公司
14	杭州万海投资管理有限公司	30	杭州和达芯谷园区管理有限公司
15	杭州生物医药国家高技术产业基地管理有限公司	31	和达药谷一期（杭州）园区运营管理有限公司
16	杭州和达海聚园区管理有限公司		

魂三十载”系列主题活动；强化党风廉政建设，打造清廉国企场馆，保障国企改革发展。对集团系统诉讼情况进行专项巡查，集中进驻系统内9个被巡查单位开展巡查并督促整改落实。强化“四责协同”机制建设，落实集团系统内各党组织主体责任报告工作，开展审计整改情况专项巡查“回头看”，推进“以案说纪、以案促廉”警示教育，深化廉洁国企建设。

【区产业集团成立30周年】2021年3—10月，区产业集团以“砥砺奋进三十载，扬帆起航再出发”为主题，组织开展集团成立30周年系列活动，包括“我为和达送祝福”之系列主题活动、“我与和达共筑梦”之系列论坛活动、“红心铸魂三十载”之系列党建活动，以及“相亲相爱和达人”之系列文化活动等；发布集团全新形象宣传片及纪录片《而立和达正芳华》。10月，邀请退休老领导老同志、合作伙伴代表、服务对象代表、媒体朋友和干部职工代表座谈，庆祝集团成立30周年。

【园区平台运营成果】2021年，区产业集团全资子公司和达高科集团公司运营产业园区类平台23个，总建筑面积152万平方米。完善信息化管理平台，园区运营主体实现数字化转型升级，资产租赁管理系统覆盖至园区所有企业。规范资产管理，清查和理顺集团资产19个。委托第三方机构对物业租赁价格进行市场化调研与评估，为园区现行租金价格体系与租赁市场接轨提供参考和指导依据。打造专业品牌课程，举办活动109场，召开第五届国际生物医药（杭州）创新峰会。设立“和达高科视觉系统与衍生产品创意设计营”，举办“钱塘论坛·聚焦创新药研发”、生物医药资本市场沙龙等活动，为医药企业对接资源、相互交流搭建平台。至年末，新增省级科技企业孵化器1个、省级小微园区4个、市孵化成果转化园区3个、区级小微园区3个；和达高科孵化器项目获评省五星级小微园区；园区入围“2021杭州‘独角兽’&‘准独角兽’企业榜单”企业7个。

【和达产业研究院成立】2021年10月15日，和达产业研究院揭牌成立，并与钱塘区经济信息中心签署战略合作协议。产业研究院以生物医药、数字贸易为重点研究行业，为区域产业研究、项目合作、项目开发与招商运营提供可行性研究与落地实施的综合解决方案。至年末，产业研究院完成团队组建及外部智库导入，撰写深度产业研究报告4篇，实现首个市场化产业规划咨询业务的输出。

【2个园区入选首批长三角G60科创走廊产融结合高质量发展示范园区】2021年11月8日，2021长三角G60科创走廊高质量发展要素对接大会召开，首批13个长三角G60科创走廊产融结合高质量发展示范园区获授牌。钱塘区的和达药谷、和达高科·孵化器2个园区入选首批示范园区。长三角G60科创走廊产融结合高质量发展示范园区旨在集聚金融资源辐射到9个城市广大产业园区和科创企业，促进创新链、产业链、金融链深度融合。示范园区评选主要涉及产业特色、科创活力、营商环境等8个方面的35项具体指标。

【和达芯谷一期地块摘牌】2021年12月3日，和达高科集团以7620万元竞得和达芯谷一期地块，地块面积10万平方米，拟规划建设半导体标准厂房、模块化厂房、大宗气体站、甲类库等生产配套设施，以及会议展示中心、邻里中心等办公生活配套。和达芯谷是区产业集团第五代产业园产品，主要引进芯片研发、芯片生产及上下游配套产业，提供科研院所、公共服务平台、高校资源共享赋能服务。

【海外创新产业平台布局推进】2021年，区产业集团海外平台钱塘中心（波士顿）办公室设立并实现实体化运作。钱塘中心（硅谷）园区入驻企业（机构）40多个，建立美国东西部地区业务链接，加强园区与美国东部地区生物医药企业、研究机构、投融资机构、创业者的合作与交流。承办日本（静冈）境外经贸合作区推介会，首批企业达成入驻浙江静冈亚洲合作中心意向。

【和达雅遇长租公寓开业】2021年10月18日，和达高科集团与雅诗阁有限公司旗下长租公寓品牌“雅遇”合作的杭州和达雅遇长租公寓（下沙）开业，迎来首户长住家庭。和达雅遇长租公寓（下沙）位于钱塘区大创小镇海聚中心，北邻2号大街，南邻科技园路，东侧为蒲公英天地商业综合体。有136套多种房型单元，每套单元均设有厨房，并配备健身区域、共享休闲廊、共享办公区、自助洗衣房等生活设施。

【智慧能源示范项目打造】2021年，区产业集团智慧能源板块业务主体和达能源公司以“清洁、低碳、安全、高效”为目标，构建产业园区智慧能源综合供应体系、城市建筑领域集中供应体系，服务区域“碳达峰碳中和”工作。5月，和达能源公司与中国节能环保集团签署建筑节能领域战略合作框架协议。至年末，智慧能源综合管理平台完成部分实时数据接入，导入浙江大学能源学院、央企等合作资源；和达综合能源低碳示范基地项目完成设计招标。

【和达药谷四期开园】2021年8月25日，杭州医药港·和达药谷四期开园。园区总建筑面积31.6万平方米，聚焦生物制药、医疗器械、生命医学工程、数字医疗等4个重点门类及细分领域，构建集药物发现、临床试验、成果转化、知识产权、医药大数据、产业金融、人才服务等全过程产业链。

【政府产业母基金管理】2021年，区产业集团强化政府产业母基金管理。由杭州和达金服公司托管的杭州和达产业基金投资有限公司围绕区域优势产业和主导产业，与国投创合、德诚资本、泽悦资本等知名投资机构共同出资设立29个社会合作子基金，总规模160亿元；子基金合计投资区内项目134个，总投资额71.7亿元，带动社会资本投入109亿元，引进31个企业落户钱塘区。政策性直投基金包括生物医药直投基金3支、创新成长投资基金1支和平毅基金1支；生物医药直投基金总规模10亿元，投资项目16个，5个企业被评为杭州“准独角兽”，完成首个投资项目转让；创新成长投资基金规模10亿元，实缴3亿元，投资项目5个。定向基金投资“零跑科技”和“赛德光电”等项目，认缴17.13亿元。

【和达生物医药基金首个投资项目完成股权转让】2021年7月，和达生物医药基金所持有的杭州多禧生物科技有限公司（简称多禧生物公司）3.1%国有股权完成竞价转让，以1.5亿元被杭州润华生命科学有限公司摘牌。多禧生物公司是和达生物医药基金投资的第一个项目，2018年8月，和达生物医药基金对多禧生物公司独家投资4000万元。

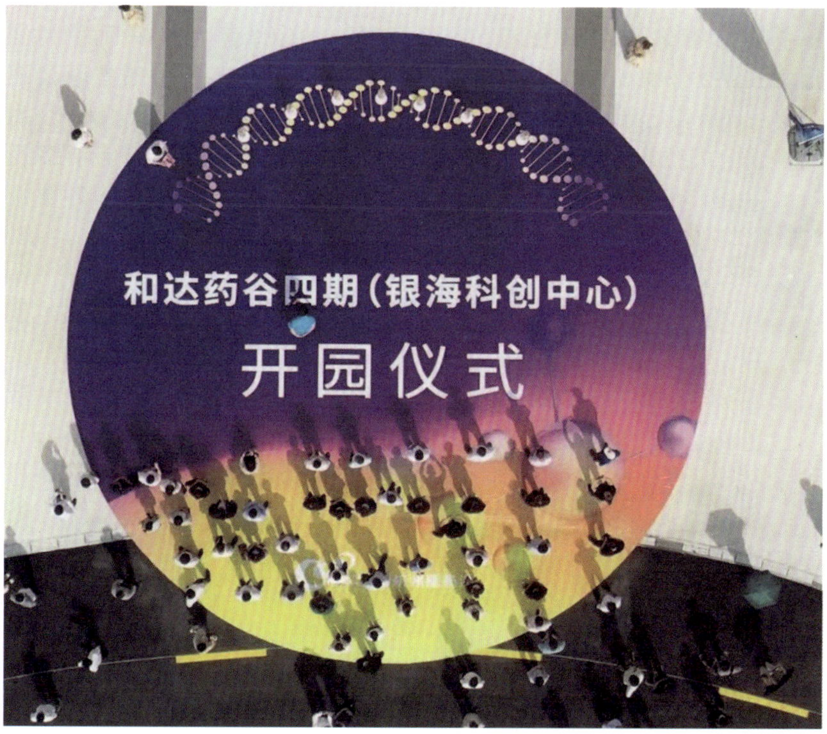

2021年8月25日，和达药谷四期（银海科创中心）开园仪式举行

（向　超　摄）

【集团市场化境内投资实施】2021年，区产业集团下属子公司杭州和港创业投资有限公司围绕钱塘区优势产业发展方向通过合作设立专项产业基金方式开展投资业务。区产业集团下属子公司和达投资集团（杭州）有限公司为企业自主出资母基金管理人，负责对外合作设立产业股权和产业基础设施不动产投资基金。区产业集团自有资金在境内累计投资产业基金（国家大基金除外）12支和直投项目4个，总规模71.22亿元，认缴规模19.72亿元。

【跨境产业投资推进】2021年，区产业集团组建跨境美元基金，方案获批；启动发行境外美元债项目，在港交所上市交易，发行期限3年，为钱塘区主导产业发展提供多元化跨境投资金融服务；推进设立和达（香港）控股有限公司为集团跨境投资总部，吸引全球资本投资钱塘区培育的创新项目，并通过跨境投资引导全球优质创新项目落户钱塘区。

【2个园区项目开工】2021年4月，杭州和达房地产开发有限公司代建的和达药谷五期项目开工建设。该项目位于围垦街与幸福北路交叉口西北侧，用地面积6.02万平方米，总建筑面积15.71万平方米，主要由4幢十一层小高层、2幢五层生产厂房、4幢四层生产厂房、1幢三层食堂、展厅组成。6月，杭州和达意远工程管理有限公司代建的东部国际健康中心项目开工建设。该项目位于钱塘区下沙街道，下沙南路以西，幸福南路以东，天

城东路以南，海通街以北，包含“JS0410-B1/B2-03”“JS0410-B1/B2-04”“JS0410-B1/B2-05”3宗商业商务用地。3宗地块总用地面积3.72万平方米，总建筑面积21.57万平方米，由4幢高层、4幢多层商业商务楼组成。

（楼志英 向 超）

区城发集团

【概况】2021年，杭州钱塘新区城市发展集团有限公司（简称区城发集团）内设机构6个，有全资子公司6个，托管公司1个。主要负责保障类用房的建设运营管理，公共设施、城市基础设施的运维，园林绿化工程及养护，市容环卫，能源类项目、农旅项目、自有项目的开发经营，区域开发做地和新区范围内流转土地的管理经营。至年末，集团合并总资产207.68亿元，净资产42.14亿元，完成固定资产总投资23.66亿元（含土地款11.56亿），实现主营业务收入19.83亿元，完成利润总额8500万元。区城发集团托管公司杭州临江投资发展有限公司总资产247.5亿元，净资产17.8亿元，年营业收入2.45亿元。

推进国有企业改革、业务结构优化、区域资源挖掘等工作，区人力资源大厦竣工验收，承接区“十纵十横”项目18个，区属“人才房1”项目开工，“人才房3”项目进入项目前期阶段。江东科创园出租率73%，临江科创园一期出租率85%。

加强集团党建工作，打造“城发微课堂”“青年志愿者”等特色党建品牌，确立党史学习教育党建基地。结合集团主营业务，以交投智慧停车管理平台为切入点，打造城发首个清廉品牌示范点，实现“清廉建设”和“为民服务”的双提升。

【市政管养服务】2021年，区城发集团下属子公司杭州和达市政园林建设有限公司推进养护水平提升。全年养护路面350万平方米，绿化面积260多万平方米，实现营业收入1.19亿元，承接区外项目5000万元。公司养护的钱塘沿江景观公园（东区三标）获评“浙江省优质综合公园”、2号大街（1号路至9号路段）获评“浙江省街容示范街”。钱塘沿江景观公园位于钱塘区之江东路（15号大街至19号大街段）南侧，北临钱塘江，公园内绿地面积12.15万平方米，是杭州东部湾特有的湿地公园。

钱塘沿江景观公园　（区城发集团 提供）

【公共能源服务】2021年，区城发集团开展做地项目19宗，共计93.01万平方米。其中，完成出让地块4宗（“人才房1”、“人才房3”、临江综合供能服务站、前进园区综合供能服务站），推进做地地块15宗。前进和临江2个综合供能服务站项目完成投用。集团下属子公司杭州和达交通投资有限公司被授予杭州市其他工贸三级类别市企业安全生产标准化三级达标企业称号。

【融资模式创新】2021年，区城发集团在新加坡交易所发行规模1亿美金的美元债，美元债票面利率3.98%。开展浙江省首单国有企业商业物业类REITs项目。托管公司杭州临江投资发展有限公司发行2021年度第二期非公开定向债务融资工具（简称PPN）。投放前融业务17单，投放资金62.7亿元，实现净利润1亿元。杭州临投贸易有限公司与东方集团有限公司上海分公司签订战略合作协议。全年实现销售电解铜899.76吨，交易额6253.34万元。

【资产营运管理】2021年，区城发集团统筹区内飞地渣土消纳，实施18个地块渣土消纳工作，实现营业收入6121万元。临江临时出海码头完成首单大型储罐设备海上运输业务，该业务发起方为浙江巴陵恒逸己内酰胺有限责任公司。公司由于业务需要从无锡中南重工有限公司订购2件生产材料储罐，每件重量32.9吨。

（卢钇沁）

责任编辑　曹文慧

教　育

综　述

【区域教育工作】 2021年，钱塘区有幼儿园86所（89个园区），小学27所（不含九年一贯制学校），初中（含九年一贯制学校）15所，义务教育标准化学校覆盖率100%。年内，上线“入学一点通”系统，通过系统招收中学、小学、幼儿园新生1.96万人，外来人员子女公办学校就读率90%以上。落实《关于加快教育现代化打造美好教育先行区的实施意见》，满足群众对“教有优师、学有优校”需求。钱塘区教育局（简称区教育局）出台“名师名校长名校”工程实施方案及相关配套文件。钱塘区申报创建全国学前教育普及普惠县（市、区）工作通过省教育督导委员会办公室评估验收。辖区学正幼儿园、月雅河幼儿园、新湾小学、河庄成人文化技术学校、学正中学和下沙中学通过省现代化学校评估验收。前进幼儿园、观澜幼儿园通过省一级幼儿园评估验收。副省长成岳冲对钱塘区“创新建设美好教育共同体，奋力打造美好教育先行区”区域共同体建设工作及“创建‘健康副班主任’机制，构建健康少年培育新模式”学生健康发展工作作出批示肯定。

【教育资源优化】 2021年，钱塘区优化学校布点与资源配置，编制完成《钱塘区教育设施布局规划研究（课题）》，启动《钱塘区教育设施布局专项规划》。加强教育基础设施建设，缓解区域适龄儿童就学压力，全年竣工验收“钱塘区义和幼儿园、智博幼儿园、潮闻天下配套幼儿园、钱潮幼儿园、禾源幼儿园、前进小步幼儿园、凌云小学、观澜中学”8个项目，总投资8.7亿元，新增学位数4260个。启动扩建钱塘区学正中学、义蓬第二小学，开工建设“钱塘区钱潮幼儿园、开发区单元幼儿园一、开发区单元幼儿园二、大江东核心区单元幼儿园9、河庄安置房三期配套幼儿园、云帆社区配套幼儿园、新湾大华配套幼儿园、义蓬中心小学、钱塘区学林小学（扩建）、钱塘区前进中学、开发区单元幼儿园改造、大学城北单元规划幼儿园一、杭州鼎文国际学校”项目。

【教育督导工作推进】 2021年，区教育局推进教育督导工作，举办督学专业能力提升培训会和第二届教育督导工作经验交流会，举办“双减”专题学习视频会。定期进行入校（园）专项督导，全年开展“规范教育”“双减工作”“作业管理”“德育工作”“师德师风”“普及普惠专项督导”“双减回头看”“疫情防控”“校园安全”等专项督导17次，出动人员1000多人次，撰写督学报告300多份，提出整改意见和建议1000多条。修订完善2021年《公办中小学、公办幼儿园的年度考核方案》，根据考核方案对辖区内公办中小学、幼儿园开展年度考核。发挥内审效用，完成临江成人文化技术学校等5个单位的清算审计，完成杭州经济技术开发区听涛小学等12个学校的校长离任经济责任审计，完成文海实验学校等35个学校的财务内部审计。

学前教育

【概况】 2021年，钱塘区有幼儿

2021年钱塘区基础教育情况表

表11

类别	学校（所）	在校生（人）	教职工（人）	专任教师（人）
幼儿园	86	22193	2917	1826
小学	27	39058	2041	2377
初中（含九年一贯制学校）	15	14251	1679	1325
高中（含十二年一贯制学校）	4	4688	643	405
合计	132	80190	7280	5893

注：一贯制学校为贯穿小学与中学教育的一体化学校。

园86所（89个园区）。其中，公办幼儿园49所（52个园区），民办幼儿园37所。省一级、省二级和省三级幼儿园分别为12所、57所和20所，省级幼儿园在园幼儿覆盖率（优质学前教育覆盖率）100%。幼儿园专任教师1826人。全区在园幼儿2.22万人，其中公办幼儿园在园幼儿1.71万人，公办率76.98%，比上年增长4.8个百分点。全区普惠性幼儿园在园幼儿2.04万人，学前教育普惠率91.9%。适龄户籍儿童及符合条件的流动人口随迁子女就近入园率100%。

【学前教育政策保障】2021年8月27日，钱塘区贯彻落实学前教育深化改革规范发展要求，出台《杭州市钱塘区普惠性民办幼儿园认定与管理办法》，明确对普惠性民办幼儿园参照同等级公办幼儿园给予生均公用经费补助等要求。9月，出台《杭州市钱塘区发展学前教育第一轮行动计划（2021—2023年）》，通过优化区域学前教育规划布局、扩大普惠性学前教育资源供给、落实小区配套幼儿园建设和使用、推进学前特殊教育发展、加大学前教育经费保障力度、优化民办幼儿园扶持机制、健全学前教育成本分担机制、加强师资队伍管理等方面，优化完善学前教育办园体制和管理体制，完善学前教育经费保障机制和师资队伍发展机制，健全学前教育质量评估监管体系，提升全区学前教育质量。

【“升等创优”品质办园】2021年，区教育局以“升等创优”为抓手，推动新办园高起点发展、民办园规范化发展、优质园品牌化发展。5月，钱塘区启慧幼儿园等12所幼儿园通过省二级幼儿园评估。8月，钱塘区义和幼儿园等6所幼儿园预评为省二级幼儿园。11月，钱塘区观澜幼儿园等2所幼儿园通过省一级幼儿园评估。至年末，全区省一级幼儿园增至14所。实现86所幼儿园（89个园区）等级全覆盖，全区幼儿园优质资源率90.9%，比上年增长3个百分点。

2021年钱塘区幼儿园城乡结对名单表

表12

序号	核心幼儿园	性质	等级	结对幼儿园	性质	等级
1	杭州钱塘新区星河幼儿园	公办	一级	杭州钱塘新区致远幼儿园	公办	二级
2	杭州钱塘新区学正幼儿园	公办	一级	杭州钱塘新区义蓬第一幼儿园	公办	二级
3	杭州钱塘新区江湾幼儿园	公办	一级	杭州钱塘新区知行幼儿园	公办	二级
4	杭州钱塘新区听涛幼儿园	公办	一级	杭州钱塘新区河庄幼儿园	公办	二级
5	杭州钱塘新区星辰幼儿园	公办	一级	杭州钱塘新区博雅幼儿园	公办	二级
6	杭州钱塘新区月雅河幼儿园	公办	一级	杭州钱塘新区义蓬第二幼儿园	公办	二级
7	杭州钱塘新区景苑幼儿园	公办	一级	杭州钱塘新区前进幼儿园	公办	二级
8	杭州钱塘新区云水苑幼儿园	公办	一级	杭州钱塘新区前进小步幼儿园	公办	二级
9	杭州钱塘新区钱江幼儿园	公办	一级	杭州钱塘新区新湾第一幼儿园	公办	二级
10	杭州钱塘新区临江幼儿园	公办	一级	杭州钱塘新区江东幼儿园	公办	二级
11	杭州钱塘新区启源幼儿园	公办	一级	杭州钱塘新区新湾第二幼儿园	公办	二级
12	杭州钱塘新区文瀚幼儿园	公办	一级	杭州钱塘新区向阳幼儿园	公办	二级

【“三跨一联”集团化办园】2021年，区教育局创新实施“跨区域、跨体制、跨层级、联盟式”“三跨一联”集团化办园模式，调整并新增江湾幼儿园教育集团、学源幼儿园教育集团、听涛幼儿园教育集团、景苑幼儿园教育集团、河庄江东幼儿园教育集团、义蓬第一幼儿园教育集团、钱塘幼儿园教育集团联盟、钱塘理想国幼儿园教育集团联盟8个教育集团，加大与浙江大学幼儿园、浙江师范大学幼儿教育集团、杭州师范大学合作，发挥“名园一体化”办园优势。推进城乡互助共同体建设，辖区24所幼儿园开展区内友好结对，65所幼儿园与上城区杭州市紫阳幼儿园、杭州市胜利幼儿园等156所幼儿园建立共同体互助模式。学前教育段城乡互助共同体覆盖率100%；公办幼儿园名园集团化覆盖率69%，比上年增长20个百分点。（娄丹丹）

义务教育

【概况】2021年，钱塘区有义务教育段学校43所。其中，公办学校37所，民办学校6所。义务教育段中初中15所（九年一贯制学校5所）、小学27所（不含九年一贯制学校）。全区义务教育段在校学生5.33万人，教学班1386个。其中，初中生1.43万人，教学班378个；小学生3.9万人，教学班1008个。义务教育段公办学校在校学生4.86万人，占学生总人数的91.2%。义务教育段学校专任教师3702人。其中，初中专任教师1325人，小学专任教师2377人，高于规定学历教师占比100%；中、高级职称教师1934人，占比52.2%。区教育局出台“悦动学校”行动实施方案，实施“钱塘健康少年”培养行动，开展“亮眼控肥”“365健康跑”特色活动。至年末，全区中小学生体质健康达标率98.6%，中小学体质健康抽测成绩从全市第14名提升至第5名，初中段成绩提升至全市第1名。

【考点建设与质量监测】2021年，区教育局制定中考和高考考务工作方案，协调部门、街道完成中考高考服务保障。做好杭州市文海实验学校、杭州养正学校、杭州市下沙中学、钱塘区景苑中学、钱塘区义蓬中学、钱塘区新湾中学、钱塘区新围中学7个中考考点标准化建设及信息核验、报名组考等系列工作。年内，全区有中高考资格生4053人，实际参加中考3896人、高考1600多人。10月，开展省教育质量综合评价监测，随机抽取辖区16所学校480名五年级学生及相应学科教师，参加学科测评及网络问卷调查。

【新名校集团化建设】2021年，区教育局印发《关于成立中小学美好教育共同体的通知》和《关于深入推进义务教育集团化办学的实施方案》，推进新名校集团化建设。全年成立教育集团（联盟）26个，实施集团化办学学校42所，覆盖率97.7%，涉及学生5.19万人，覆盖率97.5%。与淳安县、建德市、衢州江山市、贵州省、四川省等地学校组成城乡互助共同体学校15所。开展“互联网+义务教育”模式结对学校9所。其中，市内区外结对学校2所，区域内结对学校7所。组建教育共同体2个，涉及初中3所、小学3所。

【中小学课后托管服务】2021年9月2日，区教育局会同区发展改革局、区公安分局等9个部门联合出台《钱塘区义务教育学校课后服务工作实施方案》。根据方案落实义务教育阶段学校课后托管服务，实现学校课后服务全覆盖、有课后服务需求学生全覆盖。辖区小学全面推行自主学习时间，开展自主性学习活动等基础性托管服务，学校安排教师进行个别化作业辅导答疑；体育活动时间，组织学生开展一般性身体素质锻炼等活动，引入社会资源开展具

2021年9月1日，杭州市钱塘区听涛小学学后托管课程开班

（区教育局 提供）

有学校特色的体育俱乐部，组织学生根据自身兴趣开展体育项目训练；兴趣活动时间，学校为学有余力的学生拓展学习空间，开展科普、艺术、劳动、阅读等方面的社团活动，建立学校主导、学生自愿、结合需求、公益普惠、非基本公共服务范畴的课后育人服务模式。全年全区课后托管服务小学生参与率90.5%、初中生参与率74.5%、教师参与率95.3%。

【语言文字规范化推进】2021年，钱塘区巩固“浙江省语言文字规范化区”创建成果，由区语言文字工作委员会办公室联合区市场监管局、街道办事处组织开展广告从业人员语言文字规范化专题培训，为参会广告从业人员发放杭州市语委办编写的《语言文字法律法规政策简明读本》，促进辖区广告语言文字使用规范化、标准化。4—11月，区教育局组织参加第三届中华经典诵写讲系列活动，获全国一等奖2项、二等奖17项。9月12—18日，区语言文字工作委员会办公室牵头开展以“普通话诵百年伟业，规范字写时代新篇”为主题的第二十四届推广普通话宣传周活动，活动通过“拟好一个推普方案、做好一次推普宣传、搞好一项推普评比、抓好一期专项整治、写好一篇推普总结”“五个一”形式开展。全区160个单位、4万余人参加。

【课程与教学体系改革】2021年，钱塘区根据《关于进一步深化义务教育课程改革的实施意见》《深化基础教育课程改革专项资金管理办法》，落实专项扶持资金500万元。根据《公办初中提质强校行动实施意见》，推进辖区13所公办初中落实提质强校行动，建设“家门口的好学校”。年内，4所初中被评为省2021年初中学校提升培优行动学校。推进中小学第二轮课堂教学改革，组织开展方案评比、案例评比、优课评比和研究成果评比，举办校长论坛答辩活动，评选产生第二轮课堂教学改革示范学校13所。聚焦学科项目化学习和STEAM教育（STEAM教育即集科学、技术、工程、艺术、数学多领域融合的综合教育，STEAM是科学Science、技术Technology、工程Engineering、艺术Arts、数学Mathematics首字母缩写），多样态、多路径培植发展性学校，推进教学形态与教学方式变革。成功推荐钱塘区文海实验学校、杭州市教研室附属学校、钱塘区学正小学为省STEAM教育基地学校。

【教学科研成果】2021年，钱塘区教育科研工作持续稳定发展。区教育局提高调研、走访频率，实时掌握研究过程进度；紧扣研究开题结题节点，分类分组开展“一对一”指导；组建“跨江研究联盟”，形成校际互助互扶模式。年内，在省、市级成果评比中，课题成果获奖57项。其中，一等奖7项，教师教育学院院长陈锋主持的《初中科学概念进阶教学范式的创新与实践》教育课题获省基础教育教学成果评比一等奖；省市级课题立项114项，其中省级立项15项。钱塘区景苑中学、听涛小学、新湾小学、文瀚幼儿园教科室被评为市示范教科室。

【“双减”作业改革】2021年，钱塘区围绕“双减”政策实施，推进以优化作业管理、创新作业设计、跟进作业指导为主要内容的作业改革。开展作业设计培训与研究，举行作业设计评比。围绕“落实‘双减’理念，探寻实践智慧”主题，举行中小学作业管理专题交流研讨会，全区中小学校长、教学副校长、教学处主任等80多人参加现场活动。活动通过网络同步播放，线上观看6870多人次。推荐辖区学校参加杭州市作业设计评比，获一等奖6项、二等奖7项。参加省优秀作业案例设计评审，钱塘区义蓬第二小学陈芸芸、杭州学正中学吴直福、钱塘区文清小学姚锦秀、下沙中学叶佳佳和杨淑娟、钱塘区临江新城实验学校曹冠军6名教师的作业设计案例被评为省级优秀案例。

【中小学生素质教育培养】2021年，区教育局促进学校文体建设和学生全面发展，组织辖区中小学生参加各类体育竞赛，年内获各类竞赛奖项150多项。杭州市文海实验学校自行车队在第十四届全国运动会场地自行车比赛中获第一名2人、第二名5人、第三名3人，学生郑子墨在第十一届全国残运会跆拳道比赛中获K44～49公斤级季军。杭州市下沙中学射箭队在省青少年射箭锦标赛上获金牌18枚、银牌12枚、铜牌17枚，奖牌数列全省第一位。杭州市钱塘区临江实验学校在省第六届青少年学生阳光体育运动会跆拳道比赛中获金牌3枚、银牌2枚、铜牌3枚，获小学乙组团体总分第二名、小学甲组团体总分第六名。杭州市钱塘区学正小学在2021年省青少年击剑锦标赛中，获女子丙组重剑团体第一名，个人丙组重剑第三名；在2021年杭州市“市长杯”校园足球精英联赛暨小学男子组最佳阵容挑战赛中获第四名；在2021年杭州市“市长杯”校园足球比赛中获小学男子甲组第三名、小学男子乙组第七名、小学女子组第五名、初中男子组第四名。推进中小学艺术教育发展，参加浙江省中小学生艺术节获一等奖1个、二等奖1个、三等奖4个；参加杭州市中小学生舞蹈戏剧比赛获一等奖4项、二等奖2项、三等奖3项；参加市教育局组织的“未来舞蹈家”少儿舞蹈大赛，获金奖、银奖、铜奖14项。促进科技教育发展，提高中小学生创新意识和科学素养，组织辖区学生参加市中小学生科技节。在计算机三维作品设计竞赛、无人机编程挑战赛、“未来火星城”设计和制作活动等22个比赛项目中获一等奖35项、二等奖45项、三等奖134项、优秀奖7项；15名教师被授予“杭州市中小学生科技节优秀指导教师”；区教育局获“杭州市中小学生科技节优秀组织奖”。

（邱 耀）

高中教育

【概况】 2021年，钱塘区有杭州第四中学（下沙校区）和杭州高级中学钱塘学校2所市属高中。有杭州市钱塘高级中学、杭州市实验外国语学校、杭州求是高级中学和杭州英才高级中学4所区属高中。其中，公办高中3所，民办高中3所（含十二年制学校1所）。区属高中在校学生4688人，教学班109个，专任教师405人，高于规定学历教师405人，占比100%。中级、高级职称教师173人，占比42.7%。

【杭州高级中学钱塘学校】 2021年，杭州高级中学钱塘学校实行集团化办学，坚持“科学、民主、求真、创新”校训，围绕“以人为本，与时俱进”文化精神，重视培养学生“丰富、善良、理性、高贵”核心品质。学校坚持“四高五强”（“四高”：德行高尚、志趣高远、学问高深、品位高雅。“五强”：家国意识强、人文精神强、科学思维强、身体素质强、学科修养强）育人目标，共享杭高教育集团优质教学、教师资源。学校科创中心设智能智造部、创新实验部、钱潮创客部、深蓝天文部、峰谷气象部“五位一体”，首创“4+N”特色实验班〔吴自良英才班、数学英才班、人文英才班、综合实验班和树兰（医学）实验班等〕培养模式。9月，招生768人。全校有教师169人，班级30个，在校学生1413人。组织学生参加第十八届“叶圣陶”杯全国中学生新作文大赛，获“优秀团体奖”，获奖学生20人，获初赛优胜奖学生24人。组织学生参加第六届杭州市中小学生诗歌节，获最佳演绎奖和创作银奖。

【杭州第四中学（下沙校区）】 2021年，杭州第四中学（下沙校区）有在校生3500人，教职员工351人。有省正高级教师3人、特级教师4人，高级教师比例超过60%，省“5522”工程名师、市“学科带头人”和省市教坛新秀120人。学校推进“美好教育”改革，形成“文化养正”和“科技求真”两大办学特色，推出20多门省市精品课程，助力学生全面个性化发展。

（徐 赟）

特殊教育

【概况】 2021年，钱塘区有3～18周岁持证残疾儿童、少年202人。区教育局安置学前段39人，入园率100%；安置义务教育段132人，入学率100%；高中教育段31人，安置29人，入学率93.5%，入学率比上年提高7.4%。学前段28人和义务教育段126人，在辖区范围内教育安置。全年累计投入特殊教育保障经费227万元。其中，拨付普通学校资源教室创建经费和维护经费134万元，上城区、萧山区特殊学校委托管理服务费59万元，特殊教育中心运行经费10万元，融合教育资源教师培训经费24万元。持证残疾学生人均公用经费按普通同级学校基准定额的10倍拨付，该经费纳入学前教育和义务教育经费保障体系。

【融合教育质量提升】 2021年，区教育局落实市教育局对特殊教育的工作意见，推进融合教育常态化运作，贯彻落实钱塘区《残疾儿童少年融合教育实施办法（试

杭州高级中学钱塘学校（摄于2021年） （区教育局 提供）

行)》《"送教上门"实施方案(试行)》,维护辖区154名持证残疾儿童的教育权利。钱塘区中学、小学、幼儿园根据特需儿童的特殊需求,开展特殊教育研究;组织学生参加全国残疾人运动会,获铜牌1枚;在省、市特殊奥林匹克运动会,融合教育案例征集、论文评选中获各类奖项20多个。

【资源教室建设】2021年,钱塘区提升资源教室(为特殊教育需求的儿童提供咨询、教育心理诊断、个别化教育计划、学习辅导、补救教学和康复训练等多种功能的专用教室,满足具有显著个别差异儿童的特殊教育需求)效用,为申报创建市级资源教室的学校拨付建设经费10万元;为创建成功市级资源教室并通过"回头看"督查评估的学校拨付2万元/年的维护经费。区教育局推进资源教室规范建设和实效运行,发挥资源教室在融合教育工作中的支持作用,督导钱塘区观澜小学、钱塘区学林小学、钱塘区星河幼儿园、钱塘区月雅河幼儿园、钱塘区启源幼儿园、钱塘区向阳幼儿园、钱塘区博雅幼儿园7所学校(幼儿园)申报创建杭州市合格资源教室。(陆建国)

民办教育

【概况】2021年,钱塘区有民办学校45所。其中,民办高中3所(含十二年一贯制民办学校1所),民办初中3所(含九年一贯制民办学校2所),民办小学2所,民办幼儿园37所。全年有民办学校在校生12843人。其中,学前段5099人,小学段2590人,初中段2098人,高中段3056人。落实公民办教育服务,完成省市公办学校在编教师到民办小学任职任教清理规范50%的考核指标,完成杭州市钱塘区金沙湖实验学校从民办体制转为公办体制的相关工作。

【民办幼儿园转型】2021年,钱塘区规范民办幼儿园管理,加大民办幼儿园监管和指导力度,扶持现有优质民办幼儿园转型为普惠幼儿园。年内,钱塘区维瀚幼儿园、钱塘区新围幼儿园2所民办幼儿园转为公办体制,钱塘区哈贝幼儿园设为公办租用,钱塘区爱笑幼儿园转型为托育园。推进学前"双普"(教育普及普惠)创建工作,提高辖区各民办幼儿园规范化办园水平,公民办比率进一步协调。

【民办中小学转制】2021年,钱塘区推进公办、民办学校均衡发展,统筹优化下沙片区学校布局,加快打造"美好教育先行区"。完成金沙湖实验学校转制工作,民办学校杭州经济技术开发区金沙湖实验学校转制为公办学校,通过公民办转制满足居民"上好学"的普遍需要。组织公办教师开展编制考试专题培训,处置分流教师群体安置事宜。(戚国军)

校外教育

【概况】2021年,杭州市钱塘区青少年宫(简称区青少年宫)有文化中心、沿江中心、江潮中心、东湾中心、江东中心、前进中心6个教学点,总建筑面积4.2万平方米,用于文学、舞蹈、声乐、书法、绘画、棋类、智能机器人、体适能等培训项目的教室90多间,配备休闲娱乐、科技体验、体育活动等专属功能区;教学点均有室外广场,设有儿童活动区、休闲广场、集会广场等活动区域。年内,区青少年宫以"减负担、提兴趣、强素质、塑品牌"为目标,部署落实"双减"工作。撤销英语类、写作类、思维训练类兴趣培训课程,增设以综合实践类为主的沙画、陶艺和茶艺等新课程46个班、800人。完善"金字塔式"课程体系,全年开设培训项目91个、兴趣班3360个、名师班8个,服务学员4.16万人次,比上年增长117%。创新校外教育活动形式,全年组织参与活动43场次。其中,艺术类活动2场,服务4000多人次;体育类活动1场,服务2000多人次;艺术团活动30场次,服务3000多人次;综合实践类活动9场,服务7000多人次;科技类活动1场,参与活动3000多人次。致力公益服务,规划设计区综合服务实践基地,开发综合实践课程;建立非物质文化遗产项目实践体验公馆;打造"终身学习坊",实现全年龄段一站式培训服务;成立6所区高校(9个学院)志愿者服务基地。推进师训科研工作,组织教师参加杭州市第十五届校外教育论文、活动案例评比,获一等奖1人、二等奖4人、三等奖3人、优秀奖5人;参加区教育系统基层工会读书感悟评比,获一等奖2人、二等奖1人。

【学生校外教育成果】2021年,区青少年宫推行"展赛促训"教学模式,组织区中小学生艺术团参加2021杭州市第十五届"天堂儿歌"演唱和创作大赛获乙组金奖。选派"千绘卡漫名师班"学生参加2021年省青少年主题绘画大赛,获金奖、银奖、铜奖各1项、优胜奖1项。选派"篮球名师班"学员参加2021年省小篮球联赛杭州钱塘赛区比赛获U10组亚军。选派跆拳道兴趣培训班72名学员参加杭州市青少年体育超级联赛暨浙江省第八届青少年跆拳道公开赛，在竞技类比赛中，有11个项目第一名、13个项目第二名、22个项目第三名；品势类比赛中，有12个项目第一名、7个项目第二名、18个项目第三名，团体总分列第二名，获“最佳品势队”“最佳竞技队”称号，并被评为“优秀组织”。

【校外暑期托管服务】2021年，钱塘区以区青少年宫为主导，整合街道、社区、高校、企业等资源，联合区教育局的党建、人事、基教、德育等业务科室，及辖区内有关中学、小学、幼儿园做细托管服务。全区11个托管服务点统一落实“党员干部+学校领导+班主任+后勤人员+志愿者+其他服务人员”的“5+”团队架构开展服务，实行智慧化便捷服务，报名、缴费等操作均实现线上操作。两期校外暑期托管服务受惠学生1700多人，形成公益托管、需求导向、服务专业的暑托“钱塘模式”，成为“民呼我为”工作典型，有关工作经验被中央广播电视总台、浙江电视台、《钱江晚报》、《杭州日报》等10多个主流媒体报道。

【校外培训机构治理】2021年，钱塘区贯彻落实“双减”政策要求，成立“双减”专班，开展校外培训机构治理工作。通过治理，注销辖区持证学科类、综合类校外培训机构30个，将原有145个校外培训机构精简成115个。其中，学科类49个，非学科类66个，全额完成压减目标。压减辖区内无证有照校外培训机构数量，将原有的893个精简成165个，压减率81.5%，完成压减校外培训机构的阶段性目标。建立“街道全程排查、部门指向抽查、专员随机巡查、专班联合复查”四查联动机制，全年开展巡查22次，出动巡查人员185人次，规范治理校外培训机构。（傅　晖）

职业教育与成人教育

【概况】2021年，钱塘区有社区学院1所，下设分院5所，村（社区）市民学校110所，形成“社区学院—分院—村（社区）市民学校”三级成人社区教育工作网络，在职在编专任教师18人，兼职教师100多人。创建全国社区教育示范街道1个，省级示范（标准化）成人学校5所，省级现代化成人学校2所，省级现代化社区学校1所。全区有杭州市“30分钟学习圈”示范街道4个，杭州市老年学堂1个，区级标准化（示范性）市民学校58所，学习型社团220多个。实现区街村三级老年教育全覆盖，增设老年教育学位1.5万个。年内招收老年学员1万余人，开展“跨越数字鸿沟”助老智能培训活动244场次，开展社区教育进文化礼堂（家园）1150场次，学习培训活动成果存入省“学分银行”18.52万个。举行以“庆建党百年华诞，谱终身学习新篇”为主题的钱塘区全民终身学习活动周活动。

2021年11月19日，2021年钱塘区全民终身学习活动周开幕式举行

（区教育局 提供）

【职业教育基地建设推进】2021年，钱塘区打造“政校企”深度合作、“产城人”有机融合、“产学研”协同创新的职业教育新高地，区内2个职业教育项目快速推进。年内，杭州市中策职业学校钱塘学校项目建成，占地面积18万平方米，总建筑面积14.19万平方米，总投资约8亿元。7月，大江东“智能制造”开放性公共技能实训基地项目竣工验收，该项目为钱塘新区管理委员会与杭州科技职业技术学院联合申报成功的国家“十三五”时期产教融合发展工程规划项目，占地面积2.77万平方米，总建筑面积3.47万平方米，总投资3亿余元。项目紧扣“创新驱动+智能制造+工业制造物联网”智能制造产业特点，整合“政—行—企—校”优质资源，构建“数字化设计实训中心、柔性制造实训中心、精益管理实训中心、智能化仓储实训中心、网络服务实训中心、智能

2021年7月，大江东“智能制造”开放性公共技能实训基地项目竣工验收
（区教育局 提供）

工厂实训及综合体验中心”六大中心，规划形成“工程教育、实训鉴定、技能大赛、科技服务、创新创业、国际交流、体验互动”七位一体的基地功能设置。

（王关校）

教师队伍建设

【概况】2021年，区教育局开展事业编制教职工招聘5次，录取371人。全年招引省特级教师2人，省教坛新秀1人，地市级教坛新秀等综合荣誉人才14人。在职教师中，41%具有区县级以上荣誉，超过30%具有中高级以上职称，发放人才引进一次性奖励经费229万元；应届师范毕业生中，有研究生学历的占58%。推选省教坛新秀1人，市各类优秀教师35人，评选区各类优秀教师120人，表彰“20年班主任”182人。

【教师帮扶交流】2021年，钱塘区选派教师、校长与结对学校开展教学交流，义务教育段带编交流教师79人。其中，77%具有中级以上职称，20%具有地市级以上荣誉。辖区20所学校分别与四川省甘孜州理塘县、浙江省衢州市江山市结对学校签订局级结对协议。其中，6所与理塘县学校签订校级结对协议，14所与江山市学校签订校级结对协议。结对学校教师通过支教、跟岗、挂职、师徒结对等形式开展教学交流130多人次，并向结对学校捐赠总价值50多万元的“智慧教育”设备。年内，选派优秀教师9人、骨干教师3人和带编教师1人到四川省、新疆维吾尔自治区和青海省参与支教。

【在职教师专业发展培训进修】2021年，区教育局开展五年一轮的“360课时”全员培训，提升在职教师专业素养，培训课程内容涵盖中小幼教师心理健康、中小学教师语文素养、教师作业设计与命题能力提升等方面。全年在浙江省中小学教师师训平台参训项目75项，参训在职教师4248人。其中，短期项目63项、3527人，90学分项目12项、721人，委托杭州师范大学、杭州电子科技大学、中国教师研修网、浙江新通教育培训项目33项。完善骨干教师培养体系，以“示范引领、激励帮带、高端修炼”为策略，依托优质教育资源，开展一、二、三层次名师专题培训“项目化学习”，覆盖教师437人，启动幼儿园骨干教师培训。

【教师职称评审】2021年，区教育局完成59名晋升高级职称教师的106篇教育教学研究成果鉴定申报工作；组织开展教师职称晋升水平能力考试，参与教师1000多人。成立杭州市钱塘区中小学教师中级职称评审委员会（简称中评委），建立中评委专家库；完成4名正高级职称教师、58名高级职称教师推荐送评工作；298名教师申报中级职称教师通过岗位核准、资格复审后进入中评委会议，会议审核并通过224名教师的一级教师资格；完成637名教师的职称初定认定工作。至年末，全区有高级及以上教师499人，中级教师2148人，中高级教师占比45%。（田建军）

责任编辑 陈 玲

卫生健康

综　述

【医疗卫生机构及从业人员】2021年，钱塘区有浙江省中医院下沙院区（又称浙江省东方医院，省属三级甲等医院）、浙江大学医学院附属邵逸夫医院下沙院区（市属三级甲等医院）、杭州市第九人民医院（市属二级甲等医院）3个综合性公立医院（院区）。区属医疗机构429个（不含浙江省中医院下沙院区、邵逸夫医院下沙院区、杭州市第九人民医院）。其中，社区卫生服务中心8个，社区卫生服务站62个，内部办医疗机构84个，社会办医疗机构273个，疾病预防控制机构1个，卫生监督机构1个；医疗床位3645张（含浙江省中医院东方医院核定床位700张、杭州市下沙医院核定床位1200张，杭州市第九人民医院核定床位600张，其他医疗机构核定床位1145张）；注册卫生技术人员3209人。其中，注册执业医师（含助理执业医师）1632人，注册护士1577人（不含浙江省中医院下沙院区、邵逸夫医院下沙院区、杭州市第九人民医院）。落实医疗机构从业人员（执业医师、护士）执业注册制度，完成医师、护士执业注册、颁证、定期考核、职称评审等系列工作。全年完成医疗机构执业许可业务44个次、变更161个次、延续71个次、医疗机构年度校验263个次；完成执业医师注册及变更注册业务1133人次，护士执业注册及变更、延续注册717人次，医师多机构备案206人次，护士多机构备案6人次。（王　燕）

【医疗机构综合监管】2021年，杭州市钱塘区社会发展局（简称区社会发展局）对辖区各医疗机构进行综合监管，重点对医疗机构防火、燃气使用、户外广告设置、电动车存放等领域的安全工作进行执法检查。全年累计检查50多次，发现各类安全隐患40多个，出具《整改指令书》15份，整改安全隐患40个。区社会发展局与300多个医疗机构签订《安全生产责任书》，安全生产月期间，发放相关宣传资料120多份，开展业务培训200多人次；开展应急演练2次，相关“七进”活动（安全生产宣传教育进企业、进学校、进机关、进社区、进农村、进家庭、进公共场所）2场。通过自查、督查，以及交叉检查等方式，落实口腔质控、院感质控等医疗质控工作。分类开展医疗机构校验工作，规范医疗服务行为，保障医疗质量和医疗安全。联合区卫生监督分所，进行“飞行检查”，重点监管技术项目。对各项质控、实验室生物安全、依法执业等领域进行综合监管，促进医疗质量持续提升。加强医疗纠纷投诉处理，全年记录在案各类投诉120例，绝大部分投诉经核实、沟通、协调得到妥善处理。根据投诉情况，区社会发展局医政科对相关人员开展告诫谈话3次、医患调解5次。完善投诉处理反馈机制，预防或减少医疗投诉，构建和谐医患关系。

（郭炜煜）

【红十字会救护】2021年，杭州市钱塘区红十字会开展救护员培训58场，培训救护员1761人次；进行普及培训62场，培训1.32万人次。举行“红十字博爱送万家”

活动，为集聚区45名困难群众筹集爱心善款。4月，区红十字会派员参加杭州市红十字救援队应急救护大赛，在比赛中团体总分列第三位，获评团队二等奖。完成造血干细胞捐献2例、器官捐献4例。举办献血活动21场，献血人数2396人次，献血量71.9万v。

（张　洁）

基层卫生

【医疗资源布局优化】2021年9月，区社会发展局牵头辖区8个社区卫生服务中心与杭州市第九人民医院签约，开展城市医疗联合体合作，激发上下医疗资源，推进心电、影像、后勤服务、病理检验、远程会诊五大中心建设，提高基层医疗诊断工作能力。与浙江省中医院签订医疗帮扶合作战略协议，由省级医疗机构派专家对辖区基层医疗机构开展医疗帮扶与师徒带教。根据合同约定，省中医院每年派出不少于50名高年资以上医疗专家下沉社区卫生服务中心开展坐诊，区社会发展局聘任4名医疗专家出任辖区社区卫生服务中心副主任，通过传帮带等方式，提高基层医疗能力与医院管理水平。区社会发展局与浙江大学医学院邵逸夫医院签订“专科聪明建设协议”，下沙街道社区卫生服务中心增挂浙江大学医学院邵逸夫医院指导医院的牌子，联合建设康复病房。通过联合建设及上级专家查房带教，提升基层一线医护人员医疗急救与现场抢救能力。落实辖区医疗资源布点，下沙街道东方社区卫生服务站点建设投用；下沙街道金沙湖卫生服务分中心、白杨街道大学城北卫生服务分中心建设与装修工作完成，辖区医疗卫生资源布局完善优化。

【医疗服务能力再提升】2021年6月，区社会发展局出台《杭州钱塘卫生健康重点专科建设管理办法（试行）》，根据文件要求评定下沙街道社区卫生服务中心中医骨科等重点培育建设学科7个（钱塘区要求：完成重点专科10个、基层名医生培育20人）。9月，开展第二批社区卫生服务中心重点专科评审工作。其中，义蓬街道社区卫生服务中心糖尿病专科、河庄街道社区卫生服务中心脑卒中康复门诊、前进街道社区卫生服务中心中医内科（湿质治设备压病）为第二批重点专科培育项目。至年末，累计10个重点专科开展培育工作。区社会发展局整合辖区医疗能力，13个医疗质控工作小组对辖区医疗机构实施医疗质控监管。邀请上级单位专家20多人次，组织质控培训40多次，受益人员400多人，促进基层医疗机构医疗规范与医疗服务水平提升。

（何关坤　张　洁）

公共卫生

【基本公共卫生服务】2021年，钱塘区基本公共卫生服务再度提档升级。新建各类电子健康档案9.45万份，建档率98.5%；向居民开放电子健康档案16万份，开放率75.8%；完善、清理各类电子健康档案20多万份，档案质量评分99.69分，列全市第二位。通过补偿机制改革，有机整合签约服务与基本公共卫生服务项目，绩效考核向慢性病、老年人、孕产妇和儿童等重点人群倾斜。开展老年人健康体检2.9万人次，管理高血压患者3.02万人，管理糖尿病患者8850人，规范管理率保持在70%以上。组建区级项目管理专家组，开展区级培训18场、条线督导48次，整改市级考核问题4个。区国家基本公共卫生服务项目年度绩效评价获得986.53分（满分1000分），列全市第三位。钱塘区代表杭州市参加浙江省“国家基本公共卫生服务项目”绩效评价，列全省第三位。

【家庭医生一体化签约服务】2021年，钱塘区落实家庭医生签约服务，为居民提供防治结合健康保

2021年5月27日，彬果儿童成长中心的老师带领孩子们，在学习卫生健康知识主题课上跳舞

（邹立里　提供）

障。全区8个社区卫生服务中心，56个服务站、174个签约服务团队、188名签约医生与19.04万名居民建立签约服务关系，重点面向老年人、慢性病患者、在校学生、企业职工等人群，提供“健康惠企服务”“校园健康副班主任”等个性化签约服务包，其中“健康惠企”服务将家庭医生服务打包进企业，为辖区550多个企业的7000多名职工保健康。“健康副班主任”制度发挥教卫融合优势，为区内135所学校、7.6万名学生提供“零距离”健康指导。搭建社区卫生服务信息平台，落实“互联网+签约”服务。全区8个社区卫生服务中心通过省互联网诊疗服务备案，为800多名签约慢性病居民提供高效便捷线上服务。钱塘新区签约服务工作年度考核得分95.34分。（冯　涛）

健康促进

【健康钱塘建设】2021年3月，区社会发展局制定《杭州钱塘新区管理委员会关于实施健康钱塘行动的意见》，提出开展健康知识普及行动等12个专项行动，内容涵盖健康中国行动15项、健康浙江行动26项和健康杭州行动25项。8月，钱塘区获评“健康浙江”建设考核累计三年（2018—2020年）优秀单位。12月，“健康产业发展行动”获评首批“健康浙江行动”优秀案例和示范样板，总分列全省第8位。

【“健康细胞”建设行动】2021年3月，健康钱塘领导小组办公室部署开展“健康细胞”建设行动。8—10月，开展培训督导；11月，组织评审验收；12月完成健康单位命名101个。其中，市级75个，区级26个，包括企业48个，村（社区）37个，学校14个，社区卫生中心2个，市级健康单位和健康企业总量均列全市第一位。评选出健康示范单位15个，各给予3万元经费支持。12月，全区命名健康家庭2027户。组织“健康素养进村（社区）”行动，健康讲师团进村（社区）授课150多次，受益1.4万人。文化礼堂全年组织健康文化服务活动100多次，受益1万余人。中医药进文化礼堂活动100场，受益5000多人次。至年末，累计建设健康角96个，放置电子血压计、体重仪、身高仪等基本自测健康仪器供群众无偿使用，受益1万余人次。（朱浙来）

【爱国卫生行动】2021年3月，杭州钱塘新区爱国卫生运动委员会办公室（简称新区爱卫办）组织开展“国卫”（国家卫生城市）复评迎检工作，印发“国卫”复评工作实施方案和任务分解方案。4月，组织部门对7个街道开展3轮明察暗访；6月，部署国家暗访迎检工作，组织开展每日督查；10—11月，通过国家暗访和省级明查。4月，新区爱卫办组织进行以“文明健康、绿色环保”为主题的第33个爱国卫生月活动。开展城乡环境卫生集中整治活动37次，整治村庄/社区100多个，整治农贸市场16个，集中开展病媒生物集中消杀4次，参加爱国卫生运动1万余人次，发放宣传材料1.8万余份，新媒体报道14篇，科普宣传48场。加强春季除“四害”工作，开展以消灭越冬蚊和消除蚊媒孳生场所为主题的环境综合整治行动，累计清除卫生死角7000多处，清运各类垃圾、废弃物690多吨，清除积水容器8500多处；启动春季灭鼠行动，累计投入200多人次，投放鼠药约1000千克，清除“四害”滋生地3000多处。将“四害”密度控制在国家C级以上标准，预防和控制登革热等蚊媒传染性疾病的发生与流行，保障人民群众身体健康。

【公共场所吸烟控制】2021年，区社会发展局依据《杭州市公共场所控制吸烟条例》，开展“无烟党政机关”“无烟单位”“无烟场所”创建，结合“5·31”世界无烟日，以“无烟钱塘，无烟亚运”为主题进行系列宣传活动，全年开展宣传活动50多场，发放控烟宣传资料8.82万份，微信推送控烟知识60多篇；组织控烟培训活动86次，400多人次参与。联合区公安分局、区住建局、区市场监管局等部门组成联合督导组，对辖区娱乐场所、餐饮、医疗机构等重点场所实施控烟联合执法行动，累计检查室内公共场所和室内工作场所1800多处，实施警告、责令整改、无罚款案件例数35个。

（李林荣）

妇幼保健

【孕产妇保健】2021年，钱塘区3个助产机构接产分娩产妇5570人，辖区常住人口分娩产妇6266人，其中本地户籍2545人，高危孕产妇发生率76.9%，“一对一”管理危重孕产妇177人，均实现安全分娩。免费产前筛查5462人，免费筛查率88%；有妊娠结局的产前筛查孕产妇5517人，筛查出高风险310人例，高风险发生率为5.7%，召回高风险孕妇产前诊断，确诊“21三体综合征”4例，其他异常5例，均终止妊娠。全年无创检查1144人。落实国家免费孕前优生健康检查2731人次。

【母婴疾病防治与服务保健】2021年，区社会发展局加强艾滋病、梅毒、乙肝母婴传播阻断工作，疾病检测率100%。无艾滋病孕妇分娩；管理梅毒孕产妇16人，有分娩结局10人，治疗16人；助产机构梅毒产妇所生新生儿16人，预防性治疗14人。查出乙肝表面抗原阳性孕妇275人，乙肝表面抗原阳性产妇分娩活产289人，乙肝免疫球蛋白注射289人。优化母婴服务，辖区3个助产机构均实现“出生一件事”多证联办业务，办理出生证明5671件。其中，发起申请“出生一件事”多证联办2824件，出生证明协查9次。开展母婴保健技术服务执法监督，助产机构出生医学证明管理督导4次，重点督导是否实行专人管理，要求做到“证章”分开、出入库登记完整。

【婴幼儿疾病筛查】2021年，钱塘区户籍婴幼儿活产数2588人，访视2576人，新生儿访视率99.5%。户籍0岁组3073人，系管3026人，系管率98.5%；1岁组3474人，系管3419人，系管率98.4%；2岁组4338人，系管4248人，系管率97.9%；3岁组4097人，系管4019人，系管率98.1%。5岁内儿童死亡8人，死亡率1.62‰。其中，户籍儿童5岁内死亡3人，死亡率0.98‰；流动儿童5岁内死亡5人，死亡率2.66‰。新生儿听力筛查5755人，筛查率100%；确诊听力异常14人，听力异常发生率2.4‰。先天性心脏病筛查5748人，筛查率99.9%；双指标筛查阳性293人，心超例数291人，心超诊断阳性264人，筛查阳性心超异常率90.7%。

【婴幼儿照护服务】2021年，区社会发展局落实市区两级民生实事，提升婴幼儿生活品质，完成市级考核指标任务，新建成长驿站10个（考核6个）、新增托位150个（考核72个）、开展养育技能提升专业课堂40场（考核30场），公共场所、企事业单位母婴设施41个。出台区级项目实施方案，下达考核任务数，明确成长驿站建设及运营补助，累计下发补助资金70万元；开展联合督导2次，累计出动44人，做到辖区托育机构督导全覆盖，发现问题29个，整改29个。（杜　娟）

卫生监督

【卫生监督依法实施】2021年，钱塘区卫生健康综合行政执法队（简称区卫生监督执法队）依法开展辖区内公共场所、生活饮用水、职业卫生、传染病、医疗机构、放射、学校卫生等监督执法工作，并依法查处非法行医和非法医美等行为，同时承担辖区突发公共卫生事件调查处理等职责，保障辖区居民健康与安全。全年开展国家“双随机”（随机抽取检查对象、随机选派执法检查人员）检查158个次，省“双随机”检查7个次，完成放射卫生、二次供水、游泳场所、学校卫生、尘毒企业等专项执法11次，监督检查各类监管单位1600多个次，责令整改126个次，调查处置投诉举报38次，实施行政处罚96件，罚没款金额62.43万元。

【公共场所卫生】2021年，区卫生监督执法队开展公共场所管理培训，培训人员238人，结合新冠肺炎疫情防控和国家“双随机”检查，重点检查影院4个、超市5个、KTV经营场所5个，住宿场所22个，车站1个，重点检查消毒工作落实、进出人员健康码检验与体温检测登记等。5月，对3个商场和4个宾馆的中央空调进行卫生安全监督检查与指导。结合第34个世界无烟日开展控烟工作，区卫生监督执法队协同区社会发展局公共卫生科开展无烟日宣传，并联合区公安分局、区市场监管局、区文化执法队等部门进行控烟监督检查，无烟日当天监督检查单位26个，发放宣传资料100多份。开展秋冬季住宿场所专项执法，对26个旅馆进行检测，发出整改通知书10份。结合辖区生活饮用水现状，实施二次供水专项检查，并对辖区30多个二次供水单位责任人进行培训。开展住宿场所、商场超市、美容美发等卫生监督执法，全年出动监督执法人员426人次，监督检查单位1520个，处理投诉举报27件，满意率95%；查处公共场所违法案件39起，维护公共场所卫生与安全。

【“双随机”检查】2021年，区卫生监督执法队根据《杭州市卫生健康综合行政执法队关于做好2021年国家、省双随机工作的通知》，联系第三方检测服务机构，对国家“双随机”抽查范围内的158个单位实施监督抽样检测，包括公共场所117个、学校11个、医疗机构11个、传染病防治6个、消毒产品1个、放射卫生10个、计划生育2个。完成率100%。检测单位61个，实施行政处罚18件。

【学校卫生监测】2021年，区卫生监督执法队开展学校卫生状况专项和日常巡查64个，加强新冠肺炎疫情期间学校传染病执法力度，对11所辖区内大学、4所中小学和1所幼儿园进行二次供水监督抽检。落实中考、高考期间卫生保障工作和上级单位工作要求，出动工作人员18人次，对9所学校开展卫生监督检查，委托有相关资质的检测机构，对辖区内托幼机构9所、校外培训机构6所的采光照明状况，进行“双随机”抽检，并将检测结果抄告区教育部门。

【职业卫生监督】2021年，钱塘区有职业病危害工业企业1135个，申报职业病危害项目的企业364个，区卫生监督执法队据此开展职业病防治和普法宣传。4月，结合“职业病防治法宣传周”活动，区卫生监督执法队联合各街道组织职业病防治培训2场，重点讲解职业病防治法和企业应承担的责任，400多个企业派员参加。到企业开展现场咨询宣传与职业健康知识讲座，受益职工200多人。收到职业病体检机构送达的疑似职业病诊断报告10多份，均按规定进行监控处置。督促企业安排劳动者申请职业病诊断，其中确诊职业病2例，均为职业性噪声聋。加大对违法企业执法力度，参与由区委政法委牵头的杭州相良塑料有限公司重大投诉处理纠纷，多次下达监督意见书要求企业进行整改。区卫生监督执法队通过开展疑似职业病专项检查、回头看行动等检查，立案查处企业13个，罚款36.35万元。

【医疗机构监督】2021年，区卫生监督执法队审批监管各级各类医疗机构约400个。其中，社区卫生服务中心8个，开设发热门诊的上级医疗机构3个。对医疗机构监督检查650多个次，要求整改医疗机构48个，对其中36个单位及相关人员实施行政处罚，罚没款20.57万元。受理非法行医相关投诉举报8起，进行医疗美容机构专项整治，查处非法医疗美容案例2起，立案处理2个。实施放射诊疗机构执法专项行动，立案查处机构2个，罚没款5500元。开展医疗美容行业专项治理行动，辖区内医疗美容机构12个，开展自查医疗美容机构12个，检查医疗美容机构12个，立案查处医疗美容机构7个，罚没款14.41万元。至年末，对辖区内口腔医疗机构进行专项检查，拟实施行政处罚19件。

【医疗废物处置检查】2021年，区卫生监督执法队组织医疗废物专项整治和排查，督促辖区内医疗机构与有资质的专业处置医疗废物公司签订合同，保证医疗废物安全处置率100%。加强医疗机构内部医疗废物处置，辖区内二级以上医院3个和社区卫生服务中心8个，均接入医疗废物管理系统，实时接入医疗废物称重数据，发现问题及时处理。3个二级以上医院，医疗废物处置监控摄像头平台实时监控，落实分类贮存收集规范化和专业化。规范医疗废物前端分类收集，强化医疗废物处置单位日常检查工作，确保医疗废物规范贮存及时收运。对辖区内320个医疗机构进行巡查全覆盖，对在医疗废物处置中发现的违法行为进行查处，出具卫生监督意见书要求限时整改，全年查处8起。夯实实验室废物产生者主体责任，落实分类收集及贮存实验室废物，委托有资质单位进行处置。实验室废弃物集中统一收集运输覆盖率100%。

【新冠肺炎疫情防控工作】2021年2月，区卫生监督执法队根据区疾病预防与控制办公室要求，承担对疫情防控驻村指导工作的督导任务，开展4轮督导，出动人员20多人次，对发现的问题进行整改。5月，对3个临时设置的新冠肺炎疫苗方舱接种点进行检查，发出“卫生监督意见书”3份。组织监督员对开业的医疗机构开展两轮预检分诊监督与指导，出动执法人员100多人次，责令停业医疗机构4个，立案处罚医疗机构9个，要求整改医疗机构12个，同时加强对院感防控与消毒灭菌工作监督检查。日常巡查各类公共场所、医疗机构400多个次，对发现的问题及时整改。休息日和春节假期期间，区卫生监督执法队，每天分两组对隔离点、医疗机构、公共场所进行督查，抽派人员对31个隔离点进行视频监督和现场监督，做到隔离场所每日监督全覆盖，完成新冠肺炎疫情防控日报。累计出动人员100多人次，检查设有发热诊室的医疗机构5个、冷链进口物品企业10个、隔离酒店31个、公共场所50多个。（朱　静　陈婕妤）

疾病预防控制

【疾控工作】2021年，杭州市钱塘区疾病预防控制中心（简称区疾控中心）开展疾病预防与控制、健康教育与促进、疫情及健康相关因素信息管理、突发公共卫生事件应急处置等工作。全年进行新冠肺炎疫苗接种、卫生应急处置、结核病防治、传染病和突发公共卫生事件相关信息报告等各项业务知识培训，培训各类业务人员1300人次，编发各类检查简报10多期。围绕系列“卫生日”相关主题，开展结核病日、预防接种日、爱牙日、肝炎日、禁毒防艾日、学生营养周等主题宣传活动。

【传染病防治】2021年，区疾控中心根据新冠肺炎疫情动态变化，加强相关信息收集，开展疫情防控工作。组织人员进行病例流行病学调查，报告确诊病例3例、无症状感染者5例，均为境外输入病例。对7起同批次阳性物品进行协查处置，累计采集样本980份，报告2份物品阳性。对6起初筛阳性人员进行调查处置，累计管控人员150多人。落实各类疫点消杀工作，累计消杀疫点9户630多平方米。管理密切接触者237人、次密接1477人、重点人员140人。定期开展重点场所冷链食品、环境和从业人员新冠肺炎病毒核酸监测工作，监测样品8653件，其中在疫苗存储场所检出阳性1件。

全年报告法定传染病5615例，无甲类传染病报告。落实登革热、霍乱、流感和手足口病等重点传染病监测工作，监测疑似登革热病例样本2份、手足口病样本67份、疟疾血检样本160份，开展人群登革热抗体水平监测100份，完成外环境霍乱弧菌监测样品238件，调查处置霍乱毒力阴性病例3例，输入性疟疾病例1例。

【免疫预防】2021年，区疾控中心开展疫苗接种工作，其中接种常规疫苗32.24万剂次，接种新冠肺炎疫苗176.9万剂次。进行疑似预防接种异常反应（AEFI）监测工作，报告AEFI病例472例，无严重预防接种异常反应病例。落实重点人群免费接种流感疫苗的省政府民生实事项目，组织辖区70岁以上老年人免费接种流感疫苗。

【结核病与艾滋病防治】2021年，区疾控中心开展结核病疫情监测，登记结核病例357例，结核病总体到位率100%。上年同期登记肺结核患者成功治疗率99%。对辖区1起高校聚集性疫情进行调查处置，中小学生开展结核筛查8548人。按规范要求进行艾滋病随访管理，落实确诊病例的抗病毒治疗。全年新增HIV/AIDS（人类免疫缺陷病毒/获得性免疫缺陷综合征）报告81例。开展青年学生艾滋病哨点监测调查，完成问卷调查1000多份，重点人群检测1000人份。

【慢性病防治】2021年，区疾控中心负责各类慢性病发病监测，全年报告糖尿病病例1827例、肿瘤病例3184例、急性心脑事件1208例、死因1127例。每季度对各街道社区卫生中心慢病管理工作进行督查指导，高血压病例控制率82.3%、糖尿病病例控制率63.6%、高血压规范管理率74.8%、糖尿病规范管理率70.9%。对3个省、市级医疗单位的125例慢性病报告质量进行复核评估，评估8个社区卫生服务中心4种慢性病150例。

【公共卫生监测】2021年，区疾控中心落实食品安全风险监测任务，检测各类食品样品529件。每月进行生活饮用水水质指标监测，全年检测二次供水和末梢水样品160件。对26所托幼机构和8个医疗机构实施消毒质量监测，分别监测各类样品352件和105件，合格率分别为96.0%和98.1%。对7个公共场所环境进行卫生监测，对51所学校进行碘盐调查，定期组织实施"四害"密度监测、疟疾蚊媒工作。（王青青）

人口监测与家庭发展

【计生简化和政策导向】2021年，钱塘区有育龄妇女8.48万人，初婚629人，出生2603人，其中一孩1378人、二孩1177人、三孩27人、多孩21人。区社会发展局落实生育登记、再生育审批、农村部分计划生育家庭奖励扶助制度和计划生育家庭特别扶助制度等"最多跑一次"事项权限下放。办理生育登记2780例，其中一孩1632例、二孩1105例、三孩43例、再生育审批24例。落实国家计划生育奖特殊扶持政策，符合补助条件的对象资格确认准确率100%，奖励扶持3568人、317.73万元；特殊扶持229人（其中独生子女死亡家庭119人，独生子女三级以上伤残家庭107人，计划生育手术并发症3人）、203.74万元。

【计划生育特殊家庭帮扶】2021年，区社会发展局做好计划生育特殊家庭扶助关怀，做好计划生育特殊家庭"双岗"联系人制度、家庭医生签约服务、优先便利医疗服务"三个全覆盖"，为每户特殊家庭确定一名街道领导干部和一名村（居）委会干部作为帮扶"双岗"联系人。杭州市第九人民医院、区8个社区卫生中心为特殊家庭成员提供优先便利医疗服务，落实率、走访率、建档率、信息准确率、签约覆盖率100%。落实市级公益金14人，合计4万元；区级公益金72人，合计39万元。开展计生特殊家庭"暖心行动"，组织走访慰问7次，慰问49周岁以上失独人员479次，发放慰问品价值28.2万元；为1.1万户独生子女、259名特别扶助人员购买健康保险，保费合计50.87万元。

【计生服务技术】2021年，区社会发展局完善区、街道、村（社区）三级计划生育优质服务体系，进行计划生育服务745例；为育龄妇女提供免费计划生育技术服务269

2021 年 3 月 10 日，钱塘新区社会发展局组织各街道计生干部开展钱塘新区家庭发展技能比武大赛 （冯振辉 摄）

例，特殊病历补助 7 例；开展以女性健康知识讲座、艾梅病防治等健康教育和健康促进为主题的宣传活动 7 次。发放避孕药具 14 万余个。

【人口健康服务】2021 年，下沙高教园区 9 所高校成功申报中国计划生育协会青春健康高校项目，比上年增加 2 个，连续 4 年保持增长，居全省前列，园区内 14 所高校均申报区级青春健康项目，高校青春健康同伴教育社团普及率 100%；区社会发展局组织开展青春健康讲师培训 1 场、技能比武大赛 1 场，培训师资 60 人次，择优推荐参加省市级师资认证，1 名聘为省级青春健康师资，3 名聘为市级青春健康师资；开展青少年培训 31 场，1200 多人次；家长培训 36 期，2040 人次；线上推出“沟通之道”云课堂，发布 6 期，点击量累计近 5000 次。成功申报中国计划生育协会“新市民健康行动”延续项目、市级“暖心家园”建设项目 1 个。

【老龄健康服务】2021 年，钱塘区 60 岁及以上老年人口 5.5 万人，占户籍总人口数的 16%，其中百岁老人 40 人。区社会发展局构建“健康教育、预防保健、疾病诊治、康复护理、长期照顾、安宁疗护”六位一体服务体系，落实做细居家养老服务机构医养结合签约服务工作，机构签约服务率 100%。开展“紧密医养联合体”试点工作，双向转诊率 100%。加强医养结合机构新冠肺炎疫情常态化防控。全区 60% 的社区卫生服务中心（站）创建成为“老年友善医疗机构”，探索建立老年友好型社区创建工作模式和长效机制，获评国家示范性老年友好社区 1 个、市老年友好型示范社区 2 个。为 60 岁及以上老年人建立家庭病床数 482 张，全区 5 个（2021 年新增 1 个）医养机构在院老人数量 648 人，服务量 1.48 万人次。免费为 9528 名投保老年人意外伤害险。杭州大江东和平医院开展安宁疗护机构服务、河庄社区卫生服务中心开展安宁疗护家庭服务。开展老年人“智慧助老”日常应用普及行动，全年进行服务培训 275 场，服务 1.21 万人次。街道 1 个、家庭 2 户、12 人获区“敬老爱老助老最美系列”先进选树活动表彰。社区 1 个、家庭 1 户和 4 人获市级“敬老爱老助老最美系列”先进选树活动表彰。 （杜　娟）

责任编辑　周　丹

文化·体育

群众文化

【文化示范户和乡村文化能人评选】2021年，杭州市钱塘区社会发展局（简称区社会发展局）组织开展省、市、区三级文化示范户和乡村文化能人推荐评审，获评浙江省文化示范户1户、浙江省文化能人5人、杭州市文化示范村8户、杭州市文化能人28人、钱塘区文化示范户23户、钱塘区文化能人65人。

【文化基因解码工程和文化标识培育】2021年，区社会发展局根据浙江省文化和旅游厅部署，开展区域文化基因解码工程和文化标识培育工作。通过项目调研，区社会发展局对钱塘江潮、头蓬老街、钱塘围垦、龙鳞装技艺、孔凤春香粉（杭粉）、下沙大麦烧、蜀山遗址、临江兵团知青文化园、钱塘工业旅游、大创小镇10个重点文化基因项目进行分析解码，完成《钱塘区文化基因解码报告》，获评浙江省文化基因解码成果“优秀”等次，其中3个项目获评“优秀解码项目”。在文化基因解码基础上，进行转化利用，制定文化标识培育方案，“钱塘大围垦”项目被列入省100项“首批浙江文化标识”名单。

【文化项目建设和谋划】2021年，区社会发展局按计划推进钱塘区文体中心、金沙湖大剧院等项目建设谋划工作。组织专题研讨会，与建设主体共同谋划金沙湖大剧院的功能定位和运营方案；与区住建局谋划区文化馆、非遗中心建议方案，计划“十四五”期间完善文化配套项目，夯实公共文化服务基础，创亮点特色项目。

【基层公共文化场馆服务功能拓展】2021年，区社会发展局为强化提升基层公共文化阵地，丰富服务内涵，组织开展基层公共文化场馆服务功能拓展工作，其中新围村文化礼堂、蜀南村文化礼堂入选浙江省级公共文化场馆服务功能拓展先试先行名单；河庄街道综合文化站和同一村文化礼堂、江东村文化礼堂、向公村文化礼堂、火星村文化礼堂入选杭州市公共文化场馆服务功能拓展先试先行名单。（周　洁）

【全民阅读推广】2021年，钱塘区首次开展“一键借阅”服务，区图书馆接入杭州市“一键借阅”线上平台，为区内群众提供线上借书服务；与杭州图书馆合作开展“一键借阅”线下文化共享，提供1000多册全新书籍供读者挑选。全年采购新书2万余册配送至钱塘书房和各街道图书馆，丰富基层馆藏图书。7—11月，组织钱塘区“书香家庭”“书香村社”评选活动，通过推荐申报、网络投票、集中评审等程序，评选出区“十佳书香家庭”10户和“十佳书香村社”10个。10—11月，区委宣传部、区教育局、区社会发展局联合举办“我的读书故事”征文比赛。制定《钱塘区农家书屋提档升级行动实施方案》，结合新时代文明实践中心和农村文化礼堂建设，实现全区每个街道建成示范农家书屋1个。投入20万元用于更新补充56个农家书屋图书和2022年报刊杂志预订。

全年开展电影下乡活动10多场。举办“全民阅读·书香钱塘”系列活动，通过“4·23”全民阅读节、“3+3”全民阅读阵地建设、“钱塘大咖”荐书、“党旗下的诵读”、“我的读书故事”征文比赛、“我的钱塘书房”探店等10多项特色活动，打造“全民阅读·书香钱塘”特色品牌。

（王　帅　周　洁）

2021年，钱塘区“诗画浙江·百县千碗”金牌美食醋溜肉皮

（房露婷 提供）

【全民艺术普及推广】2021年，区社会发展局在区文化馆活动场馆和江东片区街道文化站等6个点，开设全民艺术普及推广公益培训，为群众提供免费艺术培训。3—6月，举办培训春季班，开设22门课程，共计263课次。7月，举办少儿培训暑期班，开设7门课程，共计56课次。9—12月，举办培训秋季班，开设29门课程，共计345课次。全年招收学员800多人，开展艺术课664课次。

【“三个一百”系列活动】2021年4月至10月，区社会发展局围绕庆祝中国共产党成立100周年主题，开展“三个一百”（“百年百张”红色主题摄影作品、“百年百幅”红色主题书画作品征集、“百年百场”送红色主题演出电影进基层）系列主题活动。全年组织红色主题文艺演出52场次、红色电影放映65场次，完成编制“百年百幅”书画作品集和“百年百张”摄影作品集。

【群众性文化艺术活动】2021年，区社会发展局组织开展各类群众文化活动。1—2月，举办钱塘区“文旅暖冬八大活动”。4月，开展“诗画浙江 百县千碗——寻味钱塘”美食征集活动。5月，组织“非遗寻访+工业研旅”活动。5—6月，举办“颂歌献给党，百年谱华章”钱塘区第一届歌手大赛。7月，选送优秀歌手组建参赛队伍参加杭州市第二十六届“三江”歌手大赛，获评银奖4个、铜奖4个。5—12月，组织“钱塘飞鸟集”摄影征集，以“绿色亚运、生态钱塘”为主题，进行四季集中采风活动，展示钱塘区优质生态环境。6月，开展“弘扬非遗庆建党，人人参与共传承”非遗体验活动。10月，举办“铭记光辉历史，传承红色基因”杭州市红色文化之旅文艺演出。11月，联合举办钱塘区首届围垦文化节。

【跨区域文化交流】2021年，区社会发展局组织开展城乡结对山海协作，与多地开展文化联动，通过文化交流实现文化资源共享，促进文化共同繁荣发展。9月18日，“遇见钱塘”百年百张摄影作品展在上城区文化馆举办。9月24日，“遇见钱塘”百年百张摄影作品展在滨江区文化馆举行。9月29日，“潮涌钱塘，幸福柯桥”文化走亲文艺晚会在绍兴市柯桥区钱清街道举行。9月30日，“幸福钱塘，秀水淳安”两地文化走亲综艺晚会在淳安县千岛湖啤酒小镇举行。10月17日，“风韵钱塘，潮城海宁”文化走亲文艺演出在海宁市海昌街道进行。10月28日，“秀水淳安，潮涌钱塘”文化走亲文艺演出在钱塘区新湾街道举行。12月20日，组织“云上塘塘·携手飞扬”送文化云汇演。12月21日，钱塘区与衢州市江山市文化广电旅游局签订结对互助合作协议，开展文化合作。（周　洁）

文化遗产保护

【区首批非物质文化遗产代表性项目评定】2021年9月，区社会发展局启动区级非物质文化遗产代表性项目申报工作，指导辖区各街道、各相关单位结合实际，通过宣传、挖掘，梳理上报非遗项目目录73条，完成专家评审、审核、公示等环节，评定（转评）钱塘区第一批非物质文化遗产代表性项目32个。（严　靓）

【“钱塘大围垦”文化标识入选首批省培育项目】2021年，区社会发展局根据浙江省文化旅游厅统筹，组织开展区文化标识培育工作，在文化基因解码工程基础上，重点围绕“钱塘大围垦”项目，制定文化标识培育方案，进行转化利用。钱塘区围垦区域有400多平方千米，由人民群众通过肩挑手提方式建成。“围垦文化”有70年历史，现有围垦文化公园、临江知青文化园、头蓬老街等围垦文化标志性地标，和钱塘潮涌、海塘绿道等围垦历史遗留，以及围垦文化节、围垦纪录片、围垦主题舞台剧、围垦历史文化读本等文化成果。“钱塘大围垦”项目入选浙江省100项“首批浙江文化标识”名单。（王　帅 周　洁）

【围垦文化建设】2021年，由区委宣传部牵头成立围垦文化研究会，打造“四个一”（编纂一批历史文化丛书、保护一批历史文化遗存、组织一批历史文化活动、建设一批历史文化项目等）工程。42名专家编撰完成首部记载和展现两岸围垦历史和开放、开发成就的记述史——《钱塘区围垦与开发历史文化读本》，制作完成钱塘“文化地图”；打造沙地红色纪念馆、江海湿地公园等围垦红色旅游精品线。搭建围垦文化大走廊，将南沙大堤、下沙老堤、1969年围垦堤岸3条堤岸建设成围垦文化慢行绿道主线，打造临江知青文化园、“围垦第一村”新围村五星级文化礼堂，“围垦基地学校”文思小学等十大阵地；开展“我们都是钱塘人”大讨论、“百年百幅”“百年百张”寻根文化等活动，累计覆盖群众2万余人。开展“我在潮起之地学党史”围垦大宣讲大宣传，全区各级党组织开展围垦党课203场，受众2.8万人。举办首届围垦文化节，开展节庆类、创作类、展演类、休闲类、竞赛类、论坛类、民俗类七大类、20项活动，传播围垦故事，弘扬围垦精神。（王　帅）

【钱塘区文物局挂牌】2021年8月，杭州市钱塘区社会发展局挂牌成立，增挂“杭州市钱塘区文物局”牌，办公地址位于杭州市钱塘区江东大道3899号，文物职能从区建设局划转至区社会发展局。钱塘区内有4处（杭州海塘、蜀山遗址、杭州经济技术开发区围垦历史遗迹、新湾抢险闸）文保单位（点），分别位于下沙、河庄、白杨、新湾4个街道。（任　炽）

文化市场管理

【文化市场执法检查】2021年，钱塘区文化市场平稳有序发展。区社会发展局在坚持日常检查，实现场所全覆盖基础上，累计开展网吧接纳未成年人整治、歌舞娱乐场所夜间整治、文明城市迎检专项整治、文化市场消防安全整治等专项行动10多次，出动检查人员2311人次，检查场所4616个次。完成中国共产党成立100周年“扫黄打非”、文化市场百日攻坚、扫黑除恶专项斗争、护校安园、疫情防控等重点执法检查任务。重视文化场所安全生产工作，与各经营单位签署《2021年度文化市场消防安全工作目标责任书》，进行文化场所安全隐患排查，组织各场所开展应急预案演练和消防演练。

【文化场所监管】2021年，区社会发展局结合新冠肺炎疫情常态化防控落实文化场所日常监管。按照控流量、防聚集、严防护原则，细化防疫举措，建立防疫机制，将防疫检查纳入日常检查。通过“人防+技防”“测温+验码+实名登记”方式守护文化场所卫生安全。突出重点时段对重点行业进行重点整治，开展寒暑假期间网吧、娱乐场所接纳未成年人专项整治，开学前后校园周边环境整治及教辅材料市场专项整治、暑期游泳场所专项整治，以及护航中国共产党成立100周年百日攻坚等行动。以“互联网+监管”为

2021年11月19日，钱塘区委宣传部举办首届围垦文化节（周　洁 提供）

目标，加强执法监管系统建设，提升政府监督执法效率。启用“浙政钉”系统，实现浙江省行政执法监管（互联网+监管）平台文化、广电、体育、旅游、文物相关条线的抽查事项全覆盖，监管事项认领率、实施清单编制率100%。开展本部门双随机抽查6次，跨部门“双随机”抽查3次，完成省文化旅游厅、省体育局下发相关检查计划4次。通过掌上执法巡查文化场所2311户次，查处相关问题260个，均整改落实到位。

【文化场所安全监管】2021年，区社会发展局落实“平安浙江”工作要求，督导文化场所落实安全责任制度，杜绝重特大安全责任事故发生，与辖区内网吧、电子游艺、歌舞娱乐等场所签订《年度消防安全目标责任书》，明确安全职责，确保责任到人。开展元旦、春节、中秋节、国庆节期间文化市场安全检查，对娱乐场所实施夜间检查，重点检查各场所设置的消防设施、应急照明灯、灭火器材、消防通道、电线电路、安全出口标志、应急预案和演练等情况。落实新冠肺炎疫情常态化管理，督促文旅行业企业落实各项防疫措施，消费场所采取“测温、亮码、戴口罩”措施，景区实施“预约、错峰、限流”措施，全区文化广电旅游行业系统新冠肺炎疫情“零发生”。（包慧敏）

【“扫黄打非”宣传检查】2021年，钱塘区制定首个《钱塘区“扫黄打非”基层站点规范化标准》，全年创建区级示范站点8个。全市首创“扫黄打非”IP形象活动，征集IP形象作品35幅。开展“护苗”“绿书签”主题宣传活动，全年开展“绿书签”活动（含乡镇街道、村社区）26场次，参加人数1.12万人次。开展“净网”“正道”等专项行动，累计出动检查3195人次，检查各类文化场所1596个。（王　帅）

【杭州钱塘潮玩节】2021年10月9日，首届杭州钱塘潮玩节在国际创博中心开幕，由钱塘区委、钱塘区人民政府主办，区内外50多个重点创新企业代表参加。现场推出多样国潮活动，发布“钱塘潮”年度文化旅游十景，黄小建、金家虹、鲁华芳、严美娟等国家级和省级大师被授予“钱塘文创产业顾问”称号。钱塘传统文化和精准传承代表企业，集体落户浙江经济职业技术学院“钱塘文创产业实践基地”。围绕数字经济与传统文化资源融合主题，赋能钱塘区文化产业发展，举办“钱塘论潮”圆桌论坛，“玩物得志”App平台首席营销官褚翔、万事利丝绸文化股份有限公司董事长李建华、浙江传媒学院文化创意和管理学院院长张雷等在论坛建言献策。活动期间，“钱塘潮IP文创联盟”成立，钱塘江诗路IP创意设计大赛启动。（王　帅）

2021年11月8日，钱塘区社会发展局对辖区内网吧进行实地督查测评

（包慧敏 提供）

群众体育

【体育设施建设】2021年3月，杭州亚运会手球馆、击剑馆、轮滑馆主体竣工验收。至年末，大学城北体育健身中心建成投用，钱塘轮滑中心完善各项比赛设施。完成省、市、区民生实事体育工程9个，其中百姓健身房4个、社区多功能运动场1个、小康体育村升级工程2个、街道级文体中心1个、笼式足球场1个。百姓健身房全部接入“浙里办”平台，实现网上预约、网上支付等功能。

【群众体育发展】2021年，区社会发展局组织举办全国体育舞蹈公开赛、杭州市运动会体育舞蹈（行业部）比赛、钱塘区百村社篮球联赛、羽毛球联赛、足球联赛、钱塘区绿道毅行大会等大型体育赛事，累计组织各类体育赛事55场，体育培训55场、3万余人参加；举办街道级赛事27场，社区级赛事

357场，鼓励全民参赛，打造“家门口”赛事。钱塘区河庄街道全民运动篮球联赛，辖区参赛村社队伍23支，观赛群众3万余人次，激发群众运动健身热情。

【体育社会组织培育】2021年，区社会发展局动员符合条件的8个体育社会组织申报参加社会规范化建设评估，其中获评AAAA级社会组织1个、AAA级社会组织5个。成立钱塘区体育总会、钱塘区老年人体育协会、钱塘区轮滑冰雪运动协会等体育社会组织。至年末，全区有三级社会体育指导员2081人。（胡青青）

2021年4月，杭州市第二十届运动会青少年部攀岩比赛举行，钱塘区派出22名运动员参加比赛（胡青青 提供）

竞技体育

【体教融合成果显著】2021年，钱塘区有杭州市文海实验学校、杭州市下沙中学、杭州市钱塘区景苑中学、杭州市钱塘区学正中学、杭州市钱塘区启源中学、杭州市钱塘区学正小学、杭州市基础教育研究院附属学校7所市队联办学校。其中，新增杭州市钱塘区学正中学、杭州市钱塘区启源中学、杭州市钱塘区学正小学、杭州市基础教育研究院附属学校4所市队联办学校。有杭州市文海实验学校自行车项目、杭州市下沙中学和杭州市钱塘高级中学射箭项目、杭州市钱塘区景苑中学和杭州市钱塘区学林小学攀岩项目、杭州市钱塘区学正小学手球项目、杭州市基础教育研究院附属学校网球项目、杭州市钱塘区启源中学和杭州市钱塘区云帆小学柔道、散打、拳击、跆拳道、摔跤项目10个市队联办布点项目，实现下沙区块公办初中学校市队联办全覆盖，组队参加杭州市二十届运动会青少年部比赛，获金牌6枚、银牌7枚、铜牌14枚。

【体育数字化改革】2021年，区社会发展局落实社会力量办赛申报“一件事”，依托“浙里办”体育公共服务平台专题窗口，构建办赛申报“一件事”集成协同场景重大改革清单，提升各部门在赛事申办上的协同能力，提高服务效能，提升保障效力，为省体育局“揭榜挂帅”项目。至年末，钱塘区社会力量办赛申报“一件事”，上架“浙里办”体育公共服务平台。（胡青青）

责任编辑 周 丹

人力资源

就业帮扶

【技能人才培养】2021年，钱塘区人力资源和社会保障社局（简称区人社局）开展技能提升行动，推动高技能人才队伍建设。认定浙江省技术能手4人、杭州市级技能大师工作室2个，遴选申报浙江青年工匠23人、浙江大工匠1人、浙江杰出工匠2人，发放各类技能人才补贴资金580万元，补贴高技能人才2396人。全区技能提升行动培训人数1.41万人，开设线上职业技能培训班21个，培训企业职工1746人；新型学徒制培训班5个班次，培训企业学徒74人；项目制培训班18个，培训企业职工2936个。新申报认定企业2个，认定社会培训评价组织2个，社会培训评价组织试点分支机构6个，评价工种近40个，开展企业技能认定515人次，认定发证462人。全年组织各类职业技能大赛6场。其中，省级技能大赛3场，市级区域性技能大赛3场。技能提升一次奖励政策在“亲清在线”平台上线，对新评定为高级技师、技师的人员，分别给予5000元、3000元一次性奖励，全年发放奖励资金99.2万元。

【系列人才招聘会举办】2021年，区人社局围绕数字化改革，加强“宜业钱塘”场景应用，发挥“大数据+”优势，组织开展“钱塘新区新春云聘会”“新春纳才·杭向未来”长三角高层次人员云聘会、杭州跨区域合作线上招聘会、临江新材料产业园专场、“巩固脱贫攻坚成果·助力乡村振兴”就业扶贫现场招聘会（云南省曲靖市），以及“走进名校·汇聚英才”生物医药直播招聘会（浙江大学）等专场招聘活动32场，走进中国药科大学、浙江工业大学、浙江理工大学、杭州电子科技大学等多所知名院校招才引智，推出就业岗位3.48万个。

【就业创业推进】2021年，区人社局加强创业陪跑空间管理，落实创业担保贷款政策，通过房租补贴、用工补贴、创业资助等形式，帮助重点群体实现以创业带动就业。累计发放创业担保贷201笔，金额9669万元。组织开展杭州市创业孵化示范基地、杭州市创业陪跑空间、杭州市“众创十佳”等申报工作。新增杭州市认定创业陪跑空间1个（杭州钱塘映雪堂创业陪跑空间）、杭州市创业孵化示范基地2个（中国计量大学国家大学科技园、杭州钱塘区优斯创业陪跑空间）。

【就业援助活动】2021年，区人社局实施就业精准服务计划，开展“就业援助月”“重点对象精准公益服务周”“私人定制服务周”“重点群体公益服务周”“特色群体服务周”“重点群体帮扶”等公共就业服务活动，加大就业援助和职业指导。加强对高校毕业生、就业困难人员、退役和残疾人等特殊群体托底帮扶力度，累计帮扶重点群体1.4万人次。推进对口地区帮扶，联系对口地区四川省甘孜州理塘县，成立“塘塘”就业服务中心，参加劳动力技能培训206人，其中脱贫人员141人。帮助四川省农村劳动力到浙江省就业8500人，其中脱贫人口到杭州市就业535人。累计审核发放各类稳就业政策资金8277

万余元，其中就业困难灵活就业补贴 3102 人，金额 1093 万余元。（朱晓兰）

【党建“六联”活动】2021 年，钱塘区人力资源服务协会党建联盟开展以政治理论联学、优势资源联享、实践活动联办、党员队伍联建、信息知识联通、红色品牌联创活动为主要内容的“六联”活动，结合各企业实际情况，进行多层面党建活动。通过政企组团服务、行业资源整合、人才队伍引育、红色品牌创建、红色细胞激活、红色堡垒提效、党建活动提质七大行动建立起全区企业人力资源领域互帮互学、共创共赢新机制，创新企业人力资源服务协会党建工作新格局。（汪娇娇）

大学生创业

【大学生创业大赛】2021 年 6 月 7 日，由杭州市人民政府主办、钱塘区人民政府承办的第七届中国杭州大学生创业大赛钱塘赛区比赛闭幕，杭州市人力资源和社会保障局、杭州市人才管理服务中心、钱塘区各政府部门代表，14 所高校代表组织的高校观摩团，6 个产业功能平台（杭州医药港、杭州大创小镇、杭州综合保税区、杭州江东芯谷、杭州临江高科园、杭州前进智造园）代表和参赛选手出席大赛。赛区决赛中有来自 6 个城市的 8 组选手公开汇报答辩。根据评审规则，决出赛区一等奖 2 人、二等奖 2 人、三等奖 4 人，其中一等奖选手代表钱塘赛区参加杭州市总决赛。

【世界青年高质量创新创业论坛在钱塘区举行】2021 年 6 月 18 日，世界青年高质量创新创业（杭州）论坛在钱塘区举行。该论坛是大学生双创日“十个一”活动之一，旨在搭建世界青年创新创业研究平台，促进高端智库思想碰撞和交流合作，推动青年创新创业高质量发展，培育具有“国际视野、创新能力、创业精神和社会责任”的青年英才，助力钱塘区汇聚创新创业的青春动能，建设全球人才“蓄水池”。活动现场，由浙江大学、复旦大学、中国美术学院、江苏大学等数十所高校发起成立的“长三角青年双创发展联盟”启动仪式举行，“杭州钱塘国际博士后创新孵化中心”揭牌。（蒋家梅 沈 涛）

【“走近钱塘第一课”开讲】2021 年 11 月 23 日，由中共钱塘区委、钱塘区政府举办的“走近钱塘第一课”在浙江传媒学院开讲，并同步网络直播。区内 14 所高校就业创业工作相关人员、大学生创业代表、就业学生代表、在读学生等 500 多人参加活动。“钱塘第一课”为大学生重点介绍钱塘区基本情况，鼓励大学生借助钱塘区打造“智涌钱塘·现代星城”的契机，在钱塘区发展、成长，为建设现代化国际化一流新区助力。课堂上还对钱塘区人才政策，以及大学生生活补贴、创业资助、担保贷款、人才安居补贴等全方位就业创业扶持政策内容进行详细解读。（蒋家梅）

劳动监察仲裁

【欠薪投诉集中接访】2021 年 1 月 11 日，钱塘新区人力资源和社会保障局劳动监察大队（简称新区劳动监察大队）维护春节期间社会和谐稳定。根据《浙江省根治欠薪工作领导小组关于开展全省欠薪投诉集中接访活动的通知》要求，组织开展欠薪问题集中接访活动，区领导、根治欠薪工作领导小组成员单位相关负责人，现场接待农民工欠薪投诉，共同处置化解欠薪纠纷。

【农民工维权咨询】2021 年 5 月 1 日，新区劳动监察大队在义蓬购物中心，组织开展《中华人民共和国保障农民工工资支付条例》实施一周年宣传活动。活动现场发放《中华人民共和国保障农民工工资支付条例》《劳动合同法》等宣传资料 1000 多份，并解答农民工劳动维权咨询。（李水君）

事业单位人事管理

【规范事业单位岗位设置和人员聘用】2021 年，区人社局根据《杭州市事业单位岗位设置管理实施方案》和《杭州市事业单位岗位设置管理实施意见》等有关规定，制定《关于钱塘区事业单位岗位设置及专业技术职务聘用工作方案》，明确事业单位岗位设置类别、结构比例、岗位要求、聘任程序和权限，组织开展岗位设置、聘任专题培训，做到全员规范入轨，调整专业技术岗位结构比例，统筹使用专业技术中级、初级岗位。

【人事数字化改革推进】2021 年，区人社局根据区划调整后事业单位设置和事业人员编制变动情况，在省人事工资系统中构建钱塘区各事业单位及主管部门“机构树”，重新绑定新设立、更名事业单位社会征信代码、“云签章”，并采用后台划转方式办理事业编制人员调动手续 449 人，保证新旧机构正常更替，人员平稳过渡，工作正常运转。省人事工资系统平台钱塘区工作人员信息完整度 99.2%、工资信息完整率 99.7%，人事工资联动率124.6%。

（周林芳）

人才引进

【人才引育提质增效】2021年，钱塘区新引进顶尖及领军人才60人，入选省"鲲鹏行动"计划专家2人；建议入选国家级、省级海外高层次人才21人；新认定杭州市E类及以上高层次人才700人，其中D类及以上高层次人才112人；新引进35岁以下大学生3.75万人，比上年增长54%；新增毕业5年内大学生创业企业1480个。中共杭州市钱塘区委人才工作领导小组办公室（简称区人才办）组织开展5批次高层次人才创业认定项目征集和3批次人才项目评审，新落地项目112个，比上年增长18%。

【人才工作系统重塑】2021年，区人才办以行政区划优化调整为契机，强化人才工作顶层设计，出台《中共杭州市钱塘区委员会人才工作领导小组及成员单位工作职责》《关于建立健全推进人才工作六项机制的意见》，推进人才工作运行制度化、规范化、高效化。实施《钱塘人才工作品牌建设方案》，提炼形成"钱塘@才"工作品牌和"钱小智"人才IP形象，以品牌化思维整体推进人才形象、招引、活动、服务等全方位建设，提升钱塘人才工作辨识度和影响力。

【人才新政优化】2021年，区人才办出台《关于聚焦人的现代化打造英才高地的若干举措》，从产业人才激励、青年人才引育、人才创业支持、招才引智机制、行业人才培养、人才创新创业生态6个方面对人才政策进行升级、优化，完善配套制度和操作细则16项。

2021年4月18日，钱塘人才主题日第2期·徒步寻春，江城探古活动举行

（沈 涛 提供）

【创新人才评价体系】2021年，区人才办根据钱塘区生物医药产业和人才集聚优势，出台《杭州市钱塘区生物医药产业人才评价实施细则（试行）》，以生物医药为试点，首创产业人才赋分评价体系。通过学历职称、从业经历、薪酬待遇、任职岗位、创新成就、个人荣誉、岗位紧缺程度7个维度，设定不同权重和分值，对生物医药产业人才进行综合评分，评定钱塘区QE类人才，获评人才可享受杭州市E类高层次人才对应的区级待遇。评价体系市场化指标权重占比60%。

【人才工作数字赋能】2021年，区人才办依托数字化改革，构建"钱塘人才全息场"应用体系，以数字化手段拓宽人才工作边界。上线生物医药产才融合平台，绘制全国生物医药人才地图，构建产业人才需求和靶向招引分析模型，提升人才引育带动强链延链补链精准度。优化"钱塘人才e点通"，新增"我是Bio""我要创业"等功能板块，丰富移动端服务内涵。开发钱塘人才云图，实现全区人才结构、人才企业分布、政策兑现概览一屏掌握。打造"大学生就业码上办"应用场景，实现大学生实践、实习、就业一站式服务。

【"钱塘人才主题日"系列活动】2021年4月，钱塘新区党工委人才办印发《关于建立"钱塘人才主题日"制度的通知》，面向在新区或有意了解新区、到新区发展的各行业领域人才、外籍专家、海外留学生、高校毕业生，举办各类人才交流、招聘等活动。钱塘人才主题日以人才为主角，通过全区上下齐参与组织形式，渗透人才服务意识，增强人才融入感和归属感，营造全社会尊重人才、礼遇人才氛围。全年举办"海外学子钱塘春行"等活动10期。

【"揭榜挂帅·全球引才"科洽会】2021年11月8日，"揭榜挂帅·全球引才"科洽会在钱塘区举办。活动是"2021年杭州国际人才交流与项目合作大会"分会场活动，李林、谭蔚泓、王建宇、俞书宏4

2021年4月18日，钱塘人才主题日第2期种树挂名牌等活动举行

（沈　涛 提供）

位院士，10多所高等院校和科研院所派代表参加。60多个重点项目在现场洽谈区搭建展台，各大高校、科研院所及金融机构代表与企业负责人进行现场项目对接，促进科研成果转化落地。10个生物医药行业领先企业与中科院武汉病毒所、上海交通大学等10所高校、科研院所达成合作。7个重点项目上台路演发布"悬赏令"，发榜金额1.5亿元。杭州生物医药"揭榜挂帅"创新共享中心成立，钱塘区"生物医药产才融合平台"发布。

【人才工作新举措】2021年1月13日，"新大陆，新人类，新未来"钱塘人才之夜晚会在钱塘区国际创博中心举行。活动现场，"人才新政25条"发布，从激励措施、引育政策、创业扶持等多个维度，助力人才创新创业。"钱塘@才"人才工作品牌、"钱小智"人才IP形象推出。"钱塘@才"品牌以人的现代化为指导，建设英才高地，构建由形象品牌、引智品牌、活动品牌、服务品牌四大内容组成、特色鲜明的钱塘人才工作品牌体系，助力钱塘高质量发展。晚会同时发布"新大陆，新人类，新未来"钱塘人才宣传片和钱塘人才服务"双员服务"（企业洞才专员、政府助才专员）制度。（沈　涛）

【博士后创新孵化发展新格局构建】2021年6月18日，世界青年高质量创新创业（杭州）论坛在杭州钱塘区举行。"杭州钱塘国际博士后创新创业孵化中心"揭牌。钱塘国际博士后创新孵化中心以企业主导、联合引才、分类考核、政策加持四大举措，形成"以引促建、以评促管、以学提质、以扶筑强"的博士后创新孵化发展新格局。钱塘区给予新设立的国家级博士后流动站、工作站100万元资助，省级博士后工作站50万元资助。

【博士后联谊活动举行】2021年9月17日，区人社局组织区内博士后工作站及博士后人才，参加在杭州九阳小家电有限公司举办的"智涌钱塘·情满中秋"博士后中秋联谊活动，杭州市人社局、钱塘区人社局相关领导出席。活动让博士后们体验中秋文化，感受钱塘区家文化温暖。

【人才对接援助活动】2021年12月3日，区人社局为深入实施省市"智聚山海·助力共富"专家服务工程，和衢州市江山市人社局共同举办钱塘区博士后到江山对接交流活动。杭州市人社局、江山市人社局、钱塘区人社局代表出席活动。钱塘区与江山市开展结对合作，实现资源共享、互惠互利，为两地共同发展打下基础，为高质量发展建设共同富裕示范区提供智力支持。

（陈立立）

责任编辑　周　丹

社会民生

社区（村）建设

【社区建设】 2021年，杭州市钱塘区社会发展局（以下简称区社会发展局）推进基层治理建设，开展“美丽社区”建设大比武活动，评选出15个美丽社区，推动社区建设跨江融合发展；推进“三型社区”品牌创建，新创建白杨街道邻里社区为市级国际化示范社区，示范型撤村建居社区下沙街道头格社区1个，田园社区河庄街道新围村、义蓬街道春光村2个。实施社工人才队伍建设，完成新社工招聘、入职上岗114人，其中定向招聘社会工作岗位7人。进行社会工作师职业资格教育培训，新增持证社工100多人。社会工作专业服务平台有序运行，以社工站建设为载体，开展社会工作+产业平台、社会工作+城乡融合、社会工作+社区国际化等特色服务，推动社会工作深入到养老、就业、救助等各个领域；举办首届社区工作者节，提升社工职业成就感。

【社会组织】 2021年，钱塘区有社会组织507个，其中社会团体72个，民办非企业单位435个。推进社会组织能力提升，新增AAA级以上社会组织16个，7个街道完成服务中心实体化建设，5个街道引入第三方运营单位。下沙、白杨、河庄3个街道开展街道社会组织公益创投，共计投入150多万元。强化社会组织党建引领，配备专职党务工作者，社会组织综合党委建立首个社会组织党支部，推出“商协助企服务体”党建品牌，开展社会组织“红社讲堂”6期。下沙街道早城社区社会组织服务中心“超级妈妈终身服务”项目获评杭州市“公益品牌服务”项目。（钟慧妍）

民政事业

【社会救助】 2021年，钱塘区在册低保户1909户、2372人，低保边缘户57户、181人，特困38户38人，临时救助304户、363人。依规落实“应保尽保，应退即退”要求，累计发放低保救助金3054.4万元、低边救助金17.95万元，特困供养人员救助金84.97万元，节日补贴251.38万元，临时救助资金176.08万元。聚焦低保、低保边缘户和特困等特殊困难群体，回应群众关切，推进机制建设制度化、专业社工标准化、社会组织多元参与、兜底保障信息化、帮扶项目个性多元化“五化”工作模式，推进困难群众定期探访服务。至年末，入户探访关爱8691人次，第四季度通过“幸福码”应用送达幸福清单1693人次。开展困境儿童“暖巢更新”服务，为区内36名低保家庭儿童，以每户5000元的标准，对其卧室或书房等进行环境改造。（黄玲佳）

【困境儿童帮扶】 2021年，区社会发展局推进儿童福利服务体系建设，通过民生直达方式，为辖区内162名困境儿童，发放各类困境儿童生活费及补贴144.13万元。依法推进收养工作，办理收养评估8户。协同区妇工委推进示范型“儿童之家”建设，获评省级示范型“儿童之家”1个、市级示范型“儿童之家”2个、基础示范型“儿童之家”9个。

【慈善事业】 2021年，区社会发展局募集慈善资金1090.28万元，发放慈善救助金1413.03万元，惠及困难群众5370人。春节前夕开展春风行动，收到爱心捐款202笔，合计234.64万元，春节慰问困难群众425人，发放慰问金85万元。开展“暖心过年，温暖守护”活动，拨付5.16万元，为区内4个养老机构86名养老护理员购买深度健康检测套餐、西湖益联保及年货。推进慈善基地孵化慈善组织工作。9月，钱塘区河庄街道江城共富发展中心成立。11月，钱塘区一楼阳光公益服务中心成立。开展对四川甘孜州理塘县对口扶贫工作，捐款捐物价值500多万元。1月4日，钱塘区慈善总会第一次会员大会暨第一届一次理事会召开，副区长施科琦当选会长，第一届会员单位97个，个人会员9人。（严　萍）

【婚姻登记】2021年，钱塘区婚姻登记服务中心办理结婚登记2043对，离婚登记申请1112对，离婚登记663对，补发婚姻登记证（含结婚、离婚）478对，受理“婚育户一件事”1599件。男性结婚登记平均年龄为30.8岁，女性为29.2岁，结婚人群中25～29岁年龄段占比49%，离婚人群中30～34岁占比33.9%。开展婚姻辅导512件次。其中，婚前辅导472件，婚姻（家庭）关系辅导6件，离婚调适辅导34件，劝和21件，离婚劝导和调解成功率61.8%，辅导满意率100%。

（夏舒慧）

【养老服务】2021年，钱塘区有老年人5.5万人，建成示范型居家养老服务中心9个，托养床位76张。全区有养老机构5个，床位数1059张，其中护理型床位占比65%。每千名老年人拥有床位19.25张。全区有居家养老服务照料中心91个，老年食堂（助餐点）42个。完成养老省、市、区三级民生实事项目。建成下沙街道1个街道级居家养老服务中心；完成生活困难老年人家庭适老化改造工作110户，完成率137.5%；新增养老机构床位130张，护理型床位占比100%，完成率162%。钱塘区养老民生实事项目获评杭州市民生福祉工作年度考核第一名。（胡佳伟）

社会保障

【退休干部职工大学开学】2021年3月29日，杭州退休干部职工大学本部与钱塘新区教学点同时开学。根据新冠肺炎疫情防控要求，学校与学员签订“防疫承诺书”，要求班委配合班主任对学员落实进教室测体温、查看健康码等措施。钱塘区老学员200多人次出勤。杭州退休干部职工大学钱塘新区教学点有线下书画、摄影、拉丁、民族舞、社团等课程，同时共享“不晚学堂”线上精品课、公益课资源，并拓展开设乐器、医疗保健、越剧教唱等热门特色专业，为辖区退休人员就近提供学习园地和展示舞台。（周璐璐）

【打击欺诈骗保专项整治行动】2021年8月，区人社局在杭州市医疗保障局（简称市医保局）指导下，组织开展打击欺诈骗保专项整治行动，重点聚焦“假病人”“假病情”“假票据”等欺诈骗保行为。至年末，开展医保定点医药机构日常巡查371个。其中，定点医疗机构187个次，定点零售药店184个次。市医保局根据区人社局检查情况，结合大数据筛查，对钱塘区存在医保服务违规行为的93个医药机构，做出协议处理决定。（应梦露）

退役军人服务

【钱塘区退役军人事务局揭牌】2021年7月23日，钱塘区退役军人事务局（简称区退役军人事务局）正式组建，内设“一办”（办公室）、“一科”（双拥优抚科）、“一中心”（退役军人服务中心）。核定编制人员10人。其中，行政编制5人，事业编制5人。同日，区退役军人事务局党支部成立。9月6日，钱塘区退役军人事务局揭牌。

【钱塘区退役军人服务中心展示厅建成】2021年12月30日，钱塘区退役军人服务中心展示厅建成。服务中心建设场地750平方米，投入资金300多万元。展示厅分浮雕墙、党建风采、峥嵘岁月、荣誉展示、物件展示等多个功能区，厅内有红色金融、军种介绍和通信器材等特色展示区。

【退役军人服务站荣誉】2021年，钱塘区河庄街道退役军人服务站、下沙街道头格社区退役军人服务站、下沙街道七格社区退役军人服务站、下沙街道星野社区退役军人服务站、白杨街道伊萨卡社区退役军人服务站、义蓬街道金星村退役军人服务站、新湾街道新北桥社区退役军人服务站、河庄街道建设村退役军人服务站、河庄街道向前村退役军人服务站、河庄街道同一村退役军人服务站10个军人服务站获评“省新时代枫桥式”退役军人服务站。

【“最美退役军人”选评】2021年5月30日，区退役军人事务局组织开展“最美退役军人”选评活动，经过资格审查、初评遴选、公众投票、综合评定和社会公示等环节，评选出钱塘区首届“最美退役军人”10人、“最美退役军人”提名10人。下沙街道头格社区书记钱水荣获评杭州市第二届“最美退役军人”。7月31日，钱塘区召开“庆祝中国人民解放军建军93周年暨首届最美退役军人颁奖”大会。

【就业创业安置】2021年，区退役军人事务局接收退役士兵，审核整理退役士兵档案；新开班职业技能培训，组织退役士兵参加汽车维修、保安员、健身教练、西式面点师等技能培训班学习，参训率65.2%。组队参加杭州市创新创业大赛，海创园消防改造项目获评三等奖，初礼公学下沙宝龙中心项目获评优胜奖。9月30日，在杭州大学生创业园（海聚中心）开设区退役军人就业创业基地，为退役军人创新创业提供低成本、便利化、全要素开放式综合服务。

【烈士褒扬制度体系】2021年，钱塘区成立以区退役军人事务局为核心，7个街道、N个社区及社会组织为基础的“1+7+N”烈士褒扬工作专班，健全烈士褒扬制度体系。至年末，建立健全部门规章3项、新增烈属待遇保障配套文件5个、开拓烈士褒扬“三年攻坚行动”等专项行动6项。傅永先烈士事迹陈列馆建成，馆内展出红色遗物612件，至年末，接待量3.9万人次。钱塘区首个退役军人服务中心展示大厅推出“英烈褒扬”钱塘特色宣传品牌，集中亮相“军人烈士事迹”121项，3D动画视频循环播放19名革命烈士事迹，至年末，参观人数7000多人。在清明节、“9·30”烈士纪念日，动员网友在线缅怀先烈，累计开展“云祭扫”系列活动8场。举办“烈士光荣证”颁授仪式，为区内19名烈士授勋。举办“红色物件珍品展”等各类展览3次，展出军功章、勋章等5232件红色革命文物，观展人数4.6万人次。9月27日，钱塘区开展烈士纪念日祭奠活动，副区长施科绮带队到萧山烈士陵园和河庄街道蜀山生态公墓敬献花篮祭奠英烈。

（周　锋）

【钱塘区关爱退役军人协会成立】2021年11月24日，钱塘区关爱退役军人协会（简称区关爱退役军人协会）成立，大会选举产生第一届理事并组成班子成员。市退役军人事务局二级巡视员刘燕应邀参加会议并讲话，副区长施科琦出席会议并讲话。大会推选杭州红妍颜料化工有限公司总经理马仁爱为区关爱退役军人协会第一届会长，首届会员72人。其中，个人会员33人，单位会员39个。区关爱退役军人协会联合区慈善总会设立关爱退役军人基金，并在大会现场举行会员企业捐赠献爱心活动仪式，募捐关爱基金31.5万元。协会发挥党委政府和全社会关心关爱退役军人的桥梁纽带作用，帮助解决退役军人在生活、就业等方面的实际困难，宣传褒奖在国防建设、经济发展等方面事迹突出的退役军人，在维护退役军人合法权益、帮扶困难退役军人、支持退役军人就业创业等方面提供全方位服务。

【退役军人事务数字化建设】2021年，区退役军人事务局依托市“智慧老兵”一体化管理服务平台，将“老兵码”退役军人健康养护智慧服务及数字驾驶舱项目纳入全市“老兵码”场景化应用试点。制定《开展“老兵码”场景建设应用的实施方案》，并递交项目申报书和建设方案，通过信息化项目专家评审，被纳入全区重点信息化建设项目。落实“一把手”责任制，制订数据协同方案，提供退役军人“线上+线下”服务。推进“老兵码”申领、“崇军商家”入驻等工作，加强“老兵码”宣传，通过服务站设置志愿服务点、社区工作人员上门协助认领等方式推广“老兵码”，申领率68.1%。制定《钱塘区设立“崇军志愿服务点”工作实施方案》，明确任务分工，细化实施步骤，规范入驻流程，每周通报入驻情况，全年7个街道上报“崇军商家”入驻信息1068条。

【优抚工作】2021年，钱塘区为重点优抚对象发放抚恤补助，为农村籍60周岁以上退伍士兵落实老年生活补助，为尚未退休的在职重点优抚对象办理医疗补助，完成优抚对象确认工作。区退役军人事务局联合区教育卫生局为60周岁以上重点优抚对象购买杭州市老年人团体意外伤害统筹保险。选送重点优抚对象（烈士遗属、荣立二等功及以上功勋的退役军人、最美退役军人、全国爱国拥军模范等）到嘉兴荣军医院短期疗养，提供全方位体检、康复治疗及健康教育服务，并安排系列红色主题活动，到嘉兴南湖瞻仰中国共产党“一大”会址和红船，参观马家浜文化博物馆、嘉桐工委联络处旧址和G20杭州峰会会场等地。专人专班布置落实军改集体转制人员信息采集工作。按照“应修尽修、应迁尽迁、集中管护”原则，区退役军人事务局联合区检察院、河庄街道退役军人服务站、蜀南村，对蜀山生态公墓2座烈士墓进行现地检查。11月26日，烈士墓修缮完成，费用共计4.71万元。（周　锋　乐泽宇）

责任编辑　周　丹

杭州下沙高教园区

综　述

【钱塘区高校】杭州下沙高教园区位于钱塘新区下沙区块，总面积10.92平方千米。以杭州绕城高速公路东线为界，分东、西2个区块。园区入驻高校14所，东区入驻浙江工商大学、浙江财经大学、杭州师范大学钱江学院、浙江水利水电学院、浙江金融职业学院、浙江经贸职业技术学院、浙江经济职业技术学院7所高校，西区入驻浙江理工大学、杭州电子科技大学、中国计量大学、浙江传媒学院、浙江警官职业学院、杭州职业技术学院、浙江育英职业技术学院7所高校。14所高校中，省属高校11所（其中教育部或其他部委局共建高校6所）、市属高校2所、民办高校1所。2021年，园区入学新生10.24万人，全日制普通高校在校学生23.57万人。其中，研究生2.48万人，本科生14.63万人，专科生6.05万人，留学生4083人；有成人继续教育学生7.44万人。在编教职工1.76万人。

【区校共建工作推进】2021年1月13日，钱塘新区召开高校负责人座谈会。全区14所高校围绕资源共享、教学科研、人才培养、合作办学、校友经济、区校合作工作机制、政产学研用深度融合等方面开展座谈交流，并就钱塘科学城的规划建设提出思路和建议。3月25日，杭州钱塘科学城揭牌并召开座谈会，会上发布《杭州钱塘科学城建设实施方案》，中国科学院基础医学与肿瘤研究所、钱塘科技创新中心2个科研单位与浙江理工大学做交流发言。（年鉴编辑部）

2021年下沙高教园区高校基本情况表

表13

院校名称	总面积（万平方米）	分校区（个）	学院/系（个）	独立学院（个）	专科专业（个）	本科专业（个）	硕士专业（个）	博士专业（个）
浙江理工大学	144.85	4	17	1	—	68	56	6
杭州电子科技大学	132.37	5	19	1	16	45	19	9
浙江工商大学	182.67	3	26	1	—	71	74	17
中国计量大学	103.91	3	19	1	—	54	26	2
浙江财经大学	105	4	16	1	—	45	60	9
浙江传媒学院	90.34	2	16	—	1	41	3	—
杭州师范大学钱江学院	19.5	—	7	—	—	34	—	—
浙江水利水电学院	82.06	2	11	—	6	29	—	—

续表 13

院校名称	总面积（万平方米）	分校区（个）	学院 / 系（个）	独立学院（个）	专科专业（个）	本科专业（个）	硕士专业（个）	博士专业（个）
杭州职业技术学院	42.40	—	9	—	38	—	—	—
浙江金融职业学院	40.87	—	14	—	25	—	—	—
浙江警官职业学院	34.93	—	4	—	12	—	—	—
浙江经贸职业技术学院	28.42	—	10	—	30	3	—	—
浙江经济职业技术学院	35.23	—	9	—	34	5	—	—
浙江育英职业技术学院	14.33	—	6	—	25	—	—	—

注：表格数据均包含各高校分校和独立学院的数据。

2021 年下沙高教园区高校教育基本情况表

表 14

院校名称	招生（人）					在校生（人）						毕业就业率（%）	教职工（人）		
	总数	研究生	本科生	专科生	成人本专科	总数	全日制普通生				成人教育生		总数	其中专任教师	
							研究生	本科生	专科生	留学生				总数	副高级以上职称
浙江理工大学	15401	2629	4633	—	8139	49361	6593	27077	—	628	15063	96.1	2496	1984	993
杭州电子科技大学	12979	2250	8234	—	2495	39670	5737	28030	—	1293	4610	95.1	2858	2082	1007
浙江工商大学	19112	2450	8140	—	8522（专升本学生）	62760	5104	26851	—	1289	29516	94.8	2679	2141	1074
中国计量大学	9696	1541	4376	—	3779	25925	3621	16347	—	263	5694	94.4（本科）、98.2（研究生）	1849	1327	664
浙江财经大学	8705	1215	4113	—	3377	25233	3246	15333	—	396	6258	90.6	1702	1244	555
浙江传媒学院	3980	301	3301	7	371	15265	503	13821	15	149	777	95.1	1457	966	404
杭州师范大学钱江学院	—	—	—	—	—	6918	—	6918	—	—	—	95.6	420	313	119
浙江水利水电学院	4364	—	3778	536	50	12446	—	10773	1490	1	183	95.0	770	528	211
杭州职业技术学院	5574	—	—	4723	851	14859	—	521	13251	—	1087	98.2	750	566	214
浙江金融职业学院	4293	—	—	4220	73	11824	—	—	11730	21	73	98.8	621	502	193
浙江警官职业学院	1305	—	—	1305	—	3754	—	—	3754	—	—	98.8	405	203	95
浙江经贸职业技术学院	4578	—	—	3819	759	13739	—	—	11963	—	1766	97.9	599	426	164
浙江经济职业技术学院	8732	—	194	3408	5130	19193	—	649	9684	30	8830	98.4	592	405	163
浙江育英职业技术学院	3682	—	—	3442	240	9169	—	—	8621	13	548	96.91	370	269	78

注：1. 招生研究生人数包括博士生，在校研究生人数包括博士生；2. 在校留学生人数包括学历生和非学历生；3. 毕业生就业率为研究生、本科生总和，不含成人教育就业率。

浙江理工大学

【概况】浙江理工大学下设学院（教研部）17个，举办独立学院1所。2021年，本科招生专业58个，一级学科博士学位授权点6个、硕士学位授权点25个，硕士专业学位类别17种，博士后科研流动站3个。有省重点建设高校优势特色学科2个、省一流学科A类、B类各6个；化学、材料科学和工程学学科进入ESI（Essential Science Indicators，简称ESI，基本科学指标数据库）全球排名前5‰。学校有"纺织纤维材料与加工技术"国家地方联合工程实验室、"先进纺织材料与制备技术"教育部重点实验室、"生态染整技术"教育部工程研究中心等国家级和省部级科研平台40多个。学校获国家技术发明奖二等奖8项，国家科技进步奖二等奖8项，国家科技进步奖三等奖1项，鲁迅文学奖1项，何梁何利基金科学与技术创新奖2项。学校拥有中国工程院院士1人，发达国家院士2人，国家特殊人才支持计划领军人才5人，国家级高层次人才5人，国家自然科学基金、杰出青年科学基金获得者1人，优秀青年科学基金获得者2人等国家级和省部级人才。学校坚持开放办学，与46个国家和地区的155所教育、科研机构建立合作关系，与美国北卡州立大学、纽约州立大学时装技术学院举办中外合作办学项目4项，与毛里求斯大学、苏里南大学共建孔子学院2所。

【科技创新推进】2021年，浙江理工大学加强科技创新顶层设计，建立健全科学评价体系、培育和激励机制，服务创新驱动发展战略。全年获国家科学技术奖科技进步二等奖1项，省部级科技奖一等奖10项（其中牵头5项、参与5项），教育部人文社科研究优秀成果二等奖1项。获批省部级科研平台4个。发表*Nature*正刊论文2篇。新建地方研究院3个和地方技术转移中心5个。科研成果专利转化385件，居2021年中国高校专利转让排行榜第25位。其中"一种纸杯高黏熔体的熔融缩聚反应方法及专用反应器和降膜元件"等4项专利转让化单项合同到账金额1亿元，并成为全国高校科技成果转化典型案例。开拓新型科研经费渠道，争取地方资源支持服务区域社会经济发展，全年累计到账科研经费4.4亿元，创历史新高。学校入选第三批高校国家知识产权信息服务中心。年内，学校教学科研工作获省部级及以上领导批示15人次，其中国家级C类批示1项。

2021年4月15日，浙江理工大学与绍兴市柯桥区人民政府举行共建现代纺织鉴湖实验室协议签约仪式　　（浙江理工大学 提供）

【学科建设强化】2021年，浙江理工大学强化学科建设，材料科学、化学和工程学3个学科居ESI全球排名前1%，且均进入全球排名前5‰。10月，国务院学位委员会发布《关于下达2020年审核增列的博士、硕士学位授权点名单的通知》，以及2020年学位授权审核结果。学校增列生物学、软件工程和设计学3个一级学科博士学位授权点，建筑学一级学科硕士学位授权点和金融硕士专业学位授权点，博士点增数居全省省属高校并列第二位。

【师资队伍建设】2021年，浙江理工大学深化团队型引智育才工作，与浙江省科学技术协会共建浙江省科技人才与政策研究院，结合浙江省经济社会科技发展和人才发展实际，依托学校学科资源，推进科技人才战略研究、科技和创新政策研究、科技战略情报和数据平台建设、之江科技智库建设支撑等工作。学校入选"高等学校学科创新引智计划"，全年引进全职专任教师150人，新增省部级及以上教师10人。校长陈文兴被评为"全国杰出专业技术人才"。2名教师入选"爱思唯尔高被引学者"。组织教师参加省青年教师讲课比赛、省高校教师教育技术成果比赛获特等奖、一等奖各3项，参加省首届教师教学创新大赛获一等奖2项、专项奖2项。

【浙江理工大学（杭州）技术转移有限公司成立】2021年1月，浙江理工大学（杭州）技术转移有限公司成立。公司总部位于浙江理工大学下沙校区内，是浙江理工大学资产经营有限责任公司全资设立的市场化、专业化技术转移服务机构。公司构建以“技术转移公司”为主体，地方研究院为牵引，高校产学研联盟中心为纽带，技术转移分中心为基础，技术经纪人为核心的成果转化服务全链条体系。

【专利免费许可活动】2021年，浙江理工大学作为全国专利开放许可首批试点高校，根据省科技厅推出的科技成果“先用后转”机制（即科技成果先免费许可、后实施转移转化机制）、《浙江省市场监督管理局关于征集拟实施免费开放许可专利的通知》，择优选取涵盖纺织、材料、机械等8个领域具有市场应用价值的发明专利50件，面向全省企业提供免费许可3年。开展“开放许可专利，助力共同富裕”龙游县专场等推广活动，助力共同富裕示范区建设，相关内容被《中国教育报》《科技日报》《浙江教育报》等媒体转载报道。（李静惠）

杭州电子科技大学

【概况】杭州电子科技大学设下沙、文一、东岳、下沙东及青山湖5个校区，总占地面积1.32平方千米；下设学院及教学单位19个，举办独立学院1所。2021年，高校有全日制在校学生3.97万人，教职员工2800多人。其中，专任教师2000多人，正高级职称教师330多人，具有博士学位教师1320多人。拥有院士3人，国家杰出青年基金获得者、国家社科重大项目首席专家、国家新世纪百千万工程人才、教育部新世纪优秀人才支持计划等国家级人才60多人，省特级专家2人、省有突出贡献中青年专家4人、省“钱江学者”特聘教授12人。拥有国家“111计划”学科创新引智基地2个、省级院士专家工作站1个。有本科招生专业45个、国家级综合改革试点专业2个、教育部卓越工程师教育培养计划试点专业6个、国家级特色专业建设点7个，国防特色重点专业2个。8个专业通过工程教育专业认证。学校拥有一级学科博士点9个、博士后科研流动站4个、一级学科硕士点19个。拥有国防特色学科4个、浙江省重中之重一级学科2个、浙江省重中之重学科2个、浙江省一流学科（A类）4个、浙江省一流学科（B类）6个、浙江省哲学社会科学重点研究基地1个、浙江省人文社会科学重点研究基地1个、浙江省重点学科19个。获国家级教学成果奖励10项。有国家级人才培养模式创新实验区1个。杭州电子科技大学是教育部批准的卓越工程师教育培养计划高校。

学校有国家级脑机协同智能技术国际联合研究中心、科学技术部“中国—奥地利人工智能与先进制造‘一带一路’联合实验室”，以及1个国防重点学科实验室；拥有检测仪表与自动化系统集成技术教育部工程研究中心、射频电路与系统省部共建教育部重点实验室、工业和信息化部视听认知健康与智能影像分析评价实验室等15个省部级重点实验室，拥有3个国家级实验教学示范中心、2个国家级虚拟仿真实验教学中心、10个浙江省实验教学示范中心，4个省科技创新公共技术平台、4个浙江省工程实验室（工程研究中心）、6个浙江省国际科技合作基地、3个浙江省2011协同创新中心、1个浙江省新型高校智库，以及培养基于网络的先进制造技术人才为主的工程训练中心。

学校是“全国信息产业科技创新先进集体”单位。2021年，学校有国家级科研项目110个，实到科研经费超过5.2亿元。其中，国家重点研发项目和课题3个，任务3项；国家级军工项目19个；国家社科基金重大招标项目1项，年度课题15项。获省部级以上科技奖励48个，其中牵头获国家科技进步奖二等奖1项。教师发表高水平论文1805篇次。新增授权发明专利1118个。

2021年4月30日，杭州电子科技大学举行数字经济创新科技园开园仪式暨浙江省数字经济产教融合联盟成立大会（杭州电子科技大学 提供）

【学科建设水平提升】2021年，杭州电子科技大学在该年度学位授权审核中，获批一级学科博士学位授权点3个，分别为数学、信息与通信工程、集成电路科学与工程。至年末，学校累计有一级学科博士学位授权点9个，列省属高校第三位，其中集成电路科学与工程为全国首批18个集成电路科学与工程一级学科博士授权点之一。学校新增一级学科"外国语言文学"硕士学位授权点1个，新增税务、法律、新闻与传播、材料与化工、资源与环境、能源动力、图书情报硕士专业学位授权点7个。

【国际化合作办学】2021年，杭州电子科技大学获教育部批准加入"亚洲校园"项目、"国际中文教育创新项目"，参加"汉语桥"系列中文比赛，推进国际化合作办学，全年国家公派留学录取人数增加。学校在浙江省高等教育教学成果评选中获教学成果奖9项。其中，教授陈龙团队的"面向工程创新能力培养，构建电子类专业实践育人新体系"，教授陈临强参与完成的"评估牵引、声誉导向、多方联动的竞赛治理优化及其成效"获特等奖。教授郑宁团队的"地方特色高校'中国心，全球范'数字人才在地国际化培养模式的研究与实践"等3项成果获一等奖。副教授陈建华团队的"'科学评估、精准监控、持续改进'地方高校教学质量保障体系的构建与实践"等4项成果获二等奖。年内，获省政府拨付的引导资金1.45亿元，用于支持学校与俄罗斯圣彼得堡国立研究型信息技术、机械与光学大学合作设立的圣光机联合学院的建设。与日本山梨大学、法国巴黎大学合作办学项目通过教育部评估、获批延期许可，同时成功申报与日本山梨大学合作举办的电子信息专业硕士项目。至年末，根据《2020浙江省高等教育国际化发展年度报告》，学校在全省22所硕博授权高校中列省属高校第一位。获2021年度泰晤士高等教育亚洲大奖。

【产学研合作发展】2021年，杭州电子科技大学年度实到横向科研经费2.21亿元。其中，新增横向科研项目475个，到校经费1.36亿元。项目中百万级横向合同56个（含千万级项目2个）；以转让或许可方式进行转化的科技成果393个；新建校企合作平台36个，累计建成248个。加入工业互联网产业联盟、杭州都市圈促进科技成果转化联盟，并成为浙江省人工智能产业技术联盟副理事长单位。入选教育部"高等学校科技成果转化和技术转移基地"、科学技术部"赋予职务科技成果所有权和长期使用权试点单位"，以及国家知识产权局、教育部"国家知识产权试点高校"。

【列全国竞赛排行榜地方本科院校第一名】2021年3月22日，中国高等教育学会发布2020全国普通高校大学生竞赛排行榜，杭州电子科技大学以620个奖项数、90.06分的总成绩，在全国普通高校大学生竞赛排行榜五轮总榜单（2012—2020年）（本科）中排名第17位，在省内高校中仅次于浙江大学，名列省属高校第一名。学校通过组织学生参与电子信息类竞赛，培养学生实践能力、创新思维及团队协作精神，促进信息与电子类学科课程体系建设。

【获批国家级"一带一路"联合实验室】2021年8月10日，杭州电子科技大学中国—奥地利人工智能与先进制造"一带一路"联合实验室获批科学技术部建设第三批"一带一路"联合实验室。实验室由学校"一带一路"信息技术研究院为主导，联合奥地利MUT环保技术与机械设备工程有限公司、维也纳技术大学及杭州言实科技有限公司，致力于在绿色城市及智能环保领域，进行智能装备研发、智能运维技术的工业智能化应用示范；在流程工业智能仿真技术合作的基础上，开发融合人工智能、智能制造技术的工业虚拟现实数字孪生透明工厂产品。同时促进联合科研成果在"一带一路"沿线国家和地区的产业化推广应用，共同打造国际领先的科技合作与高端人才培养平台，开拓国际市场。

【骆建军主持项目获国家科技进步奖二等奖】2021年11月3日，杭州电子科技大学教授骆建军主持完成的"固态存储控制器芯片关键技术及产业化"项目获国家科技进步奖二等奖。该项技术是新一代电脑硬盘、大数据存储系统的芯片级硬科技。项目组自2005年开始，历时10多年，对固态存储控制器关键技术进行逐一研究和试验，通过解决高速计算机接口核心技术的国产化问题，突破固态硬盘容量瓶颈、达到业内最高容量。开发高速、无损的物理层数据加密关键技术，为国内信息安全提供芯片级安全保障。年内，该项目获国产化推广应用。

【《服务数字浙江助推共同富裕示范区建设行动方案（2021—2025）》出台】2021年12月25日，杭州电子科技大学出台《服务数字浙江助推共同富裕示范区建设行动方案（2021—2025）》。方案发挥学校电子信息特色优势，落实“加强数字学科建设、提升数字创新能力；加快数字人才培养，培育数字浙江建设生力军；聚焦数字科技创新研究，突破关键核心技术攻关；推动产学研深度融合，加速数字领域成果转化和应用；发挥数字人才潜能，助力浙江经济高质量发展”五大举措。通过对接国家战略需求和浙江省高质量发展建设共同富裕示范区战略目标，实施人才强校战略，加大优秀科技人才引进力度，完善有组织的科研机制，推进重大科研创新平台建设，构建良好科研生态。（齐敏敏）

浙江工商大学

【概况】浙江工商大学有下沙、教工路和桐庐（杭州商学院）3个校区，总占地面积182.67万平方米。下设学院27个、本科专业71个，涵盖管理学、经济学、法学、文学、理学、工学、历史学、哲学、艺术学9个学科。有国家“111计划”学科创新引智基地1个，教育部省部共建人文社会科学重点研究基地1个，教育部“国别和区域研究中心”培育基地1个，国家农产品加工技术研发专业分中心1个，教育部互联网应用创新开放平台示范基地1个，省2011协同创新中心3个，省习近平新时代中国特色社会主义思想研究中心首批研究基地、省新型重点专业智库、省重点培育智库、省“一带一路”建设智库、省哲学社会科学重点研究基地（A类）各1个，省新型高校智库3个，省重点实验室6个，省工程研究中心4个，省级国际科技合作基地4个，省级国际联合实验室、中国轻工业重点实验室、省统计科学研究基地各1个，省社会科学普及示范基地2个，省软科学研究基地13个。2021年，浙江工商大学有全日制普通在校生3.3万人。其中，本科生2.68万人，研究生5100多人；留学生1280多人，其中学历生1160多人。有教职工2600多人。其中，专任教师2100多人，博士生导师130多人，正高级职称教师400多人，副高级职称教师670多人，博士学位教师1160多人。有省重点创新团队6个、省高等学校创新团队6个、省高校高水平创新团队2个。年内，新增ESI全球排名前1%学科3个，分别为计算机科学、环境/生态学和化学。至年末，学校共有ESI全球排名前1%学科5个，分别为农业科学、工程科学、计算机科学、环境/生态学、化学，其中农业科学居前4‰。浙江工商大学被省委、省政府授予“浙江省文明校园”称号，被省委宣传部确立为浙江省习近平新时代中国特色社会主义思想研究中心首批研究基地。学校获批武器装备科研生产单位二级保密资格，获批马克思主义理论一级学科博士学位授权点。获国家社科基金年度及青年项目立项36项，连续4年居浙江省属高校第一位。11月28日，浙江工商大学举行高质量发展推动共同富裕论坛暨浙江工商大学建校110周年庆祝大会。

2021年11月28日，浙江工商大学举行高质量发展推动共同富裕论坛暨浙江工商大学建校110周年庆祝大会（浙江工商大学 提供）

【人才培养和师资引育】2021年，浙江工商大学围绕“立德树人”根本任务，推进本科教育工作。年内，12个专业入选国家一流本科专业建设点，71门课程获省一流课程认定。“‘数字+公共管理’专业建设探索与实践”“基于‘多元融合、数智驱动’的新商科人才培养模式研究与实践”2个项目获教育部批准，成为首批新文科研究与改革实践项目。1名教师获“全国教材建设先进个人”称号。本科生继续深造率30.2%。推进卓越研究生教育，研究生招生比上年上升8.3%，招收硕士生2386人、博士生97人；获批港澳台博士研究生招生资格；获评省优秀博士学位论文1篇，获评省优秀研究生教学案例28篇。学生学科竞赛参与率87.5%。组织参加第七届中国国际“互联网+”大学生创新创业大赛，获金牌1枚、银牌6枚；参加第六届全国大学生艺术展演活动，获一等奖2项、二等奖1项，获全国“优秀组织奖”；参加第十七届“挑战杯”全省大学生课外学术科技作品竞赛，获特等奖3项，获“优秀组织工作奖”。

学校获“全国美育先进单位”和首批“浙江省高校智慧思政特色应用试点单位”称号，校关心下一代工作委员会被评为“全国教育系统关心下一代工作先进集体”。实施“引育并重”创新师资建设计划，入选浙江省特级专家1人，国家自然科学基金优秀青年基金获得者1人，引进国家级人才项目入选者2人。全年引育国家级人才5人。推进“百名优博”引才计划，引进博士106人（含海外博士27人）。

【学科建设】2021年，浙江工商大学推进学科建设，增设慈善管理、数字经济学、国别和区域研究3个目录外二级学科；新增出版硕士专业学位点；深化与中国人民大学的战略合作，推进6个一级学科合作共建计划。实施高质量发展科学研究计划，提升科研创新水平，获准教育部哲学社会科学研究重大课题攻关项目1项、国家社科项目52项（含重大项目4项）、国家自然科学基金项目40项；获浙江省哲学社会科学优秀成果奖19项（含2项合作），其中一等奖4项（含1项合作）；获浙江省科学技术奖三等奖1项；学校主办刊物《商业经济与管理》《浙江工商大学学报》入选国家广电总局期刊“数字化”建设试点期刊。

【社会服务】2021年，浙江工商大学推进省、部共建工作，构建与教育部、商务部的长效合作机制。发挥重要窗口研究院、台湾研究院、浙商研究院等研究基地和智库平台的作用。有关共同富裕、数字化改革、台湾问题等研究报告获省部级及以上领导批示60多项。加入浙江省“三农九方”新阵列，获浙江省“三农九方”农业科技协作计划“揭榜挂帅”项目4项。推进“政产学研用”协同创新，与富阳区政府共建浙江（富阳）食药质量安全工程研究院。开展新疆干部专业化能力培训项目。浙商博物馆入选全省首批100个“党员教育培训基地”。浙商大创业园获省级科技企业孵化器认定。学校构建面向区域经济社会发展的产教融合体系，泰隆金融学院和跨境电商学院分别入选省级重点支持现代产业学院建设点，科创大楼（产教融合基地）被纳入浙江省“十四五”时期教育强国推进工程储备库。推进亚运会（手球项目）筹办和场馆运行各项工作。

2021年5月8日，浙江工商大学与中静新华资产管理有限公司举办资助协议签字仪式，宣布英贤慈善学院成立（浙江工商大学 提供）

【国际交流合作】2021年，浙江工商大学提升国际化办学水平，探索教育对外开放新模式和新路径。学校与英国萨塞克斯大学合作成立国内第一个中外合作办学的人工智能学院——浙江工商大学萨塞克斯人工智能学院。申报的“东盟与中日韩（10+3）多边产业合作平台与推进机制建设”项目获批国家级教育对外交流项目。项目基于东盟和中国、日本、韩国各国的产业发展实际情况，通过构建“东盟与中日韩（10+3）多边产业合作互联网平台”、举办“东盟与中日韩（10+3）多边政产学合作论坛”、开展“东盟与中日韩（10+3）多边产业合作特色人才培训”及“东盟与中日韩（10+3）多边合作课题研究”，助推区域产业经济一体化进程、构建区域产业价值体系。年内，学校获批“浙江省国际化特色高校”，日本研究中心入选“区域和国别研究全国高水平建设单位”。全年新招收学历国际生215人，其中“一带一路”沿线国家学生占66.9%。

【英贤慈善学院成立】2021年5月8日，浙江工商大学在“110周年校庆日”现场，与中静新华资产管理有限公司签署资助协议，中静新华资产管理有限公司出资3.5亿元成立浙江工商大学英贤专项基金，资助浙江工商大学建设慈善学院，培养本、硕、博国民教育系列公益慈善人才。11月，英贤慈善学院成立，学院拥有浙江省特级专家郁建兴教授为代表的师资力量，遵循开放办学、学科交叉、产教融合的教学理念，旨在培养从事慈善项目管理、资金筹集、公关传播和行政管理等工作的应用型、复合型、创新型管理人才。中国慈善联合会发布2021年度中国“十大慈善文化事件”，浙江工商大学建设英贤慈善学院入选。

【“中国共同富裕指数模型”发布】2021 年 5 月 28 日，浙江工商大学联合浙江大学举行“中国共同富裕指数模型”发布会。发布会上，浙江工商大学校长、浙江大学社会治理研究院院长郁建兴对“中国共同富裕指数模型”项目背景及进展情况进行详细介绍。“中国共同富裕指数模型”涵盖发展性、共享性和可持续性 3 个维度。该项目历经专家论证、文献分析、案例研究、实证筛选等步骤，最终选出由 14 项二级指标、81 项三级指标组成的综合评价指标体系，弥补现有研究评价维度单一、价值目标与政策目标衔接度不高、忽视需求侧、局限于绩效考核结果等缺陷，对全国各省市指标数据进行比较分析、趋势研判，为推动共同富裕建设提供数据支撑和决策依据。

【思想政治教育研究院成立】2021 年 6 月 4 日，浙江工商大学成立思想政治教育研究院，下设思想政治理论课研究中心、党史党建教育研究中心、学生思想政治教育研究中心、课程思政教学研究中心、师德师风建设研究中心、传播与舆情研究中心、宗教院校思想政治教育指导中心、美育研究中心 8 个研究中心。中心聚焦国家和浙江重大战略决策，以服务经济社会发展为导向，为各级党政机关、高校等提供风险预测预警、决策咨询建议、舆情管理等新型智库服务；以搭建协同研究服务平台为目标，推出传播与舆情研究成果，形成具有针对性的改革对策；并与浙江省社科院智库建设和舆情研究中心等校外机构建立合作。年内，中心组建校内专家库和青年骨干人才库 2 个“智囊库”，实现从“人找项目”到“项目找人”的转变，集中优势和资源，建立舆情与社会治理研究共建共享的工作机制。

【浙江省高等教育评价研究院成立】2021 年 6 月 5 日，浙江工商大学举行浙江省高等教育评价研究院揭牌仪式。研究院由省教育厅、省教育考试院与浙江工商大学合作共建，旨在开展一系列有关“高水平大学及学科建设”绩效评价研究、浙江省高等教育质量评价研究以及教育事业发展统计分析与评价，为浙江省教育评价改革深入实施科教兴国战略、人才强国战略、创新驱动发展战略建设高质量教育体系提供理论支持和决策服务。

2021 年 12 月 23 日，浙江工商大学数字化改革暨数字高校 1.0 版仪式启动

（浙江工商大学 提供）

【东海食品台州研究院成立】2021 年 6 月 15 日，浙江工商大学东海食品台州研究院揭牌成立。研究院发挥高校科研技术优势和地方产业优势，开展农产品、水产品等食品加工领域的共性技术难题、产品创新开发和产业化应用等方面的研究工作，推动食品产业发展，助力实现“共同富裕”。

【“庆祝中国共产党成立 100 周年优秀学术成果丛书”发布】2021 年 6 月 28 日，浙江工商大学“庆祝中国共产党成立 100 周年优秀学术成果丛书”发布。丛书涉及政治学、历史学等多个学科，包括社会治理、经济发展、数字经济等主题。至年末，由《争创先行：浙江基本实现高水平现代化研究》《全球金融：新时代中国特色金融外宣文本英译研究》《制度优势：中国特色对口支援模式研究》《中国方案：数字贸易命运共同体的探索之路》《美好生活：以人民为中心的社会基层治理》《区域协同：软投入的演进脉络与比较分析》《数字中国：技术驱动与产业发展》7 册专著组成的上部完成并发布。

【“数字高校”改革创新成果发布】2021 年 12 月 23 日，浙江工商大学举行数字化改革暨“数字高校”成果发布会，宣布启动“数字高校”1.0 版。“数字高校”校长工程于 2020 年 9 月启动，打通系统间数据壁垒，推进“师生一件事”

集成改革，建成浙江工商大学师生之家校园MIX智慧综合体，为全体师生提供多项移动智能服务。至年末，学校获批浙江省教育领域数字化改革第一批创新试点项目、浙江省教育领域数字化改革认定性课题各1项。

（周 敏 朱 帆）

中国计量大学

【概况】2021年，中国计量大学优化师资队伍结构，引进青年博士90人，入选浙江省引才计划青年人才项目2人。聘请客座教授6人，兼职教授15人，嘉量学者3人。入选省第十批援疆专业技术人才1人。加强与地方政府、市场监督管理机构和行业企业的政产学研合作，开展行业专业性人才继续教育与培训。

经国务院学位委员会审核，光学工程、仪器科学与技术2个学科获批一级学科博士学位授权点。学校建有博士学位授权一级学科2个，硕士学位授权一级学科15个、硕士专业学位授权点11个。工程学学科、化学学科、材料科学学科进入ESI全球排名前1%行列，浙江省一流学科10个。学校在浙江省普通本科高校分类评价中，列多科性教学研究型高校、硕士培养高校第一位。获全球首届“标准化高等教育奖”。

全年有全日制在校普通本科生1.6万人、研究生3600多人；有专任教师1500多人，有共享中国工程院院士2人，国家杰出青年科学基金获得者、国家创新人才推进计划等国家级人才20多人次。教师获国家科学技术二等奖3项，获教育部高等学校科学研究优秀成果奖、国家质检总局科技兴检奖、浙江省科学技术奖、浙江省哲学社会科学优秀成果奖等省部级奖励100多项。拥有全国高校黄大年式教师团队1个、国家级教学团队1个。学校有国家市场监管总局重点实验室、国际科技合作基地等省部级以上科研平台近40个。建有制造强国与标准化战略研究院、诗路文化高等研究院等高水平研究院。建有国家计量法治研究基地、ISO国际标准化培训基地（杭州）等高水平行业人才培养基地。中国计量大学科技园被科学技术部、教育部认定为国家大学科技园、国家级科技企业孵化器、国家备案众创空间、高校学生科技创业实习基地。有国家级实验教学示范中心1个，国家级虚拟仿真实验教学中心1个；国家级、省级大学生校外实践教育基地6个，国家级人才培养模式创新实验区1个，全国示范性工程专业学位研究生联合培养基地1个。学校参与“超高灵敏极弱磁场和惯性测量装置”国家重大科技基础设施培育建设工作。

【人才培养成果】2021年，中国计量大学侧重综合性高端人才培养，按照“分层分类、交叉融合、重点突破、整体提升”的思路，实施“双一流”学科培育工程，坚持学科建设和人才培养在教育实践中的统一。年内，学校本科生在各类学科竞赛中获国家级奖项76项，其中A类34项；获省级奖项396项，其中A类323项。研究生获创新实践系列大赛国家级奖项77项、省级奖项27项。本科生和研究生获授权专利、软件著作权等154项，发表论文964篇，其中SCIE（科学引文索引扩展版）和EI（工程索引）检索420篇。读研升学率31.5%，列全省高校第五位。获浙江省本科高校国家奖学金特别评选推荐资格和国家大学生年度人物提名。获大学生艺术展演活动全国一等奖1项，在各类竞技体育赛事中获国家级奖项11项。获浙江省“挑战杯”全国大学生课外学术科技作品竞赛特等奖2项、一等奖4项。

【学科专业能力提升】2021年，中国计量大学推进大仪器学科建设工作。工程学、材料科学及化学3个ESI前1%学科排名稳定，环境与生态学阈值0.91，具备冲击前1%学科的潜力。新增能源动力、工商管理2个硕士学位专业类别。13个专业进入国家级一流专业评审阶段，5个专业获省级一流专业指标，8门课程进入国家级一流课程评审阶段，51门课程获批省级一流课程。19个项目获首批省级课程思政教学项目建设立项，“马工程”重点教材使用率100%。获省级教学成果特等奖1项、一等奖3项、二等奖4项。教师团队获浙江省首届高校教师教学创新大赛一等奖2项。

【科技创新加强】2021年，中国计量大学到校科研经费3.31亿元，比上年增长27.0%。主持参与的科研项目获省部级科技奖项17项，包含国家市场监管总局市场监管科研成果一等奖、教育部高等学校科学研究优秀成果奖（科学技术）二等奖各1项。获批国家级科研项目63项，其中重点研发计划项目3项。获批国家市场监管重点实验室1个。教师徐爱春撰写的文章被美国科学促进会出版的*Science*选录，首次作为第一作者在《中国社会科学》上发表。主持制定国家标准10项，参与制定59项，制修订省级地方标准、行业标准等20项。授权发明专利323件，出版理工类学术著作3部。拍卖成交科技成果57

项，成交金额6838万元。签订各类产学研合作协议15项。公布的2020年度市场监管科研成果奖中，以推荐单位获奖成果4项。其中，一等奖1项，二等奖1项，三等奖2项。参与完成单位获奖成果5项。其中，二等奖4项，三等奖1项。

【数字化改革推进】2021年，中国计量大学打造全景VR（虚拟现实）党史党建馆，通过电子化呈现中国共产党百年历程、精神谱系、习言习语、VR重走长征路、党员规范、入党宣誓墙及学校党建工作荣誉展、党建品牌展等板块。学工部牵头建设的“量大智慧思政平台”，增强学生工作数字治理能力。项目是集数据管理、数据统计、数据分析、数据展示、数据应用的一体化平台，建成大数据管理、大数据分析、综合预警、特色应用等功能模块，为思政教育工作提供科学的决策支持。研发“基层党组织标准化绩效管理系统”，被浙江省教育厅列为破解党建工作难点堵点典型应用场景唯一示范案例，系统实现24个二级党委（党总支）、252个师生党支部使用全覆盖。学校负责起草的浙江省高校“科研安”科研经费监督系统数据规范1.0在各省属公办本科高校试行。打造“智慧图书馆”服务应用平台，获评浙江省高校数字档案馆。学校入选第二批高校智慧思政特色应用试点单位。（余　聪）

【开放办学】2021年，中国计量大学新增国外合作院校3所，与教育部中外语言交流合作中心共建捷克中文教育研究中心。牵头成立全国首批学生标准化技术委员会，成立标准化教育研究中心。与青海、安徽、黑龙江3个省市场监管局签订合作协议，建成4个地方研究院和1个校友产业园。结对帮扶的司前畲族镇获评“全国脱贫攻坚先进集体”，泰顺县获评首个“浙江省级文化强镇”，建成“潭边战斗”红色主题公园。学校师生编排的原创歌舞史诗《千秋计量》在北京会议中心演出。扩展非学历教育合作办学项目，承办各类培训班42期，培训学生3221人次。

【承办中国质量（杭州）大会第五分论坛】2021年9月16日，中国质量（杭州）大会第五分论坛在杭州国际博览中心举行。论坛由浙江省市场监督管理局、中国计量大学、中国标准化研究院联合承办。国家市场监督管理总局相关负责人，浙江省市场监督管理局和其他省市的市场监督管理局负责人，企业家代表、高校代表及国际标准化组织ISO/TC 312优质服务标准化技术委员会主席等100多名专家学者通过现场或视频形式参加论坛。论坛围绕“服务质量提升与现代服务业发展”为主题开展探讨，交流质量管理先进经验和创新成果。

2021年9月16日，由中国计量大学承办的中国质量（杭州）大会第五分论坛在杭州国际博览中心举行　（中国计量大学　提供）

浙江财经大学

【概况】浙江财经大学下设学院16个、教学部1个、独立学院（东方学院）1个、研究院4个。为浙江省重点建设高校，一级学科博士点授权单位，具有博士、硕士、学士学位授予权和外国留学生、中国港澳台学生招生权，有普通全日制在校研究生和本科生2.8万人（含独立学院1万余名学生）。设有应用经济学博士后科研流动站，有应用经济学、统计学等2个一级学科博士点，10个一级学科硕士点，18个专业硕士学位点。应用经济学为省优势特色学科，应用经济学、统计学为省A类一流学科，公共管理、工商管理、理论经济学、中国语言文学为省B类一流学科。有本科专业45个。其中，国家级一流本科专业建设点13个，省级一流本科专业建设点11个。有国家级教学团队1个、国家级一流本科课程7门、国家精品课程4门、国家精品资源共享课程4门、国家精品在线开放课程4门、省级一流本科课程146门，国家级教材14部、省级重点教材70部。学校本部有教职工1700多人。其中，专任教师1240

浙江财经大学　（浙江财经大学 提供）

学”“商业与经济学”等2个学科领域入围泰晤士高等教育世界大学学科排名。

加强新文科建设，推进跨学科交叉融合的人才培养模式改革，设立文华学院。2个项目获批教育部首批新文科研究与改革实践项目。5个专业获批国家级一流本科专业建设点，4个专业获批省级一流本科专业建设点，新增供应链管理、数字经济2个本科专业。68门课程获省级一流课程认定。1部教材获评首届全国优秀教材奖、1名教师获评首届全国教材建设先进个人。制定《浙江财经大学关于全面推进研究生教育高质量发展的行动方案（2021—2025）年》。设立“学科交叉人才培养项目”，探索“以问题为导向、项目为支撑、多学科交叉融合为特征、校际导师团队合作指导”的学科交叉人才培养新模式，培养复合型、创新型新财经高层次人才。推进创新创业教育，深化实践教学，加强第二、三课堂管理。获批浙江省大众创业万众创新示范基地，获第七届中国国际“互联网+”大学生创新创业大赛、第七届全国大学生统计建模大赛等国家级赛事奖项25项，全国MPAcc（专业会计硕士）优秀学位论文奖2篇。举办第四届浙江省大学生乡村振兴创意大赛、“黄河非遗点亮老家河南”首届全国大学生乡村振兴创意大赛，开展暑期社会实践和“知行浙江”社会调研活动，获“全国大学生百强暑期实践团队”称号。

多人，具有正高级职称专任教师190多人，副高级职称专任教师390多人，具有博士学位专任教师760多人。拥有国家宣传文化系统“四个一批”人才、国家级有突出贡献中青年专家、教育部“新世纪优秀人才支持计划”人选、省特级专家、省“钱江学者”特聘教授、省“新世纪151人才工程”人选、省高校中青年学科带头人、省高校领军人才培养计划等省级及以上人才220多人次。聘有国内外知名专家、学者为兼职教授110名。

【数字化改革推进】2021年，浙江财经大学加快数字化变革，推进第二轮综合改革。科学制定实施学校“十四五”时期发展规划及9个专项发展规划，编制实施《浙江财经大学第二轮综合改革方案》，以教育评价、人事制度和数字化改革三大领域体制机制创新为重点，推进17项重点改革任务、3项支撑举措和100项重点改革项目。持续推进学校治理体系治理能力现代化建设，修订发布《浙江财经大学章程》。加强制度建设，摸排梳理全校各级各类制度文件1662项。推进数字化改革和智慧校园建设，打造“云上浙财”，构建基于“1351”框架的一体化“数智校园平台”。编制《数字化改革工作方案》，开展数字化改革数据标准与核心业务梳理专项行动，完成13个职能部门的数据标准梳理，收集各类业务数据标准表312张。推进校务数据治理工作，完成数据中台二期建设，实现29个业务系统的全库数据对接。推进“一站式网上服务大厅建设”，新建18个服务事项。完成新生入学人像采集、身份核验及在校学生人像采集。1个项目入选浙江省教育领域数字化改革第一批创新试点。

【学科建设加强】2021年，浙江财经大学加强省重点建设高校和一流学科建设，遴选11个特色学科方向。统计学获批一级学科博士学位授权点，城乡规划学获批一级学科硕士学位授权点，社会工作、新闻与传播、电子信息、工程管理、艺术等获批专业学位硕士授权点。9个学科上榜“2021软科中国最好学科排名”，比上年新增2个。其中，应用经济学居前10%，统计学、工商管理居前20%，法学、城乡规划学、公共管理居前30%。“社会科学总论”进入ESI全球排名前1%。“社会科

【师资队伍建设】2021年，浙江财经大学拓展引才渠道，举办第三届国际青年学者论坛，全职引进高层次人才93人。其中，国家级人才2人，海归博士13人，柔性引进海内外知名专家7人。选拔

推荐和培育国家级和省级人才工程项目45人次，1人获全国百篇优秀博士学位论文。完善师德师风长效机制建设，开展师德专题教育“三大工程”。

【科研和社会服务能力提升】2021年，浙江财经大学完善科研管理体系，修订完善科研管理制度。获批国家社科基金、国家自科基金项目41项（其中国家社科基金重大项目2项），获浙江省第二十一届哲学社会科学优秀成果奖19项（其中一等奖2项、二等奖11项、青年奖6项），5项研究成果获国家级领导肯定性批示，75项研究成果获省部级领导肯定性批示，28项成果被厅局级及以上部门采纳，签订横向课题210项。在国内外一级刊物发表学术论文350篇，获批专利授权64项。推进特色科研平台和智库建设，举办第四届中国经济学家高端论坛等高层次学术活动。《财经论丛》继续入选《全国中文核心期刊》《中文社会科学引文索引（CSSCI）来源期刊》。

【交流合作】2021年，浙江财经大学统筹推进学校与政府、企业、科研机构、社会团体产教融合发展，推进社会服务工作体制机制改革，与中国社会科学院大学、杭州市西湖区政府、浙江盈阳资产管理股份有限公司等签订10多项战略合作协议。做好龙泉市查田镇查一村扶贫对接工作。完善继续教育体制机制，推进办学合作，提升“浙财”培训品牌影响力。拓展中外合作办学，与美国德克萨斯大学奥斯汀分校和加利福尼亚大学欧文分校签订合作协议，获教育部港澳台硕士研究生招生资格。启动来华留学质量认证，推进留学生趋同化管理，加强中华文化教育，持续提升留学生培养能力。拓展教育科研国际交流，举办第四届中哈经济社会研究在线论坛等中外交流活动，与中国科学院、国务院发展研究中心共同编写《中亚经济社会发展研究动态》。突出“秩年返校”理念，培育“校友返校日”品牌。举办2021年秩年返校纪念大会暨学业成礼仪式，开展第三届“浙财世家”校友家庭、“浙财氏家”校友企业评选，新建杭州西湖区、温州龙港区校友会，举行“浙财人·家”挂牌仪式。

【文化引领】2021年，浙江财经大学实施“文化品牌打造计划”，组织评选“十佳校园文化品牌”。提升校园景观，开展“浙财十景”甄选推广活动。深入开展“读百本书”“外交官进校园”等系列活动。推进美育教育，深化公共艺术教育，组织参加全国大学生艺术节获艺术表演类甲组一等奖1项。开设大学生劳动教育第一课堂必修课，开展“劳育大讲堂”等主题活动30多场。开展各项群众性体育活动，获国家级比赛前8名76项，破赛会纪录2项，1人代表中国队参加日本东京奥运会。学校以全国高校第22位的成绩，再次获得第十四届全国学生运动会“校长杯”。

【办学条件保障】2021年，浙江财经大学深化财务治理改革，开展预算标准化改革，通过设置预算核拨关联指标和预算编制标准，精简归并项目，推进预算精准化。学校发挥内部审计的服务监督作用，开展中层干部任中经济责任、重大科研经费、工程建设项目等审计工作。规范采购流程管理，细化优化采购服务。提高固定资产使用效率，优化公用房资源使用。启动亚运会东体育场馆改造建设，下沙校区学生生活组团项目结顶。上线“混合云”平台，建设财大智慧学习空间，建成5间云机房、1间智慧沙盘实验室。文献资源总量增加，结构不断优化，深入推进档案馆、校史馆数字化建设，获浙江省“图书馆特色藏书建设创新案例”二等奖。打造特色校园餐饮文化，开展以“百年初心，服务依旧”为主题的红五月和优质后勤服务月活动，获国家级节约型公共机构示范单位等荣誉称号。持续深化平安和谐校园建设，完善校园安全工作责任体系，强化安全宣传教育，开展防骗反诈工作，加强消防、交通和治安治理。

【浙江财经大学—中国社会科学院大学浙江研究院成立】2021年4月24日，中国社会科学院大学（中国社会科学院研究生院）与浙江财经大学合作办学启动仪式暨浙江研究院揭牌仪式举行。双方依托“中国社会科学院大学浙江高等研究院”“浙江财经大学—中国社会科学院大学浙江研究院”，以学科发展为重点，在人才培养、科学研究、智库服务、人才队伍建设、国际交流与合作等方面开展实质性合作，共同打造人才培养高地、学科创新高地和智库服务高地。首批学籍为浙江财经大学的80名硕士研究生、5名博士研究生入驻研究院。

【第四届中国经济学家高端论坛在浙江财经大学举行】2021年4月24日，浙江财经大学举办主题为“新阶段与新格局：‘十四五’时期中国经济展望”的第四届中国经济学家高端论坛。高培勇、迟福林、张斌、盛世豪、黄先海、刘亭6位专家分别围绕“构建新发展格局需要统筹发展和安全”“消费导向的经济转型——构建双循环新发展格局的重大课题”“‘十四五’时期的地方税体系建设”“新发展格局与国家创新体系的完善”“全球产业链重构与双循环新发展格局构建”“‘十四五’时期改革和发展的基本取向”等主题做主旨报告。论坛选题聚焦中央经济工作会议精神和全国两会经济议题，深入探讨中国经济社会发展前沿问题、梳理总结地方改革实践经验。

【文华学院成立】2021年9月28日，浙江财经大学文华学院揭牌成立。学院以学科交叉融合为特色，设有数智财政、智能审计、数智管理、语言数据、数字财经新闻5个新财经创新班和1个经济学拔尖人才创新班。学院学生从全校范围新生中（除中外合作办学类和艺术类）选拔，侧重于具有相应专业学习意向、学习能力、创新意识的学生。首届文华学院创新班共招收172名本科新生。实施小班化教学模式，落实全程导师组制度。学院设立学生科技创新项目，鼓励学生开展基于学科交叉的研究性学习、创新实践和学科竞赛活动，设立专项奖学金。（高　灵　张成亮）

浙江传媒学院

【概况】浙江传媒学院有杭州钱塘和桐乡乌镇2个校区，占地面积90.34万平方米，总建筑面积64.2万平方米。设有16个二级学院（部、中心），在校生1.4万人，教职员工1400多人。学校拥有硕士学位授予权，学科涵盖艺术学、文学、工学、教育学、管理学、经济学6个门类，有戏剧与影视学、新闻传播学、信息与通信工程3个省一流学科，新闻与传播硕士、艺术硕士、汉语国际教育硕士3个专业学位授权点，41个本科专业（方向），其中艺术类专业23个。有9个专业为国家级一流专业建设点、9个专业为省级一流专业建设点。学校与美国、英国、德国、澳大利亚等国家及中国香港、澳门、台湾地区的110多所高校开展交流合作。学校是欧盟“伊拉斯谟”项目单位，与新西兰惠灵顿维多利亚大学等合作举办本硕中外合作办学项目，与美国纽约州立大学石溪分校等高校合作开展多层次的联合培养项目。学校是教育部国际人文交流与传媒人才培养基地、教育部国别和区域研究中心、教育部港澳与内地高校师生交流计划项目单位、国家留学基金委创新型人才国际合作培养项目实施单位、中国教育国际交流协会中美人才培养计划“121双学位”项目单位、教育部中外高水平大学学生交流计划项目单位、省浙非高等教育合作伙伴计划成员单位、浙江省对台交流基地。浙江传媒学院经国务院学位委员会审核，获批硕士学位授予单位及新闻与传播硕士、艺术硕士、汉语国际教育硕士3个硕士学位授权点。

【教育教学改革】2021年，浙江传媒学院新增5个国家级一流专业建设点和4个省级一流专业建设点，全校55%的专业为省级以上一流专业。完成首个微专业“智能媒体工程”招生选拔，招收学生25人。59门课程入选省级一流课程，8门课程推荐参评国家一流本科课程。播音主持创作基础课程团队获首届全国高校教师教学创新大赛一等奖、省级特等奖，获第十二届省青年教师教学技能比赛特等奖。省级课程思政教学项目获批示范课程7门、教学研究项目6个、基层教学组织1个。获省高校课程思政优秀教学案例特等奖2个、征文特等奖1篇。国家级教改项目获教育部第一批新文科研究与改革实践项目1项。91个项目获批教育部2021年产学合作协同育人项目。学生学科竞赛与科技创新获省级及以上奖项148项。

【学科建设创新】2021年，浙江传媒学院戏剧与影视学、新闻传播学、信息与通信工程3个省一流学科通过省教育厅“十三五”时期期满验收绩效评估。完成“十四五”时期校内培育学科及学科带头人遴选，构建完成3个省一流学科、13个校级培育学科、多个基础学科组成的学科布局，遴选出29位学科带头人。推进学部制改革试点，统筹整合学科资源，新成立艺术学部、人文社科学部、工学部。开展硕士学位授权点培育项目，立项电子信息、出版、戏剧与影视学、新闻传播学等17个硕士学位授权点培育项目。

【研究生教育提质扩容】2021年12月8—9日，浙江传媒学院召开首届研究生教育会议，研讨审议研究生教育综合改革方案、研究生教育运行管理办法、研究生教育经费管理办法、研究生招生工作管理办法、研究生学业奖学金实施办法、研究生“三助一辅”工作实施办法等文件。出台《浙江传媒学院研究生教育综合改革方案》及系列管理办法。推进研究生招生选拔机制改革，年内硕士研究生报考人数比上年增长21.6%，录取人数增长25%。完善2021版研究生培养方案及导师遴选管理机制。启用教育部学位中心“学位论文质量监测服务”平台，论文抽检合格率100%。获全国新闻与传播专业学位优秀教学案例、省优秀研究生课程立项各1项，省优秀研究生教学案例3项。

【科研成果及文化创作】2021年，浙江传媒学院新增国家级项目8项、省部级项目59项。新增省哲社优秀成果奖5项，发表高水平论文175篇、出版学术专著31部。获省部以上单位咨政报告采纳70项，省部级领导批示17项，国家级领导批示7项。入围2021泰晤士高等教育亚洲大奖“艺术领域卓越与创新奖”。学校主办的综合性学术理论刊物《未来传播》入选CSSCI（中文社会科学引文索引）来源期刊扩展版目录，被评为“第七届华东地区优秀期刊”。新增国家广电总局“中国广播电视艺术资料研究中心”、教育部国别研究中心“英国研究中心”2个省部级科研平台，获批中国视协网络视听研究中心、省互联网传播研究中心、浙江戏剧研究中心和省软科学研究基地——科技促进民生事业发展研究基地。入选“新时代文化浙江建设研究智库联盟成员单位”。承办中国高等院校影视学会第二十一届年会暨第十四届中国影视高层论坛。承办“诗路浙江”钱塘江影像展和论坛活动。连续3年推出《中国市县融媒体中心建设研究报告》。师生共同参与创作的纪录片《携手，为人民》在“中国共产党与世界政党领导人峰会”演播。全年有主创电影《丰子恺》，参与创作电视剧《觉醒年代》《光荣与梦想》《小舍得》《功勋》、纪录片《西泠印社》、电影《长津湖》《革命者》《悬崖之上》、动画片《旗旗号巡洋舰》等作品。原创音乐剧《红船往事》入选浙江省“高校原创文化精品推广行动计划”项目，并列入国家出版业“十四五”时期规划。

【师资队伍建设】2021年，浙江传媒学院加强师资队伍建设，引进人才31人。其中，三层次及以上3人，博士27人，海外硕博士16人，引进人才博士占87%，海外博士占45%。开展“青年教师英才培育行动”，实施“三鹰”工程，完成第二批“三鹰”人才选拔，搭建老中青结合的“鹰阵”。打造创新创作团队，完成首届“名师工作室”主持人遴选，开展第二批省高校领军人才培养计划遴选。年内入选中宣部宣传思想文化青年英才、入选全国广播电视和网络视听行业领军及青年创新人才5人。鼓励教师到国内外知名院校进行访学进修和学历学位进修，选派10人出国访学进修、19人国内访学进修。加强“双师双能型”教师建设，选派19人赴行业企业实践锻炼。选拔推荐13位教师借调至教育部、中共中央宣传部等单位锻炼。

▶▶资料：“三鹰”工程

“三鹰”工程分3个层次构建人才培育体系：实施“领鹰人才计划”，遴选10名左右在学术或艺术领域取得重要成果的中青年学者，支持其开展原创性学术研究和文艺创作；实施“强鹰人才计划”，遴选30名具有较高学术水平、较强创新能力和发展潜力的优秀中青年人才给予资助，支持其开展创新性研创工作；实施“飞鹰人才计划”，遴选50名具有发展潜力的优秀青年教师给予资助，支持其开展研创工作。

【社会合作】2021年，浙江传媒学院承办亚运会国际文明礼仪大赛、亚运文明礼仪高峰国际论坛。与浙江边检总站、钱塘区、临平区、横店影视文化产业集聚区等签订战略合作协议。桐乡研究院加速融入地方发展，实施新媒体运营特派员等项目。浙江传媒学院校友产业园启用，产业园依托该校戏剧与影视学、播音与主持艺术、影视摄影与制作、广播电视编导等学科专业优势和校友资源，为校友回归钱塘区创新

2021年10月18日，浙江大学生电影周暨“钱塘之夜”影视盛典新闻发布会在杭州市钱塘区国际创博中心举行（浙江传媒学院 提供）

创业提供从孵化、加速到产业化的平台，重点聚焦影视制作、文化创意、工业设计、数字新媒体、短视频直播、网红孵化等新兴行业。联合主办2021浙江大学生电影周，完成第二十三届推广普通话周展演、第七届中国诗词大会选拔等。连续9年为世界互联网大会提供志愿服务，获中国青年志愿者优秀组织奖、省最佳志愿服务组织。文艺赋能温州市平阳新联村乡村振兴，主办平阳黄汤茶诗词大会，成立茶文化传播研究基地，助力新联村获多项国家级、省级荣誉，学校获浙江省农村工作指导员工作成绩突出单位。

【国际合作拓展】2021年，浙江传媒学院拓展国际交流与合作，引进13名外籍高层次专家担任全职、特聘和客座教授，接收各类长短期国际学生559人。签署21个国（境）外合作协议，新增英国斯特灵大学、美国威斯康星大学斯托特分校等20多所合作院校。年内与新加坡高校开展"2+2"本科项目，与新西兰惠灵顿维多利亚大学本科中外合作办学项目完成招生工作。成功申报国家留学基金委创新型人才国际合作培养项目实施单位、教育部中外高水平大学学生交流计划项目单位和教育部国际交流协会新青年全球胜任力人才培养计划项目单位。获批5个"汉语桥"线上团组交流项目和5个"汉语桥"优质线上课程小语种翻译项目。

（华　珂）

杭州师范大学钱江学院

【概况】2021年，杭州师范大学钱江学院有全日制本科生6992人，教职工420人，下设7个分院，27个招生专业，覆盖文学、工学、理学、管理学、法学、医学、教育学、经济学、艺术学9个学科门类。有浙江省一流学科2个（护理学和化学），杭州市重点学科1个（物联网工程）；浙江省重点建设专业1个（播音与主持艺术），浙江省一流本科专业建设点4个（护理学、经济学、机械设计制造及其自动化、播音与主持艺术）。学院根据转设要求，2021年9月停止招生。年内获批浙江省一流本科专业建设点1个（播音与主持艺术），完成3个市级新型专业（群）年度检查，新建微专业（数字媒体技术）1个并开展首批培养。获批省一流本科课程15门、省"课程思政"教学改革项目2项、省"课程思政"示范课程3门、省虚拟仿真实验教学项目3项，完成省新形态教材验收11部、省"十三五"时期第二批教学改革项目验收5项。获批教育部、浙江省产学合作协同育人项目6项，新建校外实习基地24个，获批省"课程思政"示范基层教学组织（数字融媒研创中心）1个，获评省优秀基层教学组织奖（电子专业教研室）1个。学生获得省级及以上各类竞赛奖项286项，包括国家级奖项87项，其中核心赛事获奖221项，比上年增长35.6%。学生第一作者发表学术论文47篇。其中，在二级及以上期刊发表7篇，SCI（科学引文索引）二区及以上发表2篇，学生第一作者授权专利17项。

【教师队伍建设】2021年，杭州师范大学钱江学院实施教师教学科研能力素养提升工程，适应学院转设需求，助推教师转型发展。组织教师参加长三角民办高校教师教学技能大赛、省高校教师教学创新大赛及其"课程思政"微课专项赛、省高校教师教育技术成果评比等竞赛，获省级以上奖项12项。学院获省教学创新大赛优秀组织奖，为全年全省唯一获奖的独立学院。

【科研与社会服务】2021年，杭州师范大学钱江学院"健康中国"背景下中国中老年人体质健康评价标准构建与实证研究项目获批国家社科基金。国家高新区政策对城市群绿色发展的影响及其作用机制研究项目、"云媒体"主流意识形态传播机制及建构策略研究项目和石墨烯改性纳米复合

2021年6月30日，杭州师范大学钱江学院举办庆祝中国共产党成立100周年暨总结表彰会
（杭州师范大学钱江学院 提供）

电极光电协同催化处理全氟烷基化合物废水技术研究项目等7个项目获批省部级科研项目。NMN（β-烟酰胺单核苷酸）智能释放复合纳米胶囊的研制及其响应机制探究项目、耳穴迷走神经刺激在意识障碍康复中的作用机制研究项目和浙江革命老区红色文化旅游融合发展质量的感知测度研究项目等23个项目获批市厅级科研项目。智能家居社会化媒体的整合营销方案项目、基于烟草青枯病防控药剂的缓控释技术研发与应用项目和杭州亚朵国际旅行社品质管理建设项目等17个项目获批横向项目立项。《国内外“微改造”案例对浙江大花园建设的启示建议》《山东、广东建设海洋强省的经验和启示》等7项研究报告获11名省部级领导批示肯定。杭州师范大学科技园、杭州市民公共文明行为智库建设获杭师大“服务杭州”工作优秀项目立项，科技园依托杭州师范大学的学科特色和专业优势，结合杭州城西科创大走廊和建设规划做好创新创业孵化和服务。全年学院教师发表论文197篇。

【学生创新创业】2021年，杭州师范大学钱江学院参加第七届中国杭州大学生创业大赛、浙江省第十七届“挑战杯”大学生课外学术技术作品竞赛、浙江省第十三届职业生涯规划大赛等创新创业类竞赛，获省级以上奖项17项。培育杭州罗各斯文化创意有限公司、黑盒电子、霹雳火文化传媒有限公司等创业团队30个，孵化杭州壹口袋科技有限公司、杭州诺伦信息科技有限公司、杭州步履不停文化创意有限公司等公司13个。浙江省教育评估院对钱江学院应届毕业生进行创业率调查回访，调查数据显示学生毕业1年后创业率2.9%，毕业3年后创业率3.8%。（郭莎莎）

浙江水利水电学院

【概况】2021年，浙江水利水电学院围绕建设特色鲜明的应用型大学目标，推进新一轮人事制度改革，高质量通过普通高校本科教学合格评估，获批国家级一流本科专业建设点。学院入选水利部干部培训机构，获批水利科学家学风传承示范基地，“‘厚植家国情怀，传承水利精神’水利科学家学风传承示范基地”。

学校有全日制在校生1.23万人。其中，本科生1.08万人，联合培养研究生76人。教职工770人，专任教师528人。其中，高级职称专任教师占比39.9%，硕士以上专任教师占比73.7%。有省一流学科带头人、省中青年学科带头人、省宣传文化系统“五个一批”、省高校领军人才、省部级人才等高层次人才和浙江省高校高水平创新团队，并有国务院特殊津贴获得者、省“五一劳动奖章”、省级教学名师、省优秀教师、省师德先进个人、省教育系统“三育人”先进个人等近20人。

学校设13个教学机构和2个研究机构，开设工学、理学、管理学、经济学和文学五大学科门类的本专科专业35个，其中本科专业29个。学校拥有浙江省B类一流学科6个，省级软科学基地2个，浙江省工程研究中心、浙江省重点实验室、省“一带一路”联合实验室、浙江省新型高校智库、国家水情教育基地、省级国际科研合作基地、浙江省水文化研究教育中心、浙江省高校高水平创新团队各1个。有国家级一流专业、浙江省优势专业各1个，浙江省特色专业7个，浙江省一流专业9个，国家精品资源共享课7门、省一流课程73门，省级实验教学示范中心3个，浙江省非物质文化遗产传承教学基地1个，省级大学生校外实践教育基地2个。建有企业学院10个，教育部与浙江省协同育人项目88项，获国家级教学成果二等奖1项、浙江省教学成果一等奖5项和二等奖9项。

【专业建设提升】2021年，浙江水利水电学院新增遥感科学与技术、人工智能2个本科专业；水利水电工程专业获批国家级一流本科专业建设点，农业水利工程、工程造价2个专业获批浙江省一流专业；完成教育部工程认证专家组对水利水电工程专业、农业水利工程专业、工程教育专业认证线上考查。新认定项目制课程47门，“三位一体”课程226门，校企合作课程27门，校级一流课程60门。43门课程入选省一流课程。其中，线上一流课程6门，线下一流课程17门，线上线下混合式一流课程10门，省级虚拟仿真实验教学项目8项，社会实践一流课程2门。立项省级课程思政教学研究中心1个、省级课程思政教学团队1个、省级课程思政示范课程3门、省级课程思政教学研究项目4个。有校级课程思政示范课程10门、校级教学研究项目30个，校级基层教学组织4个。推进教育教学改革，落实OBE（基于学习产出的教育模式）教育理念，工科专业全面实施SWH-CDIO-E工程教育模式；继续推进全程能力测评认证工作，试点专业获证率均50%以上；开展建筑信息模型（BIM）等9个“1+X”证书试点。加大联合培养硕士研究生工作力度，与西安石油大学、安徽建筑大学等高校签订联合培养协议；探索与国外高校联合培养研究生，与美国威斯康星大学斯托特分校商谈合作意向，起草“合作谅解备忘录”。至年末，学校有硕士生指导经验教师32名，新增联合培养研究生46名，陆续开展“书记星课堂”“校长下午茶”“弄潮青年说”等特色品牌活动。学生在国内外学科竞赛中获中国大学生工程实践与创新能力大赛工程基础赛道银奖、全国大学生数学建模竞赛本科组二等奖、美国大学生数学建模竞赛一等奖各1项，获国家级大学生创新创业训练计划项目60项。学院面向20个省份招生4134人，其中本科招生3778人。毕业生初次就业率95.0%，本科升学率15.6%，“两个满意度”（用人单位对毕业生满意度和毕业生母校满意度）居全省高校前列。

▸▸资料：“1+X”证书

“1”是学历证书，指的是学生在完成学制系统内一定教育阶段的学习任务后获得的文凭；“X”是若干职业技等级证书，指的是学生在获得学历证书的同时，取得的其他多类职业技能的等级证书。“1+X”证书是国家职业教育的一项基本制度，也是构建职教发展模式的一项制度创新。

【学科科研水平提升】2021年，浙江水利水电学院学科体系进一步优化，构建“一体两翼”现代水利学科群，形成以工学为主体，理学、经济学、管理学、文学等学科门类协调发展的学科体系。推进6个省级一流学科建设，对标学科建设开展自评。学校省级科研平台取得新突破，获批浙江省水利数字经济与可持续发展研究基地、河（湖）长制研究基地2个省软科学基地。探索建设产学研合作科研平台、新型研发机构，依据与南浔区政府签订的《南浔数字经济发展研究院合作共建协议书》，协助南浔区科技局注册成立湖州市南浔数字经济发展研究院（事业单位）。获批国家级课题3项；省部级课题37项。其中，省自然科学基金水利联合基金项目15项（占联合基金立项数的51.7%），纵向科研经费1346.21万元。支持科技成果转化，全年转化投产科研成果23项，成果转化累计到款经费104.1万元。

【师资队伍质量提升】2021年，浙江水利水电学院实施“人才强校”战略，引进优秀青年博士及以上人才34人。推进教职工能力素质提升和人才培育工作，拥有省部级人才3人，省高校领军人才培养计划人选7人，年内申报国家留学基金委面上项目2人、地方合作项目1人，获批国内高校访学项目1人，推荐浙江省共同富裕专家库人选9人，博士后引才补贴1人。

【服务地方能力提升】2021年，浙江水利水电学院对接水利和区域经济社会发展需求，组织开展水旱灾害防御暨安全汛前综合督察、水利安全隐患大排查大整治、水利三服务数字化改革暨改革创新综合指导、水利工程暨美丽河湖建设督导等水利厅重点工作服务近50人次。学校服务乡村振兴战略、大花园建设和美丽河湖建设，签订横向项目数142项，累计合同额2969.95万元。推进产教融合工作，与岱山县政府签署战略合作协议，意向在海塘安澜、海岛水资源联调、河道型水质保护、海水淡化及截洪沟改造等多方面开展科技攻关。

【开放办学】2021年，浙江水利水电学院推进国际合作与教育，与西班牙萨拉戈萨大学、马来西亚拉曼大学学院、马来西亚国家能源大学、英国伯明翰城市大学、荷兰泽兰德应用科技大学、澳大利亚斯威本大学、美国威斯康星大学斯托特分校7所国际院校达成合作。获批教育部2021年“汉语桥”对外汉语项目，实现省部级对外汉语项目新突破。与“一带一路”沿线国家合作，共建科研平台，获批省级国际科技合作基地1个（水资源利用与可持续发展国际科技合作基地）。学院取得教育部留学生招录资格，实现留学生培养“零的突破”。

【水文化育人体系构建】2021年，浙江水利水电学院紧扣学院特色，深入开展水文化教育、水文化传播和水文化研究三大工程，构建以水育人、以文化人的特色育人体系。“爱国敬业、求实奉献、严谨创新、甘为人梯的水利类科学家精神传播项目”2个项目获中国科学技术学会学风建设资助计划项目获立项资助。印发《浙江水利水电学院“十四五”发展规划》《绿水青山间的追梦人——“河小二”大学生乡土实践育人工程》获评教育部高校思想政治工作精品项目。学院为浙江省重大文化工程《浙江通志·水利志》《浙江通志·运河志》《浙江通志·海塘专志》副主编单位，参与编撰的《浙江通志·水利志》《浙江通志·海塘专志》公开出版。由学校科研团队作为技术支撑的“江苏省里运河—高邮灌区”“西藏自治区萨迦古代蓄水灌溉系统”入选世界灌溉工程遗产名录。学院承担《浙江水利年鉴》《浙江水利工程遗产集萃》编写工作，参与编辑并出版浙江省水利厅主办的《浙江水文化》期刊，出版“河（湖）长能力提升系列丛书”等培训教材。

【获批省级国际科研合作基地】2021年12月2日，浙江水利水电学院申报的“水资源利用与可持续发展国际科技合作基地”被认定为省级国际科研合作基地。“水资源利用与可持续发展国际科技合作基地”依托学校与英国、澳大利亚、白俄罗斯、西班牙、马来西亚等国家在水利资源利用领域建立的国际合作关系，以“水—安全—能源—气候”研究作为主要方向，以流域综合治理和可持续发展为研究内容，制定融合多学科多领域的综合性流域管理政策和策略。

【学校服务项目入选世界灌溉工程遗产】2021年11月26日，国际灌排委员会第七十二届执行理事会公布（第八批）世界灌溉工程遗产名录。以浙江水利水电学院刘学应教授团队作为技术支撑的“中国江苏省里运河—高邮灌区”“西藏自治区萨迦古代蓄水灌溉系统”名列其中。“中国江苏省里运河—高邮灌区”项目位于江苏省高邮市境内的里运河—高邮灌区，通过闸、洞、关、坝等水工设施，连通高邮湖和高邮灌区，实现水在“高邮湖—里运河—高邮灌区”之间的调配，兼顾灌溉和漕运两大功能。“西藏自治区萨迦古代蓄水灌溉系统”位于西藏自治区日喀则市，是海拔最高的世界灌溉工程遗产。（刘艳晶）

杭州职业技术学院

【概况】杭州职业技术学院下设友嘉智能制造学院、商贸旅游学院、达利女装学院、生态健康学院、信息工程学院、吉利汽车学院、杭州动漫游戏学院、彩虹鱼康复护理学院、特种设备学院9个二级学院，开设数控技术、艺术设计、电子商务等39个专业（含专业方向）。2021年，学校有教职工750人。其中，高级职称214人。新招生4723人，在校生总数1.38万人。杭州职业技术学院建有国家级专业教学资源库4个、国家高水平专业群2个、中央财政支持专业1个、国家重点建设专业3个、省级优势（特色）专业12个、省级重点（特色）专业8个、中央财政支持重点建设实训基地2个。全年学生参加各类竞赛获国家级奖项4项，省级44项，其中省级一等奖7项。参加全国职业院校技能大赛团体一等、二等、三等奖各1项，个人三等奖2项；参加省第十七届“挑战杯”大学生课外学术科技作品竞赛，获二等奖2项、三等奖10项。教师参加教学能力大赛获国家二等和三等奖各1项，省一等奖3项。

【人才引进与培养】2021年，杭州职业技术学院制定《人才强校战略三年行动计划》，引进专任教师和行政管理人员共43人。其中，博士13人，高级职称17人，学校在读博士30人。新增享受国务院特殊津贴教授1人、全国“五一劳动奖章”教师1人、全国技术能手1人、杭州工匠1人、杭州市“钱江特聘专家”7人。完成15支教学创新团队，15支技能竞赛团队，20支科研创新团队，10支人生导师团队的遴选和立项工作。开展师德师风专项教育活动、创建“黄大年”式教师团队活动，建立教学发展中心“互联网+”培训平台，实现全员线上培训。

【校企合作】2021年，杭州职业技术学院推进与行业优秀企业的深度合作，华为云计算学院、联想工业互联网平台和方圆生物安全研究中心开工建设。学院与杭州安恒信息技术股份有限公司合作，启动共建杭州数智工程师学院。“杭海龙渡湖时尚产业学院”揭牌成立。与浙江吉利控股集团有限公司共建机械行业吉利汽车产教协同人才培养联盟，学校当选副理事单位。与杭州全速网络技术有限公司共建“互联网设计产教科创基地”，以“政行企校”联合共建的形式与杭州市卫生健康委员会等搭建杭州康复护理职业教育联盟。与平湖市职业中等专业学校、独山港经济开发区等四方共建“独山港材料学院”。电梯实训基地认定为省级产教融合示范基地与虚拟仿真实训基地，被推荐为国家级虚拟仿真实训基地。与温岭市科技局共建温岭技术转移中心，与浙江省知识产权中心签订合作协议。

【科研水平提升】2021年，杭州职业技术学院科研成果获多项省部级以上立项。其中，国家级项目2项（全国教科规划项目1项，国家社科基金项目1项），省部级项目18项（省科技厅“尖兵”“领雁”研发攻关计划项目1项、省高校重大人文项目2项），市厅级项目89项，立项合同额超1000万元。获全国教育科学研究优秀成果奖、省哲学社会科学优秀成果奖，实现国家级科研成果奖“零”突破。“高水平企业委托项目”快速增长，与华为技术有限公司、联想控股股份有限公司等共建产业研究院，与温岭市科技局共建技术转移中心等创新平台，签订横向科技合作项目66项，全年签约额1773万元；发表核心及核心以上高水平论文85篇，国外期刊SCI/EI收录36篇；出版学术专著36本；全年知识产权专利共427项。

【浙江科技成果杭州专场拍卖会承办】 2021年11月12日，杭州职业技术学院联合杭州市科技局、钱塘区政府承办第二届浙江省科技成果竞价（拍卖）会杭州职业技术学院专场暨高职院校科技成果转移转化服务平台签约仪式，竞拍会现场推出科技成果35项，总起拍价1236.5万元，科技成果全部成交，成交总价1736万元，溢价率40.4%。其中成交金额最高的项目是“系列服装新产品研发和新材料制备技术”，成交价120万元。

【社会服务】 2021年，杭州职业技术学院加大平台建设力度，持续完善社会服务模式，制定《社会服务三年行动计划》。搭建职业体验“杭州联盟”平台，开发职业体验课程80多门，入选省中小学劳动第二批实践基地暨职业体验基地。联合贵州省中华职教社、杭州市中华职教社、四川水利职业技术学院、遵义职业技术学院等，创新探索“社校”“校校”共建模式，新建“乡村振兴学院”“乡村治理与振兴发展研究院”“乡村振兴领航学院径山分院”，助力乡村振兴战略实施。

【国际交流与合作】 2021年，杭州职业技术学院与意大利佛罗伦萨自由美术学院合作举办高等专科教育项目，中新动漫设计专业合作办学项目首届77名毕业生顺利毕业，5名学生被新西兰、英国等国家的优质高校录取升学。有序推进与德国博世集团、莱茵学院合作共建中德博世学院。实施“技能+文化”的菲律宾酒店管理专业留学生项目，入选“中国—东盟双百职校强强合作旗舰计划”。与尼日利亚联合实施“1+2+1”中非应用型人才培养；入选第四批“中国—东盟职业院校特色合作项目”，承办浙江省教育国际交流协会高职分会第三届会员大会。

【举办新时代工匠精神高峰论坛】 2021年9月24日，浙江文化研究工程《浙江工匠精神研究》重大项目启动会暨新时代工匠精神高峰论坛举行，该论坛由杭州职业技术学院牵头主办，为系统研究浙江工匠精神、寻访工匠人物、传承工匠文化、培养工匠苗子搭建平台。论坛特邀省市总工会、省市社科联相关负责人，浙江大学、省委党校、浙商研究院、浙江龙泉龙渊古剑研究所、中国高教学会职业技术教育分会等单位的专家学者。论坛上，浙江省政府咨询委员、浙商研究院院长陈寿灿，杭州市决咨委委员安蓉泉，中国高教学会职业技术教育分会理事长、浙江金融职业学院党委书记周建松，中国职业技术教育学会副会长丁金昌围绕“工匠精神”，从不同维度做研究阐述。

（王新辰）

2021年9月24日，杭州职业技术学院牵头主办浙江文化研究工程“浙江工匠精神研究”重大项目启动会暨新时代工匠精神高峰论坛

（杭州职业技术学院 提供）

浙江金融职业学院

【概况】 浙江金融职业学院是全国首批“国家示范性高等职业院校建设单位”、浙江省重点建设高职院校、“国家优质校”和中国特色高水平高职学校和专业建设计划建设单位。设有马克思主义学院、金融管理学院、投资保险学院、会计学院、工商管理学院、国际商学院、信息技术学院、人文艺术学院、明理学院、淑女学院、银领学院11个二级学院，开设25个专业。形成“一智库+二协同+三中心”的科研组织机构。与中国计量大学联合培养互联网金融工程专业四年制本科人才；与杭州电子科技大学、浙江工商大学、浙江财经大学、浙江外国语学院4所院校合作开展本科人才培养计划；与浙江省德清县职业中等专业学校、浙江信息工程学校、杭州市财经职业学校3所院校合作开设“3+2”五年一贯制专科专

业3个，2021年有6个专业立项国家第一批和第二批“1+X”证书3个项目试点，金融管理、会计专业2个国家“双师型”教师培养培训基地，“互联网+国际贸易”创新创业实训基地、互联网金融虚拟运营创新创业实训基地2个项目立项国家创新创业实训基地。与浙江金融职业教育集团成员单位和其他合作单位联合创办杭州联合普惠金融学院等产业二级学院9个，协同建设校内外产教融合型实习实训基地235个。在编教职员工610多人，教授博士近百人，正高职称教师60人。在校生1.1万人。学校校长郑亚莉、教师王华分别获浙江省第三届黄炎培职业教育“杰出校长奖”“杰出教师奖”。

【教育教学与课程思政示范】2021年5月28日，教育部印发《关于公布课程思政示范项目名单的通知》，浙江金融职业学院“外贸单证操作课程”被评为教育部课程思政示范课程，课程教学团队被评为课程思政教学团队，课程相关教师被评为课程思政教学名师。学院获批教育部课程思政教学研究示范中心。7月22日，浙江省教育厅印发《关于公布第一批省级课程思政教学项目建设立项名单的通知》，学院16个项目立项。学院被评为省级课程思政示范校，思政教学研究示范中心立项省级课程思政教学研究示范中心，国际经济与贸易专业教学团队被评为省级课程思政示范基层教学组织。税收基础等7门省级课程被评为思政示范课程，“大数据与财务管理”专业课程思政元素及其应用研究等6个省级课程被评为思政教学研究项目。9月26日，国家教材委员会印发《关于首届全国教材建设奖奖励的决定》，学院教材《金融基础（第二版）》《外贸单证操作（第五版）》获首届全国教材建设奖一等奖，《企业财务会计（第四版）》获首届全国教材建设奖二等奖。“专业+语言+国别”高职商贸类国际化人才培养体系构建与实践、双元共育数字赋能价值融入——外贸单证操作课程建设与课堂教学改革实践获2021年浙江省教学成果奖特等奖；红船精神引领的高职院校思想政治理论课“四育融通”育人模式创新与实践、高职院校学生“千日成长”素质教育模式的创新与实践、赋能农村金融服务的高职“三双”人才培养模式创新获2021年浙江省教学成果奖二等奖。

【国际合作】2021年，浙江金融职业学院加强国际交流与合作。5月7日，浙江金融职业学院捷克研究中心被纳入浙江省“一带一路”研究重点培育智序列建设。成立浙金院·华立丝路学院（泰国、墨西哥、乌兹别克斯坦）和浙金院·森马电商丝路学院，撰写发布《墨西哥投资白皮书》。捷克研究中心采用双主任制，由北京大学国际关系学院教授、博导孔凡君，浙江金融职业学院校长郑亚莉担任主任。中心聘请前中国驻捷克特命全权大使、外交部中国—中东欧国家合作事务特别代表霍玉珍为中心的首席专家。中心通过招聘、柔性引进、联合研究、校内整合等形式组建政产学研融合、校内校外结合、职称结构完整的专兼职研究团队。

【学校科研成果】2021年4月，《中国高教研究》编辑部发布《2020年全国高校高等教育科研论文统计分析》，浙江金融职业学院在《中国高教研究》等14种教育类中文核心期刊发表论文量连续14年居全国高职院校第一位。浙江省委宣传部印发《关于公布浙江省习近平新时代中国特色社会主义思想研究中心首批研究基地、调研基地、研究员名单的通知》，学院入选浙江省习近平新时代中国特色社会主义思想研究中心首批研究基地。8月，学院科技金融创新研究基地、中东欧研究基地入选浙江省首批软科学研究基地。

【社会责任履行】2021年，浙江金融职业学院根据浙江省发展先进制造业、现代服务业、战略性新兴产业等经济发展的现实需要，对接产业转型升级，适应新技术、新业态，坚持产教融合、校企合作，发挥学校在师资、专业、人才、资源等方面的优势，通过科研支撑、技术服务等方式参与行业企业建设，优化资源配置、推动技术技能转化。深化职业教育改革，对接行业需求，将金融新技术、新模式、新规范融入教学标准和教学内容，帮助学生把握金融发展趋势，提升金融从业者素质，以高品质就业推动人才供给侧结构性改革。适应业务迭代，承担学历教育与职业培训，广泛面向社会金融从业人员，开展新技术、新业态、新模式职业技能培训，将退役军人、下岗职工、农民工、新型职业农民纳入生源类型，提升共同富裕重点群体技术技能水平。通过全日制人才培养、职业培训、定期开展金融知识下基层进乡村宣讲实践等，帮助金融从业者、普通群众掌握基本金融理财知识，提高金融风险防范意识，为共同富裕打好基础。组织选派优秀教师到新疆阿克苏职业技术学院支教、援助青海柴达木职业技术学院。12月1日，学校2021年社会责任报告《发展金融职业教育，赋能共同富裕示范区》发布于《中国教育报》。

（武群堂　张鹏超）

浙江警官职业学院

【概况】浙江警官职业学院是一所司法警官院校，由省司法厅举办，省司法厅和省教育厅依法对学校进行管理、指导和监督，支持学校依法自主办学，维护学校合法权益。学校主要培养监狱戒毒人民警察、人民法院检察院司法警察、基层司法行政工作者，以及法律服务、安全防范、应急管理等领域高素质技术技能人才，下设浙江省司法行政培训中心、浙江省司法行政研究院、汽车驾驶培训中心。

学院占地面积0.35平方千米（分为下沙、乔司2个校区），建筑面积16万平方米、固定资产总值3.55亿元、教学科研仪器设备资产值7375万元、纸质图书51万册，有中央财政支持的实践教学基地2个、省级示范性实践教学基地4个。至年末，学院有教职工383人。其中，高级职称103人（正高级职称32人），具有博士学位27人；省教学名师1人，省优秀教师3人，省高职高专院校专业带头人24人。学院1名教师获“第三届浙江省黄炎培职业教育杰出教师奖”；郑孙勇团队申报的《罪犯持械行凶的处置》课程，在全国高职院校教学能力比赛中获专业课程组一等奖。

学院坚持“警”与“非警”两类专业共同发展，设有刑事执行、行政执行、司法信息安全、司法警务、罪犯心理测量与矫正技术5个警察类专业；社区矫正、法律事务、安全防范技术、建筑消防技术、民航空中安全保卫、密码技术应用等9个非警类专业；1个法学（专升本）专业，其中浙江省“十三五”时期优势专业和特色专业各5个。有国家级精品课程5门、国家级资源共享课程4门、国家级专业教学资源库1项，省部级精品课程33门、省级在线精品课程3门，获省部级教学成果奖6项，牵头制定国控专业教学标准4个。建校以来，累计为浙江省及部分省市区政法系统及其他相关行业培养输送毕业生2.5万名，是浙江省司法行政机关人民警察的重要培养基地。

学院坚持“根植司法行政，服务司法行政”，构建司法行政教育培训体系，建有司法部杭州培训中心、全国法院司法警察培训基地、浙江省人民法院司法警察培训基地、浙江省人民检察院司法警察培训基地、浙江省综合行政执法培训基地、浙江省安全技术防范行业协会培训中心、法治乡村学院等10多个培训实训和交流合作机构。

【法治乡村学院成立】2021年9月16日，浙江警官职业学院和省普法办、桐乡市政府合作共建的法治乡村学院成立，并举行揭牌仪式。法治乡村学院是全省首个集法治乡村理论研究、实践探索、乡村法治人才培训为一体的“乡村学院”，聚焦基层实际，以需求为导向，发挥校地协同作用，创新项目模式、实践载体和授课方式，提升普法宣传教育的主动性、针对性和时效性，为法治乡村建设提供专业法治智力支持。

【学院入选首批省级课程思政示范校建设单位】2021年，教育部公布课程思政示范项目名单，浙江警官职业学院的中国监狱简史、浙江文化2门课程成功入选职业教育课程思政示范课，相应课程团队同时入选为职业教育课程思政教学名师和团队。学院在全国公安职业教育教学指导委员会、全国司法职业教育教学指导委员会指导下，举办首次课程思政集体备课会，成为教育部职业教育课程思政集体备课公安与司法大类唯一指定承办单位。7月，在省教育厅公布的第一批省级课程思政教学项目建设立项名单中，学院作为首批省级课程思政示范校入选，并获立项省级课程思政示范课程5门、课程思政教学研究项目6项、课程思政示范基层教学组织2个。

【学院入选产教融合校企合作典型案例】2021年，浙江警官职业学院按照教育部职业教育与成人教育司《关于征集产教融合校企合作案例的启事》文件精神，组织开展案例撰写工作，撰写的《“三度并进，行校企耦合”国家级产教融合实训基地的建设与探索》《“航司助动、培训驱动、双链互动”航空安保人才校企共育模式创新与实践》2项案例入选典型案例名单，入选数量居浙江省国家“双高”院校第二位。

【全国安防职业教育联盟入选国家第二批示范性职教联盟】2021年，教育部公示国家第二批示范性职业教育集团（联盟）培育单位名单，浙江警官职业学院牵头建设的全国安防职业教育联盟入选，成为第二批149个国家示范性职教集团（联盟）之一。全国安防职业教育联盟由浙江警官职业学院与浙江省安全技术防范行业协会共同发起，联合43个企业，23所中职、高职和本科院校，6个行业协会组建而成。联盟坚持“校企协联盟、产学研协作、共建共享共赢共发展”的理念，基于职业教育院校和行业企业发展的未来战略，创新校企合作模式，为校、企、协、政共同探索在机制体制改革、招生招工一体化、人才培养模式等方面的实践提供合作与交流平台，服务联盟学校和企业，为区域经济发展赋能。联盟在全国司法职业教育教学指导委员会指导下，参与修订2021年新版职业教育专业目录，牵头教育部司法类数字安防技术、国际安保服务与管理、智慧司法技术与应用等高职本科、安全防范技术、安全保卫管理、智能安防运营管理、司法信息安全等高职专科，安全保卫服务中职专科的专业教学标准修（制）订工作。举办联盟理事大会暨数字安防职业教育改革论坛、全国高职院校安防技能大赛，组织开展联盟内校企用人招聘活动。（孙泽慧）

浙江经贸职业技术学院

【概况】2021年，浙江经贸职业技术学院坚持创新驱动发展，以数字化改革为牵引，推进智慧校园、绿色校园、平安校园、廉洁校园、和谐校园建设，加快推进变革型组织建设，提升治理体系和治理能力现代化水平。学校是国家“双高计划”建设专业群和省高职高水平专业群（A类）建设单位。供销合作职业教育教学指导委员会秘书处落户学校。全年有全日制在校高职专科学生1.19万人、联合培养本科生369人、教职工599人，下设党政管理机构16个、二级学院10个、科研机构1个和教辅机构3个，开设高职专科专业30个、“3+2”专升本联合培养专业2个和四年制本科试点专业1个。其中，国家级骨干专业6个，省级优势专业11个，省级特色专业7个，省级财政支持的示范建设专业3个。有全国供销合作总社职教科研中心、国家（杭州）电子商务示范基地技能培训中心、国家职业技能鉴定站等职业教育技能培训和科研机构，建有国家教学资源库1个、“中央财政支持高等职业学校提升专业服务能力”项目2个，开设国家级精品资源共享课程2门。累计获得国家级教学成果奖4项、省级教学成果奖13项，其中国家教学成果一等奖1项。主持国家级科研项目5项，立项教育部一般人文社科项目2项，立项省高校重大人文社科攻关计划项目1项。学校入选省高校智慧思政特色试点单位和应用场景建设单位，6个案例入选省职业教育信息化建设与应用案例征，5个案例推送参加由中央电化教育馆组织的全国教育信息化应用优秀案例评选。多措并举助力“共同富裕”，进一步培育“三新三共”现代智慧培训服务样板，创新成立大学生农创客培育基地，助力山区26个县跨越式高质量发展。全年累计培训乡村振兴人才3442人次，涉及服务行业企业100多个。学校与塔里木职业技术学院签订对口帮扶协议。

【课程思政改革】2021年，浙江经贸职业技术学院落实立德树人根本任务，深化课程思政改革，推进“目标导航工程”，实施“阳光助学计划”，持续构建“五育并举”育人体系，打造“三全育人”新高地。全年累计获评教育部、浙江省课程思政示范课程9门，获省课程思政教学研究和改革各类奖项27项，入选省课程思政示范基层教学组织1个，6个育人案例入选“浙江省高校‘三全育人’综合改革理论与实践”丛书。

【教学改革成果】2021年，浙江经贸职业技术学院以专业群建设为抓手，推进国家、省“双高计划”建设和“以群建院”工作，完善专业布局，优化课堂改革，强化质量“诊改”（内部质量保证体系诊断与改进工作），深化内涵发展。学校“培育人人奋斗精神 创造人人出彩机会”案例入选省教育评价改革典型案例并报送教育部，“打造职业院校‘三全育人’新样板——浙江经贸职业技术学院实施‘目标导航工程’成效凸显”等多个提质培优案例被中国网络教育电视台《职教频道》展播，“四维赋能乡村振兴，彰显共同富裕责任担当”被教育部职业技术教育中心研究所采纳。入选中国教育装备行业协会综合实践与劳动教育基地（营地）工作委员会常务理事单位。学校教授蒋丽君主编的《金融产品营销实务（第四版）》获全国优秀教材（职业教育与继续教育类）二等奖。学校获评全国职业教育实践育人产教联盟顶岗实习管理优秀单位。

【产教融合发展】2021年，浙江经贸职业技术学院坚持以服务国家战略、契合行业发展、支撑产业升级为导向，持续推进产教融合大楼、全国数字经济与现代农业流通产教联盟建设，推动“校社政企”四方协同育人体系建设，加深与校地、校企的合作。成功立项省级产教联盟、示范性虚拟仿真实训基地、实习实训基地和产学合作协同育人项目共11项，获麦当劳现代学徒制项目“优质合作院校奖”、联华华商2021年度战略合作最具影响力奖等荣誉。

【师资结构优化】2021年，浙江经贸职业技术学院坚持“人才强校”战略，实施科研能力提升工程和高层次人才引进计划。学校教师在全省教学能力比赛、思政理论课教学技能大赛等比赛中获二等奖2项、三等奖1项，网络营销策划被教育部评为课程思政示范课程，沟通与谈判等8门课程获评浙江省课程思政示范课程，工商企业管理专业课程思政教学团队入选浙江省课程思政示范基层教学组织，“绿色技术创新区际扩散测度及其对制造业转型升级的影响研究”获国家社科基金立项，《农民合作经济组织联合会建设与管理规范》获全国供销社系统行业标准制定立项，“三位一体”综合改革14个子标准列为浙江省供销社2021年度科学研究专项项目，实现科技成果转化7项。

【招生就业工作】2021年，浙江经贸职业技术学院打造创新立体化服务平台，深化“阳光助推”工程，精准实施就业帮扶，加大创新创业孵化培育，统筹推进招生就业和创新创业工作。年内计划招生4031人，实际录取新生4041人，计划完成率100.3%。2021届3278名毕业生中，就业3209人，毕业生毕业去向落实率97.9%。孵化创新创业项目（团队）22个。“四方联动筑平台，实践育人促双创”创新创业教育工作案例入选教育部创新创业教育典型案例，“见鲸科技”等项目入选杭州市创业项目库。

【国际化进程加快】2021年，浙江经贸职业技术学院坚持开放办学理念，持续推进东西部结对协作帮扶，拓展国际交流合作领域，构建“引入输出双向共进、产教融合同频共振”的国际化办学路径。与马来西亚深斋教育集团、乌克兰利沃夫经贸大学、泰国海上丝路孔子学院、菲律宾永恒大学、菲律宾百盛集团等多国高校和企业园区达成合作，建成“中乌经贸丝路学院”“中菲经贸丝路学院”“泰中罗勇丝路学院”3个“丝路学院”，与芬兰哈格哈里亚应用科学大学合作举办的“数字技术与运营联合学院”获省教育厅中外合作办学机构专家评议通过。开发输出跨境电商汉语等课程标准5个、课程资源42个，开展线上境外培训6000多人次。学校成功加入世界职教联盟（WFCP），1个案例入选世界职教大会经典案例汇编。

【全国供销总社理事会主任到学校考察调研】2021年10月24日，中华全国供销合作总社理事会主任、党组副书记梁惠玲一行到浙江经贸职业技术学院考察调研。参观学校校史馆，考察“夏布绣”非遗传承基地、江西风景独好旅游文化展厅、世界技能大赛（餐厅服务）江西省职业技能竞赛集训基地。梁惠玲对学校创新人才培养模式，构建现代职教体系，服务江西经济建设，助力江西冷链物流产业发展，深化非遗产学研合作，服务供销系统所开展的系列工作等给予肯定。参观考察后，梁惠玲主持召开供销社综合改革工作调研座谈会，就深化供销社综合改革进行交流研讨。

【全省供销系统共同富裕人才培训教育基地成立】2021年11月24日，浙江经贸职业技术学院全省供销系统共同富裕培训教育基地成立仪式在学校会议中心举行。省供销社党委书记、理事会主任邵峰等130多人参加成立仪式。会上，学校与市、县二级供销社代表签订《共建共同富裕人才培训教育基地协议》；介绍学校服务系统、乡村振兴、共同富裕人才培训工作情况，全省供销系统共同富裕人才培训教育基地建设方案。

【学院发展理事会第三届第一次会议】2021年11月30日，浙江经贸职业技术学院召开发展理事会换届暨第三届第一次会议。省供销社党委委员、理事会副主任张建，钱塘区副区长潘伟红出席会议。来自政府、供销社、行业协会、合作企业和院校的领导和代表参加会议。会议上，学校与钱塘区政府签订区校全面战略合作协议，与杭州市城市大脑技术服务有限公司等单位签订合作协议，并为新华三集团有限公司等7个优秀校企合作单位进行现场授牌，并为“采云学院”“食品检测与安全（TIC）产业学院”揭牌。

【浙江数智零售联盟成立】2021年10月29日，浙江经贸职业技术学院联合湖州职业技术学院、浙江纺织服装职业技术学院等7个单位合作共建的浙江数智零售联盟宣告成立。联盟旨在为连锁专业院校、连锁行业企业搭建新零售综合服务信息交流平台，推进数智新零售发展进程。通过发挥联盟成员优势，共享数智零售优质教学资源，合力培育优秀连锁经营与管理专业数智零售人才。

【学校加入世界职教院校联盟】2021年9月，浙江经贸职业技术学加入世界职教院校联盟会员单位。世界职教院校联盟成立于1999年，由62个国家和地区的职业教育组织、职业院校、应用技术大学组成，被誉为“世界职教领域最权威组织”。学校入选世界职教院校联盟会员单位，推进与世界教育组织、职教机构和院校沟通联系，强化学校分享中国职业教育经验、输出“经贸方案”能效。助力学校拓展国际交流合作领域，深化产教融合机制，创新人才培养模式，提高学校国际化办学水平和国际影响力。（陶杰炳）

浙江经济职业技术学院

【概况】2021年，浙江经济职业技术学院以“立德为本、致用为宗、崇尚优化、追求卓越”为校训，以具有供应链集成服务特色，全价值化、全体系化高水平职业技术大学为目标，为供应链集成服务产业为主的现代服务业培养复合型技术技能人才。对标国家、浙江省和职业教育“十四五”发展规划，形成包括学校总体规划、12个专项规划、9个子规划在内的“十四五”时期规划体系。

学校下设二级学院和继续教育学院9个，开设以供应链为主导的专业群7个、专业34个。与浙江工商大学、杭州电子科技大学和浙江财经大学共建物流管理（智能物流）、电子商务、汽车维修工程教育、国际经济与贸易、金融学5个本科专业。全日制在校生1.03万人，其中本科生640多人。成人学历教育在读学生7200多人。全年录取新生3602人，报到3515人，报到率97.6%，为历年来最高。学校有国家级职业教育教师教学创新团队2个，国家高水平专业群1个（物流管理）、省级高水平专业群1个（汽车检测与维修技术），中央财政支持专业6个，“十三五”时期省级优势、特色专业11个，国家级生产性实训基地2个，中央财政专项支持的实训基地3个。

【教育工作成果】2021年，浙江经济职业技术学院入选工信部首批“校企协同就业创业创新示范实践基地”建设单位、全省双创示范基地。11名教授入选新一届全国行指委委员，2名教授当选商业职业教育教学指导委员会副主任委员和物流职业教育教学指导委员会副主任委员，在全国高职院校名列前十。2本教材分别获全国优秀教材一等奖、二等奖。获国家级一类职业技能竞赛一等奖2项、国家级双创大赛铜奖2项。学校获国家教学成果奖一等奖3项、二等奖1项，教育部高等学校校园文化建设优秀成果特等奖1项。2名教师获“全国技术能手”称号。年内，全国高职院校教师教学发展指数列全国37位。组织学生参加国、省两级职业技能竞赛，获省级以上奖项272项。其中，获全国一等奖2项，二等奖7项，三等奖12项。连续3年获全国职业院校技能大赛一等奖。

【人才培养模式改革】2021年，浙江经济职业技术学院深化人才培养模式改革。按照“课程专项实践—课程综合实践—毕业综合实践”3个层次，对接职业岗位标准与工作生产过程，开发并形成可推广的平台项目1877项，受益学生1.60万人次。全年落实32个专业931名开展学徒制培养试点，有24个专业22个证书获“1+X”证书制度试点，专业覆盖率70%。全年全校参加“1+X”证书考证学生1949名，“1+X”证书试点工作作为省教育厅典型案例推荐至教育部。

【科研成果】2021年，浙江经济职业技术学院“多元主体协同共生的产教融合育人共同体研究与实践”“高水平‘双师型’教师队伍的标准及建设路径研究”“创新创业教育融入思政内容的机制、路径、方法实践研究”3项立项建设教育部职业教育改革创新课题。经济管理基础课程及授课教师入选教育部课程思政示范课程、教学名师和团队。全年完成“门板生产任务资助规划算法”“汽车维修实时在线多媒体互动系统设计与开发”“杭州钱塘新区职工故事会项目开发与实施”等22项横向课题合同签订、立项登记及结题验收工作，横向到款额401.9万元。一种基于原子吸收光谱法的自动变速器油质检测方法（2011103118355）和基于原子发射光谱法的液压助力转向系统油质检测方法（2012105533450）2项专利，转让给福建顺升知识产权有限公司完成科研成果转化，实现“零的突破”。

【课程思政建设】2021年，浙江经济职业技术学院入选教育部高等学校文化素质教育指导委员会首批课程思政研究中心。1门课程入选首批国家级课程思政示范课程，授课教师入选课程思政教学名师和教学团队。立项省级课程思政示范课程10门、教学研究项目6项、示范教学组织2个；打磨思政“金课”，持续推进“红马引航、铸魂育人”工程，获教育部思政课教师研究专项项目1项，参加省高职院校教学能力比赛获二等奖。组织学生参加省“卡尔·马克思杯”大学生理论知识竞赛获一等奖。

【社会服务】2021年，浙江经济职业技术学院新成立浙江经济职业技术学院菜鸟物流示范产业学院、浙江经济职业技术学院热联供应链产业学院2个学院，以校企合作的形式，加强社会服务。年内，物产中大国际学院等开展企业管理培训117场，培训学员1.87万人次，线上培训人数1.74万人次。继续教育学院等职业技能培训与鉴定项目，培训学员5.5万人。服务国、省重大战略，开展服务共富创建、山海协作、东西部合作、乡村振兴工作，累计签署合作协议20份，开展服务项目

28个，服务4193人次，提供培训7333人天。“以‘公益托管’之手助推共同富裕”案例入选省教育系统党史学习教育“三为”（“我为群众办实事”“我为企业解难题”“我为基层减负担”）实践活动最佳案例。联合阿里巴巴达摩院启动数字智能化时代智能网联汽车技能人才团队培养项目，阿里云达摩院智能网联汽车运营培训中心建设主要包括平行驾驶一体机和监控设备的采购安装、实训桌椅的匹配安装、网络的提速、并承担首批学徒制实习生的宣传与培训。中心完成第一期建设，并投入运营，在培实习生30人，承担全国20多所高校300多台“小蛮驴”机器人的运营配送的安全守护和平行驾驶任务。

【“数字经院”建设推进】2021年，浙江经济职业技术学院推进“数字经院”建设，完善学校数字化治理体系，提升治理能力。持续加强数字化智慧学工建设，运用学生社区育人模式成果基础，建立学生社区智慧大厅，为在校学生提供“一站式”服务。“智慧学工”系统、学生天天成长工程入选2021年学校十大惠民实事。学校入选高校智慧思政特色应用试点单位，被列为“智慧社区”应用场景建设单位，通过省教育厅智慧教育综合试点验收。

【国际交流合作】2021年，浙江经济职业技术学院发挥学校专业特色和办学优势，在马来西亚成立“中国浙经院鲁班工坊（丝路学院）”，与当地在合作办学、学术研讨、教师培训等方面开展交流合作。学校与马来西亚大同韩新学院共同举办的跨境电子商务专业高等专科教育项目于9月开学招收马来西亚当地跨境电商专业学生。与蒙古职教培训联盟、德国国际合作机构合作举办中德蒙新能源汽车培训，促进国际产能合作，服务“走出去”的中国企业。学校在《2020浙江省高等教育国际化发展年度报告》中，列高职高专院校国际化总体水平前十位。（慕景强）

浙江育英职业技术学院

【概况】浙江育英职业技术学院有民航交通、信息技术、数字商贸、智慧旅游、创意设计、继续教育6个教学分院，社会科学、体育与艺术2个教学部。开设空中乘务、城市轨道交通运营管理、计算机应用技术、电子商务、跨境电商、广告设计与制作、会展策划与管理、酒店管理等29个专业。2021年，学院在校学生9169人，教职工370人，完成人才培养任务2541人，人才培养毕业合格率99.7%。学院在全国1315所高职高专院校综合实力排行榜中，列全国350多所民办高职高专院校榜首。学院提交的“‘三个不错’激励育英人砥砺前行”案例入选“杭州市十佳新时代党建好故事”。

【职业人培养提质增效】2021年3月，中国高等教育学会高校竞赛评估与管理体系研究工作组发布2020全国普通高校大学生竞赛排行榜。浙江育英职业技术学院在2016—2020年全国普通高校大学生竞赛排行榜位列1482所高职院校的276位，2016—2020年全国民办高职院校大学生竞赛排行榜位列350多所高职的11位。学院以赛促教，组织学生参加各类赛事活动，提升职业人培养力度。参加省第十八届大学生程序设计竞赛，获高职高专组特等奖。参加第六届中国高校计算机大赛——团体程序设计天梯赛，连续四次获全国高校特等奖。参加浙江省教育厅主办的省职业院校技能大赛“电子商务技能”赛项，以总分第二名获团体一等奖。参加全国第十二届蓝桥杯软件和信息技术专业人才大赛，获一等奖7项，并第三次获全国第一名，团队获奖数23项100%获奖。参加杭州亚运会国际文明礼仪大赛，民航交通分院学生吴逸飞获“杭州亚运会赛事服务礼仪之星”称号。参加省“振兴杯”青年职业技能竞赛创新创效专项赛获金奖，

2021年9月26日，浙江育英职业技术学院参加首届民航院校空中乘务职业技能大赛（华东赛区），获得一等奖（浙江育英职业技术学院 提供）

为唯一获金奖民办高职院校，并代表浙江参加国赛。参加省高职高专院校国家奖学金特别奖评选活动，学生吴逸飞获国家奖学金特别评审奖，全省仅10人获奖。参加省第九届大学生中华经典诵读大赛，获一等奖2项，学院获优秀组织奖。参加省第十三届大学生职业生涯规划大赛，获一等奖1项。参加省美容美发职业技能竞赛，获一等奖2项。参加全国首届民航院校空中乘务职业技能大赛总决赛，学院以华东赛区第一名及唯一团队入围获全国赛团体第四名。

【体育竞技比赛成果】2021年，浙江育英职业技术学院组织学生参加各类体育竞技比赛。4月，参加浙江省青少年校园足球联赛，获女子高职高专组冠军。5月，参加浙江省大学生游泳锦标赛，获高职高专组总团冠军、女团冠军、男团冠军并获体育道德风尚奖（为第6次获该赛总团冠军）；6月，参加第二十三届中国大学生篮球三级联赛高职高专组全国总决赛获亚军，并获体育道德风尚奖。6月，参加浙江省第十二届大学生网球锦标赛，获高职高专组男子团体赛冠军（连续3年获该赛事团体冠军）。7月，首次参加第十四届全国学生运动会，学生陈梦婷获女子标枪大学甲组银牌。8月，参加第二十届中国大学生田径锦标赛，获高职高专组总团冠军、女团冠军，并获体育道德风尚奖。

【教师教学成果】2021年7月，省教育厅公布第一批省级课程思政教学项目建设立项名单，浙江育英职业技术学院立项省级课程思政示范课程1门，课程思政教学研究项目2项，课程思政示范基层教学组织1个。8月，浙江省教育厅办公室公布2021年浙江省高等职业院校教学能力比赛获奖名单，民航交通分院的“民航客舱特情应急处置”教学团队获一等奖。12月，省教育厅公布省教学成果奖获奖名单，信息技术分院组成的“计算机类专业适应产业数字化的‘融圈建群因岗施教’人才培养创新与实践”团队获浙江省教学成果奖高职教育类二等奖。

【政校企合作深化】2021年1月，浙江育英职业技术学院被授予2019—2020年浙江省会展行业优秀会展服务机构。学院推进产教融合，将企业、行业的真实项目融合到教学中，并与企业共同开发，服务产业转型升级。11月，数字商贸分院跨境电商专业产教融合育人项目获杭州市政府专项资助20万元。12月，省教育厅办公室公布2021年度职业院校产教融合项目名单，学院立项实习实训基地项目1个，产学合作协同育人项目2个。学院作为副理事长单位，申报浙江省2021年度职业院校省级产教融合联盟项目。发起成立浙江省退役军人培训联盟，开展杭州市退役士兵职业技能教育培训、企业新型学徒制定制培训、大学生创新创业培训等。接受2020年杭州地区退役军人职业技能教育培训考核，连续4年名列全市第一。

【4个案例入选“浙江省高校‘三全育人’综合改革理论与实践”丛书】2021年11月，浙江省教育厅主编的“浙江省高校‘三全育人’综合改革理论与实践”丛书出版，4个案例入选。其中，“‘党建＋育人’助力‘新商科’人才培养”入选组织育人卷，“在大型赛会礼仪服务中绽放青春梦想”“热血重铸生命 展现育人光辉”入选服务育人卷，“从济困到成才，一名空中乘务专业贫困生的蜕变成长”入选资助育人卷。

（段曹钢）

责任编辑 陈 玲

辖区街道

下沙街道

【概况】下沙街道地处钱塘区东北部，东与白杨街道相连，西与上城区九堡街道毗邻，西北与临平区乔司街道接壤，南濒钱塘江与萧山区隔江相望，北、东北与嘉兴市海宁市许村镇、长安镇接壤。总面积46.56平方千米。1951年6月，属下沙乡、新元乡、四格乡、三胜乡，隶属余杭县乔司区。1956年，下沙乡、新元乡、四格乡、三胜乡部分村、乔司农场合并，设下沙乡。1958年4月，划归余杭县临平区管辖；10月，余杭县并入临安县，下沙乡隶属临安县九堡公社，置九堡公社下沙管理区和四格管理区。1961年4月，复设余杭县，下沙管理区从九堡公社撤出，改设下沙公社。1983年10月，复为余杭县下沙乡。1994年4月，改为余杭市下沙乡。1996年12月，划归江干区管辖，设下沙乡。1998年10月，撤下沙乡，改设下沙镇。1999年8月，下沙镇委托杭州经济技术开发区管理。2004年7月，撤下沙镇，改设下沙街道。2021年3月，新设杭州市钱塘区。5月，下沙街道划归钱塘区，下辖19个社区、1个筹备组，户籍人口5.1万人（不含集体户），街道办事处驻中沙社区海达南路555号。5月28日，钱塘区第一届人民代表大会代表选举工作举行，下沙街道划分选区16个、登记选民6.02万人，设投票站238个，实际参加投票选民5.88万人，选举产生钱塘区人大代表63人。7月28日，中国共产党杭州市钱塘区下沙街道工作委员会、杭州市钱塘区人大常委会下沙街道工作委员会、杭州市钱塘区人民政府下沙街道办事处、中国共产党杭州市钱塘区下沙街道纪律检查工作委员会揭牌。

【经济发展】2021年，下沙街道财政收入13.2亿元，比上年增长45.9%，地方收入7.13亿元，增长43.7%；工业总产值77.8亿元，增长32.9%；固定资产投资50.7亿元，增长38.3%；社会消费品零售总额44.1亿元，增长45.1%。推动经济发展，全年扶持企业资金2398万元，完成“小升规”（小微企业规范升级为规模以上企业）企业86个，税收1000万元企业17个，增长41.6%。新增国家高新技术企业21个，浙江省科技型中小企业131个，其中七格检测智造园获评浙江省“小微企业园”。推进“自主开发”项目进程，杭州智格股份经济合作社商业大楼完成主体结顶，杭州盈都五角广场项目投入使用。提升楼宇品牌，完成楼宇税收6.7亿元，税收1000万元以上楼宇12幢，1亿元楼宇1幢，其中金沙大厦单幢楼宇税收突破2.7亿元。助力企业发展，全年引进钱塘驿淘数字创新园、杭州广宏大药房连锁有限公司、杭州恒昶高科技有限公司等项目20个。

【环境整治】2021年，下沙街道推进老旧小区及城中村改造民心工程建设，拆除违建房屋8.3万平方米，改造老旧小区1个；创建“美好家园”住宅示范小区1个，改造“和达御观邸”高层住宅二次供水设施1个。结合社区实际情况和居民意见建议，制订“一社区、一方案”，拆除高沙老旧小区违建房屋125户，总面积2.4万平方米；投

2021年下沙街道各个社区基本情况表

表15

社区名称	成立时间	面积（平方千米）	户数（户）	户籍人口（人）	经济总收入（万元）	居民人均收入(万元)
智　格	2002年5月	0.90	731	2821	6990	5
高　沙	2002年5月	0.35	365	1726	7045	6
七　格	2005年6月	2.00	625	2598	6723	6
下　沙	2005年12月	1.20	271	1622	5580	5
头　格	2005年12月	2.50	870	3150	5237	5
中　沙	2005年12月	1.50	862	3083	7876	6
上　沙	2005年12月	1.70	457	1600	3861	5
元　成	2005年12月	4.50	597	2309	5076	6
东　方	2005年12月	2.00	440	1697	3753	5
新　元	2005年12月	1.80	541	1824	3574	6
松　合	2005年12月	0.90	463	1803	4519	5
湾　南	2005年10月	1.92	690	2583	3169	5
新　沙	2005年12月	0.80	139	435	—	—
铭　和	2008年9月	0.60	1487	9132	—	—
杭　铁	2010年12月	0.55	365	836	—	—
柠　檬	2012年7月	0.48	1155	2966	—	—
滟　澜	2012年7月	0.38	1400	3545	—	—
早　城	2012年7月	0.12	1120	3161	—	—
星　野	2018年6月	21.86	755	1821	—	—
银　沙（筹备组）	2020年9月	0.50	370	974	—	—

注：新沙、铭和、杭铁、柠檬、滟澜、早城、星野、银沙筹备组8个社区不属于撤村建居社区，其经济总收入不作统计。

资3500万元，完成七格老旧小区一期改造。全年开展环境整治专项行动960多次，完成市、区两级抄告问题整改1800多个，整治住宅小区问题1.2万处、“裸土复绿”面积15万平方米，清理堆积杂物50多吨，拆除广告牌、店招牌、电子走字屏2100多块。推进垃圾定时定点投放分类工作，学林铭城小区获评市级示范单位；推进工业园区“污水零直排”建设。12月，下沙街道通过美丽钱塘新区建设领导小组“五水共治”（河长制）办公室评估验收。

【基层治理】2021年，下沙街道以织好、织密、织牢“三张网”，筑牢下沙平安墙。调解居民矛盾纠纷“最多跑一地”，建成居民矛盾纠纷“一站式”社会治理矛盾调解综合服务中心，实现“组团式服务，终点站化解”，全年调处矛盾纠纷1531起。整合辖区“物联感知”等信息，打造“集中统一、功能完善、智慧高效”的“聚沙智”数字化信息治理平台，受理处置事件4.8万件。开展“平安护航建党百年”行动，全年电信网络诈骗发案率比上年下降29.9%，交通安全警情下降13.1%。开展信访积案化解行动，办理积案2437件，按期办结率、回访核实率均为100%。开展“安全生产责任落实年”活动，全年检查企业1140个次，隐患整改率100%；完成辖区168个企业风险管控体系建设，整改高沙老旧小区市、区两级消防挂牌单位，并验收销号。整治智格、高沙、新元、东方4个社区地下室安全隐患。提升改造中沙农贸市场为“五化”市场。推进食品安全监管平台建设，在高沙小区建成家宴中心“阳光厨房”1个。12月，下沙街道食安办被授予“浙江省首批五星级食安办”。

【社会事业建设】2021年，下沙街道推进10个民生实事项目建设。走访、慰问新生儿、退役军人、困难居民1900多人（户），发放补助资金130万余元。保障民生就业，新增浙江省级就业社区3个，开发就业岗位1.4万个，失业人员实现再就业530人，申领就业专项补贴4540人。优化社区“一老一小”（老人、孩子）服务，新建五星级、四星级社区养老服务中心各1个。新建市级示范性婴幼儿“成长驿站”2个。开展街道社会工作站和社区特色社会工作室建设，建成高沙社区等7个社区特色工作室示范点，注册、备案类社区组织400多个。3月5日，开展“全民聚力，志愿下沙”服务活动，打造志愿服务品牌，每月第2个星期日为下沙街道市民公益日。健全“1+5+N”（1个街道总队、5支志愿品牌、N个志愿服务队）志愿服务站点体系，组建20个社区、志愿服务队伍96支，注册志愿者4600多人，开展志愿活动2000多场次。

【家园文化】2021年，下沙街道推动文化惠民，新建及提升城市书房、居民健身房等文体项目12个，开展文体活动260多场次。6月，举办“同庆百年盛典·共谱下沙新篇”庆祝中国共产党成立100周年暨“民呼我为”主题活动，现场为144名老党员颁发“光荣在党50年”纪念章；表彰为推进“创新下沙、美丽下沙、平安下沙、幸福下沙”建设中做出贡献的优秀共产党员代表、优秀党务工作者和先进基层党组织。组织“红戏下乡、红色观影、红色巡演”等活动16场次。开展“十佳红色阵地”评选，在38个“红色阵地”中评选出具有典型示范“红色阵地”5个，参与评选居民1万余人。

【基层党建】2021年，下沙街道推进党史学习教育，覆盖基层党组织179个、党员2557人。开展“我在金沙湖畔学党史”“红动金沙”“六讲六做”等党建活动12次，举办读书班4期，完成调研成果12个，被省级以上媒体选用13篇。开展“我为群众办实事”主题活动，解决民生难题197个，其中头格社区环境整治被杭州电视台《今日关注》报道、杭铣社区“金三角”环境整治获杭州市市长肯定。12月，上沙社区老年公益食堂“善斋汇”建成并投入使用，获新华社《瞭望周刊》专访。全年走访服务企业200多个次，解决问题160多个，发放扶持资金2400万余元。

【高沙老旧小区改造完成】2021年3月，下沙街道制定《高沙小区安全隐患集中整治行动方案》，开展老旧小区生命通道、电动自行车违规充电、燃气安全隐患、出租房小旅馆安全隐患、社会治安、环境卫生、违规经营7个专项行动治理，拆除前庭院违建228户、北面二楼辅房违建127户；新投用停车场1个、电动自行车集中充电点47个，施划消防车道标线标志23处，增设南区和北区微型消防点各1个，整改环境脏、乱、差小（微）店面200多个。

【下沙街道获评全国示范型退役军人服务中心（站）】2021年，下沙街道推行“五员五心”（教导员、解困员、推介员、调解员、宣传员；爱心、舒心、暖心、贴心、顺心）工作法，建立退役军人党小组，实施老兵关爱行动。出台三项救助基金、十大惠民行动、暖心入户“六必访”（生病住院时必访、生活困难时必访、红白大事时必访、家庭不和睦时必访、无故不上班时必访、情绪反常时必访）举措。开通就业服务热线，组建创业训练营、建立创业者联盟，优化就业创业服务。全年开展就业创业培训、招聘会等活动20多场次。展现“红色”力量，成立“老兵帮帮团”“海豹救援队”“新围垦人”等队伍，建立

2021年3月15日，提升改造后的高沙老旧小区　（田奕灵 提供）

“红色”思想教育阵地20处，建成立以围垦、参战等老兵为主体的“红色”讲师团，走进社区、学校、企业等单位宣传中国共产党史和围垦史。全年组织“红色”宣讲活动80多场次。开展“红色”革命基地学习，在站点开设军事时事政治学习角，评选“最美退役军人”。建立生活困难退役军人清单，组建由街道、社区、爱心企业“红色”帮扶队伍，帮助老、弱、病、残、生活困难退役军人提供服务。5月，下沙街道获评全国示范型退役军人服务中心（站）。

2021年10月25日，下沙街道湾南社区获全国示范性老年友好型社区。图为湾南社区居家养老服务照料中心　（田奕灵 提供）

【湾南社区获评全国示范性老年友好型社区】2021年，下沙街道湾南社区优化为老服务，成立老年友好型社区创建领导小组，设置老龄专职干部和为老服务专员，定期开展养老照护培训与技能测试考核。优化老年居民出行设施，实行小区道路、单元楼道等改造，在无障碍道路建设、照明设施养护、人车分流等方面和有需求的老人住房进行提升改造。规划小区空地，建成“口袋公园”1个，在主要活动场地和通行道路上设置凉亭和休息座椅。从老年居民实际需求出发，在社区“心港湾驿站”开展健康知识、防诈骗等讲座，提供“一对一”心理疏导、法律咨询、矛盾调解等服务。创建“吾爱吾老·医养结合”品牌，同街道卫生服务中心签订居家养老健康服务合作协议，依托家庭医生签约服务、上门巡诊等方式，为居民打造家门口的基层医疗卫生服务站。提供“一老一小”照护服务，在居家养老服务照料中心内设置儿童游乐区，举办形式多样的亲子活动。通过“银龄”互助，链接企业资源，为社区困难、孤寡、空巢等老人提供帮扶救助。增强子女尊老爱老意识，举办健康老年观讲座、老年人生日会，评选敬老爱老模范人物、“最美家庭”等活动。10月25日，湾南社区获评全国示范性老年友好型社区。（田奕灵）

▶▶资料：口袋公园

又称袖珍公园，指规模很小的城市开放空间，常呈斑块状散落或隐藏在城市结构中，为当地居民服务。口袋公园是对较小地块进行绿化种植，再配置座椅等便民服务设施。城市中的各种小型绿地、小公园、街心花园、社区小型运动场所等都是身边常见的口袋公园。口袋公园的概念最早是1963年5月在美国纽约公园协会组织展览会上提出的“为纽约服务的新公园”提议，原形是建立散布在高密度城市中心区的呈斑块状分布的小公园（Midtown Park），或称口袋公园系统。1967年5月23日，美国纽约53号大街的佩雷（Paley Park）公园开园，这一新形式的城市公共空间问世，标志着口袋公园诞生。

白杨街道

【概况】白杨街道是钱塘区唯一一个城市型街道。地处钱塘区东部偏南，东、南临钱塘江与萧山区红山农场和钱江农场隔江相望，西、北与下沙街道毗邻，总面积32.8平方千米。区域内原是钱塘江沙滩。1963年围垦后属余杭县。1998年10月，设下沙镇。2002年4月，下沙镇分设白杨街道，隶属江干区，委托杭州经济技术开发区管理，白杨街道成立。2021年3月，撤销江干区，新增设钱塘区。5月，白杨街道划归钱塘区，下辖25个社区、76个小区（含商业住宅综合楼），总人口57.6万人，户籍人口11.9万人，街道办事处驻月雅苑社区4号大街17—6号。5月28日，钱塘区第一届人民代表大会代表选举工作举行，白杨街道划分选区35个，登记选民22.2万人，设投票站208个，实际参加投票选民20.2万人，选举产生钱塘区人大代表63人。7月28日，中国共产党杭州市钱塘区白杨街道工作委员会、杭州市钱塘区人大常委会白杨街道工作委员会、杭州市钱塘区人民政府白杨街道办事处、

2021年白杨街道各个社区基本情况表

表16

社区名称	成立时间	面积（平方千米）	小区（个）	户数（户）	户籍人口（人）	企事业单位（个）
景　园	2003年12月	2.00	1	337	1100	6
大　北	2003年12月	2.09	10	3709	4129	378
月雅苑	2003年12月	1.57	7	3578	3134	20
高　教	2003年12月	3.91	3	2006	3945	68
邻　里	2006年3月	3.30	3	3471	120	145
闻　潮	2007年6月	2.41	2	3401	832	44
云　水	2007年6月	1.93	5	3977	5646	4690
海　天	2009年10月	0.48	1	3051	5700	12
多蓝水岸	2009年10月	0.30	2	2885	4950	15
朗　琴	2009年10月	0.14	2	3499	4712	4
伊萨卡	2011年6月	1.2	1	3148	4186	22
东　湾	2011年6月	1.65	2	6209	5090	13
观　澜	2011年6月	0.23	5	4826	3587	3
江滨花园	2011年6月	0.98	3	4538	5548	13
江　潮	2013年12月	0.37	2	5835	5600	35
美　达	2013年12月	0.22	5	3221	4747	5
晨　光	2015年11月	0.52	2	4752	4196	7
云　滨	2016年11月	4.87	3	4590	1330	12
云　邸	2018年11月	1.42	2	2327	3350	12
云涛联合	2020年5月	1.66	6	7808	14000	8
凌　云	2020年5月	0.55	5	5506	3100	8
东　保	2020年5月	0.32	3	3940	3238	3
汇　澜	2020年5月	0.68	2	2817	785	1

中国共产党杭州市钱塘区白杨街道纪律检查工作委员会揭牌。

【经济发展】2021年，白杨街道有企业1.9万个，个体经营户6700个，其中街属入库企业6657个。财政收入13.23亿元，比上年增长23.4%；一般公共预算收入6.71亿元，增长28%、增量1.47万元；固定资产投资49.17亿元，增长65.7%；社会消费品零售额13.4亿元，增长14.7%；进、出口额5.52亿元，下降12%；建筑业总产值4.65亿元，增长54.5%。全年新增规模以上服务业企业32个，国家高新技术企业83个，浙江省科技型中小企业175个，发明专利9932件。推动税源企业入库，新签约浙江锦阳控股集团有限公司、杭州每鲜说食品科技有限公司、杭州硕维轨道交通设备有限公司新税源项目3个。4月，杭州微念品牌管理有限公司、“衣邦人”2个企业被评为杭州市“准独角兽”企业。7月，杭州沃镭智能科技股份有限公司入选第三批国家“专精特新”（专业化、精

2021年10月，白杨街道伊萨卡社区文化家园获评杭州市五星级文化家园。图为伊萨卡文化家园内景　（杨甬杭　摄）

细化、特色化、新颖化）“小巨人”企业。优化营商环境，做好人才服务，开展“矩阵联动、梯队培育、服务提质”3个人才工程建设，通过政校互动、政企互动，建立人才队伍信息库，举办专场人才招聘会，新增辖区企业高校毕业生1000多人。3月22日，海外留学生“钱塘春行”暨“钱塘人才主题日”发布会在南区党群服务中心举行，杭州钱塘新区海外留学生驿站挂牌。开展“走亲连心”工作机制，全年走访服务企业400多个，解决工商、税务、招工、员工子女入学难等问题100多个。

【环境整治】2021年，白杨街道推进住宅小区人居环境治理，加装多层住宅电梯7台；提升改造北银公寓、裕园公寓老旧小区2个。开展“污水零直排”整治“回头看”，提升再改造野风·海天城、朗诗国际等雨污分流生活小区9个。提升改造伊萨卡国际城小区一期和三期、世茂江滨花园瑞景湾小区、梦琴湾小区、海天城南区二次供水设施，完成进度90%以上。完善“河长制”工作机制，全年街道级河长巡河601次，村级河长巡河1692次，上报、处理河道问题1388个。推进垃圾分类管理，改造垃圾房5个、定时定点投放点50个。清运居民生活垃圾与非居民生活垃圾，东郡锦湾、银海公寓2个小区获评垃圾分类市级示范小区。开展“店招店牌”（沿街商铺门前标志性招牌）、市容市貌等环境专项整治，拆除户外广告牌1730多块、违规招牌580多块，拆除违规户外广告牌810多块、电子显示屏340多块；整治违规商家1800多个，处理无主人废弃物300多吨。执行工地“六个百分百”（施工工地周边100%围挡、物料堆放100%覆盖、出入车辆100%冲洗、施工现场地面100%硬化、拆迁工地100%湿法作业、渣土车辆100%密闭运输）建设，全年检查建筑工地365次、发现问题530个（文明施工问题420个、消防安全及其他问题110个），整改率100%。

【基层治理】2021年，白杨街道完善社会基层治理体系，新增智慧安防小区10个。开展数字化改革实践，按照“民有所呼，我有所应”服务要求，推广“白杨钉”数字化网格事件线上处置应用程序，全年处置居民邻里纠纷、小区消防隐患等问题63个，处置率100%。推进电信网络诈骗治理，全年受理电信网络诈骗案件1268起，比上年下降42.9%。开展安全生产风险隐患大排查、大整治，检查经营主体1790多个、发放整改通知书1537份、整改隐患2385处。开展餐饮燃气安全专项治理，在油烟重点防控区域安装餐饮油烟监测系统105台，对净化设备运行状态和实时油烟排放情况24小时监管，餐饮油烟问题“回头看”实现“零督办”。开展新冠肺炎疫情常态化防控，全年核查管控数据4万余条，商铺赋码3000多个，疫苗接种55万剂次。开展信访积案化解，全年接待上访群众160批、370人次，受理、办理信访件4600多件，化解国家级信访积案14件。

【社会事业建设】2021年，白杨街道推进便民服务配套设施，建成街道级党群服务中心1个、社区级党群服务中心3个、“城市书房”1个。推进婴幼儿照护服务事业，建成邻里社区、观澜社区基础性婴幼儿“成长驿站”2个、东区党群服务中心示范型婴幼儿“成长驿站”1个。关爱残疾人健康，建成杭州市三星级“残疾人之家”1个；推进居家养老服务，全年为65周岁以上老年人免费体检2000多人次，重阳节慰问70周岁以上老年人1122人、发放慰问金38.9万元。帮扶特殊群体解决生活困难，全年发放低保、残疾、特困人员救助补贴金160万余元。帮扶失业人员再就业，发放就业补助金1000多万元，培训补贴510万元，企业退休人员节日慰问金459万元。全年新增就业1689人，失业再就业279人，就业困难再就业22人，再就业率98.9%。做好退役军人服务保障，发放退役军人安置金400万余元，家属优待金660万余元。完成37所中学、小学、幼儿园“六一”国际儿童节和教师节慰问，发放慰问金89万元。

【家园文化】2021年，白杨街道建成新时代文明实践所1个、新时代文明实践站21个，形成所、站、社区三级新时代文明实践阵地网。4月，以“百年风华铸伟业，白杨逐梦正青春”为主题，庆祝中国共产党成立100周年，举办第十届社区文化艺术节和首届全民运动会。围绕“百年峥嵘路，‘杨’帆新征程”党建活动，开展围垦文化老物件、老照片征集和红色诗词令活动，营造“我们都是钱塘人”认同感和归属感。发扬钱塘江“弄潮儿”精神，以“社区党建、社区邻里、家风家训、社区公益、社会组织”为主题，在伊萨卡社区以“举旗”铸魂、“踏浪”伊园、“扬帆”提速、“弄潮”未来，通过“同梦聚伊家·文化交流园”“同行绘伊路·文明景观带”“同心筑伊梦·文化广场”，以及“同心桥”“弄潮亭”“弄潮廊”“美丽楼道”等N空间，打造“一园一广场一带N空间”，展示“伊园风采”，讲述“伊园故事”，传承“弄潮精神”，丰富居民生活的“弄潮钱塘，伊路同心”文化家园。10月，该社区获评杭州市五星级文化家园。

【基层党建】2021年，白杨街道开展党员干部理论学习中心组学习8次、“民呼我为”集中主题实践活动100多场次，覆盖党员3000多人次，收集居民问题和建议400多个、解决300多个。推进新业态、新就业群体党建试点，在大学城北建成“小哥”之家暖心驿站1个。开展“党建统领好、运行机制好、阵地建设好、管理服务好”“红色物业”创建活动，保利物业服务股份有限公司杭州分公司的“保利江语海”项目获评2021年度省级“红色物业”项目。6月，在南区党群服务中心举行“永远跟党走”活动，通过“启动仪式+‘初心号’直播车轮播”方式，展示白杨街道党建引领基层治理成果。发布“逐红潮，创白杨”党建品牌，建立“一核四翼”工作法和“八个创新工程”，建设“智涌钱塘·现代星城”新白杨。推进基层党组织建设，新建“两新”（新经济、新社会）党组织部4个、新就业群体流动党支部1个、新冠肺炎疫情常态化防控集中隔离点临时党支部7个。推动小区党组织工作全覆盖，建立网格党支部137个、楼道党小组386个。开展青少年关心、帮扶工作，提升党（团）队一体化工作水平，推动“党建带团建、队建”红色基因链。8月，钱塘区社区青少年俱乐部建设工作推进会暨邻里社区少先队组织换届仪式在白杨街道邻里社区党群服务中心举行。9月，杭州市钱塘区12355青少年服务中心暨未成年人心理健康服务站在白杨街道揭牌。

▶▶资料：“一核四翼”工作法和“八个创新工程”

“一核四翼”工作法：

“一核”：扭动“党建强发展强、治理好民生优”总目标；

“四翼”：健全“大党建引领、大比武争先、大统筹保障、大数据支撑”机制。

“八个创新工程”：“党史学习教育”政治领航、“党的毛细组织”全域覆盖、“街校企党建共建”示范扩面、“党建云”融合增效、“群雁竞飞”素质提升、“六方联动”治理样板、“民呼我为”攻坚破难、“触角四延伸”每个角落。

【白杨街道商会成立】2021年9月9日，白杨街道以“搭建平台、整合资源、信息共享、发展共赢”为宗旨，成立白杨街道商会。商会设会长1人、副会长12人、秘书长1人。浙江锦阳人力资源集团有限公司、杭州壹网壹创科技股份有限公司、杭州下沙实业有限公司、杭州易沙网络科技有限公司、杭州路格科技有限公司等44个会员单位加入。商会成立，遵循“商会是会员的家，建好家必须靠大家”的服务理念，每月安排2名常务理事会成员到商会值班，定期召开商会常务理事会会议，帮助会员与企业建立有效沟通。

【白杨街道获评浙江省“五水共治”优秀街道】2021年，白杨街道开展“污水零直排”项目建设，64个生活小区、22个综合体（公建单位）和3个农贸市场建设工作完成。控制水质源头污染，对建成项目“回头看”和37个生活小区再提升，完成全域雨污分流处理改造。创建指挥部成员、河长制成员、社区网格员、执法队员等“零直排”区队伍，制订“污水零直排”建设作战图和作战进度表，“滚动式”排查89个排水单元排污情况。推进美丽河湖建设，落实河长制工作要求，在2号渠、5号渠等河道设置“GMH5-智能河长”浮标水质监

2021 年 9 月，钱塘“小哥”之家白杨街道暖心服务驿站成立 （郑纪伟 摄）

测站，通过水质自动检测模块和 360 度智能摄像头 24 小时监测水质。12 月，文泽渠、高教西渠和高教东渠获评浙江省“五水共治”美丽河湖。

【“全域智治”应用平台获智慧城市先锋榜案例优秀奖】2021 年，白杨街道推进数字化改革，破解基层人少事多、重复劳动、被动响应等难题，开发“全域智治”应用系统，利用数字化全域感知技术，采集辖区内“人、房、车、企、事”等动态基础数据。该系统覆盖 25 个社区，对小区、公寓内安装包括实名智能门禁、智能车闸、视频监控、AI智能相机、梯控等常用感知设备物联网信息直连，实现进、出人员及房屋变化等数据信息实时掌握。开展新冠肺炎疫情常态化防控工作，结合新进人员时间，系统自动下发至分属社区及网格人员，将每日“人工扫楼查人”转换为精准“坐班式”排查，准确掌握每日重点疫区新入街道人员信息。开展反诈骗宣传指导，结合区公安分局警情分析，筛选易受骗人员特征，根据前端门禁通行记录等信息，制作易受骗人群信息资料，派发给网格社区，帮助工作人员上门宣传。系统对辖区特殊人群设置特别关注，通过前端设备加以感知，对异常状态进行“点对点”预警，再通知网格员入户走访查看情况，形成工作闭环。11 月 26—27 日，该系统在第十四届中国智慧城市大会上获“2020 智慧城市先锋榜优秀应用案例优秀奖”。

【钱塘“小哥”之家党群联盟成立】2021 年 9 月，白杨街道针对快递员、外卖配送员、网约车驾驶员等新就业群体“用餐难、喝水难、休息难、如厕难”等问题，实施“筑巢”（构建“小哥”党群服务阵地联盟）、“护航”（吸纳社会服务团体参与服务“小哥”群体）、伴飞（为“小哥”免费提供健康体检、心理疏导、观看电影、理发等暖心服务）、“反哺”（组织“小哥”参与社区基层治理）4 个工程，在大学城北成立钱塘“小哥”之家党群联盟。社区党支部、企业、交警、小区物业、商业楼宇物业、千帆和云涛 2 个联合社区、白杨街道交警中队、中国邮政钱塘分局、光磊车辆快修公司、宋都东郡国际物业、顺丰快递等 20 个单位签订共建协议。位于千帆联合社区打造的首个钱塘“小哥”之家暖心服务驿站同步启用。该驿站划定电动自行车停车位，设置电动充电桩 30 个、电池换电柜 3 组。驿站内配有饮水机、沙发、空调、桌椅、充电宝、无线网络、微波炉、雨衣、雨伞、应急药品等设施，并布局“红色”文化墙、“乐活”音影区、心理辅导室等多元空间。至年末，钱塘“小哥”为白杨街道发放反诈骗、道路交通安全等宣传资料 1500 多份，参与志愿服务 700 多人次，收集反馈信息 1000 多条。关爱钱塘“小哥”做法获新华社、人民网、《浙江日报》、《杭州日报》、《共产党员》等媒体宣传。 （杨善华）

河庄街道

【概况】河庄街道地处钱塘区西部，位于钱塘江南岸。东靠义蓬街道，西、北邻钱塘江，南接萧山区南阳街道。辖区东西最大距离 11.9 千米，南北最大距离 12.53 千米，总面积 69.2 平方千米，其中陆地面积 42.74 平方千米，水域面积 26.46 平方千米。宋朝属海宁县。元朝为六都，属海宁州。明朝袭宋制。清朝初为时和乡，属海宁州。嘉庆十八年（1813 年），划归萧山县。宣统二年（1910 年），属蓬山乡。民国二十一年（1932 年），属横岔路镇和蜀山、海鸿、善泰 3 个乡，隶属第七区。民国二十八年（1939 年），设河庄乡，隶属衙前区。1961 年 7 月，设河庄公社，隶属瓜沥区。1969 年 2 月，河庄公社并入南阳公社。1970 年，河庄公社从南阳公社划出，与乐园公社合并河庄公社。

2021 年河庄街道各个行政村（社区）基本情况表

表 17

村（社区）名称	书记（主任）	人口（人）	村民小组（个）	耕地面积（公顷）	村集体经济收入（万元）
建设村	高　强	4088	21	208.4	456
同一村	王伟军	2763	16	47	475
同二村	高伟法	2569	12	37.07	757
蜀南村	童建中	3075	14	101.8	1718
向公村	俞荣明	2182	15	85.22	656
民主村	戚秋法	2440	17	84.07	868
建一村	陈观民	2563	13	98	270
新和村	冯国方	2888	17	87.6	413
群建村	任张军	1997	6	107.14	920
群欢村	赵国君	1080	5	56.07	455
向前村	周建江	1694	8	12.27	902
向红村	翁志云	1135	6	48.87	509
闸北村	沈欢军	3543	12	90.47	1562
三联村	俞惠忠	3174	22	177.33	257
文伟村	陈芳一	3293	22	128.8	710
新围村	谢建民	2715	21	171	415
围中村	陈宏炳	3698	22	251.13	181
新创村	杨　峰	2182	15	153.8	124
新江村	王伯祥	2320	17	148.93	126
江东村	方建庆	2330	18	156	323
城隍庙社区	汤建良	2322	—	—	—
知行社区	高　强	880	—	—	—
东沙湖社区	来燕军	829	—	—	—

1971 年 4 月，乐园公社从河庄公社划出，设乐园公社，河庄仍为公社，隶属义蓬地区联络组，后改名义蓬区。1992 年 5 月，河庄、新围、钱江 3 乡合并，设河庄镇。2009 年 9 月 1 日，撤河庄镇，设河庄街道，隶属萧山区。2021 年 3 月，杭州市新设钱塘区。5 月，河庄街道划归钱塘区，下辖 3 个社区、20 个行政村，常住人口 11.47 万人，其中户籍人口 5.57 万人。街道办事处驻城隍庙社区永丰路 618 号。5 月 28 日，钱塘区第一届人民代表大会代表选举工作举行，河庄街道划分选区 14 个，登记选民 5.32 万人，设投票站 43 个，实际参加投票选民 5.31 万人，选举产生钱塘区人大代表 38 人。全年跟踪督办钱塘区人大代表建议 13 件、办结率 100%，召开居民议事会议 2 次。7 月 28 日，中国共产党杭州市钱塘区河庄街道工作委员会、杭州市钱塘区人大常委会河庄街道工作委员会、杭州市钱塘区人民政府河庄街道办事处、中国共产党杭州市钱塘区河庄街道纪律检查工作委员会揭牌。

【经济发展】2021 年，河庄街道财政收入 6.71 亿元，比上年增长 33%；地方财政收入 3.42 亿元，增长 33%；固定资产投资 13.73 亿元，增长 78.8%；工业投资 1.48 亿元。规模以上工业增加值 13.85 亿元，增长 13.3%。其中机械类、电子类产业占工业总产值 41%。数字经济核心产业增加值 7.93 亿元，增长 49.4%。全年净增规模以上工业企业 11 个，增长率 33.3%；新增规模以上工业企业 15 个，增长率 25%。有国家高新技术企业 33 个、规模以上工业企业 47 个，其中产值 5 亿元以上企业 5 个。推动产业形态从工业经济主导向楼宇经济新业态孵化转变，以“钱塘

2021 年 1 月，河庄街道党群服务中心建成并投用（喻萍萍 摄）

芯谷”等产业平台为载体，推进创客村、闲梦江东、智创楼等空间招商，全年新增小微产业园 2 个。推进辖区“四无企业”（无证无照、无安全保障、无合法场所、无环保措施）和“低小散”（低产量、规模小、分布散）企业专项整治，清理低效工业用地 44 宗。其中，杭州欣兰楷机械设备有限公司闲置地块亩均税收增长 90 多万元，杭州百威针织服饰有限公司地块年税收增长 2000 多万元。全年规模以上工业企业税收增长 38.9%。

【环境整治】2021 年，河庄街道推进“田园新城，百日攻坚”环境治理，围绕镇容镇貌、行政村环境面貌、生活小区环境形象、建筑工地环境秩序、河道水质环境面貌 5 个方面，整治 1356 处，村（社区）自查自纠 678 处；建成和整改“口袋公园”、停车场 50 多个。利用人工智能（AI）视频智能识别技术，建成城市 AI 治理云平台 1 个。全年处理车辆违规停放、出店经营等违规违法案卷 2.23 万件，处置率 100%；劝导流动摊贩 2125 起，人行道违规停车贴单 2619 张，清理占道经营商贩 36 起，清除横幅 256 条，“牛皮癣”723 处，拆除电子显示屏 155 处、户外广告 35 处。完成市、区级抄告 300 多处，整改 4529 条。推进小区垃圾分类治理，新建琅琴湾、金色河庄等小区垃圾房 5 个。至年末，街道获省级垃圾分类示范小区 1 个，市级垃圾分类示范小区 2 个、市级垃圾分类示范村 4 个。

【基层治理】2021 年，河庄街道推进“清风云”数字治理平台，运用“钉钉圈”、网上议事厅、清廉村居、“3+X 钉钉”，借助数字监察，实现“管理信息化、监督精准化、运用阳光化”基层治理新模式。打造安全生产治理“一件事”场景，分片区建成联勤警务、消防安全服务站 2 个，形成 5 分钟警情和火情控制半径。探索全域安全生产治理“一件事”场景研发。8 月，河庄“平安共治码”（简称河平码）小程序上线，实现隐患排查、登记、整治、监督、销号全流程闭环。全年辖区治安警情比上年下降 21%、火警下降 12%。推动新冠肺炎疫情常态化防控，全年接种疫苗 18.04 万剂次，其中加强针接种 8354 人次，60 周岁以上老人第一针接种 7325 人。开展信访积案化解，办结国家、省、市级信访积案 13 件，办结率 100%。

【社会事业建设】2021 年，河庄街道推进老旧小区改造，成立加装电梯工作专班，“量身定制”单元施工方案。至年末，钱民花苑小区加装电梯 41 台，覆盖率 100%。推进美丽城镇项目建设，提升改造邮电路、府东路等道路 7 条，宏河嘉园等小区 4 个，新增绿化面积 6500 多平方米。至年末，建成云上学府、江东锦苑、大江壹号智慧安防小区 3 个。推进民生事业和经济发展，通过解决“一个历史遗留问题、做实做精一件关键要事、创新一批改革攻坚”项目三件事，全年解决历史遗留问题 23 件。完成新农桥交通乱象、蜀山边坡地质隐患点治理。打造新农村安置房（云上学府、云上澜苑南区块）项目交房结算，回迁安置房 1665 套，回迁在外过渡征迁农户 450 户。

【家园文化】2021 年，河庄街道组织开展文化惠民活动，走进文化礼堂 7 场次，表演节目 46 场次，跨区“文化走亲”4 场次，公益培训讲座 111 课时，文化“四季送”80 多场次，送戏下乡 20 场次，送电影下乡 10 场次；开展送春联下乡、庆祝元宵晚会、全民阅读节等传统文化活动 7 场次。推动文化家园创建，城隍庙社区按照“以人为本，服务居民”原则，以“一站式”服务窗口为载体，通过扩大队伍建设、丰富活动内容，制订制度保障、多方联动、平台宣传、课堂交流和上门服务 5 项工作机制，实现文化机制围着群众建、文化阵地围着群众转、文化活动围着群众办。以“融”为中心，挖掘社区本土人才资源，通过社区互联、邻里互助、“三方共建”方式，打造“彩虹队伍”，让居民群众“唱主角”。12月，城隍庙社区获评杭州市四星级文化家园。

【基层党建】2021年1月，河庄街道党群服务中心建成，并投入使用。全年开展党史学习教育、知识竞赛等党建活动150多场次，覆盖党组织49个、党员2091人。开展村（社区）活动230多场次，服务群众1.5万人次，加入志愿者380人，公益课堂讲座30多场次。推进党建联盟资源“下沉”村（社区），建成23个村（社区）“大党委”、55个网格党支部、100个党小组、339个党员中心户，包干联户1.3万户。6月，启动“民呼我为·江城候雁”村（社区）联盟计划，组织建一村、文伟村、三联村和城隍庙社区共联共治，政府、企业、村（社区）共建共享，全年安置在外过渡农户450户。9月，乡村振兴学院揭牌暨“河庄·田城汇”乡村振兴共富党建联盟启动仪式在江东村举行。

【东沙湖社区入选浙江省第四批“未来社区”】2021年，河庄街道东沙湖社区围绕“三化九场景”（人本化、生态化、数字化；邻里、教育、健康、创业、建筑、交通、低碳、服务、治理），打造邻里和创业场景2个。社区通过邻里互动圈，以“融”为核心，打造“线下+线上”结合友好邻里场景，居民在参加互帮互助、爱心公益、志愿服务等活动后，通过服务换积分、积分换服务机制，把志愿者服务时间折算成积分，享受社区提供的健身房、阅读室等服务。依托数字化赋能，打造“未来治理”等场景，通过建设数字驾驶舱、智慧安防系统等模块建设，打通居民、物业、社区之间沟通反馈渠道，畅通社情民意，实现精密智控，提升基层治理。12月，东沙湖社区入选浙江省第四批“未来社区”名单。

【“河庄·田城汇”乡村振兴共富党建联盟成立】2021年9月22日，杭州市钱塘区乡村振兴学院揭牌仪式暨“河庄·田城汇”乡村振兴共富党建联盟启动仪式在江东村举行。“河庄·田城汇”乡村振兴共富党建联盟由河庄街道牵头组建，整合区域相近、产业相关、人文相亲、村情相仿的江东村、新围村、围中村、文伟村、新创村、新江村6个行政村自然生态资源、文化教育资源和农业种植资源，开发集观光农业、游憩休闲、健康养生、农耕体验于一体的乡村旅游线路。聚焦区域产业平台、联盟单位、农业龙头企业、企事业单位等产业链上资源。浙江传媒学院继续教育学院（培训中心）、浙江省农业科学院、杭州电子科技大学、浙江经贸职业技术学院、杭州钱塘芯谷管理办公室、广汽乘用车（杭州）有限公司、农村商业银行等8个成员单位加入党建联盟，实现“组织联建共建、资源联用共享、治理联动共抓、环境联治共美、产业联育共兴”叠加效应。该党建品牌被列入杭州市党建联盟重点培育项目，有关做法被中央广播电视总台、人民网、浙江党建网、《杭州日报》等媒体报道。

【河庄街道获评市级美丽城镇样板街道】2021年，河庄街道按照“都市节点型美丽城镇”建设要求，围绕“江城河庄，田园新城”目标定位，以区位交通和自然生态条件构建“五美”（环境美、生活美、产业美、人文美、治理美）城镇。投资4000多万元，提升改造河中路、书卷街、城隍庙路、府东路、丰凯路、邮电路、新围老街等9条集镇主干道路。推进御东湾、钱敏花苑等4个老旧小区房屋屋面、外墙、小区道路、电梯安装及地下管网建设。增加辖区居民幸福感，按照“社区5分钟、建成区15分钟、行政区域30分钟”生活圈要求，以“知

2021年9月22日，“河庄·田城汇”乡村振兴共富党建联盟启动

（缪 妙 提供）

行河庄”品牌为引领，配齐日常生活集行政、教育、康养、社区服务、邻里中心等要素，打造以“便捷、智能、绿色、人文”为目标的宜居生活圈。落地街道文化体育中心、杭州高级中学钱塘学校、120万立方米体量安置房基础设施3个。以“钱塘芯谷”与集镇工业园区为载体，汇聚东南新材料（杭州）股份有限公司、广汽乘用车（杭州）有限公司、费列罗食品（杭州）有限公司、杭州中欣晶圆半导体股份有限公司等年工业总产值10亿元以上企业及浙江兆奕科技有限公司、杭州拓尔微电子有限公司等“隐形冠军”企业和优势成长企业。推进低效用地整治、探索小微产业园建设及楼宇产业培育新模式，加强产业平台合作，创建“田城汇”党建联盟等举措，打造共同富裕新高地，建成钱塘区首个街道级非物质文化遗产馆，推动蜀山周边开发；构建“一心全域”文化阵地，展现河庄“围垦一号”地块风范与商周文化历史。围绕“乡村小脑”平台搭建，推进村街矛盾调处站点全覆盖，组建城管、环卫、交警综合治理服务中心，提高安全监管专业化水平等途径，强化现代化治理新模式，为群众提供“一站式”解决方案。10月，街道被杭州市城乡环境治理协调小组办公室授予“2021年度美丽城镇样板（第一批）”。（缪　妙）

义蓬街道

【概况】义蓬街道地处钱塘区中部，东接前进街道、新湾街道，西邻萧山区南阳街道，南靠萧山区靖江街道，北至钱塘区河庄街道。辖区东西最大距离7.58千米，南北最大距离13.4千米，总面积56.48平方千米。民国二十一年（1932年），设义盛镇、头蓬镇，隶属第七区。民国三十六年（1947年），属义蓬镇。1961年7月，为义盛公社、头蓬公社，隶属义蓬区。2001年7月，义盛镇、头蓬镇合并，设义蓬镇。2009年9月1日，撤义蓬镇，设义蓬街道，隶属萧山区。2021年3月，杭州市新设钱塘区。5月，义蓬街道划归钱塘区，下辖23个行政村（江盛社区为村级社区）、5个社区，总人口12万人，常住人口9.5万人，其中户籍人口7.07万人。街道办事处驻义蓬村义府大街668号。5月28日，钱塘区第一届人民代表大会代表选举工作举行，义蓬街道划分选区18个，登记选民5.7万人，设投票站335个，实际参加投票选民5.7万人，选举产生钱塘区人大代表44人。7月28日，中国共产党杭州市钱塘区义蓬街道工作委员会、杭州市钱塘区人大常委会义蓬街道工作委员会、杭州市钱塘区人民政府义蓬街道办事处、中国共产党杭州市钱塘区义蓬街道纪律检查工作委员会揭牌。

【经济发展】2021年，义蓬街道财政收入4.6亿元，比上年增长46.6%；一般公共预算收入2.3亿元，增长35.6%；固定资产投资52亿元，规模以上工业企业增加值6.36亿元，其中义蓬科创园、智慧物流园年税收分别突破5000万元和1000万元；农村人均收入4.4万元。推动经济发展，全年对外招商引资落地企业120个，其中总投资2.3万美元的“永旺梦乐城”计划2022年1月开工。推进传统企业数字技术改造，投资5590万元，引进设备217套，改造浙江锦盛控股集团有限公司、杭州浩然纺织科技有限公司、杭州万兴减速机有限公司等10个工业企业技术项目。推进低效工业企业整治，开展外六工段产业结构调整，对11个危险化工品区块企业关停进行评估，签约10个，腾出土地46.67公顷。推进低效工业企业整治，全年整治企业40个，增加年税收2200万元；清理“地在税不在”企业12个，增加税收1.48亿元。打造“产城融合示范区”，5.94平方千米“临空云谷小镇”一期用地到位。

【环境整治】2021年，义蓬街道结合“美丽杭州创建暨迎亚运城市环境大整治、城市面貌大提升”，开展街道环境综合治理。推进老旧小区建设，投资250万元，改造广盛公寓和天府小区2个；火星村、义隆社区、盛都苑等老旧小区加装电梯21台，覆盖率100%。开展义府名苑地下空间杂物乱堆、乱放清理，建成储物室446间，增加电动自行车停放及充电车棚6个。推进“智慧赋能”垃圾分类，投入3400万元，通过信用管理、智能服务、示范创建、再生资源利用和积分卡等方式，提升精细化管理水平。至年末，后新庙、南沙、义盛、火星4个行政村和义和苑、阳光名城2个小区通过市垃圾分类领导小组办公室验收，江东府小区通过省垃圾分类领导小组办公室验收。全年实现22个行政村、21个小区智能分类积分系统管理全覆盖。推进美丽乡村建设，采用新建泵房、铺设聚乙烯管（PE管）等方式，改造金泉中心河、蓬园中心河等5条断头河；采用“淤泥清运、岸边清障、水植补种”等方式，在南沙村、新庙前村、义盛村、仓北村建成美丽池塘4个。开展“污水零直排”村（社区）治理，改造农村生活污水终端15处。4—6月，义蓬街道获评杭州市优胜街道。

2021 年义蓬街道各个行政村（社区）基本情况表

表 18

村（社区）名称	书记（主任）	户籍人口（人）	村民小组（个）	村集体可分配收入（亿元）	耕地面积（公顷）	农民人均收入（元）
蓬　园	朱加雪	2626	18	332.14	97	48485
长　红	高　锋	2429	15	159.08	86.5	48490
白　浪	王　勇	2106	13	171.48	1.2	48476
金　泉	王迪江	2430	12	24.54	112.73	48412
杏　花	沈　青	1723	10	253.21	32.87	48496
蜜　蜂	周福根	3019	19	906.21	4	48670
义　盛	施中江	2906	19	437.48	100	48488
新庙前	徐国娟	2450	17	346.16	120	48450
后新庙	童建江	1888	15	262.23	90.6	48600
新　益	沈志安	2355	14	342.88	144.267	48900
灯　塔	徐国军	2190	16	342.92	65.2	48394
后埠头	高建明	3080	18	308.87	224	48439
火　星	倪卫星	2736	21	459.14	114.29	48459
全　民	蔡文萍	2194	15	238.87	95	48397
小泗埠	陈坚钢	3342	23	687.41	103	48706
金　星	沈光浩	3021	23	415.63	65.98	48520
义　蓬	张福良	5288	39	2578.83	101.66	48468
仓　北	黄文通	3057	21	309.04	145.07	48726
南　沙	赵国君	3862	36	2304.75	224.3	48396
春　光	潘高峰	2216	16	301.5	12	48651
春　园	施高峰	2077	15	291.27	93	48415
春　雷	项国军	1934	13	287.37	105	48453
江盛社区（村级）	杨水员	379	4	16.55	40	48754
义盛社区	周国民	1734	—	—	—	—
头蓬社区	陈秋平	3321	—	—	—	—
义和社区	苗再月	246	—	—	—	—
义隆社区	葛利华	2458	—	—	—	—
向涛社区	高建明	1007	—	—	—	—

【基层治理】2021 年，义蓬街道推动“小脑+手脚”（以街道指挥中心为“小脑”，以综合管理队伍和基层网格力量为“手脚”）基层治理，投入 1000 多万元，建成整体智治、数字经济、数字法治、数字社会、数字政府、综合指挥 6 个应用领域、900 多平方米的数字驾驶舱，其中以数字驾驶舱为载体的数字指挥中心投入使用。该数字驾驶舱以提升城市治理、改善民生服务、发展数字经济、营

美丽义蓬　　（包益萍 提供）

造绿色环境为核心，以数据共享、部门协同、体制创新为保障，解决居民身边“关键小事”。推进食品安全智慧化治理，打造“阳光厨房”，建成食品安全平台，通过数字赋能，在青兴路、购物中心等餐饮单位内安装智慧物联设备、人工智能设备，将店内信息链接至街道食品安全智慧监管指挥中心，实时监管。推进粮食生产功能区“非粮化”清退，清理苗木239.57公顷。

【社会事业建设】2021年，义蓬街道按照“发展定位生活化、学习需求实质化、组织方式弹性化、发展目标合作化、活动范围覆盖化”要求，打造覆盖全年龄段终身教育体系。投入2.8亿元，建成集临时照料、教育指导、心理支持、家庭教育指导等服务功能一体的儿童之家25个；推进“1+1”（义蓬中心小学、安置房三期配置幼儿园）项目建设。6月，安置房三期配置幼儿园交付。8月，“义蓬中心小学”项目主体结构完成施工。推进全民阅读阵地建设，建成城市书房2个、精品书屋4个、提升改造书屋12个。9月，位于义府大街与横一线交叉路口东南侧（江东明盛大厦裙楼3～4层），杭州地铁7号线义蓬站东侧的青少年宫江东中心教学点投入使用。推进老年教育发展工作，开设老年大学教育，全年平均每月招生65人，累计授课6774小时，实现村（社区）全覆盖。推进星级公厕建设与工程提升改造，按照“新建一批、改造一批、提升一批”要求，提升公厕14所、改造三星级公厕3所、新建高标准公厕（头蓬老街驿站、小泗埠直河望江驿站）2所。

【家园文化】2021年，义蓬街道开展庆祝中国共产党成立100周年和“义蓬两镇（义盛、头蓬）合一20周年”活动，依托“三团三社”（文化艺术团、民乐团、合唱团、书画社、摄影社、文学创作社）、村级文艺团队，推进文化兴盛，落实文化惠民。全年举办规模型文化体育活动12场次，巡演“走亲”活动24场次，放映“红色”革命电影100多场次。开展文化艺术公益培训96课时，参与观众2万余人次。举办“红色”学习型社会“诵经典，树新风”“云上赛马”展播活动10场次；开展文化下乡大巡演活动15场次。以“我们的中国梦，文化进万家”为主题，举办元宵节文化系列活动和“新春送春联”活动文艺巡演6场次。12月，街道文化站获评浙江省特级综合文化站。

【基层党建】2021年，义蓬街道成立党史学习教育领导小组，开展党史学习教育活动13场次。以“十大实事”和“五大品牌”建设为目标，开展村（社区）干部“三个一”（领办一件服务民生事、开展一件亮点创新事、化解一件历史遗留事）活动。全年办理、解决民生实事423件。通过“一核双红三篇章”（以“党建引领”为核心；发扬红色传统、传承红色基因；筑牢理论根基学习篇、赓续红色基因宣传篇，提升义蓬温度解难篇），成立“蓬勃红”宣讲团，全年开展宣讲活动56场次。通过“周六课堂、田间实践、比武打擂”等活动，组织党员干部培训学习12期。提升党员干部业务能力，建立“一线实践、一线锻炼、一线赛马”机制，派出由街村（社区）组成的20个工作小组，分派到长红村、蓬园村、蜜蜂村、火星村等村（社区）进行“非粮化”整治、“蜜蜂”老年房腾房工作、义南路整治等乡村建设。开展村（社区）干部“234”〔走访2名村（居）民代表、3名党员，4名普通群众〕大走访和机关联村干部“246”〔同2名村（社区）干部谈心谈话，走访4名村（居）民代表，6名党员〕大走访活动，全年走访村（居）民代表1390人、党员2660人、群众1.7万余人次，收集并解决意见建议3268条。落实治党主体责任，以“月度任务单、监督四十问、履职‘e报表’”为目标，整改问题2个。

▶▶资料：“十大实事”和“五大品牌”

“十大实事”：基层治理更

2021年9月30日，烈士傅永先故居在义蓬街道新庙前村揭牌

（包益萍 提供）

智慧、垃圾分类更高效、优质教育更均衡、小区环境更宜居、公厕环境更洁净、终身教育更亲民、菜篮子和米袋子更安全、农村水环境更舒适宜人、百姓精神文化生活更丰富、群众办事更便捷。

“五大品牌”：头雁铁军、总部汇聚、田园城市、数智义蓬、文化引领。

【傅永先故居揭牌】2021年9月30日，烈士傅永先事迹陈列馆开馆仪式在义蓬街道新庙前村广场举行，傅永先故居揭牌。故居改建于2018年末，陈列馆在故居一楼，馆内保存有傅永先生前旧物，黑白照片、立功证书、勋章、书信、军装等遗物与报道文献。傅永先1950年出生于义蓬街道新庙前村，1968年入伍，1970年加入中国共产党，历任班长、排长、连长等职务，立功8次。1985年2月8日在反击越南自卫战争中牺牲。中国共产党中央军事委员会授予他“勇于献身的好连长”称号，云南前线司令部予以追记一等功，中共南京军区委员会追认其为“勇于自我牺牲的优秀共产党员”，浙江省人民政府授予“人民功臣”匾额。陈列馆作为义蓬街道红色教育宣传基地，为中共党员、学生、群众提供爱国主义教育，传扬烈士精神。

【“好蓬友”新乡贤联谊会成立】2021年10月30日，义蓬街道召开“好蓬友”新乡贤联谊会成立暨义蓬两镇（义盛、头蓬）合一20周年庆祝大会。浙江驿公里智能科技有限公司、浙江建龙控股集团有限公司等10个企业乡贤项目签约落地，总投资30亿元，用来建造生产研发基地、总部基地等办公场所。项目涉及生产研发、芯片、建筑、生物等行业。成立百万“好蓬友”乡贤教育基金会，支持义蓬教育事业发展，善款用于推进教育品牌建设，提高教育教学质量，奖励优秀教师，帮扶优秀学生，让义蓬学生都能读上“家门口的好学校”。新乡贤联谊会成立，会内成员建立决策建议“智囊团”、创业致富“导师团”、纠纷调解“和事佬”、乡风文明“督导组”、慈善公益“志愿队”，引导更多乡贤回乡创业，实施乡村振兴、助力共同富裕、创新社会治理。

【义蓬街道获评新时代美丽城镇建设省级样板街道】2021年，义蓬街道以“现代田园城区、美丽钱塘核心地”为建设目标，围绕“产城融合示范区、全域美丽先行区、未来生活实践区”3个定位，推进“一轴三心”城市规划，把美丽乡村建设融入城市发展领域，打造宜居宜业新城镇。推进数字驾驶舱建设，完善河长、路长、网格长“三长制”，建立街村（社区）两级社会治理体系，384条道路设立路长制、35条河道设立街村河长制、85个网格设立网格长制。开展垃圾分类检查与宣传，全年处理垃圾分类问题1.4万件、整改率100%。推动数字赋能，结合街道“四个平台”建设，开展治理“云平台”，以“互联网+城管”模式，进行城市治理与技术手段衔接，由传统管理模式向“云上城管”转变，治理“云平台”事件1.3万件。打造街道新型智慧城市，建成“整体智治、数字经济、数字法治、数字社会，数字政府，综合指挥”应用领域6个。12月17日，浙江省美丽城镇建设办公室2021年度创建城镇考核验收，义蓬街道被评为“新时代美丽城镇建设省级样板街道”。

【义蓬街道入选第十届“浙江孝贤”慈孝之乡】2021年，义蓬街道有60周岁以上户籍老年人1.8万人，占户籍总人口的27.5%。通过队伍建设、制度保障、基层治理等途径，为老年人打造“无忧”幸福晚年。从2010年起，街道为70周岁以上符合条件的户籍老年人每月发放200元生活补助金，11年累计发放1.6亿元。2007年10月成立慈善分会，秉承“扶老、助残、救孤、济困”理念，截至2021年末，发放救助款物4323万元，其中70%用在老年人身上。制订老年人慰问走访制度，村（社区）两级干部每年在“敬老月”和重阳节走访慰问辖区老年人，对生活困难和90岁以上老年人实行定期走访慰问制。以区老龄委牵头，区司法所、区信访办、区平安办共同参与，建成老年人维权服务中心2个、村（社区）服务照料中心24个（其中三星级20个、四星级1个），帮助困难老年人提供生活卫生护理、法律顾问、精神慰藉、上门护理等服务10多种，全年支出费用163.2万元。丰富老年人文体生活，建成老年大学1所，覆盖28个村（社区），累计授课4.6万小时，毕业1万余人。12月，第十届“浙江孝贤”推选活动组委会发布孝贤人物、慈孝之乡慈孝企业（浙商）榜单，义蓬街道入选第十届“浙江孝贤”慈孝之乡。

（包益萍 盛依娜）

新湾街道

【概况】新湾街道地处钱塘区东北部，东接临江街道，西靠义蓬街道，南邻萧山区党湾镇，北至钱塘区前进街道。辖区东西最大距离4.39千米，南北最大距离7.01千米，总面积22.05平方千米，委托管理部队区域15平方千米。古代为钱塘江江道，后淤积成沙地。嘉庆十八年（1813年），从嘉兴市海宁市划入萧山县。民国二十一年（1932年），设新湾乡，隶属第七区。1951年，属新湾、冯娄、龙台3个乡。1956年，3个乡合并成新湾乡，隶属义蓬区。1958年，属宇宙红公社。1959年，为义蓬公社新湾、冯娄、龙台3个管理区。1961年7月，设新湾公社，隶属义蓬区。1969年2月，新湾、义盛、头蓬3个公社合并，设义蓬公社。1971年2月，复新湾公社。1984年5月，设新湾、宏图、前进3个乡。1985年8月，撤新湾乡，设新湾镇。1992年5月，宏图乡并入。2001年7月，前进乡并入。2009年9月，撤新湾镇，设新湾街道，隶属萧山区。2021年3月，杭州市新设钱塘区。5月，新湾街道划归钱塘区，下辖行政村12个、社区2个，户籍人口2.53万人，常住人口4.94万人。街道办事处驻新北桥社区新宏路28号。5月28日，钱塘区第一届人民代表大会代表选举工作举行，新湾街道划分选区9个，登记选民2.21万人，设投票站258个，实际参加投票选民2.21万人，选举产生钱塘区人大代表20人。7月28日，中国共产党杭州市钱塘区新湾街道工作委员会、杭州市钱塘区人大常委会新湾街道工作委员会、杭州市钱塘区人民政府新湾街道办事处、中国共产党杭州市钱塘区新湾街道纪律检查工作委员会揭牌。

2021年新湾街道各个行政村（社区）基本情况表

表19

村（社区）名称	书 记	常住人口（人）	村民小组（个）	工业产值（万元）	耕地面积（公顷）
共和村	洪柏松	3587	18	20980	1500.22
共裕村	朱伟祥	2785	16	40243	1700
共建村	孙忠海	6649	24	18269	2343
共兴村	潘国良	1496	12	2355	1115.17
新南村	陆 飞	1828	12	52305	921
三新村	许伟国	7241	31	192193	2062
建华村	王天国	3921	21	300	1022
冯娄村	曹福传	1991	14	5288	1245.03
宏波村	胡成军	3180	17	59006	1192.89
宏新村	王柏利	3022	16	140	1096
创建村	谢建军	2459	14	19221	1295.47
创新村	周建兴	2789	11	275	677.01
新北桥社区	柏建林	6281	—	—	—
新宏社区	王 芳	2194	—	—	—

【经济发展】2021年，新湾街道财政收入3.6亿元，比上年增长10.1%；一般公共预算收入1.89亿元，增长9.3%；固定资产投资17.7亿元，增长3.9%；规模以上工业总产值50.8亿元、增长值8.5亿元，其中金属机械产业总产值9.6亿元，商品销售额72.8亿元。全年有工业产值1亿元以上企业12个，新增规模以上工业企业7个、国家高新技术企业7个、浙江省科技型中小企业9个；技术改造工业企业项目4个。发展街道经济，引进社会投资项目15个、总投资47亿元，其中政府投资项目7个、投资金额2.75亿元。全年在库统计投资项目22个。其中，工业投资项目8个，政府投资项目8个，房地产投资项目6个。整治“低小散”和“四无”企业56个，整改“八小”行业问题300多个。推进工业企业“亩产效益”综合评价全覆盖，搭建低效工业企业动态管理库，整治亩均税收3万元以下低效工业企业，排摸30个，涉及工业用地53.8公顷。出让经营性用地2宗，面积10.61公顷、出让资金25.48亿元。三新村0.53公顷村级留用地开工建设；宏新村、创新村1.57公顷村级留用地选址完成。推进“耕地恢复”与“非粮化”土地整治，收储签约围垦地区9个承包户、面积180公顷。7个行政村土地发包，签约流转户1229户、面积157.27公顷。

2021年，整治后的新湾街道闸口路全新风貌　（高庆飞　摄）

【环境整治】2021年1月，新湾街道召开“全域环境大整治、大提升攻坚月”部署会议，实施“六大专项整治行动”（城乡管养环境秩序专项整治、城乡交通综合秩序专项整治、城乡河道及农耕地专项整治、城乡建筑工地环境专项整治、城乡重要场所环境专项整治、城乡拓展区村环境专项整治），建立“6+1+4+1”（6个科室具体负责辖区内六大专项整治，部队管委会负责部队区域全域整治，组建4个督导组对全域进行分片督查，做到一周三查）工作机制。全年出动300多人，整改问题800多处，巡查工地80多次，排查整改问题270多处。开展“裸土覆绿”专项行动，排查问题103处，“覆绿”面积3000多平方米，覆盖绿膜7000多平方米。开展围墙外一米专项整治，排查并整改绿化缺失130处、墙体破损80处、卫生死角150处。通过组建街道、村（社区）专管员队伍，以“日巡查、周检查、月考评、年考核”“四时评分”模式，推进街道垃圾分类。全年发表垃圾分类宣传报道89篇。其中，人民网、《中国建设报》等国家级媒体发表12篇，住建部官方网站1篇，“学习强国”App平台5篇；省级媒体43篇，市级媒体18篇，区级媒体5篇。借助《浙江省生活垃圾管理条例》实施契机，发放宣传手册2万余份、海报指南800多份。推进省、市垃圾分类示范创建工作，冯娄村、共和村、共兴村、新南村4个行政村被评为“市级示范村”；南沙新苑、紫瑞华庭小区被评为“市级示范小区”；金凌花园被评为“省级示范小区”。

【基层治理】2021年，新湾街道推进数字化乡村治理，投资300多万元，建成城管驿站、智慧系统、智安小区街道级数字驾驶舱3个，实现市政、交通、治安、垃圾分类4个平台“人管+机管”智慧城市局面。“雪亮工程”三期竣工。开展村级主要路口交通安全设施“五个一”（减速带、让行牌、警示柱、反光镜、爆闪灯）工程及临水隐患整治，消除隐患点822个；完成闸口路两侧潮汐停车路面整治，新增横一路停车泊位77个。应急管理和消防管理体制整合完成，更新消防车1台，消防“智慧烟感”工程进入安装阶段，排查整改消防隐患2376处。推进“五化”农贸市场建设，投资150万元，新增新湾农贸市场智慧综合管理平台（PC端）1个、智能防疫管理系统6个、经营户信息公示屏208块。11月，该市场通过省市场监管局考核验收。建立一体化新冠肺炎疫情常态化防控应急指挥机制，开设集中隔离点2个，核查大数据2万余条，疫苗接种8.4万剂次，核酸采样2.12万人次，健康码赋码287个。推进基层工作调解，受理调处矛盾纠纷143件，调解率100%。

【社会事业建设】2021年，新湾街道围绕“钱塘枢纽，高铁新城”发展定位，投资3亿元，推动城市交通“123”（新开工横一路东伸1条道路；提升改造新湾大道北段、左十四线2条道路；启动横一路西伸、复兴路东伸、宏景路西伸3条道路前期工作）工程建设。至年末，新湾大道北段（闸口路—河景路）改建工程竣工并通车；横一路东伸进入工程招标阶段；横一路西伸、复兴路东伸、宏景路西伸前期勘察可行性研究设计报告等工作开展。推进安置房建设，三新村城乡一体化主体通过“五方”（建设单位、施工总承包单位、勘察单位、设计单位、监理单位）验收，进入外墙真石漆和室外市政景观工程施工阶段。全年受理安置房650套，办证250户、办理产权证350本。推进教育事业发展。6月，杭州第四中学新湾学校项目开工建设；领航教育促进中心募集资金48万元。推进老年人和残疾人用餐服务。8月，在共裕村建成街道级老年食堂1个，实现老年助餐村全覆盖。推进托育服务体系建设，新建公益托育机构1个，新增托位45个。

【基层党建】2021年，新湾街道创新党史学习教育形式和宣讲方式，联动机关干部、村（社区）党组织和群众，以“线上+线下”结合模式开展宣讲活动30多场次，谈心谈话385人次，查找和整改问题清单54个。推出“百年星火照新城”“打卡红色基地，传承红色基因”小程序“云旅游”、“微党课”讲座、影像征集等“云上”活动，全年发布“云上”微党课5期，受众5000多人次。推进“民呼我为”走访工作机制，走访群众1749户、收集问题418个、解决366个，其中电梯加装和小区二次反水问题343个。推进关爱钱塘“小哥”行动，优化钱塘“小哥”之家阵地12处，解决送餐进门困难小区6个。推进三新村“一廊一厅一巷”（“一廊”为清风长廊，内容涵盖廉政宣传教育并延伸到三务公开；“一厅”为清风办事厅，实现“小微权力清单”上墙，设置意见收集箱、廉政文化角、办事服务机等；“一巷”是利用村街道小巷，设置标识牌、清风旗标，绘制清风墙绘等，营造廉政氛围精品示范清廉阵地建设）。开展“小微权力”平台建设，建立日常履责情况月报制度和重大突发性情况及时报告制度，全年录入数据1.1万条。

【杭州第四中学新湾学校项目开工】2021年6月30日，新湾街道新龙片区闸口路以北区块，东至宏波路，西至三新路，南至闸口路及沿路现状小区，北至复兴路，由杭州第四中学教育集团打造的本部外首家集团化办学校区直属公办重点中学（江东学校）开工建设。该项目用地面积6.46公顷，建筑面积9万平方米，体量10.5万平方米，总投资7.5亿元，办学规模48个班级，计划2022年9月招生。

【新湾街道被评为省特级文化站】2021年，新湾街道打造“一村一堂一品”文化特色礼堂，探索实践“建、管、用、育、融”一体化机制，形成街道统筹推进村（社区）具体实施、社会界参与多方互动、协作共建工作格局。至年末，建成农村文化礼堂8个，全部通过省、市验收。制定《新湾街道围垦文化传承及特色文化（非遗）推广活动实施方案》，通过“线上+线下”结合模式，开展“沙地记忆”系列宣传传统文化和“弘扬围垦文化，传承非遗经典”项目体验活动10场次。开展春节联欢晚会、元宵节联欢晚会、“文化走亲”、文化擂台等传统文化与民俗文化活动312场次；“杭州演艺·新湾剧场”排剧13场次。推进“沙地讲堂”队伍建设，制订文化惠民项目38

2021年4月13日，越剧演员在杭州演艺·新湾剧场排剧　（高庆飞 摄）

个。联合新湾成人教育学院，以“沙地大课堂，文化大超市”为载体，打造“金色沙地、阳光新湾”文化品牌。至年末，加入讲堂志愿队伍17支、志愿者2990人。12月，新湾街道通过浙江省文化和旅游厅复评，被评为“省特级文化站”。

【新湾街道总部经济发展服务中心成立】2021年9月10日，新湾街道总部经济发展服务中心揭牌。该服务中心位于新湾街道农村商业银行新湾支行东侧，建筑面积7700平方米，大楼包含地下一层和地上11层，其中1～2层为入驻企业公共配套服务区域，设有接待室、会议室、活动室；3～11层为办公楼层。至年末，浙江耀圣建设集团有限公司、浙江仁安建设有限公司、杭州九象工程机械有限公司、杭州领楚建材贸易有限公司、浙江恒链科技有限公司、杭州金顺建筑劳务有限公司等11个企业入驻中心，领域涉及建筑、租赁、劳务、企业总部、商务等。

【“湾嫂”议事厅治理凝聚“她力量”】2021年，新湾街道“湾嫂”议事厅推动大家的事大家商量着办。3月，与杭州市直机关妇工委“红雨伞”公益专家团联合建立“红湾巾帼联盟”，签订“红湾巾帼联盟”合作协议，成立“湾嫂爱疗屋”心理咨询室，聘任公益咨询师5人、专家3人，服务解答街道居民有关婚姻家庭、妇女维权、心理辅导、法律咨询、文化艺术、文明乡风、家庭保健、美丽庭院8个方面信息。8月，“‘湾嫂’议事，为基层治理凝聚‘她力量’”项目参加市党群服务“最优项目”打擂比武（第2片区），获“最优项目奖”。10月，与区法院“共享法庭”开展家事调查工作。至年末，“湾嫂”议事厅开展志愿服务活动320次，参与志愿者5400多人，提出意见建议156条、收集问题68个、协助解决61个、提交回复7个。

（裘瑶婕）

2021年，临江街道美丽乡村建设宣传语：大美临江，潮涌萧东

（陆燕楠 提供）

临江街道

【概况】临江街道地处钱塘区东部，东、东南、南接萧山区益农镇，西南连萧山区党湾镇，西、西北接钱塘区新湾街道、前进街道，北临钱塘江，与嘉兴市海宁市丁桥镇隔江相望。辖区东西最大距离5.74千米，南北最大距离17.61千米，总面积44.1平方千米，托管“飞地”105平方千米。临江街道原系钱塘江南岸泥沙淤积而成的滩涂。1970年围堤开垦。1978年1月，属前进公社和萧山县第一农垦场、第二农垦场。2007年7月，属新湾镇。2009年9月，在原河庄镇九工段直河与十工段直河之间的围垦区域和原新湾镇临江佳苑社区及萧东、东庄2个村行政区域内设立临江街道，隶属萧山区。2021年3月，杭州市新设钱塘区。5月，临江街道划归钱塘区，下辖东庄、萧东2个行政村和佳苑、高新2个社区，户籍人口7318人，常住人口6.5万人。街道办事处驻新世纪大道1888号。5月28日，钱塘区第一届人民代表大会代表选举工作举行，临江街道划分选区5个，登记选民8980人，设投票站39个，实际参加投票选民8971人，选举产生钱塘区人大代表10人。7月28日，中国共产党杭州市钱塘区临江街道工作委员会、杭州市钱塘区人大常委会临江街道工作委员会、杭州市钱塘区人民政府临江街道办事处、中国共产党杭州市钱塘区临江街道纪律检查工作委员会揭牌。

【经济发展】2021年，临江街道财政收入1.12亿元，比上年增长37%；一般公共预算收入6390万元，增长29%；固定资产投资5.08亿元，下降28.8%。全年新增市场主体4552个，增长98%。规模以上工业增长值1.29亿元，规模以上服务业增长值6494万元。打造三大产业（农业、工业、服务业）平台，新增国家高新技术企业2个，浙江省科技型中小企业11个，“四上”企业（规模以上工业

2021 年临江街道各个行政村（社区）基本情况表

表 20

村（社区）名称	书记（主任）	户籍人口（人）	村（居）民小组（个）	耕地面积（公顷）	村集体、可分配收入（万元）	农民人均纯收入（元）
东庄村	潘荣飞	1620	15	136.8	111.07	44435
萧东村	李水潮	2618	22	269.2	506	44679
临江佳苑社区	韩　燕	2818	109	—	—	—
高新社区	陈　婷	262	20	—	—	—

企业、资质等级建筑业企业、限额以上批零住餐企业、国家重点服务业企业）3 个，大学生创新创业训练计划项目 50 个，发明专利 81 件。临江科技孵化园引进科技型企业 21 个，中高端人才 9 人；大学生创业园引进项目 10 个；临江数字文化创业园引进数字文化产业项目 6 个。推进项目投资，建筑面积 2.8 万平方米的“尚江名邸”竣工，售罄房源 234 套；建筑面积 10.8 万平方米的“枫丹雅居”主体结构完工，售罄房源 531 套；建筑面积 12.9 万平方米的“迪航置业”主体结构完成 30%。推进低效企业整治，更新企业 3 个，收储土地 52.07 公顷。

【环境整治】2021 年，临江街道组建专项工作小组 13 个，贯彻“迎亚运城市环境大整治、城市面貌大提升”长效管理工作。5 月，河道组开展河道巡查 7 次，发现问题 27 个，印发抄告单 1 份，整改率 100%；建筑工地检查组专项检查辖区内 20 个在建项目，发放抄告单 2 份，整改率 100%。推进生活垃圾分类，萧东村、临江佳苑小区分别获评浙江省高标准农村生活垃圾分类示范村和示范小区。专项清理走字广告牌活动，全年拆除电子走字屏 107 块、违规店招牌 60 块，主要道路沿线指路、指示牌 41 块。推进道路两侧“覆绿补绿”，投入资金 600 万元，提升绿化面积 4.5 万平方米。利用数字城管、智能监控等平台，对出店经营、违章停车等问题识别、实时采集、快速抄告，整改问题 1.1 万件，处置率、整改率均为 100%。全年获评市级环境综合整治优胜街道 5 次。

【基层治理】2021 年，临江街道做好新冠肺炎疫情常态化防控，开展实战演练，全年核查重点人员 7700 多人次，疫苗接种 7 万余剂次。开展道路交通安全治理，完成道路交通安全市级挂牌、街道摘牌，交通事故数比上年下降 25.7%。推进食品安全智慧监管，创建浙江省第一批“阳光餐饮”示范街区。推进数智村（社区）驾驶舱建设，上线试行“临灵通”基层治理平台，高新社区智慧监管平台实施，临江佳苑社区智慧监管平台招标完成。加强流动人口动态管理，建设智慧监管平台，江海时代出租房屋智能门锁安装完成。打击电信网络新型违法犯罪活动，聘请反诈骗宣传员 175 人，覆盖临江园区企业、事业单位，诈骗案件呈下降趋势，其中高新社区“反诈妈妈团”好做法被《浙江省法制报》等媒体报道。推进临江园区企业安全生产，整改隐患 5000 多处，完成安全生产风险普查企业 147 个。建成街村矛盾纠纷调处化解中心，全年调处纠纷 124 起，涉及调解资金 498 万元。建立班子领导包案制度，化解省级以上信访积案 3 起，化解率 100%。萧东村被评为“省级善治示范村”和“市级和谐示范村”，临江佳苑社区被评为“市级平安示范单位”。

【社会事业建设】2021 年，临江街道完成佳苑小区微改造，投入 3000 万元加装电梯，对小区绿化、导视牌、路灯、宣传栏、城市家具更换。推进农贸市场智慧升级建设，在每个摊位上方挂有商户信用屏，显示商户营业执照，当天经营商品价格；设置溯源电子秤，居民用电子秤称重后打印出来的小票上印有二维码，扫描后可查看食物零售商、供应商、食物检测等信息；市场内新增中央空调、新风系统，消防系统、监控系统及照明系统。升级改造后的临江农贸市场通过浙江省四星级农贸市场、浙江省放心农贸市场和浙江省“五化”（便利化、智慧化、人性化、特色化、规范化）市场验收。开展第三轮慈善募捐，全年募集企业 38 个，募集留本冠名基金 5707 万元。实施十大慈善救助工程，全年慰问困难群体 1900 多人次，发放慰问金 163 万元。推进“最多跑一次”改革，全年便民服务中心办件 3860 件，办结率、满意率均为 100%。推进“跑零次”，完成网上办事微信小程序开发。完善公共配套，经四路、新世纪大道延伸段等道路

2021年9月30日，临江街道组织居民举行“迎国庆·喜丰收，农事体验活动”
（陆燕楠 提供）

开工建设，3151路、3152路公交车接驳杭州地铁8号线开通运营。完善医养结合服务体系，引入社会资本，将闲置厂房改建成安舒医院、安舒养老服务中心，设病床100张、养老床位140张。实施健康养老活动，全民开展健康义诊、健康讲座34场次，高新社区被评为“市级健康单位”。推进残疾人之家建设，街道残疾人之家被授予市级“三星级残疾人之家”。

【家园文化】2021年，临江街道开展全民运动会等文体活动和文体培训及“迎国庆·喜丰收，农事体验活动”140多场次。搭建小区居民和企业职工交流平台，倡导健康生活、丰富业余文化活动。4月，举办趣味运动赛，设“拔河”“多人多足”“自行车慢骑”“旱地龙”4个项目，由村（社区）居民，企业、事业单位组成参赛队伍10支，临江新城实验学校、创慧幼儿园、临江街道机关分别获得第一名、第二名、第三名。11月，举办首届全民运动会暨知青文化节活动，设中国象棋、排舞、乒乓球、羽毛球等6个比赛项目，村（社区）、企业、事业单位组建队伍24支、参赛600多人。8月，临江佳苑社区“比临悦·悦享晚年”项目获得杭州市党群服务中心“最优项目”打擂比武优秀项目奖，高新社区“红色公益市集”项目入选钱塘区“民呼我为”打擂比武20强品牌。

【基层党建】2021年，临江街道推进党史学习教育，开展理论学习中心组学习15次，街村领导干部宣讲23次，在线推送党史知识139期。开展“百年回望忆初心，大美临江创未来”庆祝中国共产党成立100周年、“传唱红色经典，共享百年荣光”革命歌曲比赛、“我为群众办实事”等主题活动10多场。推动街道党风廉政建设和作风效能建设，完善《临江街道政府投资工程建设项目内控制度》《临江街道政府采购内部控制制度》，补齐工程管理和“三资”管理。4月12日，组织街道机关、村（社区）、直属部门公职人员开展《阅清廉、越清廉——〈以案为鉴〉》读书分享和警示教育活动，16人做分享体会和感悟。开展“不忘初心、牢记使命——三责三亮三议”活动，推进巡查审计问题整改，完善内控制度。推进党史学习教育，开展村（社区）换届“回头看”，结合“民呼我为”、安置回迁农户住房等工作，走访村（居）民1200多人次、党员400多人次，解决民生实事72件。

【“临跑者”新乡贤联谊会成立】2021年11月18日，临江街道召开“临跑者”新乡贤联谊会，发布格力电器（杭州）有限公司健康产品生产规划、浙江恒逸高新材料有限公司年产8000吨有机颜料等产业项目6个。启动“临跑者”共同富裕基金，通过乡贤力量募集资金，用于发展教育卫生事业、改善公共设施、助力乡村振兴和提升人居环境。运用乡贤之力，成立“你和我”“余观祥”“张振华”3个摄影工作室，从摄影、油画、文学等方面为街道营造文化氛围。配合区两会召开，推荐优秀乡贤为区人大代表、区政协委员和街道居民议事会成员13人。

【2个行政村回迁安置分房完成】2021年，临江街道实施东庄村、萧东村2个行政村过渡在外农户安置房屋回迁工作，实现辖区在外过渡拆迁农户清零。安置小区为旭东景苑小区，东至耕地，西至经四路延伸线，南至江东一路、北至居住用地，面积55.96万平方米，地块南侧布局5幢、18层住宅，北侧布局24层、26层住宅，沿江东一路和经四路设置2层裙房作为配套用房，有安置房1167套。6月24日，召开城乡一体化安置房分房动员大会，对分房工作、流程、要求、时间节点进行部署，建立工作专班。9月，开展集中攻坚，抽调街村两级干部70人，用时20天，完成安置户二轮资料审核。10月30日，临江街道“城乡一体化安置”项目旭东景苑

2021年10月28日，临江街道“城乡一体化安置”项目旭东景苑抽号分房现场 （陆燕楠 提供）

分房抽号仪式在临江文体中心举行，完成到场农户296户、安置房916套、车位807个、农具房295间的抽号工作。

【临江街道获评省级美丽乡村示范乡镇】2021年，临江街道以“和谐东庄，潮涌萧东”为主题，打造集围垦特色、运动休闲、生态农业于一体的现代化田园乡村。深化“千万工程”建设，围绕“拆违建、清沟渠、扫干净、堆整齐、种满园、点漂亮、人和谐、增收入”24字“三字经”开展美丽乡村建设。投入专项资金1亿元，实施美丽河道、美丽田园、美丽庭院等环境整治。提升河道水环境治理，打造生态样板河道，实施排口整治、河道清淤、水生态修复，开展雨污分流改造、管网建设等治理，探索“排口溯源、理清底数，有效截污、杜绝污水，末端分流、有效控源，长效管理、制度优先”治水路径。9月，编印《萧东—东庄片区农旅精品游线策划方案》，打造生态宜居“风景线”和产业兴旺“振兴线”。12月，临江街道入选浙江省美丽乡村示范乡镇、东庄村入选浙江省新时代美丽乡村精品村。 （陆燕楠）

前进街道

【概况】前进街道地处钱塘区东北部，东、东南、南接临江街道和新湾街道，西与义蓬街道毗连，西北连河庄街道，北濒钱塘江与嘉兴市海宁市丁桥镇隔江相望。辖区东西最大距离7.11千米，南北最大距离9.79千米，总面积40.54平方千米。街道原为钱塘江南岸泥沙淤积而成的江涂。1970年围堤开垦。1978年1月，属前进公社。1984年5月，属前进乡。2009年9月，设前进街道，隶属萧山区。2021年3月，杭州市新设钱塘区。5月，前进街道划归钱塘区，下辖2个社区、3个行政村。户籍人口8000多人，常住人口3.3万人。街道办事处驻三丰村梅林大道东侧。5月28日，钱塘区第一届人民代表大会代表选举工作举行，前进街道划分选区5个，登记选名9670人，设投票站33个，实际参加投票选民9610人，选举产生钱塘区人大代表10人。7月28日，中国共产党杭州市钱塘区前进街道工作委员会、杭州市钱塘区人大常委会前进街道工作委员会、杭州市钱塘区人民政府前进街道办事处、中国共产党杭州市钱塘区前进街道纪律检查工作委员会揭牌。

【经济发展】2021年，前进街道财政收入3845.39万元，比上年增长2.5%；地方财政收入2114.68万元，增长1.9%；规模以上工业总产值4.04亿元，增长0.7%；规模以上工业增加值1.04万元，下降

2021年前进街道各个行政村（社区）基本情况表

表21

村（社区）名称	书　记	户籍人口（人）	村民小组（个）	村集体总收入（万元）	耕地面积（公顷）	农民人均纯收入（元）
临江村	张　伟	3635	27	162.52	190.93	42953
前峰村	卢　建	1558	14	169.29	90	45028
三丰村	丁建欢	3263	44	558.95	251.27	45000
前新社区	王国锋	124	—	—	—	—
前悦社区	许　维	22	—	—	—	—

2.9%；固定资产投资4.87亿元；社会消费品零售额1610万元，增长145.9%；货物进出口4748万元，增长61.5%；村（社区）集体经济收入890.74万元、经营性收入509.93万元；研发费用1123万元，增长10.1%；招商引税3848.2万元。推动小微产业园建设，全年新增市场主体1500多个。印发《杭州市钱塘区前进街道办事处小微企业建设扶持政策》，发放农业扶持资金1583万元；申报省、市科技兴农项目4个。推进平台项目征迁交地，完成杭州昌鼎机械有限公司区块农户征迁，征迁交付包括萧山区“飞地”在内项目11个、面积72.47公顷，结构调优流转征收土地面积93.33公顷。至年末，前进众智创业园登记企业2456个，海德创业园登记企业1403个。

【环境整治】2021年，前进街道投入资金500万余元，开展“迎亚运城市环境大整治、城市面貌大提升”行动，治理问题1500多个。其中，排查燃气用户1.42万户、燃气瓶1.73万只，排除隐患440多处，扣瓶8只。推进扬尘管控治理，日常巡查建筑工地17个、渣土消纳场地2处，空气自动考核站测量PM2.5平均浓度31微克/立方米，比上年下降6.1%。推进垃圾误时、定时、定点投放点分类，前悦社区被评为“省级高标准生活垃圾分类示范小区”，前峰村、前新福苑小区被评为“市级垃圾分类示范村和示范小区”。推进村庄清洁治理，全年整治公共区域卫生209处，沟渠135条，水塘341个，提升改造公共厕所2所，垃圾分类投放点3处，清理生活垃圾1904吨，提升美化庭院158个。推进粮食生产功能区“非粮化”腾退工作，清理荒地52公顷。推进美丽乡村建设，完成临江村长征片、三丰村生活污水提升改造项目，整治贯通新峰横河、抢险河2条断头河水系工程，提升改造生活污水处理终端及标准化运维22处。

【基层治理】2021年，前进街道推进村（社区）智慧平台建设，建成“一体化办公”“一站式服务”综合治理平台2个，“数字驾驶舱”“乡村小脑”基础治理平台2个，实现多渠道上报，工单式处理，流程监控，责任到人，问题闭环，实现基层治理事件一网覆盖。全年受理事件3.47万件。开展“平安护航建党百年”反诈骗行动，劝阻11起电信网络诈骗群众，挽回财产资金61.7万元。全年受理“12345”信访积案化解229件，办结率100%，投诉率比上年下降2.1%；受理调处矛盾纠纷348件，办结率100%。开展防汛安全排查，全年出动巡查人员2342人次，应急处理766次，巡查道路324条、建筑工地228个次，处理道路积水117处、房屋及其他积水26处；加固树木486株，清理广告牌34块。开展消防安全隐患整治，全年检查企业和沿街商铺1229个次，发现隐患2693处，印发责令整改通知书1229份，整改率100%。

【社会事业建设】2021年，前进街道推进民生实事项目建设。4月，位于前悦社区党群服务中心旁的前进艺术展览馆建成，7月对外开放。推进教育工程配套服务。6月，建成“小步幼儿园”1所，解决辖区外来务工人员子女“入园难”问题。提升村（社区）居民生活设施配套服务。10月，钱塘区青少年宫前进中心启用、前进新天地建成。推进“最多跑一次”改革，公共服务中心增设办事窗口6个，助推政务服务“一窗受理”和“集成服务”，满足平台、企业及辖区居民“就近办、畅通办、便利办”需求，全年办理事项1.2万件，办结率100%。开展助老扶贫工作，全年服务高龄、困难老年人142人、走访慰问孤寡老年人36人，发放慰问物资200多件；发放低保金、高龄津贴、困难儿童生活补助金100万余元。打通“最后一公里”，新增和优化公共交通线

2021年10月9日，杭州市钱塘区青少年宫前进中心启用　（施琴杰 提供）

2021年11月20日，前进街道"前路有你"新乡贤联谊会在钱塘区前进小学举行 （施琴杰 提供）

路5条，新建公共自行车站点2处，新增公共自行车40辆。推进回迁房安置工作，前新福苑二期和前乐佳苑一期安置在外过渡农户350户、回迁1364人、分房1043套、车位抽号806个。

【基层党建】2021年，前进街道围绕中国共产党成立100周年为主题，开展党史学习教育和理论学习中心组学习25次、专题讲座5次、宣传教育活动22次，实践活动14次。依托"学习强国"App小程序，推进党员干部队伍教育管理，通过"线上+线下""集中授课+分组讨论"等形式，全年组织党员干部参加培训288人，覆盖率80%。打造党建引领服务村（社区）"下沉"治理，推进"党建引领+多元参与"自治体制，建立"请您来商量"红色议事会。推进青年党员干部队伍建设。3月，成立"犇进学堂"，围绕"公文写作、综合协调、汇报演讲、做群众工作沟通技巧"等课题，通过"现场教学+布置作业+线下指导+课堂批改+户外现场教学"结合等形式，开展学习培训15期，参训600多人次。6月，新增联盟企业2个，整改社区内停车难、跳舞吵、楼道乱、墙体脱落、塑胶跑道等问题50多个。推进党风廉政建设，开展"民呼我为、民情我访"走访活动，解决问题39个。

【"前路有你"乡贤联谊会成立】2021年11月20日，前进街道围绕"建设三生融合、美丽幸福现代化新前进、我们都是钱塘人"，以聚贤、暖贤、用贤为目标，成立"前路有你"新乡贤联谊会，发展会员109人。助力产业发展、人才回归、基层治理、公益慈善、乡风文明建设，围绕扶持小微产业园、推进乡村振兴等民生实事产业项目，萧山农村商业银行股份有限公司新湾支行、杭州亚星环境污染物处理厂、上海内亮化工有限公司3个乡贤代表签约入驻，并走访浙江西子航空工业有限公司、前悦社区、三丰村，调研街道产业发展建设现状。打造新乡贤文化阵地，建成前进统战之家，提供交流场地，发展前进新时代先进乡贤文化。

【人大代表联络站建成】2021年，前进街道推进人大工作创新发展机制，打造人大代表学习教育课堂、联系选民桥梁、代表履职平台、服务群众窗口。6月，街道人大代表联络中心站建成。该联络站建筑面积300多平方米，内设选民接待厅、代表活动室、民情倾听室、代表档案室、代表图书室5个功能区，配备站长1人，副站长1人，联络员1人；站内有省级人大代表1人，市级人大代表3人，区级人大代表11人。街道有居民议事会成员58人，辖临江村、前峰村、三丰村、前新社区和前悦社区5个村（社区）。

【前进街道获评市级水美乡镇】2021年，前进街道推进美丽城镇、美丽乡村、美丽河湖建设，投资2.7亿元，进行集镇"污水零直排"建设与农村生活污水提升改造。通过截污纳管、清淤疏浚、堤岸加固、沿河绿化、生态修复、长效保洁等，打出治水体、护生态"组合拳"。完善河长工作机制，定期开展河道水质现状分析和河道两岸现状情况介绍、制订"一河一策"水环境治理方案，打造八工段直河、四工段横河、丰乐直河省级美丽河湖3个。全年巡查河道781千米，督查河道保洁1204次，排查河道入河排放口772处，发现非法排污事件7次，整改率100%。12月，街道被评为"市级水美乡镇"。 （施琴杰）

责任编辑　高骏森

人　物

新任区领导

金承涛　男，汉族，1974年10月出生，浙江义乌人。1997年1月加入中国共产党，1998年8月参加工作，在职博士研究生学历。历任浙江大学团委常委、生命科学学院团委书记，杭州市上城区科学技术局党组成员、副局长，杭州市上城区知识产权办公室主任，杭州市上城区人民政府党组成员、办公室主任，杭州市科学技术局党组成员、副局长，杭州市科学技术局（市知识产权局、市地震局）党组成员、副局长，杭州市西湖区委常委、西溪湿地管理委员会副主任，杭州市上城区委常委、宣传部部长、区委副书记，杭州市上城区人民政府副区长、代区长、区长，杭州市余杭区委副书记、杭州市余杭区人民政府区长。2021年11月起，任杭州市钱塘区委书记。

沈燕俊　男，汉族，1978年12月出生，浙江桐庐人。1999年1月加入中国共产党，2000年8月参加工作，浙江省委党校研究生学历。历任共青团桐庐县委书记、党组书记、县青联主席，杭州经济技术开发区（浙江杭州出口加工区）管理委员会党工委委员、副主任，杭州市江干区人民政府副区长（挂职省建设厅规划处副处长），杭州市江干区委常委，杭州市江干区人民政府区长、常务副区长、副区长，彭埠街道党工委书记。2021年3—12月，任杭州市钱塘区委副书记、政法委书记、钱塘区筹备工作领导小组副组长，钱塘新区党工委副书记。2021年12月起，任杭州市钱塘区委副书记，杭州市钱塘区人民政府党组书记、代区长，钱塘新区党工委副书记。

阮重晖　男，汉族，1970年4月出生，浙江台州人。1992年8月参加工作，1996年12月加入中国共产党，研究生学历。历任杭州市石油机械厂技术科助理工程师，杭州市委政策研究室经济发展研究处科员、副主任科员、主任科员、副处长，杭州市发展研究中心信息综合处处长，杭州市委政策研究室战略发展研究处处长，杭州市委政策研究室副主任、杭州市发展研究中心副主任，杭州市委政策研究室常务副主任（正局长级）、杭州国际城市学研究中心（杭州研究院）常务副主任（常务副院长），杭州市人大常委会副秘书长、研究室主任、杭州市人大机关党组成员、杭州国际城市学研究中心（杭州研究院）副主任（副院长），杭州市人大常委会副秘书长、办公厅主任、一级巡视员、杭州市人大机关党组副书记。2021年12月起，任杭州市钱塘区人大常委会党组书记、一级巡视员。

金志强　男，汉族，1965年9月出生，浙江杭州人。1986年8月参加工作，1990年4月加入中国共产党，中央党校研究生学历。历任杭州市江干区团委干事、区级机关团委书记，杭州市江干区团委副书记，杭州市直属机关团工委书记，杭州市委办公厅信息督查处副处长兼市级机关团工委书记，杭州市委办公厅综合一处处长、综合二处处长，杭州市委办公厅副主任，富阳市委副书记、政法委书记，杭州市委统战部副部长、杭州市民族宗教事务局党组书记、局长，杭州市委统战部常务副部长、一级巡视员，杭州市社会主义学院副院长（兼）。2021年3—7月，任杭州市钱塘区筹备工作领导小组副组长、钱塘区政协筹备组组长、一级巡视员。2021年7月起，任政协杭州市钱塘区委员会党组书记、主席、一级巡视员。（白安娜）

浙江工匠

戴学臣 男，长安福特汽车有限公司杭州分公司模具维修技师。从事模具维修工作10年。攻坚车型材料利用率的提升、翼子板压料器开裂问题加固、门内板和侧围外板零件拉毛等5项技术难题。2014年10月，获得中国技能大赛全国第三届模具工职业技能竞赛企业职工组（冷冲模具）个人优秀奖。2018年12月，被评为杭州市“技术能手”。2019年，入选浙江省“百千万”高技能领军人才培养工程第三层次“优秀技能人才”。2020年9月，获得浙江省职工工具钳工职业技能大赛一等奖；2021年，被评为浙江省“技术能手”和“浙江工匠”。

陈　浩 男，杭州顶正包材有限公司印刷科组长、技师。从事凹版印刷工作14年。提出创新改进方案10件，其中被评定A级提案2件、B级提案1件、C级提案3件、D级提案4件，从源头解决生产困扰，提高工作效率；参与或主导多项新工艺、新技术研发推广，助推公司成为凹版行业新技术领跑者。2016年，参加浙江省印刷行业职业技能大赛暨第五届全国印刷行业职业技能大赛浙江初赛，获得凹版印刷工职工组一等奖、代表浙江省参加中国技能大赛第五届全国印刷行业职业技能大赛，获得职工组三等奖，并被评为浙江省“技术能手”、“百千万”高技能领军人才（优秀技能人才）、“钱塘工匠”和杭州市“五一劳动奖章”。2021年，被认定为“浙江工匠”。

杭州工匠

赵　聪 男，长安福特汽车有限公司杭州分公司模具维修技师。从事模具维修工作22年。杭州市高技能人才（劳模）创新技工工作室领衔人。在工具钳工技术和模具维修技术方面开创多项先进技术，独创“铝板模具制作六大标准”，将铝屑压伤问题导致的生产停线时间由25%下降至2%，一次性合格率由60%提升至99%，零件返修率由40%下降至0.3%。2016—2017年，完成34个零件板料尺寸优化工作，解决车间多项疑难问题。曾获第二届“杭州工匠”、2017年杭州市“技术能手”、杭州市“五一劳动奖章”，并获得杭州市“高技能人才”劳动模范创新工作室领衔人、浙江“金蓝领”等称号。

钱塘工匠

魏云杰 男，1967年3月出生，杭州九阳小家电有限公司高级工程师。从事家电研发工作33年，获得个人专利300多件，发明专利第一署名人5件，被聘为国家科技奖评审组专家（山东省轻工业联合会）、浙江大学博士生企业导师、“IECTC61”专家组专家，多项国际、国家及行业标准制定者。主导项目获国家科技进步二等奖，承接太空宇航员饮水、食物加热系统及无线网络（Wi-Fi）通信研发工作。

朱建新 男，1979年4月出生，怡得乐电子（杭州）有限公司模具设计师、技师。从事模具设计制造工作20年，获得实用新型专利9件，参与撰写的论文《精密电火花加工在精密注塑模具中的应用与研究》发表在国家科技期刊《科技成果纵横》2020年第2期，并获得一等奖。2020年，被评定为杭州市高层次E类（高级）人才，入选浙江省“百千万”高技能人才（优秀技能人才）。

朱立赞 男，1987年9月出生，杭州吉利汽车有限公司模具维修工、技师。从事模具维修工作16年，获得实用型专利与发明专利42件，发表论文4篇。从业期间，完成模具问题整改、产能提升整改100多项，帮助企业节约资金1000万余元。2012年，获得第二届全国模具工职业技能大赛个人竞赛二等奖；2014年，获得全国第三届模具工大赛优胜奖。

仲　恒 男，1982年11月出生，杭州市公安局钱塘区分局指挥（情报信息）中心部副主任。2012年参加杭州市公安刑事侦查科目大比武，获得个人第一名。2014年参加浙江省公安大比武，获得视频侦查科目单项个人比赛第一名。被评为“浙江省公安厅打击侵财专项行动突出个人”、杭州市十佳公务员、杭州市公安局十大监控专家、第三届杭州市刑事侦查“破案能手”、杭州市公安局十佳教官和十佳民警、杭州市公安局优秀教官团队领头人。

姜集勇 男，1981年12月出生，浙江华人数码科技有限公司研发中心工程师。从事印刷工程工作17年，获个人专利6件。2018年，获得杭州经济技术开发区“金牌工人”。2019年，获得“浙江省百千万优秀技能人才”。2020年，被杭州市认定为高层次E类（高级）人才。

张宏亮 男，1979年5月出生，泰尔茂医疗产品（杭州）有限公司高级工程师、技师。从事医疗行业23年，获得国家专利、课题等科研成果10多件，其中重大发明项目《一种用于模具放电加工的电机专用夹具》在2020年第四届北马其顿国际专利发明技术展览会上获得银奖；立项完成国家级重点课题项目，获得科研成果一等奖、钱塘新区“首席技师”，被认定为杭州市高层次E类（高级）人才，入选浙江省“百千万”高技能领军人才（优秀技能人才）。

朱志辉 男，1989年2月出生，浙江西子势必锐航空工业有限公司数控工艺员、技师。从事机械设计制造及自动化工作15年。负责国产“C919”大型客机项目起落架仓首件试制研发22项、“空中客车机身装配”项目首件产品研发试制93项、“庞巴迪”项目首件产品试制研发83项。

姚礼贤 男，1979年9月出生，泰瑞机器股份有限公司制造总监、高级工程师。从事注塑机制造工作25年，主导参与70多个系列新产品和新项目研发试制，完成国家火炬计划2项。主导的“大型复杂光学级零件注塑成型工艺及装备研发及产业化”项目获得2021年浙江省科学进步一等奖。

刘建平 女，1984年10月出生，杭州侣云文化创意有限公司茶艺师、技师。从事茶行业工作10年，创办杭州经济技术开发区“林隐茶叶店”、杭州经济技术开发区“侣云茶坊”、杭州侣云文化创意有限公司。开展校企合作，为茶专业学生提供实习岗位10多个。2019年，参加江苏省第三届茶艺技能竞赛，获得一等奖，被认定为茶艺“技术能手”。

殷一珍 女，1989年2月出生，杭州钱江燃气有限公司抄检班长、技师。2019年，获得浙江省燃气行业职业技能晋级竞赛燃气管道客服员第二名，“燃气杯”第四届全国燃气行业职业技能竞赛燃气管道客服员三等奖。2020年，被评为杭州市钱塘新区技能大师工作室领衔人。2021年，参与“QC课题”竞赛，获得杭州市优秀质量小组一等奖、浙江省优秀质量管理小组三等奖。 （徐霞丽）

杭州市“最美公务员”

陈　琪 男，汉族，1979年10月出生，中共党员，2001年7月参加工作。杭州市钱塘区人民政府办公室副主任。先后在原杭州经济技术开发区组织部（人社局）、钱塘区经发科技局等部门从事中层管理和专业技术岗位工作。2018年，被浙江省人民政府第三次农业普查领导小组授予省级先进个人。2019年，立个人三等功1次。2020年，被中共浙江省委、浙江省人民政府授予省“抗击新冠肺炎病毒疫情先进个人”。2021年，被评为2020年度杭州市“最美公务员”。

刘可嘉 男，汉族，1984年8月出生，中共党员，2009年9月参加工作。杭州市钱塘科学城党工委委员、管理办公室副主任。先后在原杭州市工商行政管理局经济技术开发区分局，原杭州市市场监督管理局经济技术开发区分局、城市有机更新指挥部和钱塘科学城管理办公室工作，从事企业监管、市场规范、稽查执法、征地拆迁、军地停偿、城市有机更新、区校合作、科创引育等有关工作。2015年和2019年分别获得个人三等功1次。2021年，被杭州市人民政府授予城乡配套设施完善和有机更新工作个人嘉奖，并被评为2020年度杭州市“最美公务员”。

葛　琦 女，汉族，1983年4月出生，中共党员，2006年7月参加工作。现任杭州市钱塘区招商服务中心副主任。曾在原杭州市质量技术监督局经济技术开发区分局、原杭州市市场监督管理局经济技术开发区分局、钱塘区行政审批局等部门工作。2016年，被杭州市市场监督管理局授予“服务标兵”，并获原杭州经济技术开发区总工会十佳“双美职工”。2021年，被评为2020年度杭州市“最美公务员”。

沈雄飞 男，汉族，1977年11月出生，中共党员，1999年8月参加工作。现任杭州市公安局钱塘区分局下沙派出所党支部书记、所长。从事公安工作23年。2005年和2010年分别立个人三等功一次。2011年，在杭州市公安局青年民警岗位比武竞赛信息应用项目中获得第一名，被评为全市第四届刑事侦查“破案能手”。2012年，在杭州市公安局刑侦系统科技信息比武刑事信息专业列第四名。2019年和2020年，分别被评为杭州市公安系统“优秀党务工作者”。2021年，被评为2020年度杭州市“最美公务员”。

（厉艺桦）

责任编辑　高骏森

统计资料

2021 年钱塘区主要经济指标情况表

表 22

指 标	单位	2021 年	增幅（%）
地区生产总值	亿元	1218.23	6.6
农林牧渔业增加值	亿元	14.31	-4.8
服务业增加值	亿元	375.65	9.0
规上工业增加值	亿元	677.17	6.5
固定资产投资	亿元	461.34	12.1
工业投资	亿元	126.79	15.4
数字经济核心产业增加值	亿元	128.96	13.3
社会消费品零售总额	亿元	339.50	9.6
服务贸易出口	亿美元	12.40	—
实际利用外资	亿美元	9.90	—
新增规上工业企业	个	80	—
净增规上工业企业	个	44	—
新增上市企业	个	4	—
新增国家高新技术企业	个	205	—
新增省科技型中小企业	个	528	—
有效发明专利拥有量	件	11824	—

2021年钱塘区地区生产总值及“1+6”产业指标情况表

表23

指　标	2021年（亿元）	增幅（%）
地区生产总值	1218.23	6.6
其中：第一产业	13.96	-5.0
第二产业	828.63	5.7
第三产业	375.65	9.0
其中：工业增加值	783.01	5.6
建筑业增加值	45.78	6.8
营利性服务业增加值	69.40	6.2
数字经济相关产业增加值		
集成电路产业	23.5	28.0
电子信息产品制造产业	126.4	9.5
机器人产业	16.7	25.5
物联网产业	13.4	23.4
软件与信息服务产业	20.3	12.0
人工智能产业	17.7	26.1
数字内容产业	19.2	12.5

2021年钱塘区工业产值和能耗情况表

表24

指标	单位	2021年	增幅（%）
工业产值	亿元	3169.11	7.3
其中：新产品产值	亿元	1206.20	15.1
其中：半导体产业	亿元	658.07	10.3
生命健康产业	亿元	473.26	8.7
智能汽车及智能装备智造产业	亿元	703.43	-15.5
新材料产业	亿元	824.17	28.0
航空航天产业	亿元	2.35	39.5
规模工业增加值	亿元	677.17	6.5
其中：战略性新兴产业增加值	亿元	283.45	13.5
高新技术产业增加值	亿元	487.22	4.9
装备制造业增加值	亿元	278.94	4.1
时尚产业（制造业）增加值	亿元	110.94	-21.5
高端装备制造产业增加值	亿元	150.28	-5.8
规模工业能耗			
综合能源消费量（等价）	万吨标准煤	491.22	5.2
万元增加值综合能耗	吨标准煤/万元	0.73	—

2021 年钱塘区工业企业效益情况表

表 25

指标	单位	2021 年	增幅（%）
企业个数	个	616	—
其中：亏损企业	个	127	-14.2
亏损面	%	20.6	↓ 3.4
营业收入	亿元	3664.92	11.5
利税	亿元	295.43	3.2
其中：利润总额	亿元	221.19	9.1
亏损企业亏损总额	亿元	24.29	-50.6
亏损率	%	9.9	↓ 9.6
两项资金占用	亿元	962.15	-23.3
其中：应收账款	亿元	689.66	-33.5
产成品存货	亿元	272.49	25.8
资产总计	亿元	3646.36	-4.5
其中：流动资产总计	亿元	2264.46	-7.8
资产负债率	%	51.7	↓ 8.3

2021 年钱塘区固定资产投资和房地产情况表

表 26

指标	单位	2021 年	增幅（%）
固定资产投资	亿元	461.34	12.1
其中：交通投资	亿元	21.48	-19.4
生态环保、城市更新和水利设施投资	亿元	94.78	73.2
高新技术产业投资	亿元	87.32	52.2
民间投资	亿元	263.88	28.4
工业投资	亿元	126.79	15.4
其中：制造业投资	亿元	118.60	35.5
工业技改投资	亿元	64.83	24.8
房地产投资	亿元	177.42	13.1
其中：房地产住宅投资	亿元	116.85	14.3
房地产开发住宅施工面积	万平方米	403.95	23.1
房地产开发住宅竣工面积	万平方米	47.29	45.3
商品房销售面积	万平方米	165.81	155.7
商品房销售额	亿元	385.70	166.3
土地出让面积	万平方米	237.72	11.4
工业	万平方米	176.81	26.0
经营（含房地产）	万平方米	60.90	-16.5

2021 年钱塘区贸易和服务业企业效益情况表

表 27

指标	2021 年（亿元）	增幅（%）
营业收入		
批发和零售业	1232.82	15.0
住宿和餐饮业	12.05	35.7
交通运输、仓储和邮政业	114.80	15.5
信息传输、计算机服务和软件业	31.25	–1.8
租赁和商务服务业	102.63	17.9
科学研究和技术服务业	32.04	7.9
利润总额		
批发和零售业	16.52	–27.5
住宿和餐饮业	–0.28	15.0
交通运输、仓储和邮政业	–0.59	–240.7
信息传输、计算机服务和软件业	1.78	–12.2
租赁和商务服务业	7.94	57.7
科学研究和技术服务业	3.29	–42.7

2021 年钱塘区商贸出口情况表

表 28

指标	单位	2021 年	增幅（%）
社会消费品零售额	亿元	339.50	9.6
其中：限上社会消费品零售额	亿元	214.08	5.9
其中：限上网络零售额	亿元	160.13	5.9
限上批零住餐企业销售额	亿元	1348.84	17.9
货物贸易进出口总额（人民币计价）	亿元	1028.60	15.4
货物贸易进口	亿元	443.82	9.4
货物贸易出口	亿元	584.78	20.7
服务贸易出口额	亿美元	12.40	—

2021 年钱塘区利用外资情况表

表 29

指标	单位	2021 年	增幅（%）
新批项目数	个	114	9.6
其中：工业企业	个	16	5.9
服务业企业	个	98	5.9
其中：5000 万美元以下	个	110	17.9
5000 万美元～1 亿美元	个	0	23.6
1 亿美元以上	个	4	17.4
投资总额	万美元	732834	28.9
其中：增资额	万美元	58307	—
合同外资金额	万美元	352046	—
其中：增资额	万美元	85185	—
实际使用外资金额	万美元	99035	—

2021年钱塘区财政收支情况表

表30

指标	2021年（亿元）	增幅（%）
财政总收入	240.61	26.5
其中：上划中央收入	123.30	37.1
一般公共预算收入	117.31	17.0
其中：增值税	52.22	22.2
企业所得税	22.79	5.4
个人所得税	6.48	21.9
一般公共预算支出	156.25	24.9
其中：一般公共服务	14.51	32.1
公共安全	7.29	18.6
教育	27.76	29.4
科学技术	20.40	116.2
社会保障和就业	7.91	100.7
卫生健康	4.45	51.3
节能环保	0.88	-88.4
城乡社区事务	31.13	16.5

2021年钱塘区创业创新情况表

表31

指标	单位	2021年	增幅（%）
新设市场主体	个	26495	67.6
其中：新设企业数	个	13960	56.9
新设个体工商户	个	12535	82.7
期末在册市场主体	个	102870	34.7
其中：企业	个	60060	30.3
期末注册资本（金）	亿元	6637.29	14.7
个转企	个	164	-31.4
科技			
专利授权量	件	12647	34.1
其中：企业专利授权量	件	8631	47.5
发明专利授权量	件	2839	20.8
企业发明专利授权量	件	896	28.2
科技创新载体			
已认定孵化器数量	个	30	—
已认定孵化器面积	万平方米	54.85	—
已认定众创空间数量	个	16	—
已认定众创空间面积	万平方米	2.99	—
进驻企业数量	个	559	—

2021年钱塘区环境及供电情况表

表32

指　标	单位	2021年	增幅（%）
环境			
空气优良天数	天	304	—
空气优良率	%	85.2	—
全社会用电总计	万千瓦时	1382776	13.0
全行业用电合计	万千瓦时	1261941	13.3
第一产业	万千瓦时	15452	5.9
第二产业	万千瓦时	1000603	10.6
工业	万千瓦时	970950	10.8
第三产业	万千瓦时	245886	25.9
城乡居民生活用电合计	万千瓦时	120835	11.0

注：环境采用环保部门理工站监测数据。

2021年钱塘区劳动就业情况表

表33

指　标	2021年（人）	增幅（%）
月末养老保险人数	409956	9.6
其中：机关事业	6930	5.9
企业	384153	5.9
农村	18873	17.9
本年开发就业岗位	34784	23.6
本年就业安置人数	3259	17.4
本年城镇新增就业人数	89279	28.9

附　录

重要文献

2021 年杭州市钱塘区国民经济和社会发展统计公报

2021 年，面对复杂严峻的宏观环境和国内疫情散发等多重挑战，钱塘区牢牢把握“四大定位”和“三步走”发展目标，保持定力，统筹项目推进、创新引领、环境提升等攻坚行动。经济运行总体稳定，社会发展平稳有序，朝着高水平打造“智涌钱塘·现代星城”，加快建设现代化国际化一流新区和高能级战略平台迈出坚实步伐。

一、综合经济

（一）经济增长

2021 年，全区地区生产总值（GDP）总量首次突破 1200 亿元，达到 1218.23 亿元，按可比价计算，同比增长 6.6%。其中，第一产业增加值 13.96 亿元，同比下降 5%；第二产业增加值 828.63 亿元，同比增长 5.7%；第三产业增加值 375.65 亿元，同比增长 9%。三次产业结构为 1.1 ∶ 68.0 ∶ 30.9，对经济增长的贡献率分别为 −1.1%、58.3% 和 42.8%。

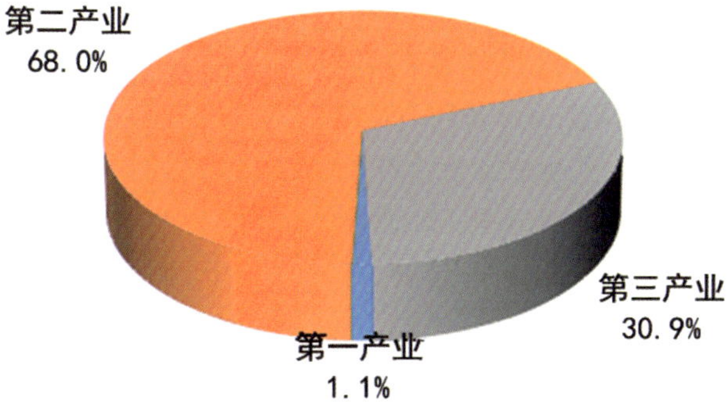

三次产业结构

（二）发展质效

2021 年，全区规模以上工业全员劳动生产率为 38.95 万元/人，同比增长 16.5%；规上工业亩均税收 32.5 万元，同比增长 23.1%。

2021 年，全区规模以上工业企业利润总额 221.19 万元，同比增长 9.1%。规模以上服务业企业利润总额 14.46 万元，同比增长 7.3%。

（三）数字经济

2021 年全区数字经济核心产业增加值 129 亿元，按可比价计算，同比增长 13.3%，增速比 GDP 高 6.7 个百分点，数字经济核心产业增加值占 GDP 的比重为 10.6%，比去年全年提高 0.7 个百分点。其中，规模以上数字经济核心产业制造业增加值 107.06 亿元，同比增长 11.7%，增速高出规模以上工业 5.2 个百分点。

（四）人口就业

年末拥有户籍住户 9.13 万户，户籍人口 33.5 万人，区域内户籍人口自然增长率 7.65‰；全年新开发就业岗位 34787 个，城镇新增就业人数 89279 人，就业安置人员 3259 人。

二、农业农村

（一）农业生产

2021 年，全区实现农林牧渔业增加值 14.31 亿元，同比下降 4.8%；全年粮食播种面积 5967 公顷，粮食总产量 3.35 万吨，同比分别增长 1.1%

和15.8%；全年生猪出栏10.1万头；淡水养殖产品7791吨。

（二）农田水利

推进高标准农田建设，投入约800万元，完成333.33公顷的高标准农田建设，改善灌溉面积333.33公顷，灌排渠道38千米，安排2540万元用于100公顷新建高标准农田和333.33公顷已建高标准农田提升改造、2000公顷补建高标准农田建设，有效改善农田水利基础设施。

三、工业和建筑业

（一）规模以上工业

2021年，全区规模以上工业总产值首次突破3000亿元，总量规模继续位居第一。实现规模以上工业增加值677.17亿元，增长6.5%，其中，高新技术产业、装备制造业、战略性新兴产业增加值分别增长4.9%、4.1%和13.5%。全年规模以上工业企业实现营业收入3664.92亿元，同比增长11.5%。

截至2021年底，全区共有年产值10亿元以上工业企业72个（其中100亿元以上3个），比上年增加11个，年产值5亿～10亿元企业60个，比上年增加6个。

（二）建筑业

全年建筑业增加值45.78亿元，增长6.8%，建筑安装工程投资236.77亿元，增长16.2%。

四、投资和房地产

2021年，全区实现固定资产投资额461.34亿元，同比增长12.1%。其中，生态环保城市更新和水利设施投资、高新技术产业投资、民间投资、工业投资同比分别增长73.2%、52.2%、28.4%和15.4%，交通投资下降19.4%。全年房地产开发投资177.42亿元，增长13.1%。

全年新开工项目232个，年末共有各类在建项目525个，其中计划总投资亿元以上项目262个。

全年商品房销售面积165.81万平方米，增长155.7%。土地出让面积237.72万平方米，其中工业用地176.81万平方米，同比分别增长11.4%和26%。

五、内外贸易

（一）国内贸易

2021年，全区实现社会消费品零售总额339.5亿元，增长9.6%，其中限额以上网络零售额160.13亿元，增长5.9%。全区限额以上批零住餐企业实现销售额1348.84亿元，增长17.9%。

开展“云惠钱塘”消费嘉年华系列活动，有效刺激内需释放；龙湖江东天街如期开业，标志着江东核心区进入TOD时代；打造江东宝龙夜市、环金沙湖休闲步行街区、头蓬老街等，进一步浓厚全区商业氛围。

（二）进出口贸易

全年实现货物进出口总额1028.6亿元，同比增长15.4%。其中货物出口总额584.78亿元，货物进口总额443.82亿元，同比分别增长20.7%和9.4%。全年服务贸易出口额12.4亿美元。

（三）对外合作

全年实际利用外资9.9亿美元，其中高技术产业实际利用外资4亿美元，累计新设外商投资企业115个，新增合同外资11.5亿美元。

六、财政金融

（一）财政收支

2021年，全区实现财政总收入240.61亿元，其中地方一般公共预算收入117.31亿元，同比分别增长26.5%和17%。一般公共预算支出156.25亿元，同比增长24.9%，其中教育、卫生等民生十项支出105.92亿元，占一般公共预算支出的67.8%。

（二）金融

全年金融业增加值50.09亿元，增长6.1%；截至2021年末，全区金融机构存款余额1312.62亿元，贷款余额1406.56亿元，同比分别增长19.3%和18.6%。全年新增上市企业4个，累计有上市企业18个。

七、交通、城市建设和管理

（一）交通建设

年内新开工主次干道3条，开工并打通断头路1条，艮山东路过江隧道顺利贯通；杭州地铁8号线一期正式开通运营，钱塘区进入“三线换乘”时代；完成公交一体化改革，开通6条地铁接驳专线，新开通定制公交专线11条，有效缓解平台、学校早晚高峰通勤压力。

（二）城市建设

新建雨、污管网15.6千米，清疏雨水管网1125千米；新增停车泊位12199个，其中公共停车泊位1704个；完成老旧小区加装电梯107台；云帆社区、东沙湖社区入选浙江省未来社区试点。启动迎亚运整治项目17个，亚运轮滑馆验收通过，下沙文化中心广场亚运观赛空间启用；新增绿化面积112.3万平方米；开工海绵城市建设项目15个，完工10个，完成海绵区域化面积8.8平方千米；完成建设口袋公园4个。

（三）城市管理

全年拆除违法建筑33.2万平方米。完成10个小区二次供水改造，完成10所城乡公厕提升改造和46处无障碍示范场所的创建工作。完成5条道路增亮，

37926盏路灯纳入公共养护实时监控。全区农村生活垃圾分类处理行政村覆盖率达到95%以上，生活垃圾分类覆盖面100%。开展“渣土治理”和“清尘行动”，立案查处858起，处罚金额440万余元，侦破“6·21”渣土抛洒案等一系列案件。

八、科学技术和教育

（一）科技创新

全年全社会研究与试验（R&D）经费支出48.51亿元，增长11%，占GDP的4.43%，比重较上年提高0.44个百分点。新认定国家高新技术企业205个，省科技型中小企业528个，市级企业高新技术研究开发中心40个。全年新设立市场主体26495个，其中企业13960个，同比分别增长67.6%和56.9%。至年末，有有效发明专利11824件。

（二）教育

全年开工学校项目16个，竣工8个，完成学校修缮改造项目49个，高标准实施6所学校有机更新；新增足球特色学校（幼儿园）8所，其中国家级2所、省级2所、市级4所；年内新引进特级教师2人，培育市教坛新秀46人。

全面落实“双减”政策，创新“1+T+X”特色学后托管服务，2021年两期暑托受惠学生达1700多人；加快推进优质教育均衡发展，区域等级幼儿园覆盖率达到100%，优质学前教育覆盖率达90.9%，比上年提高4.8个百分点。

九、文化、卫生和旅游

（一）文化发展

全年文化产业实现增加值30.33亿元，增长15.2%；开展文化示范户和乡村文化能人评审，获评省级文化示范户1户，省级文化能人5人；头蓬社区等2个村成功创建浙江省文化示范村；围绕建党百年主题开展送文化下乡活动，全年共送演出52场次、送电影65场次进村社和企业，配送20132册图书至基层图书馆；《钱塘区文化基因解码报告》获省“优秀”等次。

（二）卫生健康和防疫

启动卫生设施项目11个，竣工投用社区卫生服务站8个，竣工投用母婴室11处，婴幼儿社区成长驿站10个，新备案托育从业机构9个，新增托位150个，区千人托位数达3.04‰；有序开展基本公共卫生服务，居民电子健康建档率98.4%，开放率74.6%，居民健康素养水平达39.9%。

抓好新冠肺炎疫情常态化防控，全年累计完成核酸检测22.2万人次；接收省市下发国内重点地区到（返）钱塘人员信息84449条，累计纳管人员28010人；接收国际商业航班33架次，集中隔离2671人；启用区（街道）级隔离点25个、房间2377间，落实重点人员集中管控；设立3个方舱接种点，累计接种新冠肺炎疫苗177.83万剂。

（三）旅游

全力打造工业旅游金名片，组织开展“非遗寻访+工业研旅”活动，推动非遗传承与工业研旅有机结合，共计接待游客约1.5万人次；组织城市书房、工业旅游示范基地等11个单位申报“2021杭州亚运人文体验店”；优化“钱塘文旅云”线上数字文旅服务平台，平台入围杭州市文化和旅游数字化改革应用场景案例表彰项目；2名导游入选“杭州市百名红色导游员（讲解员）”名单。

十、社会保障和平安建设

（一）社会保障

全区职工养老保险参保人数384153人，工伤保险参保人数485211人，分别比去年底净增46462和58265人，基本医疗保险参保人数57万余人，比去年底增加4万余人；户籍人口养老保险参保率99.15%，医疗保险参保率99.55%；新增1个街道级居家养老服务中心和130张养老机构床位，完成110户困难老年人家庭适老化改造；新增7900名被征地农民参加养老保险。

（二）住房保障

落实“房住不炒”，推进安置房建设，竣工4个安置房项目6240套，共计114万平方米，完成1628户在外过渡农户回迁安置工作，分配房源4830套；完善多层次住房保障体系，推出公租房2712套，蓝领公寓1128套，代发大学生租房等各类补贴1.67亿元，受益1.5万余人。

（三）平安建设

处置溺水、自杀、火灾等各类重大警情296起，挽救群众61人，全年刑事、治安警情同比下降9.6%，交通事故死亡人数连续4年下降；打击涉众风险经济犯罪，立案查处合同诈骗、职务侵占等涉企类案件21起，帮助企业、群众冻结挽损资金1亿余元，电诈发案同比下降28.6%，为群众挽损1000万余元；推进公安“放管服”改革，设立7个为企服务警务站，打造企业员工“15分钟办事服务圈”。

十一、生态文明和美丽城乡

（一）生态文明

实施33个生活小区、2个街道“污水零直排”提升，治理11条河道断头河，改造提升农污水处理设施60多个；关停转型化工、橡胶等企业52个，完成10台天然气锅炉低氮改造；搭建“1+1+X”危险废物收运体系，建成杭州首家省级“无废工厂”；加强环境监管执法，受理信访1458件，出动检查人员5199人次，检查企业2196个次。

（二）美丽城乡

开展提升农村人居环境村庄清洁行动四季战役，整治公共区域5055处，村内沟渠4113处，清理村内水塘773个，提升垃圾分类投放点130处，清理生活垃圾25691吨，提升美化庭院2150处；全年完成创建省新时代美丽乡村达标村12个，其中精品村5个，培育创建省示范乡镇（街道）1个、省特色精品村1个，完成续建市级精品村2个，创建省级“一村万树”示范村1个。

公报注释：

1.本公报所列各项数据为年度初步数据。部分数据因四舍五入原因，存在分项与合计不等的情况。

2.全区地区生产总值和各产业增加值绝对数按现行价格计算，增长速度按不变价格计算；三次产业划分执行国家统计局2018年修订的《三次产业划分规定（2012）》。

资料来源：

本公报中，亩均税收、科技企业数据来自区经信科技局；教育数据来自区教育局；户籍人口、平安建设数据来自区公安分局；财政、金融数据来自区财政局；就业、社会保障数据来自区人社局；城市建设管理、住房保障数据来自区住建局；交通建设数据来自区交通运输局；水利设施、美丽城乡数据来自区农业农村局；外资、进出口数据来自区商务局；文化、旅游、卫生健康、疫情防控数据来自区社发局；市场主体、发明专利数据来自区市场监管局；生态环境数据来自市生态环境局钱塘分局；其他数据来自区统计局。（区统计局）

重要文件目录

2021年中共杭州市钱塘区委员会重要文件一览表

表34

序号	发文字号	文件标题
1	钱塘区委发〔2021〕10号	关于印发《钱塘争创高质量发展建设共同富裕示范区时代样板实施方案（2021—2025）》的通知
2	钱塘区委发〔2021〕12号	关于印发《新时代加强和改进人民政协工作实施方案》的通知

2021年中共杭州市钱塘区委办公室重要文件一览表

表35

序号	发文字号	文件标题
1	钱塘区委办〔2021〕1号	关于印发《实施“风鹏计划”暨提升干部推进现代化建设新能力意见》的通知
2	钱塘区委办发〔2021〕59号	关于印发《钱塘区全面推行林长制工作实施办法》的通知

2021年中共杭州市钱塘区人大常务委员会重要文件一览表

表36

序号	发文字号	发文时间	文件标题
1	钱人大〔2021〕1号	2021年8月4日	关于印发《杭州市钱塘区人民代表大会常务委员会议事规则》的通知
2	钱人大〔2021〕2号	2021年8月4日	关于印发《杭州市钱塘区人民代表大会常务委员会任免国家工作人员办法》的通知
3	钱人大〔2021〕3号	2021年8月4日	关于印发《杭州市钱塘区人民代表大会常务委员会任命国家工作人员宪法宣誓办法》的通知
4	钱人大〔2021〕4号	2021年8月5日	关于印发《杭州市钱塘区人民代表大会常务委员会确定钱塘区人民法院人民陪审员名额决定》的通知

续表 36

序号	发文字号	发文时间	文件标题
5	钱人大〔2021〕7号	2021年9月24日	关于印发《杭州市钱塘区人民代表大会专门委员会会议议事规则》的通知
6	钱人大〔2021〕8号	2021年12月17日	关于印发《杭州市钱塘区人民代表大会常务委员会听取和审议“一府一委两院”专项工作报告办法》的通知
7	钱人大〔2021〕9号	2021年12月14日	关于印发《杭州市钱塘区人民代表大会常务委员会规范性文件备案审查规定》的通知
8	钱人大〔2021〕10号	2021年12月17日	关于印发《杭州市钱塘区人民代表大会常务委员会街道工作委员会预算审查监督办法（试行）》的通知

2021年杭州钱塘新区管理委员会重要文件一览表

表 37

序号	发文字号	文件标题
1	钱塘管发〔2021〕12号	关于印发《实施健康钱塘行动意见》的通知

2021年杭州钱塘新区管理委员会办公室重要文件一览表

表 38

序号	发文字号	文件标题
1	钱塘管办发〔2021〕1号	关于印发《杭州钱塘新区创新成长产业投资基金管理办法》的通知
2	钱塘管办发〔2021〕2号	关于印发《杭州钱塘新区创业投资引导基金管理办法》的通知

2021年杭州市钱塘区人民政府党组重要文件一览表

表 39

序号	发文字号	文件标题
1	钱塘政府党组〔2021〕1号	关于印发《中共杭州市钱塘区人民政府党组议事规则》的通知

2021年杭州市钱塘区人民政府重要文件一览表

表 40

序号	发文字号	文件标题
1	钱塘政发〔2021〕2号	关于印发《杭州市钱塘区国民经济和社会发展第十四个五年规划和二〇三五年远景目标纲要》的通知
2	钱塘政发〔2021〕4号	关于印发《杭州市钱塘区人民政府工作规则》的通知
3	钱塘政发〔2021〕5号	关于印发《杭州市钱塘区人民政府会议制度（试行）》的通知
4	钱塘政发〔2021〕15号	关于印发《调整杭州市钱塘区国三及以下载货柴油车通行区域通告》的通知

2021年杭州市钱塘区人民政府办公室重要文件一览表

表 41

序号	发文字号	文件标题
1	钱塘政办发〔2021〕1号	关于印发《杭州市钱塘区人民政府办理人大代表建议和政协委员提案工作规则》的通知
2	钱塘政办发〔2021〕5号	关于印发《杭州市钱塘区“名师名校长名校”工程 实施方案》的通知

续表 41

序号	发文字号	文件标题
3	钱塘政办发〔2021〕6 号	关于印发《杭州市钱塘区发展学前教育第一轮行动计划（2021—2023 年）》的通知
4	钱塘政办发〔2021〕7 号	关于印发《杭州市钱塘区教育人才引进办法》的通知
5	钱塘政办发〔2021〕10 号	关于印发《杭州市钱塘区财政资金拨款审批管理办法》的通知
6	钱塘政办发〔2021〕11 号	关于印发《“围垦风光，大美钱塘”新一轮美丽乡村建设三年行动计划（2021—2023 年）》的通知
7	钱塘政办发〔2021〕12 号	关于印发《杭州市钱塘区预算管理办法》的通知
8	钱塘政办发〔2021〕16 号	关于印发《杭州市钱塘区政府产业专项资金管理办法》的通知
9	钱塘政办发〔2021〕23 号	关于印发《钱塘区政府投资项目管理办法（试行）》的通知
10	钱塘政办发〔2021〕25 号	关于印发《杭州市钱塘区工程渣土管理办法》的通知

2021 年中共政协杭州市钱塘区委员会党组重要文件一览表

表 42

序号	发文字号	发文时间	文件标题
1	钱政协党组〔2021〕1 号	2021 年 9 月 6 日	关于印发《中共政协杭州市钱塘区委员会党组工作规则（试行）》的通知
2	钱政协党组〔2021〕2 号	2021 年 9 月 1 日	关于印发《“我们都是钱塘人·政协委员在行动”主题实践活动方案》的通知
3	钱政协党组〔2021〕3 号	2021 年 9 月 6 日	关于印发《中共政协杭州市钱塘区委员会党组理论学习中心组学习制度》的通知
4	钱政协党组〔2021〕4 号	2021 年 9 月 24 日	关于印发《设立钱塘区政协专门委员会党支部》的通知
5	钱政协党组〔2021〕5 号	2021 年 9 月 24 日	关于印发《中共政协杭州市钱塘区委员会专门委员会支部活动规则（试行）》的通知
6	钱政协党组〔2021〕6 号	2021 年 9 月 24 日	关于印发《政协杭州市钱塘区委员会专门委员会党员委员活动小组活动规则（试行）》的通知

2021 年中共政协杭州市钱塘区委员会重要文件一览表

表 43

序号	发文字号	发文时间	文件标题
1	钱政协发〔2021〕1 号	2021 年 7 月 27 日	关于印发《明确第一届区政协主席会议成员分工》的通知
2	钱政协发〔2021〕2 号	2021 年 7 月 27 日	关于印发《强化政协委员责任担当意见》的通知
3	钱政协发〔2021〕3 号	2021 年 7 月 29 日	关于印发《政协杭州市钱塘区委员会提案工作办法》的通知
4	钱政协发〔2021〕4 号	2021 年 8 月 2 日	关于印发《中国人民政治协商会议杭州市钱塘区委员会专门委员会通则》的通知
5	钱政协发〔2021〕5 号	2021 年 7 月 30 日	关于印发《任命沈建平等同志职务决定》的通知
6	钱政协发〔2021〕6 号	2021 年 11 月 1 日	关于印发《政协杭州市钱塘区委员会委员工作室创建和评估办法》的通知
7	钱政协发〔2021〕7 号	2021 年 11 月 1 日	关于印发《政协杭州市钱塘区委员会关于深化街道“请你来协商·民生议事堂”平台建设实施办法》的通知
8	钱政协发〔2021〕8 号	2021 年 11 月 1 日	关于印发《中国人民政治协商会议杭州市钱塘区委员会委员履职管理办法》的通知

2021 年中共政协杭州市钱塘区委员会办公室重要文件一览表

表 44

序号	发文字号	发文时间	文件标题
1	钱政协办〔2021〕1 号	2021 年 7 月 27 日	关于印发《政协杭州市钱塘区委员会主席会议工作规则（试行）》的通知
2	钱政协办〔2021〕2 号	2021 年 7 月 27 日	关于印发《政协杭州市钱塘区委员会常务委员会工作规则（试行）》的通知
3	钱政协办〔2021〕3 号	2021 年 7 月 30 日	关于印发《中国人民政治协商会议第一届杭州市钱塘区委员会街道委员小组分组名单》的通知
4	钱政协办〔2021〕4 号	2021 年 8 月 2 日	关于印发《政协杭州市钱塘区委员会常务委员会 2021 年下半年工作要点》的通知
5	钱政协办〔2021〕5 号	2021 年 8 月 31 日	关于印发《钱塘区政协委员活动经费管理使用意见》的通知
6	钱政协办〔2021〕6 号	2021 年 9 月 1 日	关于印发《2021 年区政协领导督办重点提案方案》的通知
7	钱政协办〔2021〕7 号	2021 年 9 月 7 日	关于印发《政协杭州市钱塘区委员会常态化学习交流制度》的通知
8	钱政协办〔2021〕8 号	2021 年 9 月 7 日	关于印发《杭州市钱塘区政协机关干部外出请假管理制度》的通知
9	钱政协办〔2021〕9 号	2021 年 9 月 18 日	关于印发《政协第一届杭州市钱塘区委员会专门委员会设置及组成人员名单》的通知
10	钱政协办〔2021〕10 号	2021 年 9 月 22 日	关于印发《杭州市钱塘区政协机关财务管理制度》的通知
11	钱政协办〔2021〕11 号	2021 年 9 月 7 日	关于印发《政协杭州市钱塘区委员会社情民意信息工作规则（试行）》的通知
12	钱政协办〔2021〕12 号	2021 年 11 月 24 日	关于印发《设立钱塘区政协第一批委员工作站》的通知
13	钱政协办〔2021〕13 号	2021 年 11 月 15 日	关于印发《政协杭州市钱塘区委员会办公室保密工作规定》的通知

2021 年中共政协杭州市钱塘区委员会机关党组重要文件一览表

表 45

序号	发文字号	发文时间	文件标题
1	钱政协机组〔2021〕1 号	2021 年 10 月 11 日	关于印发《中共政协杭州市钱塘区委员会机关党组工作规则》的通知
2	钱政协机组〔2021〕2 号	2021 年 12 月 30 日	关于印发《落实 2021 年度全面从严治党主体责任情况报告》的通知
3	钱政协机组〔2021〕3 号	2021 年 9 月 30 日	关于印发《任命艾小亨等同志职务决定》的通知

杭州钱塘新区组织机构及负责人（2021年1—12月）

中共杭州钱塘新区工作委员会

书　记：柯吉欣（2021年11月止）
金承涛（2021年11—12月）

副书记：朱党其（2021年11月止）
施华淼（2021年3月止）
陈金生（2021年3月止）
沈燕俊（2021年5月始）
杨晓峰（女，2021年11月始）

委　员：王永芳（2021年3月止）
俞　斌（2021年3月止）
李　鹏（2021年3月止，5月始）
李　栋（2021年3月止）
李国梅（女，2021年3月止）
王学雄（2021年3月止）
董蒋灿（2021年3月止）
赵志军（2021年3月止）
陈炯林（2021年3月止，5月始）
陈金泉（2021年3月止）
杨晓峰（女，2021年5月始）
孙刚锋（2021年11月始）
朱春根（2021年11月始）
刘国娟（女，2021年5月始）
张　刚（2021年5—11月）
吴　勇（2021年5月始）
周伟东（2021年5月始）

杭州钱塘新区管理委员会

主　任：朱党其（2021年11月止）
（空　缺　2021年11—12月）

常务副主任：施华淼（2021年4月止）

副主任：陈金生（2021年4月止）
王永芳（2021年4月止）
俞　斌（2021年4月止）
李　鹏（2021年4月止）
李国梅（女，2021年4月止）
董蒋灿（2021年4月止）
陈炯林（2021年4月止，5月始）
杨晓峰（女，2021年5—12月）
孙刚锋（2021年12月始）
赵志军（2021年5月始）
潘伟红（女，2021年5月始）
施科琦（2021年5月始）
施　峰（2021年7月始）
徐　进（2021年7月始）
李　俊（女，2021年11月始）

总规划师：王学雄（2021年4月止）

中共杭州钱塘新区纪检监察工作委员会

书　记：李　栋（2021年3月止）
张　刚（2021年3—11月）
朱春根（2021年11月始）

副书记：金　达（2021年5月止）
朱宏明（2021年5月止）
吴令军（2021年5月止）

副处级纪检监察员：
郑敏珍（女，2021年5月止）
李建华（2021年5月止）

党工委、管委会办公室（2021年5月止）

主　任：周伟东（2021年5月止）

正处长级工作督查专员：
赵贤富（2021年5月止）
解长安（2021年5月止）

副主任：金如森（2021年5月止）
胡雪锋（2021年5月止）
苏　凡（2021年5月止）

党工委政法委（2021年5月止）

书　记：陈金生（2021年5月止）

专职副书记：郭　强（2021年5月止）

副书记：赵志军（兼，2021年5月止）
刘　波（兼，2021年5月止）
钱　铖（兼，2021年5月止）
林建军（2021年5月止）
徐　臻（2021年5月止）
盛　斌（2021年5月止）
王瑞军（2021年5月止）

党群工作部（组织部）（2021年5月止）

部　长：陈金泉（2021年3月止）
（空　缺　2021年4—5月）

副部长：陈月松（2021年5月止）
王卓胤（兼，2021年5月止）
汪新君（兼，2021年5月止）
韩建明（兼，2021年5月止）
杨丽敏（女，2021年5月止）
施正森（2021年5月止）

戎婷蓉（女，2021年5月止）

人才办

主　任：陈金泉（2021年3月止）

（空　缺　2021年4—5月）

常务副主任：陈月松（2021年5月止）

副主任：王　景（女，2021年5月止）

曹冲锋（兼，2021年5月止）

财政金融局（2021年5月止）

局　长：袁　月（女，2021年5月止）

正处长级工作督查专员：

刘晓平（2021年5月止）

副局长：肖新宏（2021年5月止）

龚　青（女，2021年5月止）

汤　波（2021年5月止）

余兴君（2021年5月止）

杨紫健（2021年5月止）

经发科技局（统计局）（2021年5月止）

局　长：范悦诚（2021年5月止）

副局长：余庆锋（2021年5月止）

朱　政（2021年5月止）

李　亮（2021年5月止）

高玲玲（女，2021年5月止）

企业服务中心

主　任：冯宝林（2021年5月止）

副主任：张建强（2021年5月止）

刘晓宁（女，2021年5月止）

社会经济调查队

队　长：傅立春（2021年5月止）

社会发展局（2021年5月止）

局　长：韩建明（2021年5月止）

正处长级工作督查专员：

沈水良（2021年5月止）

童华清（2021年5月止）

副局长：郑建国（2021年5月止）

郁　力（女，2021年5月止）

庄加棒（2021年5月止）

蔡晓琦（女，2021年5月止）

教育与卫生健康局（2021年5月止）

局　长：钱晓华（2021年5月止）

副局长：俞光辉（2021年5月止）

王国平（2021年5月止）

罗　勉（2021年5月止）

朱志俊（女，2021年5月止）

金加喜（2021年5月止）

王燕平（2021年5月止）

建设局（城市建设发展中心）（2021年5月止）

局　长：泮炳锋（2021年5月止）

副局长：邵　明（2021年5月止）

李冰涛（2021年5月止）

高利忠（2021年5月止）

方启军（2021年5月止）

招商与人才局（2021年5月止）

局　长：陈　静（女，2021年5月止）

正处长级工作督查专员：

彭公进（2021年5月止）

副局长：陆贤超（2021年5月止）

邵勤华（女，2021年5月止）

招商服务中心主任：陈　静（女，2021年5月止）

副主任：蒋　霖（2021年5月止）

丁　岚（女，2021年5月止）

应急管理局（2021年5月止）

局　长：叶萧红（2021年5月止）

副局长：李　强（2021年5月止）

孔铁林（2021年5月止）

陈财生（2021年5月止）

何智勇（2021年5月止）

行政审批局（2021年5月止）

局　长：陈　琦（2021年5月止）

副局长：钟建荣（2021年5月止）

吴丽华（女，2021年5月止）

宋国泉（2021年5月止）

行政服务中心主任：陈　琦（2021年5月止）

副主任：倪国锋（2021年5月止）

综合行政执法局（城市管理局、综合行政执法队）（2021年5月止）

局　长：孙　琦（2021年5月止）

副局长：徐　强（2021年5月止）

杨　峰（2021年5月止）

俞春传（2021年5月止）

陈　军（2021年5月止）

陈利平（2021年5月止）

经开区法院（2021年5月止）

党组书记： 刘　波（2021年5月止）
党组副职书记： 余莲娟（女，2021年5月止）
党组成员： 吴文峰（2021年5月止）
许　俊（2021年5月止）
吴跃明（2021年5月止）
邱　彤（女，2021年5月止）
院　长： 刘　波（2021年5月止）
常务副院长： 余莲娟（女，2021年5月止）
副院长： 吴文峰（2021年5月止）
政治处主任： 许　俊（2021年5月止）
执行局局长： 吴跃明（2021年5月止）
审判委员会专职委员：
邱　彤（女，2021年5月止）

经开区检察院（2021年5月止）

党组书记： 钱　铖（2021年5月止）
党组成员： 李征宇（女，2021年5月止）
刘国建（2021年5月止）
胡葵阳（女，2021年5月止）
纪检组组长： 刘国建（2021年5月止）
检察委员会专职委员：
俞　瑾（女，2021年5月止）
检察长： 钱　铖（2021年5月止）
副检察长： 李征宇（女，2021年5月止）
胡葵阳（女，2021年5月止）
政治处主任： 刘国建（2021年5月止）

市公安局钱塘新区分局（2021年9月止）

党委书记： 赵志军（2021年10月止）
党委副书记： 许关夫（2021年7—10月）
金跃平（2021年7月止）
黄　涛（2021年9—10月）
党委委员： 蒋晓敏（2021年10月止）
黄　涛（2021年9月止）
俞　婷（女，2021年10月止）
董　杰（2021年10月止）
叶永辉（2021年7月止）
余忠明（2021年8月止）
倪建良（2021年10月止）
李　煜（2021年10月止）
严建中（2021年1月止）
顾时金（2021年10月止）
纪委书记： 俞　婷（女，2021年10月止）
局　长： 赵志军（2021年7月止）
政　委： 许关夫（2021年7—10月）
金跃平（2021年7月止）
常务副局长： 黄　涛（2021年9—10月）
副局长： 蒋晓敏（2021年10月止）
黄　涛（2021年9月止）
董　杰（2021年10月止）
叶永辉（2021年7月止）
倪建良（2021年10月止）
政治处主任： 余忠明（2021年8月止）
督察长： 赵志军（2021年10月止）
第一督察长： 俞　婷（女，2021年10月止）

大江东分局交通警察大队（2021年1—12月）

大队长： 徐　晓
教导员： 沈小奇

大江东分局巡（特）警大队（2021年1—12月）

大队长：（空　缺）
教导员： 李勇良

大江东分局刑事侦查大队（2021年1—12月）

大队长：（空　缺）
教导员： 胡一鸣

大江东流动人口管理办公室（2021年1—12月）

主　任：（空　缺）
副主任： 严建中

经开区分局巡特警大队（2021年1—12月）

大队长： 顾时金
教导员： 陈家梁

经开区分局刑事侦查大队（2021年1—12月）

大队长： 朱　建（2021年4月止）
（空　缺　2021年4—12月）
教导员： 俞　鹏

经开区分局经侦（禁毒）大队（2021年1—12月）

大队长：（空　缺）
教导员： 曹　明

经开区流动人口服务管理委员会办公室（2021年1—12月）

主　任： 董　杰
副主任： 盛　斌
金沙湖派出所所长： 刘　芳（女）
下沙派出所所长： 沈雄飞
白杨派出所所长： 刘　鑫
闻潮派出所所长： 蒋　坚
河庄派出所所长： 吕建芳
义蓬派出所所长： 任建国
新湾派出所所长： 屠晓蔚（2021年5月止）
（空　缺　2021年5—12月）

临江派出所所长： 傅国祥
前进派出所所长： 单建尧

市规划和自然资源局钱塘新区分局（2021年5月止）

局　长： 卢小强（2021年5月止）
副局长： 孙　浩（2021年5月止）
董幼红（女，2021年5月止）
朱坚鹏（2021年5月止）
忻　苏（女，2021年5月止）
程国辉（2021年5月止）

市生态环境局钱塘新区分局（2021年5月止）

局　长： 盛春灵（2021年5月止）
正处长级工作督查专员：
徐岳阳（2021年5月止）
副局长： 阮顺良（2021年5月止）
陈天龙（2021年5月止）
翟敏卫（2021年5月止）

市市场监督管理局钱塘新区分局（2021年5月止）

局　长： 田晓祥（2021年5月止）
副局长： 莫祖明（2021年5月止）
王卫锋（2021年5月止）
郑　郁（2021年5月止）
陈如寿（2021年5月止）

机关党委（2021年5月止）

书　记： 陈金泉（2021年3月止）
（空　缺　2021年4—5月）
专职副书记： 施正森（2021年5月止）
副书记、机关纪委副书记：
白明跃（2021年5月止）

总工会（2021年5月止）

主　席： 陈金泉（2021年3月止）
虞付月（2021年5月止）
常务副主席： 汪新君（2021年5月止）
副主席： 章国民（2021年5月止）
徐志成（2021年5月止）
团工委副书记： 王　芳（女，2021年5月止）
妇工委副主任： 徐伟英（女，2021年5月止）

产城融合建设发展中心（2021年9月止）

主　任： 滕泽军（2021年5月止）
（空　缺　2021年6—9月）
副主任： 徐红亮（2021年5月止）
李军纪（2021年5月止）

农业水利发展服务中心（2021年9月止）

主　任： 沈水良（2021年5月止）
陈　兴（2021年5月止）
（空　缺　2021年6—9月）
副主任： 於振洪（2021年5月止）
余　军（2021年5月止）

医药港管理办公室

党工委书记： 施华淼（兼，2021年5月止）
沈燕俊（兼，2021年5—12月）
杨晓峰（兼，女，2021年12月始）
副书记： 卢建军
委　员： 黄　斌
洪伟达
陶　青（女）
管理办公室主任： 卢建军
副主任： 黄　斌
洪伟达
陶　青（女）

医药港小镇发展服务中心

主　任： 卢建军

大创小镇管理办公室

党工委书记： 陈金生（兼，2021年3月止）
刘国娟（兼，女，2021年3月始）
副书记： 曹冲锋
委　员： 陆贤超
沈丹凤（女）
虞向群（2021年12月止）
管理办公室主任： 曹冲锋
副主任： 沈丹凤（女）
陆贤超
虞向群（2021年12月止）
刘可嘉（2021年12月止）
金卓平

大创小镇发展服务中心（2021年9月止）

主　任： 曹冲锋（2021年5月止）
（空　缺　2021年5—9月）

人才创新服务中心（2021年9月止）

主　任： 曹冲锋（2021年5月止）
（空　缺　2021年5—9月）

综合保税区管理办公室

党工委书记：王永芳（兼，2021 年 3 月止）
（空　缺　2021年3—12月）
李　俊（兼，女，2021年12月始）
副书记：李路宁（2021年12月止）
郑洲峰（2021年12月始）
委　员：李宗凯
徐竹标（2021年5月止）
张立溧（女）
李建明
田　彬（2021年12月始）
管理办公室主任：李路宁（2021 年 12 月止）
郑洲峰（2021年12月始）
副主任：李宗凯
徐竹标（2021年5月止）
张立溧（女）
李建明
田　彬（2021年12月始）

钱塘芯谷管理办公室

党工委书记：王永芳（兼，2021 年 4 月止）
施　峰（兼，2021年4—9月）
（空　缺　2021年9—12月）
副书记：施　峰（2021年5月止）
吴文斌（2021年9月始）
委　员：吴文斌（2021年9月止）
刘晓宁（女）
何碧青（女）
管理办公室主任：施　峰（兼，2021 年 9 月止）
杨　帆（女，2021年9月始）
副主任：吴文斌
刘晓宁（女）
何碧青（女）
魏　旻（女）

临江高科园管理办公室

党工委书记：李　鹏（兼）
副书记：冯宝林
委　员：楼天齐
虞志军（2021年12月止）
孙　浩（2021年12月始）
管理办公室主任：冯宝林
副主任：楼天齐
虞志军（2021年12月止）
盛　斌
孙　浩（2021年12月始）

前进智造园管理办公室

党工委书记：陈炯林（兼，2021 年 9 月止）
（空　缺　2021年9—12月）
副书记：胡　潜（2021年9月止）
高玲玲（女，2021年9月始）
委　员：丁　岚（女，2021年9月止）
高玲玲（女，2021年9月止）
金宏波
于坚栋（2021年12月始）
管理办公室主任：
胡　潜（2021 年 9 月止）
包莹莹（兼，女，2021年9月始）
副主任：
丁　岚（女，2021年9月止）
高玲玲
金宏波

产城融合管理办公室（2021 年 7 月始）

党工委书记：施科琦（兼，2021 年 7 月始）
副书记：滕泽军（2021年7月始）
委　员：徐红亮（2021年7月始）
高志强（2021年7月始）
朱坚鹏（2021年7月始）
管理办公室主任：滕泽军（2021 年 7 月始）
副主任：徐红亮（2021年7月始）
高志强（2021年7月始）
朱坚鹏（2021年7月始）

科学城管理办公室（2021 年 7 月始）

党工委书记：刘国娟（兼，女，2021 年 7 月始）
副书记：曹冲锋（兼，2021年7月始）
委　员：刘可嘉（2021年12月始）
喻　蔚（2021年12月始）
管理办公室主任：刘国娟（女，2021 年 7 月始）
副主任：刘可嘉（2021年12月始）
喻　蔚（2021年12月始）
常务副主任：曹冲锋（2021年7月始）

美丽云城管理办公室（2021 年 7 月始）

党工委书记：（空　缺）
副书记：陈　静（兼，女，2021年7月始）
委　员：郑　飞（2021年12月始）
黄文贵（2021年12月始）

管理办公室主任：李　红（兼，女，2021 年 7 月始）
副主任：郑　飞（2021年12月始）
常务副主任：陈　静（兼，女，2021年7月始）
黄文贵（2021年12月始）

下沙街道（2021 年 5 月止）

党工委书记：沈建立（2021 年 5 月止）
副书记：郭国先（2021年5月止）
顾小军（2021年5月止）
委　员：芮智全（2021年5月止）
高洪亮（2021年5月止）
施慧烽（2021年5月止）
刘志豪（2021年5月止）
刘　芳（女，2021年5月止）
郑洲峰（2021年5月止）
陆建华（2021年5月止）
纪工委书记：刘志豪（2021 年 5 月止）
政法委委员：顾小军（2021 年 5 月止）
办事处主任：郭国先（2021 年 5 月止）
副主任：施慧烽（2021年5月止）
陆建华（2021年5月止）
张　颖（女，2021年5月止）
人大工委主任：张　志（2021 年 5 月止）

白杨街道（2021 年 5 月止）

党工委书记：李跃清（2021 年 5 月止）
副书记：贺学兵（2021年5月止）
陈　雨（2021年5月止）
委　员：梅广勤（2021年5月止）
余旭辉（2021年5月止）
胡雪锋（2021年5月止）
丁松法（2021年5月止）
蒋　坚（2021年5月止）
政法委委员：陈　雨（2021 年 5 月止）
办事处主任：贺学兵（2021 年 5 月止）
副主任：余旭辉（2021年5月止）
王琴芳（女，2021年5月止）
人大工委主任：胡瑞祥（2021 年 5 月止）

河庄街道（2021 年 5 月止）

党工委书记：汪华锋（2021 年 5 月止）
副书记：徐建伟（2021年5月止）
委　员：谭雪华（女，2021年5月止）
杜伟标（2021年5月止）
高　瞻（2021年5月止）
汪梦智（2021年5月止）
高　洁（女，2021年5月止）
高志强（2021年5月止）
吕建芳（2021年5月止）
纪工委书记：谭雪华（女，2021 年 5 月止）
政法委委员：徐建伟（2021 年 5 月止）
办事处主任：汪华锋（2021 年 5 月止）
副主任：高　瞻（2021年5月止）
汪梦智（2021年5月止）
高志强（2021年5月止）
彭建富（2021年5月止）
陈　可（女，2021年5月止）
人大工委主任：许志伟（2021 年 5 月止）
副主任：颜伟丽（女，2021年5月止）

义蓬街道（2021 年 5 月止）

党工委书记：邱建庆（2021 年 5 月止）
副书记：吴　波（2021年5月止）
委　员：胡　瑾（女，2021年5月止）
李志松（2021年5月止）
俞燕萍（女，2021年5月止）
郭　瑜（女，2021年5月止）
任建国（2021年5月止）
陈志平（2021年5月止）
纪工委书记：俞燕萍（女，2021 年 5 月止）
办事处主任：吴　波（2021 年 5 月止）
副主任：胡　瑾（女，2021年5月止）
李志松（2021年5月止）
沈华锋（2021年5月止）
季剑峰（2021年5月止）
人大工委主任：吴志祥（2021 年 5 月止）
瞿亦农（2021年5月止）
副主任：陈晓峰（2021年5月止）

新湾街道（2021 年 5 月止）

党工委书记：金　明（2021 年 5 月止）
副书记：叶小明（2021年5月止）
杜柱佳（2021年5月止）
委　员：王水潮（2021年5月止）
屠晓蔚（2021年5月止）
政法委委员：杜柱佳（2021 年 5 月止）
办事处主任：叶小明（2021 年 5 月止）
副主任：王水潮（2021年5月止）
李国军（2021年5月止）
颜燕炯（女，2021年5月止）

潘海波（2021年5月止）
人大工委主任：傅岳良（2021年5月止）
副主任：李志松（2021年5月止）

临江街道（2021年5月止）

党工委书记：杜晔彪（2021年5月止）
副书记：谢国锋（2021年5月止）
陈永江（2021年5月止）
委　员：傅国祥（2021年5月止）
汪建伟（2021年5月止）
谢小燕（女，2021年5月止）
寿华成（2021年5月止）
金永刚（2021年5月止）
高红鸣（女，2021年5月止）
纪工委书记：谢小燕（女，2021年5月止）
政法委委员：陈永江（2021年5月止）
办事处主任：谢国锋（2021年5月止）
副主任：寿华成（2021年5月止）
金永刚（2021年5月止）
高红鸣（女，2021年5月止）
人大工委主任：封　祥（2021年5月止）

前进街道（2021年5月止）

党工委书记：王卓胤（2021年5月止）
副书记：张　瑛（女，2020年7月始）
委　员：单建尧（2021年5月止）
郁竣耀（2021年5月止）
武海蓉（女，2021年5月止）
沈　立（2021年5月止）
纪工委书记：沈　立（2021年5月止）
办事处主任：吴　波（2021年5月止）
张　瑛（女，2021年5月止）
副主任：郁竣耀（2021年5月止）
武海蓉（女，2021年5月止）
胡飞洋（2021年5月止）
人大工委主任：孙先根（2021年5月止）

杭州钱塘新区产业发展集团有限公司

董事长：姚晨蓬
董　事：盛　开
曹知白
张　剑
总经理：姚晨蓬
副总经理：盛　开
曹知白
监事会主席：秦广怡
党委书记：姚晨蓬
党委副书记：秦广怡
党委委员：盛　开
曹知白
张　剑
纪委书记：秦广怡

杭州钱塘新区城市发展集团有限公司

董事长：胡文波（2021年12月止）
余兴君（2021年12月始）
董　事：陈　坚（2021年12月止）
柴　明（2021年12月始）
吴进华
杨紫健（2021年5月始）
总经理：陈　坚（2021年12月止）
柴　明（2021年12月始）
副总经理：吴进华
杨紫健（2021年9月始）
杨　喆（2021年12月始）
监　事：杜益南（女）
党委书记：胡文波（2021年12月止）
余兴君（2021年12月始）
党委副书记：陈　坚（2021年12月止）
柴　明（2021年12月始）
党委委员：吴进华
杜益南（女）
杨紫健（2021年5月始）
杨　喆（2021年12月始）

杭州钱塘新区建设投资集团有限公司

董事长：王　罡
董　事：柴　明（2021年12月止）
陈　坚（2021年12月始）
黄　成（2021年12月止）
徐　建
总经理：柴　明（2021年12月止）
陈　坚（2021年12月始）
副总经理：顾燕伟（2021年12月）
监事会主席：陈　冰（女）
党委书记：王　罡
副书记：柴　明（2021年12月止）
陈　冰（女）
陈　坚（2021年12月始）
委　员：黄　成（2021年12月止）

顾燕伟（2021年12月）
纪委书记：陈　冰（女）

（陈玲佳）

杭州市钱塘区组织机构及负责人（2021 年 3—12 月）

中共杭州市钱塘区第一届委员会（2021 年 3 月始）

书　记：柯吉欣（2021年3—11月）
金承涛（2021年11月始）
副书记：朱党其（2021年3—11月）
沈燕俊（2021年3月始）
杨晓峰（女，2021年11月始）
常　委：李　鹏（2021年3月始）
杨晓峰（女，2021年3月始）
朱春根（2021年11月始）
孙刚锋（2021年11月始）
陈炯林（2021年3月始）
刘国娟（女，2021年3月始）
张　刚（2021年3—11月）
吴　勇（2021年3月始）
周伟东（2021年3月始）

区委工作机关：

中共杭州市钱塘区第一届纪律检查委员会（2021 年 3 月筹，5 月始）

杭州市钱塘区监察委员会（2021 年 7 月始）

纪委书记：张　刚（2021年3—11月）
朱春根（2021年11月始）
副书记：金　达（2021年5月始）
朱宏明（2021年5月始）
纪委常委：吴令军（2021年5月始）
高海飞（女，2021年5月始）
屠晓蔚（2021年5月始）
郑敏珍（女，2021年5月始）
监委主任：张　刚（2021年7—12月）
副主任：金　达（2021年7月始）
朱宏明（2021年7月始）
监委委员：高海飞（女，2021年7月始）
屠晓蔚（2021年7月始）
张　纹（2021年7月始）

区委办公室（2021 年 3 月筹，5 月始）

主　任：范悦诚（2021年5月始）
副主任：陶立刚（2021年5月始）
金如森（2021年5—12月）
毛佳瑜（女，2021年5月始）
王杭伟（2021年5月始）
李　翔（2021年5月始）
沈杭军（2021年12月始）

区纪委（2021 年 3 月筹，5 月始）机关

区监委（2021 年 7 月始）机关

办公室主任：潘晓敏（2021 年 5 月始）
干部室主任：吴　倩（女，2021 年 5 月始）
宣传教育室主任：倪艳艳（女，2021 年 5 月始）
案件监督管理室主任：谢大双（2021 年 5 月始）
案件审理室主任：（空　缺　2021 年 5—12 月）
金　涛（2021年12月始）

派驻第一纪检监察组
组　长：解长安（2021年5月始）
副组长：陈志坚（2021年5月始）
商发友（2021年5月始）

派驻第二纪检监察组
组　长：（空　缺　2021年5—12月）
副组长：叶军清（2021年5月始）
徐志成（2021年5月始）

派驻第三纪检监察组
组　长：刘继明（2021年5月始）
副组长：管林华（2021年5月始）
余　军（2021年5月始）

派驻第四纪检监察组
组　长：（空　缺　2021年5—12月）
副组长：林根雷（2021年5月始）

派驻第五纪检监察组
组　长：周　红（2021年5月始）
副组长：翟敏卫（2021年5月始）

组织部（2021 年 3 月筹，5 月始）

部　长：吴　勇（2021年3月始）
常务副部长：陈月松（2021年5月始）
副部长：施正森（2021年5月始）
王　景（女，2021年5月始）
金如森（2021年12月始）
汪新君（兼，2021年5月始）
两新工委书记：施正森（2021 年 5—12 月）
金如森（2021年12月始）
党建办专职副主任：朱洪昌（2021 年 5 月始）
人才办常务副主任：王　景（女，2021 年 5 月始）
专职副主任：虞向群（2021年12月始）

高层次人才发展服务中心（2021 年 9 月始）
主　任：（空　缺　2021年9—12月）
陈树坚（2021年12月始）
直属机关工作委员会（2021 年 9 月始）
书　记：吴　勇（2021年9月始）
副书记：施正森（2021年9月始）
解长安（2021年9月始）
专职副书记：郑新民（2021年9月始）
纪工委书记：解长安（2021年9月始）

宣传部（2021 年 3 月筹，5 月始）
部　长：李　鹏（2021年3月始）
常务副部长：杨丽敏（女，2021年5月始）
副部长：李安坤（2021年5月始）
网信办、新闻办主任：
（空　缺　2021 年 5—12 月）
李安坤（2021年12月始）
副主任：李安坤（2021年5—12月）
融媒体中心（2021 年 9 月始）
主　任：（空　缺　2021年9—12月）
张慧卿（女，2021年12月始）

统战部（2021 年 3 月筹，5 月始）
部　长：周伟东（2021年3月始）
常务副部长：戎婷蓉（女，2021年5月始）
副部长：邓海鹰（女，2021年5月始）
姚燕丽（女，2021年5月始）
任建国（2021年12月始）

政法委（2021 年 3 月筹，5 月始）
书　记：沈燕俊（2021年5—12月）
杨晓峰（女，2021年12月始）
常务副书记：郭　强（2021年5月止）
金　辉（2021年5月始）
副书记：杨晓峰（兼，女，2021年9—12月）
孙刚锋（兼，2021年12月起）
赵志军（兼，2021年9月始）
徐　臻（2021年5—12月）
盛　斌（2021年5月始）
委　员：余　晟（兼，女，2021年9月始）
钱　铖（兼，2021年9月始）
宋新富（2021年5月始）
陈建楚（2021年5月始）
信访局
局　长：金　辉（2021年5月始）
副局长：宋新富（2021年5月始）
矛调中心（2021 年 9 月始）
主　任：（空　缺　2021年9—12月）
盛　斌（2021年12月始）
副主任：邱　枫（2021年12月始）

巡察办、巡察组（2021 年 3 月筹，5 月始）
主　任：吴令军（2021年5月始）
副主任：汪文斌（2021年5月始）
第一巡察组
组　长：（空　缺　2021年5—12月）
楼复进（2021年12月始）
副组长：章　奕（2021年5月始）
第二巡察组
组　长：（空　缺　2021年5—12月）
朱志荣（2021年12月始）
副组长：郁　力（女，2021年5月始）
第三巡察组
组　长：（空　缺　2021年5—12月）
谭雪华（女，2021年12月始）
副组长：朱　峻（2021年5月始）

杭州市钱塘区第一届人民代表大会常务委员会（2021 年 3 月筹，7 月始）
党组书记：周志辉（2021年7—12月）
阮重晖（2021年12月始）
副书记：俞　斌（2021年7月始）
成　员：李　栋（2021年7月始）
王学雄（2021年7月始）
董蒋灿（2021年7月始）
盛露青（2021年7月始）
主　任：周志辉（2021年7月始）
副主任：俞　斌（2021年7月始）
李　栋（2021年7月始）
王学雄（2021年7月始）
董蒋灿（2021年7月始）
李　红（女，2021年7月始）

人大常务委员会机关和工作委员会（2021 年 5 月筹，7 月始）
党组书记：盛露青（2021年7月始）
党组成员：郭　强（2021年7月始）
盛永华（2021年7月始）
吴国灿（2021年7月始）
办公室主任：盛露青（2021 年 7 月始）

副主任：王雄斌（2021年7月始）
颜伟丽（女，2021年7月始）
刘晓霆（2021年7月始）
监察法司工委主任：郭 强（2021 年 7 月始）
财经工委主任：盛永华（2021 年 7 月始）
副主任：徐竹标（2021年7月始）
社会建设工委主任：吴国灿（2021 年 7 月始）
副主任：俞光辉（2021年7月始）
城建环保工委主任：（空 缺 2021 年 7—12 月）
副主任：吴宏昌（2021年7月始）

杭州市钱塘区人民政府（2021 年 3 月筹，7 月始）

党组书记：朱党其（2021年7—11月）
沈燕俊（2021年11月始）
区 长：朱党其（2021年7—11月）
代区长：沈燕俊（2021年11月始）
常务副区长：杨晓峰（女，2021年7—11月）
孙刚锋（2021年11月始）
副区长：陈炯林（2021年7月始）
赵志军（2021年7月始）
潘伟红（女，2021年7月始）
施科琦（2021年7月始）
施 峰（2021年7月始）
徐 进（2021年7月始）

区政府工作部门：

区政府办公室（2021 年 5 月筹，7 月始）

党组书记：泮炳锋（2021年7月始）
党组成员：胡雪锋（2021年7月始）
陆建龙（2021年12月始）
苏 凡（2021年7月始）
金 迪（2021年7月始）
陈 琪（2021年7月始）
高建峰（2021年7月始）
虞志军（2021年12月始）
主 任：泮炳锋（2021年7月始）
副主任：胡雪锋（2021年9月始）
陆建龙（2021年12月始）
苏 凡（2021年9月始）
金 迪（2021年9月始）
陈 琪（2021年9月始）
高建峰（2021年9月始）
虞志军（2021年12月始）
张开代（2021年9—12月）

数据资源管理局

局 长：（空 缺 2021年7—12月）
副局长：张开代（2021年9—12月）

数据资源管理服务中心（2021 年 9 月始）

主 任：（空 缺 2021年9—12月）
虞志军（2021年12月始）

发展改革局（2021 年 5 月筹，7 月始）

党组书记：胡 潜（2021年7月始）
党组成员：陈有文（2021年7月始）
傅立春（2021年7月始）
刘 成（2021年12月始）
局 长：胡 潜（2021年7月始）
副局长：陈有文（2021年9月始）
傅立春（2021年9月始）
刘 成（2021年12月始）

经信科技局（2021 年 5 月筹，7 月始）

党组书记：李路宁（2021年7月始）
党组成员：裴益红（2021年7月始）
朱 政（2021年7月始）
局 长：李路宁（女，2021年7月始）
副局长：裴益红（2021年9月始）
朱 政（2021年9月始）
许宏波（2021年9月始）

教育局（2021 年 5 月筹，7 月始）

党委书记：钱晓华（2021年7月始）
党委委员：金加喜（2021年7月始）
罗 勉（2021年7—12月）
江志明（2021年12月始）
局 长：钱晓华（2021年7月始）
副局长：金加喜（2021年9月始）
罗 勉（2021年9—12月）
江志明（2021年12月始）

公安分局（2021 年 9 月始，人员任命 10 月）

党委书记：赵志军（2021年10月始）
副书记：许关夫（2021年10月始）
委 员：蒋晓敏（正处长级，2021年10月始）
黄 涛（2021年10月止）
俞 婷（女，2021年10月始）
董 杰（2021年10月始）
倪建良（2021年10月始）
李 煜（2021年10月始）

局　长：赵志军（2021年7月始）
政　委：许关夫（2021年10月始）
常务副局长：黄　涛（2021年10月始）
副局长：蒋晓敏（正处长级，2021年10月始）
董　杰（2021年10月始）
倪建良（2021年10月始）
政治处主任：俞　婷（女，2021年10月始）
督察长：赵志军（2021年10月始）

司法局（2021年5月筹，7月始）

局　长：徐志忠（2021年7月始）
副局长：陈建楚（2021年9月始）

财政局（2021年5月筹，7月始）

党组书记：袁　月（女，2021年7月始）
党组成员：汤　波（2021年7月始）
余兴君（2021年7—12月）
胡科强（2021年7月始）
吴　丹（女，2021年12月始）
局　长：袁　月（女，2021年7月始）
副局长：汤　波（2021年9月始）
余兴君（2021年9—12月）
胡科强（2021年9月始）
吴　丹（女，2021年12月始）

人社局（2021年5月筹，7月始）

党组书记：汪新君（2021年7月始）
党组成员：吴丽华（女，2021年7月始）
李　杰（2021年7月始）
局　长：汪新君（2021年7月始）
副局长：吴丽华（女，2021年9月始）
范哲敏（2021年9月始）
李　杰（2021年9月始）

住建局（2021年5月筹，7月始）

党组书记：高利忠（2021年7月始）
党组成员：李冰涛（2021年7—12月）
李军纪（2021年7月始）
金永刚（2021年12月始）
局　长：高利忠（2021年7月始）
副局长：李冰涛（2021年9—12月）
李军纪（2021年9月始）
金永刚（2021年12月始）

交通运输局（2021年5月筹，7月始）

党组书记：庄加棒（2021年7月始）
副书记：李典顺（2021年7月始）
成　员：陈利平（2021年7—9月）
李冰涛（2021年12月始）
局　长：庄加棒（2021年7月始）
副局长：李典顺（2021年9月始）
陈利平（2021年9月止）
李冰涛（2021年12月始）

农业农村局（2021年5月筹，7月始）

党组书记：陈　兴（2021年7月始）
党组成员：戴高强（2021年7月始）
陈如寿（2021年7月始）
张建强（2021年7月始）
局　长：陈　兴（2021年7月始）
副局长：戴高强（2021年9月始）
陈如寿（2021年9月始）
张建强（2021年9月始）

商务局（2021年5月筹，7月始）

党组书记：陈　静（女，2021年7月始）
党组成员：邵勤华（女，2021年7月始）
陈　欢（2021年7月始）
局　长：陈　静（女，2021年7月始）
副局长：蒋　霖（2021年9月始）
邵勤华（女，2021年9月始）
陈　欢（2021年9月始）

招商服务中心（2021年9月始）

主　任：（空　缺　2021年9—12月）
副主任：葛　琦（女，2021年12月始）
赵冰峰（2021年12月始）

社会发展局（2021年5月筹，7月始）

党委书记：韩建明（2021年7月始）
党委委员：陈　雨（2021年7月始）
陈天龙（2021年7—12月）
沈宏宇（女，2021年7月始）
王燕平（2021年7月始）
局　长：夏海琴（女，2021年7月始）
副局长：陈　雨（2021年9月始）
陈天龙（2021年9—12月）
罗　勉（2021年12月始）
沈宏宇（女，2021年9月始）
王燕平（2021年9月始）

退役军人事务局（2021年5月筹，7月始）

党组书记： 李中富（2021年7月始）
党组成员： 郑建国（2021年7月始）
徐震鸿（2021年7月始）
局　长： 李中富（2021年7月始）
副局长： 郑建国（2021年9月始）
徐震鸿（2021年9月始）

应急管理局（2021年5月筹，7月始）

党委书记： 叶萧红（2021年7—12月）
党委委员： 李　强（2021年7月始）
孔铁林（2021年7月始）
曾平华（2021年7月始）
陈天龙（2021年12月始）
局　长： 叶萧红（2021年7—12月）
副局长： 李　强（2021年9月始）
孔铁林（2021年9月始）
陈天龙（2021年12月始）
曾平华（2021年9月始）

审计局（2021年5月筹，7月始）

党组书记： 龚　青（女，2021年7月始）
党组成员： 肖新宏（2021年7月始）
朱文波（2021年7月始）
局　长： 龚　青（女，2021年7月始）
副局长： 肖新宏（2021年9月始）
朱文波（2021年9月始）

市场监管局（2021年5月筹，7月始）

党委书记： 田晓祥（2021年7月始）
党委委员： 黄雄伟（2021年7月始）
王卫锋（2021年7月始）
王瑞军（2021年7月始）
局　长： 田晓祥（2021年7月始）
副局长： 黄雄伟（2021年9月始）
王卫锋（2021年9月始）
王瑞军（2021年9月始）

行政审批局（2021年5月筹，7月始）

党组书记： 陈　琦（2021年7月始）
党组成员： 赵向阳（2021年7月始）
王　莹（女，2021年7月始）
局　长： 陈　琦（2021年7月始）
副局长： 赵向阳（2021年9月始）
王　莹（女，2021年9月始）

行政服务中心（2021年9月始）

主　任：（空　缺　2021年9—12月）
副主任： 陈国锋（2021年12月始）

统计局（2021年5月筹，7月始）

党组书记： 余庆锋（2021年7月始）
副书记： 宋国泉（2021年7月始）
成　员： 方新建（2021年7月始）
局　长： 余庆锋（2021年7月始）
副局长： 宋国泉（2021年9月始）
方新建（2021年9月始）

社会经济调查队（2021年9月始）

队　长： 王怡嘉（女，2021年9月始）

综合行政执法局（2021年5月筹，7月始）

党组书记： 叶永辉（2021年7月始）
副书记： 汤灵峰（2021年7月始）
成　员： 杨　峰（2021年7月始）
施春浩（2021年7月始）
局　长： 叶永辉（2021年7月始）
副局长： 汤灵峰（2021年9月始）
杨　峰（2021年9月始）
施春浩（2021年9月始）

重大交通项目办（2021年7月始）

负责人： 徐文骁
江建祥

“五大市场”办（2021年7月始）

负责人： 方启军

有机更新办（2021年7月始）

主　任： 郑　郁（2021年7—12月）
邵　明（2021年7月始）
康　侃（2021年12月始）

中国人民政治协商会议杭州市钱塘区第一届委员会（2021年3月筹，7月始）

党组书记： 金志强（2021年7月始）
副书记： 周伟东（兼，2021年7月始）
陈金泉（2021年7月始）
成　员： 卢小强（2021年7月始）
沈建平（2021年7月始）
主　席： 金志强（2021年7月始）
副主席： 陈金泉（2021年7月始）

杨　帆（女，2021年7月始）
包莹莹（女，2021年7月始）
卢小强（2021年7月始）

区政协机关（2021 年 5 月筹，7 月始）

党组书记：沈建平（2021年7月始）
党组成员：吴庆峰（2021年7月始）
陈伟刚（2021年7月始）
办公室主任、秘书长：沈建平（2021 年 7 月始）
副主任：高　洁（女，2021年12月始）
余建义（2021年7月始）
提案委员会主任：（空　缺　2021 年 7—12 月）
副主任：华丽红（女，2021年7月始）
经济科技委员会主任：吴庆峰（2021 年 7 月始）
副主任：陈国民（2021年7月始）
城建交通和人口资源环境委员会主任：
陈伟刚（2021 年 7 月始）
副主任：林友柏（2021年7月始）
社会法制和港澳台侨委员会主任：
（空　缺　2021 年 7—12 月）
副主任：白明跃（2021年7月始）

法　院（2021 年 3 月筹，7 月始）

党组书记：余　晟（女，2021年7月始）
副书记：余莲娟（女，2021年7月始）
成　员：吴文峰（2021年7月始）
许　俊（2021年7月始）
吴跃明（2021年7月始）
邱　彤（女，2021年7月始）
院　长：余　晟（女，2021年7月始）
常务副院长：余莲娟（女，2021年7月始）
副院长：吴文峰（2021年7月始）
政治部主任：许　俊（2021年5月始）
执行局局长：吴跃明（2021年5月始）
审判委员会专职委员：
邱　彤（女，2021年5月始）

检察院（2021 年 3 月筹，7 月始）

党组书记：钱　铖（2021年3月始）
副书记：吴国刚（2021年5月始）
成　员：刘国建（2021年3月止）
李征宇（女，2021年5月始）
胡葵阳（女，2021年5月始）
曲玉国（2021年5月始）
刘红华（2021年5月始）
检察长：钱　铖（2021年7月始）
副检察长：吴国刚（2021年9月始）
李征宇（女，2021年9月始）
胡葵阳（女，2021年9月始）
检察委员会专职委员：
刘红华（2021年5月始）
俞　瑾（女，2021年5月始）
政治处主任：曲玉国（2021年5月始）

市属机构：

市规划资源局钱塘分局（2021 年 5 月筹，7 月始）

党组书记：卢小强（2021年8月始）
党组成员：忻　苏（女，2021年8月始）
孙　浩（2021年8—12月）
沈超峰（2021年8月始）
程国辉（2021年8—9月）
局　长：卢小强（2021年8月始）
副局长：忻　苏（女，2021年8月始）
孙　浩（2021年8—12月）
沈超峰（2021年8月始）
总规划师：程国辉（2021年8—9月）
（空　缺　2021年9—12月）

土地整理储备中心（2021 年 9 月始）

主　任：（空　缺　2021年9—12月）
贾　燕（女，2021年12月始）

市生态环境局钱塘分局（2021 年 5 月筹，7 月始）

党组书记：盛春灵（2021年8月始）
党组成员：阮顺良（2021年8月始）
李希芝（女，2021年8月始）
局　长：盛春灵（2021年8月始）
副局长：阮顺良（2021年8月始）
李希芝（女，2021年8月始）

群众团体：

总工会（2021 年 5 月筹，9 月始）

主　席：董蒋灿（兼，2021年9月始）
党组书记：童华清（2021年7月始）
党组成员：何友海（2021年7月始）
章国民（2021年7月始）
常务副主席：童华清（2021年9月）
副主席：何友海（2021年9月）
章国民（2021年9月）

团区委（2021年5月筹）

书　记：钱　玲（女，2021年5月始）
副书记：王　芳（女，2021年5月始）
易晨曦（2021年5月始）

妇　联（2021年5月筹）

党组书记：朱志俊（女，2021年7月始）
党组成员：徐伟英（女，2021年7月始）
董幼红（女，2021年7月始）

科　协（2021年5月筹）

党组书记：胡文波（2021年12月始）
党组成员：李田忠（2021年7月始）

工商联（2021年5月筹，10月始）

党组书记：邓海鹰（女，2021年7月始）
常务副主席：邓海鹰（女，2021年10月始）
副主席：应群颖（女，2021年10月始）

社科联（2021年5月筹，10月始）

党组书记：楼复进（2021年7—12月）
贺学兵（2021年12月始）
党组成员：於振洪（2021年7月始）
主　席：楼复进（2021年7—12月）
贺学兵（2021年12月始）
副主席：於振洪（2021年7月始）

残　联（2021年5月筹，9月始）

党组书记：王国平（2021年5月始）
党组成员：喻铮琴（女，2021年5月始）
理事长：王国平（2021年5月始）
副理事长：喻铮琴（女，2021年5月始）

文　联（2021年5月筹）

党组书记：（空　缺）
党组成员：杨慧玉（女，2021年5月始）
沈小玲（女，2021年5月始）

辖区街道：（2021年5月始）

下沙街道

党工委书记：郭国先（2021年5月始）
副书记：郭国先（2021年5月止）
顾小军（2021年5—12月）
谢国锋（2021年12月始）
郁竣耀（2021年12月始）
委　员：芮智全（2021年5月始）
高洪亮（2021年5月始）
施慧烽（2021年5—12月）
刘志豪（2021年5—12月）
刘　芳（女，2021年5月始）
郑洲峰（2021年5月止）
陆建华（2021年5—12月）
蔡晓琦（女，2021年5月始）
高　瞻（2021年12月始）
黄骏钰（2021年5月始）
刘　骥（2021年12月始）
政法委员：顾小军（2021年5—12月）
郁竣耀（2021年12月始）
纪工委书记：刘志豪（2021年5—12月）
刘　骥（2021年12月始）
副书记：祝宏伟（2021年5月始）
监察办主任：刘　骥（2021年12月始）
办事处主任：郭国先（2021年5月止）
谢国锋（2021年12月始）
副主任：施慧烽（2021年5—12月）
陆建华（2021年5—12月）
张　颖（女，2021年5—12月）
高　瞻（2021年12月始）
来　达（2021年9月始）
祝振东（2021年11月始）
俞杭芳（女，2021年12月始）
人大工委主任：张　志（2021年5—12月）
许志伟（2021年12月始）
副主任：陆建华（2021年12月始）

白杨街道

党工委书记：李跃清（2021年5—12月）
邱建庆（2021年12月始）
副书记：贺学兵（2021年5—12月）
徐旭升（2021年5—12月）
陈　雨（2021年5月止）
徐　臻（2021年12月始）
胡　瑾（女，2021年12月始）
委　员：梅广勤（2021年5—12月）
余旭辉（2021年5月始）
丁松法（2021年5月始）
蒋　坚（2021年5月始）
金　江（2021年5月始）
王琴芳（女，2021年5—12月）
彭建富（2021年12月始）

颜燕炯（女，2021年12月始）
政法委员：陈　雨（2021年5月止）
徐旭升（2021年5—12月）
胡　瑾（女，2021年12月始）
纪工委书记：金　江（2021年5月始）
办事处主任：贺学兵（2021年5—12月）
徐　臻（2021年12月始）
副主任：余旭辉（2021年5月始）
王琴芳（女，2021年5月止）
李　亮（2021年9月始）
张　颖（女，2021年12月始）
孙立军（2021年11月始）
人大工委主任：胡瑞祥（2021年5—11月）
徐旭升（2021年12月始）

河庄街道

党工委书记：汪华锋（2021年5月始）
副书记：许　晓（2021年5月始）
徐建伟（2021年5月始）
委　员：谭雪华（女，2021年5—12月）
杜伟标（2021年5—12月）
高　瞻（2021年5—12月）
汪梦智（2021年5—12月）
高　洁（女，2021年5—12月）
高志强（2021年5月止）
吕建芳（2021年5月始）
曲鑫尧（2021年5月始）
何智勇（2021年5月始）
吴诚琅（女，2021年10月始）
徐　彪（2021年12月始）
于　禁（2021年12月始）
翁柘文（2021年12月始）
周　琦（2021年12月始）
政法委员：徐建伟（2021年5月始）
纪工委书记：谭雪华（女，2021年5—12月）
周　琦（2021年12月始）
监察办主任：周　琦（2021年12月始）
办事处主任：许　晓（2021年7月始）
副主任：高　瞻（2021年5—12月）
汪梦智（2021年5—12月）
高志强（2021年5月止）
彭建富（2021年5—12月）
陈　可（女，2021年5月始）
高　俊（2021年9月始）
于　禁（2021年12月始）

袁伟刚（2021年12月始）
人大工委主任：许志伟（2021年5—12月）
叶萧红（2021年12月始）
副主任：颜伟丽（女，2021年5月止）
林建军（2021年7月始）

义蓬街道

党工委书记：邱建庆（2021年5—12月）
杜晔彪（2021年12月始）
副书记：吴　波（2021年12月止）
郑洲峰（2021年5—12月）
张　瑛（女，2021年12月始）
俞燕萍（女，2021年12月始）
委　员：胡　瑾（女，2021年5—12月）
俞燕萍（女，2021年5—12月）
郭　瑜（女，2021年5—12月）
陆建龙（2021年5—12月）
任建国（2021年5—12月）
金灵华（2021年5月始）
陈志平（2021年5月始）
计胜荣（2021年5月始）
沈　立（2021年12月始）
林　立（2021年12月始）
汤筱颖（女，2021年12月始）
张　翼（2021年12月始）
政法委员：郑洲峰（2021年5—12月）
俞燕萍（女，2021年12月始）
纪工委书记：俞燕萍（女，2021年5—12月）
沈　立（2021年12月始）
监察办主任：沈　立（2021年12月始）
办事处主任：吴　波（2021年5—12月）
张　瑛（女，2021年12月始）
副主任：胡　瑾（女，2021年5—12月）
金灵华（2021年5月始）
沈华锋（2021年5月始）
季剑峰（2021年5月始）
沈军森（2021年11月始）
人大工委主任：瞿亦农（2021年5月始）
副主任：陈晓峰（2021年5月始）

新湾街道

党工委书记：金　明（2021年5—12月）
陈月松（2021年12月始）
副书记：叶小明（2021年5—12月）
杜柱佳（2021年5月始）

王琴芳（女，2021年12月始）
委　员：王水潮（2021年5—12月）
李国军（2021年5月始）
屠晓蔚（2021年5月止）
杜伟标（2021年12月始）
高红鸣（女，2021年12月始）
郭　瑜（女，2021年12月始）
潘海波（2021年5月始）
颜燕炯（女，2021年5—12月）
政法委员：杜柱佳（2021年5—12月）
王琴芳（女，2021年12月始）
纪工委书记：潘海波（2021年5月始）
办事处主任：叶小明（2021年5—12月）
杜柱佳（2021年12月始）
副主任：李国军
刘业平（2021年9月始）
高盈盈（女，2021年11月始）
颜燕炯（女，2021年5月止）
潘海波（2021年5月止）
王水潮（2021年5—12月）
人大工委主任：傅岳良（2021年5—12月）
施慧烽（2021年12月始）
副主任：李志松（2021年5月始）

临江街道

党工委书记：杜晔彪（2021年5—12月）
吴　波（2021年12月始）
副书记：谢国锋（2021年5—12月）
陈永江（2021年5月始）
谢小燕（女，2021年12月始）
委　员：傅国祥（2021年5月始）
汪建伟（2021年5月始）
谢小燕（女，2021年5—12月）
寿华成（2021年5月始）
金永刚（2021年5—12月）
高红鸣（女，2021年5—12月）
王水潮（2021年12月始）
张鹏飞（2021年10月始）
左　锋（2021年12月始）
政法委员：陈永江（2021年5—12月）
谢小燕（女，2021年12月始）
纪工委书记：谢小燕（女，2021年5—12月）
办事处主任：谢国锋（2021年5—12月）
陈永江（2021年12月始）
副主任：寿华成（2021年5月始）
金永刚（2021年5—12月）
高红鸣（女，2021年5—12月）
郭　铠（女，2021年11月始）
葛登科（2021年12月始）
人大工委主任：封　祥（2021年5月始）

前进街道

党工委书记：王卓胤（2021年5月始）
副书记：张　瑛（女，2021年5—12月）
顾小军（2021年12月始）
倪国锋（2021年5月始）
委　员：单建尧（2021年5月始）
郁竣耀（2021年5—12月）
武海蓉（女，2021年5月始）
沈　立（2021年5—12月）
汪梦智（2021年12月始）
方　力（2021年10月始）
曹丹丹（女，2021年12月始）
周浙斌（2021年12月始）
政法委员：倪国锋（2021年5月始）
纪工委书记：沈　立（2021年5—12月）
曹丹丹（女，2021年12月始）
办事处主任：张　瑛（女，2021年5—12月）
顾小军（2021年12月始）
副主任：郁竣耀（2021年5—12月）
武海蓉（女，2021年5月始）
胡飞洋（2021年5月始）
汪梦智（2021年5—12月）
陈州峰（2021年11月始）
人大工委主任：俞春传（2021年7月始）
监察办主任：曹丹丹（女，2021年12月始）

（白安娜）

钱塘区机构全称及规范化简称

钱塘区级各部门、直属各单位规范化名称和简称对照表

表 46

序号	全称		简称
1	中共杭州市钱塘区委办公室		区委办
	挂牌单位	中共杭州市钱塘区委政策研究室	区委政研室
		中共杭州市钱塘区委保密委员会办公室（杭州市钱塘区国家保密局）	区委保密办（区国家保密局）
		中共杭州市钱塘区委机要局（杭州市钱塘区密码管理局）	区委机要局（区密码管理局）
		杭州市钱塘区档案局	区档案局
		中共杭州市钱塘区委台湾工作办公室(杭州市钱塘区人民政府台湾事务办公室）	区台办
2	杭州市钱塘区人民代表大会常务委员会办公室		区人大办
	挂牌单位	杭州市钱塘区人民代表大会常务委员会监察和法制司法工作委员会	区人大监察法司工委
		杭州市钱塘区人民代表大会常务委员会财经工作委员会	区人大财经工委
		杭州市钱塘区人民代表大会常务委员会城建环保工作委员会	区人大城建环保工委
		杭州市钱塘区人民代表大会常务委员会社会建设工作委员会	区人大社会建设工委
3	杭州市钱塘区人民政府办公室		区政府办
	挂牌单位	杭州市钱塘区数据资源管理局	区数据局
4	中国人民政治协商会议杭州市钱塘区委员会办公室		区政协办
	挂牌单位	中国人民政治协商会议杭州市钱塘区委员会提案委员会	区政协提案委
		中国人民政治协商会议杭州市钱塘区委员会经济科技委员会	区政协经科委
		中国人民政治协商会议杭州市钱塘区委员会城建交通和人口资源环境委员会	区政协城建委
		中国人民政治协商会议杭州市钱塘区委员会社会法制和港澳台侨委员会（文史和教文卫体委员会）	区政协社法委
5	中共杭州市钱塘区纪律检查委员会		区纪委
	杭州市钱塘区监察委员会		区监委
6	中共杭州市钱塘区委组织部		区委组织部
	挂牌单位	中共杭州市钱塘区委机构编制委员会办公室	区委编办
		中共杭州市钱塘区委直属机关工作委员会	区委直属机关工委
		中共杭州市钱塘区委新经济与新社会组织工作委员会	区委两新工委
		中共杭州市钱塘区委老干部局	区委老干部局
		杭州市钱塘区公务员局	区公务员局
7	中共杭州市钱塘区委宣传部		区委宣传部
	挂牌单位	杭州市钱塘区政府新闻办公室	区新闻办
		杭州市钱塘区精神文明建设委员会办公室	区文明办
		杭州市钱塘区新闻出版局	区新闻出版局
		杭州市钱塘区社会科学界联合会	区社科联
		杭州市钱塘区文学艺术界联合会	区文联
8	中共杭州市钱塘区委统一战线工作部		区委统战部
	挂牌单位	杭州市钱塘区民族宗教事务局	区民宗局
		杭州市钱塘区人民政府侨务办公室	区侨办

续表 46

序 号	全 称		简 称
9	中共杭州市钱塘区委政法委员会		区委政法委
	挂牌单位	中共杭州市钱塘区委杭州市钱塘区人民政府信访局	区信访局
		杭州市钱塘区社会矛盾纠纷调处化解中心	区矛调中心
10	中共杭州市钱塘区委巡察工作领导小组办公室		区委巡察办
11	杭州市钱塘区人民法院		区法院
12	杭州市钱塘区人民检察院		区检察院
13	中国人民解放军浙江省杭州市钱塘区人民武装部		区人武部
14	杭州市钱塘区发展和改革局		区发展改革局
	挂牌单位	杭州市钱塘区对口支援和区域合作局	区支援合作局
15	杭州市钱塘区经济信息化和科学技术局		区经信科技局
16	杭州市钱塘区教育局		区教育局
17	杭州市公安局钱塘区分局		区公安分局
18	杭州市钱塘区司法局		区司法局
	挂牌单位	杭州市钱塘区行政复议局	区行政复议局
19	杭州市钱塘区财政局		区财政局
	挂牌单位	杭州市钱塘区人民政府金融工作办公室	区金融办
		杭州市钱塘区人民政府国有资产监督管理办公室	区国资办
20	杭州市钱塘区人力资源和社会保障局		区人社局
21	杭州市钱塘区住房和城乡建设局		区住建局
	挂牌单位	杭州市钱塘区人民防空办公室（杭州市钱塘区民防局）	区人防办（区民防局）
22	杭州市钱塘区交通运输局		区交通运输局
23	杭州市钱塘区农业农村局		区农业农村局
	挂牌单位	杭州市钱塘区林业水利局	区林业水利局
		杭州市钱塘区乡村振兴局	区乡村振兴局
24	杭州市钱塘区商务局		区商务局
	挂牌单位	杭州市钱塘区投资促进局	区投资促进局
		杭州市钱塘区人民政府外事办公室	区外事办
		杭州市钱塘区招商服务中心	区招商服务中心
25	杭州市钱塘区社会发展局		区社会发展局
	挂牌单位	杭州市钱塘区民政局	区民政局
		杭州市钱塘区卫生健康局	区卫生健康局
		杭州市钱塘区文化和广电旅游体育局	区文广旅体局
		杭州市钱塘区文物局	区文物局
26	杭州市钱塘区退役军人事务局		区退役军人事务局
27	杭州市钱塘区应急管理局		区应急管理局
28	杭州市钱塘区审计局		区审计局

续表 46

序 号	全 称		简 称
29	杭州市钱塘区市场监督管理局		区市场监管局
	挂牌单位	杭州市钱塘区知识产权局	区知识产权局
30	杭州市钱塘区行政审批局		区行政审批局
	挂牌单位	杭州市钱塘区行政服务中心（杭州市公共资源交易中心钱塘分中心）	区行政服务中心
31	杭州市钱塘区统计局		区统计局
32	杭州市钱塘区综合行政执法局		区综合行政执法局
	挂牌单位	杭州市钱塘区城市管理局	区城管局
		杭州市钱塘区综合行政执法队	区综合行政执法队
33	杭州市规划和自然资源局钱塘分局		市规划资源局钱塘分局
34	杭州市生态环境局钱塘分局		市生态环境局钱塘分局
35	杭州市钱塘区总工会		区总工会
36	中国共产主义青年团杭州市钱塘区委员会		团区委
37	杭州市钱塘区妇女联合会		区妇联
38	杭州市钱塘区工商业联合会		区工商联
39	杭州市钱塘区残疾人联合会		区残联
40	杭州市钱塘区科学技术协会		区科协
41	杭州市钱塘区产城融合建设发展中心		区产城中心
42	杭州市钱塘区城市有机更新指挥部办公室		区有机更新办
43	杭州市钱塘区重大交通项目建设办公室		区重大交通项目办
44	杭州市钱塘区“五大市场”管理办公室		区“五大市场”办
45	杭州钱塘新区建设投资集团有限公司		区建投集团
46	杭州钱塘新区产业发展集团有限公司		区产业集团
47	杭州钱塘新区城市发展集团有限公司		区城发集团
48	杭州医药港管理办公室		医药港管理办公室
49	杭州大创小镇管理办公室		大创小镇管理办公室
50	杭州综合保税区管理办公室		综合保税区管理办公室
51	杭州钱塘芯谷管理办公室		钱塘芯谷管理办公室
52	杭州临江高科园管理办公室		临江高科园管理办公室
53	杭州前进智造园管理办公室		前进智造园管理办公室
54	钱塘产城融合核心区管理办公室		产城融合管理办公室
55	钱塘科学城管理办公室		科学城管理办公室
56	杭州美丽云城管理办公室		美丽云城管理办公室
57	国家税务总局杭州市钱塘区税务局		区税务局
58	杭州钱塘新区消防救援大队		区消防救援大队
59	钱江海关驻下沙办事处		钱江海关驻下沙办事处

媒体看钱塘

2021年钱塘区在省级以上部分媒体报道情况表

表47

序 号	媒体名称	报道标题	刊登日期
1	CCTV-13《焦点访谈》	《焦点访谈》20210207守住冷链关 防疫不“掉链”	2021年2月7日
2	CCTV-10《创新进行时》	《创新进行时》20210305湿地“长臂怪”	2021年3月5日
3	CCTV-13《新闻直播间》	暑期托管班，托起孩子快乐假期	2021年8月15日
4	CCTV-13《朝闻天下》	青少年宫新增兴趣类课程受欢迎	2021年8月15日
5	CCTV-13《整点新闻报道》	浙江杭州 稻花香里说丰年 钱塘江畔庆丰收	2021年10月25日
6	CCTV-13《新闻直播间》	浙江杭州 稻花香里说丰年 钱塘江畔庆丰收	2021年10月25日
7	人民日报	打造高质量航空航天产业集群（专家观察）	2021年1月25日
8	人民日报海外版	“外卖+”开启行业发展新业态	2021年2月5日
9	人民日报微信公众号	老师车被刮花准备“自认倒霉”，没想到……	2021年4月21日
10	人民日报	浙江省杭州市：为基层党建聚力赋能	2021年6月1日
11	人民日报客户端浙江频道	学习百年党史丨杭州钱塘区：庆祝中国共产党成立100周年主题活动启动	2021年6月25日
12	人民日报	专业改造力量 打开升级空间（经济聚焦·解码智能制造）——来自浙江杭州的智能制造调研	2021年9月14日
13	人民日报微信公众号	险！“警察”制作笔录被紧急叫停	2021年11月8日
14	人民日报	钱塘传奇（我与一座城）	2021年12月27日
15	人民网	浙江：电力指数服务群众“就地过年”	2021年2月5日
16	人民网	【新春走基层】今年我的寒假这样过	2021年2月9日
17	人民网	杭州：开学首日 学生喜领健康“大礼包”	2021年3月1日
18	人民网	杭州钱塘科学城揭牌成立	2021年3月26日
19	人民网	浙江：智慧科技入田头 数字助农尝甜头	2021年4月9日
20	人民网	今年一季度，杭州钱塘区市场主体总量同比增长三成	2021年4月9日
21	人民网	杭州钱塘区：小麦抢收季粮库来了“先锋服务队”	2021年5月25日
22	人民网	杭州钱塘区“三点半课堂”送上暖心服务	2021年5月25日
23	人民网	杭州钱塘区地铁8号线建设进入最后决战	2021年5月26日
24	人民网	杭州钱塘区：红盟钉让企业服务“一键通达”	2021年5月26日
25	人民网	杭州钱塘区“民呼我为”主题活动持续升温	2021年5月26日
26	人民网	杭州钱塘区：奏响长三角一体化“交响乐”	2021年5月27日
27	人民网	杭州钱塘九大特色宣讲团再出发，助力党史学习教育走深走实	2021年5月28日
28	人民网	杭州钱塘区百姓议事有平台	2021年5月30日
29	人民网	浙江省杭州市：为基层党建聚力赋能	2021年6月1日
30	人民网	早教开到家门口，了结居民的“烦心事”	2021年6月2日
31	人民网	《人民日报》点赞钱塘区党建引领基层治理妙招	2021年6月2日

续表 47

序　号	媒体名称	报道标题	刊登日期
32	人民网	开好党代会 立好区之魂	2021 年 6 月 8 日
33	人民网	中国共产党杭州市钱塘区第一次代表大会开幕	2021 年 6 月 2 日
34	人民网	打造“智涌钱塘・现代星城” 看钱塘路径	2021 年 6 月 11 日
35	人民网	勾画杭州钱塘区未来五年发展蓝图和路径 高水平打造“智涌钱塘・现代星城”	2021 年 6 月 2 日
36	人民网	杭州钱塘区：亚运轮滑馆亮灯 三大亚运场馆整装待“赛”	2021 年 6 月 2 日
37	人民网	杭州钱塘区：社区一声“哨响” 多方联动把路铺到百姓心坎里	2021 年 6 月 17 日
38	人民网	一天取“三证” 杭州钱塘区前进智造园“拿地即开工”创纪录	2021 年 6 月 18 日
39	人民网	牵手理塘县 杭州钱塘区开启“浙川山海情”新篇章	2021 年 6 月 21 日
40	人民网	民呼我为丨“一户一策”个性化定制杭州钱塘区 2021 年适老化改造进入全面施工	2021 年 6 月 22 日
41	人民网	布局“一核两极三园四片” 打造“双一流、双领先” 自贸区杭州钱塘区块三年行动计划出炉	2021 年 7 月 7 日
42	人民网	杭州市钱塘区攻坚克难让百姓不再为水“犯难”	2021 年 7 月 8 日
43	人民网	杭州钱塘区：汩汩“甘泉”解决群众心头“急难愁盼”	2021 年 7 月 13 日
44	人民网	杭州钱塘新区位列 2020 年度浙江省级新区（产业集聚区）榜单第一	2021 年 7 月 13 日
45	人民网	杭州：全民健身迎亚运 运动惠民“搅动”钱塘	2021 年 7 月 14 日
46	人民网	杭州市钱塘区争创高质量发展建设共同富裕示范区的时代样板	2021 年 7 月 15 日
47	人民网	庆祝建党百年 喜迎区两会 杭州钱塘区红色画展启幕	2021 年 7 月 19 日
48	人民网	杭州市钱塘区两会 7 月 19、20 日开幕	2021 年 7 月 19 日
49	人民网	凝心聚力共谋“十四五” 携手打造“智涌钱塘・现代星城”	2021 年 7 月 19 日
50	人民网	杭州市钱塘区政协一届一次会议开幕	2021 年 7 月 19 日
51	人民网	杭州钱塘区一届人大一次会议开幕 在新的历史起点上绘就大美钱塘新画卷	2021 年 7 月 20 日
52	人民网	杭州市钱塘区一届人大一次会议举行第二次全体会议	2021 年 7 月 22 日
53	人民网	解读杭州钱塘区政府（筹）工作报告中的 8 个新名词	2021 年 7 月 22 日
54	人民网	杭州市钱塘区举行揭牌仪式	2021 年 7 月 24 日
55	人民网	杭州：“新钱塘人”陈位伟 钱塘以你为荣	2021 年 7 月 30 日
56	人民网	【高质量发展看钱塘】打造高能级产业集群 “数”“智”钱塘竞风流	2021 年 8 月 8 日
57	人民网	【高质量发展看钱塘】钱塘区：助推现代星城建设 做好交通“先行官”	2021 年 8 月 9 日
58	人民网	【高质量发展看钱塘】杭州钱塘：“数智”赋能基层治理	2021 年 8 月 9 日
59	人民网	【高质量发展看钱塘】杭州钱塘区：助推现代星城建设 做好交通“先行官”	2021 年 8 月 9 日
60	人民网	【高质量发展看钱塘】10.1 平方公里撬动全域高质量发展 杭州钱塘自贸区“乘风破浪”	2021 年 8 月 10 日
61	人民网	【高质量发展看钱塘】从亚运会到“亚运惠” 老百姓尽享“亚运红利”	2021 年 8 月 11 日
62	人民网	【浙江经济半年报】减负降本贴心服务 上半年浙江市场主体活力迸发	2021 年 8 月 12 日
63	人民网	杭州市钱塘区划定近 19 平方公里生态保护红线	2021 年 8 月 18 日
64	人民网	【高质量发展看钱塘】全方位推行优质均衡教育 杭州钱塘打造美好教育先行区	2021 年 8 月 23 日
65	人民网	【高质量发展看钱塘】从大围垦走来 杭州钱塘文化融入新内涵	2021 年 8 月 24 日

续表 47

序 号	媒体名称	报道标题	刊登日期
66	人民网	【高质量发展看钱塘】杭州钱塘：把“百姓事”当“自家事” 民呼我为暖人心	2021 年 8 月 24 日
67	人民网	【高质量发展看钱塘】杭州：奋力打造“美丽田园”钱塘样板 精准助力乡村振兴	2021 年 8 月 24 日
68	人民网	杭州经济技术开发区连续两年位居浙江开发区综合考评第一名	2021 年 8 月 27 日
69	人民网	朗朗上口又“上头” 杭州农贸市场的“土味”防疫标语火了	2021 年 8 月 28 日
70	人民网	上头！在这买菜，不自觉地就来上一段 ...	2021 年 8 月 28 日
71	人民网	189.7 万人在线观看 网络直播助力四川理塘农产品销售	2021 年 8 月 30 日
72	人民网	【高质量发展看钱塘】杭州钱塘区：创新举措打造英才高地 聚才引智赓续发展动能	2021 年 8 月 30 日
73	人民网	地区生产总值突破 1600 亿元 杭州市钱塘区“十四五”规划正式发布	2021 年 9 月 3 日
74	人民网	中国（浙江）自由贸易试验区钱塘区块：智涌钱塘新引擎 制度开放新高地	2021 年 9 月 6 日
75	人民网	杭州钱塘“数字社会喊潮员”受聘上岗	2021 年 9 月 8 日
76	人民网	杭州钱塘打造“美好教育，宜学钱塘”新品牌	2021 年 9 月 10 日
77	人民网	消失的风油精味儿——缅怀杭州钱塘区交通运输局副局长陈利平同志	2021 年 9 月 17 日
78	人民网	" 杭州市钱塘区对口支援理塘县挂职干部和专技人才举行中秋节联谊活动 此心安处是吾乡 这个中秋分外难忘 "	2021 年 9 月 22 日
79	人民网	杭州钱塘：喜事连连“迎丰收”	2021 年 9 月 23 日
80	人民网	杭州钱塘区美丽云城产业功能平台正式成立未来 3 年将引入百亿项目发展“美丽经济”	2021 年 9 月 23 日
81	人民网	杭州钱塘：一路向东 奏响共富乐章	2021 年 9 月 26 日
82	人民网	杭州：数字自贸新探索	2021 年 9 月 29 日
83	人民网	杭州钱塘区留用地开发推出“四统一”新模式	2021 年 9 月 30 日
84	人民网	假日消费观察：新技术新理念释放潜力 为经济发展注入新动能	2021 年 10 月 7 日
85	人民网	杭州钱塘区一批重大项目成立临时党支部	2021 年 10 月 12 日
86	人民网	杭州钱塘区：紧抓“一号工程” 持续促项目早落地早开工	2021 年 10 月 18 日
87	人民网	全球 12 个生命健康创业团队角逐杭州海外高层次人才创新创业大赛入场券	2021 年 10 月 21 日
88	人民网	杭州钱塘区三季度经济数据出炉，规上工业总产值 2304.67 亿元	2021 年 10 月 25 日
89	人民网	杭州钱塘：技能大师来授课 稻香节“丰”味十足	2021 年 10 月 26 日
90	人民网	杭州钱塘区 2021 年农民丰收月系列活动暨钱塘区首届稻香节启动	2021 年 10 月 27 日
91	人民网	杭州市钱塘区五大“顶梁柱”产业成高质量发展“压舱石”	2021 年 10 月 28 日
92	人民网	浙江 3 至 11 岁人群新冠肺炎疫苗全面开打 直击现场	2021 年 11 月 2 日
93	人民网	双十一”将至 杭州为快递小哥送上暖心大礼包	2021 年 11 月 3 日
94	人民网	杭州市钱塘区打通法治为民“最后一公里”	2021 年 11 月 3 日
95	人民网	杭州钱塘区前三季度工业投资总量全市第一	2021 年 11 月 4 日
96	人民网	2021 杭州“揭榜挂帅·全球引才”（生物医药）科洽会在钱塘区举行	2021 年 11 月 10 日
97	人民网	杭州钱塘区“大手牵小手”优化医疗资源布局	2021 年 11 月 19 日
98	人民网	上线 10 个月助企 2600 余次 杭州钱塘“红盟钉”破解基层党建“成长的烦恼	2021 年 11 月 21 日
99	人民网	杭州：超市把反诈知识塞进顾客的“购物车”	2021 年 11 月 23 日

续表 47

序 号	媒体名称	报道标题	刊登日期
100	人民网	钱塘韵、生态貌、年轻态、智慧感 杭州钱塘区将全面启动城乡风貌整治提升	2021 年 11 月 23 日
101	人民网	金承涛任杭州市钱塘区委书记	2021 年 11 月 25 日
102	人民网	沈燕俊任杭州市钱塘区代理区长	2021 年 11 月 29 日
103	人民网	杭州以移风易俗为抓手推动新时代文明新风深入人心	2021 年 12 月 1 日
104	人民网	公园里开出书房 杭州钱塘区打造家门口的新时代文化高地	2021 年 12 月 3 日
105	人民网	浙江支教老师在四川牧区学校建起天文社 带高原孩子筑梦星空	2021 年 12 月 3 日
106	人民网	杭州：锚定钱塘扬帆起航之年 展现规划资源“头雁风采”	2021 年 12 月 7 日
107	人民网	把饭碗牢牢端在自己手中	2021 年 12 月 8 日
108	人民网	杭州钱塘前峰村“共富菜圃”精准帮扶低收入农户	2021 年 12 月 14 日
109	人民网	杭州钱塘区前进街道：退职不褪色 老支书的“新战疫”	2021 年 12 月 15 日
110	人民网	杭州 14 处亚运观赛空间陆续试运行 超 10 万人次参与 提前引燃“亚运”热潮	2021 年 12 月 22 日
111	人民网	强化统筹谋划 深挖典型场景 杭州数字经济系统建设步履铿锵	2021 年 12 月 23 日
112	人民网	解码杭州“钱塘路径”：“双引擎”驱动的两年实践	2021 年 12 月 24 日
113	人民网	杭州钱塘区：为退役军人办好“急难愁盼”事	2021 年 12 月 24 日
114	人民网	钱塘传奇（我与一座城）	2021 年 12 月 27 日
115	新华社	杭州下沙路隧道工程开始盾构掘进	2021 年 1 月 6 日
116	新华社	新春走基层 丨 社区书记的年夜饭	2021 年 2 月 12 日
117	新华社	老师车被刮花准备“自认倒霉”，没想到……	2021 年 4 月 20 日
118	新华社	杭州打造“民呼我为”金名片	2021 年 6 月 21 日
119	新华社	立潮头，谱新篇！杭州白杨街道“永远跟党走”主题活动很燃	2021 年 6 月 26 日
120	新华社	用爱浇灌“小候鸟”的心田	2021 年 8 月 16 日
121	新华社	杭州钱塘区：党建为媒推动产业联盟协同发展	2021 年 10 月 20 日
122	新华社	60 余个项目发榜 5 亿元 生物医药科洽会在杭州钱塘开启	2021 年 11 月 9 日
123	新华社	《钱塘・起帆 Sail to the Future》纪录片 11.9 正式献映	2021 年 11 月 12 日
124	新华社	杭州钱塘 “组合拳”举措暖心服务“小哥”群体	2021 年 11 月 13 日
125	新华社	险！“警察”制作笔录被紧急叫停……	2021 年 11 月 8 日
126	新华网	义蓬 Vlog 丨 美丽乡村：欢迎来火星	2021 年 1 月 2 日
127	新华网	义蓬 Vlog 丨 小康路上一个都不掉队	2021 年 1 月 19 日
128	新华网	一纵一横环境整治再显杭州新湾滨水别样之景	2021 年 1 月 21 日
129	新华网	杭州义蓬街道：助力疫情防控 环境整治筑屏障	2021 年 1 月 23 日
130	新华网	杭州市钱塘新区义蓬街道：拍摄全家福，送新年礼包，这样留杭很暖心	2021 年 1 月 27 日
131	新华网	情暖新春，杭州钱塘新区义蓬街道义和社区为留岗员工送上祝福	2021 年 2 月 7 日
132	新华网	新春走基层丨社区书记的年夜饭	2021 年 2 月 15 日
133	新华网	杭州钱塘新区义蓬街道头蓬社区：环境大整治 危旧房改造改出一片新天地	2021 年 2 月 18 日
134	新华网	为爱点赞！杭州钱塘新区一小区里，一名孕妇突然临盆，小区里不少人出手相助	2021 年 2 月 24 日
135	新华网	杭州钱塘新区义蓬街道：小小素食馆，点滴聚大爱	2021 年 2 月 25 日

续表 47

序 号	媒体名称	报道标题	刊登日期
136	新华网	包元宵、扯白糖、做糖画 杭州义蓬的元宵节很热闹	2021 年 2 月 25 日
137	新华网	新春走基层丨红汤圆、绿汤圆 元宵至味又一年	2021 年 2 月 27 日
138	新华网	杭州钱塘：风吹麦浪收割忙	2021 年 5 月 31 日
139	新华网	城市美容师技能比武，不能错过的精彩	2021 年 6 月 3 日
140	新华网	新春走基层丨红汤圆、绿汤圆 元宵至味又一年	2021 年 2 月 27 日
141	新华网	浙江杭州：无人机飞上农田 智慧农业助春耕	2021 年 3 月 4 日
142	新华网	【“飞阅”中国】浙江杭州：无人机飞上农田 智慧农业助春耕	2021 年 3 月 4 日
143	新华网	品茶韵、巧剪纸、放风筝 杭州钱塘新区头蓬社区这样庆祝妇女节	2021 年 3 月 4 日
144	新华网	好“蓬”友志愿服务让 365 天都是“学雷锋纪念日”	2021 年 3 月 5 日
145	新华网	巾帼心向党 绣面党旗传真情	2021 年 3 月 7 日
146	新华网	有颜有品有获得 这些小区了不得	2021 年 3 月 10 日
147	新华网	杭州钱塘新区义蓬街道按下环境“美颜键”	2021 年 3 月 11 日
148	新华网	杭州头蓬社区举办建党 100 周年暨童心护苗主题活动	2021 年 3 月 13 日
149	新华网	杭州义蓬街道：童心向党迎百年 村校共育培新苗	2021 年 3 月 13 日
150	新华网	用奋斗点亮绿色 杭州义和社区植绿护绿助亚运	2021 年 3 月 13 日
151	新华网	水清岸绿“治”中来 金泉中心河开启“变身模式”	2021 年 3 月 17 日
152	新华网	新湾街道风筝节点亮居民多彩生活	2021 年 3 月 18 日
153	新华网	“黑匣子”盯牢药品生产	2021 年 3 月 13 日
154	新华网	孩童喜迎春分来 忙趁春暖放风筝	2021 年 3 月 23 日
155	新华网	年年艾草绿，岁岁粿飘香	2021 年 3 月 24 日
156	新华网	杭州钱塘新区义蓬街道这场文化赛马惊喜连连	2021 年 3 月 25 日
157	新华网	杭州钱塘新区金沙湖畔大剧院建设加快步伐	2021 年 4 月 6 日
158	新华网	杭州市第一季度美丽城镇建设现场会在钱塘义蓬召开	2021 年 4 月 17 日
159	新华网	杭州钱塘区义蓬街道“知音”议事队：小队伍 大作用	2021 年 5 月 7 日
160	新华网	助力杭州“新制造业”计划 钱塘区携手高校抢滩人工智能产业	2021 年 5 月 12 日
161	新华网	一场“会议”，企业被骗近百万资金 杭州市钱塘区民警一小时内冻结账户并最终促成返款	2021 年 5 月 12 日
162	新华网	杭州市钱塘区义蓬街道：以“绣花”功夫织就美丽家园新图景	2021 年 5 月 11 日
163	新华网	32 家企业入选未来工厂培育名单 钱塘区加快“产业大脑 + 未来工厂”建设	2021 年 5 月 16 日
164	新华网	杭州钱塘：风吹麦浪收割忙	2021 年 5 月 31 日
165	新华网	义蓬街道开展电动自行车交通安全专项整治行动	2021 年 6 月 3 日
166	新华网	城市美容师技能比武，不能错过的精彩	2021 年 6 月 3 日
167	新华网	“旋风陀螺”亚运轮滑馆正式亮灯	2021 年 6 月 17 日
168	新华网	钱塘净土 美好家园	2021 年 6 月 21 日
169	新华网	【飞“阅”中国】“旋风陀螺”亚运轮滑馆正式亮灯	2021 年 6 月 21 日
170	新华网	浙江自贸区钱塘区块三年行动计划出炉 促全域高质量发展	2021 年 7 月 7 日
171	新华网	“旋风陀螺”亚运轮滑馆正式亮灯	2021 年 6 月 17 日

续表 47

序　号	媒体名称	报道标题	刊登日期
172	新华网	钱塘净土 美好家园	2021 年 6 月 21 日
173	新华网	杭州警方通报“剑锋 4 号”行动工作成果	2021 年 7 月 15 日
174	新华网	杭州钱塘义蓬街道百件实事暖民心	2021 年 7 月 21 日
175	新华网	当钱塘夕阳“邂逅”奥运	2021 年 7 月 31 日
176	新华网	杭州钱塘义蓬街道：那些风雨中的暖心小故事	2021 年 7 月 31 日
177	新华网	杭州钱塘区：“塘塘”牵手 消费协作	2021 年 8 月 3 日
178	新华网	从“杭州奇妙夜”看新时代对口支援工作的创新与实践	2021 年 8 月 10 日
179	新华网	杭州钱塘蓝天公益服务中心：以志愿精神实现人生价值	2021 年 8 月 10 日
180	新华网	杭州钱塘义蓬街道高质量推进十大民生实事	2021 年 8 月 10 日
181	新华网	【飞“阅”中国】浙江：夏收夏种农事忙	2021 年 8 月 12 日
182	新华网	杭州钱塘义蓬街道春光村打造新时代美丽乡村	2021 年 8 月 12 日
183	新华网	杭州钱塘义蓬街道低效工业整治成效显著	2021 年 8 月 12 日
184	新华网	碧玉金沙别样美	2021 年 8 月 12 日
185	新华网	杭州钱塘区：有奖征集！这个形象 IP 由你定	2021 年 8 月 20 日
186	新华网	杭州钱塘区：“塘塘”牵手 消费协作	2021 年 8 月 3 日
187	新华网	碧玉金沙别样美	2021 年 8 月 12 日
188	新华网	杭州钱塘区义蓬街道：蜜蜂村新建老年活动室玩乐“夕阳红”	2021 年 8 月 23 日
189	新华网	杭州钱塘区义蓬街道：废弃中转站变身“清新”小公园	2021 年 8 月 23 日
190	新华网	杭州钱塘区义蓬街道：安置房配套再次升级 260 名孩子 9 月能上新幼儿园	2021 年 8 月 23 日
191	新华网	杭州钱塘义蓬街道：“云上小泗埠” 整村拆迁后的数智家园	2021 年 8 月 25 日
192	新华网	杭州市钱塘区义蓬街道：公益培训丰富群众文化生活	2021 年 8 月 28 日
193	新华网	杭州钱塘举办“发展高质量 钱塘新力量”第一期论坛	2021 年 8 月 31 日
194	新华网	杭州钱塘义蓬街道：天光云影碧水粼粼 美丽池塘旧貌新颜	2021 年 9 月 4 日
195	新华网	杭州钱塘义蓬街道：义南公路开启“变身模式”	2021 年 9 月 4 日
196	新华网	请查收！杭州钱塘的“美好教育”新答卷	2021 年 9 月 9 日
197	新华网	杭州钱塘区义蓬街道：公益培训丰富群众文化生活	2021 年 9 月 10 日
198	新华网	杭州市钱塘区义蓬街道开展全民护水 共治福寿螺专题活动	2021 年 9 月 23 日
199	新华网	庆丰收 享农趣 杭州市钱塘区义蓬街道南沙村首届丰收节硕果累累	2021 年 9 月 23 日
200	新华网	把海外工厂搬入保税区，天猫国际首个日化“新世界工厂”启动	2021 年 9 月 27 日
201	新华网	杭州钱塘区义蓬街道打造有高度、有深度、有亮度、有温度的基层党群服务中心	2021 年 9 月 29 日
202	新华网	杭州钱塘义蓬街道：国庆“小哥”在行动，志愿服务暖人心	2021 年 10 月 9 日
203	新华网	杭州钱塘义蓬街道头蓬社区开展重阳节活动	2021 年 10 月 11 日
204	新华网	打造流域共治生态合作样板 杭州三区携手联保共治钱塘江	2021 年 10 月 20 日
205	新华网	杭州钱塘区：吹响亚运兴城冲锋号	2021 年 10 月 22 日
206	新华网	杭州市钱塘区义蓬街道新乡贤联谊会成立	2021 年 10 月 31 日
207	新华网	杭州钱塘区：吹响亚运兴城冲锋号	2021 年 10 月 20 日

续表 47

序 号	媒体名称	报道标题	刊登日期
208	新华网	杭州“枫香大道”如约“上线”	2021 年 11 月 9 日
209	新华网	“塘塘”协作 打造对口支援金名片	2021 年 11 月 15 日
210	新华网	《钱塘·起帆 Sail to the Future》纪录片 11.9 正式献映	2021 年 11 月 11 日
211	新华网	杭州钱塘给甘孜理塘“送”草 让 900 万元“长”出 2800 万元	2021 年 11 月 20 日
212	新华网	杭州市钱塘区召开区校统战工作座谈会	2021 年 11 月 21 日
213	新华网	汇聚发展新合力 杭州市钱塘区新联会、网联会成立	2021 年 11 月 21 日
214	新华网	浙江杭州市钱塘区评出首批“千亩粮仓”示范区	2021 年 11 月 30 日
215	新华网	千里握手，“塘塘”协作！奏响新时代对口支援“协奏曲”	2021 年 12 月 3 日
216	新华网	“无废工厂”如何让废物变成“香饽饽”？	2021 年 12 月 4 日
217	新华网	杭州钱塘新湾街道创新村：小小免费“智能锁”，守护紫瑞“大安全”	2021 年 12 月 6 日
218	新华网	杭州钱塘新湾街道组织开展党务培训	2021 年 12 月 6 日
219	经济日报	把饭碗牢牢端在自己手中	2021 年 12 月 8 日
220	中国网	智慧共分享，交流促成长—记杭州钱塘新区 2020 届新教师实践培训交流会	2021 年 2 月 2 日
221	中国网	开学进校要先挑战健康门？钱塘新区幸福河小学开学有意思	2021 年 3 月 1 日
222	中国网	杭州市临江街道治理污水 守护碧水长清	2021 年 4 月 20 日
223	中国网	钱塘优秀教师亮相全国教学论坛展示课堂魅力	2021 年 5 月 27 日
224	中国网	凝“新”聚力，逐梦前行——2020 年杭州钱塘区新教师培训结业典礼圆满落幕	2021 年 6 月 17 日
225	中国网	钱塘区：发挥基层治理作用 践行垃圾分类杭州模式	2021 年 9 月 23 日
226	中国网	杭州“揭榜挂帅·全球引才”（生物医药）科洽会圆满闭幕 数据亮眼	2021 年 11 月 9 日
227	央广网	春节不停工 杭州钱塘新区 600 名建筑工人“就地过年”	2021 年 1 月 20 日
228	央广网	杭州：亚运地铁工程建设者坚守岗位就地过年	2021 年 2 月 16 日
229	央广网	杭州钱塘新区：春耕备耕正当时	2021 年 2 月 24 日
230	央广网	灯光秀美景 杭州亚运轮滑馆正式亮灯	2021 年 6 月 17 日
231	央广网	打造东西部协作“升级版” 杭州市钱塘区“牵手”四川甘孜州理塘县	2021 年 6 月 21 日
232	央广网	杭州亚运轮滑馆新赛道迎来首次试滑	2021 年 8 月 24 日
233	央广网	杭州艮山东路过江隧道预计年底双线洞通	2021 年 11 月 25 日
234	央广网	杭州江东沿江湿地首次观测到国家一级保护动物白头鹤	2021 年 11 月 27 日
235	央广网	亚洲最高标准 杭州亚运会轮滑馆通过赛事功能专项验收	2021 年 12 月 2 日
236	央广网	暖心也暖胃，杭州 6 个消防站推出“爱心餐”	2021 年 12 月 2 日
237	央广网	“交房云办证”亮相杭州钱塘区 拿证无需再跑办事大厅	2021 年 12 月 6 日
238	中国组织人事报	聚焦长三角 ┆ 浙江钱塘新区：“城市党建大联盟”构建区域治理发展共同体	2021 年 1 月 20 日
239	浙江日报	Up 杭州·联连钱塘新区丨修补老物件 留住乡土记忆	2021 年 1 月 6 日
240	浙江日报	记者跟随省市场监管局工作人员走访进口冷链食品管理各关键节点 从源头到平台、餐桌，一环都不放松	2021 年 1 月 8 日
241	浙江日报	携方舱式 CT 钱塘新区企业驰援石家庄战“疫”	2021 年 1 月 10 日
242	浙江日报	Up 杭州·联连钱塘新区丨五星红旗在月球飘扬 背后有这家企业的功劳	2021 年 1 月 18 日
243	浙江日报	消费券、1000 元红包…看看这教科书级的“留人留心”	2021 年 1 月 19 日

续表 47

序号	媒体名称	报道标题	刊登日期
244	浙江日报	Up 杭州·联连钱塘新区丨超多温暖举措来了 一企业 98% 员工留杭	2021 年 1 月 20 日
245	浙江日报	" 机制赋能 改革突破 服务提质杭州钱塘新区：奋力书写高质量发展新篇章 "	2021 年 1 月 26 日
246	浙江日报	奋进“十四五” 杭州钱塘新区书写高质量发展新篇章	2021 年 1 月 26 日
247	浙江日报	拍全家福 送大礼包 钱塘新区头蓬社区让留杭更暖心	2021 年 1 月 26 日
248	浙江日报	今年春节不回家 这家杭企自编自导自演“云春晚”	2021 年 1 月 28 日
249	浙江日报	国家级经开区最新考核评价结果公布 杭州经开区晋级前十	2021 年 1 月 28 日
250	浙江日报	高层火灾该怎么逃生，这个案例值得借鉴 这波“教科书式”自救，为救援争取了时间	2021 年 1 月 28 日
251	浙江日报	钱塘新年礼 邀你说愿景①丨看！ “大飞机” 送给你	2021 年 2 月 1 日
252	浙江日报	6 号线二期“洞通”8 号线一期“热滑” 杭州地铁的新消息来了	2021 年 2 月 4 日
253	浙江日报	钱塘新年礼 邀你说愿景②丨产自钱塘新区的马来西亚燕窝 送你！	2021 年 2 月 5 日
254	浙江日报	葱油鱼、八宝饭……钱塘新区头蓬社区给留杭人员加菜	2021 年 2 月 7 日
255	浙江日报	钱塘新年礼 邀你说愿景③丨邀你尝鲜 这份“钱塘味道”送你！	2021 年 2 月 8 日
256	浙江日报	钱塘新年礼 邀你说愿景④丨一起“高颜值” 网红吹风机送你	2021 年 2 月 10 日
257	浙江日报	特色游 充电忙 守岗位 大年初一“浙”里祥和有序	2021 年 2 月 12 日
258	浙江日报	钱塘新年礼 邀你说愿景⑤丨吃货必备 这份“零食大礼包”送你！	2021 年 2 月 18 日
259	浙江日报	美极了 钱塘新区江海湿地换春装	2021 年 2 月 20 日
260	浙江日报	环境整治动真格 钱塘新区海天社区“蝶变”展新颜	2021 年 2 月 20 日
261	浙江日报	牛年开工忙 钱塘新区各企业抓生产赶订单	2021 年 2 月 20 日
262	浙江日报	钱塘新年礼 邀你说愿景⑥丨护肤神器、灭活口罩……两大神秘礼盒送你	2021 年 2 月 23 日
263	浙江日报	这条隧道成功穿过钱塘江东岸大堤 未来过江只要 4 分钟	2021 年 2 月 25 日
264	浙江日报	钱塘新年礼 邀你说愿景⑦丨终极大礼来了 10 个“愿景之声”等你点赞	2021 年 2 月 26 日
265	浙江日报	以“数”提效	2021 年 2 月 27 日
266	浙江日报	利用数字化技术从源头强化药品监管 “黑匣子”盯牢药品生产	2021 年 3 月 20 日
267	浙江日报	畅通双循环 探路开放新格局	2021 年 3 月 29 日
268	浙江日报	河庄街道：加大“腾笼换鸟”力度 提升工业用地效益	2021 年 4 月 29 日
269	浙江日报	“牛年第一股”鸣锣上市 钱塘新区上市企业增至 13 家	2021 年 3 月 1 日
270	浙江日报	C919 全球首单落地 背后有这家浙企身影	2021 年 3 月 1 日
271	浙江日报	点燃企业上市“双响炮” 钱塘新区上市企业增至 14 家	2021 年 3 月 2 日
272	浙江日报	杭州钱塘区白杨街道做好“融合”“创新”文章 服务多元群体 建设“文化白杨”	2021 年 4 月 30 日
273	浙江日报	钱塘供电聚力“双碳”目标	2021 年 5 月 26 日
274	浙江日报	杭州市钱塘区：奏响长三角一体化“交响乐”	2021 年 5 月 27 日
275	浙江日报	钱塘区前进街道倾力构建美丽之城、创业之城、宜居之城	2021 年 6 月 8 日
276	浙江日报	钱塘区河庄街道启动村社联盟	2021 年 6 月 16 日
277	浙江日报	杭州钱塘新区：田园风光美如画	2021 年 3 月 10 日
278	浙江日报	钱塘新区昔日千亩荒地 妙变田园春色	2021 年 3 月 11 日
279	浙江日报	杭州钱塘新区：七彩花海 闲梦江东	2021 年 3 月 17 日

续表 47

序 号	媒体名称	报道标题	刊登日期
280	浙江日报	优化消费环境 钱塘新区白杨市场监管所出新招	2021 年 3 月 18 日
281	浙江日报	钱塘新区工业经济“高位开局” 今年前两月同比增长 59.8%	2021 年 3 月 19 日
282	浙江日报	钱塘新区工业用地使用权续期便民系统正式上线	2021 年 3 月 23 日
283	浙江日报	“企业跑”变“数据跑” 钱塘新区工业用地使用权续期便民系统正式上线	2021 年 3 月 23 日
284	浙江日报	钱塘新区超 500 家企业“尝鲜”电子劳动合同系统	2021 年 3 月 24 日
285	浙江日报	奥泰生物上市 钱塘新区累计 A 股上市企业达 15 家	2021 年 3 月 25 日
286	浙江日报	锚定高质量发展 杭州钱塘新区打造全球先进制造业基地	2021 年 3 月 26 日
287	浙江日报	钱塘新区与零跑科技签订合作协议 打造智能汽车产业集群	2021 年 3 月 29 日
288	浙江日报	直播招聘会 钱塘新区探索“互联网 + 人力资源服务”新模式	2021 年 4 月 1 日
289	浙江日报	晚樱盛开 钱塘新区六号大街被粉色承包了	2021 年 4 月 2 日
290	浙江日报	揭开面纱 实探钱塘新区金沙湖畔大剧院	2021 年 4 月 6 日
291	浙江日报	帮助困难群众超万人 钱塘新区临江街道发布“慈善十大工程”	2021 年 4 月 6 日
292	浙江日报	钱塘新区丨江东大桥将新建过江慢行系统	2021 年 4 月 6 日
293	浙江日报	钱塘新区首个人才专项租赁房样板房验收 项目预计明年交付	2021 年 4 月 8 日
294	浙江日报	又有“精灵”来钱塘新区做客 这次是黑脸琵鹭	2021 年 4 月 8 日
295	浙江日报	快就一个字 钱塘区首发创业经营场所房租补贴“云闪兑”	2021 年 4 月 15 日
296	浙江日报	钱塘区设立后首个世界 500 强项目来了 亮点是它	2021 年 4 月 17 日
297	浙江日报	传承“指尖”非遗 钱塘区头蓬社区打造家门口的文化家园	2021 年 4 月 20 日
298	浙江日报	世界读书日丨杭州钱塘区晨光社区“旧书兑换”让书香浸润心灵！	2021 年 4 月 23 日
299	浙江日报	牵手浙江传媒学院 钱塘区设立后首个特色产业园亮相	2021 年 4 月 25 日
300	浙江日报	杭州钱塘新区东沙湖社区开展“绿色共治，全民共享”垃圾分类主题活动	2021 年 4 月 26 日
301	浙江日报	让运行更高效 钱塘区行政服务中心有个“数字驾驶舱”	2021 年 4 月 29 日
302	浙江日报	钱塘区河庄街道：加大“腾笼换鸟”力度 提升工业用地效益	2021 年 4 月 29 日
303	浙江日报	服务多元群体 杭州钱塘区白杨街道做好“融合”“创新”文章	2021 年 4 月 30 日
304	浙江日报	助力亚运项目提速 这群建设者“五一”坚守钱塘江畔	2021 年 5 月 1 日
305	浙江日报	安全生产重于泰山！杭州钱塘区白杨街道开展涉燃爆粉尘企业专项整治检查	2021 年 5 月 8 日
306	浙江日报	老厂房将变身住宅区 钱塘区城市有机更新成效初显	2021 年 5 月 10 日
307	浙江日报	今年一季度 钱塘区新设市场主体量增长实现“开门红”	2021 年 5 月 10 日
308	浙江日报	老旧小区改造居民说了算 钱塘区临江佳苑获评杭州最佳	2021 年 5 月 10 日
309	浙江日报	“升格”迎满月 钱塘区抛出了哪些关键词？	2021 年 5 月 14 日
310	浙江日报	建设“江城河庄” 打造“田园新城” 钱塘区河庄街道激活乡村振兴新动力	2021 年 5 月 25 日
311	浙江日报	幸福同行 毅路有你 祥生地产钱塘区绿道毅行大会举行	2021 年 5 月 25 日
312	浙江日报	提升群众获得感 钱塘区“民呼我为”主题活动持续升温	2021 年 5 月 25 日
313	浙江日报	孩子放学谁来带？钱塘区有个“三点半课堂”	2021 年 5 月 25 日
314	浙江日报	建设“江城河庄” 打造“田园新城” 钱塘区河庄街道激活乡村振兴新动力	2021 年 5 月 25 日
315	浙江日报	杭州钱塘区智慧巡控正式启动	2021 年 5 月 25 日
316	浙江日报	长三角高质量一体化发展看“浙”里丨钱塘区：奏响长三角一体化“交响乐”	2021 年 5 月 27 日

续表 47

序 号	媒体名称	报道标题	刊登日期
317	浙江日报	钱塘区数智赋能产业红盟 企业服务“一键通达”	2021 年 5 月 27 日
318	浙江日报	Up 杭州 · 联连钱塘丨荒地变麦田 风吹麦浪收割忙	2021 年 5 月 28 日
319	浙江日报	又鲜又甜 杭州钱塘区的西瓜上市啦	2021 年 5 月 28 日
320	浙江日报	钱塘区用上“智能”闸门 把用水矛盾平息在田间地头	2021 年 6 月 5 日
321	浙江日报	又有新车型下线 钱塘区打造高质量汽车产业集群	2021 年 6 月 2 日
322	浙江日报	高质量高标准高要求 钱塘区发布亚运城市攻坚行动任务	2021 年 6 月 5 日
323	浙江日报	“百年百场” 钱塘区启动红色主题演出电影进基层活动	2021 年 6 月 7 日
324	浙江日报	设行政区后首届党代会开幕 钱塘区未来五年这么干	2021 年 6 月 9 日
325	浙江日报	钱塘 Let’ s Go ①丨一首原创说唱 带你换个角度看钱塘	2021 年 6 月 9 日
326	浙江日报	钱塘 Let’ s Go ②丨乘风而行 看“硬核”钱塘智造	2021 年 6 月 15 日
327	浙江日报	钱塘丨亚运轮滑馆正式亮灯 灯光秀让你一饱眼福	2021 年 6 月 16 日
328	浙江日报	社区一声“哨响” 钱塘区多方联动把路铺到居民心坎里	2021 年 6 月 17 日
329	浙江日报	长三角的教授、企业家、大学生齐聚钱塘 这场论坛干货满满	2021 年 6 月 18 日
330	浙江日报	和丁真家乡开启全方位协作 钱塘理塘签署框架协议	2021 年 6 月 20 日
331	浙江日报	钱塘 Let's Go ③丨外国小哥点赞 改革钱塘原来这么酷	2021 年 6 月 22 日
332	浙江日报	钱塘丨杭州松下家电新工厂奠基 计划明年投用	2021 年 6 月 23 日
333	浙江日报	钱塘 Let's Go ④丨敢闯会创 “技术控”带你玩转创新钱塘	2021 年 6 月 25 日
334	浙江日报	健全四大机制 钱塘白杨街道发布“逐红潮 创白杨”品牌	2021 年 6 月 26 日
335	浙江日报	5 分钟“穿越”钱塘江！杭州地铁 8 号线来啦	2021 年 6 月 28 日
336	浙江日报	钱塘区加强产学研合作 校企地共建党建共同体	2021 年 6 月 28 日
337	浙江日报	钱塘 Let's Go ⑤丨韵味十足 品有滋有味的文化钱塘	2021 年 7 月 5 日
338	浙江日报	科技成果经拍卖可拿银行授信 钱塘区巧解小企业融资难	2021 年 7 月 12 日
339	浙江日报	钱塘 Let's Go ⑥丨跑出加速度 追风少年带你感受别样幸福	2021 年 7 月 14 日
340	浙江日报	“钱塘区聚焦产业链构建生态圈汽车产业跑出加速度”	2021 年 7 月 16 日
341	浙江日报	钱塘区：打造国际化现代化一流新区	2021 年 7 月 21 日
342	浙江日报	钱塘新湾：打造美丽精致的现代田园小城	2021 年 7 月 23 日
343	浙江日报	送出 5000 余份“包子礼”	2021 年 7 月 27 日
344	浙江日报	数智乡村开启未来社区	2021 年 7 月 30 日
345	浙江日报	浙江自贸试验区半年新增 2.48 万家企业	2021 年 7 月 31 日
346	浙江日报	杭州市钱塘区土地出让公告 3 宗地块推介	2021 年 8 月 3 日
347	浙江日报	钱塘“塘塘合作”助力四川农货热销	2021 年 8 月 4 日
348	浙江日报	多措并举保供电	2021 年 8 月 4 日
349	浙江日报	“一键找园”，让企业落户像“网购”	2021 年 8 月 9 日
350	浙江日报	大剧院披新装	2021 年 8 月 25 日
351	浙江日报	新冠肺炎疫苗如何送达全省各地？记者体验“疫苗快递员”送货——用我一路风尘 送您一份安康	2021 年 8 月 31 日
352	浙江日报	钱塘书房 邀你“悦”读	2021 年 9 月 1 日

续表 47

序 号	媒体名称	报道标题	刊登日期
353	浙江日报	杭州目前规模最大的集体租赁住房项目主体结顶 钱塘区河庄街道：盘活资源开辟共富路	2021 年 9 月 6 日
354	浙江日报	我省优化财政支持方式助企加快生产制造方式变革 集中财力解难题破堵点	2021 年 9 月 7 日
355	浙江日报	如何描画共富美景 钱塘区亮招要这样“点睛落笔”	2021 年 7 月 14 日
356	浙江日报	丁真家乡成钱塘区职工疗休养基地 还送来了“理塘味道”	2021 年 7 月 15 日
357	浙江日报	钱塘区聚焦产业链构建生态圈 汽车产业跑出加速度	2021 年 7 月 16 日
358	浙江日报	“凡尔赛”体城市宣传片《遇见钱塘》发布：教你怎样做一个合格的钱塘“懒人”	2021 年 7 月 17 日
359	浙江日报	钱塘区第一届人大一次会议开幕 政府工作报告亮出这些目标	2021 年 7 月 20 日
360	浙江日报	向潮而生 钱塘区争创高质量发展建设共同富裕示范区的时代样板	2021 年 7 月 21 日
361	浙江日报	我为共富献一策②丨政协委员客串“记者”第一天 她从钱塘两会带来……	2021 年 7 月 22 日
362	浙江日报	全力迎战“烟花” 钱塘区做好防汛防台工作	2021 年 7 月 22 日
363	浙江日报	构建“15 分钟文化圈” 钱塘新湾积极为促进共同富裕探索路径	2021 年 7 月 23 日
364	浙江日报	迎战“烟花”·联盟播报丨钱塘区小学第二批招生核验暂停 暑托班暂停	2021 年 7 月 23 日
365	浙江日报	憧憬现代星城盛景 市民热议钱塘区两会	2021 年 7 月 25 日
366	浙江日报	钱塘种粮大户拿到杭州市首笔早稻政策性保险理赔款	2021 年 7 月 26 日
367	浙江日报	仅用 4 天 钱塘区投资项目审批跑出新速度	2021 年 7 月 29 日
368	浙江日报	Up 杭州·联连钱塘丨 “超级变变变”来了 为奥运健儿加油	2021 年 7 月 30 日
369	浙江日报	让菜篮子更“聪明” 钱塘区新湾农贸市场实行“五化”管理	2021 年 7 月 31 日
370	浙江日报	助力杭州亚运会 钱塘三百巾帼展排舞	2021 年 8 月 2 日
371	浙江日报	定时定点 钱塘区义蓬安置小区垃圾分类有成效	2021 年 8 月 4 日
372	浙江日报	平均年龄超 35 岁 钱塘这群爱踢球的“老男孩”要参加全运会	2021 年 8 月 6 日
373	浙江日报	内容“加料” 钱塘区下沙街道老年人免费体检再升级	2021 年 8 月 6 日
374	浙江日报	杭州市党群服务项目“打擂比武” 钱塘区的它们获奖了	2021 年 8 月 6 日
375	浙江日报	钱塘区启动建设“零碳”园区 推动绿色高质量发展	2021 年 8 月 6 日
376	浙江日报	钱塘区举行“未来工厂”建设培训会 探讨智能制造未来	2021 年 8 月 7 日
377	浙江日报	企业有了自己的应急救援队 钱塘区筑起坚实安全屏障	2021 年 8 月 7 日
378	浙江日报	钱塘水清岸绿乡村美	2021 年 8 月 9 日
379	浙江日报	钱塘萧山落实水质联合监测 流域共治齐发力	2021 年 8 月 9 日
380	浙江日报	24 小时均可操作 钱塘区首个天然气自助充值机启用	2021 年 8 月 10 日
381	浙江日报	GDP 同比增长 12.5% 钱塘区经济发展“半年报”来了	2021 年 8 月 10 日
382	浙江日报	钱塘丨钱塘区第一张居民身份证来了	2021 年 8 月 11 日
383	浙江日报	钱塘区首例 钱民花苑小区率先实现加装电梯全覆盖	2021 年 8 月 11 日
384	浙江日报	钱塘区与省农科院携手合作 澳洲淡水龙虾长势良好	2021 年 8 月 11 日
385	浙江日报	加快构建免疫屏障 钱塘区 65.2 万人接种首针新冠肺炎疫苗	2021 年 8 月 11 日
386	浙江日报	暴雨导致多处积水 杭州钱塘区紧急行动大部分道路已恢复通行	2021 年 8 月 11 日
387	浙江日报	钱塘丨 “昙花一现”你见过吗？快来看	2021 年 8 月 12 日
388	浙江日报	更方便了 钱塘区不动产登记实现水电气数网同步办理	2021 年 8 月 12 日

续表 47

序 号	媒体名称	报道标题	刊登日期
389	浙江日报	周末专门为钱塘录视频 听听丁真说了些什么	2021 年 8 月 16 日
390	浙江日报	把握“双循环”机遇 钱塘区对外贸易额增长“两位数”	2021 年 8 月 16 日
391	浙江日报	构建大交通 激活大枢纽 钱塘驶上发展“快车道”	2021 年 8 月 16 日
392	浙江日报	筑建“鸟的天堂” 钱塘区划定 18.9 平方公里生态保护红线	2021 年 8 月 18 日
393	浙江日报	钱塘区启动未成年人新冠肺炎疫苗集体专场接种	2021 年 8 月 18 日
394	浙江日报	钱塘这片向日葵花海正在盛开 随手一拍都是大片	2021 年 8 月 19 日
395	浙江日报	盘活集体土地建设租赁房 钱塘区这项试点又有新进展	2021 年 8 月 19 日
396	浙江日报	美爆了！钱塘江上的云真是变幻莫测	2021 年 8 月 20 日
397	浙江日报	新学期 钱塘区又一批新校园投入使用	2021 年 8 月 20 日
398	浙江日报	托育结合服务细 钱塘暑托班顺利结业	2021 年 8 月 20 日
399	浙江日报	围绕六大重点工作 高质量打造钱塘人更加满意的现代星城	2021 年 8 月 23 日
400	浙江日报	绷紧校园“防疫弦” 钱塘区做好准备迎开学	2021 年 8 月 23 日
401	浙江日报	土味足 作用大 钱塘社工自编菜场防疫顺口溜	2021 年 8 月 24 日
402	浙江日报	“回家”在即 钱塘区又一高颜值安置房即将交付	2021 年 8 月 24 日
403	浙江日报	撮合融资逾 16 亿元 数字平台破解钱塘小微企业融资难	2021 年 8 月 25 日
404	浙江日报	打通供水“最后一公里” 钱塘区推进二次供水工程	2021 年 8 月 25 日
405	浙江日报	消费纠纷“云”上化解 钱塘区白杨市场监管所为企业解难题	2021 年 8 月 25 日
406	浙江日报	喝凉茶还能学知识 钱塘区有个“反诈凉茶铺”	2021 年 8 月 27 日
407	浙江日报	钱塘区前进智造园入选杭州首批低碳园区试点	2021 年 8 月 27 日
408	浙江日报	全省这项综合考评结果公布 杭州经济技术开发区获两个第一	2021 年 8 月 27 日
409	浙江日报	盗版图书换绿植 杭州钱塘区这个社区开展“护苗”活动	2021 年 8 月 28 日
410	浙江日报	藏书 10000 余册 钱塘书房开始试运营	2021 年 8 月 30 日
411	浙江日报	钱塘区应急救援新“利器”上线 精准施救抢时提效	2021 年 8 月 30 日
412	浙江日报	数字赋能基层治理 钱塘区高水平打造“现代星城”	2021 年 8 月 30 日
413	浙江日报	开学不用买书包 钱塘区下沙街道小学新生让人有点羡慕	2021 年 8 月 31 日
414	浙江日报	水天一色 钱塘江上朝霞美爆了	2021 年 9 月 1 日
415	浙江日报	钱塘区 16 家企业获评省级“守合同重信用”最高荣誉	2021 年 9 月 1 日
416	浙江日报	“礼”迎少年 钱塘区小学新生报到仪式感满满	2021 年 9 月 1 日
417	浙江日报	钱塘区近 2 万名青少年完成首剂新冠肺炎疫苗接种	2021 年 9 月 1 日
418	浙江日报	钱塘区首家嵌入式幼儿园开学了 可容纳幼儿近 300 人	2021 年 9 月 2 日
419	浙江日报	钱塘区筑牢校园疫情防线 把好师生安全关	2021 年 9 月 2 日
420	浙江日报	钱塘区发布“十四五”规划 地区生产总值要突破 1600 亿元	2021 年 9 月 2 日
421	浙江日报	迎亚运美环境 钱塘区下沙街道着力推进整治大行动	2021 年 9 月 3 日
422	浙江日报	杭州医药港扩容升级 和达药谷四期正式开园	2021 年 9 月 3 日
423	浙江日报	制度创新促进产业发展 自贸区钱塘区块 4 项改革试点获评优秀	2021 年 9 月 3 日
424	浙江日报	半年总营收 210 亿元 钱塘区 15 家 A 股上市企业表现亮眼	2021 年 9 月 3 日
425	浙江日报	构筑免疫屏障 钱塘区累计接种新冠肺炎疫苗超 135 万剂次	2021 年 9 月 6 日

续表 47

序 号	媒体名称	报道标题	刊登日期
426	浙江日报	守桶一小时 钱塘松合社区党员志愿者引领垃圾分类新时尚	2021 年 9 月 6 日
427	浙江日报	集体租赁住房项目主体结顶 钱塘区河庄街道盘活资源开辟共富路	2021 年 9 月 6 日
428	浙江日报	城人产融合发展 杭州医药港拓展区城市设计出炉	2021 年 9 月 7 日
429	浙江日报	办理只需几分钟 钱塘区上线居民身份证自助服务设备	2021 年 9 月 8 日
430	浙江日报	又添休闲好去处 钱塘区杭铣社区打造家门口的“小西湖”	2021 年 9 月 8 日
431	浙江日报	有“颜”又安全 “智能化”充电桩全新亮相下沙宝龙	2021 年 9 月 8 日
432	浙江日报	钱塘区下沙街道“聚沙党建联盟”再扩容 发布十件实事	2021 年 9 月 10 日
433	浙江日报	@ 有才的你 杭州钱塘人才 IP 形象等你来设计	2021 年 9 月 10 日
434	浙江日报	如何破解交通拥堵难题？钱塘区开展“四大点位”专项整治	2021 年 9 月 10 日
435	浙江日报	全民健身精彩纷呈 钱塘区有序开展亚运筹备工作	2021 年 9 月 10 日
436	浙江日报	“双减”之后孩子怎么学？这个采访团在杭州钱塘区一探究竟	2021 年 9 月 10 日
437	浙江日报	台风“灿都”逼近 钱塘江风起云涌	2021 年 9 月 12 日
438	浙江日报	台风“灿都”逼近 钱塘江上晚霞满天	2021 年 9 月 12 日
439	浙江日报	台风“灿都”来袭 钱塘区临江街道落实防汛防台工作	2021 年 9 月 13 日
440	浙江日报	打响钱塘智造品牌 钱塘区前进智造园在智造中前进	2021 年 9 月 14 日
441	浙江日报	迎亚运 杭州市全民健身全市大联动（钱塘赛区）火热开赛	2021 年 9 月 14 日
442	浙江日报	“约”出邻里好风气 钱塘区柠檬社区有了份楼道公约	2021 年 9 月 15 日
443	浙江日报	一向冲在前头的他走了 杭州钱塘区干部陈利平倒在防台一线	2021 年 9 月 17 日
444	浙江日报	钱塘女童置身四楼阳台外雨棚，危急时刻——警民合力成功施救	2021 年 9 月 17 日
445	浙江日报	务实笃行，质量筑基赋能浙“里”——中国计量大学深耕专业特色助力我省质量强省建设迈向新阶段	2021 年 9 月 17 日
446	浙江日报	提升河道景观 凸显水乡特色 钱塘区临江街道：打造“高颜值”现代田园乡村	2021 年 9 月 21 日
447	浙江日报	壮观天下无	2021 年 9 月 25 日
448	浙江日报	成立大学城北“小哥之家”党群联盟 暖心服务驿站同步启用 钱塘区白杨街道：让都市有家的温度	2021 年 9 月 29 日
449	浙江日报	总投资 80 亿元的一批生物医药项目签约 杭州医药港再添生力军	2021 年 9 月 30 日
450	浙江日报	Up 杭州 · 联连钱塘丨在新揭牌的钱塘书房 钱塘区颁发第一本结婚证	2021 年 9 月 18 日
451	浙江日报	成立“小哥之家”党群联盟 钱塘区白杨街道守护城市“蜂行者”	2021 年 9 月 20 日
452	浙江日报	凸显水乡特色 钱塘区临江街道打造“高颜值”现代田园乡村	2021 年 9 月 21 日
453	浙江日报	钱塘丨脑洞大开 这群工程师给月饼和大闸蟹照 CT	2021 年 9 月 21 日
454	浙江日报	绿色又时尚 钱塘区亚运滑板公园两大专业场地开工	2021 年 9 月 22 日
455	浙江日报	凝心聚力共谋发展 钱塘大创小镇商会成立	2021 年 9 月 22 日
456	浙江日报	再添一员 钱塘区已有 23 家“浙江制造”认证企业	2021 年 9 月 23 日
457	浙江日报	钱塘上线第八个产业平台 这座美丽云城里装了些啥	2021 年 9 月 23 日
458	浙江日报	为美丽经济设立“大管家” 钱塘这个动作背后深意几何？	2021 年 9 月 24 日
459	浙江日报	钱塘区开启快速路网建设百日攻坚行动 深化推进“五比五强”	2021 年 9 月 24 日
460	浙江日报	为美丽经济设立“大管家” 钱塘这个动作背后深意几何？	2021 年 9 月 26 日

续表 47

序 号	媒体名称	报道标题	刊登日期
461	浙江日报	巅峰对决 钱塘区首届“潮涌杯”英语演讲大赛冠军揭晓	2021 年 9 月 26 日
462	浙江日报	实现杭州钱塘区首个既有住宅小区加装电梯全覆盖 河庄街道：办好百姓的“关键小事”	2021 年 10 月 6 日
463	浙江日报	国内首个氢电耦合“零碳”园区启动建设 钱塘“风光”变氢能 一年减碳 860 吨	2021 年 10 月 19 日
464	浙江日报	2021 杭州国际人才交流与项目合作大会集聚海内外目光 全球揽才 成果丰硕	2021 年 11 月 11 日
465	浙江日报	“塘塘合作”收获千万元爱心订单	2021 年 11 月 17 日
466	浙江日报	展示钱塘文化新面貌 两家企业亮相深圳文博会	2021 年 9 月 26 日
467	浙江日报	50 平米月租金仅 475 元 钱塘首推产业工人专项公共租赁住房	2021 年 9 月 27 日
468	浙江日报	第五届“杭州工匠”出炉 钱塘这位技能大师上榜	2021 年 9 月 27 日
469	浙江日报	钱塘区召开产业项目推进会 全面提高项目推进质效	2021 年 9 月 27 日
470	浙江日报	“你选书 我买单” 钱塘区加入“一键借阅”平台	2021 年 9 月 27 日
471	浙江日报	2021 浙江民营企业百强榜出炉 钱塘区 1 家企业入选	2021 年 9 月 27 日
472	浙江日报	钱塘区前三季度招引 63 个项目 总投资 536.5 亿元	2021 年 9 月 28 日
473	浙江日报	助力东西部协作 钱塘区 10 家企业获颁奖牌	2021 年 9 月 28 日
474	浙江日报	@ 钱塘人 多条公交线路编码有调整 这些站点将增设或改名	2021 年 9 月 28 日
475	浙江日报	钱塘区工商联成立 大力支持民营企业发展壮大	2021 年 9 月 28 日
476	浙江日报	钱塘区白杨街道：打造“小哥之家”暖心服务驿站 让都市有家的温度	2021 年 9 月 29 日
477	浙江日报	CR929 大飞机中机身“钱塘造” 浙江华瑞航空项目主体工程在钱塘开工	2021 年 9 月 29 日
478	浙江日报	生物医药企业年营收达 400 亿元 钱塘发布生物医药产业支持举措	2021 年 9 月 29 日
479	浙江日报	将一江春水还于民 钱塘首个“水美乡镇”通过区级验收	2021 年 9 月 29 日
480	浙江日报	让老年人就医更便捷 钱塘区打造首批“老年友善医疗机构”	2021 年 9 月 29 日
481	浙江日报	杭州市人工智能创新发展区培育名单出炉 钱塘区入选	2021 年 9 月 29 日
482	浙江日报	钱塘第九大产业平台成立 江东区域将建“江海之城”	2021 年 9 月 30 日
483	浙江日报	注意 钱塘区将对黄牌货车采取交通管制措施	2021 年 9 月 30 日
484	浙江日报	绘就美丽画卷 “我们都是钱塘人”大讨论专题会召开	2021 年 9 月 30 日
485	浙江日报	开展老旧小区加装电梯 钱塘河庄办好“关键小事”	2021 年 10 月 6 日
486	浙江日报	多地剑指生物医药产业 杭州钱塘如何抢“C 位”？	2021 年 10 月 8 日
487	浙江日报	又“土”又“上头”！ 钱塘区前进农贸市场里的反诈标语引人注目	2021 年 10 月 9 日
488	浙江日报	国庆假期线上线下买不停 钱塘区交出亮眼成绩单	2021 年 10 月 9 日
489	浙江日报	首届杭州钱塘潮玩节盛大开幕 周日来国际创博中心打卡吧	2021 年 10 月 9 日
490	浙江日报	走红毯看演出 钱塘头蓬社区重阳节活动好热闹	2021 年 10 月 11 日
491	浙江日报	设置五大学科板块 钱塘区青少年宫前进中心正式启用	2021 年 10 月 11 日
492	浙江日报	杭州市新认定一批科技企业孵化器 钱塘的它们上榜了	2021 年 10 月 11 日
493	浙江日报	钱塘区委理论学习中心组（扩大）会议暨“风鹏大讲坛”举行	2021 年 10 月 12 日
494	浙江日报	相约金秋十月 钱塘区绿道毅行大会等你来报名	2021 年 10 月 12 日
495	浙江日报	吸引高层次创新创业人才 优质项目助力钱塘“栽桐引凤”	2021 年 10 月 12 日
496	浙江日报	月租低至 400 元 钱塘区 1128 套蓝领公寓正在招租	2021 年 10 月 12 日

续表 47

序 号	媒体名称	报道标题	刊登日期
497	浙江日报	钱塘丨“你还是和结婚时一样美” 这组婚纱照让人湿了眼眶	2021 年 10 月 13 日
498	浙江日报	支柱产业引凤来 钱塘 17 名专家入选 2021 年度钱江特聘专家	2021 年 10 月 13 日
499	浙江日报	钱塘区交通运输行业党委暨快递物流党群服务中心揭牌	2021 年 10 月 13 日
500	浙江日报	现场直击 钱塘区多个重大交通项目传来新进展	2021 年 10 月 13 日
501	浙江日报	推动全区覆盖 钱塘区 110 户适老化改造项目全面完成	2021 年 10 月 14 日
502	浙江日报	“健康惠民示范区”启动 钱塘区医疗发展迈出新步伐	2021 年 10 月 14 日
503	浙江日报	打造“美丽钱塘” 南沙大堤综合提升整治工程即将启动	2021 年 10 月 14 日
504	浙江日报	今年重阳节 钱塘创业青年陪爷爷奶奶喝咖啡	2021 年 10 月 14 日
505	浙江日报	创历年新高 钱塘区新晋杭州市“雏鹰计划”企业共 70 家	2021 年 10 月 15 日
506	浙江日报	形象再提升 钱塘区亚运场馆周边环境整治即将全面开工	2021 年 10 月 15 日
507	浙江日报	“奋战四季度 大干一百天” 钱塘区这些活动全面启动	2021 年 10 月 15 日
508	浙江日报	途经钱塘区 杭州萧山机场未来将要通高铁	2021 年 10 月 17 日
509	浙江日报	擦亮金名片 钱塘区全力推进营商环境集成改革	2021 年 10 月 17 日
510	浙江日报	五水共治·绿建未来 钱塘江及两岸区域联保共治暨“白杨街道碧水守护行动”启动仪式	2021 年 10 月 18 日
511	浙江日报	风和光变成电和氢 钱塘江畔开建的“零碳”园区有啥奥妙?	2021 年 10 月 19 日
512	浙江日报	多措并举 钱塘区推进重大产业项目早落地早开工	2021 年 10 月 18 日
513	浙江日报	钱塘区金秋花展开幕 邀你来赏	2021 年 10 月 18 日
514	浙江日报	办事不用“两头跑” 在钱塘登记不动产同时可缴税费	2021 年 10 月 18 日
515	浙江日报	亚运轮滑馆迎来首场赛事 钱塘让百姓提前尽享“亚运红利”	2021 年 10 月 18 日
516	浙江日报	打卡走起 “钱塘潮”年度文化旅游十景发布	2021 年 10 月 19 日
517	浙江日报	携手爱心企业 钱塘区总工会开展“塘塘”爱心助学捐赠活动	2021 年 10 月 19 日
518	浙江日报	钱塘打造特色产业链 工业经济内生动力不断增强	2021 年 10 月 20 日
519	浙江日报	浙江自贸试验区第二批最佳制度创新案例出炉 钱塘再获殊荣	2021 年 10 月 20 日
520	浙江日报	三区携手 启动钱塘江及两岸区域联保共治	2021 年 10 月 20 日
521	浙江日报	暖心服务再升级 钱塘区白杨街道“小哥”能量加油站上新	2021 年 10 月 21 日
522	浙江日报	第二届浙江钱塘才创月正式启动 将开展 13 项系列活动	2021 年 10 月 22 日
523	浙江日报	省级农村文化礼堂建设示范街道 钱塘新湾入选	2021 年 10 月 22 日
524	浙江日报	优化升级 钱塘区新湾街道退役军人服务站搬新家了	2021 年 10 月 24 日
525	浙江日报	Up 杭州·联连钱塘丨你绝对想不到 这些农产品都来自钱塘	2021 年 10 月 25 日
526	浙江日报	七彩相约 筑梦启航 钱塘区举行首届社区工作者节活动	2021 年 10 月 25 日
527	浙江日报	钱塘区发布老年友好区域指标体系 助力“幸福钱塘”建设	2021 年 10 月 25 日
528	浙江日报	规上工业总产值超 2300 亿元 钱塘区前三季度经济数据出炉	2021 年 10 月 25 日
529	浙江日报	300 余户居民圆了新居梦 钱塘区前进街道三期安置分房完成	2021 年 10 月 25 日
530	浙江日报	福莱蒽特上交所上市 钱塘区上市企业达 18 家	2021 年 10 月 26 日
531	浙江日报	启动侨心矩阵 钱塘区侨联发布“八大行动计划”	2021 年 10 月 27 日
532	浙江日报	美好钱塘新城再提升 邀您一起来出谋划策	2021 年 10 月 27 日

续表 47

序 号	媒体名称	报道标题	刊登日期
533	浙江日报	“科技 + 机械” 钱塘区助推农业高质量发展	2021 年 10 月 27 日
534	浙江日报	获得新荣誉 一起为钱塘区这两位“城市美容师”点赞	2021 年 10 月 27 日
535	浙江日报	城市面貌持续焕新 大干快上建设“亚运钱塘”	2021 年 10 月 27 日
536	浙江日报	守护舌尖上的安全 钱塘区市场监管局完成“链上点检”试点工作	2021 年 10 月 27 日
537	浙江日报	钱塘区委书记柯吉欣接待来访群众 认真解决群众诉求	2021 年 10 月 27 日
538	浙江日报	落日余晖醉钱塘 绝美视频来了	2021 年 10 月 28 日
539	浙江日报	钱塘区这两位基层书记获评浙江省“担当作为好支书”	2021 年 10 月 28 日
540	浙江日报	这里田园有多美 钱塘区美丽乡村摄影比赛结果出炉	2021 年 10 月 28 日
541	浙江日报	打造钱塘文化 钱塘区社会科学界联合会正式成立	2021 年 10 月 29 日
542	浙江日报	效果图抢先看 钱塘区这 5 所学校将新建或扩建	2021 年 10 月 29 日
543	浙江日报	扎根基层 26 年 钱塘的她要做居民健康“守门人”	2021 年 10 月 29 日
544	浙江日报	钱塘区新湾街道 22 个农污终端提升改造开工	2021 年 10 月 29 日
545	浙江日报	钱塘区绿道毅行大会延期 具体比赛时间另行告知	2021 年 10 月 29 日
546	浙江日报	全国示范性老年友好型社区名单发布 钱塘区湾南社区入选	2021 年 10 月 30 日
547	浙江日报	钱塘江边芦花开	2021 年 10 月 30 日
548	浙江日报	携手共助家乡发展 10 家乡贤企业落地钱塘义蓬街道	2021 年 11 月 1 日
549	浙江日报	迷人的秋日 你眼中的钱塘是什么颜色	2021 年 11 月 1 日
550	浙江日报	钱塘普法标识正在征集 期待你的创意	2021 年 11 月 1 日
551	浙江日报	新增停车泊位 7613 个 钱塘区多措并举破解停车难题	2021 年 11 月 1 日
552	浙江日报	15 家美食企业集聚钱塘 你想要的“舌尖幸福”这儿都有	2021 年 11 月 1 日
553	浙江日报	杭州钱塘区 3—11 岁人群新冠肺炎疫苗集中接种工作全面启动	2021 年 11 月 1 日
554	浙江日报	美！ 钱塘江边芦花纷飞	2021 年 11 月 1 日
555	浙江日报	这道靓丽风景上线 钱塘区“枫香大道”开始刷屏	2021 年 11 月 2 日
556	浙江日报	最高奖金 5000 元 钱塘区产业园区发展联盟形象标志征集中	2021 年 11 月 2 日
557	浙江日报	杭州有间“解忧杂货铺” 方寸小店暖街坊	2021 年 11 月 19 日
558	浙江日报	年耗电 500 万度的工厂实现零碳排放	2021 年 11 月 20 日
559	浙江日报	" 打造高质量发展“重要窗口”杭州自贸片区：锚定对外开放的数字新坐标 "	2021 年 12 月 7 日
560	浙江日报	聚焦万亿产业、千亿企业、百亿投资 杭州：开辟招引“新赛道” 跑出发展“加速度”	2021 年 12 月 9 日
561	浙江日报	明峰医疗：数字化改革助力“健康中国”	2021 年 12 月 14 日
562	浙江日报	杭州医药港小镇：站在时代风口，打造万亿生物医药产业	2021 年 12 月 20 日
563	浙江日报	杭州钱塘区：携手新乡贤 共谋新篇章	2021 年 12 月 22 日
564	浙江日报	钱塘区临江街道：强监督听民意 提实效解难题	2021 年 12 月 31 日
565	浙江日报	提升营商“软环境” 钱塘区不断擦亮高质量发展新名片	2021 年 11 月 3 日
566	浙江日报	前三季度钱塘货物进出口总额超 746 亿元 畅销全球的产品是它	2021 年 11 月 4 日
567	浙江日报	精彩不断 钱塘区义蓬街道这场民俗文化节不容错过	2021 年 11 月 4 日
568	浙江日报	钱塘公安侦查中心正式启用 加快形成大打击体系	2021 年 11 月 5 日

续表 47

序 号	媒体名称	报道标题	刊登日期
569	浙江日报	杭州市示范型儿童之家名单公布 钱塘区的它入选了	2021 年 11 月 5 日
570	浙江日报	为各界搭好爱心平台 钱塘区慈善总会成立	2021 年 11 月 5 日
571	浙江日报	打造宜居“美好家园” 钱塘区 13 个小区焕新颜	2021 年 11 月 5 日
572	浙江日报	钱塘区率先启动“黑匣子”建设 跃入药品数智化监管“E 时代”	2021 年 11 月 5 日
573	浙江日报	杭州：钱塘江大潮奔涌而来 景象壮观	2021 年 11 月 7 日
574	浙江日报	柯吉欣调研钱塘区下沙区块城市环境品质提升工作	2021 年 11 月 7 日
575	浙江日报	聚才谋发展 钱塘区白杨街道新乡贤联谊会正式成立	2021 年 11 月 7 日
576	浙江日报	揭榜挂帅 全球引才 这场生物医药科洽会在钱塘区举行	2021 年 11 月 7 日
577	浙江日报	60 余个项目发榜 5 亿元 生物医药科洽会在钱塘开启	2021 年 11 月 8 日
578	浙江日报	钱塘观楼丨年轻人最关心的“保租房” 住起来是什么感受?	2021 年 11 月 8 日
579	浙江日报	60 余个项目发榜 5 亿元 生物医药科洽会在钱塘开启	2021 年 11 月 8 日
580	浙江日报	钱塘观楼丨浙江 5 年推出 120 万套这种住房 年轻人不用着急买房了	2021 年 11 月 9 日
581	浙江日报	笔歌百年 书颂伟业 长三角三地园区书法联展钱塘站开幕	2021 年 11 月 9 日
582	浙江日报	钱塘区五道佳肴入选“杭州金牌美食” 你想尝尝吗?	2021 年 11 月 9 日
583	浙江日报	打造人性化服务环境 钱塘区通过全省五化市场改造考核	2021 年 11 月 9 日
584	浙江日报	全力以赴干出实效 钱塘区委书记柯吉欣赴白杨街道调研	2021 年 11 月 11 日
585	浙江日报	打造“一流品质街区” 钱塘区金沙湖颜值大提升	2021 年 11 月 11 日
586	浙江日报	抓住重点项目建设“牛鼻子” 钱塘区按下发展“快捷键”	2021 年 11 月 11 日
587	浙江日报	钱塘区白杨街道特制专属大礼包 为快递小哥送温暖	2021 年 11 月 11 日
588	浙江日报	如何精准治理交通堵点乱点? 钱塘区治堵办向您发出征集邀请	2021 年 11 月 11 日
589	浙江日报	省建设工程钱江杯奖公布 钱塘区云帆小学上榜	2021 年 11 月 11 日
590	浙江日报	钱塘区成立互联网行业党委 构建良好网络生态环境	2021 年 11 月 11 日
591	浙江日报	钱塘区 5 家星级民生药事服务站挂牌 为群众提供公益服务	2021 年 11 月 11 日
592	浙江日报	早落地早见效 钱塘区召开全区产业项目推进会议	2021 年 11 月 13 日
593	浙江日报	钱塘一批事业单位及高层次储备人才公开招聘 有你适合的吗?	2021 年 11 月 13 日
594	浙江日报	全民护水 共治美水 钱塘区河庄街道启动这项行动计划	2021 年 11 月 13 日
595	浙江日报	钱塘区“亚运会客厅”试营业 可供千人同看比赛	2021 年 11 月 13 日
596	浙江日报	研究围垦历史 钱塘区成立专业学术团体	2021 年 11 月 13 日
597	浙江日报	钱塘江丨赵孟坚诗词文阅读札记：乐与忧 家国情怀的主线	2021 年 11 月 14 日
598	浙江日报	可观可游可休憩 在钱塘区新湾街道乐享“水趣”	2021 年 11 月 15 日
599	浙江日报	钱塘区又一人才房即将开建 这些项目也有新进展	2021 年 11 月 15 日
600	浙江日报	走进交易中心 钱塘举办首届招投标开放日主题活动	2021 年 11 月 15 日
601	浙江日报	做优做实助农兴企服务 钱塘区委书记柯吉欣赴河庄街道调研	2021 年 11 月 15 日
602	浙江日报	丁真老乡现场推介 钱塘爱心选品会收获千万元订单	2021 年 11 月 15 日
603	浙江日报	今年钱塘区将在公共场所新投放 30 台 AED	2021 年 11 月 17 日
604	浙江日报	好消息 钱塘区又有两个小微企业园通过省级认定	2021 年 11 月 17 日
605	浙江日报	丁真老乡现场推介 钱塘爱心选品会收获千万元订单	2021 年 11 月 17 日

续表 47

序号	媒体名称	报道标题	刊登日期
606	浙江日报	钱塘区产业基金逐步进入收获期 促进高质量发展	2021 年 11 月 17 日
607	浙江日报	钱塘区召开高新区、经开区争先进位工作专题会	2021 年 11 月 17 日
608	浙江日报	惠农济农助“共富” 钱塘区税务局推出系列行动	2021 年 11 月 17 日
609	浙江日报	钱塘区评出首批 12 个“千亩粮仓”示范区	2021 年 11 月 17 日
610	浙江日报	钱塘江上又架起一座桥 新建主桥主体结构完工	2021 年 11 月 18 日
611	浙江日报	10 年守着小店暖着街坊 杭州有间“解忧杂货铺” | Up 杭州 · 联连钱塘	2021 年 11 月 18 日
612	浙江日报	“书香家庭”“书香村社” 钱塘区这份名单揭晓了	2021 年 11 月 18 日
613	浙江日报	钱塘区召开专题会 聚焦“一部门一场景”数字化改革	2021 年 11 月 18 日
614	浙江日报	“我们都是钱塘江的儿女” 萧山举行名人后裔文化访谈	2021 年 11 月 18 日
615	浙江日报	杭州：钱塘江新彭埠大桥主桥主体结构完工 将开展地铁轨道铺设	2021 年 11 月 19 日
616	浙江日报	“我们都是钱塘江的儿女” 萧山举行名人后裔文化访谈	2021 年 11 月 19 日
617	浙江日报	钱塘区新联会、网联会成立 形成发展新合力	2021 年 11 月 19 日
618	浙江日报	“大手牵小手” 钱塘区优化医疗资源布局	2021 年 11 月 19 日
619	浙江日报	大力弘扬围垦精神 杭州钱塘区首届围垦文化节启动	2021 年 11 月 19 日
620	浙江日报	钱塘区帮扶理塘县工作分队学习贯彻党的十九届六中全会精神	2021 年 11 月 20 日
621	浙江日报	如何面对数字化转型？百余职业经理人齐聚钱塘	2021 年 11 月 21 日
622	浙江日报	钱塘江 · 履处留痕 | 魂牵梦萦故乡情	2021 年 11 月 21 日
623	浙江日报	钱塘江 · 心香一瓣 | 瓷之廉	2021 年 11 月 21 日
624	浙江日报	我的钱塘智造日记 | 曾拒绝 5 亿元收购 如今 50 多个国家都用我们产品	2021 年 11 月 22 日
625	浙江日报	活力钱塘 青春校融 高校走近钱塘活动首站启动	2021 年 11 月 22 日
626	浙江日报	钱塘区全民终身学习活动周开幕 推动学习型城市建设	2021 年 11 月 22 日
627	浙江日报	打造生态新城 钱塘区将全面启动城乡风貌整治提升	2021 年 11 月 22 日
628	浙江日报	如何提升钱塘文化软实力 钱塘区政协请你来协商	2021 年 11 月 23 日
629	浙江日报	山海协作再升级 钱塘区携手江山市共谋发展新篇	2021 年 11 月 24 日
630	浙江日报	大学生知钱塘活动启动 他们成为“钱塘青春大使”	2021 年 11 月 24 日
631	浙江日报	鼓励高校学生在钱塘扎根发芽 “走近钱塘第一课”开讲	2021 年 11 月 24 日
632	浙江日报	Up 杭州 · 联连钱塘 | 连闯 9 个红灯 为何大家还拍手叫好	2021 年 11 月 25 日
633	浙江日报	钱塘区：健康义诊“暖”人心 这个冬天不太“冷”	2021 年 11 月 25 日
634	浙江日报	诗路踏歌 | 浙江省书协“钱塘江诗路”寻“书意”	2021 年 11 月 26 日
635	浙江日报	打造产业高地一流新区 钱塘区委书记开展调研	2021 年 11 月 26 日
636	浙江日报	钱塘江电鱼 40 尾，判刑加增殖放流 8000 尾鲢鱼	2021 年 11 月 26 日
637	浙江日报	Up 杭州 · 联连钱塘 | 连闯 9 个红灯 为何大家还拍手叫好	2021 年 11 月 26 日
638	浙江日报	打造产业高地一流新区 钱塘区委书记开展调研	2021 年 11 月 26 日
639	浙江日报	强体魄增内涵 钱塘区全民迎亚运氛围正浓	2021 年 11 月 26 日
640	浙江日报	规上企业覆盖率 100% 钱塘区推进数字技术建设改造	2021 年 11 月 26 日
641	浙江日报	跨学科研究跨地域协作 钱塘江潮文化联盟在海宁成立	2021 年 11 月 28 日
642	浙江日报	钱塘区：秀巾帼才艺 扬公益精神	2021 年 11 月 29 日

续表 47

序 号	媒体名称	报道标题	刊登日期
643	浙江日报	钱塘区政协民生议事堂集体授牌 举办首场协商活动	2021 年 11 月 29 日
644	浙江日报	钱塘区委书记金承涛：慎终如始抓好疫情防控	2021 年 11 月 29 日
645	浙江日报	惊艳 钱塘区首次观测到国家一级保护动物白头鹤	2021 年 11 月 29 日
646	浙江日报	深秋的钱塘 走在油画里	2021 年 11 月 29 日
647	浙江日报	钱塘观楼丨只用六个月 杭州这片老小区变身人人羡慕的“未来社区”	2021 年 11 月 30 日
648	浙江日报	持续发力优化营商环境 钱塘区不动产登记再提速	2021 年 12 月 1 日
649	浙江日报	把“好戏”搬上“游船”，杭州水上剧场亮相钱塘江畔	2021 年 12 月 1 日
650	浙江日报	钱塘观楼丨杭州共有产权房你最关心的十大问题 我都帮你问了	2021 年 12 月 1 日
651	浙江日报	入选杭州市级样板 钱塘区这两个街道有多美?	2021 年 12 月 2 日
652	浙江日报	钱塘区召开民营经济统战工作推进会议	2021 年 12 月 2 日
653	浙江日报	暖心服务大学生就业创业 钱塘区推“宜业钱塘”系统	2021 年 12 月 2 日
654	浙江日报	网易云音乐上市背后 杭州钱塘江畔放飞音乐科技梦想	2021 年 12 月 2 日
655	浙江日报	14 所高校携手 钱塘区高校普法联盟成立	2021 年 12 月 3 日
656	浙江日报	出行越来越便利 钱塘区交通实事项目建设全速奔跑	2021 年 12 月 3 日
657	浙江日报	钱塘 9 个小区入选“美好家园” 你家上榜了吗?	2021 年 12 月 3 日
658	浙江日报	18 层条石砌到 6 米高! 钱塘江海塘考古发现一段清朝古海塘	2021 年 12 月 4 日
659	浙江日报	钱塘江丨普普通通的坚持 才是真正的伟大	2021 年 12 月 5 日
660	浙江日报	钱塘江丨“邵家丘村”的那些事儿	2021 年 12 月 5 日
661	浙江日报	钱塘江丨“人类命运共同体”在海上的深入实践	2021 年 12 月 5 日
662	浙江日报	钱塘江丨新征程，浙江影视再出发	2021 年 12 月 6 日
663	浙江日报	杭州亚运人文体验点名单公布 钱塘区的它们成功入围	2021 年 12 月 6 日
664	浙江日报	钱塘一小区保安突发重病 居民们一天捐出 2.5 万元	2021 年 12 月 6 日
665	浙江日报	“交房云办证”亮相钱塘 拿证无需再跑办事大厅	2021 年 12 月 6 日
666	浙江日报	住房保障“加速跑” 钱塘区筑起星城“安居梦”	2021 年 12 月 6 日
667	浙江日报	高质量可持续跨越式发展 钱塘区召开产业发展专题会	2021 年 12 月 7 日
668	浙江日报	总投资 10 亿元 钱塘区检验检测机构再添新力量	2021 年 12 月 7 日
669	浙江日报	钱塘观楼丨航拍 400 米杭州第一高楼建设现场! 未来“杭州之巅”太震撼	2021 年 12 月 8 日
670	浙江日报	钱塘区召开全区招商引资和产业项目专题会	2021 年 12 月 8 日
671	浙江日报	杭州众创大会启幕 年轻创客齐聚钱塘	2021 年 12 月 8 日
672	浙江日报	“小田”变“大田” 钱塘区打造“万亩方”项目	2021 年 12 月 9 日
673	浙江日报	全民共绘碧水绕城新画卷 钱塘义蓬让护水理念深入人心	2021 年 12 月 9 日
674	浙江日报	塘塘合作 钱塘爱心企业向理塘捐赠一台 CT 设备	2021 年 12 月 9 日
675	浙江日报	精细化治理 钱塘区下沙街道金沙湖特色街区“颜值”大提升	2021 年 12 月 9 日
676	浙江日报	钱塘区下沙街道：搭建平台聚共识 政企合作促发展	2021 年 12 月 9 日
677	浙江日报	投资发力 钱塘区下沙街道工业投资完成率超过 690%	2021 年 12 月 9 日
678	浙江日报	钱塘区下沙街道：“聚沙智”赋能社会治理数字化转型	2021 年 12 月 9 日
679	浙江日报	构建全链路开放式全要素创新模式 钱塘区研发投入强度增幅蝉联杭州第一	2021 年 12 月 10 日

续表 47

序　号	媒体名称	报道标题	刊登日期
680	浙江日报	我的钱塘智造日记丨剃胡子这件事 我更懂中国男人	2021 年 12 月 13 日
681	浙江日报	暖心防疫 钱塘区义蓬街道为集中隔离人员送上鲜花	2021 年 12 月 14 日
682	浙江日报	战疫·钱塘丨书记“点长”冲在前 133 个临时党支部扛担当	2021 年 12 月 14 日
683	浙江日报	钱塘区前峰村有个“共富菜圃” 精准帮扶低收入农户	2021 年 12 月 14 日
684	浙江日报	钱塘区有了首个保税仓库 周边企业又多了种仓储选择	2021 年 12 月 14 日
685	浙江日报	每天 200 多个电话 钱塘社工彻夜坚守做好疫情防控	2021 年 12 月 14 日
686	浙江日报	钱塘：“一键找园”平台破解企业入园难	2021 年 12 月 14 日
687	浙江日报	线上选房 杭州首次在钱塘区推出的产业工人公租房即将入住	2021 年 12 月 14 日
688	浙江日报	杭州钱塘区前进街道开展桥下空间环境整治行动	2021 年 12 月 15 日
689	浙江日报	战疫·钱塘丨退职不褪色 四位“老支书”主动返岗	2021 年 12 月 15 日
690	浙江日报	共同战“疫” 钱塘区白杨街道党建联盟齐发力	2021 年 12 月 17 日
691	浙江日报	朋友圈里的“钱塘力量” 他们坚守在抗疫一线	2021 年 12 月 18 日
692	浙江日报	收藏 钱塘区各社区（村）疫情防控报备电话公布	2021 年 12 月 20 日
693	浙江日报	群众“吹哨”青年报到 抗疫一线汇聚钱塘青春力量	2021 年 12 月 21 日
694	浙江日报	省级科技企业孵化器出炉 钱塘区的它们入选了	2021 年 12 月 21 日
695	浙江日报	6 岁男孩在钱塘区有了位“临时妈妈”	2021 年 12 月 21 日
696	浙江日报	钱塘区临江街道：成立“临跑者”新乡贤联谊会 为区域发展注入强大动力	2021 年 12 月 22 日
697	浙江日报	钱塘区河庄街道：成立江城共富发展中心 凝聚乡贤力量建设美丽乡村	2021 年 12 月 22 日
698	浙江日报	钱塘区义蓬街道：聚合力促发展 “好蓬友”新乡贤联谊会成立	2021 年 12 月 22 日
699	浙江日报	做好民生答卷 钱塘不断提升教育、医疗服务水平	2021 年 12 月 22 日
700	浙江日报	钱塘区中小学期末考试时间定了 寒假安排出炉	2021 年 12 月 23 日
701	浙江日报	幸福感满满 钱塘区老旧小区大“变身”	2021 年 12 月 23 日
702	浙江日报	首批浙江省高能级战略平台培育名单公布 钱塘新区入选	2021 年 12 月 23 日
703	浙江日报	守护百姓“舌尖上的安全” 钱塘这样做	2021 年 12 月 24 日
704	浙江日报	建设美丽城镇 钱塘区这些地方再添省级荣誉	2021 年 12 月 24 日
705	浙江日报	钱塘区推进数字化改革 改到群众心坎上	2021 年 12 月 24 日
706	浙江日报	总投资超 10 亿元 中能项目签约落地钱塘区	2021 年 12 月 24 日
707	浙江日报	杭州钱塘法院：高质量推进“共享法庭”建设	2021 年 12 月 27 日
708	浙江日报	聚焦主导产业 加快链式创新 杭州钱塘区在全省高新区综合评价中排名第三	2021 年 12 月 28 日
709	浙江日报	“塘塘”牵手 杭州钱塘上千件衣物为理塘人送去温暖	2021 年 12 月 28 日
710	浙江日报	钱塘快速路有新进展 艮山东路过江隧道双线贯通	2021 年 12 月 28 日
711	浙江日报	惊艳 钱塘区的水杉红出圈啦	2021 年 12 月 28 日
712	浙江日报	打出垃圾分类组合拳 钱塘区这项工作获省级表彰	2021 年 12 月 28 日
713	浙江日报	小区儿童游乐场升级 钱塘滟澜社区为居民办实事	2021 年 12 月 28 日
714	浙江日报	家门口的“成长驿站” 呵护钱塘儿童健康成长	2021 年 12 月 28 日
715	浙江日报	打通入户“最后一百米” 钱塘区让“小哥畅行”更畅心	2021 年 12 月 28 日
716	浙江日报	家门口就能办 钱塘区开展集中补领婚姻登记证巡回服务	2021 年 12 月 29 日

续表 47

序 号	媒体名称	报道标题	刊登日期
717	浙江日报	谋划大平台 钱塘区打造优势产业集群	2021 年 12 月 29 日
718	浙江日报	钱塘书香 打造百姓家门口的“文体服务圈”	2021 年 12 月 29 日
719	浙江日报	钱塘区义蓬街道：完善民情联系网 加强沟通办实事	2021 年 12 月 30 日
720	浙江日报	再拿“国字号”招牌 钱塘区萧围北线标准塘工程获“大禹奖”	2021 年 12 月 30 日
721	浙江日报	今年总营收破千亿 钱塘这份美丽事业“美”出新高度	2021 年 12 月 30 日
722	浙江日报	小轮子“转动”大钱塘 这些亚运场馆将诞生 16 枚金牌	2021 年 12 月 30 日

钱塘区地名故事

三号大堤

董菊芳 彭　爽

钱塘新区原为钱塘江江滩，系潮水顶托钱塘江口泥沙淤积形成。从 20 世纪 50 年代起，浙江省钱塘江水利工程局，即当时的杭县、海宁县、省公安厅江涂围垦总队等单位开始在江边筑堤防洪。坐落在今天白杨街道的三号大堤见证了这段围垦历史。

作为第二道防线保护江边的土地，三号大堤建成于 1962 年，南自胜利闸门外 1450 米处，北至海宁县杨家村，全长 19.65 公里。1975 年起，结合滩涂围垦，逐年在三号大堤外围筑五、六、七号大堤，至 1980 年完成。为解决排涝，三号大堤上还建有创业 1 号闸。创业 1 号闸是围垦工程水上运石的重要通道，涝水经创业 1 号闸排入三号大堤护塘河内，通过四格排灌站排入钱塘江。

围垦意义十分深远，它不但有效地遏制了潮汐洪涝对钱塘江岸的侵袭，保障了钱塘新区乃至全杭州的安全，还为这里的建设发展奠定了基础，为后人创造了巨大的物质和精神财富。

如今，随着城市化的进程不断推进，区内的地形地貌发生了翻天覆地的变化，三号大堤创业 1 号闸及部分河段作为一个历史遗迹，成为了杭州地区唯一一个以围垦历史遗迹申报的杭州市级文物保护点，被保留到今天。

——原文刊载于 2021 年 3 月 24 日《钱塘新区报·城事》

四格桥

樊婷婷 王　萍

四格桥静静横跨在月雅河上，斑驳的桥身诉说着它曾经的风吹雨打、历史变迁。夕阳下，它像一位沉稳的老者，静静诉说着老一辈人艰辛奋斗的往事。

四格桥坐落在下沙街道头格社区以东，下沙路以南，聚首路以东，因头格有一格、二格、三格、四格，桥在四格，因而得名四格桥。

最初的四格桥建于解放前，连接着下沙乡的头格、三格、六格、七格、智格 5 个村，是当时下沙乡主要交通枢纽之一。如今，四格桥年久失修，但古迹仍在，成了月雅河上沉淀着历史文化的一道风景。

木板、毛竹是四格桥初建时所用的材料，桥虽朴素，但桥的两岸却非常热闹，来来往往的运输都靠这座桥。解放前，四格桥附近有小店，解放后，桥南岸建有供销社，常有独轮车从桥上经过，若是运送货物没有独轮车，人们就靠肩膀挑，靠背扛，四格桥见证了老一辈建设者的艰苦奋斗。

后来，四格桥改头换面成了更为结实的水泥桥，如今，它依然沉默屹立着，静静看着周遭的变迁。

四格桥是一本书，承载着许多下沙人美好而温暖的回忆，叙述了老一辈人艰辛而纯真的故事。

——原文刊载于 2021 年 3 月 26 日《钱塘新区报·城事》

头蓬老街

叶晨璐 孙晗晓

头蓬位于钱塘江南岸、沙地区沿江中心，靠近钱塘江口，曾经是上海、杭州、宁波、绍兴一带物资交流的口岸枢纽，地理位置得天独厚。清朝至民国年间，坍江水患前夕，头蓬是沙地区首屈一指的旺市。

昔日的头蓬既是南沙最重要的棉花集散地和蚕茧收购地，又是钱塘江板盐的重要生产基地，以万通典当、浙东盐行为代表的商业和手工业有 200 多家，商贾云集，市场繁荣，人称“小上海”，在当地首屈一指。“外白地头晒盐板，里花园地棉麻豆，家家桑园养蚕茧，户户门前晒卜干。”这四句至今在头蓬一带流唱的农谚就包含了当地有名的物产“三白、二黄、一麻”，即食盐、棉花、蚕茧、毛豆、萝卜干和络麻。当时头蓬的盛景，从陶明牛老人2012年画成的头蓬老街图中可见一斑。

头蓬老街在当地人的心中有着独特的分量和不可代替的地位，沉淀了太多令人难忘的回忆，浓缩着无数市井传说和风土人情。从河道码头到公路汽车，见证了当地的历史变迁和人们对美好生活的追求。

——原文刊载于2021年3月5日《钱塘新区报·城事》

南沙大堤

尹思燃 喻萍萍

位于河庄街道中心位置的南沙大堤遗址保护公园吸引附近居民来此休憩游玩，感受往昔的围垦岁月。几十年前，这所公园脚下的南沙大堤历经钱塘江水的冲刷与击打，见证了一代围垦人的汗水与辛劳。

南沙是对东部、北部沙地片的总称。有资料记载：“南沙平原，本系钱塘江故道，近百年来淤涨成滩涂。后随着钱塘江主流北迁，江涂不断向外伸展，群众陆续围堤垦殖，逐步形成蜿蜒南沙大堤的雏形。”自1966年起，在河庄这片土地上，原本的钱塘江道淤涨成陆，老百姓陆续在这片土地上围堤垦殖，逐渐形成了我们熟悉的南沙大堤。

如今的南沙大堤全长85公里，东起益农闸，西至浦沿半爿山，曲曲折折伸展，有九曲十八弯之说。

钱塘自古繁华，南沙大堤在经历潮水冲刷的同时见证了钱塘的变迁。它是老一辈围垦人挥之不去的记忆，成了他们心中“围垦精神”的象征，它更是沙地文明的一个鲜明标志。

2019年，河庄街道取来从九堡挖出的钱塘江塘石，原封不动建成了公园背景墙；采取榫卯结构、未用一根钉子搭建起的游亭……倾注了一段围垦记忆，精心搭建起今日的南沙大堤遗址保护公园，让来到此地的居民在游玩的同时，感受几十年前先辈的努力与热忱。

如今，公园门前“南沙大堤遗址保护公园”几个大字提醒着当代居民牢记先辈们在沙地上辛勤抛洒的汗水与拼搏品质，继续守护这勇立潮头、奔竞不息的围垦精神。

——原文刊载于2021年3月10日《钱塘新区报·街巷》

铭和社区“四坊”

樊婷婷 袁 影

如果说古老沧桑的桥路像史书镌刻老一辈的功绩，那么，下沙街道铭和社区风景四季更替的铭和“四坊”，就如华丽的诗集赞尽了春夏秋冬之美。

铭和社区“四坊”，分别为“柳翠坊”“新荷坊”“桂雨坊”“探梅坊”，名字代表了坊中四季的花木。单听名字，就有一种雅致的意蕴，让人联想到风景如画的四季味。中国人向来借物喻人、借景抒情，这四季风景不正是当地人的品质象征、美好期许吗？

“碧玉妆成一树高，万条垂下绿丝绦。”春日里在“柳翠坊”随处可见柳枝摇曳摆动的身影，绿意盎然、生机勃勃。满树细长柔韧的枝条，显得柳树分外柔弱，但其实它很顽强，只要给它水、阳光和空气，就会长成一片绿荫。

“接天莲叶无穷碧，映日荷花别样红。”现在荷花还未开，走进“新荷坊”，只能见到碧水静流，没有见到荷花的影子，但若是到了夏季，荷叶田田，荷花于碧水中展露尖尖角，再张开重重花瓣，那将是极其壮观的场景。

“何须浅碧轻红色，自是花中第一流。”桂花淡雅馨香，在“桂雨坊”能见到满小区的桂花树，花开繁盛之时，十里飘香，人们能欣赏到满树的繁花。坊中的人们有收集花卉的喜好，一盆盆鲜花和桂花相映衬，真成了一个大花园。

“忽然一夜清香发，散作乾坤万里春。”住在“探梅坊”的居民喜欢迎着寒风去看那一树树梅花，除了欣赏寒梅的风采，闻一闻还能嗅到春天的气息。看来，“只把春来报”的梅花的确让人们在冬日里感受到了春欲来的勃勃生机。

一年四季循环往复，四季美景更迭，代表了四种美好的期许，希望我们有柳树的坚强，不惧风吹雨打；有荷花的高洁，出淤泥而不染；有桂花的高雅，关注内心里的修养；有梅花的谦逊，默默做好自己。

——原文刊载于2021年3月17日《钱塘新区报·城事》

抢险湾

许莉莎 徐友良 徐瑞全

阳光下的抢险湾波光粼粼，很快，它将与冯娄横湾串联，形成总长2公里的滨水景观带，蜕变成新湾又一“最美”打卡点。

关于抢险湾，徐友良在《丁坝往事》中回忆：“这条抢险湾在过去叫辣椒湾，很有故事。”何谓“辣椒湾”？1965年7月，正当辣椒收获的季节，因钱塘江紧急抢险，要将辣椒拔掉，开掘一条急运抢险石方的河道，“辣椒湾”由此得名。

多年前，丁坝西侧、南沙大堤外线防洪堤告急，头蓬盐场东侧已有一半塌入江底，盐民们纷纷逃离，钱塘江大潮直逼南沙大堤北线。出险地段，已有半条土堤坍入江中，情况万分危急，如不抛石，势必塌进南沙大堤、新湾街、冯娄片的建民、建华、新龙大队危在旦夕，新湾公社紧急动员，要求农民把存在家里的石块、石板、石条等石材都捐出来，投送到险口以挡潮浪。民众迅速行动，车拉、肩挑，捐石材队伍络绎不绝。但靠农户残存的石材只是杯水车薪，义蓬抢险指挥所从外地矿区紧急调来小火车，铺上轻轨，石方从闸口内起岸，驳运到险口。尽管采取了许多措施，但险情还是得不到有效控制。

随后，有人主张在建华大队与新龙大队界之间掘一条1000米长、20米宽的抢险湾，以沟通冯娄横湾与抢险湾的石方船运。此举经紧急汇报，立即得到地方主要领导支持，当天亲临一线拍板。

大难临头，保家园，还是保辣椒？保家园，舍辣椒！很快，在辣椒受损农户家中，大家都达成了共识。当晚，拉电线，接照明，迅速从新湾、头蓬、义盛结集1万余名民工通宵达旦投入挖河，不到24小时，抢险湾挖成。石方船已在冯娄横湾集结，排成长队，昼夜不停，源源不断地把石方运送到抢险口。

“抢险湾，即‘辣椒湾’的开通，对制止丁坝西侧的险情起到了至关重要的作用，阻止了‘潮神’跨越南沙大堤入侵南沙大地的企图，避免了三个村5000亩良田和1200户农民遭受重大劫难的厄运。”徐友良说。

如今，这条“拼命”的抢险湾又将蜕变成清澈靓丽、人水和谐的生态廊道和景观带，这条“城中河”将继续为新湾人增添迷人的色彩。

——原文刊载于2021年3月19日《钱塘新区报·城事》

临江兵团知青文化园

张华颖

1970年，7000多名知识青年来到临江，挽起裤脚，挑土筑坝，用双手创造新的土地；开渠挖沟，选种育秧，在盐碱地上荒涂夺粮……在临江兵团知青文化园里，我们还可以触摸到这片土地50多年来跳动的脉搏。

知青文化园位于临江街道纬五线北面，由原中国人民解放军南京军区浙江生产建设兵团二师六团知青兵团旧址改建而成。园区纪念馆通过“围海造田、荒涂夺粮、苦乐年华、情系故土”四个展区记录了当年知青们在临江的艰苦创业岁月。锄头、扁担、蓑衣、竹篓，当年留下来的老物件们还可以回望当年向潮水夺地的艰辛。经过两次围垦，知青们与农民、部队战士共围得土地9.8万亩。通过挖排涝沟，修建排涝渠道、盐碱荒滩被整理成了可以垦种的条田。黑白的老照片里，知青们吹口琴、钩花边、学英语，在劳作之余，他们也会在“苦乐年华”中寻找生活的乐趣。

知青纪念馆园区在建设时除了增添了知青林、知青浮雕、知青果园、知青百草园等，还保留了当年的宿舍、食堂等老建筑。当年的宿舍是一栋矮矮的二层楼房，住着160多名知青，条件艰苦，只能女生住楼上，男生住楼下。

潮起钱塘，五十多年前知青们在临江围海造田，荒涂夺粮，揽江入怀。经过一代代人的辛勤耕耘，曾经的盐碱地逐渐变为了广袤的农田、现代化的工业园区和林立的城市，新区人在这片土地上书写勇立潮头的新篇章。

——原文刊载于2021年3月22日《钱塘新区报·街巷》

义蓬的由来

叶晨璐 孙晗晓 沈志芳

搭乘杭州地铁7号线从萧山国际机场站向江东二路方向出发，中间有个站叫义蓬站。义蓬的由来离不开两个地名：头蓬和义盛。

相传，头蓬地名得名于20世纪人们在开垦南沙大地时，这里搭建了第一个草蓬。有陌生人问路，人们就说往下走，看见头一个草蓬就到了。一来二去，头蓬就这样叫开了。还有一种说法是，晒盐的盐场里有很多从废弃的土堆里长出来一蓬蓬杂草，像一个个披头散发的脑袋，人们便叫它头蓬。

义盛地名来源于当地老街上一家名叫“姚义盛”的豆腐店铺。当时，“姚义盛”豆腐店在十里八乡是头一家，名号甚响，连外地人路过此地，一听“姚义盛”豆腐店都能恍然大悟。久而久之，义盛就成了当地的代名词。

从钱塘江滩涂开垦义盛、头蓬两个镇，再到如今的义蓬街道，一步步走来，这片土地上的人们既吃苦耐劳又奋发昂扬。早在1992年，该地区的规划调整就已经逐步启动，宏伟乡和乐园乡分别并入当时的头蓬镇和义盛镇。2001年两镇合一，头蓬和义盛各取一字，成为义蓬镇。2010年，义蓬镇升级为义蓬街道，正式成为新一代年轻人所熟知的钱塘新区七个街道之一。

头蓬曾是钱塘江板盐的重要生产基地，义盛则因一家豆腐店而得名，盐巴和豆腐的相遇，造就了如今义蓬街道田园型城区美景。紧跟新区发展脚步，义蓬建设不断向前，生活在这里的人们有了越来越多的幸福感和获得感。

——原文刊载于2021年3月24日《钱塘新区报·城事》

老 闸

沈逸柔

前进辖区有几座老闸，在当地家喻户晓。老闸沿梅林大道从南到北分布，依次为三号闸、四联闸、四号闸、内八东节制闸和内八工段闸。这些老闸的建成时间大概在20世纪60年代。老闸分单孔和双孔。30年前，厚厚的闸门一放下就隔断了钱塘江与内河。

闸桥如此重要，以至于闸名成了地名，地名成了乡愁。几座老闸“排排坐”，连名字都带着数字。是什么原因呢？听老人们讲，这几个看似不走心的名字与一工段、二工段等都是围垦时期留下的历史痕迹。

那时的人们挑围垦往往是趁着农活儿少、水位低的冬天去，把沙泥挑到钱塘江边筑堤挡潮，填出一块地就会留下一条“堤”和一条横河，因此，沙地内河网纵横交错。钱塘江潮水是咸水，不能灌溉，为了守住田地，阻咸引淡、排涝抗旱的闸因此而建。顺着建设地理位置和时间，闸名也就与数字相关了。

直到现在，前进江东一路上还有一处名叫“三号闸”的公交站台。提起三号闸，人们脑海里会浮现出涂着柏油的黑色闸体、两岸的抛石护坡和如今看来略显狭窄的闸桥。

以前，大江东区块还是一片滩涂，群众深受坍江毁家之苦，在多次围垦中，土地不断向北扩展，闸桥随之建设。与闸体密不可分的是蜗杆、蜗轮和罗盘。蜗杆与闸体相连，相当于一个巨型螺丝，蜗轮套在蜗杆上，相当于一枚螺母。罗盘在闸体正上方，是一个大圆盘，需要升降闸体时，人们就攀上老闸，拧动罗盘。罗盘带动蜗轮，蜗轮牵动闸体，缓慢移动。

闸桥、堤坝，共同构成沙地人民拦挡钱塘江潮水的堡垒。到了二十世纪七八十年代，整个垦区逐步形成了淡水有来源，咸水有去路，旱时可引灌，洪时可排涝的水利系统。

现在，几座老闸的水利作用已不如从前，但作为围垦的见证者，它成为了沙地人前赴后继、奔竞不息围垦精神的代表。

如今，一座座老闸依旧伫立着，承载起沙地人的乡愁，平静而安宁地守护着广袤的围垦大地和生活在这里的人们。

——原文刊载于2021年3月29日《钱塘新区报·街巷》

杏花村

叶晨璐 沈 清 孙晗晓

“借问酒家何处有，牧童遥指杏花村。”虽然和古诗里提到的“杏花村”不是同一个地方，但义蓬街道西面的“杏花村”也和一大片杏花林有关。

据《萧山县志稿·卷二·山川门》记载：“赭山东十里有雷山，一名鼓山，南麓有驼砑缝，其水颇美，可缫丝。又北十里有蜀山，两山相对，皆甚小。嘉庆前自雷山至蜀山十里俱种杏花，号十里杏花村，今其地有杏花桥。”

从地理位置看，现在的杏花村应该是两百多年前〔清嘉庆元年（1796年）〕十里杏花村的一部分。可以想象，在春天杏花盛开的时节，那片杏林的壮观美丽，大团大团的花朵悬在枝头，像被胭脂染红的云朵，颜色深深浅浅。含苞待放的杏花朵朵艳红，花瓣盛开，色彩由浓转粉，到谢落时变成雪白一片，应了杨万里的诗句：“道白非真白，言红不苦红。”

现在的杏花村里建有一座“復杏寺”，旧时是用来祈求钱塘江“海不扬波”的。寺中简史碑上记载了一首明末清初的歌谣：“海宁出了一个陈阁老，何文秀访妻九里桑，行过三里桃花渡，走过六里杏花村，举目便是杏花庙，关圣大帝坐中堂。”这也印证了这里就是当时开满杏花的杏花村。

如今，杏花林已经在这片土地上消失，转而代之的是家乡发展的新起点。旧日杏花虽不见，但这片土地上将会开出更美的繁荣之花。

——原文刊载于2021年4月2日《钱塘新区报·街巷》

蜀 山

尹思燃 喻萍萍

“东北角状如牛头，西边形如牛尾。”走入钱塘新区，这座宛若一头牛形状的蜀山格外醒目。

《神州古史考》记载：“以蜀国之铜材扣临平之石鼓，此山故名，上有蜀山洞，潮决沦入海。”蜀山海拔虽仅有44米，但作为钱塘新区范围内唯一的一座山，它是良渚文化与商周文化的重要遗址，凝聚了数千年的中华文明，并在此形成自己独有的“蜀山文化”。

1982年9月12日，以浙江省考古研究所为主，会同杭州文管会、萧山县文管会及富阳、淳安、建德县文管会组成考古发掘队，从蜀山“牛肚皮”处，分为南、北两区展开挖掘，出土文物232件，还有大量的印纹硬陶、泥质陶、夹砂陶和原始青瓷等遗物，现分藏于萧山博物馆、浙江省博物馆中。

据悉，蜀山遗址共分三期，据专家研究推断，第一期的年代是良渚文化时期，第二期年代相当于中原的商代至西周早期，第三期年代相当于中原地区的西周前、后期。1983年，蜀山商周遗址被列为萧山县重点文物保护单位。2009年，蜀山遗址被列为杭州市市级文物保护单位。

数千年的文化藏于蜀山之中，让生活于此的人们有了更强大的文化自信。4000多年前，中华先祖在蜀山一带从事渔猎和农耕；几十年前，生活在此的人们用汗水在钱塘江畔、蜀山脚下拼搏出一片乐土，并形成如今勇立潮头、奔竞不息的“围垦精神”，滋养着一代又一代人拼搏前进。

岁月流转间，蜀山成为当地居民心中磨灭不去的一处记忆。以蜀山为圆心向外辐射，加之钱塘江水流激荡，这里已成为一处百姓安居之所，再无昔日兵家必争、战火纷飞之态。

蜀山，带着钱塘潮冲不去的历史厚重感，交织着别样的农家烟火，静静地见证着这方土地的浮生未歇、成长蜕变，其独特的地理位置和丰富的文化堆积层，让浙江古文化南北交流融合得更加密切。

——原文刊载于2021年4月12日《钱塘新区报·街巷》

智格社区

樊婷婷 江湖飞

在下沙街道智格社区，八旬老人缪庭富拿着勾线笔俯身桌上，在白纸上迅速落笔、勾勒，不一会儿，智格社区的轮廓出现在白纸上。缪庭富老人拿起纸张问我：“智格的地图像什么？”

图纸上，智格社区就坐落在钱塘江边，中心突起，远远望去，像一只“猪头”。为什么会形成猪头的形状呢？缪庭富老人说：“是钱塘江潮水自东北向西南冲击，内河水流则自西北向东南冲击，于是形成了塌江，唯有一处未塌，凸出江边，形似猪头，俗称‘猪头角’，加之钱江江畔的沙滩逐渐形成后，为划分所有权，便于开垦利用，将土地分格，由西北向东南排列，共分10格，智格是第‘十格’，综合起来，人们便取名‘十格猪头角’，名字虽朴实，但代表着自力更生、有财有福。”

“猪头到底有些不好听，需要起个雅致些的名字。”缪庭富老人接着说，“解放后，土改工作组同志要立村名，召集当时农会主任缪瑞继，民兵连长魏大浩，儿童团长缪庭富，妇女主任陈雅仙、文化人李长昇，我们几个人一起协商，经过一上午的反复辩论，最终敲定了‘智格’。

为什么是‘智格’呢？我们把‘十格’的‘十’改为‘一日’‘二日’的‘日’，把‘猪头角’的‘猪’改为‘知晓’‘知道’的‘知’，‘头角’两个字不要，就变成了‘智格’。无论是‘猪头角’还是‘智格’，都能从中窥见人们的美好寄寓，‘智’与‘猪’方言发音相近，既延续了‘猪’的意思，也代表了当地人民开拓创新、奋斗前行的智慧。

很多村子后来都改了名字，但我们的‘智格’一直没有改，沿用到了今天，七十二年了！”缪庭富老人说，“我们‘智格’的人民热爱这个名字！我们要世世代代传下去！永葆它的青春活力！”

——原文刊载于2021年4月19日《钱塘新区报·街巷》

萧东村

张华颖

萧东村位于钱塘区临江街道东北部，紧邻杭州湾入海口，是钱塘区最东面的村庄。

萧东村前身为前进乡东海村和东梅村，分别于1976年和1982年由党湾梅西迁入，按照当时抽签与自愿迁入原则，2300多名村民来到这里定居。面对广阔却又贫瘠的土地，骨子里流淌着吃苦精神的萧东人埋头苦干，搭建起简易的茅草房，播种下大片的络麻、水稻种子，用勤劳的双手开拓出新的生活。

“萧东”承载了村民们对这片土地的无限深情。2005年，东海、东梅两村合并，在为新合并的村庄起名时曾有“萧东村”“双东村”两个选择。经过商讨，村民们选择了“萧东”。村书记李水潮解释说：“‘萧东’二字时刻提醒着我们站在杭州的最东面，脚下的土地是前辈们一担一担土挑出来的，合并之后，和曾经的‘双东’成了一家人了，我们要共同努力，创造新生活。”

如今走进萧东村，满眼皆是碧波荡漾的河水、错落有致的农家房屋。走两步就能收获一个“老底子”围垦文化景观，剥络麻、抓鳗苗、打年糕……19根立在萧东直河、临江演艺中心周边的劳作柱子，向每一个走进萧东村庄的人们传递着萧东吃苦耐劳、勇于尝试的精神。

——原文刊载于2021年4月21日《钱塘新区报·城事》

临江护塘河

董菊芳 彭 爽

钱塘江文化是一种“勇立潮头、敢为人先”的“弄潮”文化。在钱塘江畔，人们世代临水而居，与水抗争，不仅通过治水、围垦和弄潮等方式来生存，还要通过捕鱼和航运来营生。

临江护塘河位于钱塘新区白杨街道，属钱塘江水系下沙片区，紧临下沙钱塘江大堤，属于大堤护塘河，是下沙最长的一条河。西起七格渠，东至下沙闸，全长约12.8公里，河道宽20～60米，流经云滨、朗琴、伊萨卡等多个社区。

早期，临江护塘河是构筑钱塘江下沙沿江大堤时取土而形成的，当年的围垦战士风餐露宿、忍饥挨饿，硬是用一双肩膀挑出了广袤的围垦地，留给后人“万众一心、战天斗地、不畏艰难、力创伟业”的围垦精神，成为钱塘人民宝贵的精神财富。临江护塘河与6号路交叉口的围垦文化广场巍然矗立的那组石雕，就是为纪念围垦历史而建造的，现在已经成为居民休闲娱乐的好去处。

从最初的一片滩涂之地到现在的集“国内最清洁开发区示范点”“杭州市区最佳道路绿地“”杭州市区示范道路绿地”“省级精品示范路”等荣誉于一身的美丽河道。如今的临江护塘河，不仅为中外游客提供了一条观光休闲、健身娱乐的诗意绿道，更为城市发展提供了一个富有活力、兼容并包的文化空间，成为白杨街道兼顾生物多样性，激活城市发展的“金名片”。

——原文刊载于2021年4月23日《钱塘新区报·街巷》

乾隆坝

徐红燕 赵国其

在下沙街道杭铣社区北面，与海宁翁埠村交界处有个老地名，就是大家熟称的“石塘坝”，系明清古海塘鱼鳞石坝，传说中是乾隆皇帝下令修建的钱塘江防潮石坝，坊间称“乾隆坝”。

钱塘涌潮蔚为壮观，却也害苦了两岸的老百姓。从汉唐以来，历代王朝都动用了大量的人力跟财力来固堤御潮。

相传古代施工前，要在钱塘江上游撒谷糠，让其顺流而下，自然漂浮形成岸线，据此筑坝，以达到最大限度抗击潮水。筑塘技术从土塘、柴塘发展到石囤木柜塘，可是海塘还是屡建屡毁。直到明嘉靖年间，老底子的杭州人想出了一种名叫“鱼鳞石塘”的筑塘技术，才有效地防住了大潮。

“鱼鳞石塘”，顾名思义就是看起来像鱼鳞的防护堤坝，它将古海塘建设得十分精巧，比如，塘基用的是5米多长的粗木料，打成“马牙桩”“梅花桩”等不同类型的桩，塘底垒石最厚的有23层，最少的有18层，用的都是上千斤的石条，一点点打磨平整后交错叠置而成，每个石条间仅以铁锔和榫连接，逐层上叠，像鱼鳞一样，人们形象地称为“鱼鳞石塘”。加上适度弧线走向的石坝，遇潮水冲击压力时，条石间可以相互咬得更紧，更利防潮冲击。

现存的钱塘江古海塘包括北岸海塘和南岸海塘两部分，其中北岸海塘大致西起西湖区转塘镇狮子口村，经梵村、闸口、南星桥、碑亭边，再沿秋涛路、杭海路一直到九堡、乔司，并与海宁段相接；南岸海塘因为在萧山城北，所以历史上又称“北海塘”。其中，下沙街道辖区内的这段鱼鳞石塘坝始于星野社区月牙湖北岸，由西南向东偏北方向基本沿着当地村（社区）分界线蜿蜒东去入海宁，全长近八公里。可惜的是，这一坚实的古海塘由于江道变迁、治江围垦等原因，现存无多，“鱼鳞”的形象也让人难以辨识。

从围田筑堤和直立式叠石塘到鱼鳞石塘修筑，再到我们前辈们江涂围垦、改良盐碱地、兴修水利、发展农业、兴办农场，再到现代工业文明的兴起，演变成现代都市生活的安居乐业，这简直就是一幅生动的“沧海桑田、田园都市”历史画卷。

走在古海塘这块塘坝上，脚下踩着汇聚古人智慧结晶的石塘，石块间露出的铁锭仿佛在诉说当年由铁水化身成固定巨型石块“卯榫”的不易，还有我们世世代代钱塘人曾经为之奋斗的艰辛、快乐、付出与收获。

——原文刊载于2021年4月26日《钱塘新区报·城事》

蜜蜂桥头

王慧敏

在水网密布的大江东，桥随处可见。在前进街道集镇上，前进路与临东线的交叉口有连在一起的三座桥，东面紧邻临江街道，南面及西面属于前进街道范围。桥上暂未刻桥名，如果询问新前进人，大多数都说不上桥的名字，只有上了年纪的老前进人会告诉你，这座桥名叫“蜜蜂桥头”。

虽然和义蓬街道蜜蜂村里的“蜜蜂桥”同名，但前进街道的“蜜蜂桥头”已有五十多年的历史，窄窄的三座桥在1978年前进公社成立之前就横跨在这片土地上。

“以前这个地方不属于‘前进’，应该说当时都还没有‘前进’，这里的一片是归蜜蜂大队管辖的，所以这里的桥头叫‘蜜蜂桥头’，当初建造可能是因为围垦拓荒的需要，也寓意着人民要像蜜蜂一样勤劳勇敢吧。”在桥头边开了二十几年店铺的老严向我们讲述着。老严从20世纪70年代搬迁到此处时，这座“蜜蜂桥头”就存进了他的记忆中。他说，“那时的蜜蜂桥头只有现在一半的宽度，就已经是当地小有名气的繁华胜地了。”

让老严印象最深的一次是1973年的台风。“那一次的台风很大，把钱塘江的潮水都吹进来了，潮水就是从蜜蜂桥头的东面涌过来的，一直涌到了现在的梅林大道那里，齐腰深的水把家、田都淹没了。”

建桥之初，水泥桥墩支撑着这三座窄窄的小桥，小桥跨着两条河，现在，宽敞坚固的桥头让老严感到更安全、更便利。

“当初桥上铺的是泥土，后来变成了水泥，不管是泥土桥还是水泥桥，来来往往的人一直很多。”当谈起往昔，不少老前进人表示，“蜜蜂桥头”当年十分繁华，桥边的商店众多，去其他地方办事或走亲戚，一定都要路过这个桥头。

时过境迁，村民们的出行方式发生了翻天覆地的变化，“蜜蜂桥头”也“老”了。2004 年的一次升级改造，让“蜜蜂桥头”旧貌换了新颜，一分钟经过 15 辆小汽车、30 多辆电动车。现在，桥头变成了双向两车道，柏油路面上人来人往，还安装了红绿交通灯和 24 小时监控探头。

“蜜蜂桥头”承载着许多老前进人的回忆，也见证着许多新前进人的幸福生活。

——原文刊载于 2021 年 5 月 7 日《钱塘新区报·城事》

向公村

尹思燃 喻萍萍

每年的农历三月初六，是河庄街道向公村村民纪念张夏相公的日子，也是向公村除了春节以外最热闹的节日。“向公”二字的由来，便是村民们为纪念张夏治水功绩的相公殿谐音而来。

据《萧山县志》记载，张夏为北宋时萧山长山（今楼塔一带）人，人称“张老相公”。景祐年间（1034—1038 年）曾出任北宋两浙转运使。因“海溢，飓风发，钱塘、萧山堤总坏”，张夏募民加固堤塘，分段守护。他首用石块砌塘，并在塘外打入松桩加以保护。这段自西兴至坎山的江堤，因其木石并筑的特性有力抵挡了潮涌的冲击，造福了两岸百姓。而张夏却因公殉职，百姓感念其德，将其尊为潮神。

旧时，“沿江十八庙，庙庙祭张神”。每逢三月初六张夏诞日，各地的张神庙都会举办为期三天的“相公会”。社戏商集、引神赛会，是老沙地人心中难忘的记忆。清朝嘉庆年间，因感念于张夏治水护堤之功，沙地百姓为他修建了一座相公寺，寺庙的所在地就是今天的向公村。

张夏一生潜心治水、不遗余力地保护钱塘江大堤，其敢为人先的创新精神，激励了向公村人民干事创业的昂扬斗志。为纪念张夏的先进理念和创新精神，向公村衍生出了“张夏绥佑、和谐向公”这一村级文化品牌。

重建相公寺、建立仿古戏台、举办民俗文化节暨相公庙会……近年来，向公村还将建设文化礼堂与弘扬张夏文化相结合，打造出一场又一场精品文化活动，让村民们在尽享民俗乐趣、生活幸福之余，不忘张夏文化的传承。

——原文刊载于 2021 年 5 月 19 日《钱塘新区报·街巷》

火星村

叶晨璐 金鸿桥

近日，祝融号火星车传回火星照片，再次勾起了人们对这颗神秘星球的无限遐想。而在钱塘区义蓬街道也有一个很特别的村——火星村。尽管它不如天上的火星那样神秘遥远，但也有着令人着迷的美。

勤劳的“火星人”用双手一步步创造了如今幸福的“火星生活”。

20 世纪 20 年代初，零星的村庄农居开始在现在的火星村土地上出现，三三两两地分布于高差为 2 米至 3 米的河滩地上。当时，这里内部河流曲折蜿蜒，外部钱塘江泛滥，并不是一个宜居之地。50 年代，这里进行了大规模的围垦及土地平整，河滩地的地形高差得到了改善，并截弯取直改造灌溉河渠，方便对沙地进行精细耕作，使农业生产条件大幅度改善，吸引了大量来自萧山、绍兴及海宁的农户，为村庄发展带来了新的动力。

新中国成立前，原名为龙图乡十村的村民们完成了农村社会主义改造。最初的 7 户农户感念于“星星之火，可以燎原”的伟大理想，组成了星火互助农业合作社。1984 年，村落正式更名为火星村。

如今，火星村已成功创建为市级“美丽乡村”精品村，集体流转土地 700 多亩，建成“田成方、路成行、渠成网”的高标准农田，并大力推行“污水零直排”智慧灌溉系统试点，用整洁秀美的村容村貌，为“火星生活”增添了幸福。

不仅如此，火星村还积极引进蔬菜加工、智慧物流等企业，为村民带来看得见的收益。据了解，2020 年火星村完成工业产值 1.41 亿元，农业产值 1.1 亿元，农民人均收入 44869 元，村集体收入可用资金 481 万元。

从一片滩涂荒地到安居乐业的家园，沧桑巨变数十载，星火初心永流传。未来，“火星”的故事还将在这片土地上继续上演。

——原文刊载于 2021 年 5 月 21 日《钱塘新区报·城事》

元成社区

徐红燕 徐林玲

在钱塘区下沙街道元成社区，老人们围坐在一起聊天时，都会讲起一段他们共同经历的围垦岁月。

元成社区由钱塘江改道围垦，几经耕作，历时几十年而来，承载着一代代元成人力创伟业的星火精神。

从最初围垦之地到如今的成熟社区，从“立”起来到“强”起来，元成人是如何从星星之火，发展燎原之势的呢?

在元成社区，老一辈居民还是会不由自主地说自己是“星火人”。“星火”，是刻在老元成人们心中那段岁月里最深刻的名字。

元成社区在解放初，前名源自元成堂，东边是现在的钱塘江，1949年5月3日杭州解放，1950年杭州市开始对农村建乡，乡以下设村，元成村成立。1958年，下沙乡改为下沙人民公社，元成村改名为元成大队。1964年，元成大队和东方大队合并成东方大队，下设东方生产队和星火生产队。“星星之火，可以燎原”成了元成人的精神内涵，两个生产队合并取名“星火大队”。名字激励着当时元成人从围垦建设到经济发展，践行“星火”精神，传承“星火”的力量。

当时的元成村东面是钱塘江，潮水翻涌无常，洪水一直困扰着元成百姓。1970年，在孙加福、李永祥、夏永钊、赵锦春等老同志的带领下，群众奔赴前线围垦江滩。历时10余年，元成的先辈们终于开辟出来了4～7号围垦，点燃了发展的星星之火。

在围垦土地上，1984年元成实行联产承包制，1989年实行土地承包制，按户为单位承包到户，群众靠自己的双手勤劳致富。这一时期，元成百姓兴起了种韭菜、售卖韭菜的高潮，以小产业撬动社区大发展。

撤村建居后，杭州经济技术开发区实行征地拆迁工作。2004年至2006年，元成进行了大规模征地工作。社区近几年来发展迅速，源隆商业大厦、元成时代中心项目所得的租金收入已成为元成社区集体经济收入的重要组成部分。

“你给我一个信念，我还你一座城”。如今的元成社区成立了医疗卫生、文化娱乐、居家养老等八个服务团队，在工作和生活上为社区居民提供了最大限度的便利，在城市化的道路上阔步向前。

——原文刊载于2021年6月4日《钱塘新区报·街巷》

向涛社区

叶晨璐 朱琳娜

“弄潮儿向涛头立，手把红旗旗不湿。”这首词出自北宋潘阆所创作的《酒泉子·长忆观潮》一词，义蓬街道向涛社区便是出自于这首词。

向涛社区成立于2020年9月底，是一个成立不到一年的年轻社区。向涛社区自比“弄潮儿”，奋力站在钱塘区时代发展浪头的前端，乘风破浪，誓要在这场“大潮”中施展拳脚。“向涛”一词表明了他直面挑战的勇气和信心。

自古以来，钱塘江上都不乏敢于为美好生活而挑战自我的勇士。从围垦时期的“弄潮儿”敢于乘风破浪，出江打渔，在翻滚的波涛中夺下一网“潮头鱼”，到改革开放后的“弄潮儿”乘着一叶小舟在鱼塘里穿梭，靠水吃水，借力时代的浪潮，传承经营本地渔场，再到如今的“弄潮儿”，怀着和先辈同样的精神，在这片饱含勇气与智慧的热土上创新向前，用始终如一的奋斗，迎接新的时代。“向涛”，就是这样一代代“弄潮儿”故事最真实的写照。

从钱塘江大潮上英勇无畏、搏击风浪、身手不凡的“弄潮儿”到如今勇于进取、敢闯敢干，总是站在时代前列的“弄潮儿”，这种精神始终激励着这片土地上的人们不断追求幸福的生活。向涛社区以此为名，在钱塘大地上书写崭新的篇章。

——原文刊载于2021年6月16日《钱塘新区报·街巷》

义盛地名的来源

王丽燕

义盛形成集镇始于清朝乾隆年间，至今有220多年的历史。在南宋咸淳年间，现属地为盐官县时和乡；明代属海宁县时和乡，后因钱塘江江流改道，至清朝康熙年间，属地成江道变沧海；到清朝乾隆年间才逐渐淤涨成陆，不少绍兴等地的移民到此开垦、晒盐、种地。

义盛地名颇有来历。相传有一个姓姚的人开了一间小店，店号为“义盛”。姚义盛有两间店面，一间经营豆腐，还有一间是宿夜店，给往来的客人提供住宿。当时在这个地方小、店面少的老街上，姚义盛算是大规模了。姚义盛的东家姓姚，“义”寓意讲义气，“盛”是希望自己的店能昌盛，店铺开张后，生意兴隆，后逐渐形成村落。

当时的头蓬渡口是一个大渡口，方圆几公里内的人们想出趟远门，去上海或是海宁等地，都要到头蓬渡口渡江，来到渡口中途的没什么大地方，当看到义盛老街的时候，便会不自觉地问上一句：“这是到了哪里呀？”往来的客商们省去了“姚”字，直接说到了“义盛”，于是，义盛这一地名便这样传开来了。

——原文刊载于2021年7月14日《钱塘新区报·城事》

春园村

叶晨璐

20 世纪，义蓬街道的宏伟片区曾是一片滩涂，这里从漫漫荒地到如今的灯火人家，离不开挥别故土，扎根到这里的第一代移民。春园村就是其中一个从无到有建设起来的新家。

春园村位于义蓬街道北部，地处江东一路以北，六工段直河以东，江东三路横贯过村。第一批村民是从萧山区瓜沥镇当年的大园公社迁移而来的，所以村名里带了个“园”字，用以纪念故土。

据了解，当时移民从 1976 年分批开始，1978 年底基本结束，到现在，村里还有许多老人经常会谈起当年举家迁移，投身围垦事业，建设新家园的故事。不过，村名里“春”字的来源众说纷纭，但大致上代表了一个新的开始，可能是新家园安定时正值万物复苏的春天，又或许是预示着迁移来的村民们将开启新的生活。

默默穿村流过的宏伟丁字河与河上的春园桥见证了春园人这一路走来的征程。据村干部介绍，春园桥建成于 1975 年，以村名命名，用于方便当时的围垦作业，至今已经修建过三回。

从一开始的石板桥到现在的钢筋水泥桥，过桥的车子也从吱吱扭扭的板车变为如今时髦的小汽车，桥两岸原本热闹的供销社也慢慢变为墙上的民俗画，成为老人们记忆里的画面，不变的唯有桥下日夜不停息的流水，见证着春园村的蜕变。

——原文刊载于 2021 年 8 月 4 日《钱塘新区报·街巷》

钱塘文学

修缸补甏，钉碗凿字

朱大杨

“修缸嘞——补甏嘀——”“补雨伞嘀——”

如今，你还能听得到这种手艺人的吆喝声吗？告诉你吧，这种像是唱“绍兴大班”的叫卖声，确实是消失已久了。

沙地人“做人家”（沙地方言，意为省吃俭用、勤俭持家）是出了名的。新三年、旧三年，修修补补再三年。无论是穿的、用的，都是如此。正因为如此，就催生了一个修修补补的行业，涌现了一批亦农亦艺的能工巧匠。

修缸补甏

缸与甏，是沙地人腌制萝卜干、冬芥菜不可替代的器皿。而这些由陶土烧制的器皿一旦被撞击，不破即碎。哪怕缸、甏只有一点点细小裂痕，也不能用于腌制萝卜干、冬芥菜了。但“做人家”的沙地人舍不得丢弃，将尚有利用价值的破缸碎甏留着，待修补后再用。

“修缸哦——补甏哦——”听到这熟悉的“叫卖声”，有需求的人家就会把师傅请到家里，对需要修复的缸缸甏甏作一番评估、讨价还价。补甏师傅用一个形似黄蚬的铁榔头，对着缸、甏“当当当”地一阵敲击，像医生拿听诊器为病人检查身体似的，凭听觉判断缸甏的破损程度。缸甏上极细小的“砂眼”，在凭榔头敲击无法查证的情况下，师傅会把菜坛子（甏）倒扣在水里，在有气泡冒出的地方做上记号。然后，补甏师傅一手拿榔头，一手拿凿子，在缸、甏的裂痕表面，凿一条七八毫米宽的槽子，涂上搅拌好的水明汀（以前水泥称水明汀或叫洋灰），再根据缸甏的破损程度，每隔十至三四十厘米的不等间距，在补好的疤痕上，横向打上“铁攀”加固。即使缸甏破损严重、甚至砸出窟窿的，补甏师傅也会另找一块“缸爿”补上，让已经一钱不值的破缸碎甏重新恢复使用功能。

钉碗凿字

饭碗，在现实生活中算是低值易耗品。破了即扔，碎了便丢，没有什么“恋恋不舍”的。而在老底子，饭碗破了也舍不得丢弃，还要修补后再用。

“钉碗”师傅就是专做这活的。若是饭碗破成“一分为二”，钉碗师傅也能将破碗修补得滴水不漏。师傅先将两片碗爿合在一起，用一根细绳将临时合拢的破碗由底到面绑住，再用一只筷子将细绳绞紧，使两爿破碗紧密吻合，然后用带有金刚钻的“纤钻”，在裂痕左右两侧钻洞，再钉上“铜攀”，以紧紧扣住两片碗爿。这样，破碎的碗就修补好了。金刚钻钻洞时发出的“叽咕叽、叽咕叽”的声音，也许就是人们常说的“江西人补碗己顾己”吧！

过去，把吃饭碗当作“家伙”看重的沙地百姓，都会请钉碗师傅，给自家的几十只饭碗凿上名字，生怕被别人拿错了。直到现在，我家找出几只凿有名字的老旧碗盏，完全不成问题。

生铁补镬

老底子，沙地人家都是用生铁镬子煮饭的。由于沙地池塘水盐分高，并且以络麻秆、棉花秆等为燃料的柴火，燃烧后产生的烟气中也有一定的盐分，因此，生铁镬子非常容易生锈，一只镬子用不了多久，就会锈迹斑斑，甚至局部产生溃烂。镬子有了洞，就没法烧饭了，若是买只新镬，这对于手头拮据的农民来说，不是件容易的事。饭镬一日三餐都得用，新的买不起，破的没法烧，该怎么办？唯一的办法就是把破镬拿去义盛，请街上的“补镬小毛”补一补。

小毛师傅是义盛街上有名的“小炉匠”，专门从事生铁补镬。瘦小的个子，黑不溜秋的脸庞与双手，是长期被烟熏火燎所致。小毛师傅一手拉风箱，一手用火钳将小铁块投入酒盅大小的熔炉中，熊熊的焦炭火让熔炉里的铁块化成铁水。这时，小毛师傅左手握住沾了水的布团，抵住镬子里爿洞口，然后用火钳钳住盛满铁水的熔炉，将绯红的铁水倒入镬子的破洞，然后右手迅速握住另一个湿布团，对洒入破洞的铁水实行“两面夹攻”。随着“嗤喇喇”一声响，镬子的洞给补上了。“补洞一个，汇钞两角。”补好的镬子拿回家又能重新煮饭了。不过，盛饭、抢镬焦时要特别小心，一定得避开补丁，否则，原先的小洞会变成大洞。

老底子生活中，搞修修补补的手艺人还有很多：比如修补雨伞的、修橡皮套鞋的、挑着铜匠担修铜镴锡器的……

从事修补行业的手艺人，是当时社会生活中不可缺少的成员，这些手艺人曾经为社会作出过贡献。如今时代进步了，生活条件改善了，人们对旧物件修修补补也早已不感兴趣了。过去那些从事修修补补行当的手艺人，也早退出了历史舞台，那时候的那些事，只能成为极少数人的记忆。

——原文刊载于2021年1月8日《钱塘新区报·副刊》

新湾怀古

徐友良

新湾的历史不算太久，约200多年。是老一辈的人从梅西老埠头一带出来到新湾拓荒的。据《萧山县志》记载，清嘉庆年间，新湾一带淤积成沙，芦苇荒野成片，流化沟纵横交错，内地的先民先后搬到此地垦荒。相传180多年前在梅西老埠头，一姓孙的大户人家从老埠头到新湾段，在原流化沟的基础上，截弯取直，略加拓宽，形成了一条南北走向的河流，沟通了黄公溇至新湾的水道，称之为盛陵湾，而盛陵湾到底称之为“孙湾”。从此长沙、梅西一带较低洼地段的雨水可流入钱塘江，也可以通行小型的船泊。开了历史先河，这对新湾集市的形成起到了重要作用。

也正由于河水直排钱塘江，而钱塘江潮也能无阻无拦地进出“孙湾”，后始筑大坝，阻止潮水进入，黄梅雨季又开大坝排涝，这个大称之为“新湾底”，“孙湾”由此更名为“新湾”。

垦荒的先民已陆续增加，广袤无垠的沙地渐趋成熟，种植棉花、大豆、玉米、蔬菜、萝卜等，大量农产品急需消化，生产、生活所需的物资极待跟上，商业流通也应运而生。一位开明人士李秀章是较早进入新湾的，大家都称他“毛爷”，是新湾集镇形成的创始人之一。他率先在紧靠盛陵湾的西侧圈起上百亩土地，以低价廉租的方式，吸引有钱的经商人在此建造营业房。由于“毛爷”的这一举措给新湾集镇起步带了一个头，当地一些有钱人纷纷向他租地建房。先后有名气较大的王恒顺、永茂泰、同毅和、魏正源相继落户开业，形成新湾老街。新湾老街有中街、南街、后街，南街到现在的拱和桥，后街至新北挢后面。

盛陵湾是新湾集市货物运输的唯一河道，这条河是沙滩流化沟自然演变而来，弯弯曲曲，窄的地方河宽不足十米，沿河长满芦苇。行人拉纤，竹竿推船，河边已走出一条小路。在新湾集镇上南街至后街长约一公里，呈南北走向，中街还有一段东西向横街。盛陵湾上有三座木桥，后街叫“永茂泰”桥，中街称“王恒顺桥”，南街有“拱和桥”，都是集镇上几位私人老板以自己的店名命名建造的。

随着商品经济的发展，集镇很快成了商品的集散中心。王恒顺是新湾一家名气较大的花行米店，老板叫王关秀，主要收购棉花和卖大米。上世纪三十年代，他从英国进口一台引擎，用柴火烧锅炉，蒸汽推动汽轮机，带动20台轧花车。这在当时是非常先进的机械设备，一台轧花车12小时可以加工300多斤的籽棉，生产效率大大提高了，改变了脚踏费劲的人工操作，也便捷了棉农要运到萧山轧棉花的往返车程。王关秀还在中街的盛陵湾上架了一座桥，是木头桥，湾中央设两人宽的人字桥桩，四根粗杉木横搁，称“王恒顺”桥。我小时候就曾跟随母亲兴高采烈地上街，提心吊胆地走过这座桥。

同毅和在新湾后街，大约在新北桥的位置。老板叫朱叔治，他专做木头生意，他看准沙地居民建房需要大量的木头，本地又没有建材，便到福建山区去采购杉木。做排、顺水漂流、平水拉纤，路上至少三四个月才能运到新湾。但是福建杉木质量好，耐烂，不易变形，造房子、做家具、架桥都喜欢用杉木。由他源源不断地提供建材，对新湾集镇逐步兴旺起来起到了很大的作用。

还有永茂泰花米行，老板费长花，他的后代还世居在新湾；魏正源棉百商店，兼营金银首饰；汪锦昌南货店，南北食品应有尽有；李银记专经营银器店……这些都是新湾有名望的老店。

还有一位叫张瑞本的街上人，开设了船埠，每天往返于安昌、瓜沥至新湾之间，天蒙蒙亮，清脆的铜锣声在船埠响起，需要配货带货的，都过来托他办理，棉百杂货、烟酒糖果一一登记在册，如数在安昌、瓜沥办妥落船。盛陵湾与瓜沥塘内不通航，需要设备牵引过坝，付费才能过塘。他根据货物多少，收几个铜板的服务费，其实也是非常辛苦的，不管春夏秋冬，除冬天封河道外，风雨无阻地开船。解放后，一个叫茂忠的师傅负责开埠船，每天往返于瓜沥与新湾之间。后来，牛拖船也出现了很长时间，运出去打包的麻精、萝卜干及其他农产品，运进来黄酒、大米等其他食用品。直到新湾公路开道，弃水走陆，才停止牛拖船和埠船。

如今的新湾，展示在人们眼前的已是一座崭新的现代化城镇，工业、农业、商贸、交通已今非昔比，这古老的集镇正在不断地焕发出青春的活力。

——原文刊载于2022年2月22日《钱塘新区报·副刊》

背 脚

高元法

“背脚”是十分卖力的生活，类似于码头上的装卸工。“背脚”是地方俗语。现在的年轻人并不一定知道是什么意思，但年龄在六十岁以上的老年人知道，许多人都曾亲身经历过“背脚”。

我这里说的“背脚”主要是指赭山轮渡码头上的“背脚”（背人）。20世纪40年代初，赭山坞里坝头这一带，自发组织起了一支“背脚”队伍。这支队伍由三五人发展到二十多人，男女皆有。

赭山轮渡这一支“背脚”队伍是在特定的地理位置下出现的。那时，钱塘江潮水如脱缰的野马，横冲直撞，不时地肆虐着钱塘江两岸大地，造成轮船码头时而离岸近、时而离岸远。特别是冬天，天气比较寒冷时，如乘船远离码头，有时遇下雨，滩涂一片湿漉，更有时在沙滩上还淹到大腿根，这对上下轮渡的乘客带来了很大的困扰。大部分中青年男女为了节约钱，虽觉冷，还是把裤子卷至大腿根，嘴里不停地喊着冷啊！冷啊！心里不断地安慰着自己熬一熬，挡一挡，但还是不时地打着哆嗦，慢慢地趟着水上船下船……

有了这支“背脚”队伍后，主要是解决了老人小孩乘船难的大问题。“背脚”师傅们不辞劳苦，常年奔波在码头沙滩上“背脚”。他们根据路程的远近，根据不同情况收取数额不等的“背脚”费，小孩一二分一个，大人三五分一个，块头大的胖子可能要“加倍”收费了。有的男人力气大，为了多挣钱，还能肩上背一个、胸前还要抱一个（小孩），如此“一拖二”地艰辛着在码头上奔跑，一天少则能挣六七毛，多时也能挣到一元多。

如今88岁高龄的老婆婆杭美锦深有体会地说：“我们赭山坞里人就是靠山吃山，靠海吃海。为了挣口饭吃，我16岁就开始在钱塘江边‘背脚’了。当时父母不同意我去，觉得我年纪小，吃不消这口苦饭。我为了减轻家庭负担，就与同村10多个男女一道去‘背脚’。开始力气小，我就背个子小的乘客，后来力气大了起来，男人能背的我也能背。有许多胖女人怕我吃不下，担心我背不动，但我不分大小胖瘦，一上肩就能健步前往。”

白头婆婆及其女儿葛杏仙在坞里坝头是出了名的。当时葛杏仙挺着6个月大的身孕，同样与大家一样奔波在沙滩上，她们的背人“生意”不比男人差，不管人多重，只要一上母女俩的肩，就能轻松上路，一拖二的“生意”她们也能做。

“背脚”师傅每天为渡船乘客服务外，还要为南来北往的船只做装卸。特别是宁波、海盐、海宁等地的三道桅大船运来的大米、盐、菜籽饼（当地叫油饼）之类在坞里码头卸货。当地的萝卜干、毛豆之类等农副产品运出去装船，就靠这批“背脚”师傅出力。王阿大老大妈曾深有体会地说过；“那时我们女人‘背脚’与男人同样干，平时吃的是麦糊涂、麦粞饭、萝卜、番薯等，一年到头基本上是青菜淡饭过日子。但三道桅船中的180斤一袋的大米我们照样背。我们把腰带往腰间一系，披肩布往头上一裹、布角头牙齿一咬，靠近船边，泡在齐腰深的水里，背一躬，把一袋袋的大米背上岸、一袋袋的毛豆背下船，背一袋五分钱、背一袋一角钱，最多的一天挣了一元五角八。我们汗流如雨，乐在其中。”

时过境迁，赭山轮渡的“背脚”过去半个多世纪了，随着轮渡码头（美女坝）的建成，“背脚”师傅也早解散了。可在老一辈人的心灵深处还闪现着“背脚”师傅的艰苦情景。随着社会的飞速发展，现在的交通条件已与以前大相径庭，无可比拟。一聊起赭山坞里乘江船时，人们还会把这一历史碎片拾起来侃侃而谈……

——原文刊载于2022年2月22日《钱塘新区报·副刊》

我所亲历的围垦往事

余观祥

亲历一号围垦移民

1971年初冬，家住头蓬公社新建大队的姐夫家决定移民到一号围垦新围公社新创大队（现为河庄街道新创村）。移民围垦，意味着姐夫家要告别“里花园”的世居生活，告别亲邻和兄弟，去一个人烟稀少、河水咸碱的新地方生活。

姐夫是个实在人，移民到围垦，认为其一可以增加人均土地面积，从老生产队人均不足一亩的耕地多增加近一倍，增加的土地种上好水稻和其它作物，在粮食和经济上能打翻身仗。其二，在人头上能享受120元补贴。120元补贴能建造起三间草舍，可改善居住条件。其三，小孩能分上自留地，可种植一些经济作物，贴补家庭零星开销。

一个阳光和煦的午后，老生产队派来了四个帮手，摇来了一条10吨的木船，把旧舍拆下的桁条、椽子、门板以及家什统统装上船。沙地有句俗话叫“穷三担”，姐夫的全部家当整整装了满满一船，帮手们两个拉纤，两个摇撸，摇往位于围垦四工段的新居地。因姐夫家建造新舍，我就随他们去照看六岁的外甥，坐上这条船，从聚昌桥起航，辗转头蓬闸、蜀山闸、新农桥，约四个多小时到达了目的地——新创桥。这是我与一号围垦大地的首次亲密接触。

初来乍到，姐夫家被安排在垦种所临时住下。一号围垦已有几年的垦种经历，水稻已有几批收获，垦种舍里有一定数量的稻谷存放，这里有几只硕大的老鼠上跳下窜，疯狂至极。有一次，两只白老鼠突然间光顾到我的脚下，看到了从未看到过的白老鼠，我很是惊奇。我跟一位管垦种所的大伯讲，大伯说，这里有好多只白老鼠，这是好兆头，预示着这里会很快就会发达起来。

围垦的夜特别的静，荒凉是这块地方的代名词。姐夫家所在的新创大队位于一号围垦靠西北边的一个垦种地，与钱塘江仅一堤之隔，和钱塘江对岸的海宁老盐仓近在咫尺，有人夸张地说，只要借助一根竹竿，就可一竿子横跨过去。

夜深人静，江北内燃机火车的汽笛声，伴随着火车铁轮撞击铁轨的哐啷声，响彻整个围垦大地，这声音足可证明姐夫新家的偏僻。对于当时没有到过县城、没有见识过火车、也没有听过火车开动声响的我，无疑感到十分好奇。当年听姐夫说，这火车声响不是老盐仓发出来的，是从老盐仓以北的长安镇发出的。小时候我们把海宁称为“海北”，印象里是一个天南地北的一个概念，姐夫家搬迁到围垦，火车声响拉近了我想象的距离，觉得“海北”并不是很遥远。

姐夫家所在的一个生产队，是同一个大队的农户一起搬迁过来的。起初，他们与生产队中有些人只是面熟，还有一些人并不熟悉，但这并不影响大家的交流，他们都强烈地怀着一种互相帮衬、共建家园的愿望。此后，他们由“一回生、两回熟”逐渐发展成“你帮我、我帮你，亲帮亲、邻帮邻”的和谐关系，共同建造着自己的家园。

移民围垦，新建草舍是不能任意选择舍基的，因为当时是按田园化规划要求，用抽签来排序舍基。姐夫所在的生产队，按规划共分成五排，每排由东向西建造，舍前或舍后都与水沟相依。姐夫家的舍基通过抽签，分配在第二排最东边一间。他们这一排共四户人家，四户人家来自四个不同的生产队，可以说是陌生人。通过一段时间的挑舍基、砌石墙、打草苫等一系列筹备工作，没过多久，一间间横舍竖立而起。从此，这荒凉的围垦大地上，每当夜幕下垂，万家灯火代替了夜的冷寂，每当东方吐白时，袅袅炊烟就飘向了天空，浓浓的生活气息散发开来，他们由此在新的家园里安居乐业，用勤劳的双手一起挥洒汗水，共同在这方处女地上男耕女作。

这个家园对于姐夫这群人而言，与头蓬“老沙头”的家相比高大、敞亮了许多。因为“老沙头”只有两间草舍，还是那么的低矮；“老沙头”草舍的舍壁，是用竹子和草苫隔成的，他们管叫“风笆”，而这里是用石头砌成的墙，上面盖上草苫，统称“石墙舍”。石墙舍与风笆隔成的草舍相比，有了明显的优势，一是抗台风能力增强，相对坚固；二是可减少火灾隐患，石墙不易着火；三是能增强观赏性，看起来美观。

沙地人有句话叫“三兄四弟一条心，门前泥土变黄金”。意思是大家只要万众一心，事情一定会搞得很好。他们这批移民果然是好样的，很快融入到了这个大家庭中。他们在作物种植上，实行科学安排，用稻麻轮作、稻棉轮作来降低土壤中的含盐量。用投放各种土杂肥来改善土壤结构，把咸碱地改造成适合种植各类作物的优良土壤，把挖掘内河时挑起的土堆，种上一片片桑树林，在春夏两季挨家挨户养起蚕宝宝。这个只有“海北”人才有的养蚕业，在这块广袤的土地上遍地开花。他们从纯粮农经济向多元经济迈出了一大步，从中增加了经济收入。

不得不承认，机遇总是给勤劳的人们的。他们的努力付出，很快得到了回报。所种植的粮、棉、麻年年都大获丰收，一时间，成了萧山重点的产粮、产棉地；他们新引进的蚕桑养殖业，成了催生新农村经济的一个亮点；而在这新围公社，一篇《六养蚕姑娘，不再想远嫁他乡》的新闻成了当时《人民日报》的热点报道。姐夫家粮食的丰收对我们这个缺地少粮的家给予了很多的接济。

新创村现归属河庄街道了，如今的新创村今非昔比，令人瞩目。一条宽敞的新围河由南至北穿境而过，成为钱塘新区主要的排涝河之一，两边的河岸用石块砌得整齐划一，东西两侧的柏油路与四通八达的交通要道互为贯通，一棵棵樟树在风的吹拂下苍翠欲滴，一排排别墅式的居家小楼鳞次栉比。

新创在变化，整个围垦大地也在变化，她的变化是从移民的草舍时代向一代房、二代房、三代房，甚至到现在别墅房的跨越，但始终没有改变的是新创人吃苦耐劳的精神；四工段排涝闸易址新建后，焕发了青春的容颜，承载着一泻万水的激情；一望无际的新创大地上，虽改变了传统的种植模式，但没有改变他们敢为天下先的信念。

在围垦供电组做临时工

1979 年是我从中学毕业的第二年，这一年冬天，萧山县组织了一次“北线一万亩”的围垦任务。当时，人手紧缺的围垦指挥部工程队需要招用一批临时工，在大队干些杂七杂八事的我，脑海中闪现出很想出去做临时工的念头。

想做工程队的临时工也是事出有因的，一是围垦指挥部系统是一个大集体单位，一旦做得好，机遇来了，可转为正式工。二是围垦指挥部系统付的是钱江工分，拿到生产队去很吃香，每天还可以享受一点粮票补贴，这对粮食紧缺的家庭是一种很好的补充。于是，我对在围垦指挥部工程队电工组工作的二伯父说出了自己的想法，二伯父看我刚从学校毕业，脑子也灵光，在家里修理电路还有些基础的份上，爽快地答应了。之后，我如愿地成了工程队电工组的临时工，与这次围垦结下了不解之缘。

围垦指挥部工程队下属的电工组有两个，一个是高压组，另一个是低压组，我被安排在低压组。低压组的工作是从变压器的下桩头开始，把 380 伏的电输送到整条大堤沿线，并挂放好一串串的防水灯头，在围海大军到达之前，保证全线通电，灯光通亮。这样做有两个原因，一是确保围垦挑筑堤埂时，开夜工有充足的照明。二是在围垦过程中，各公社设有临时广播站，在新闻播报和革命歌曲播放时，保证电源供给。

当年计划 12 月 11 日围垦大军进场战役，我们低压组必须要在大军来临前完成好供电准备。这个任务具有战线长、人手少、时间紧的特点，任务十分艰巨。

论人员，低压组只有四个正式工，五个临时工；论战线，五米长四五十斤重的毛竹线杆要三百多根，弯脚瓷瓶要近千只；论时间，不能太早进入，提前进入有潮水侵袭，即使立了线杆也会前功尽弃。滩涂上拉电线，搬这么多线杆、电线，最大的困难是无法动用手推车，只能老老实实地用肩扛手抬。把一根根毛竹电杆、一圈圈电线送到围垦大地沿线。我们赤裸着脚，踏着积冰，深一脚，浅一脚地行走在茫茫的滩涂上，一背就得连续走六七里的路。

沙地人形容高温天种植水稻的感受叫“上逼下晒”。而在寒风刺骨、积冰片片的滩涂上背毛竹线杆，比起高温天“上逼下晒”的难受是有过之而无不及。肩上硬硬的竹节毫不留情地压在肩膀上，磨出来的一道道印痕深深地烙在肩头，背部负压及快步行进产生的热量，像冒青烟一样向外释放，脚下刺骨的薄冰片，似针一样扎着小腿的肌肤，每行进一步，都凝结着我们的艰辛。

最让我刻骨铭心的是背线杆要横跨一条四五十米的流化沟。流化沟有一滩浅浅的水，我一看，以为只要把裤脚卷上几卷就可以过了，全然不知道有陷阱等待着我。当我背着三根线杆喘着粗气，艰难地跋涉在流化沟中间时，意外发生了，我的双腿陷进了流沙泥中的“鸭屎沙”，也就是嫩沙滩。我陷入了进退两难的境地。我使劲地把右腿提起来，左腿却急速下陷。我越使劲提腿，下陷的速度越快，一点点的时光，沙泥淹没了膝盖。在呼天不应、叫地不灵的荒凉滩涂上，我意识到只有设法自救了，否则就会有危险。我急中生智，把肩上的线杆横在流化沟上，双手按住线杆，借助线杆的浮力一步一步地挪动着双腿，往前行进，挪动到线杆末端时，再用力把线杆往前移，然后再重复着这样的动作，直到脱离危险。

在架线杆的过程中，背线杆、竖线杆、放电线、扎电线，这些都是我们临时工干的活，正式工大多都是做些技术含量高或与高压组相衔接的工作，加上正式工本来人员配置很紧，所以，导致有很多体力活或一些挂灯接线的活，不得不落在我们临时工身上。

架线杆，我们最害怕的是遭遇流化沟中的“鸭屎沙”，它使你无法竖立线杆。线杆竖立不牢，一旦倒伏，裸露的电线就会有很大的安全隐患。

架线杆时，我们遇上了一个诸葛亮式的人物，我们亲切地叫他观兴师傅。他也是一位临时工，但他多次参与围垦架线，有一套实战经验。他说遇到流化沟中的“鸭屎沙”可采用三种方法，一是能避则避，把线杆规避“鸭屎沙”区域，不能死板地定 30 米的电线档距，可在流化沟两侧加密线杆；二是实在无法规避情时，可在线杆的底端裹上草包，增加横断面阻止下陷；三是架支架，实在不行的话，线杆的底端裹上草包的同时，每根线杆架上三根支架，以防倒伏。

通过一个个方案的实施，拉线立杆中的问题我们一步步迎刃而解，到12月11日围垦大军进军的前一天，我们的工作无一遗漏地做好了，到了晚上，整条线路都通上了电源，成千上万只灯泡发出闪闪的光芒，远远望去，像一串望不到尽头的星带，镶嵌在茫茫无际的江面上。

围垦的千军万马驰骋疆场后，接下去我们的工作重心是维护好线路，保证每一只灯都有效发光，因为筑堤掘出的湾一点点在加深，各公社各大队的责任段，晚上有专人在做排积水等后续工作，都需要借助电灯的光线。

江面上是无风三尺浪，空旷滩涂上的风，平时都要比内地大得多，在电线上悬挂的螺旋式防水灯头与灯泡，在风的吹动下，会一点一点地脱离，一不留意就会接触不好，电灯光会发出一闪一闪的状况，有的灯泡螺口脱离多了，会出现罢工不亮的情况。这时需要我们背着梯子一次次不停地去巡查。有的灯头一旦发生短路现象，我们只能带电操作，及时更换。

巡查中，观兴师傅练就了一套独门绝技，有时他会快速巡查，及时处理，一看到灯泡不亮，他立马用两手攀附、双腿盘缠着线杆，手脚并用使劲地往上蹬，爬到顶端两脚交叉，紧紧地夹住线杆，身子向外一倾，抓到灯头后，麻利地旋紧灯头与灯泡，直到把灯弄亮为止。

大堤筑好后，我们低压组的任务是在堤坝上加放一路三相四线的动力线，主要供卷扬机用电。大堤筑好了，河湾也通了，源源不断的石块从山宕运来。各公社“挑弄”里的抬搬师傅，将石块从机拖船上一块块抬上岸，装上钢丝车，借助卷扬机巨大的力量，向大堤上一车车地牵引，抛向大堤外侧，坚实地阻挡汹涌的潮水。

这期“北线一万亩”围垦，我在低压组前后做了一百五十多天的临时工，见证了围垦这项浩大的工程，其间发生了不少值得记忆回味的故事。

参战“五万二千亩”围垦

1986年初夏，我在县委组织部的统一招考下，被招为农垦系统的招聘干部，录用在国营萧山第二农垦场。按当时的工作关系，我已不需要参加“五万二千亩”的围垦了，但因我的妻子、孩子的户粮关系都还在生产队里，我们家庭还是有义务要派工去围垦的。由此，我向农场请了一星期的假，从11月23日至29日，我跻身于15万人的围垦大军之列参与围海拦堤战役。

11月22日下午，我随生产队的几个伙伴拉着钢丝车，装着满满的一车土箕、铁耙、被铺之类杂物一路向前行进。由于我们的驻地在十工段闸西侧，我们便从丁坝到十二工段，再从十一工段到达目的地。一路过去，陆路的、水路的，步行的、骑车的摩肩接踵，浩浩荡荡的队伍壮观无比。事后听说，丁坝至十二工段的这段路上，从早到晚都是人头攒动。

经过将近两个小时的跋涉顺利到达了驻地。我们的驻地在十工段西面的堤埂上，先遣部队用毛竹片作骨架、用透明塑料纸作篷布，早早地搭起了一个临时的帐篷，又在边上打上一眼地灶，一日三餐在这里烧，晚上在这个通体透明的窝里避风躲雨。

这个窝约二十多平米，要容纳二十多人住宿，大家打着通铺，一般两人共用一条棉被，人像“篦白鲞”一样挤着睡。辛劳一天后的社员们早早地进入甜美梦乡。待到夜深人静时，呼噜声此起彼伏，磨牙声、梦话声、喊累声交织在一起。最让人难受的是，当你内急时，要小心翼翼地摸索着出去，否则一不小心脚会踢到睡着的人。这样的吃住条件，不要说白天要你挑不计其数的泥土，光这样住着的艰苦，就足可品尝到围垦的不易了。

围垦时的作息有“两个黑洞洞，三个急匆匆”的说法。两个“黑洞洞”是指早上出工、晚上收工天还漆黑着，“三个急匆匆”就是三餐饭都急急忙忙地吃一下，吃完了就挑担筑堤，这样的作息方式都是为了一个共同的目标，不落下工期，不拖后腿。

我们所在的县曾提炼出“历尽千山万水、吃尽千辛万苦、说尽千言万语、想尽千方百计”的“四千”精神。就围垦而言，我想它也该有“四千”精神吧，我套用一下，应该是“发动千人万人、勇挑千担万担、跨越千步万步、挥洒千汗万汗”的“四千”精神。有许多个围垦战士以这个“四千”精神为动力，为“五万二千亩”的围垦忘我劳动，挥洒汗水。

在朝鲜战场上，作家魏巍写的《谁是最可爱的人》，刻画了当年志愿军浴血奋战的一个个场景，歌颂了一个个“雄赳赳、气昂昂、跨过鸭绿江”抗美援朝、保家卫国的战士，他们成了“最可爱的人”，在“五万二千亩”围垦的这场战役里，也有无数个围垦战士在我的眼里是一个个“最可爱的人”，至今深深地浮现在我的脑海里。

我们生产队有位“寿四公公”，他可称得上是一位围垦的“老兵”，每一次围垦，他都充当着“伙头兵”角色。他有一个雅号叫“煞宽”。起“煞宽”这个雅号是有出处的，平时在生产队劳动时，队长在分给他工作时，问他是否吃得消，他总会冒出两个字——“煞宽”。“煞宽”在沙地方言中的意思是“干这些活，是小菜一碟的事”。

“五万二千亩”围垦开战前，我们队长为落实一个伙头兵绞尽了脑汁，因为生产队历次围垦出征，伙头兵几乎都由“寿四公公”来担当。当时已经77岁高龄的“寿四公公”虽然还在生产队参加劳动，但毕竟伙头兵一日三餐要做，中餐二十多号人、一百多斤饭菜要送到十多里之外的工地，压力是很大的。如换他人是否能胜任得了？就算能胜任，又缺了一个挑土筑堤的人。队长陷入到了矛盾中，试探性地征求了他的意见，他又是用“煞宽”两个字来做回答。

“寿四公公”91岁那年驾鹤西去了，26年后的今天，他曾经战斗过的滩涂，从沧海变成了粮田，现又规划为钱塘新区临江高科园区的一个部分，不久的将来，这方神奇的土地旁，紧依着一个江海湿地公园，集生态小镇、农耕文化、科技博览、围垦观潮、湿地探幽、休闲娱乐于一体，成为临江高科园区的一大亮点。我想，如果“寿四公公”在天有灵的话，一定会感到欣慰。

沙地的田畈话中有一句话：“挑断扁担是英雄，掰落泥钩是瘟虫”。我们的小队长，也是我的堂哥，他在这场战役上，为使自己的责任段不拖后腿、实现提前完工，率先上满担、挑重担，并起早贪黑地在工地上做好相关的准备，为的是不耽误大伙出工时的工作。

一个上午，他装足满满的一担沙泥，身子一挺而起，紧跟着“吱嘎”一声，一支扁担开裂了，他下意识地俯下身子，总算保住了扁担的折断。后来，他弄来细铁丝缠上几圈，将就着继续用。事后，生产队的社员们调侃他是围垦中的“英雄”。如果说“挑断扁担是英雄”的话，那么，他在将断未断时做了很好的技术处理，按田畈话的说法，至少算半个“英雄”吧。

在1986年“五万二千亩”围垦战役的每一天，我们的水利干部、“娘子军”们的事迹感动着每一个人。我时常很想把这一切告诉我钱塘新区的朋友，当然，我最想告诉的，是我思想感情的一段重要经历，这就是，我越来越深刻地感觉到，参加过围垦的人，就是我们最可爱的人！

围垦，是当代沙地人的一段峥嵘岁月，我有幸亲历了三次，见证并享受着这一切。围垦创造了世界造地史的奇迹，而沙地人民，就是在钱塘江畔写下这一奇迹的主人。

——原文刊载于2022年3月22日《钱塘新区报·副刊》

石磨，木砻

朱大杨

漫步在整洁的义蓬街道春雷村中心横路，看到路边景观墙上、“口袋公园”里镶嵌的一扇扇老旧石磨，不禁让我感慨：时代变了，石磨的用途也在悄然改变……

年轻的朋友，你看到的只是石磨的“今生”，也许你不知道石磨在它“前世”的真正用途。告诉你吧，它是解决沙地百姓“吃饭问题”的重要工具！

20世纪60年代中期以前，沙地农村还没有通电，地上种的粮食以豆麦、玉米为主。这些粗粮不能直接食用，得靠石磨加工完成。

石磨加工粮食的过程，沙地人叫“牵磨”，需要三个人同时操作。一具石磨分上下两扇。上扇的下面和下扇的上面，分别凿有斜纹的“磨槽”，作用于碾碎豆麦玉米之类等粗粮。石磨架在木制的磨凳上，两个牵磨人并排，手握丁字形“磨担”的横杠同时发力，前推后拉，来回牵动石磨。旋转的石磨不停地发出“叽咕哒、叽咕哒”的声音。我觉得牵磨很好玩，也嚷嚷着要试试，于是父亲放低“磨担绳”，让我夹在两个大人中间，小手擎过头顶，攀着磨担，踮着脚尖来回走动……大人们看了我的这个行径，纷纷哄堂大笑：这哪是在牵磨，是“猢狲荡秋千”！

牵磨的三个人当中，有一个人的作用非常关键，就是“把磨头”的。“把磨头”的左手把握磨担顶头，操纵着石磨的旋转速度；右手一上一下有节奏地给“磨膛”添料，像是乐队的指挥。磨粉的产出量及粉的“精度”，全凭“把磨头”师傅的技能。磨凳下，经由石磨加工后的“细粮”，纷纷扬扬地洒落到一口硕大的“勃篮”里，（勃篮是由竹编的直径近两米、边高约四十公分的器具）再经过不同目数的筛子筛分。筛出麸糠后，颗粒较大的用来煮饭，例如“麦粞饭”“玉米饭”等等；呈粉状的用来“溜糊涂”，称作“六谷糊涂”“麦糊涂”（黄颜色的秋玉米，沙地人称六谷）……只要能下咽、能填饱肚子就好。我就是吃“六谷糊涂”“麦粞饭”长大的。

石磨最忙碌的时候，当属过年前的“牵年糕磨”了。各家各户都要用自家产的“土货”做几蒸年糕，比如小米年糕、打粟年糕、尼粟（沙地人称颜色白的夏玉米为尼粟）年糕等等。石磨不是家家户户都有，大家必须依次排队轮流使用，因此，石磨要从这家搬到那家，白天黑夜地连轴转。夜深人静时，“叽咕哒、叽咕哒”的牵磨声能传得老远……

说完了石磨，再说说木砻。木砻这老物件想必大家比石磨更陌生。是的，我也只见过一次“牵砻”。

老底子，沙地也种有少量水稻。灌溉水稻的水是靠人工抽水的。田里生产的稻谷得经过“牵砻”，去掉谷壳（谷壳，通称砻糠）。木砻的盘面比石磨大，直径约有1.5米。也分上下两爿，刻有斜纹的槽子。由于木砻比石磨轻，牵砻只需两个人进行。稻谷经由木砻牵动碾压，谷壳与米粒分离，扬出砻糠后，剩下的糙米再经过捣臼搡成白米。

老底子沙地农民的吃饭问题就是这么解决的。

20世纪60年代中期，东片农村通了电，农田灌溉、粮食加工等实现了机械化、电气化。小钢磨十分钟磨出的年糕粉，比老底子三个人牵一天一夜年糕磨的粉还多。因此，石磨早就得“退休”了。现在农村加工场的碾米机，碾米速度快、质量好，逼迫木砻早早地退出了历史舞台，消失得无影无踪。不过，“退休”后的石磨不甘寂寞，它再一次地重出江湖，发挥“余热”，一来为美丽乡村建设装点景观，二则让后人记住它曾经的历史功绩。

——原文刊载于2022年4月26日《钱塘新区报·副刊》

钱塘，厚重的历史沉淀

郁佳炜

东南形胜，三吴都会，钱塘自古繁华。

一阙《望海潮》在吴越之地，在历史的长河中，铺开了一张硕大而繁华的画卷。一直到今天，人们在钱塘江畔的奋斗依旧源源不断地为“钱塘”这本厚重的史书书写着新的华章。

钱塘区虽然是一个才叫响一个月的区名，但作为地名，“钱塘”一词历史悠久，最早在《史记·秦始皇本纪》有载：始皇37年，东巡会稽，过丹阳，至钱唐，临浙江。当时为“钱唐”，后因避国号之讳，于武德四年（621年）改为“钱塘”。旧时，钱塘代指杭州。事实上，如今这片名为“钱塘”的土地，历史积淀得远比人们印象中更为厚重。据记载，钱塘江的南岸——原北海塘，最早形成约为2000多年前的越国时代，向北至钱塘江就是如今所说的“沙地”，均有遗迹可考。坐落在河庄街道的蜀山，更是出土了青铜矛、纺轮、稻谷灰化石、鹿角等100多件，陶片10余筐；第一、二层为距今2300年至2700年间的商周时期的印纹陶堆积层，第三层属良渚文化堆积层。

“钱塘”二字代表着古都杭州，也代表着今天在杭州东部冉冉升起的这座新城，时代正在赋予这个地名越来越丰富的内涵。迎着杭州第一缕升起的阳光，从沙地到围垦，从1993年杭州经济技术开发区设立，到2014年大江东产业集聚区设立，再到2019年4月钱塘新区正式挂牌。这片围垦造地而来的热土，扛起了打造世界级智能制造产业集群、长三角地区产城融合发展示范区、全省标志性战略性改革开放大平台、杭州湾数字经济与高端制造融合创新发展引领区的使命。如今，这里在一次一次的融合交汇中掀开了发展的新篇章。也正是在这钱塘江畔，诞生了勇立潮头、奔竞不息的“围垦精神”，让这片土地上的人们代代激励传承，滋养着灵魂，历久弥坚。

“潮起钱塘，智造未来”，这是钱塘人对城市的美好祝福；勇立潮头，走在前列，是从钱塘潮中诞生的浙江精神；智造未来，产业创新，是钱塘新区高质量发展的特质。新区成立两年，深耕生物医药、集成电路、智能制造等重点产业领域，培育招引了一大批能够引领未来产业发展方向的优秀企业，焕发产业发展的勃勃生机。这里也是全省高校和科研机构的集中区域，人才荟萃。全省最大的高教园区——下沙高教园区坐落着14所高等院校，在校师生逾20万人，形成了丰富的人才资源。新区以推进新一轮区校战略合作，实施“浙子回归梦钱塘”工程，引导高校学子创新创业，将高教优势资源转化为推动高质量发展的强劲动能，以“后浪推前浪”的奋进势头，让青年人才成为钱塘经济社会发展的新生力量。

如同人一样，每一个地方的名字，都被赋予着美好的期许。杭州之钱塘区，正如同南京之建邺区、西安之长安区，不仅承载了一座城市历经的沧桑历史，见证了社会变迁，更寄托了人们对它的厚望。以历史为脉，站在新的历史发展起点，钱塘定将更加繁华，也必将迎来更加灿烂辉煌的明天。

——原文刊载于2022年5月10日《钱塘新区报·专题》

钱塘，美丽的郊区新城

刘龙龙

正值初夏，钱塘的不少“景点”迎来一批批前来打卡的游客。在临江湿地，不少摄影爱好者架起“长枪短炮”，抓拍稀有的黄嘴白鹭；在江东村油菜花海，许多市民带着家人前来打卡；沿江绿道上，不少蓝领、白领一大早就开始了晨跑……在推进经济社会高质量发展道路上，钱塘区守住了耕地“红线”，筑牢了环保底线，为新区人民描绘了最美的风景线。一幅美丽郊区新城的画卷，正徐徐铺开。

“高楼大厦”与“广阔田野”并存

江东村曾是江滩边最贫瘠的一块沙地，如今，这里已是远近闻名的富裕村。走进村子，数排白墙黛瓦的小楼掩映于青葱的小麦、油菜田间，清波荡漾的江东直河点缀其中，恰似一幅天然绘就的田园牧歌图。

这种变化，源于近年来，钱塘区不断推进土地综合整治与生态修复，致力于打造“高楼大厦”与“广阔天田野”并存的现代田园城市。以江东村所属的河庄街道为例，近两年就完成农用地整治总规模1800亩，农村道路修建76.68千米，河道整治18.78千米，对420户农户开展庭院整治和庭院绿化工程，村容村貌得到较大改观。未来，这里还将逐步建成规模种植基地和农业科研相结合的生态农业园。

广阔田野保留田园风光，钱塘芯谷现代产业集群也在拔地而起。就在江东村不远处，“智造谷”园区不断有新项目入驻，在园区生产5G相关的智能硬件。“这里的厂房是现成的，我们只需要进行车间装修，建设一些配套设施就可以。”一家刚刚进驻的企业负责人表示，在钱塘区能有如此完善的创业基础设施，非常难得，这让他们的项目能够尽快投产。曾经的围垦热土因生态、生产、生活“三生融合”，呈现出勃勃生机。

宜居与宜业并举

2020年10月，《求是》杂志刊发重磅文章——《国家中长期经济社会发展战略若干重大问题》，其中提到：产业和人口向优势区域集中是客观经济规律，但城市单体规模不能无限扩张。长期来看，全国城市都要根据实际合理控制人口密度，大城市人口平均密度要有控制标准。要建设一批产城融合、职住平衡、生态宜居、交通便利的郊区新城，推动多中心、郊区化发展，有序推动数字城市建设，提高智能管理能力，逐步解决中心城区人口和功能过密问题。

“郊区新城”的提法与新区打造长三角产城人融合发展示范区的定位不谋而合。行政区划的优化调整，无疑将进一步完善政府管理职能、提升城市配套，让新生的钱塘更宜居、更宜业。

“实现产业的高质量发展，人是关键因素。要留住人，传统的工业开发区老路子走不通了，要把钱塘区建设成产城融合、职住平衡、生态宜居、交通便捷的郊区新城，全力以赴优化新区发展环境。”相关负责人介绍称。

以促进职住平衡为例，钱塘区着力扩大公租房保障覆盖面，提高保障的及时性和效率，促进保障对象职住平衡。不久前，钱塘区启动了共租赁住房2021年受理工作，共推出配租房源1236套。值得一提的是，这些租赁住房所属的小区绿地率均在30%以上，周边配套完善。

“年前，杭州地铁7号线开通了，如果公租房申请也能通过的话，住和行的问题就解决了一大半。”一名在钱塘区工作的企业员工小王说道。

——原文刊载于2022年5月10日《钱塘新区报·专题》

钱塘，启航未来强区

刘龙龙

昔日围垦滩涂，今日产业热土。钱塘新区成立近两年多后，于上个月设立行政区，实现了高起点擘画，高标准建设，在推进经济社会高质量发展上迈出了坚实步伐。

两年来，钱塘区构建了涵盖生命健康、航空航天、智能汽车和智能装备制造、新材料、半导体五大主导产业的现代产业体系，编制并推行“1+4+X”产业政策；“亲清钱塘”让政策兑现跑出了钱塘加速度，让新型政商关系“亲上加清”；产业平台改革让产业发展有了“主阵地”，企业服务有了贴心人；1000余家启动了数字化改造和工业物联网项目，机器换人激发了“数智”产业新动能；2020年，钱塘区经济实现“V形”反弹，规上工业总产值达2936.6亿元，同比增长0.6%，规上工业增加值达656.9亿元，同比增长4.2%，经济发展后劲儿愈足。

两年来，钱塘区扎实推进民生实事项目，2020年，钱塘区更是进入“双地铁时代”，居民交通出行便捷度大大提升。基础设施配套不断完善，居民幸福感不断增强，吸引了越来越多的人才来新区生活、工作、创业，人才特区加速形成。

“从功能区变为行政区，有利于钱塘区进一步提升产业集聚能力，在城市规划方面更有独立性，比如说在财政上有独立的支付能力。”专业人士表示，作为杭州发展制造业实体经济的主平台，近年来新区在产业平台体制机制改革、人才招引、区校合作等方面进行了很多有益探索。但是，在探索过程中，也出现了“小马拉大车”的情况，机构设置很少，而钱塘新区有大大小小2万余家企业，出现了不适应不协调的情况。行政区划的调整有利于整个区域的发展。”

资源整合效应更明显、体制机制融合更深入、机构设置更完善、产业政策更有力，这种由行政区划调整带来的蝶变，在许多城市的发展历程中可以找到范本。2018年从功能区调整为行政区后，深圳光明区进入高质量发展快车道，规上工业企业、国家高新技术企业数量大幅增长，战略性新兴产业占规模以上工业总产值比重大幅提升；光明科学城的建设，以“科学+城市+产业”为发展规划，让这一区域成为粤港澳大湾区重要的原始创新策源地。

楼观沧海日，门对浙江潮。着眼于融入长三角一体化发展，钱塘新区打通交通经脉、设置六大新产业平台、打造人才特区、筹建钱塘科学城，全力打造长三角产城人融合发展示范区。行政区的设立，无疑将进一步发挥新区“通沪达甬、联嘉绍”的区位优势”，让产业集聚力进一步提升，成为杭州乃至浙江省高质量发展新增长极。

——原文刊载于2022年5月10日《钱塘新区报·专题》

观之江争流，凭“三牛”弄潮

徐红燕

百舸争流，奋楫者先。从上个世纪中叶开始，杭州最东边的钱塘江两岸的激荡之声从未停歇。围垦造陆，先辈们用手和肩缔造了“人类造地史上的奇迹”；奋进高质量，新时代“围垦人”又以卓越的才智奏响变革最强音。多番蜕变，钱江两岸的围垦地携手成区，是奋斗的成果，更是对耕耘者们最大的认可。

春江潮水连海平，海上明月共潮生。半个多世纪沉淀了厚重的历史和精神文化底蕴，以“孺子牛、拓荒牛、老黄牛”精神为人生信仰的“拓荒者”更是将其书写成钱塘篇章最生动的前言。

区划之变：从“一桥两区”到“一江新城”

“早些年，从大江东到下沙得绕远路，走下沙大桥，来回一趟就要三四个小时。”家住河庄街道三联村的袁先生今年45岁，自2000年开始就在下沙工作。虽然工厂就在江边，与三联村“隔江相望”，但他每个月只能回家一两趟。随着2008年江东大桥通车，他亲眼见证了从过江数个小时到十几分钟的巨变，也加入了“过江一族”队伍，在工作日往返两片区。

“以前，钱塘江的西边是下沙，东边是大江东，上班就是出远门。现在都是钱塘区了，往返都像在家附近似的！”袁先生朴素的言语里尽是欣喜。

白驹过隙，曾经如同“楚河汉界”般横亘于下沙与大江东之间的钱塘江，在今日竟成了沟通东西两岸“拥江发展”的地理和精神纽带，而江东大桥也成了飞架两岸的一把“连心锁”，将两个片区的命运紧密连接在了一起。从曾经的“一桥连两区”到现在的“一江穿新城”，新区面貌的日新月异仿佛成为了“变则通”的最佳诠释——

1993年4月，杭州经济技术开发区经国务院批准，成为国家级开发区，下沙逐渐成为了各地学子纷至沓来、头部企业遍地开花的活力都市，却也逐渐遇上了发展要素瓶颈期。另一边，2015年1月，大江东正式实体化运作，它奋起直追，产业项目建设号角响彻大地，“高效”逐渐成了发展主要诉求。

通则达。随着钱塘新区的设立，产业转型升级、城市有机更新、空间“腾笼换鸟”等众多理念的碰撞让两区得以实现“互补式发展”，不仅破解了空间难题，激发“1+1>2”的倍加效应，带动了区域产业转型升级，站在长三角、大湾区，实现更高起点、更高层次的发展。在刚刚过去的2020年，钱塘新区取得了GDP达1095.7亿元的成绩，在新冠肺炎疫情防控背景下同比2019年增长2.7%，两区合并后的钱塘新区经济不仅表现出强大韧性和潜力，高质量发展特征也愈加明显。

与此同时，亚运轮滑馆、金沙湖大剧院等“城市名片”雏形已现，文体中心、杭州地铁7号线、8号线及艮山东路过江隧道等基建配套或已惊艳亮相，或是蓄势待发。可以窥见，一个基础设施不断完善、人民幸福感日益提升的郊区新城，正在冉冉升起。

作为新区发展和钱塘区成立的见证者，袁先生对于发生在自家门口的变化更加满意——计划于今年通车的地铁8号线修到了三联村北，地铁自桥头堡站越江而过；钱塘绿道修到了钱江东畔，原有的江堤上设置了慢行道和骑行道；河庄添上了两个商业综合体，衣食游购娱一应俱全。“没想到建在茫茫围垦滩地上的三联村，也能有这样的发展变化。”袁先生表示，随着交通更加通达、环境更加舒适、生活更加优质，自己对于“钱塘新区”四个字的归属感和认同感也愈发强烈了。

时代之进：从“大围垦”到“大创业”

从浙江理工大学里一方租赁的实验台起步，到如今拥有一支200多人团队，领业医药已发展成为中国固态制药技术的第一品牌。聚焦杭州医药港，类似领业医药的数百家企业撑起了新区医药产业“万亩千亿”大平台建设的底气；放眼钱塘，数千家“领业医药们”又掀起了钱塘江两岸最澎湃的“创业”浪潮。一个甲子，新区这方土地就经历了从“大围垦”到“大创业”的时代之进，江水静静流淌，潮起潮落之间，“围垦精神”也有了更深的内涵。

“熟悉又陌生。”参加过大围垦、农业种植，做过老师的姚坚定是名副其实的钱塘“土著”。上个世纪50年代以前，江水为两岸提供了生存资料，也带来了洪涝灾患。怎么办？钱塘江儿女跟自然开战。”江堤上‘前不见头，后不见尾’的人流和‘不知疲倦，倔强不屈’的精气神，让人刻骨铭心。”后来，滩涂变良田，再逐渐变成产业园区，这股子“劲儿”印在了这片土地上。

半个多世纪，不长也不短，却足以重新勾勒出新的城市天际线。从草舍到楼房，从桑田到园区……时光在新区仿佛以倍速前进。对此，徐琦感触颇深，作为麦扑小鹿导游的创始人，徐琦在新区生活了 14 年，他跟团队一起创作了钱塘新区文化地图，用手中的笔记录了新区的发展和变化，每一个跟年轻人息息相关的景点和地标都完成整呈现。“现在高楼林立，非常具有现代化。按图索骥才能完整了解钱塘风貌。”现在的麦扑拥有国内顶尖的 33 位软件工程师以及 4 位新媒体艺术家、8 位地图测绘专家，成长为智慧旅游语音导游地图领域的领军企业。

立足时代，唱响高质量发展的最强音。时代之进更需要强大的变革和上下一样的“大创业”精神劲头。2019 年 4 月，钱塘新区正式成立，新区在较短时间内同时整合出台 300 多项对外政策和 90 多项内部管理制度，同时实行横向大部制、纵向扁平化、高效化管理模式，以最快速度整合了人员队伍，并启动干部三年滚动轮训“益智”行动，数千名干部接受轮训，新区自上而下干事创业热情澎湃。2020 年 5 月 20 日，钱塘新区成立六大产业平台，向着打造“515”现代产业体系全速挺进。2020 年起，国企国资改革也成为“积极求变”的主旋律，建设、城发、产业三大集团横空出世，统“国”字号合力，加快新区建设。目前在建设集团任职的华海金也参与了围垦建设。他站在围垦文化园陈列馆内当年的老照片前，跟 40 多年前的自己郑重合影。“钱塘区是一个新的开始，希望能继续当好钱塘开发建设铁军的‘排头兵’。”

创业之色：从一腔热血到“三牛”精神

2020 年 5 月 20 日，对钱塘新区来说是意义非凡的一天。杭州钱塘新区产业平台建设推进大会召开，作为新区六大产业功能平台之一的前进智造园首次全新亮相，也是在这一天，第一批“拓荒者”“入住”前进智造园，开启了前进智造园“新时代”。

“我觉得我是时候要去尝试不一样的工作了。”带着这个简单而纯粹的理由，2020 年 8 月，周红文作为第二批人员来到钱塘新区，成为前进智造园的一员。从下沙的“舒适圈”转岗到新区前进制造园经济发展部，是周红文做过的最艰难的决定。他所面对的，既有工作环境带来的各种不便，更有转岗后巨大的工作难度和工作压力挑战。“我现在工作每天像‘打仗’一样。”

平台作为承载新区主要经济指标攻坚一线部门，自从周红文来平台以后，他基本上就是白天会议和接待，晚上表格和材料，工作计划偶尔还会被突如其来的工作打乱。面对指标数字，他和同事脚踏实地一家家企业走访、电话交流、问卷调查，对园区 36 家规上工业企业都如数家珍，包括产值、产品、产量、市场环境等等，他觉得只有一步一个脚印，踏实肯干，才能更好的做出整个园区的经济形势分析。

“也许转岗前工作的那三年加起来，也没有我在这里半年成长的那么快那么多。”如今的周红文，对新区，对前进制造园，有了更多的信心与热爱。

2020 年 8 月，前进制造园顺利签署了总投资 100 亿元的华瑞航空项目，成为前进制造园数一数二的“大事”。

对于前进智造园企业服务部吴旭程而言，这也成为了他最开心最自豪的一件事。

6 月 18 日和 8 月 19 日这两天，吴旭程印象最深刻。智造园召集各职能部门和华瑞公司开展了两场协调会议，会议重点推进解决项目周边市政配套建设和项目运输方案两大事项。

“两次会议的成功召开也让我心里的大石头落了地，前期的工作终究没有白费。”自从华瑞航空项目被列为省重大产业项目那一刻起，吴旭程就成为了该项目的一名“店小二”。

吴旭程主要负责项目推进工作，每天与各个单位部门协调沟通，现有体制无法突破，是他遇到的最大的难关。“项目的时间点都定的很明确，我需要想尽一切办法尽可能的节约时间。”压缩时间，简化流程，特事特办，吴旭程“开发”了一套独特的办事秘诀。

身在园区企业服务部，吴旭程想企业之所想，他致力于做好项目开工前的服务工作，尽快推动项目早开工早投产；关注企业、员工的出行问题，为进一步优化园区公交线路。他先后摸底、梳理和汇总 37 家规上工业企业的公共出行需求，参与了“3+2”公交线路优化方案的制定、研究讨论和具体实施，增加早晚高峰时段的频次。同时，新增园区内部环线公交，重点解决企业职工来往“吃穿住行目的地”公共交通短板问题。

“岗位需要我做什么，我就做什么。”在这里，既是吴旭程的“舞台”，也能窥见钱塘区的明天。

在这块土地上，就是这么一批人，他们带着一腔热血，来到这围垦之地，他们是“孺子牛”、是“拓荒牛”、也是“老黄牛”，他们用自己的智慧和才干拼凑起了钱塘区的崭新未来！

奋斗之盼：从“大江穿城”到“钱塘好梦”

“每两天将区内的重大交通项目转一圈，每个工地每周必须跑两三次。”自打成为重大办质量安全科负责人，高宗亮就一直恪守着这样的工作信条，如今，他已对区内20多个重大交通项目场内外情况了如指掌。他说，自己是一个乐于操心的人。他也用行动践行着自己“区域要发展，一定需要能干事、肯干事的人”的观点。

今年52岁的高宗亮来自黑龙江。2004年便来到杭州经济技术开发区的他，既见证着下沙的飞速发展阶段，也看到了江对岸的巨大发展潜力，也见证了钱塘区的起步。

2019年新区成立后，高宗亮随即来到了新区重大交通建设项目办公室。“当时我们的角色转变很快，队伍融合速度也很快，大家都非常荣幸能见证新区成立。”高宗亮说，两区合并是件好事情，不仅整合了干事队伍，还实现了人才、资源等各方面互补，拓展了发展空间，能实现“1+1>2”的效果。

“但在成立之初，新区尤其是江东片区的交通仍是个‘大问题’，两片区之间沟通互联的通道也仅有一座江东大桥。”高宗亮介绍道，面对事多人少的局面，新区建设者们不等不靠，心往一处想、劲往一处使，寻找着破题方法，围绕“22377”任务掀起了一场贯通新区东西的交通大会战，目标构建新区的综合交通体系。

抓工程质量、抓现场安全、抓文明施工、抓环境整治……在质量安全科，高宗亮每天都在各项目现场间穿梭。“他责任心强、专业技能强，勤勤恳恳。他有时身体状态不好，但依然坚守在工作岗位上。在他身上，我们看到了一种老黄牛精神。”高宗亮的同事告诉记者。高宗亮自2016年因突发心脏病后，便留下了冠心病和心尖瘤后遗症，每天都要服用7种药物，但他却一直任劳任怨，始终奋战在项目一线。如今，20多个重大交通项目遍布新区两岸，轰轰烈烈的建设氛围让他倍感喜悦。

“工程质量百年大计，交通工程更是如此，这是我们工作的根本目标，不能偏离。”高宗亮说，快速路及轨道交通等重大交通项目能够打通新区“任督二脉”，不仅加速着下沙、大江东两个片区的深度融合，还能以通江达海之势推动新区高质量发展，因此，他的主战场始终在项目一线。

大江东去，奉献无悔。来到杭州近20年，高宗亮用脚步丈量着新区的每一寸土地，成为钱塘区队伍上下同心、砥砺奋进的一个缩影。也正因无数像高宗亮这样枕着潮声入眠、用行动践行使命的新区建设者们，新设的钱塘区才得以承载起数十万居民的“钱塘好梦”。

——原文刊载于2022年5月10日《钱塘新区报·专题》

难忘家乡牛拖船

姚坚定

家乡沙地是水乡泽国，河流多，所以船只也多，运输主要靠船。

沙地是钱塘江潮水淤积起来的一块滩涂，古时称“息壤”。早年，整个沙地只有二横一直的泥路，解放后，通到县城的路也只有一条坑坑洼洼的泥路，人们形容沙地的路是“晴天一身灰，雨天一身泥”。沙地的货物主要靠船运载，回忆各种船只在河里行驶，我的眼前出现了一幅挥之不去的画图。

在一个烟雾霭霭或者细雨蒙蒙的天气，在岸边长满芦苇的河道中，缓缓地行驶着一档牛拖船，船主头戴斗笠，身披蓑衣，斜靠在船头，辨认着港汊，观察有无障碍，也许是觉得太沉闷了，偶尔还会来上一两句声调高亢并将余韵拖得很长很长的绍剧选段。这时候，如果恰好河边的大路上行走着一位诗人或者画家，突然听见乡土味十足的绍剧唱腔，循声探望，发现身旁犹如帘幕的芦苇外面的河道中，行驶着一档牛拖船，其速度与自己在岸上走路差不多。在这样的氛围中，遇见这样的情景，定会觉得这是吟咏田园诗或者创作水墨画最好不过的题材，定会触发创作灵感，也许稍隔几天的报纸副刊上就能见其大作。

小时候有牛拖船的岁月，是我们沙地小孩最快乐的日子。在夏天，玩水的小孩最喜欢攀着船弦和牛拖船一同前进，遇到好脾气的船主，还会和大家一起玩，嘴里喊一声：预备跳！然后大家就一个猛子扎进水里，去寻觅下一档牛拖船……可惜这样的快乐，现在的小孩无法享受。

沙地区原来是钱塘江淤涨起来的滩涂，经过几百年的精心开垦，盐碱地逐渐变成肥沃的良田，适宜种植麦、豆、棉花、络麻等，成了萝卜干之乡和全国黄红麻之乡。据《萧山县志》记载：络麻收购最多的年份达192.11万担，皮棉收购达25.27万担，萝卜干464吨，榨菜138吨，辣椒高达612吨，这么多农副产品要运出去，主要靠牛拖船。小时候在沙地的主要河道，都能看见牛拖船满载着雪白的麻包，用草绳包扎的萝卜干，榨菜甏在迤逦前进。

牛拖船的主角是水牛。我曾留心观察过，拖船的水牛都是体格强壮，身体硕大的成年公牛，两支弯弯的牛角又大又长又粗，这样的水牛力气大，耐力久，一拖就是半天，不会累坏。

所拖的船，与我们常见的木船不大相同，这种船并不大，长约5米，宽不足2米，两旁的船舷较狭，无弧度，船的两端平平的，不像一般的船那样是尖头，有人说船的头尾像是被刀斩了一截，因此船的平面略呈矩形，这种形状的船，不仅便于前后两船用绳索相互连接，也缩短了整档船的长度，以便在弯曲狭隘的河道中行驶。无橹无桨无帆无舵，只有赶牛的细细长长的竹鞭和一根当篙使用的竹杆。

牛拖船一般都没有船篷，偶见有船篷的也只有头船，或头船和二船的前舱才有。有船篷的舱是生活舱，头船篷底放船员的衣被粮食，二船篷底放喂牛的草料及杂物；在船里面蒸饭或睡觉的情况极少，所以没有搭铺蒸饭的地方。遇上烈日和下雨，货物盖油布，船员戴斗笠穿蓑衣。

牛拖船运货时需有两个人一同上路。年龄大的和有经验的人坐在船头辨认港汊，赶牛人一般是船主人自己。船拐弯时，对面有船过来交会或者后面有船要超上来时，需要有一人在后面打篙；打篙的人须在各船之间前后左右走动，船小，船舷狭窄，不是很好走的，不小心会掉下河去。所以老话讲：沙地什么最苦，打铁，撑船，磨豆腐。在我看来，撑船的活最苦，因为风雨无阻。

沙地区盛产络麻，如果装麻包，每包200斤，每船载重2.5吨，一档牛拖船可装载15吨货物，牛拖船大多6只船连接成一档，由一头水牛拖。在干旱水浅的时候，也有7只或8只一档的，但是装载的总量不增加，还是15吨。船主人怕累坏了牛，绝对不会随意增加装载总量的。

像战士爱护战马一样，船户非常爱护拖船的水牛。给牛不单单是吃草，也要喂饲料粮食，牛拖完船太疲劳了，或者牛将要下水出力了，常常要去买些上等酒糟来给牛吃，有的还给牛喂些绍兴老酒。如果是寒冷天气，船到了目的地后，船主要为牛盖上草荐子或者蓑衣。如果天气特别寒冷，牛又非常疲劳，还要在草荐子上面再盖上一条棉被。夏天，牛虻特多的时候，要给牛打扇或点蚊香驱赶牛虻和蚊子。

牛是最懂感情的动物，我曾看到牛会流泪，那是它痛苦的流露。难怪鲁迅先生会赞美牛，吃的是草，挤出来的是牛奶。

牛拖船是沙地里一道独特的风景，别的地方是看不到的。

绍兴或者杭州一些内河都比较深，牛踩不到底，就使不出力气。再者，内河不是沙土，河底都是淤泥，即使在浅的河道，牛脚踩在淤泥里，用不上劲。牛拖船的牛在沙地才有了用武之地，沙地的河道浅，牛脚能踩到河底。遇到较深的河段，牛主人就让牛走在岸边，若在某些深水河段岸边也踩不到底，别急，就让牛拖着船游一段路，水牛是会短暂游一段路的。行驶中的船有惯性，牛游得慢了，船会自己推一段路上来。汛期河里涨大水，牛拖船是不出门的。据有经验的船户说，最理想的深度，也就是牛最省力的深度，是牛头露出水面，牛背脊稍露出水面，而脚能踩到河底的深度。

因为有了牛拖船，沙地大宗货物有了销路，有些急需物资，如大米、化肥、煤也靠牛拖船运输进来。曾经看到过一张老照片，萧山老火车站附近的河里停满了船，堆满了等待装上火车的菜甏，这些甏里装的是萝卜干、榨菜，等待运往各大城市。牛拖船只装大宗货物，不装散货，也不搭旅客。解放后牛拖船更繁忙了，光粮管所运粮食，供销社运生产资料，还有生活资料要运进来，沙地又有大宗货物要运出去，牛拖船与沙地人紧密地联系在一起。

——原文刊载于2022年5月10日《钱塘新区报·副刊》

老手艺造船人见证沙地五十载

叶晨璐

一根细铁丝穿过两块铁丝网的缝隙再挑出，用手指微微按拢，拿带钩的小铁棍勾在一起，转一个圈，摁下，一个牢固的节点就扎好了。蒋星海一刻不停地抽出另一根铁丝，初具雏形的船上密密麻麻都是这样的节点。在过去的50年里，这套动作他重复了无数次，一条条不同样式的船，见证了这片土地上人们生活方式的变迁。

今年70岁的蒋星海是义蓬街道金星村的一位村民，有着50多年的造船经验，从16岁开始跟着师傅学习造船，1969年进入围垦指挥部造船队，一直工作到退休，现在也还接单。“靠一门手艺吃饭，做了一辈子的船。”蒋星海这样概括他的过往。

在他的露天工作场地上，四条已经造好的船并排放在一起，盖着雨布阴干定型，还有一条正架在架子上做了一半。“这些都是水泥船，不是以前的木船，做起来更方便。”蒋星海说道，“木头船的工程大，这种塘里用的小船，一个人要做个一礼拜，水泥船不算干燥保养的时间，2天就能做一条，也经用，用个7、8年不成问题。”

制作一条水泥船需要先浇筑好半圆形的水泥挡板作为支撑，再套上模子，沿着形状先横后竖地扎好细钢筋和铁丝网，最后抹上一层水泥。“这样一条5.5米长，1米来宽的船，要花费17根钢筋、20米铁丝网。”蒋星海一边手上不停，一边介绍。

像这样的船，在晚春到初夏这段时节，非常受围垦鱼虾养殖户的欢迎，“每个月能做15到20条，买去用来给塘里撒饲料，清理水草，都非常好用，一个人一条船能管十多亩塘，村里给河道做保洁也买过我的船。”蒋大爷十分得意地说道。

“以前我在围垦指挥部还做过出江捕鱼、捕鳗苗的大木船，有几十吨重，17米长，4米宽，一组十几个人赶工也要20来天，可是个大家伙。”谈起之前经手过的船，蒋大爷兴致高昂。作为一位技术精湛的老师傅，萧山众安房产曾经拿了上海外滩木船的图纸来找蒋星海复原，用作展览。“大概是1998年，直接在义蓬养老院门口搭了棚子做的，来看的人可多了，大夏天的都不怕！”

现在令蒋星海感慨的是传承问题。“连我也很久没做木头船了，老房子拆迁，许多旧工具都丢了，不知道摸到它们还晓不晓得怎么用。”据他说，现在整个义蓬总共只有他和弟弟这两个上了年纪的造船人。“我也想在年轻一辈中找一个愿意跟我学习造船技术的徒弟，但很少有人愿意，不知道这门手艺还能不能一代一代传下去。”

——原文刊载于2022年5月17日《钱塘新区报·街巷》

亲历围垦“第一井”
——访原围垦指挥部施工员朱忠良

朱大杨

家住南沙大堤边上的朱忠良师傅今年84岁，曾经是沙地围垦工程的施工员，参与策划、设计并打下“围垦第一井”。今年“五一”期间，我们登门访问了他。

朱老身体健朗，记忆力好，对半个世纪前打沉井、保大堤的往事，说起来头头是道，如数家珍。

潮水汹涌，抛坝巨石付东流

“位于青龙山、白虎山北，一九六八年十二月三日围成的三万六千亩围垦是钱塘区大江东区块的第一个围垦。”

朱老开门见山，回忆起当时的围垦情景：

“由于这片围垦土地三面临江的独特地理位置，大堤受大潮冲击的威胁也特别大。一九六九年七月，西线二工段大堤受潮水冲击，出现险情，大堤岌岌可危。为修筑保护大堤的‘坝头’，大量石块抛向江中。在近岸二十米范围内抛下的石头，还能达到预期效果；再往外，江越深，潮越急，抛下的石头很快被潮水卷走。那怕上千斤的石块抛到江里，也被潮水冲得无影无踪，统统打了水漂。”

朱老回忆之前在“治江”时期曾经用毛竹劈篾编成笼子，退潮时预先将笼子放在指定位置，然后装满石块。结果，装有四五立方米石头的竹笼子，也被潮水连笼带石冲走，付之东流……

“面对汹涌的大潮，我们围垦保堤一线的干部与施工人员心急如焚，又一筹莫展。”回忆起当时的险情，老朱还是一脸揪心的模样。我们好奇地问，潮水的冲击力究竟有多大？老朱告诉我们，当时的钱塘江管理局的技术人员现场用仪器测试，涌潮顶冲部位最快流速达到12米/秒；涌潮顶冲部位的最大冲击为6吨/平方米。如此汹涌的潮水，难怪无数次抛石，无数次失败。如何有效筑坝护堤是我们当时面临的重大难题。

集思广益，土法上马打沉井

虽然有了之前劳而无功的教训，但是如何克服潮水冲击的难题，如何成功保住坝头？老朱说，“有人设想趁着‘枯水期’在坝头砌筑一个巨大的‘石柱’插入水下，以抵御潮水的冲击。大家一致认为，这个方法可以一试。于是便有了制作“沉井”的构思。这个方案得到了钱塘江管理局和北京水利科学院有关人员的支持，并帮助我们一起研究，设计图纸。论证，推翻，再论证，再推翻；“沉井”的草图画了改，改了又画……最后，根据二工段坝头潮位最高点为4米的实际，确定“沉井”总高为12米，长10米，宽6米，设计“沉井”壁厚为60厘米。为增加“沉井”牢度，中间设计了一道由底到面宽度为60厘米的大梁。为确保安全下沉，‘沉井’底部60厘米，采用钢筋混凝土结构，上部为块石插花骑缝浆砌。为方便“沉井”下沉操作，整口“沉井”分上下两半砌筑。

当时物资紧缺，条件有限，我们开动脑筋，因陋就简、就地取材制作‘沉井’。‘沉井’底部的钢筋混凝土结构是在滩涂上现场挖土，以‘泥模’替代‘木模’的，不仅省材，还省时、省工。底部混凝土结构完成后，请有一技之长的十多个民工抓住钱塘江小潮汛期间的有利时机，夜以继日，剖石浆砌井身。在机械化还没有在围垦工程中应用之前，砌筑‘沉井’的石块都是靠人工肩抬手搬的。抬班师傅要将近三百立方米的井身用石往上抬，摇摇晃晃的竹片斜梯发出吱吱咯咯的声音，越往高抬，斜梯晃得越是厉害。经过近十天的奋战（为赶时间，也有挑灯夜战的）终于完成了第一阶段‘沉井’的砌筑任务：一座高6米、占地70多平方米的椭圆形‘石柱’屹立在围垦二工段的沙滩上。”

人海战术，打下围垦“第一井”

“经过一段时间的养护，砌筑好的第一部分‘沉井’已经到了可以下沉的时候了。”老朱说，所谓“沉井”，就是要把构筑好的这个高6米、长10米、宽6米的“庞然大物”全部沉入地下。这就要把井内的泥土全部挖出，让井安全下沉到预定位置。这是非常关键的一战！我们所有参与人员头脑里一根弦始终绷得紧紧的。

老朱对这段“沉井”工程记忆犹新。“1969年10月，某个小潮汛期的第一天，我们集中了五六十名精兵强将，参与‘沉井’下沉的施工战斗。井壁上头，架起6个装有滑轮的三脚木架，6根全新的白棕索穿过滑轮，一头在井外，一头伸向井内。以三脚架为单位分成6个班，井内每班两人挖土，井外每班6人拉索；每班再配有1人，站在井顶‘把索’。我是这次‘沉井’的指挥，手拿一只‘号筒’（就是生产队喊社员出工、开会的那种锥形铁皮土号筒），站在‘沉井’的顶部，不停地向井内挖土的和井外拉索的民工喊话，发送指令。

由于整口‘沉井’被大梁分隔成两孔，每孔16平方米的空间内有6个人挖土操作。狭小的空间只允许使用仅为两尺长的短柄铁耙和短柄铁锹，挖土者始终得弓着腰操作。井内人员密集，四周不透风，劳动强度大，不多时民工们就汗下似雨，全身湿透。刚开始，井内二米以上挖出的泥土还比较干燥，可以用箩筐装盛。井内民工将泥土装满箩筐后，我用土号筒喊话，让井外民工使劲拉索，将整筐泥土翻过井顶运到外面，但是挖到二米以下，泥土含水量越来越高，不得不改用短柄粪勺将泥浆水装入粪桶运往井外，施工难度不断加大。

为了使井整体平稳下沉，我们预先在井壁外围的四角分别划上了平水线和尺码标记，专门派人观察‘沉井’的沉降动态。由于‘沉井’左右两孔的施工进度出现差异，沉降观察点发现“沉井”有沉降不匀的异常出现。本来在井顶指挥的我下到其中一孔的井内，深入现场指挥。下井不久，想不到突发险情：一股泥浆水突然从井底向上泛涌！很快没上膝盖、没上肚脐、又没到胸部……井下作业的民工顿时慌乱一片，纷纷拿手中的工具自救……我没拿工具，凭双手在泥浆中挣扎，试图攀住井壁……此时，泥浆水已到了我的脖子部位，情况十分危急。听到井下民工的呼救声，井上迅速抛下绳索，把身裹泥浆的民工一一拉上井顶，总算逃过一劫。

这场险情的出现，让我们更多地了解和掌握了对于‘沉井’的知识和技能。通过总结经验教训，又继续投入战斗，经过三个昼夜的连续奋斗，第一节6米‘沉井’终于下沉到水下6米的预定位置。紧接着，将原先在‘沉井’四周备用的近50立方米石块突击投入井内。潮汛过后，又在原井壁上继续浆砌石块。当加高至12米井身后，再继续往井内投石下沉，将底部下沉至最低水位以下9米。使‘沉井’成为一个重达1200多吨的‘巨大石柱’稳稳地插入江边坝头。‘围垦第一井’的成功下沉，各级领导与施工人员无不为之欢欣鼓舞！”

历史见证，“沉井”是围垦大堤的保护神

“围垦二工段的首个‘沉井’成功下沉，有效地抵御了汹涌的钱塘江大潮的冲击，产生了‘沉井’保护顶坝、顶坝保护盘头、盘头保护大堤的连环效应。”说到这里，老朱脸露喜悦。他接着说，有了“沉井”的成功经验，一九七〇年起，萧山围垦指挥部在历次围垦中，都推广了“沉井”的使用，并由原先的人工“沉井”改进为泥浆泵“沉井”，不仅大大减轻了民工的劳动强度，也使“沉井”更安全、快速、高效。至一九九一年底，围垦临江一线有29座主力顶坝及盘头，采用了“沉井”保护，效果显著。这项成果，被省钱塘江管理局认定为“钱塘江水下防护的第六个里程碑”，一九九〇年获水利部二等奖，一九九一年获国家科技二等奖。谈到这里，老朱越发表现出了抑制不住的发自内心的欣喜！

采访间，我们问及现在还能拍到“沉井”的照片吗？老朱思索了一会儿问：“今天农历几时？”当我们回答今天是5月5号、农历三月廿四时，他一拍桌子说：“初八廿三四，江里断流泗（水），今天正好是江里没有潮水的日子，我们马上去围垦二工段看看，说不定能拍到‘露脸’的‘沉井’。”驱车20分钟，在老朱的带领下，来到了他当年曾经战斗过的地方。钻过被别人剪开的铁丝围栏，爬下大堤护坡、绕过盘头、顺着顶坝一直往外走去，走近坝头，展现在眼前的却是一片湿地，尚未完全退去的潮水遮盖了“沉井”顶部。虽然因没拍到“沉井”的照片而感到有些失望，但依然让我们看到，半个世纪前下沉的“沉井”，在地下10多米深处，仍然默默无闻地保护着顶坝、保护着盘头、保护着大堤。是“沉井”的作用，让这些围垦防护设置，经受住了无数次汹涌澎湃的钱塘江大潮冲击的考验，一如既往地守护着广袤的围垦大地。

已过中午时分，辘辘饥肠催我们打道回府，而老朱却是流连忘返，在向他那亲手下沉的第一口“沉井”的方向不时回头，深情望去……

——原文刊载于2022年6月7日《钱塘新区报·副刊》

围垦战地广播追忆记

汪海山

沙地围垦造地史，在全国乃至全球闻名遐迩。遗憾的是，我一生没有肩挑泥土筑地围垦的亲身经历，但在围垦史上最庞大、最艰巨的五万二千亩围垦大决战中，有幸感受了将广播站建在围垦一线工地上的艰辛，至今记忆犹新。

那是1985年，农村已实行了家庭联产承包责任制。这年11月，当时的萧山县委组织义蓬、瓜沥、城南、城北4个区的43个乡镇15万名民工，在外10工段至12工段东直线大堤外围垦5.2万亩（据《萧山围垦志》记载）。兵马未动，粮草先行。很快，新湾乡党委主要领导在乡村干部中做战前动员后，又连夜进行广播全民动员，要求乡广播站保证在民工出动前三天，把临时广播站搬到工地一线，以最快速度架设好线杆，安装好高音喇叭。麻雀虽小，五脏俱全，动员会结束当天，乡党委负责宣传工作的老金和我即刻去供销站采办毛竹、油布、草包等材料，又叫了2辆拖拉机、6个壮劳力和3名农电工师傅。

第二天上午，两辆拖拉机拖着满满实实的物资送到了30里外的10工段新湾垦种居点，我和线务员、农电工等人员随即赶到，中午，大家在垦种舍头简单吃了中饭，便整装待发。事先，水利干部老潘告诉我们，四垦居点到一线工地直线有10华里路，方向偏差路线会更远，好在乡领导指定一名水利施工人员给大家引路作向导。

要肩扛（挑）沉重的物资，走10华里茫茫海涂谈何容易。第一次我们先运送毛竹、草包、油布等搭建临时工棚物资，足足一个小时四十多分钟的艰难行走，总算到达了目的地，大伙早已气喘吁吁，但顾不上休息，按事先分工，民工忙着加高土基，搭建摆放广播设备的简易工棚，农电工来回奔波在500多米的工地上架设线杆，挂上喇叭。冬天夜长昼短，不知不觉夜幕降临，大伙虽已饥肠辘辘，还是一路小跑回到四垦居点（防止天黑迷失方向）。

两天的来回奔波，我们大伙已经很疲惫，在最后一天运送物质中，一件设备遇上了麻烦，一台笨重体积庞大的300瓦“美多”扩音机要用两个人像抬着活佛一样，赤着双脚小心翼翼地在泥泞打滑的滩涂上行走，累了也不能在一片水汪汪的滩涂地上停歇，只能互换抬着直到工地。大伙经过两天多齐心努力，工地广播站终于一切就绪，我和线务员陈师傅才松了一口气。

浩浩荡荡的围垦大军开进工地后，工地广播站成了乡领导战地动员、表扬各村之间发扬风格、友谊竞赛，传播典型事迹和传递信息的重要平台。那个时候，民工们每天早上走10里路来到工地，最后几天大堤基本筑成，民工们早上出工还要挑上一担塘渣护堤。人民是英雄，这种吃苦耐劳的精神，令人敬佩。

从昔日垦区、昨日园区到今日钱塘区，如今俯瞰钱塘高楼林立，即将贯通的杭州地铁八号线，规划中的高铁、五星级酒店……这日新月异的变化，都是我们的祖辈、父辈上磨肩头、下磨脚底，千辛万苦围垦造田，才有了钱塘区的大发展，围垦的决策者和前辈们的功绩将永载史册。

——原文刊载于2022年6月7日《钱塘新区报·副刊》

钱塘称谓的历史钩沉

张保灿

2019年4月2日，浙江省人民政府批复设立杭州钱塘新区，位于钱塘江两岸的大江东产业集聚区与杭州经济技术开放区正式归并。

2021年3月11日，浙江省人民政府根据《国务院关于同意浙江省调整杭州市部分行政区划的批复》，批准钱塘区为杭州市新设行政区。具有2240多年的“钱塘”行政称谓在消弥了110年之后，在钱塘江两岸大围垦而筑成的钱塘大地上承获新生。

“钱塘”地名可谓历史悠远，我们追溯“钱塘”行政称谓的漫长历史，意在让当代钱塘人明白，在历朝更迭岁月中钱塘的地位，正如宋朝柳永曾在《望海潮·东南形胜》诗篇中描述的“东南形胜，三吴都会，钱塘自古繁华”，足见钱塘之历史魅力。

在唐朝前之秦王政二十五年（公元前222年）始置钱唐县，属会稽郡，始皇三十七年，秦始皇东巡会稽曾至钱唐。汉高祖五年（公元前202年）始，钱唐县先后属楚国、荆国、会稽郡。元始四年（4年），曾改钱唐县为皋亭县，王莽新朝（9—23年）钱唐县复旧名。三国时钱唐县属吴国。隋大业三年（607年）置余杭郡治辖钱唐县。自秦汉至六朝，钱唐称县历800年之久。唐朝武德四年（621年），为避国号讳，改钱唐县为钱塘县。

南宋绍兴八年（1138年），定都临安（今杭州），临安府治所钱塘，钱塘县为临安府首县。元十三年（1276年），元军攻占临安府，改称杭州路，治辖钱塘，钱塘县为杭州路首县。明朱元璋攻占杭州，杭州路改为杭州府，治辖钱塘，钱塘县为杭州府首县。清顺治初承明制，雍正四年（1726年），杭州府属杭嘉湖道，乾隆十九年（1754年），杭嘉湖道移治杭州，钱塘县仍为明代时杭州所辖九县之一。宣统三年（1911年），钱塘县与仁和县同时撤裁。

民国元年（1912年）2月，废杭州府，以原钱塘县、仁和县地并置杭县。民国三十六年（1947年）5月，杭县改省直属。1958年4月，杭县被撤销。

钱塘区以“钱塘”取名，承载了渊远的历史和文化轨迹。她与浙江母亲河——钱塘江并名“钱塘”而屹立于东海之滨，又与举世闻名的钱江潮相伴相拥。“钱塘”——一个历史悠远而赋予时代新意的名字，必将在“区政合一”的发展新时代迎来多姿多彩、耀眼夺目的光辉未来！

——原文刊载于2021年12月27日《钱塘新区报·副刊》

沙地三宝

半 文

沙地有三宝：勤，俭，敢为天下先。

沙地人的勤是看得见的，起早摸黑，不怕脏活、累活。过去，夏日剥络麻，太阳下山了还不能收工，因为月亮升起来了，就着月光也可以剥络麻，沙地人叫“剥夜麻”。“喳——喳——”的剥麻声，“啾——啾——”的夜虫声，和月夜下的“唑——唑——”声在夜色中交汇，汇成了一曲劳动者的乐章。边劳动，边听；边听，边劳动。在天与地组合而成的乐章里，这些简单而自然的音乐，慢慢地流淌，滋润了一代又一代的沙地人。沙地是钱塘江边的沙地，是潮水自上游冲下来的沙子，一粒沙一粒沙地堆积，一寸地一寸地地围垦，沧海变成了桑田。昔日钱塘江的腹地种了棉、种了麻、种了桑、种了麦子跟水稻，也种满了勤劳。沙地也是杭州的乡下，城里人看不惯沙地人，因为太勤劳，不懂得享受。被称作“做煞胚”“沙地乌鬼（jū）”。沙地人称鬼为jū，不清楚是什么原因，旧时的画片，现在的电视、电影，鬼的形象都是瘦的，而且奇瘦，怕多是饿死鬼。沙地人看杭州人，就像是从地狱里看见了天堂，城里人又白又嫩。沙地人不仅瘦，而且黑，又黑又瘦，所以称作“乌鬼”。“乌”是因为干活，整天晒太阳晒的，夜里还要晒月亮。没晒过月亮的人不知道，晒月亮比晒太阳更容易黑。瘦不是没有饭吃，而是太勤劳。沙地人是“一日不作，一日不食”，叫“做做吃吃，勿做就没得吃”，所以被人骂“做煞胚”。“做煞胚”也不一定是贬意，城里人请人做工，喜欢请“做煞胚”，因为不怕脏和累，因为干活快，付工钱还很便宜。不种地的日子，沙地人就进城打工。打工可以挣钱，挣了钱可以创业，创了业可以挣更多的钱，可以在家里造房子。所以，现在的沙地不仅种了棉麻、粮食，还建造起了高楼大厦，沙地人住进了小楼别墅，但沙地人还是被城里人称作“沙地乌鬼”，因为还是喜欢起早摸黑，还是又黑又瘦，还是“做煞胚”。

沙地人瘦，还因为俭。沙地人的俭是骨子里的，每一根骨头缝里都夹着节俭的基因。沙地人节俭是传统，主要原因是过去太穷了。说白了，沙地就是钱塘江边的一块滩涂，围了堤坝，种上了棉麻跟粮食，搭一个草舍，就是一个家，一个乡了。吃的、住的、穿的，都相当的清苦。现在住别墅开小车不愁吃不愁穿，还是节俭，因为已经习惯了，特别是老一辈人。我认识一对老夫妻，平时洗漱都用井水，只有烧饭跟喝水才用自来水，平时天亮就起床，入夜才就睡，电灯也不怎么点，抄表员也不愿意上门，因为老人家的水表几乎不动，电表一直是个位数，儿女们回家带几个螃蟹，他们都感觉到肉痛，分而食之，老伯只取两条腿的一格肉，蘸着酱油下酒。蘸一下，吮一下，喝一口绍兴黄酒。再蘸一下，再喝一口酒。一碗黄酒早已喝完了，蟹肉却一点也没有少，只吮了半碟子酱油。现在，这么节俭的沙地人已经很少见了，不过，一代传一代，还是都很节俭。节俭，沙地人叫做“做人家”。他们认为，只有节俭了才能把一个家治好。看见年轻人大手大脚，老一辈就要教训：“偌要‘做人家’些！”的确，沙地人靠勤俭持家，也靠勤俭致富，所以即便是到了现在，在吃穿用上面仍然是“做人家”到几近苛刻。沙地人对自己“做人家”，却对别人不“做人家”，反而很大方。过去有讨饭的人上门，沙地人都会必备硬币，来了便赠。没有硬币的便赠一把米。现在，别处有了灾或难，做帮扶，捐慈善，也都很积极。

沙地人的第三个宝是敢为天下先。大约是生在钱塘江边、长在钱塘江边的原因，沙地人血管里流淌了钱塘潮的勇气。早些年，靠江吃江，扛一柄潮兜，奔跑在潮水前抢潮头鱼。得了鱼可以换钱，换了钱可以改善生活。现在生活好了，抢潮头鱼太危险，被政府禁了，便去城里打工，创业，到杭州、上海，或南下去深圳，北上去京城。干力气活，包工地，办企业，什么都干。新的时代也是一条滚滚而动的大江，沙地人愿意跑在时代的大潮前抢“潮头鱼”——弄潮儿向涛头立。沙地人相信，只有跑在了前头，才能抢到鱼，鱼抢多了，才能发展，发展了才能致富。沙地人现在是真得富了。现在的沙地人找不到一个真正意义上的农民，尽管有人还种着一亩三分地，但那只是一份业余爱好，一个业余农民，他们丢不下一块地，是因为习惯了做做吃吃。

现在的沙地成了杭州的沙地，沙地人变成了钱塘人、杭州人。曾经的城里人开始羡慕起沙地人了，看见他们住别墅小楼，可以在自家庭院里免费停放小车，可以种花养草，可以吃自己种的无公害绿色蔬菜和大米。虽然城里人还是称沙地人为“做煞胚”“沙地乌鬼”，但语气和过去完全一样了。沙地人自己也清楚，这些年日子是越过越好了，比城里人还要好。

日子越过越美好的原因是因为沙地有三宝。这三宝是好日子的根，日子再好，也不能丢。

——原文刊载于 2021 年 6 月 28 日《钱塘新区报·副刊》

钱塘传奇（我与一座城）

沈小玲

如果有人跟我说起钱塘江，我马上就想对他讲讲钱塘潮。钱塘潮是钱塘江与生俱来的胎记，钱塘江是钱塘区的“形象代言人”。

我的老家在飞云江畔。小时候，每当涨潮时，我就来到楼顶看江水。在村子的渡口码头前，从分岔口涌进来的江水犹如千百只鸭子在赶路，发出窸窸窣窣的声音。潮水跑到我家院子后面，就没力气了，慢慢不见了。“这个潮水没什么好看的。”父亲说：“你要看就去杭州，钱塘潮水天下第一。”

二十多年后，我来钱塘区当老师，住在了钱塘江边。农历八月十八，钱塘江面潮水如万千白马飞驰而来，声如雷，鬃如雪。那一刻，冲上来的潮水恍若要将沧海淘空。原来，宋代潘阆“来疑沧海尽成空”不是虚言。

我发现钱塘江的壮美和钱塘人的生活紧密交织在一起。钱塘人印一本小册子，选奔涌的潮水当封面；过节摆个花圃，也要配成浪花的模样；出品的各种宣传片，钱塘江总是不可或缺的“第一主演”……钱塘区要做徽标，老百姓从全球征集的 500 多份设计方案中，挑中了蓝色的逐浪款和金色的旭日款。两者都是以钱塘江作为主要元素，难以取舍，遂两个都要了。于是乎电梯口、地铁上、学校里，随处可见两个波涛翻涌的徽标。

我还发觉钱塘人有事没事喜欢往江边跑。钱塘江又叫之江，因其江道曲折，形状如汉字“之”。区内道路都是井字形，所以不管横路还是竖路，最终每一条路都通向了钱塘江，车开着开着就驶到江边了，人走着走着就逛到堤上了。有潮的时候看潮，没潮的时候看桥，看树林，看芦苇荡。我喜欢在江边跑步吹风，看高树枝头叶子乱颤，大树下、帐篷边的小孩在嬉闹。几十公里长的堤坝上有人拍视频，跑步，骑车，钓鱼，放风筝，扛着个音响开独唱会。

刚来钱塘时，我很好奇，钱塘人为什么如此迷恋看潮、看江、看堤？后来，我细细研读了钱塘区的历史资料，终于找到了答案。

钱塘区怀抱着钱塘江，钱塘江哺育和滋养了这一片土地。我看到赞扬钱塘江大潮的文章何其多，但壮观之下的民生之艰，让人扼腕。钱塘江自古常发生坍江事故。木柴塘，泥土堤，遇上大风大潮，两岸的家园就会被吞噬。南岸塌了，渡江到北岸过日子，北岸塌了，又渡江回南岸讨生活。钱塘人自嘲是“沙头鸟”，在江南、江北飞来飞去，不知何处可落脚。

新中国成立后，为治理水患，钱塘人开展了几次大规模围垦活动。钱塘江潮水凶猛，“虎口”夺地，难度可想而知，只能选择潮水比较小的冬季进行。从当年的影像资料中，我看到这样的情景：在天寒地冻的日子，几万名军人和钱塘人赤脚在湿滑的滩涂上和时间赛跑。江水里的薄冰像刀，割进皮肤，脚上腿上时常会豁出血口子。

在围垦文化节的现场，我听多位耄耋老人讲述当年故事，他们“喝咸水，住草舍，睡白沙滩，吃夹着小石子的米饭”。钱塘江边水汽重，睡在白沙滩，像是半个身子泡在江水里。十几岁的他们根本不知道什么是苦，只是一心想着把堤坝筑起来，把潮水挡出去，把家守护住。常年江水冲刷，围垦出来的土地大多数是盐碱地、流沙土。盐碱地能种什么？只能种点萝卜。至于流沙土，更是可怕。但对于在潮水中抢潮头鱼、筑堤坝、讨生活的钱塘人而言，总有办法让这片贫瘠的土地长出庄稼。

最终，钱塘人从钱塘江的怀里接手了数百平方公里的土地，通过科学治理和技术创新，将碱地化为沃土。

我站在钱塘江绿堤上，看向江的南面，对面有麦浪、稻田和花海，江的北面有汇聚十四所高校的大学城、高科技产业集聚的科学城。宜居，宜学，宜业。从滩涂上走出来的钱塘，变成了一座夜空灯光特别闪耀的城市，再续“钱塘自古繁华”新篇章。

每一次父母来钱塘，他们也像在老家一样喜欢到江边散步漫游。春天，他们看不知尽头在何处的晚樱。如果恰好在农历八月，他们就去看潮水。我告诉父亲钱塘的沃土是怎么得来后，他很震惊。父亲是一个农民，他深知土地的宝贵与来之不易。父亲对此念念不忘，回老家后，他跟很多朋友讲起钱塘江潮水，讲钱塘人六十年来奔竞不息的故事。

在钱塘的十年时间，我看钱塘潮涌，听钱塘故事，写钱塘传奇，我时刻感受到钱塘人血脉中的弄潮儿精神。江边潮起，风混着水汽与青草香，于我是那么的亲切。

——原文刊载于 2021 年 12 月 27 日《人民日报·副刊》

责任编辑　高骏森

索　引

说明：

一、本类目设主题索引、表格索引 2 个分目。

二、主题索引采用分析索引方法，中文标目按第一个字汉语拼音（同音字按声调）顺序排列；第一字相同，按第二个字音序排列，依次类推。数字开头的标目则按数字 0～9 顺序排列。

标目后的阿拉伯数字表示内容所在页码。数字后的英文字母 a、b、c 分别表示从左到右第一、二、三栏。标目后有多个页码的，则表示相关信息在这些页码中均出现。副标目或说明语缩后两个汉字放在主标目下面。

本卷年鉴的“特载”“大事记”“统计资料”“附录”均未做主题索引。

三、表格索引按序号排列，仅标注所在页码，不标注分栏。

主题索引

0～9

A

B

C

D

E

F

G

J

K

L

M

N

P

Q

R

S

T

W

X

Y

Z

表格索引

图书在版编目（CIP）数据

钱塘年鉴．2022 / 杭州市钱塘区地方志编纂委员会编．—北京：方志出版社，2022.12
ISBN 978-7-5144-5478-9

Ⅰ．①钱… Ⅱ．①杭… Ⅲ．①区（城市）－杭州－2022－年鉴 Ⅳ．①Z525.54

中国版本图书馆CIP数据核字（2022）第242340号

责任编辑：王　娜
责任校对：刘玉霞
责任印制：梅中英
出 版 者：方志出版社
地　　址：北京市朝阳区潘家园东里9号（国家方志馆4层）
邮　　编：100021
网　　址：http://www.zgfzcb.cn
发　　行：方志出版社图书营销中心（010-67110500）
印　　刷：杭州捷派印务有限公司
开　　本：889毫米×1194毫米 1/16
印　　张：26.25印张　插页：2.75印张　地图：1幅
字　　数：899千字
版　　次：2022年12月第1版
印　　次：2022年12月第1次印刷
定　　价：280.00元

钱塘年鉴（2022）
印制统筹:柯华杰　王尔凯
装帧设计:林　智
排版制版:杭州林智文化